# 故宮

博物院藏文物珍品全集

故宮博物院藏文物珍品全集

# 兩宋瓷器

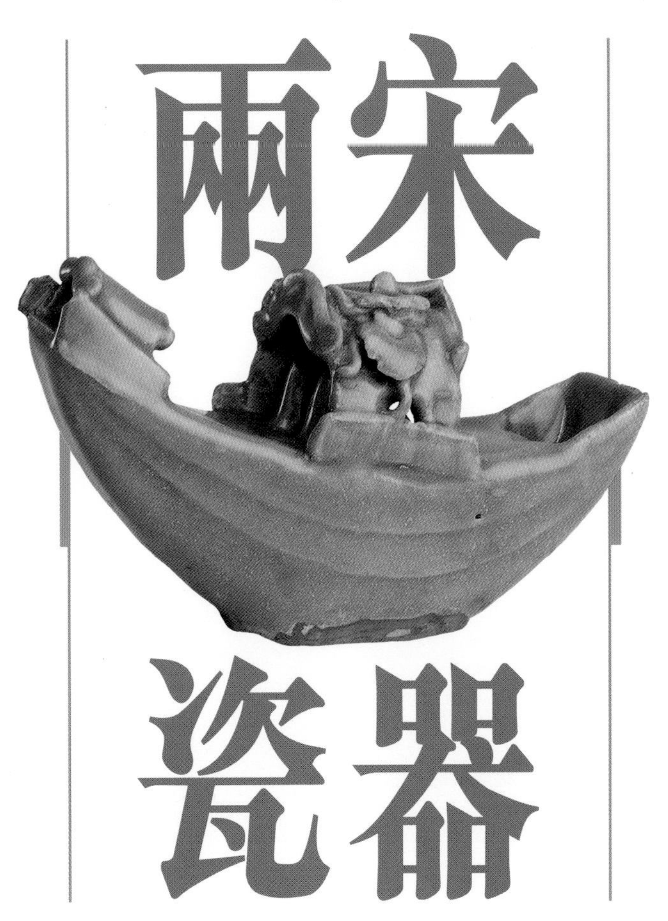

（下）

主編：李輝柄

商務印書館

# 兩宋瓷器（下）
**Porcelain of the Song Dynasty (II)**

## 故宮博物院藏文物珍品全集
**The Complete Collection of Treasures of the Palace Museum**

主　編 ………………… 李輝柄
副主編 ………………… 馮小琦
編　委 ………………… 何俊義　馬　廷　郭玉昆　鄭　宏
攝　影 ………………… 胡　錘　趙　山　劉志崗

出版人 ………………… 陳萬雄
編輯顧問 ………………… 吳　空
責任編輯 ………………… 林宛鶯
設　計 ………………… 甯成春
出　版 ………………… 商務印書館（香港）有限公司
香港筲箕灣耀興道3號東滙廣場8樓
http: // www.commercialpress.com.hk
製　版 ………………… 昌明製作公司
香港北角英皇道430號新都城大廈C座536室
印　刷 ………………… 中華商務彩色印刷有限公司
香港新界大浦汀麗路36號中華商務印刷大廈
版　次 ………………… 1996年11月第1版
2001年12月第2次印刷

ISBN 962 07 5216 3



All inquiries should be directed to:
The Commercial Press (Hong Kong) Ltd.
8/F., Eastern Central Plaza, 3 Yiu Hing Road, Shau Kei Wan, Hong Kong.

# 故宮博物院藏文物珍品全集

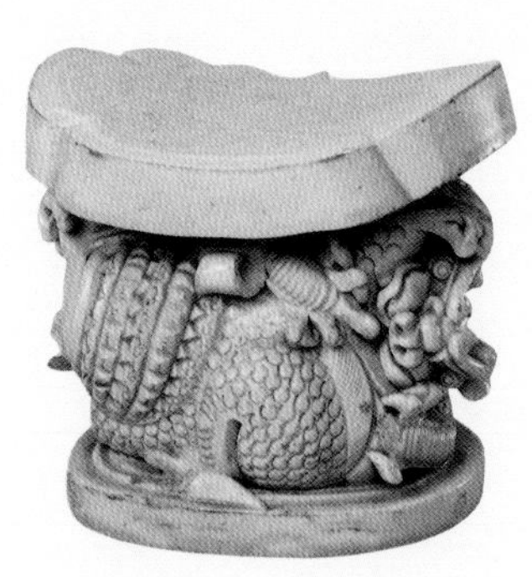

# 總序

楊新

故宮博物院是在明、清兩代皇宮的基礎上建立起來的國家博物館，位於北京市中心，佔地72萬平方米，收藏文物近百萬件。

公元1406年，明代永樂皇帝朱棣下詔將北平升為北京，翌年即在元代舊宮的基址上，開始大規模營造新的宮殿。公元1420年宮殿落成，稱紫禁城，正式遷都北京。公元1644年，清王朝取代明帝國統治，仍建都北京、居住在紫禁城內。按古老的禮制，紫禁城內分前朝、後寢兩大部分。前朝包括太和、中和、保和三大殿，輔以文華、武英兩殿。後寢包括乾清、交泰、坤寧三宮及東、西六宮等，總稱內廷。明、清兩代，從永樂皇帝朱棣至末代皇帝溥儀，共有24位皇帝及其后妃都居住在這裏。1911年孫中山領導的"辛亥革命"，推翻了清王朝統治，結束了兩千餘年的封建帝制。1914年，北洋政府將瀋陽故宮和承德避暑山莊的部分文物移來，在紫禁城內前朝部分成立古物陳列所。1924年，溥儀被逐出內廷，紫禁城後半部分於1925年建成故宮博物院。

歷代以來，皇帝們都自稱為"天子"。"普天之下，莫非王土；率土之濱，莫非王臣"（《詩經．小雅．北山》），他們把全國的土地和人民視作自己的財產。因此在宮廷內，不但匯集了從全國各地進貢來的各種歷史文化藝術精品和奇珍異寶，而且也集中了全國最優秀的藝術家和匠師，創造新的文化藝術品。中間雖屢經改朝換代，宮廷中的收藏損失無法估計，但是，由於中國的國土遼闊，歷史悠久，人民富於創造，文物散而復聚。清代繼承明代宮廷遺產，到乾隆時期，宮廷中收藏之富，超過了以往任何時代。到清代末年，英法聯軍、八國聯軍兩度侵入北京，橫燒劫掠，文物損失散佚殆不少。溥儀居內廷時，以賞賜、送禮等名義將文物盜出宮外，手下人亦效其尤，至1923年中正殿大火，清宮文物再次遭到嚴重損失。儘管如此，清宮的收藏仍然可觀。在故宮博物院籌備建立時，由"辦理清室善後委員會”對其所藏進行了清點，事竣後整理刊印出《故宮物品點查報告》共六編28冊，計有文物117萬餘件（套）。1947年底，古物陳列所併入故宮博物院，其文物同時亦歸故宮博物院收藏管理。

二次大戰期間，為了保護故宮文物不至遭到日本侵略者的掠奪和戰火的毀滅，故宮博物院從大量的藏品中檢選出器物、書畫、圖書、檔案共計13,427箱又64包，分五批運至上海和南京，後又輾轉流散到川、黔各地。抗日戰爭勝利以後，文物復又運回南京。隨着國內政治形勢的變化，在南京的文物又有2,972箱於1948年底至1949年被運往台灣，50年代南京文物大部分運返北京，尚有2,211箱至今仍存放在故宮博物院於南京建造的庫房中。

中華人民共和國成立以後，故宮博物院的體制有所變化，根據當時上級的有關指令，原宮廷中收藏圖書中的一部分，被調撥到北京圖書館，而檔案文獻，則另成立了“中國第一歷史檔案館”負責收藏保管。

50至60年代，故宮博物院對北京本院的文物重新進行了清理核對，按新的觀念，把過去劃分“器物”和書畫類的才被編入文物的範疇，凡屬於清宮舊藏的，均給予“故”字編號，計有711,338件，其中從過去未被登記的“物品”堆中發現1,200餘件。作為國家最大博物館，故宮博物院肩負有蒐藏保護流散在社會上珍貴文物的責任。1949年以後，通過收購、調撥、交換和接受捐贈等渠道以豐富館藏。凡屬新入藏的，均給予“新”字編號，截至1994年底，計有222,920件。

這近百萬件文物，蘊藏着中華民族文化藝術極其豐富的史料。其遠自原始社會、商、周、秦、漢，經魏、晉、南北朝、隋、唐，歷五代兩宋、元、明，而至於清代和近世。歷朝歷代，均有佳品，從未有間斷。其文物品類，一應俱有，有青銅、玉器、陶瓷、碑刻造像、法書名畫、印璽、漆器、琺瑯、絲織刺繡、竹木牙骨雕刻、金銀器皿、文房珍玩、鐘錶、珠翠首飾、家具以及其他歷史文物等等。每一品種，又自成歷史系列。可以說這是一座巨大的東方文化藝術寶庫，不但集中反映了中華民族數千年文化藝術的歷史發展，凝聚着中國人民巨大的精神力量，同時它也是人類文明進步不可缺少的組成元素。

開發這座寶庫，弘揚民族文化傳統，為社會提供了解和研究這一傳統的可信史料，是故宮博物院的重要任務之一。過去我院曾經通過編輯出版各種圖書、畫冊、刊物，為提供這方面資料作了不少工作，在社會上產生了廣泛的影響，對於推動各科學術的深入研究起到了良好的作用。但是，一種全面而系統地介紹故宮文物以一窺全豹的出版物，由於種種原因，尚未來得及進行。今天，隨着社會的物質生活的提高，和中外文化交流的頻繁往來，無論是中國還是西方，人們越來越多地注意到故宮。學者專家們，無論是專門研究中國的文化歷史，還是從事於東、西方文化的對比研究，也都希望從故宮的藏品中發掘資料，以探索人類文明發展奧秘。因此，我們決定與香港商務印書館共同努力，合作出版一套全面系統地反映故宮文物收藏的大型圖冊。

要想無一遺漏將近百萬件文物全都出版，我想在近數十年內是不可能的。因此我們在考慮到社會需要的同時，不能不採取精選的辦法，百裏挑一，將那些最具典型和代表性的文物集中起來，約有一萬二千餘件，分成六十卷出版，故名《故宮博物院藏文物珍品全集》。這需要八至十年時間才能完成，可以說是一項跨世紀的工程。六十卷的體例，我們採取按文物分類的方法進行編排，但是不囿於這一方法。例如其中一些與宮廷歷史、典章制度及日常生活有直接關係的文物，則採用特定主題的編輯方法。這部分是最具有宮廷特色的文物，以往常被人們所忽視，而在學術研究深入發展的今天，卻越來越顯示出其重要歷史價值。另外，對某一類數量較多的文物，例如繪畫和陶瓷，則採用每一卷或幾卷具有相對獨立和完整的編排方法，以便於讀者的需要和選購。

如此浩大的工程，其任務是艱巨的。為此我們動員了全院的文物研究者一道工作。由院內老一輩專家和聘請院外若干著名學者為顧問作指導，使這套大型圖冊的科學性、資料性和觀賞性相結合得盡可能地完善完美。但是，由於我們的力量有限，主要任務由中、青年人承擔，其中的錯誤和不足在所難免，因此當我們剛剛開始進行這一工作時，誠懇地希望得到各方面的批評指正和建設性意見，使以後的各卷，能達到更理想之目的。

感謝香港商務印書館的忠誠合作！感謝所有支持和鼓勵我們進行這一事業的人們！

1995年8月30日於燈下

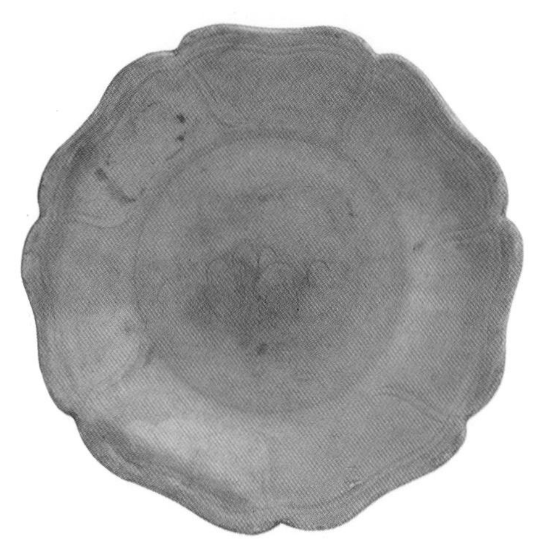

# 目錄


總 序 6

文物目錄 10

兩宋時期南方主要古窰址分佈圖 16

導言 18

**圖版**

官窰 1

民窰 101

# 文物目錄


官窰

1
官窰弦紋瓶
宋 2

2
官窰大瓶
宋 4

3
官窰雙貫耳扁瓶
宋 6

4
官窰瓜棱直口瓶
宋 8

5
官窰方花盆
宋 9

6
官窰方花盆
宋 10

7
官窰盞托
宋 11

8
官窰折沿洗
宋 12

9
官窰圓洗
宋 13

10
官窰圓洗
宋 14

11
官窰葵瓣口洗
宋 16

12
官窰八方委角洗
宋 17

13
官窰圓洗
宋 18

14
官窰圓洗
宋 19

15
官窰葵瓣口洗
宋 20

16
官窰葵瓣口洗
宋 21

17
官窰菱花洗
宋 22

18
官窰葵花洗
宋 23

19
官窰葵花洗
宋 24

20
官窰菱花洗
宋 25

21
官窰方洗
宋 26

22
官窰盤
宋 27

23
官窰葵花盤
宋 28

24
官窰葵瓣折沿盤
宋 29

25
官窰盤
宋 30

26
官窰葵瓣口盤
宋 31

27
官窰葵瓣口盤
宋 32

28
官窰葵瓣口盤
宋 33

29
官窰葵瓣口盤
宋 34

30
官窰葵花盤
宋 35

31
官窰葵瓣口盤
宋 36

32
官窰葵瓣口碗
宋 37

33
官窰葵瓣口碗
宋 38

34
官窰葵瓣口碗
宋 39

35
哥窰膽瓶
宋 40

*36* 哥窯膽瓶 宋 42

*37* 哥窯貫耳長頸瓶 宋 43

*38* 哥窯弦紋瓶 宋 44

*39* 哥窯貫耳八方扁瓶 宋 45

*40* 哥窯貫耳扁瓶 宋 46

*41* 哥窯貫耳扁瓶 宋 47

*42* 哥窯貫耳扁瓶 宋 48

*43* 哥窯八方貫耳扁瓶 宋 49

*44* 哥窯八方貫耳瓶 宋 50

*45* 哥窯小罐 宋 51

*46* 哥窯雙魚耳爐 宋 52

*47* 哥窯雙耳三足爐 宋 53

*48* 哥窯筒式三足爐 宋 54

*49* 哥窯雙耳三足爐 宋 55

*50* 哥窯雙耳爐 宋 56

*51* 哥窯雙耳爐 宋 57

*52* 哥窯戟耳爐 宋 58

*53* 哥窯雙耳三足爐 宋 59

*54* 哥窯海棠花盆 宋 60

*55* 哥窯葵瓣口洗 宋 62

*56* 哥窯葵花洗 宋 63

*57* 哥窯葵花洗 宋 64

*58* 哥窯圓洗 宋 65

*59* 哥窯葵花洗 宋 66

*60* 哥窯菱花洗 宋 67

*61* 哥窯葵花洗 宋 68

*62* 哥窯碗 宋 69

*63* 哥窯葵瓣口碗 宋 70

*64* 哥窯葵瓣口碗 宋 71

*65* 哥窯葵瓣口碗 宋 72

*66* 哥窯葵瓣口碗 宋 73

*67* 哥窯葵瓣口碗 宋 74

*68* 哥窯小碗 宋 75

*69* 哥窯八方小碗 宋 76

*70* 哥窯葵瓣口碗 宋 77

*71* 哥窯花口碗 宋 78

*72* 哥窯八方杯 宋 79

*73* 哥窯盤 宋 80

*74* 哥窯葵瓣折腰盤 宋 81

*75* 哥窯葵瓣口盤 宋 82

*76* 哥窯葵瓣口盤 宋 83

*77* 哥窯葵花盤 宋 84

*78* 哥窯葵瓣口盤 宋 86

*79* 哥窯菱花口盤 宋 87

*80* 哥窯菊瓣盤 宋 88

*81* 哥窯葵瓣口盤 宋 90

*82* 哥窯葵瓣口盤 宋 91

*83* 哥窯盤 宋 92

*84*
哥窰葵瓣口盤
宋 93

*85*
哥窰葵瓣口盤
宋 94

*86*
哥窰葵瓣口盤
宋 95

*87*
哥窰盤
宋 96

*88*
哥窰葵瓣口盤
宋 97

*89*
哥窰盤
宋 98

*90*
哥窰葵瓣口盤
宋 99

*91*
哥窰葵瓣口盤
宋 100


## 民　窰


*92*
越窰壺
宋 102

*93*
越窰小瓶
宋 104

*94*
越窰刻花四繫罐
宋 105

*95*
越窰印花碗
宋 106

*96*
青釉印花二聯盒
宋 107

*97*
龍泉窰琮式瓶
宋 108

*98*
龍泉窰雙鳳耳瓶
宋 110

*99*
龍泉窰穿帶瓶
宋 111

*100*
龍泉窰盤口瓶
宋 112

*101*
龍泉窰貫耳八方瓶
宋 113

*102*
龍泉窰雙耳大瓶
宋 114

*103*
龍泉窰七弦瓶
宋 115

*104*
龍泉窰凸雕蓋瓶
宋 116

*105*
龍泉窰凸雕蓋瓶
宋 117

*106*
龍泉窰五孔蓋瓶
宋 118

*107*
龍泉窰五孔瓶
宋 120

*108*
龍泉窰五孔蓋瓶
宋 121

*109*
龍泉窰五孔蓋瓶
宋 122

*110*
龍泉窰刻劃花五孔瓶
宋 123

*111*
龍泉窰刻花五孔蓋瓶
宋 124

*112*
龍泉窰五孔蓋瓶
宋 126

*113*
龍泉窰刻花塔式瓶
宋 127

*114*
龍泉窰弦紋蓋瓶
宋 128

*115*
龍泉窰刻花雙繫洗口瓶
宋 129

*116*
龍泉窰刻花蓋罐
宋 130

*117*
龍泉窰青釉鳥食罐
宋 131

*118*
龍泉窰青釉鳥食罐
宋 132

*119*
龍泉窰青釉鳥食罐
宋 133

*120*
龍泉窰青釉花觚
宋 134

*121*
龍泉窰三足爐
宋 135

*122*
龍泉窰三足爐
宋 136

*123*
龍泉窰弦紋三足爐
宋 137

*124*
龍泉窰弦紋三足爐
宋 138

*125*
龍泉窰三足爐
宋 139

*126*
龍泉窰三足爐
宋 140

*127*
龍泉窰瓜棱壺
宋 142

*128*
龍泉窰船
宋 143

*129*
龍泉窰鼓釘三足洗
宋 144

*130*
龍泉窰板沿洗
宋 145

*131*
龍泉窰雙魚洗
宋　146

*132*
龍泉窰蓮瓣洗
宋　147

*133*
龍泉窰三聯洗
宋　148

*134*
龍泉窰蓮瓣碗
宋　149

*135*
龍泉窰荷葉小碗
宋　150

*136*
龍泉窰劃花碗
宋　151

*137*
龍泉窰小碗
宋　152

*138*
龍泉窰花口碗
宋　153

*139*
龍泉窰刻花小碗
宋　154

*140*
龍泉窰蓋碗
宋　155

*141*
龍泉窰“河濱遺範”盤
宋　156

*142*
龍泉窰刻花盤
宋　157

*143*
龍泉窰花口盤
宋　158

*144*
龍泉窰刻花花口碟
宋　159

*145*
龍泉窰杯
宋　160

*146*
青釉劃花碗
宋　161

*147*
青釉劃花碗
宋　162

*148*
青釉刻花小碗
宋　163

*149*
青釉刻花碗
宋　164

*150*
青釉刻花玉壺春瓶
宋　165

*151*
青白釉瓜式帶蓋壺
宋　166

*152*
青白釉洗口瓜棱壺
宋　167

*153*
青白釉注壺、注碗
宋　168

*154*
青白釉印花燭台
宋　170

*155*
青白釉雙獅枕
宋　171

*156*
青白釉刻花洗
宋　172

*157*
青白釉菊瓣洗
宋　173

*158*
青白釉刻花洗
宋　174

*159*
青白釉印花盤
宋　175

*160*
青白釉刻花葵瓣口盤
宋　176

*161*
青白釉花瓣小碟
宋　177

*162*
青白釉葵瓣口卧足碟
宋　178

*163*
青白釉葵花小碟
宋　179

*164*
青白釉劃花碟
宋　180

*165*
青白釉雙耳帶蓋瓶
宋　181

*166*
青白釉刻花梅瓶
宋　182

*167*
青白釉劃花瓶
宋　184

*168*
青白釉刻花瓶
宋　185

*169*
青白釉刻花膽式瓶
宋　186

*170*
青白釉洗口瓜棱壺
宋　188

*171*
青白釉瓜棱執壺
宋　189

*172*
青白釉印花壺
宋　190

*173*
青白釉劃花銀錠枕
宋　191

*174*
青白釉菊瓣盒
宋　192

*175*
青白釉印花蓋盒
宋　193

*176*
青白釉劃花盒
宋　194

*177*
青白釉蓋碗
宋　195

*178*
青白釉小碗
宋　196

179
青白釉刻花大碗
宋 197

180
青白釉印花碗
宋 198

181
青白釉劃花葵瓣口碗
宋 199

182
青白釉劃花碗
宋 200

183
青白釉印花大碗
宋 201

184
青白釉印花碗
宋 202

185
青白釉劃花碗
宋 203

186
青白釉劃花碗
宋 204

187
青白釉刻花葵口碗
宋 205

188
青白釉刻劃花碗
宋 206

189
青白釉劃花碗
宋 207

190
青白釉印花碗
宋 208

191
青白釉刻花碗
宋 209

192
青白釉注碗
宋 210

193
青白釉刻花大碗
宋 211

194
青白釉印花碗
宋 212

195
青白釉大碗
宋 213

196
青白釉印花碗
宋 214

197
青白釉劃花碗
宋 215

198
青白釉印花碗
宋 216

199
青白釉碗
宋 217

200
青白釉刻花碗
宋 218

201
青白釉刻花花口碗
宋 219

202
青白釉印花洗
宋 220

203
建窰黑釉小碗
宋 221

204
建窰黑釉碗
宋 222

205
建窰黑釉碗
宋 223

206
建窰兔毫紋碗
宋 224

207
建窰黑釉碗
宋 225

208
黑釉醬斑小碗
宋 226

209
黑釉兔毫紋碗
宋 227

210
黑釉醬彩碗
宋 228

211
黑釉雞心碗
宋 229

212
黑釉三足爐
宋 230

213
吉州窰白地黑花罐
宋 231

214
吉州窰白地黑花小罐
宋 232

215
吉州窰玳瑁釉罐
宋 234

216
吉州窰瑪瑙釉梅瓶
宋 235

217
吉州窰黑釉剔花梅瓶
宋 236

218
吉州窰剪紙貼花小碗
宋 238

219
吉州窰剪紙貼花碗
宋 239

220
吉州窰剪紙貼花碗
宋 240

221
吉州窰剪紙貼花碗
宋 242

222
吉州窰剪紙貼花碗
宋 243

223
吉州窰剪紙貼花碗
宋 244

224
吉州窰黑釉加彩碗
宋 245

225
吉州窰黑釉加彩碗
宋 246

226
吉州窰黑釉彩繪碗
宋 248

*227*
吉州窰黑釉彩繪碗
宋　249

*228*
吉州窰黑釉彩繪碗
宋　250

*229*
吉州窰黑釉彩繪碗
宋　251

*230*
吉州窰黑釉彩繪碗
宋　252

*231*
吉州窰描金碗
宋　253

*232*
吉州窰玳瑁釉碗
宋　254

*233*
吉州窰玳瑁釉碗
宋　255

*234*
吉州窰黑釉黃斑碗
宋　256

*235*
吉州窰黑釉黃斑碗
宋　257

*236*
吉州窰醬釉褐斑碗
宋　258

*237*
吉州窰窰變釉碗
宋　259

*238*
吉州窰窰變釉碗
宋　260

*239*
吉州窰虎皮釉碗
宋　262

*240*
吉州窰木葉紋碗
宋　263

*241*
吉州窰綠釉印花碗
宋　264

*242*
吉州窰綠釉劃花枕
宋　265

*243*
吉州窰黑釉醬斑小口瓶
宋　266

*244*
西村窰刻花鳳頭壺
宋　267

*245*
西村窰刻花點彩盤
宋　268

*246*
邛窰藍綠釉玉壺春瓶
宋　269

*247*
琉璃廠窰綠釉省油燈
宋　270

*248*
琉璃廠窰黃紫釉條紋壺
宋　271

*249*
琉璃廠窰四繫蓋罐
宋　272

*250*
琉璃廠窰黃釉褐彩缸
宋　273

*251*
烏金釉醬斑碗
宋　274

*252*
黑釉兔毫紋碗
宋　276

*253*
黑釉瓜式蓋罐
宋　277

*254*
綠釉條紋壺
宋　278

*255*
綠釉印花枕
宋　279

*256*
黃釉錦紋銀錠枕
宋　280

*257*
黃釉貼花缸
宋　281

*258*
黃釉乳釘罐
宋　282

*259*
黃釉柳斗罐
宋　283

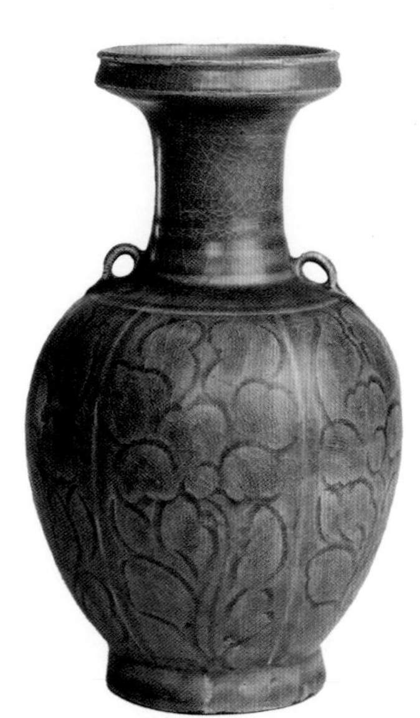

# 兩宋時期南方主要古窰址分佈圖

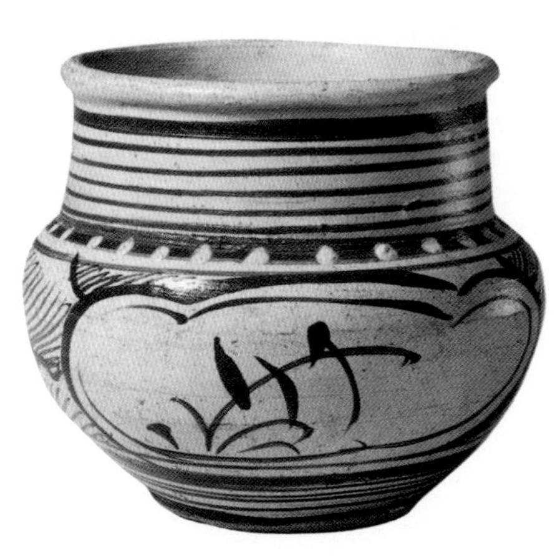

**浙 江：**

1. 鄞縣
2. 餘姚（越窰）
3. 餘杭
4. 杭州（修內司、郊壇窰）
5. 龍泉

**福 建：**

6. 光澤
7. 建陽（建窰）
8. 建甌
9. 南平
10. 福清
11. 德化
12. 永春
13. 安溪
14. 泉州
15. 同安

**江 西：**

16. 景德鎮
17. 南豐
18. 吉安
19. 贛州

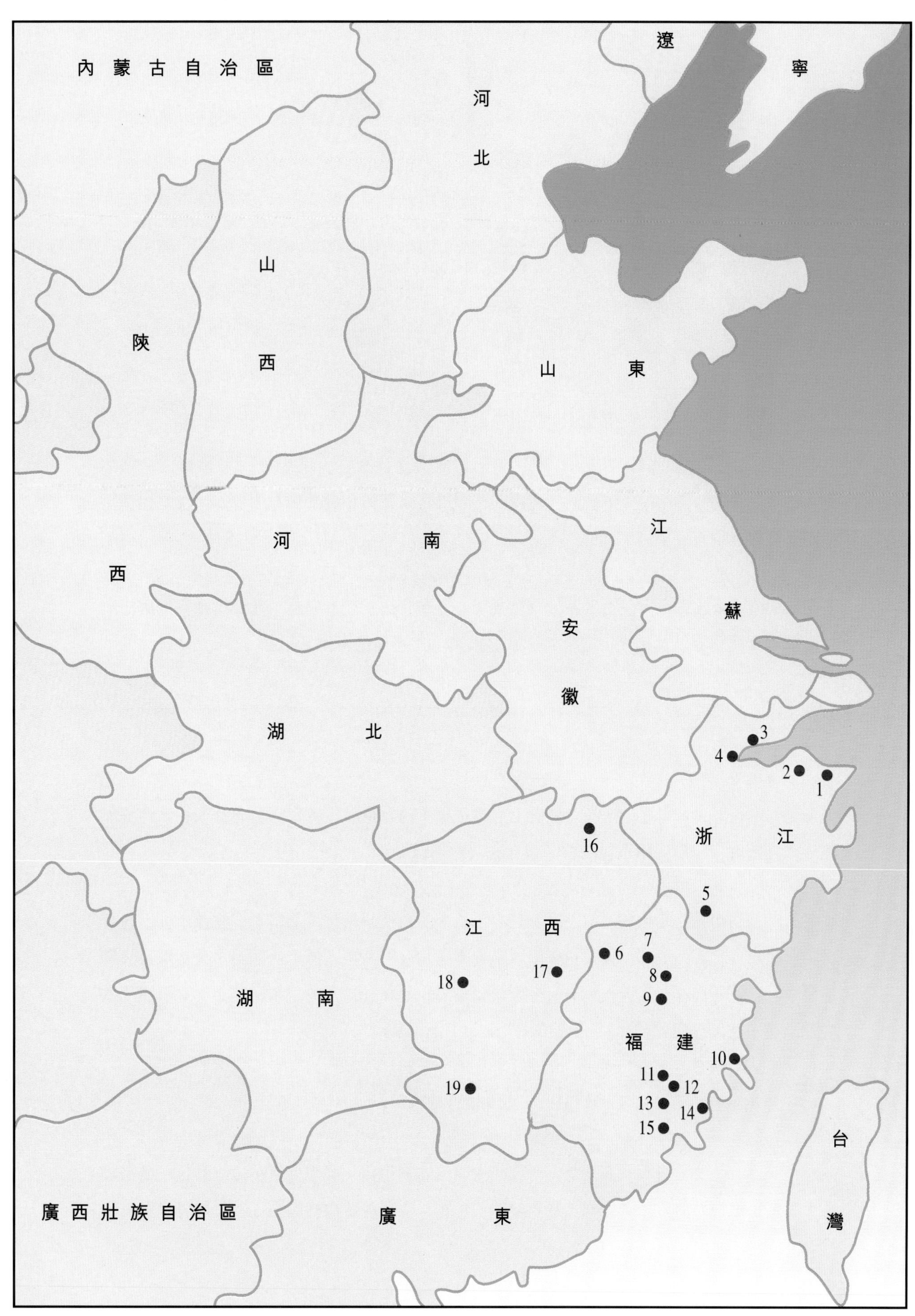
內蒙古自治區
遼
寧
河
北
山
西
陝
西
山
東
河
南
江
蘇
安
徽
湖
北
3
4
2
1
16
浙
江
5
江
西
7
6
17
8
18
9
湖
南
福
建
10
11
12
19
13
14
15
台
灣
廣西壯族自治區
廣
東

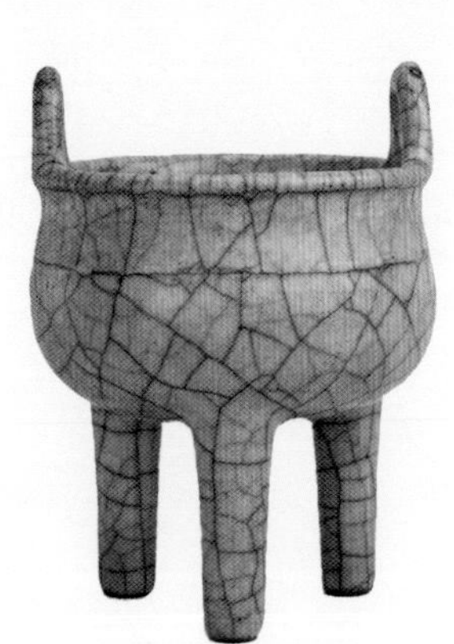

# 導言

李輝柄

## 宋代南方瓷業的發展及其主要成就

兩宋瓷窰有官、民之分。官窰專供皇家用瓷，民窰生產民間商品用瓷，這兩種瓷窰的共存既是宋瓷興旺發達的重要標誌，也是促進這時期瓷器發展的重要原因。

上卷已闡述了宋代官窰與民窰之區分及性質，並重點介紹了北方瓷窰。此卷所錄為地處江南的南宋哥窰與官窰以及越窰、龍泉窰、景德鎮窰、建窰等民窰窰系製品。

### 官 窰

（一）傳世哥窰

哥窰名列宋代五大名窰之一，在陶瓷史上有舉足輕重的地位，但究竟哥窰窰址何在？性質如何？一直是陶瓷史研究中眾說紛紜、懸而未決的問題。

“哥窰”一詞始見於元孔齊《至正直記》：“乙未冬在杭州時哥哥洞窰者一香鼎……近日哥哥窰，絕類古官窰……”以後明初曹昭《格古要論》、明高濂《遵生八箋》、清谷應泰《博物要覽》以及明代《浙江通志》、《七修類稿續編》等均有哥窰的記載，不必一一引述。從文獻記載中足以說明：

（1）它不是官窰，可是“絕類古官窰”。

（2）哥窰的品格“色青，濃淡不一，亦有鐵足紫口”（《格古要論》）。

1956年，浙江省文管會對哥窰遺址——龍泉大窰（古稱琉田）等地進行了考古發掘，結果證明，大窰等地燒製的黑胎青瓷同文獻記載的“哥窰”瓷器的特徵相吻合。“黑胎青瓷與南宋中晚期郊壇下官窰的薄胎厚釉製品十分相似……尤其是那種胎質較鬆，體較輕，釉呈粉青色的瓷器真是一模一樣，難以區別。”[1]

由此可見，“哥哥窰”即指“龍泉哥窰”，“絕類古官窰”。至於“色青，濃淡不一，亦有鐵足紫口，色好者類董窰”，這些特徵尤與龍泉哥窰瓷器相符。發掘者斷定：“大窰即是文獻所記載的‘哥窰’，而名為‘哥窰’的宮中傳世品則絕非龍泉大窰燒製。”[2] 考古發掘不僅解決了哥窰瓷器的產地問題，而且還反證了北京故宮博物院與台北故宮博物院等處珍藏的名為“哥窰”的傳世品瓷器實非哥窰。

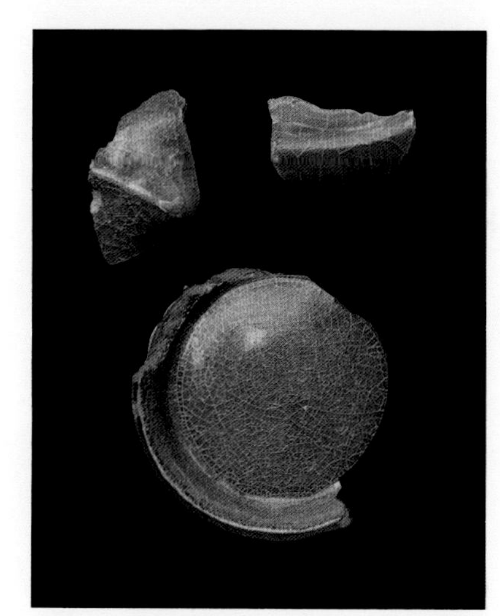
附圖一　浙江龍泉窰遺址出土

看來，哥窰與宮中傳世品是兩個瓷窰，兩個概念。一般講，宮中傳世品胎骨較厚，釉較薄，哥窰則胎薄而釉厚；傳世品的胎色不一，有沉香色、淺白色、杏黃色、深灰色、黑色等多種，哥窰則以黑胎為主；傳世品釉不透明，釉面光澤如膚之微汗，潤澤如酥，哥窰釉則透明，玻璃光澤感較強。在開紋片上，傳世品追求典雅，講究裝飾效果，一般均着色；哥窰則不着意裝飾，一般不着色。在所謂的“紫口”、“鐵足”方面，兩者也不一樣，宮中傳世品由於胎色不一，釉的流動性較小，“紫口”或有或無；哥窰則胎色黑，釉質厚而透明度強，流動性較大，一般均有“紫口”。在燒造方法上，宮中傳世品因裹足支燒者居多，故此鐵足者也少；哥窰則均採用墊餅燒，圈足底端失釉層，燒成後露胎，故均為“鐵足”。因此，文獻所載的“紫口”、“鐵足”更確切地説應為哥窰的主要特徵。（附圖一、圖35）

傳世哥窰名稱由來已久，情況較為複雜，由於歷史局限性，造成了以訛傳訛、張冠李戴的情況，根據文獻記載和考古發現情況，傳世哥窰似應正名為“修內司官窰”。

據宋葉寘《坦齋筆衡》中早有詳細的記載：“……中興渡江，有邵成章提舉後苑，號邵局，襲故京遺制，置窰於修內司，造青器，名內窰。澄泥為範，極其精緻，釉色瑩澈，為世所珍。後郊壇下別立新窰，比舊窰大不侔矣。餘如烏泥窰、餘杭窰、續窰，皆非官窰比，若謂舊越窰不復見矣。”明曹昭《格古要論》又作了重要補充：“官窰器，宋修內司燒者，土脈細潤，色青帶粉紅，濃淡不一，有蟹爪紋，紫口鐵足，色好者與汝窰相類。”《遵生八箋》

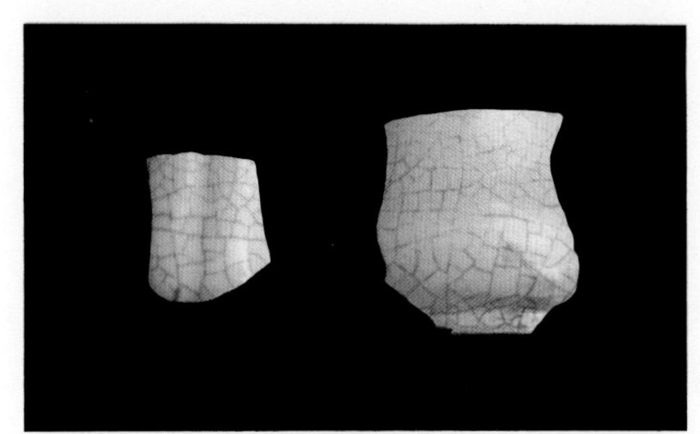

附圖二　杭州古中河南段通江橋西側出土

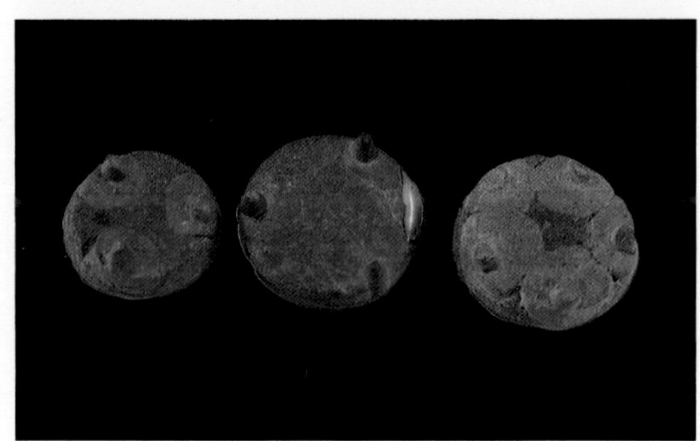

附圖三　杭州古中河南段聖安寺橋出土支釘窰（中），左右二件為郊壇官窰的支釘窰具

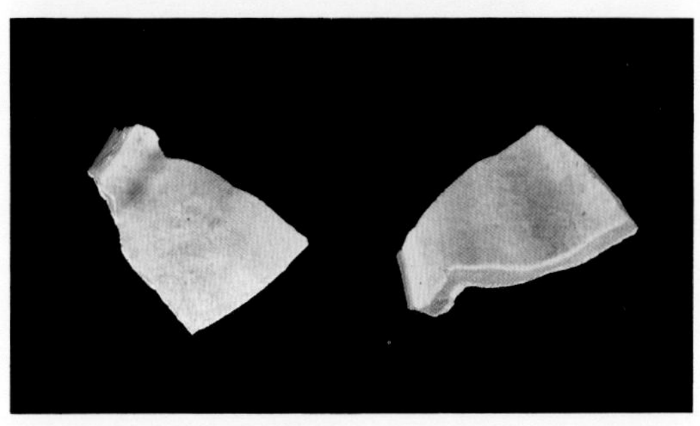

附圖四　修內司窰遺址出土（正、反）

沿襲曹昭之説，並把修內司官窰器的釉色分為："粉青為上，淡白次之，油灰色，色之下也。"把紋片分為："冰裂、鱔血為上，梅花片、墨紋次之，細碎紋，紋之下也。"並指出了"官窰在杭之鳳凰山下"。以上二書對修內司官窰器的描述恰與宮藏至今的所謂"傳世哥窰"器相吻合。"傳世哥窰"接近粉紅釉色者如北京故宮博物院藏宋哥窰葵花洗（圖61），淡如米黃者故宮博物院所藏居多（圖35），色好者與汝窰相類，如雙魚耳爐最為典型（圖46）。

修內司為內廷機構，原屬將作監，北宋始置。南宋建炎三年（1129）詔將作監併歸工部，修內司兼統窰務燒造瓷器。

1995年4月10日《光明日報》刊登了金志偉、王玉的〈修內司官窰今何在〉一文，文章以文獻及實物（殘片與窰具）印證了修內司窰的存在及其窰址所在地。作者據文獻記載，在南宋修內司遺址附近的杭州市內古中河南段通江橋西側揀得瓷片兩塊（附圖二），所拾者與故宮博物院收藏的傳世哥窰器雙魚耳爐（圖46）的器質完全一致。其後，又在古中河南段聖安橋（今上倉橋，屬南宋皇城御街，與六部相鄰）揀得三齒圓餅形支釘一件。此件支釘與郊壇官窰同類支釘不同（附圖三），這就揭示了該處當是一窰址所在地或窰址近區。此處約位於鳳凰山下，萬松嶺東麓，與文獻記載的地理位置相符。爾後，故宮博物院又派人前往了解，幸又獲得修內司官窰器物殘足一片（附圖四），這是窰址遺存的又一實證。這些發現至少可以提示我們對修內司官窰的存在不能輕易否定，當然，關於"傳世哥窰"是否就是修內司窰這一重要結論還有待於學術界、考古界進一步研討，以得其究竟，因此本卷仍依舊例以哥窰稱之。

據宋史記載，紹興二年置修政局，主管土木營繕之事，修內司主窰務當在此時。紹興十三年建郊壇，故郊壇窰的建立最早當在紹興十三年以後，這也是修內司窰之下限。據此推論修內司窰的時代當在紹興二年（1132）至紹興十三年（1143）稍後的一段時間，其燒造史約十餘年之久。

（二） 官窰

前文所引葉寘《坦齋筆衡》記載“置窰於修內司，造青器，名內窰。”“後郊壇下別立新窰”，明確地記述了南宋建立官窰的過程。因此，現今學界一般認為傳世的官窰瓷器為修內司和郊壇官窰所燒造。

筆者在前文中已具體闡述了個人認為修內司窰應為“傳世哥窰”，因此，宮藏“官窰”器的窰口應為南宋的郊壇官窰。

郊壇官窰是繼修內司窰以後設立的第二座官窰，其窰址在杭州市南郊烏龜山一帶。早在本世紀初期，窰址已經被發現，五十年代浙江省文管會對窰址進行了小規模的發掘，1985年又進行了第二次發掘，大面積揭露了作坊遺迹及窰爐一座，取得了較豐富的資料，其中有不少發掘物與故宮博物院藏官窰器相符。[(3)]（附圖五）

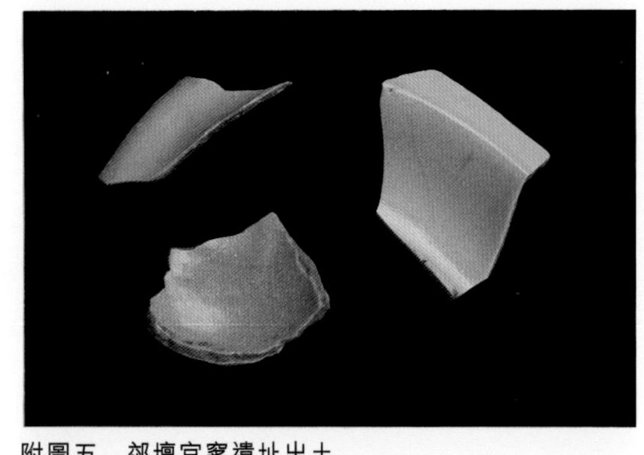

附圖五　郊壇官窰遺址出土

發掘證明，郊壇官窰燒製器物可分兩大類：一類屬於生活用具，有碗、盤、碟、盒、盆、罐、瓶等；（圖31、33）另一類為陳設用瓷，主要是仿周漢的鼎、鬲、簋、奩等形式的香爐以及琮式和槌式的瓶、觚、尊、貫耳壺、花口壺、花盆等。（圖37）兩類相比，以燒製生活用瓷為主。然而，在北京與台北故宮博物院所藏官窰瓷器中，卻以陳設用瓷居多，可能因為日用瓷損壞率較高，故陳設用瓷存留較多。從瓷器胎與釉的厚、薄對比而言，有厚胎薄釉和薄胎厚釉兩類。一般講，碗、盤、碟、杯等小型器皿薄胎者居多，觚、爐、瓶、花盆等較大較高的器物則以厚胎者居多。瓷胎的色澤以灰色為基本色調，其胎以瓷石羼入少量紫金土配製而成。釉色以青為主，基本上可分為粉青（圖1）、灰青（圖3）、米黃三種色調，是以植物灰及石灰、長石、高嶺土、石英等原料配製成的石灰鹼釉。這種釉的一個最大特點是高溫時黏度較大，即在高溫下不易流釉，因而釉層可以施得厚些，使器物外觀顯得比較飽滿。薄釉器一般施一次釉，施釉後以支燒具墊於器底，裝入匣鉢內燒製。器身全部滿釉，僅留有支釘痕。（圖14）厚釉瓷器大部分是墊餅燒，施釉在兩次以上，多者達四次。裝燒時往往將圈足底部釉層刮掉，再墊上墊餅，釉層不致黏連而報廢。（圖10）官窰瓷器開片紋的形成是由於高溫條件下胎與釉的膨脹系數不同所致。這説明，開片紋的產生是瓷器在窰中燒成過程中自然形成的一種現象。一般講，薄釉和厚釉產品開片的狀態是不同的，薄釉器（圖15）的開片紋細密者多，厚釉器（圖7）的開片紋粗稀者多。

郊壇官窰，顧名而知是在建壇以後建窰的，上承修內司。《宋史．高宗本紀》載：“（紹興十三年）三月己亥，造鹵簿儀仗。乙巳，建社稷壇。丙午，築圜丘。”那麼，郊壇官窰始建年代當晚於紹興十三年（1143），但其下限年代尚缺文獻與考古資料佐證，故其燒造史姑定在紹興十三年稍後以至更晚的紹興年間（1143－1162）。

## 民　窰

### （一）越窰

浙江是中國青瓷的主要發祥地，越窰青瓷是其中的傑出代表。

“越窰”之名，最早見於唐代文獻。陸龜蒙《秘色越器詩》：“九秋風露越窰開，奪得千峯翠色來……”明確地提到“越窰”。在唐代，瓷窰通常以州命名，故曰越州窰。

宋代在唐代的基礎上又有所發展。其窰址集中於餘姚上林湖、慈溪上吞湖、白洋湖一帶，以餘姚上林湖的產品為代表。其地是唐五代到北宋時期越窰大規模的生產基地。（附圖六）此外，今鄞縣東錢湖、鎮海洞等濱海地區也有燒越窰器遺址的發現。

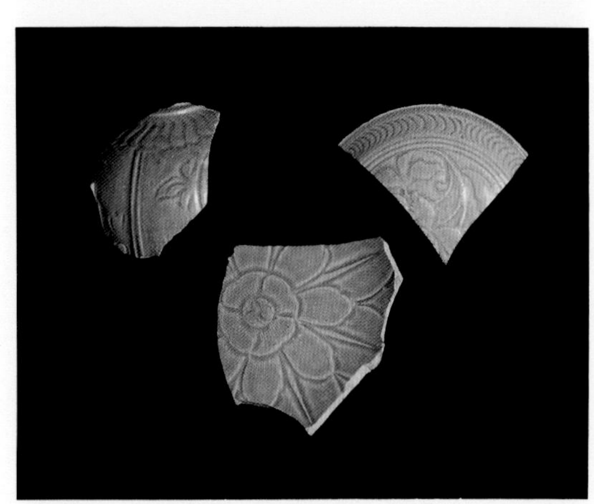

**附圖六　浙江餘姚上林湖越窑遺址出土**

越窰在唐代曾燒過貢瓷，著名的秘色瓷就產於越窰，但未建官窰。北宋初期，越窰的生產仍處於發達興旺時期並大量燒製貢瓷，同時民用及外銷瓷也急劇增加，產量巨大。宋時杭州、寧波是重要通商口岸，供銷外地的越瓷大部分由寧波或經杭州灣出海，運至國內外。為了便於運輸銷售，沿海一帶杭州灣南岸，尤其是寧波附近的瓷業特別發達。這從寧波鄞縣東錢湖青瓷窰址的發現得到了證實。越器製作較細，品種豐富，式樣優美，並較多地運用刻劃花、鏤雕和多種裝飾方法，其中以細綫條的劃花最為精緻，時以刻劃方法並用，紋飾立體效果尤佳。紋飾題材以鸚鵡、蝴蝶最具典型，圖案多裝飾在碗盤的內底中心或盒的蓋面。

以往多把越窰帶細綫條劃花裝飾的器物視之為五代時期作品，隨着窰址的不斷發現，古遺址與紀年墓葬出土越窰瓷器的不斷增多，發現帶細綫條劃花裝飾的器物有些出於宋初墓葬之中，從而證明其時代較之過去所斷定的時間要晚一些。1981年北京西郊八寶山遼韓佚墓出土瓷器二十五件，其中有越窰青瓷器十件，四件帶細綫條劃花裝飾。這些陪葬瓷器均為宋代早期產品，紋飾清晰，胎色灰白，釉色青中閃綠，製作工藝精湛，代表了北宋時期越窰的燒造水平。而越窰卓絕的雕瓷技術充分體現了民間藝術的濃郁情趣。北宋後期越瓷始逐漸為龍泉青瓷所替代。

（二） 龍泉窰

繼越窰而起的是龍泉窰。一衰一興，標誌着浙江青瓷生產步入了一個新的發展階段。北宋時期，越窰青瓷燒造中心正處於從餘姚上林湖一帶向龍泉大窰（古琉田）、金村等地轉移的過渡階段，故浙江青瓷器主要有越窰與龍泉窰之別。

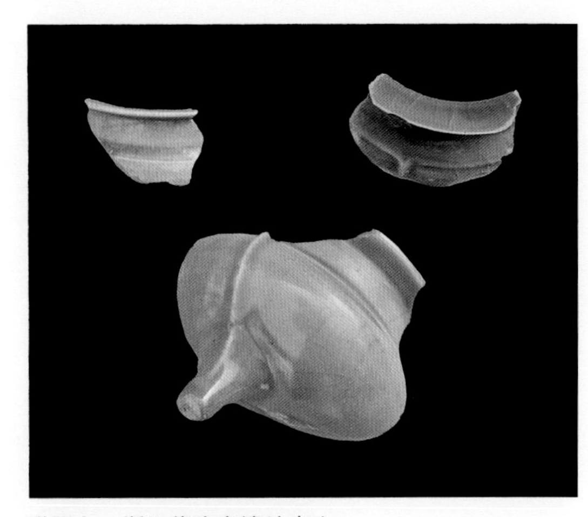
**附圖七　浙江龍泉窰遺址出土**

龍泉窰在今浙江省龍泉縣境內，龍泉縣境不僅有蘊藏豐富的製瓷原料，而且該地山區丘陵盛產燒瓷燃料松柴，水流瓷源也十分豐富，是建窰燒瓷的理想地方。窰址多集中在大窰、金村、溪口、梧桐口、小白岸等地。大窰、金村兩地窰址尤多，且產品質量也最精。（附圖七）

北宋後期，龍泉窰青瓷以燒製碗、盤為主，瓶、罐、鉢和執壺次之，其特點是灰胎、素黃釉、並盛行繁縟的刻劃花裝飾。（圖106）碗盤內壁常飾以團花、牡丹、浪濤和童子戲花等紋，外壁為成組的斜直篦紋；瓶和執壺的腹部飾纏枝牡丹、蕉葉紋和蓮花瓣紋等，並填以篦點紋，以突出主題紋飾。至南宋，龍泉窰有了很大發展，不僅產地擴大，瓷窰增多，產品質量也大為提高。此時，青瓷以胎厚重、釉層透明勻淨為主要特徵。南宋後期，成功地燒出了薄胎厚釉青瓷，使青瓷釉層豐厚柔和，滋潤如玉。釉色有粉青、豆青、梅子青等。（圖102）

此時燒造技術深得瓷藝三昧，產品可稱宋代龍泉窰的代表作。龍泉青瓷釉大體可分為石灰釉和石灰鹼釉兩大類。從前者發展到後者，大約經過了一百多年的時間。石灰釉的特點是高溫中燒造黏度較小，易於流釉，因此，這類釉一般都呈玻璃質狀，質薄而透明度高，光澤較強，釉中氣泡和未熔石英顆粒很少。石灰鹼釉則相反，在高溫下黏度大，不易流釉，施釉也較厚。再加上這一時期已能較成功地控制燒成溫度和還原氣氛，從而使產品在外觀上獲得了與石灰釉迥異的別具風格的藝術效果。梅子青釉的燒成溫度比粉青釉高，故釉的玻璃化程度也比粉青釉高。梅子青的釉層略帶透明，釉面光澤亦較強。從燒造工藝而言，梅子青釉的形成原因除了燒成溫度較高以外，還需要較強的還原氣氛和比粉青釉更厚的釉層。

粉青和梅子青釉均配以白胎，龍泉窰除生產白胎青瓷外，還生產一種黑胎青瓷，產量以白胎青瓷佔主要地位。黑胎青瓷的胎色與燒成溫度有關。燒成溫度高則胎色深灰，燒成溫度低，胎色也相應較淡。釉的色調及光澤和燒成溫度與氣氛也密切相關，溫度高時，釉呈棕黑色玻璃狀，溫度較低時，釉色變淺，光澤亦減弱，呈半木光或木光。這種黑胎青瓷無論在造型、釉色、紋片以及底足的切削形式等方面都和南宋官窰相似。胎的色調對釉色也有一定的襯托作用。古代龍泉青瓷一般都要在胎的配方中摻加一定量的紫金土，其目的在於降低胎的白度，使胎色在白中略帶一些灰的成分，這樣便可使釉色深沉而不致過於顯露。不同的釉色要求配以不同的胎色，粉青釉要求胎色白中帶灰，梅子青釉要求胎的白度高一些，而黑胎青瓷則要求灰黑色為宜。

鐵的含量是決定青瓷胎釉色調的主要因素之一。“朱砂底”和“紫口鐵足”都是由於胎內含有較多的鐵質並在燒成後期受到二次氧化所致。這些燒製青瓷的科學原理均為這時期龍泉窰工匠所掌握和運用，這就使龍泉青瓷享譽中外，進入了它的鼎盛時期。

（三）景德鎮窰

景德鎮之名遠播海內外，其瓷器造型優美，釉色瑩潤，歷代被推為名瓷。在宋代，它雖為民窰，但已表現出高超的燒瓷技藝。景德鎮位於昌江之南，古曰昌南鎮。唐武德年間屬新平縣，天寶以後改名浮梁縣。景德鎮之名始於北宋景德年間，因青白瓷蜚聲於當時而得名。

追溯景德鎮燒瓷歷史，在文獻中有如下記載：

(1)《浮梁志》：“新平冶陶，始於漢世”；

(2)《景德鎮陶錄》：“陶窰，唐初器也。土惟白壤，體稍薄，色素潤，鎮鍾秀里人陶氏所燒也”；

(3)《邑志》云："唐武德中，鎮名陶玉者，載瓷入關中，稱為假玉器，且貢於朝。於是昌南鎮瓷名天下。""霍窰，窰瓷色亦素，土膩，質薄，佳者瑩縝如玉。為東山里人霍仲初所作，當時呼為霍器。"

長期以來，在景德鎮未發現唐代以前的窰址。唐代瓷器的發展是以南方越窰青瓷與北方邢窰白瓷兩大瓷窰體系為軸心的。當時全國南北各地瓷窰燒製的青瓷，無論在造型、釉色、裝飾等方面都與越窰青瓷相關；白瓷自然是仿邢窰製品。因此仿越、仿邢是晚唐五代時期瓷器發展的一個特點。景德鎮窰在當時也不例外，可見，這時期的景德鎮的瓷器生產是沿襲唐代的遺風，還沒有具備自身特色的新品種。但是應當看到當時景德鎮燒製白瓷不僅突破了唐代"南青北白"的生產格局，而且為以後青白瓷的出現奠定了良好的物質與技術基礎。

北宋初期，江西瓷器生產正處在從青瓷向白瓷轉化的發展時期。景德鎮為求發展，走上了"棄仿、創新"的道路，燒製出了冰清玉潔、明淨瑩澈的青白瓷器，係因其釉色介於青白之間而得名，後世又有影青、隱青等名稱。從此，景德鎮的青白瓷既可與南方傳統的青瓷競奇，又可與北方先發展起來的白瓷媲美，是青中有白、白中泛青、具有景德鎮獨特風格的瓷器。正如蔣祁在《陶記》中所說："埏埴之器潔白不疵，故鬻於他所，皆有饒玉之稱，其視真定紅瓷，龍泉青秘相競奇矣。"從此以景德鎮為代表的江西瓷器生產步入了一個空前興盛、出類拔萃的新階段。因而，景德鎮獲得了"天下咸稱景德鎮"之聲譽。（附圖八）

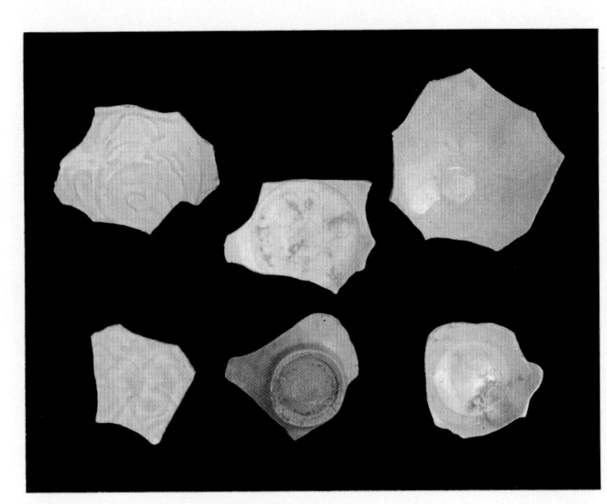

**附圖八　江西景德鎮窰遺址出土**

根據考古工作者對景德鎮境內古窰址與南北墓葬出土物的調查，並與其燒瓷工藝相印證，可將青白瓷發展分為如下三期：

(1) 青白瓷的興起（北宋初期）

這時期以黃泥頭、湘湖、湖田等窰的生產為代表。器物成型仍以五代時期的濕泥拉坯為主。在裝飾方法上，揚棄了五代時期的重叠燒，普遍採用一匣一器的仰燒法。這種裝燒方法是將碗坯置於小於器底圈足的墊餅之上入匣燒製。此法雖然使坯體免受直接火刺的影響，但由於還原技術還沒有完全掌握，致使瓷器的釉色與胎質的透明度均受到不同程度的影響。

(2) 青白瓷的發展(北宋末至南宋初)

這時期以湖田、南市街窰生產為主。器物成型改變了前期的濕泥拉坯方法,採用先拉出毛坯,待其乾燥到一定程度再旋削成型的新方法。特別是燒造技術的提高,表現在對燒造過程中還原技術的嫻熟運用,這是燒好青白瓷的關鍵。因此,這時期多數器物的釉色已從前期的青灰和淡黃色改變成青綠色,色澤淡雅,瑩潤如玉,釉面明淨潔麗,胎質細薄堅致,刻劃紋飾清晰精美。這時期瓷器的造型更為豐富,除燒製大量的碗、盤外,還有壺、瓶、罐、盞托、爐、盒等,器型多仿豪華的金銀器皿。(圖182)盤碗邊沿多係葵花形,壺長流,曲柄,瓜棱腹。(圖152)

(3) 青白瓷的衰落(南宋中後期)

這時期的瓷器生產以湖田窰為代表。為了滿足國內外市場上的需要,設法提高產量,在燒製技術上採用北方定窰支圈組合窰具的覆燒法,這種燒法儘管能大大提高產量,但在質量上受到極大影響,遠不如前期。採用這種燒法的瓷器,一個明顯的特徵就是器物口沿無釉,即文獻上所謂的"芒口",故有南定之稱。為了適應這種裝燒方法,坯體要求嚴格規範化,所以器物的成型以模印為主。模印既有裝飾效果,同時也起到成型的規範作用。即先用模壓印出樣坯,然後待樣坯乾燥後再削旋外形而成。因此,這時期盤、碗之類的器物均為印花裝飾,紋飾較為繁縟、呆板,不如前期的刻劃花剛勁有力、生動活潑。壺、瓶的成型也多採用外模印的方法。受其影響燒製青白瓷者,多集中在江西地區,如南豐的白舍窰,贛州七里鎮窰以及吉州窰等。此外,廣東、福建等沿海地區為數也夥,其中尤以福建為最。德化、泉州、永春、安溪、同安等瓷窰,有些產品堪與景德鎮匹敵。

(四) 建窰

建窰是宋代福建專燒黑釉茶盞的著名瓷窰,因當時稱黑釉盞為建盞,故名建窰。又由於窰址位於福建省建陽縣水吉鎮,所以又稱水吉窰。(附圖九)建窰以燒製碗、盞為主,"兔毫盞"為其特產,係因黑釉或醬褐釉上出現細如兔毛的條狀結晶而得名。(圖206)所謂"玉毫"、"異毫"、"兔毛斑"、"兔褐金絲"等等名目,都是兔毫的不同品種。指印、油滴、鷓鴣斑等紋釉茶盞,過去一向被認為是江西吉州窰的創新品種,通過發掘得知,建窰也有類似燒製,證明兩窰具有密切的關係,屬同一窰系。[4] 北宋後期,因建窰燒製的黑盞適於鬥茶,故一度受宮廷青睞。發掘出土的帶有"供御"和"進琖"字款的

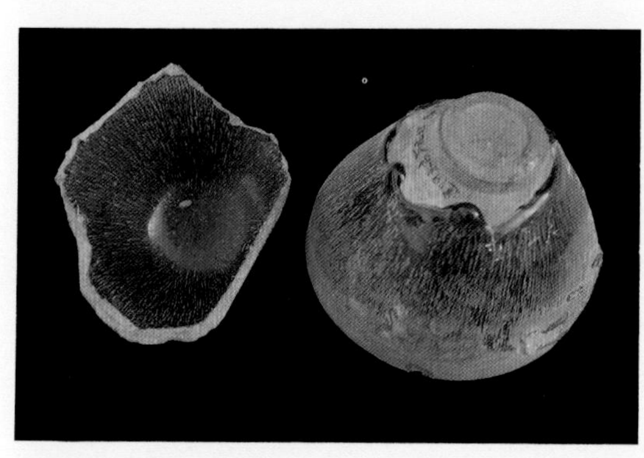

**附圖九　福建建窰遺址出土**

茶盞就是證明。燒製這類產品的瓷窰，除主要集中於福建的建甌、光澤、南平、福清、泉州等地外，在廣東、廣西、浙江、江西、四川等地也發現了許多燒製黑盞的瓷窰。這種黑釉碗的大量燒製與宋代“鬥茶”風尚緊密相關，故成為宋代較為流行的品種之一。

（五）吉州窰

江西的吉州窰以釉色品種繁多、造型豐富、裝飾方法多種多樣為其三大特點。以裝飾而言，不下數十種之多，大致可以歸為“胎裝飾”、“釉裝飾”和“彩裝飾”三大類。

“胎裝飾”即先在胎上刻劃、印出花紋，然後上釉燒製的一種裝飾方法。吉州窰的刻劃花、印花都屬於“胎裝飾”。

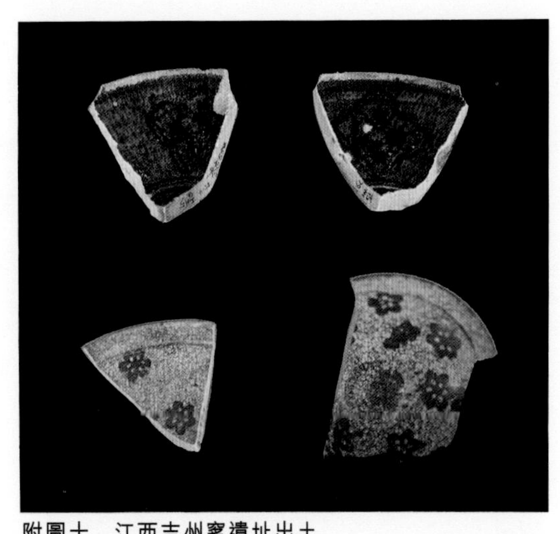

附圖十　江西吉州窰遺址出土

釉本身既有實用作用，又具裝飾作用。所謂“釉裝飾”，是指利用釉中所含的不同呈色金屬在燒製過程中呈現的各種鮮艷釉色、釉斑和流紋等為飾。由於它是在窰內燒製過程中形成的，所以一般稱為“窰變釉”。“窰變釉”原是千變萬化的不規則的釉，然而，在吉州窰同時運用剪紙貼花於窰變釉之中，可達到人們預期的一定的效果，既保持了“窰變釉”多種變化的特點，又燒製出人們所需要的花紋，這是吉州窰的一大創新。（附圖十、圖221）

在不同的釉地上利用釉料有意地灑或畫出各種花紋，形成各種紋樣，即“彩裝飾”。（圖230）吉州窰的白地黑花裝飾是釉下彩，將民間剪紙藝術運用於瓷器的釉下彩，或用自然的樹葉燒製出葉紋裝飾，更是一種創新，這類產品具有濃郁的民間風味。（圖240）

吉州窰屬民窰，是商業性質的生產。它與北方的磁州窰一樣，不受宮廷束縛而富於創新精神，是在中國陶瓷發展史上創燒了許多瓷器新品種的極其重要的瓷窰。

## 綜　述

靖康之變，宋室南遷，宮廷用瓷仍沿襲舊製，自置官窰燒造。南宋官窰的建立對南方民窰青瓷的生產與發展產生了重大影響。由於戰亂，北方優秀工匠紛紛南來，從而把北方的燒瓷技術運用於南宋官窰，並與當地的工匠技藝和自然條件相結合，再加以創新，燒製出修內司官窰與郊壇官窰瓷器。因官窰瓷注重釉色美，厚釉成為其最大特徵。為了達到釉色深沉、光潔瑩澈的效果，在釉層加厚的同時，必須減薄胎體與之相配合，因而薄胎又是其另一特點。在燒製方法上多用北方支燒法，但根據器物的需要也有採取墊餅燒法或支燒、墊燒二法同用於一器。綜上所述，嚴格地說，南宋官窰的特徵既不同於官汝窰器物，又有別於南方越窰與龍泉窰的器物，是在特殊情況下融合南北瓷藝於一爐的產物。

隨着南宋王朝的建立，宮廷用瓷的需要量不斷增大，除官窰外，部分用瓷還要依靠龍泉民窰燒造。在龍泉大窰、溪口、瓦窰垟所建立的黑胎青瓷窰正是出於此種原因。它燒製的瓷器為仿古器型，具有厚釉薄胎、開紋片等特徵，故有所謂"龍泉仿官"之說。同時，大窰等地生產的白胎青瓷，在器型、紋飾和多次上釉、墊燒工藝等方面，也是受官窰影響所致，因而，與南宋前期龍泉窰傳統的製瓷工藝大異。所以，龍泉窰製瓷工藝的極大提高與官窰影響是分不開的。

由此可知，南宋官窰促進了龍泉窰燒瓷工藝的提高，在很大程度上改變了其粗厚笨重的造型，並使其玻璃狀的透明薄釉轉變為乳濁性的青釉。這種官窰與民窰的相互依存、相輔相成的關係，構成了南宋時瓷器的基本特徵，同時，也是宋代瓷器高度發展的一個重要原因。

自唐代始，中國瓷器通過陸路、海運不斷大量外銷，宋代亦然。除供應國內需求外，還生產大量外銷瓷。其中，龍泉窰青瓷與江西景德鎮青白瓷是當時輸往世界各地的大宗商品。福建、廣東地區的瓷窰也爭相效仿其品種出口，赢得了世界人民的喜愛，這也是促進宋代瓷器大發展的重要原因。

## 註釋

(1) 朱伯謙：《朱伯謙文集》，紫禁城出版社，1990年，175頁。

(2) 朱伯謙、王世倫：〈浙江省龍泉青瓷窰址調查發掘主要收穫〉，《文物》，1期，1963年。

(3) 李德金：〈烏龜山南宋官窰出土的產品及燒瓷工藝〉，《慶祝蘇秉琦考古五十五年論文集》，文物出版社，1989年。

(4) 李輝柄：〈成果展覽中的瓷器〉，《考古》，1期，1993年。

# 官窯

# *Official Kilns*

1

## 官窯弦紋瓶

宋

高33.6厘米　口徑9.9厘米　足徑14.2厘米

清宮舊藏

**Vase with bow-string design, Guan ware**

Song Dynasty

Height: 33.6cm　Diameter of mouth: 9.9cm

Diameter of foot: 14.2cm

Qing Court collection

瓶洗口，頸細長，扁腹，圈足高窄，兩邊各有一長方形扁孔可供穿帶用，頸部及腹部各凸起弦紋三道。裏、外及足內滿釉，天青色釉，釉面開有大紋片，黑胎厚重。此種大瓶在宋代官窯中極為罕見，釉質瑩潤，造型古樸，是難得的精品。

此瓶和所有的官窯器物一樣，利用釉的流動，口邊只掛極稀薄的釉，薄釉處透出略帶紫色的胎骨，足部無釉則呈鐵色，這就是通常所說的官窯“紫口鐵足”的典型特徵。這一通體為天青色的弦紋瓶，配上紫口鐵足，既可避免色彩上的單調感，又富有古樸、穩重的情趣。

官窯瓷器不崇尚花紋，一般只是在器身裝飾以平行的弦紋。這件官窯弦紋瓶大面積素樸無飾，僅在頸、腹部飾有間距不等的弦紋六道，而且這些弦紋的安排也相當疏朗。造型簡潔雅致、乾淨俐落。

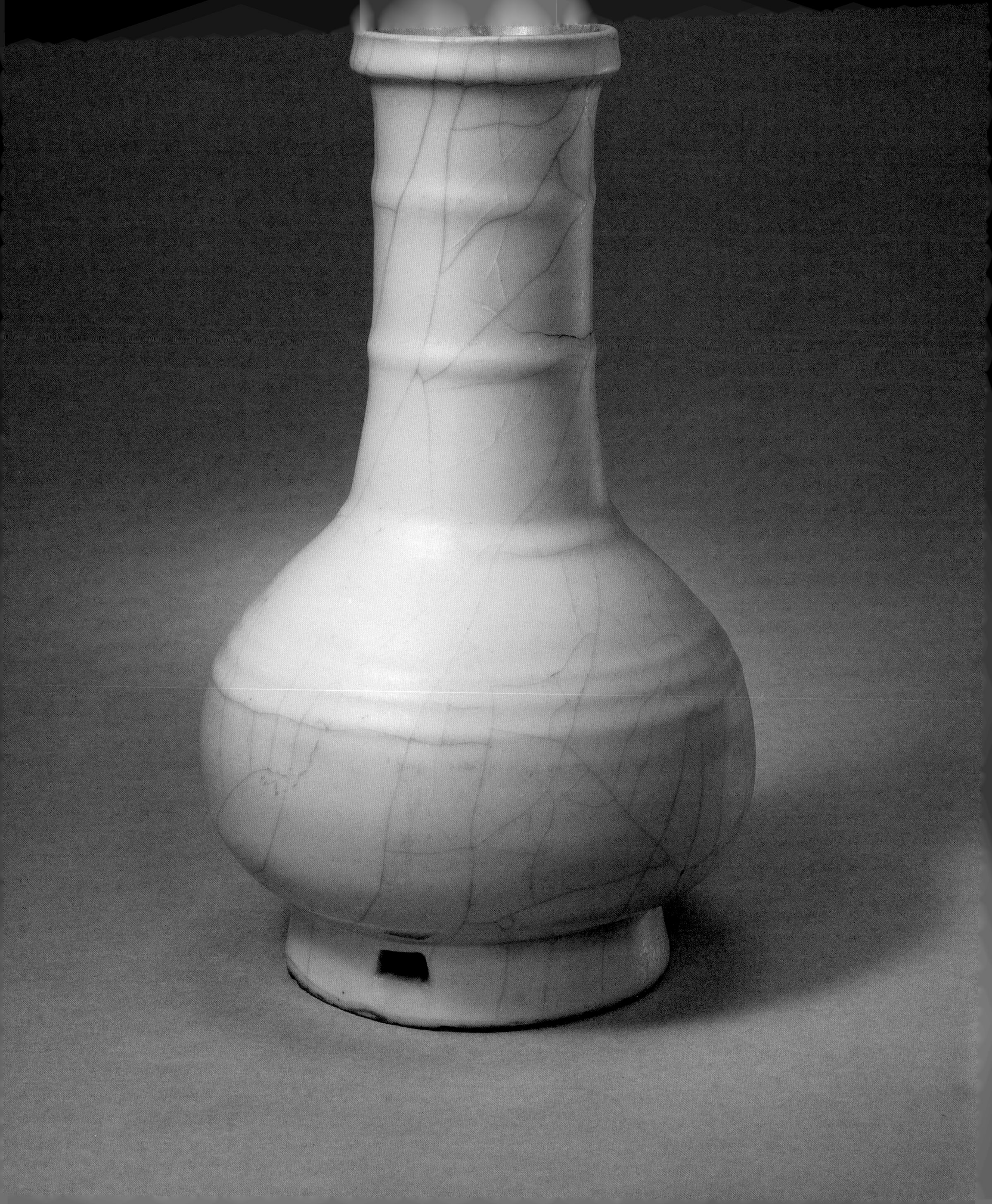

2

**官窰大瓶**

宋

高34.5厘米　口徑9.9厘米　足徑14厘米

清宮舊藏

**Large vase, Guan ware**

Song Dynasty

Height: 34.5cm　Diameter of mouth: 9.9cm

Diameter of foot: 14cm

Qing Court collection

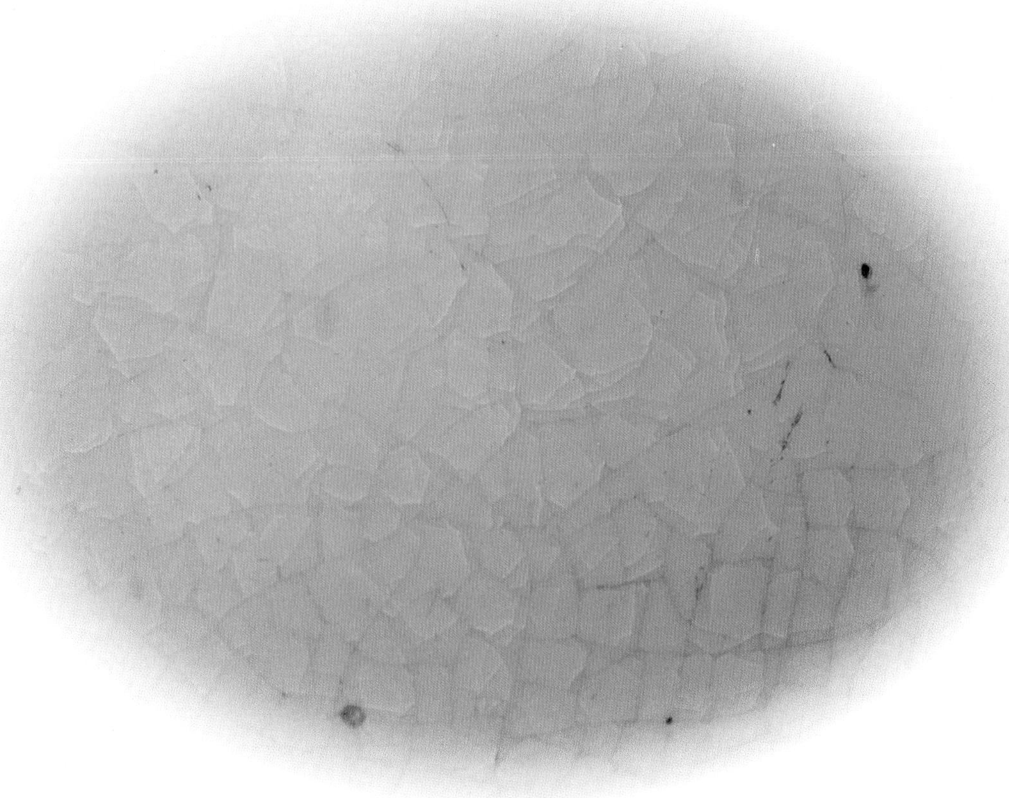

瓶直口，長頸，口以下漸廣，碩腹，圈足。口部凸起弦紋一道，其餘部位沒有裝飾。通體施釉，器身開大片紋，底部紋片較細碎。

這件大瓶形體碩大，器型端正典雅，莊重古樸，釉面光滑潤澤，在以碗、盤、洗等造型為主的官窰瓷器中實為精品。

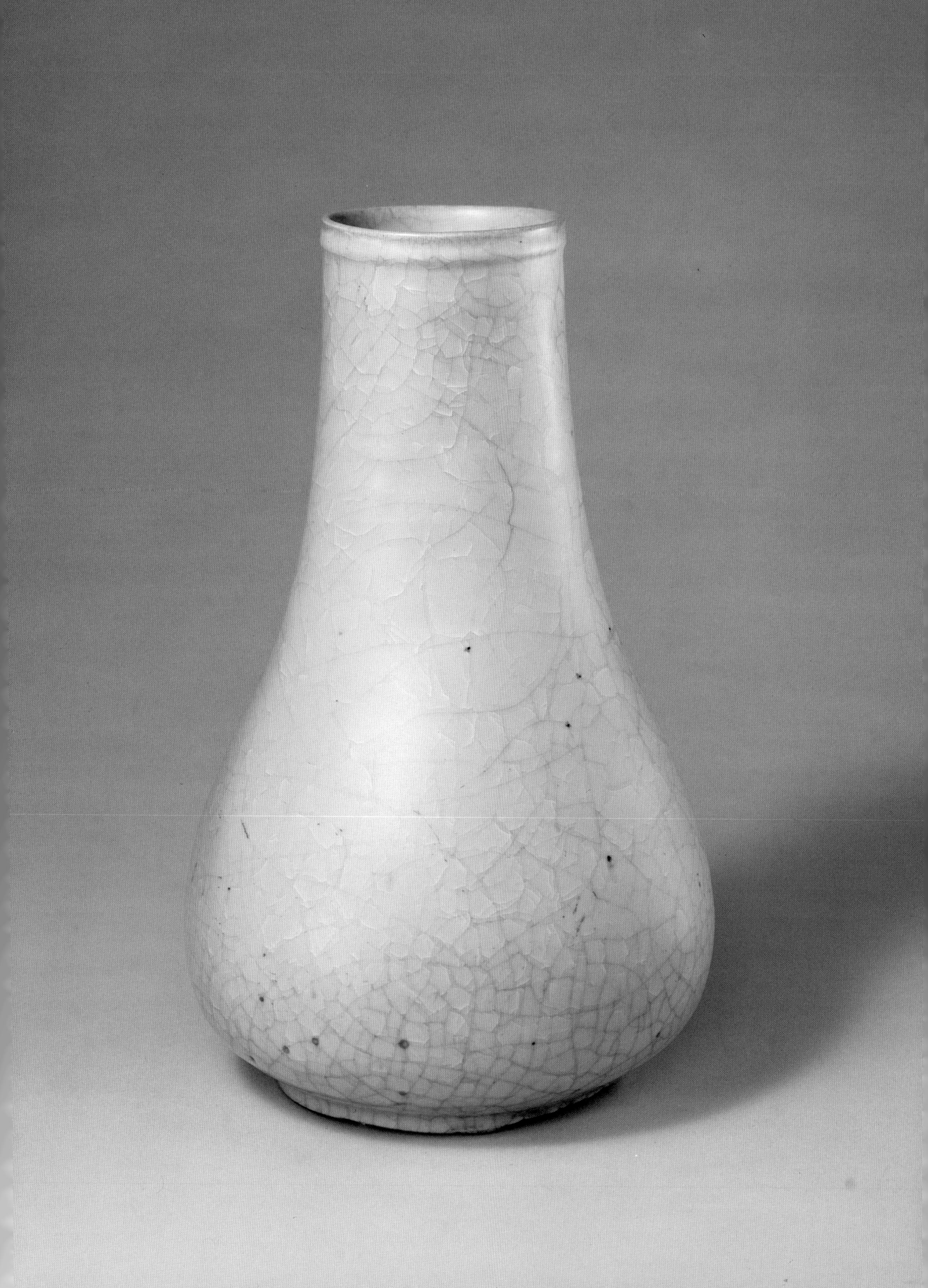

3

**官窰雙貫耳扁瓶**

宋

高23厘米　口徑9.4×6.4厘米　足徑6.3厘米

清宮舊藏

**Flat vase with pierced handles,Guan ware**

Song Dynasty

Height: 23cm　Diameter of mouth: 9.4×6.4cm

Diameter of foot: 6.3cm

Qing Court collection

這件大瓶型仿古青銅壺，敞口，粗頸，扁圓腹，高圈足，足邊兩側有二個圓孔。頸部凸起弦紋兩道，兩側貼二筒形耳。通體施粉青色釉、肥厚瑩潤，開米色碎片。瓶口及棱角轉折之處，釉層較薄，呈現出淺紫胎色。足底無釉，露出鐵黑色胎骨，這件南宋官窰瓷瓶，無論胎、釉、型等方面均顯現出官窰器的典型特徵；莊重古樸的仿青銅壺式樣，在官窰傳世品中罕見，比一般的盤、碗更為珍貴。

明代人高濂在其名著《遵生八箋》中對官窰產品曾做過精彩評論，他認為："官窰品格，大率與哥窰相同，色取粉青為上，淡白次之，油灰，色之下也；紋取冰裂鱔血為上，梅花片墨紋次之，細碎紋，紋之下也。"此件與他描述相符，當為上品。

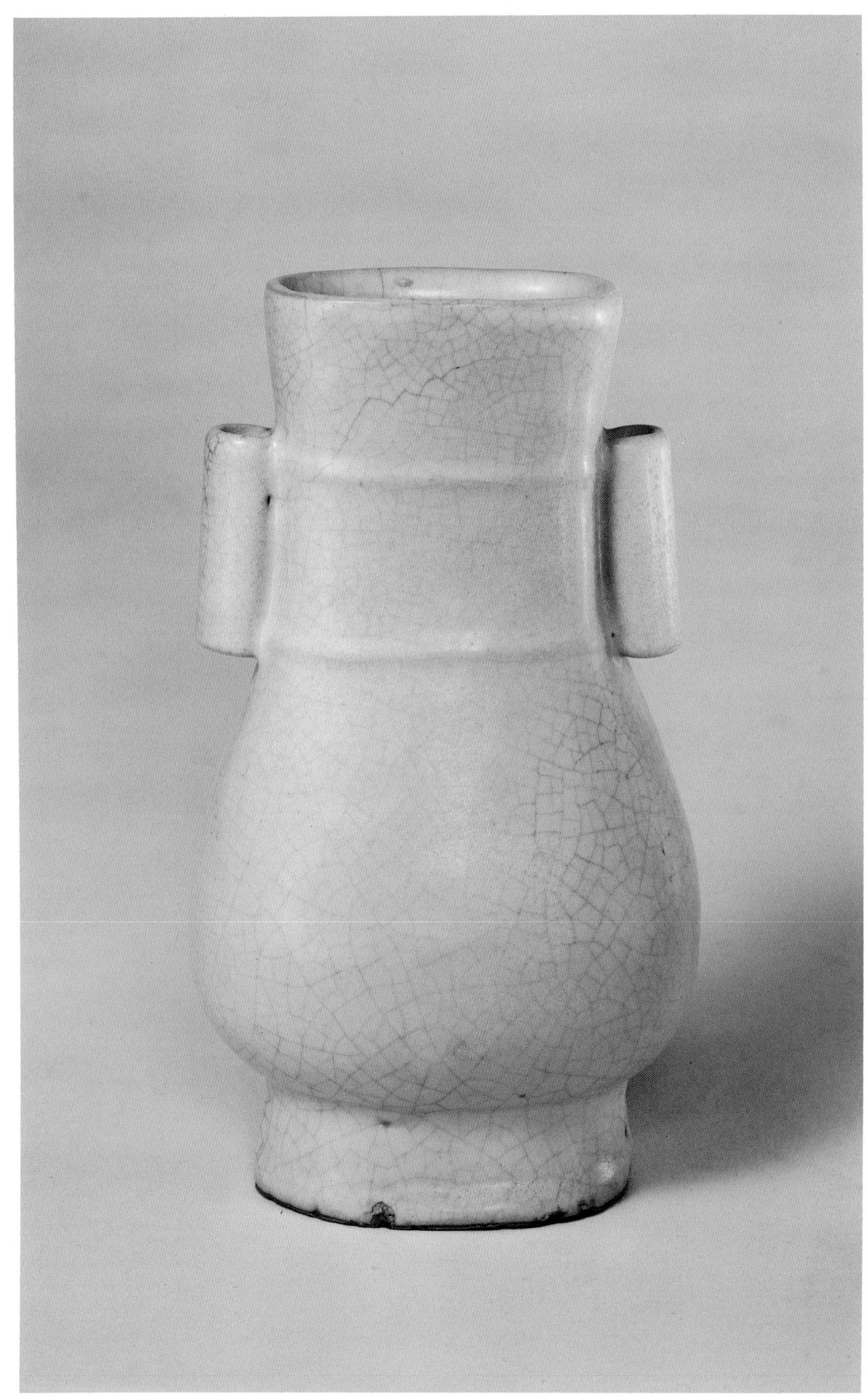

4

**官窰瓜棱直口瓶**
宋
高13.2厘米
口徑3.2厘米
足徑5.6厘米
清宮舊藏

**Melon-shaped vase with a upright-mouth, Guan ware**
Song Dynasty
Height: 13.2cm
Diameter of mouth: 3.2cm
Diameter of foot: 5.6cm
Qing Court collection

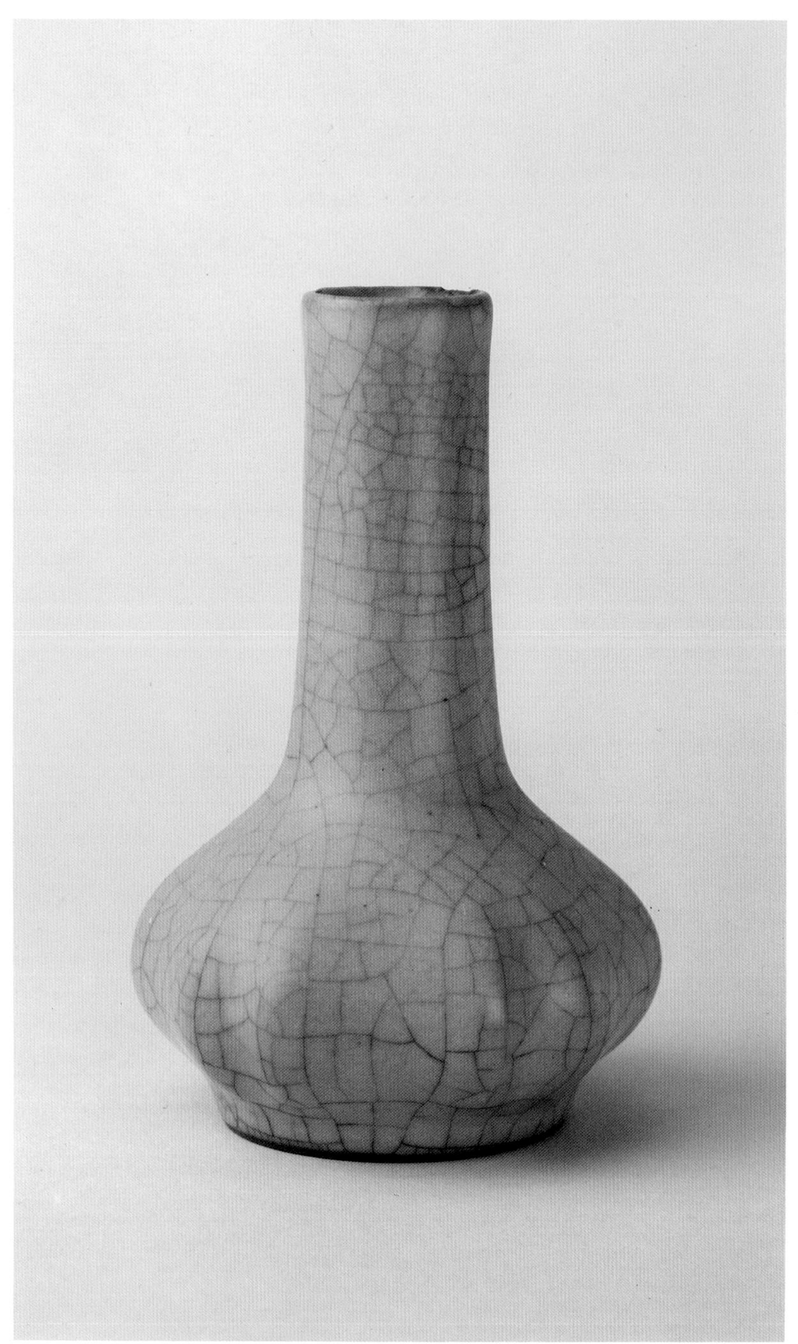

瓶直口，頸部細長，腹部由凹凸的弧綫形成似瓜棱狀的形體，圈足。通體滿釉，釉面開細碎紋片。

瓜棱瓶是宋瓷中多見的瓶式之一，瓶體秀麗靈巧，宋代南北各大瓷窰均有燒製，特別以景德鎮窰製品居多。可是在官窰瓷器中這類造型較為少見。此瓶器型端莊穩重，小中見大，沒有多餘的花紋裝飾，而以凸凹的棱角表現力度，體現美感。釉色肥厚潤澤，具有獨特的藝術魅力。

5

## 官窰方花盆

宋

高7.8厘米　口徑14×10厘米　足距8.5×7厘米

清宮舊藏

**Square flower pot, Guan ware**

Song Dynasty

Height: 7.8cm　Diameter of mouth: 10×14cm

Spacing between legs: 8.5×7cm

Qing Court collection

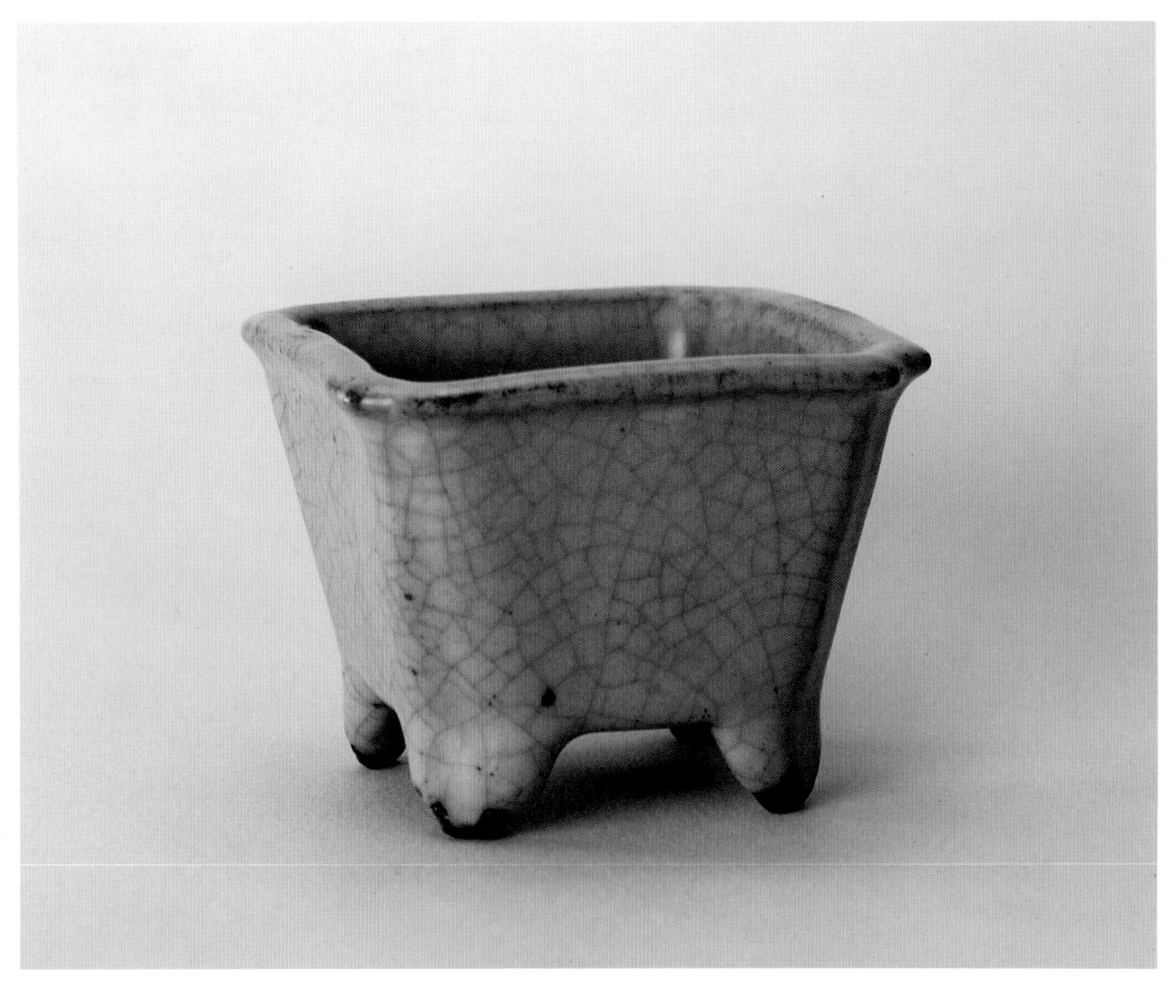

盆為四方形，委角，折沿，侈口，下有四垂雲足，開赭色紋片，裏心有五支釘痕。內、外均滿釉。

在宋代，瓷花盆的生產是為了滿足當時皇宮的需要，是為宮廷盆景設計的陳設品，造型多樣，規格齊全，其中有葵花式、蓮花式、海棠式、敞口尊式、六角形、方形、長方形等。一般都是盆、奩配套，底部刻有標號。花盆這種造型在各大名窰中，以鈞窰最為多見，官窰瓷器中較為少見。此器玲瓏小巧，精細可愛。

6

**官窰方花盆**

宋

高9厘米　口徑15×15厘米　足距13×13厘米

清宮舊藏

**Square flower pot, Guan ware**

Song Dynasty

Height: 9cm　Diameter of mouth: 15×15cm

Spacing between legs: 13×13cm

Qing Court collection

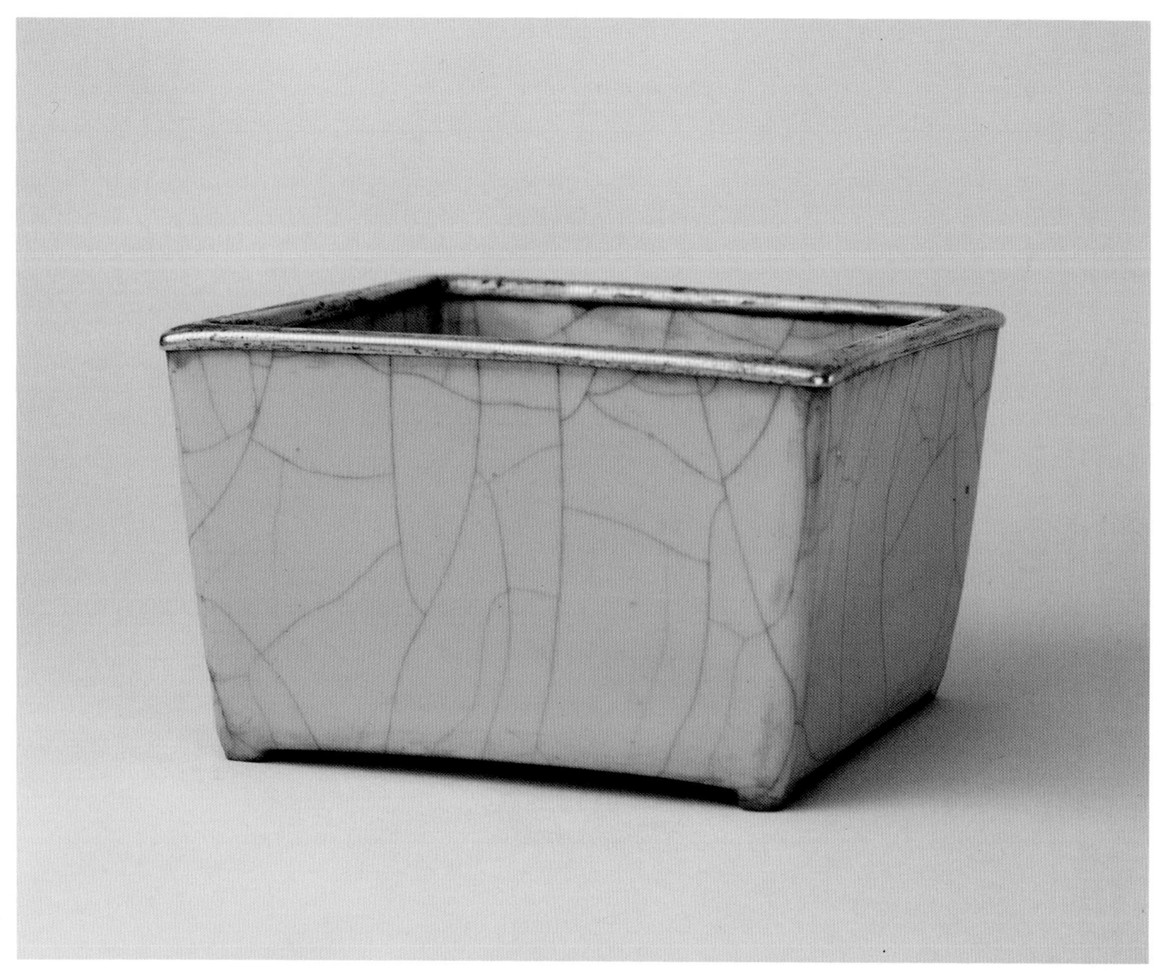

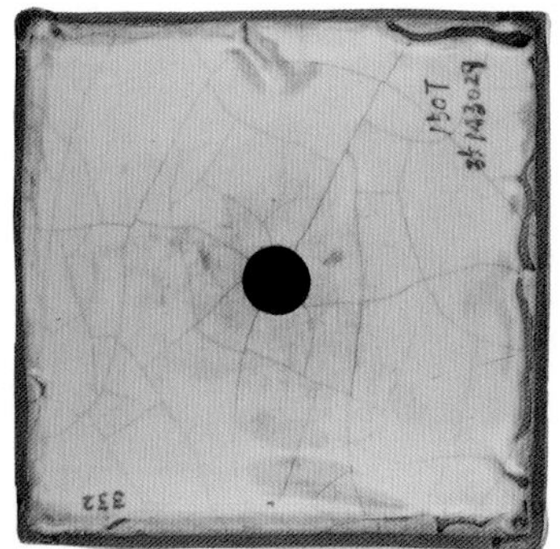

花盆敞口，鑲金銅口，底有鑽孔，下承以四淺足，器為方形，通體滿釉，並開有大片紋綫，遍佈器身。

此器造型規整，釉色青潤。

7

## 官窰盞托

宋

高5.7厘米　口徑8.1厘米　足徑6.7厘米

清宮舊藏

**Cup with saucer, Guan ware**

Song Dynasty

Height: 5.7cm　Diameter of mouth: 8.1cm

Diameter of foot: 6.7cm

Qing Court collection

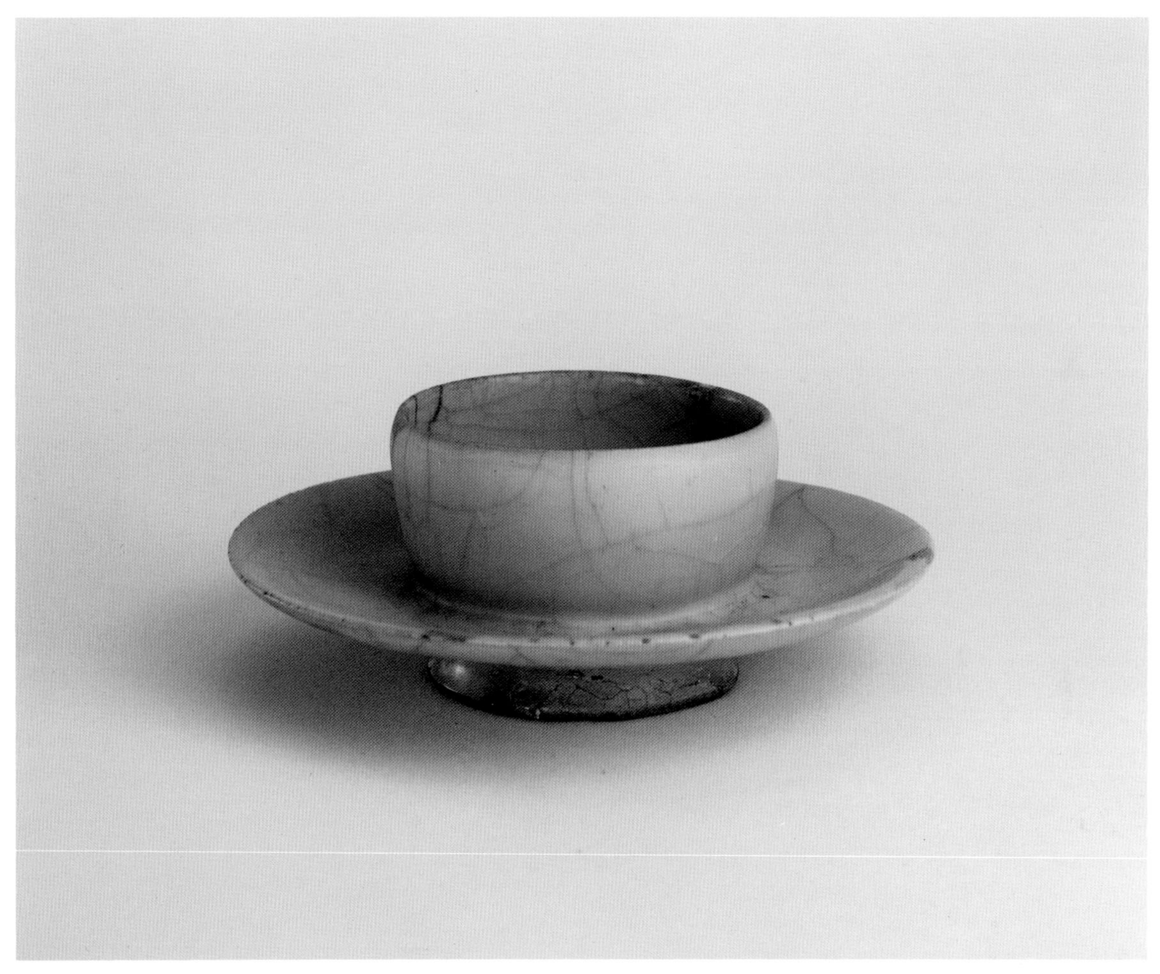

盞托斂口，邊沿寬大，圈足外撇，釉色瑩潤，光潔似玉，開有冰裂紋片。

盞托分盞和托兩部分，早在東晉時已出現，它由耳杯承盤發展而來。南北朝時江南地區盛行飲茶之風，瓷盞托的數量顯著增加。當時的盞為直口深腹圓餅形底，托作淺盤式。唐代飲茶之風盛行，茶具有腹壁斜伸、器型坦張的碗和盞托等；五代末期，盞腹加深，托變高，美觀而實用。至宋代，南北瓷窰無不燒製，式樣繁多，且各具特色。

8 官窰折沿洗

宋

高6.1厘米　口徑21厘米　足徑14.4厘米

清宮舊藏

**Washer with foliated edge, Guan ware**

Song Dynasty

Height: 6.1cm　Diameter of mouth: 21cm

Diameter of foot: 14.4cm

Qing Court collection

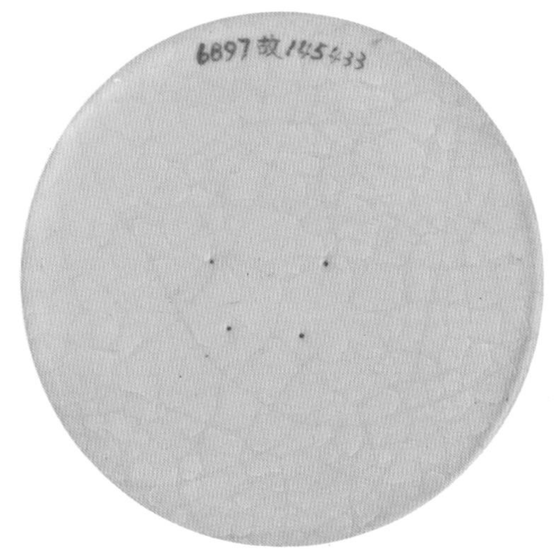


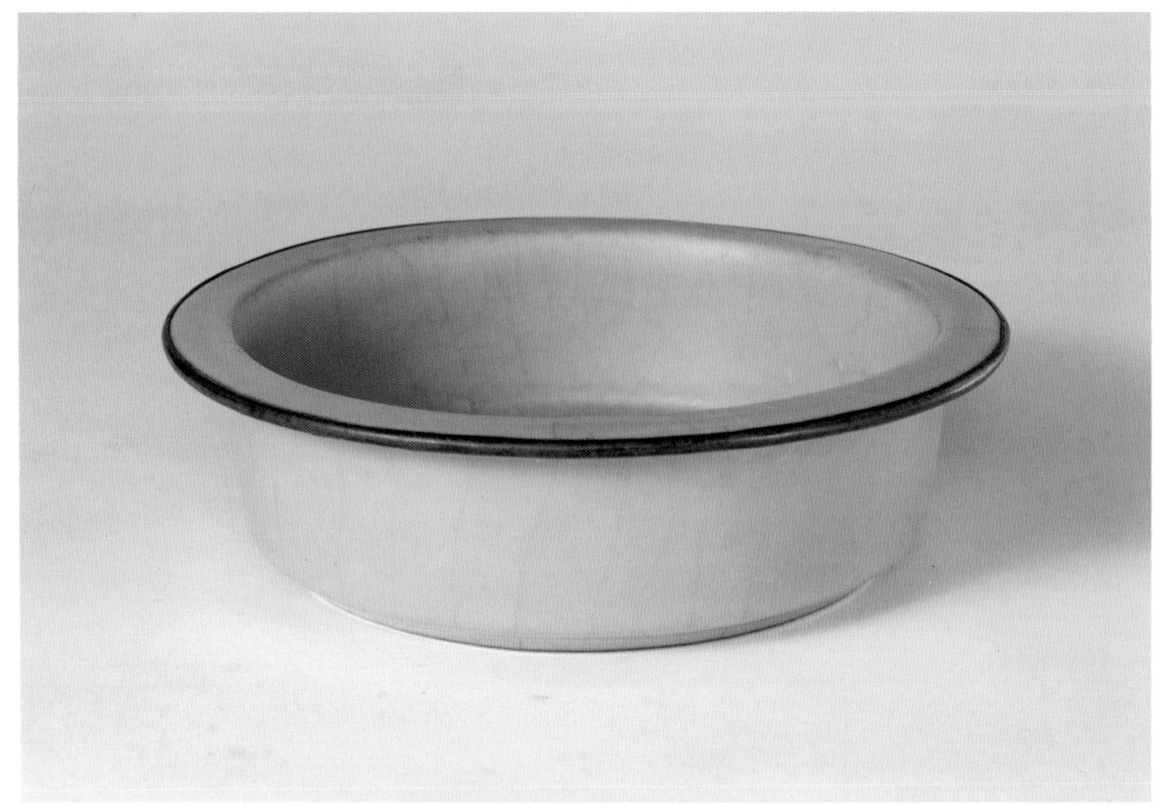

洗折沿，折底，器壁微呈弧形，圈足。上寬下窄，足邊無釉，底呈米黃色釉，帶有四個小支釘痕，通體開碎紋片。此器極為規整，仿金銀器形制，造型上追求古樸、典雅、敦厚之美。結構完整，比例和諧，剛柔相濟，柔和流暢的整體輪廓綫與剛勁明快的棱角轉折結合自然，底足修整細膩。

9

**官窰圓洗**

宋

高6.2厘米　口徑21.5厘米　底徑18.3厘米

清宮舊藏

**Round washer, Guan ware**

Song Dynasty

Height: 6.2cm　Diameter of mouth: 21.5cm

Diameter of bottom: 18.3cm

Qing Court collection

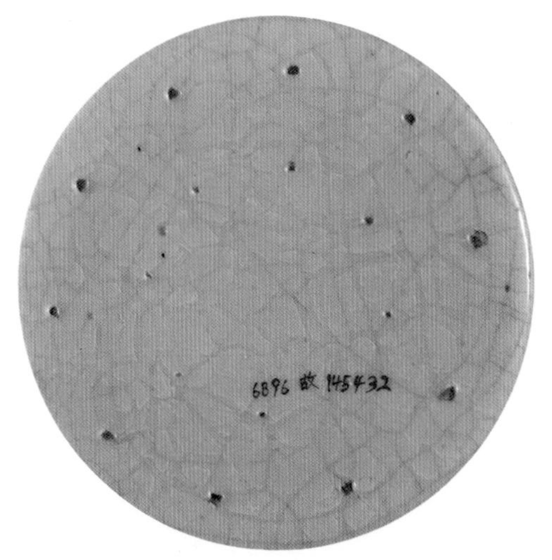


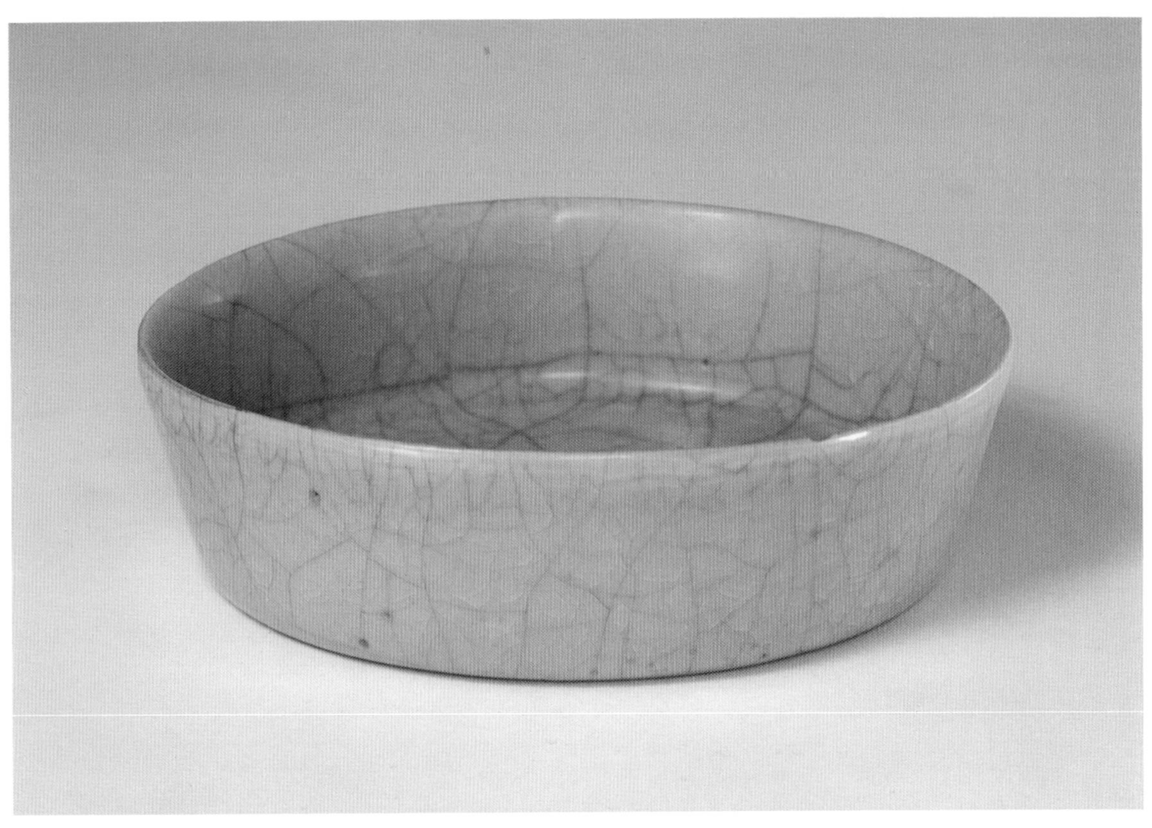

洗敞口，器身接近垂直，平底，洗心坦平。通體滿釉，開大紋片，底有兩圈支釘痕，外圈為十個，較為粗大，裏圈為八個，較為細小。

10 **官窰圓洗**

宋

高6.4厘米　口徑22.6厘米　足徑19厘米

**Round washer, Guan ware**

Song Dynasty

Height: 6.4cm　Diameter of mouth: 22.6cm

Diameter of foot: 19cm

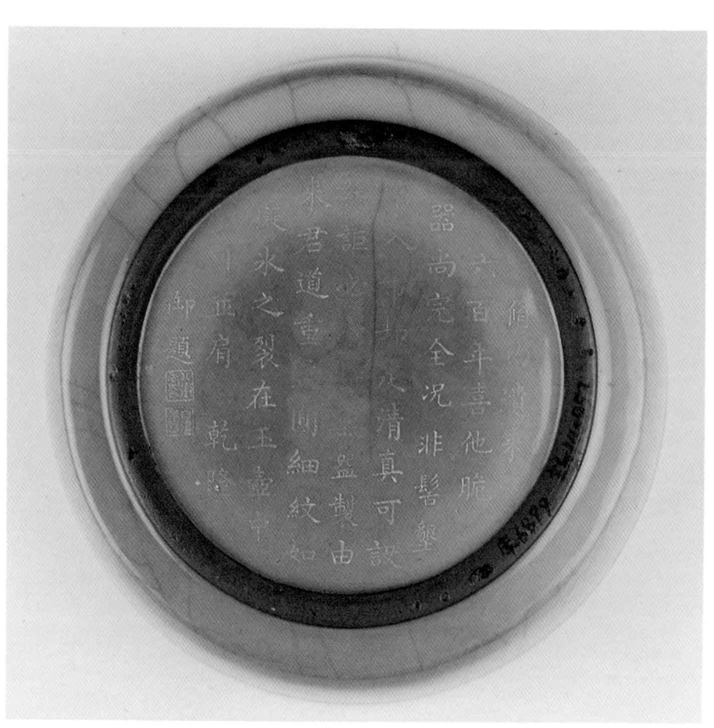

洗直口微敞，洗裏坦平。裏外施釉，釉呈粉青色，純淨瑩澈。圈足矮寬，足底邊無釉，露灰褐色胎。此器曾受清代乾隆皇帝的賞識，有御製詩一首，由皇家玉作匠師鐫刻於洗外底部，詩曰："修內遺來六百年，喜他脆器尚完全，況非髻墾不入市，卻足清真可設筵。詎必古時無碗製，由來君道重盂圓，細紋如擬冰之裂，在玉壺中可並肩。"下署"乾隆"、"御題"。

官窰瓷器特別注重釉色之美，釉汁厚潤，猶如堆脂，細膩平滑，幽雅凝重，令人賞心悅目。官窰瓷器凝厚的釉質是採用先素燒坯體，然後多次上釉的方法完成的，釉層的厚度常常大於坯體的厚度，達2毫米以上。燒製時選用優質的松柴作燃料，工藝考究。為避免支釘燒時黏釉，而採用了圈足底端刮釉，墊餅裝燒的工藝。

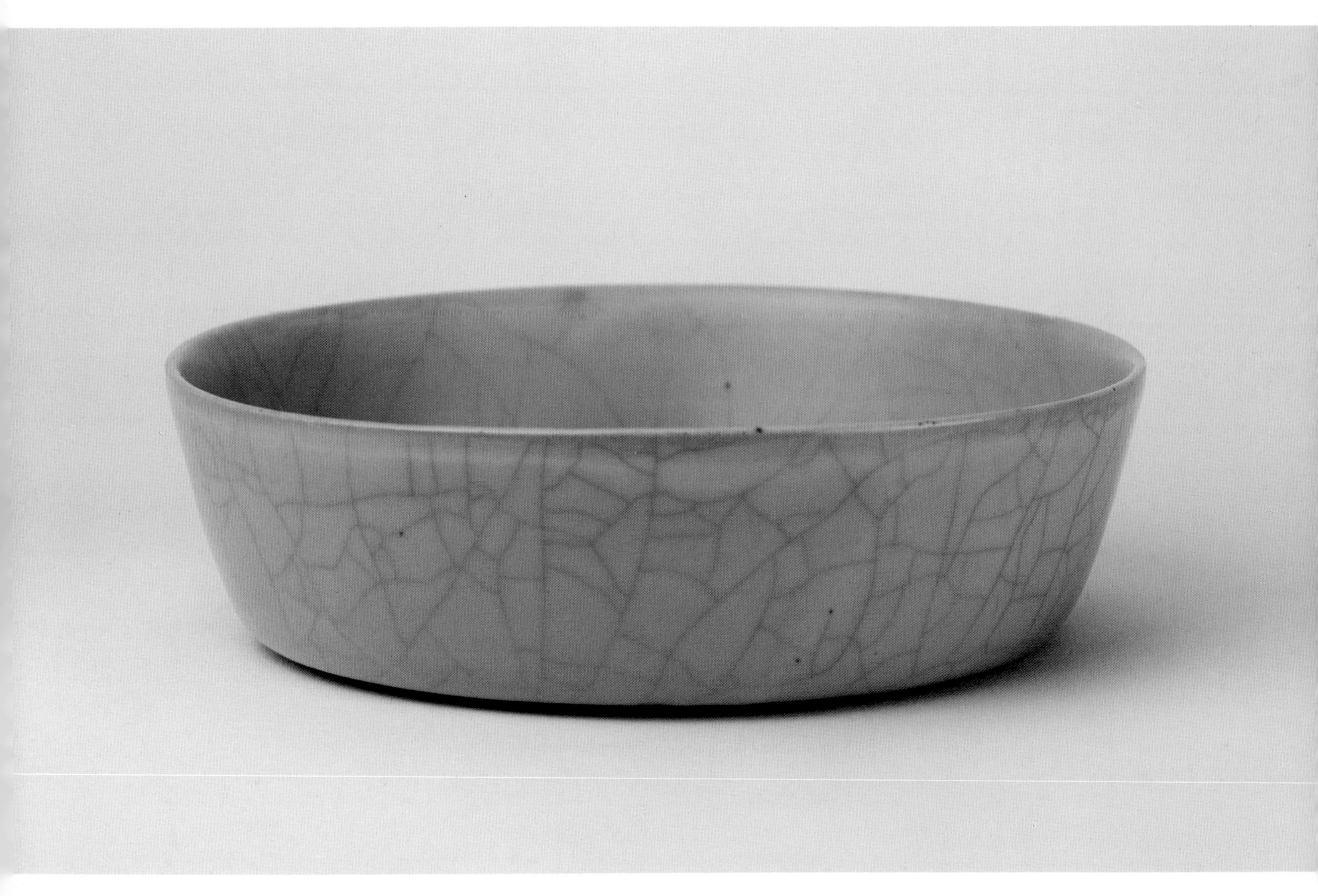

11

## 官窰葵瓣口洗

宋

高3.8厘米　口徑11.8厘米　足徑8.6厘米

**Washer with a mallow-petal mouth, Guan ware**

Song Dynasty

Height: 3.8cm　Diameter of mouth: 11.8cm

Diameter of foot: 8.6cm

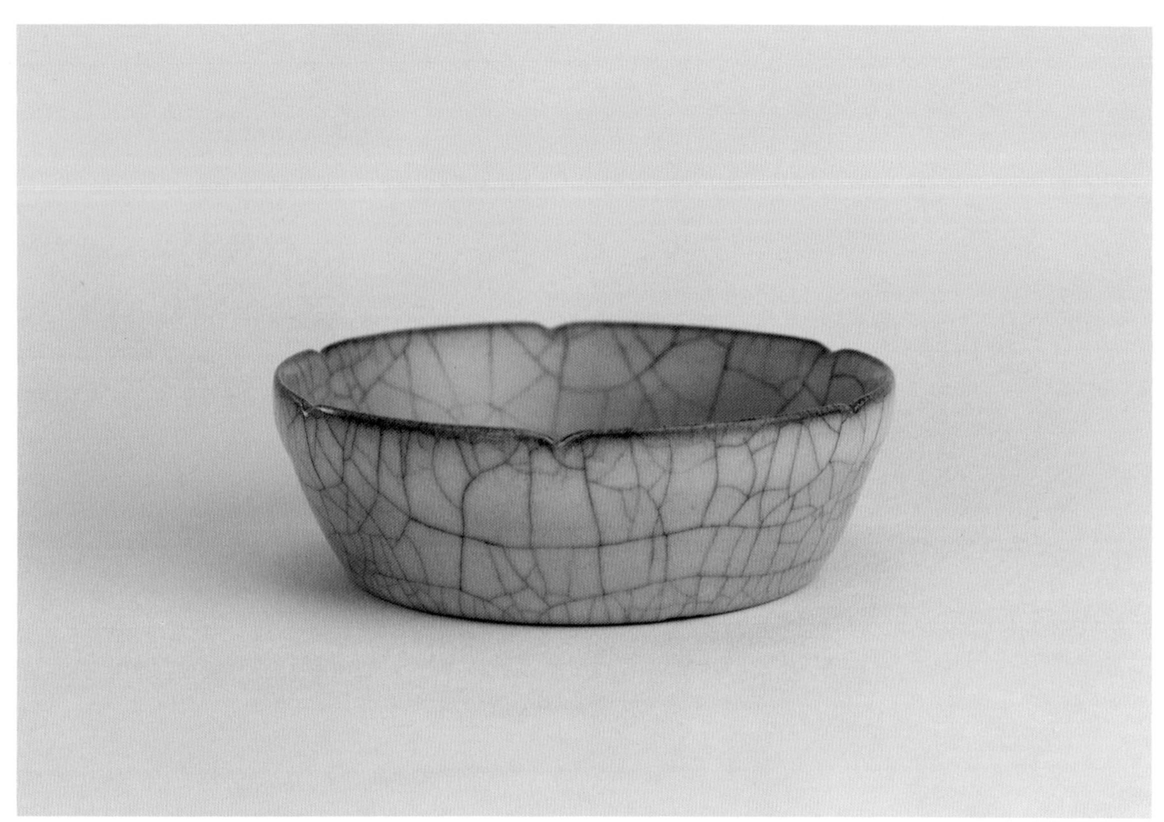

洗六葵瓣花口，圈足，洗裏凸起，通體滿釉，開米色紋片，底有五支釘痕。

南宋官窰青瓷，由於釉的流動和胎骨中含鐵質較高，口部邊沿最薄處隱隱約約露出灰黑泛紫的胎骨，足部無釉處則顯示出鐵紅色澤，呈現出通常所說的“紫口鐵足”的特徵。這種官窰器的特色，既消除了器物色彩上的單調感，又使得器物越顯古樸、穩重。

12

## 官窰八方委角洗

宋

高4.8厘米　口徑18.7厘米　足徑11.2厘米

清宮舊藏

**Octagonal washer with flattened angles, Guan ware**

Song Dynasty

Height: 4.8cm　Diameter of mouth: 18.7cm

Diameter of foot: 11.2cm

Qing Court collection

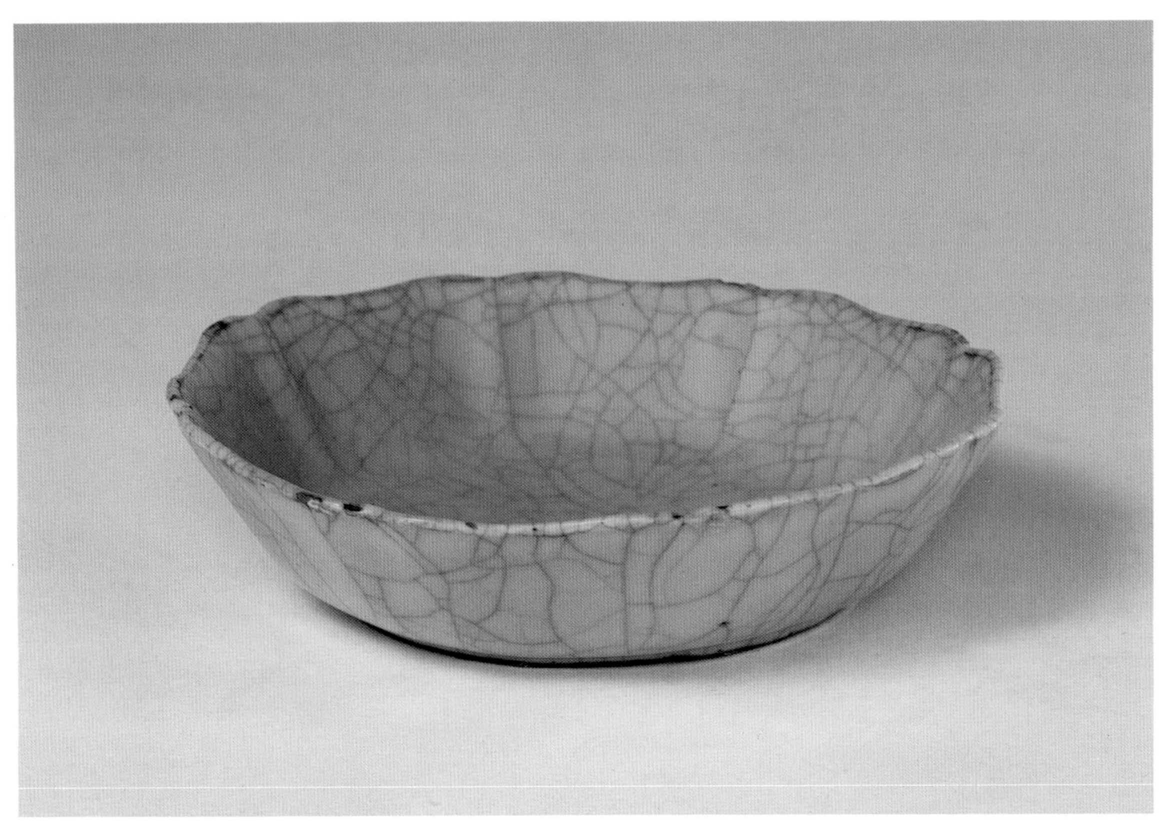

洗敞口，為八瓣形花口，淺腹，腹壁斜向內斂，近底處微微折收，淺圈足。器身以凸凹的曲折綫條作修飾，器裏、外及底部滿施青釉，釉面平滑，釉質細潤光澤，自然開裂的紋片向四面八方交織成網絡，官窰片紋比哥窰片紋開得大，並更為稀疏一些，比汝窰器的片紋則更清晰。尤其是層層疊疊的冰裂紋，更是特色獨具。此洗造型優美別致，片紋特徵突出，是官窰中的珍品。

13

**官窰圓洗**

宋

高5.6厘米　口徑20.8厘米　底徑16.8厘米

清宮舊藏

**Round washer, Guan ware**

Song Dynasty

Height: 5.6cm　Diameter of mouth: 20.8cm

Diameter of bottom: 16.8cm

Qing Court collection

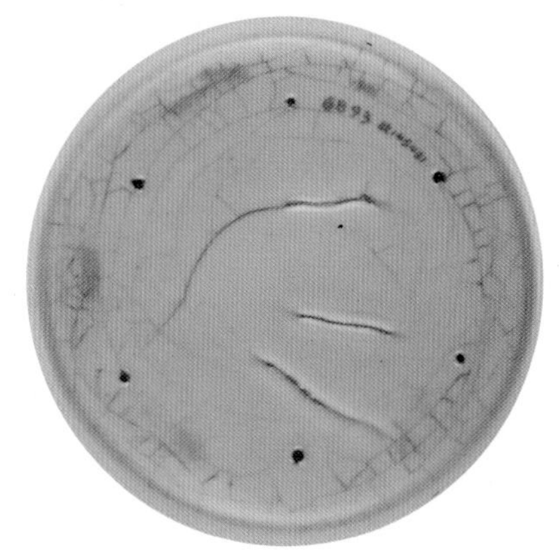

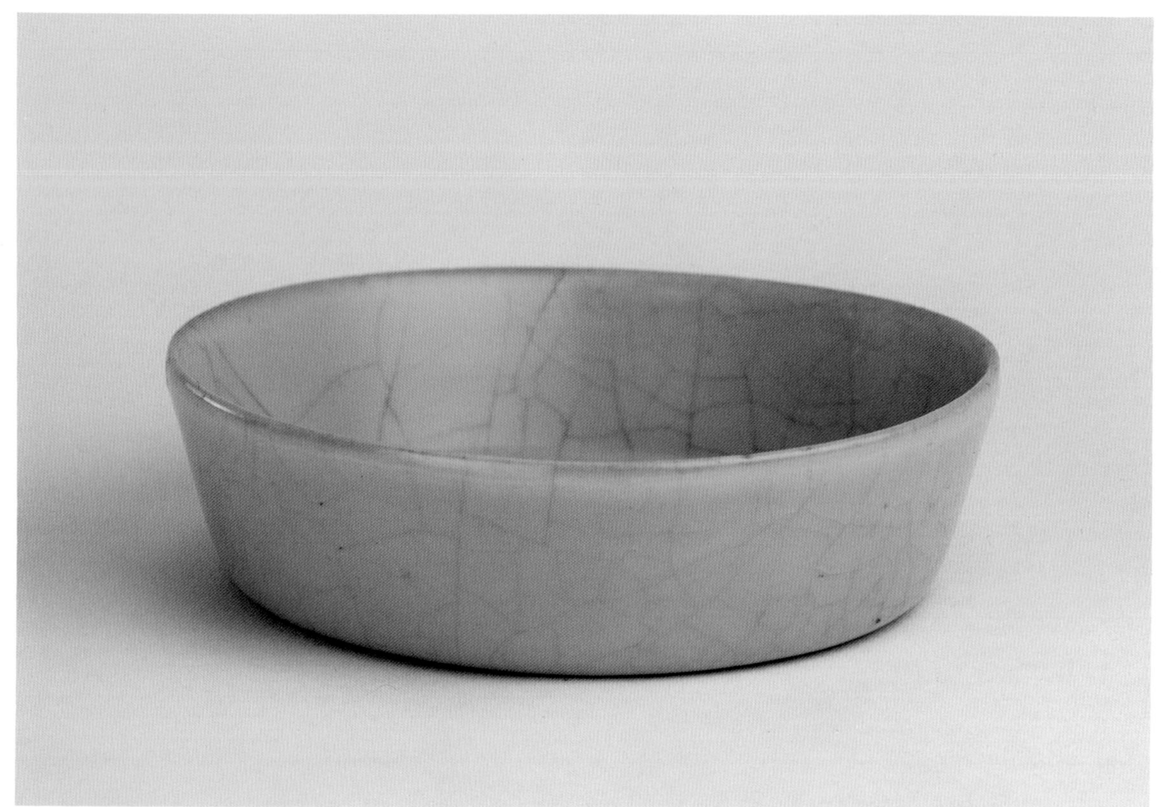

洗直沿平底，口以下漸收斂，通體滿釉，開大紋片，底有六支釘痕。

宋代官窰產品留傳至今的為數不多，器型主要有尊、壺、瓶、洗、盤等。其特點主要為素面，僅以釉面的開裂作為一種裝飾，以自然淡雅著稱。這種藝術風格的形成，主要是受當時“合於天造，厭於人意”的美學思想影響，追求一種“天工與清新”、“疏淡含精勻”的意境，從而一改唐代雍容富麗之風。

14

**官窰圓洗**
宋
高8.5厘米　口徑20.4厘米　底徑16.5厘米
清宮舊藏

**Round washer, Guan ware**
Song Dynasty
Height: 8.5cm　Diameter of mouth: 20.4cm
Diameter of bottom: 16.5cm
Qing Court collection

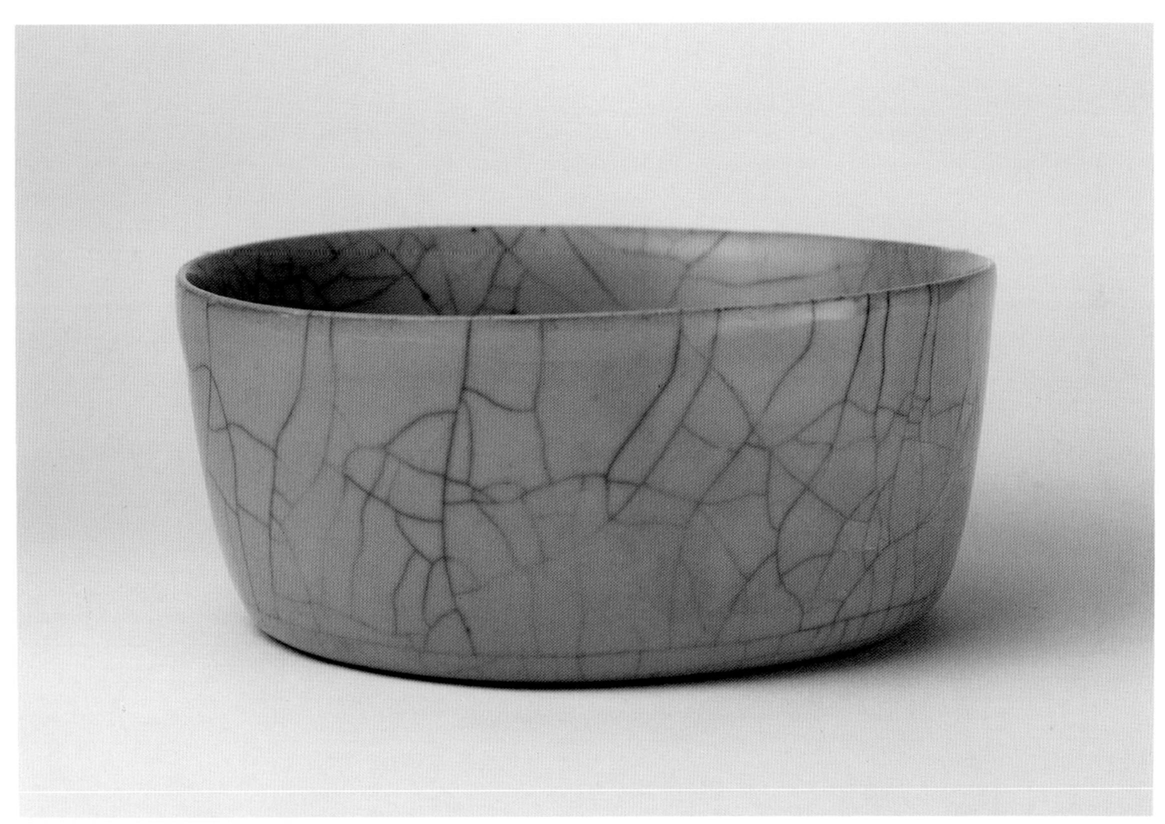

洗直沿，平底，口以下漸收斂，腹壁深長。通體滿釉，釉色青澈瑩潤，幽雅晶亮，釉質精光內蘊，深沉含蓄。底有七支釘痕。這件作品無論釉色還是造型，均為同類洗之魁首。

官窰青瓷以粉青釉代表其精品正色。粉青為石灰鹼釉的一種，以鐵的氧化物為主要呈色劑，其作法是生坯掛釉，釉厚1－2.5毫米，入窰後經高溫還原焰燒成，釉色青綠淡雅，藝術效果極佳。

15

**官窰葵瓣口洗**
宋
高4.4厘米　口徑16.8厘米　底徑12厘米
清宮舊藏

**Washer with a mallow-petal mouth, Guan ware**
Song Dynasty
Height: 4.4cm　Diameter of mouth: 16.8cm
Diameter of bottom: 12cm
Qing Court collection

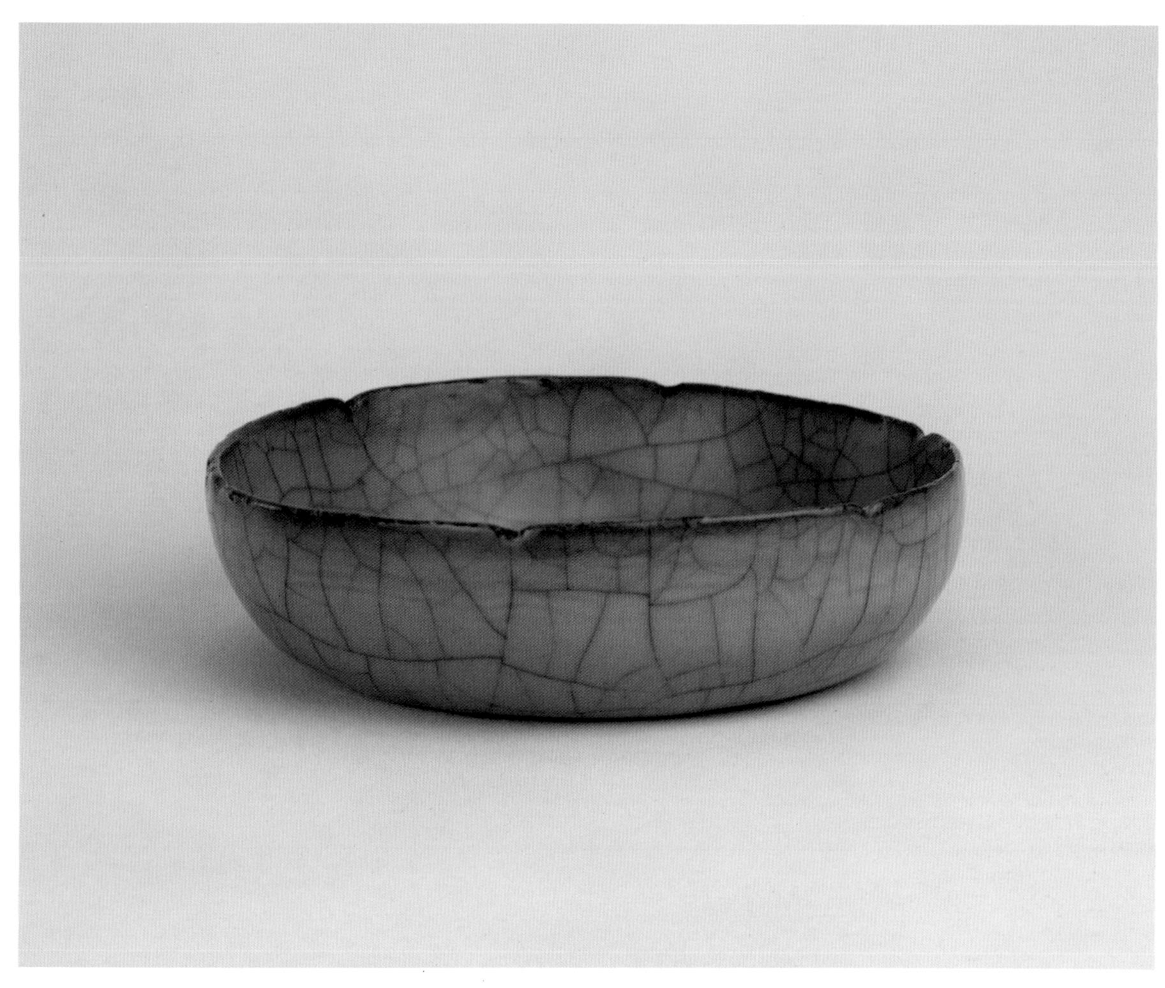

洗六葵瓣花口，豐底，洗裏凸起，通體滿釉，開碎紋片，底有八支釘痕。該器釉厚，色深灰，玻璃質感極強，表現了官窰青瓷的另一種風貌。

16

**官窰葵瓣口洗**
宋
高3.3厘米　口徑11.4厘米　足徑8.2厘米
清宮舊藏

**Washer with a mallow-petal mouth, Guan ware**
Song Dynasty
Height: 3.3cm　Diameter of mouth: 11.4cm
Diameter of foot: 8.2cm
Qing Court collection

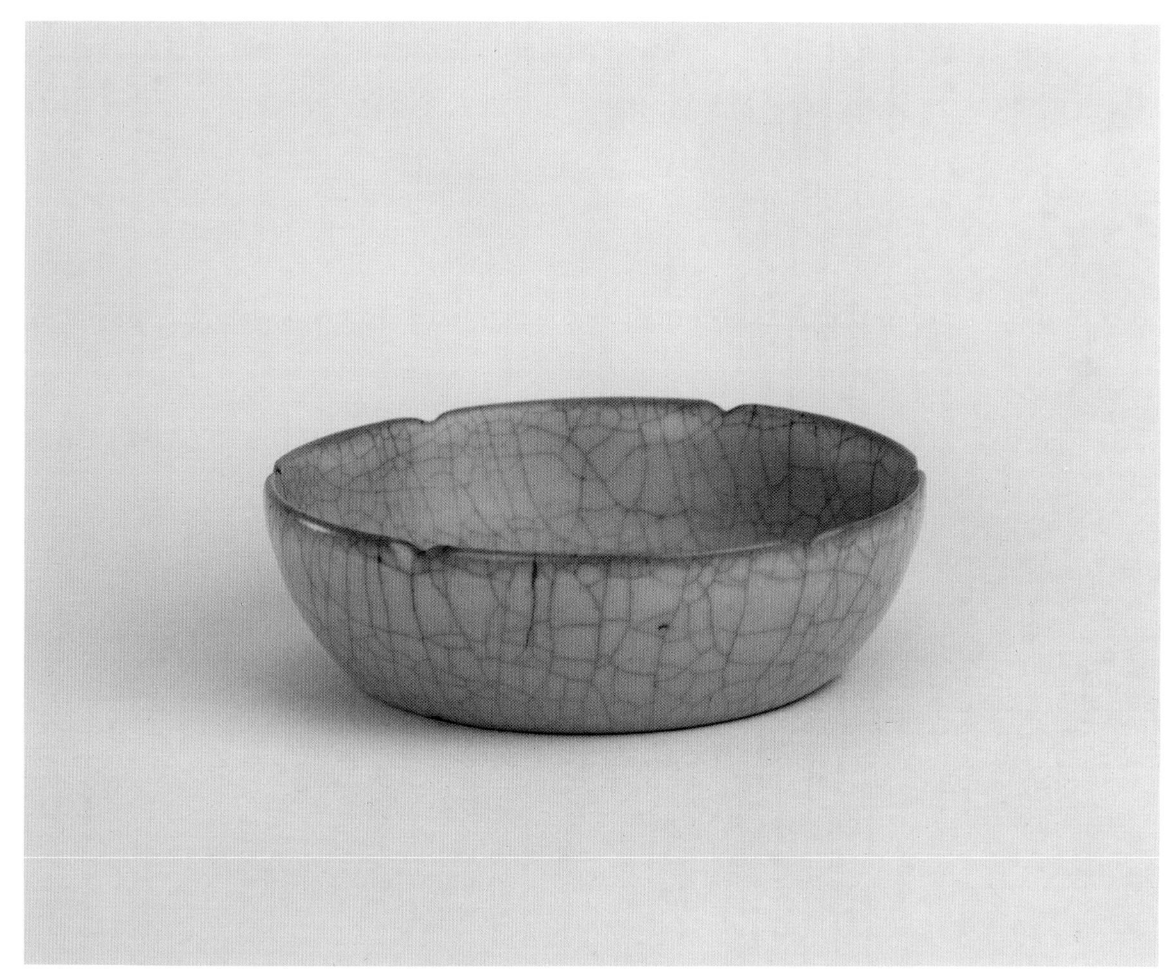

洗口微斂，六花瓣形，矮圈足。裏、外及底心滿釉，底有六支釘痕。通體施灰青釉，釉面開細碎紋片，造型精緻完美。

官窰製瓷匠師們繼承了北宋汝窰利用開片美化瓷器的傳統。開片原因是坯、釉膨脹系數不同，焙燒後冷卻時釉層收縮率大形成的裂紋。工匠們掌握了這種開裂規律而在器面上做成縱橫交錯的紋片和變幻莫測的裝飾紋綫，使之成為瓷器的一種特殊裝飾。這在宋代官窰製品中表現得最為突出。

17

**官窰菱花洗**

宋

高3.3厘米　口徑11.6厘米　底徑8.7厘米

清宮舊藏

**Washer in the shape of water chestnut flower, Guan ware**

Song Dynasty

Height: 3.3cm　Diameter of mouth: 11.6cm

Diameter of bottom: 8.7cm

Qing Court collection

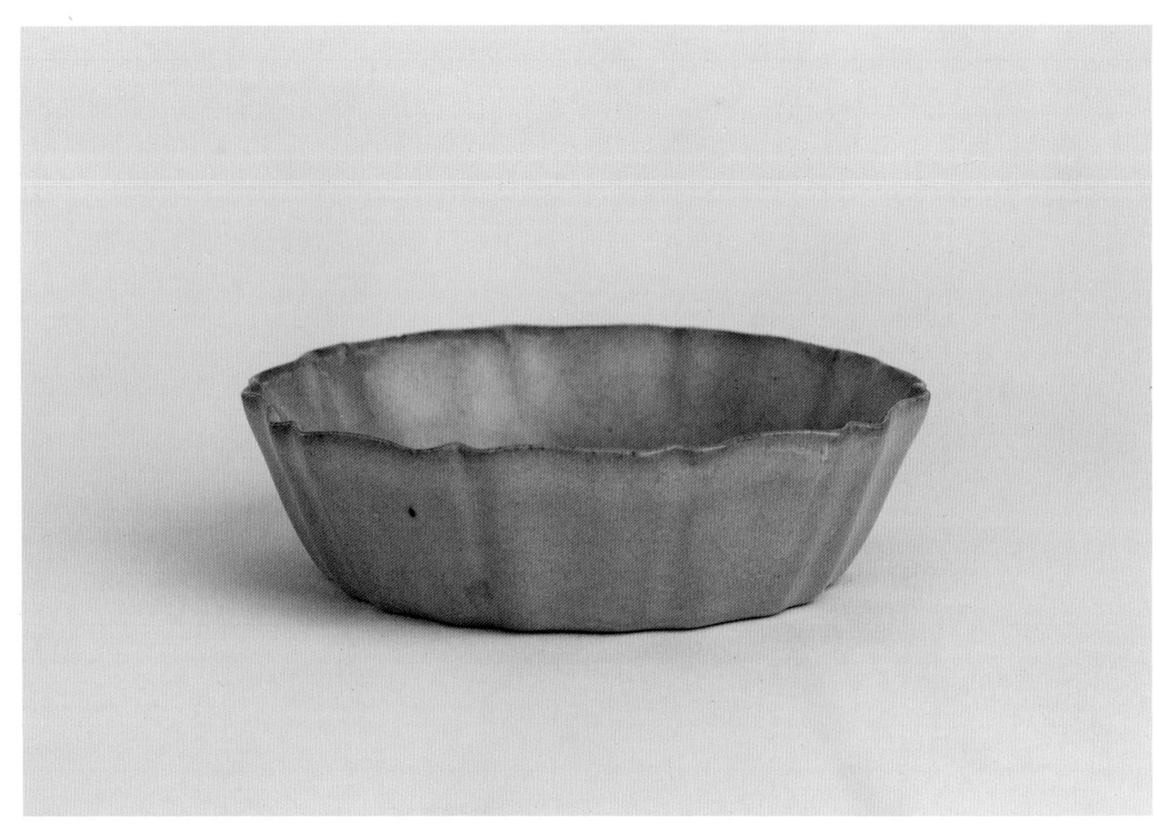

洗為菱花形，口微撇，口以下裏、外凸起凹進明顯的棱角，底有五支釘燒痕。通體滿釉。其菱花式樣造型別致。

18

**官窰葵花洗**

宋

高3.5厘米　口徑8.3厘米　足徑5厘米

清宮舊藏

**Washer in the shape of mallow flower, Guan ware**

Song Dynasty

Height: 3.5cm　Diameter of mouth: 8.3cm

Diameter of foot: 5cm

Qing Court collection

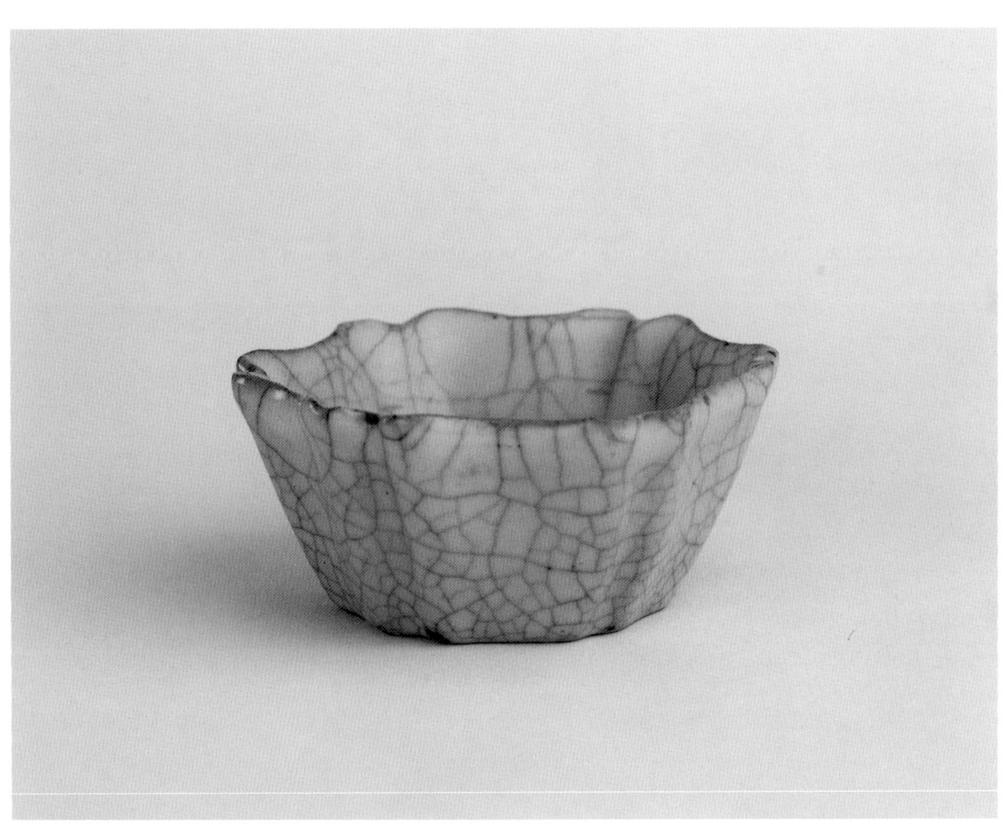

洗葵瓣形，通體六方委角，裏外滿釉，底有四支釘痕，通體開細碎片紋。

此洗周身自然形成的細碎片紋，縱橫交織如網，層層疊疊，晶瑩透亮，且無漏釉現象。

19 **官窰葵花洗**

宋

高3.4厘米　口徑11.6厘米　底徑9厘米

清宮舊藏

**Washer in the shape of flower,Guan ware**

Song Dynasty

Height: 3.4cm　Diameter of mouth: 11.6cm

Diameter of bottom: 9cm

Qing Court collection

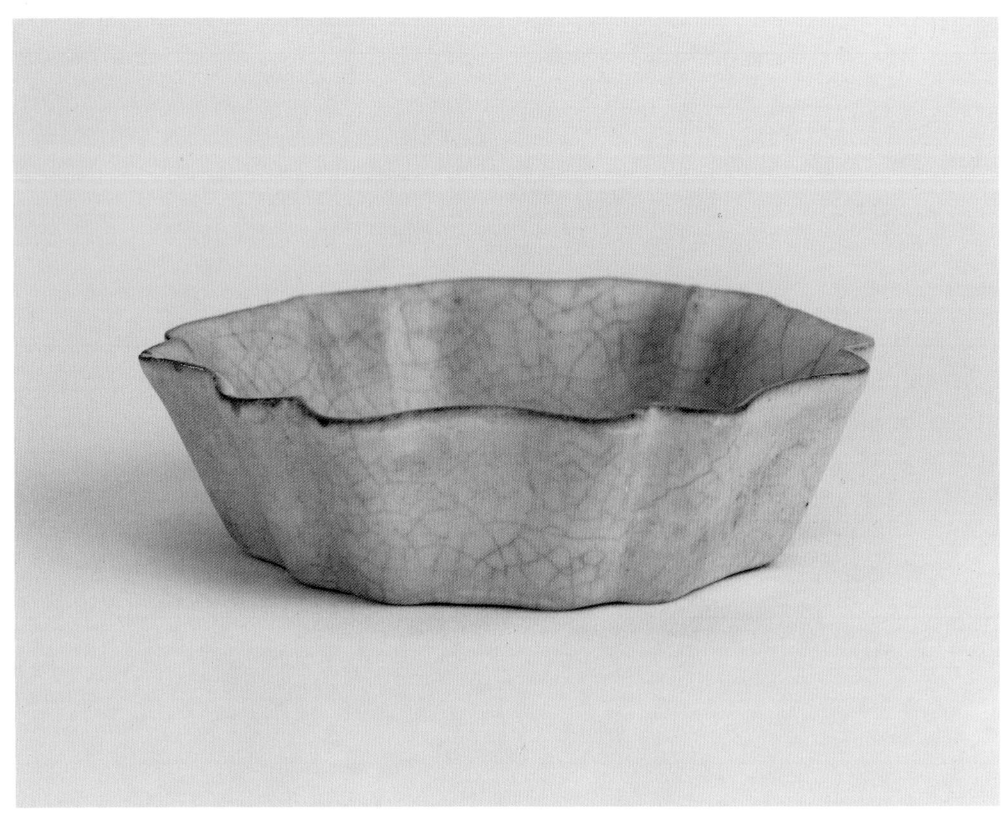

洗直沿，六葵瓣形，口以下漸收斂，通體滿釉，底有五支釘痕。口邊釉薄處露紫色胎。

20

## 官窰菱花洗

宋

高2.8厘米　口徑12.1厘米　足徑9.3厘米

**Washer in the shape of water chestnut flower, Guan ware**

Song Dynasty

Height: 2.8cm　Diameter of mouth: 12.1cm

Diameter of foot: 9.3cm

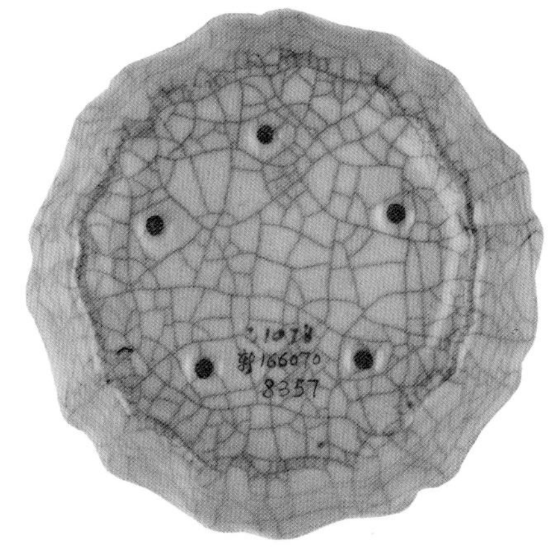

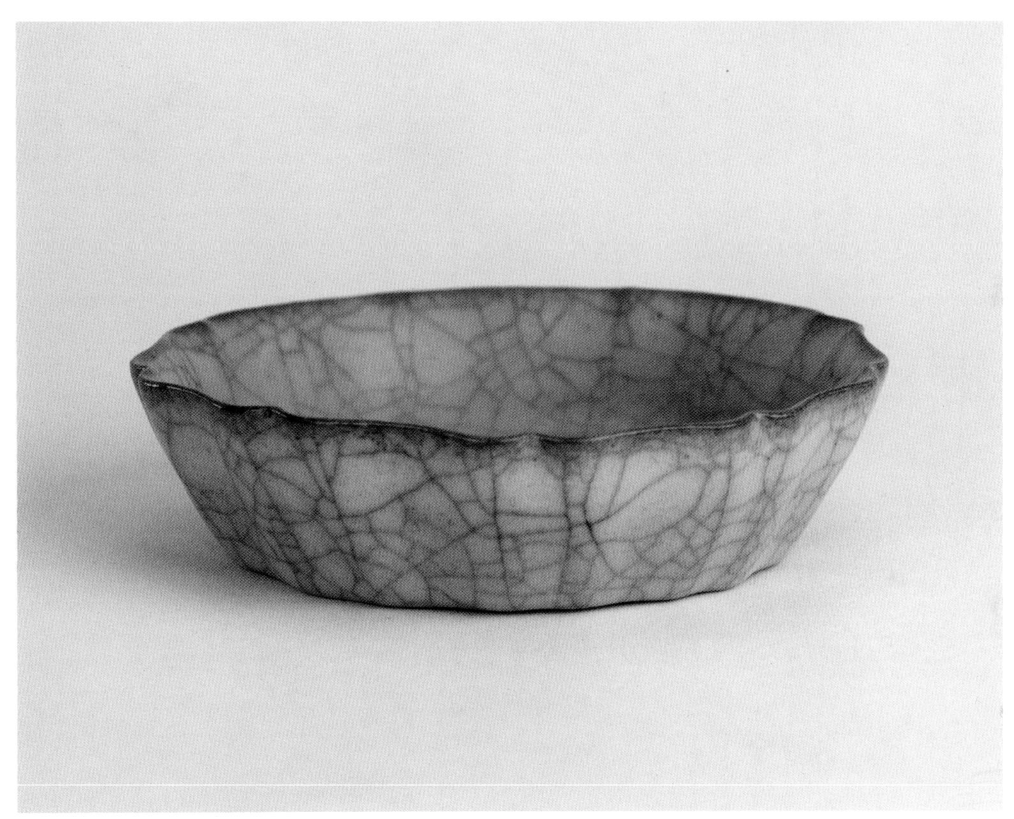

直口微內斂，呈十辦菱花形，斜直壁，平底矮圈足。採用裹足支燒的生產工藝，底有五枚小支釘痕。通體施油灰色釉，釉面開大小不同的紋片，以黑色為主，間有金色，同時伴有冰裂紋生成。器口釉薄處為褐色，支釘斷開處的胎骨亦為褐色，釉面厚潤如堆脂。閃爍油光，於細膩平滑中透露着穩重典雅之氣。菱花洗突破了圓形洗造型的單調。此洗不失為一件官窰的上乘之作。

21

**官窰方洗**

宋

高4厘米　口徑5.5×5.5厘米　足距3.5厘米

**Square washer, Guan ware**

Song Dynasty

Height: 4cm　Diameter of mouth: 5.5×5.5cm

Spacing between legs: 3.5cm

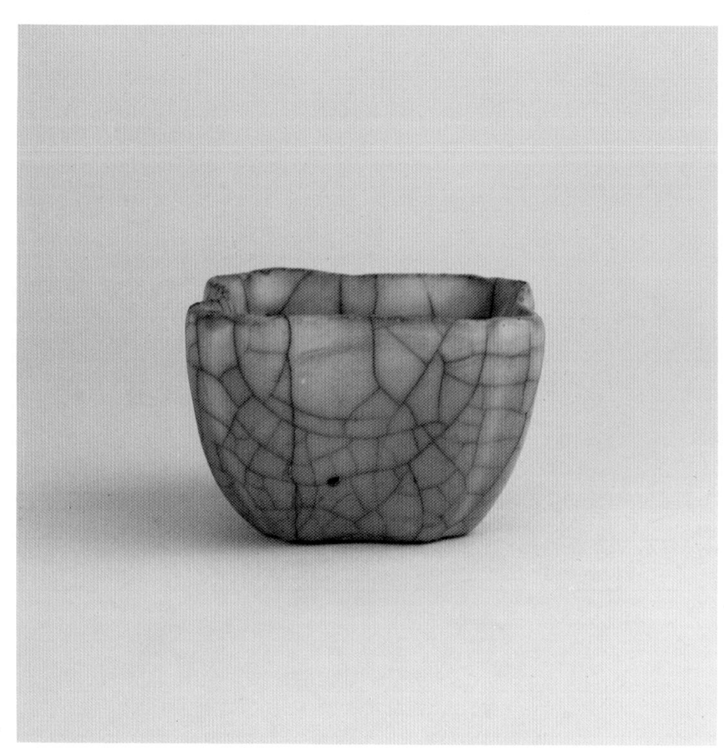

洗敞口，四方委角形，器底有四小足，並有四個支釘。釉色油灰，開細小片紋。從官窰傳世品中看，洗這種造型較為多見，且式樣繁多，有折沿式、花口式、葵瓣式、菱花式、方形、圓形等，此件則為官窰洗中較小的一件。

22

## 官窰盤

宋
高3.7厘米　口徑18.2厘米　足徑6.4厘米
清宮舊藏

**Plate, Guan ware**
Song Dynasty
Height: 3.7cm　Diameter of mouth: 18.2cm
Diameter of foot: 6.4cm
Qing Court collection

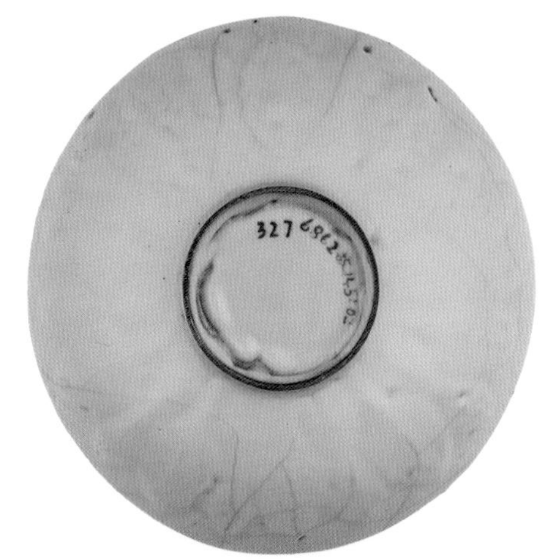

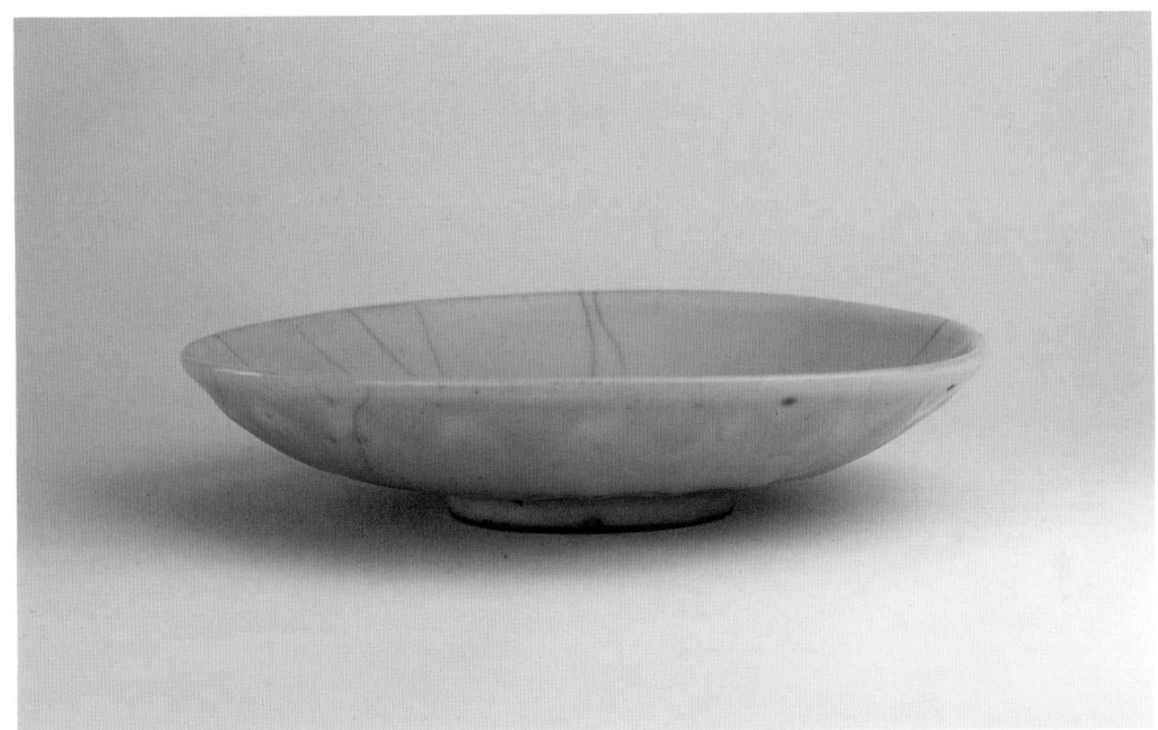

盤侈口，圈足外撇，底足窄小，露紫色胎骨，修整得極為精緻。器裏、外及底心滿施月白色釉，釉層凝厚瑩潤。盤外部凸起二十瓣蓮花紋飾，裏部光素，開有較為稀疏的大片紋。此器無論造型、胎骨及釉色，均具官窰的典型特徵。

官窰紋飾崇尚樸素無華，而這件盤子的外部以凸雕蓮瓣為飾，甚為別致。蓮瓣紋一直是中國古代陶瓷裝飾的主要題材，在宋代南北瓷窰中運用頗多，但在官窰瓷器中卻極為少見，此器説明了官窰與其他各窰的相互影響與聯繫。

23 **官窰葵花盤**

宋

高4.2厘米　口徑17.3厘米　足徑9.9厘米

清宮舊藏

**Plate in the shape of mallow flower, Guan ware**

Song Dynasty

Height: 4.2cm　Diameter of mouth: 17.3cm

Diameter of foot: 9.9cm

Qing Court collection

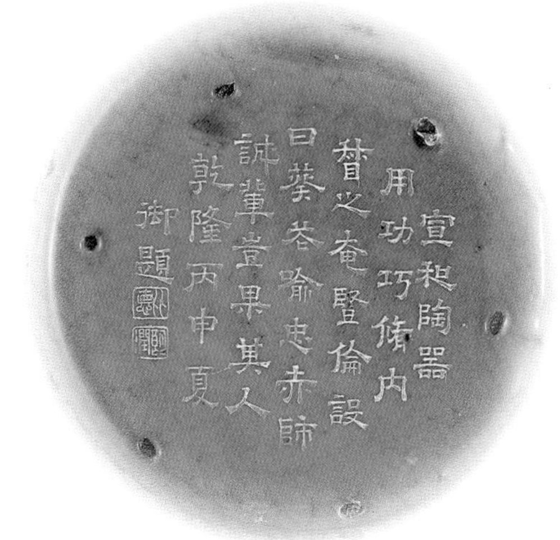


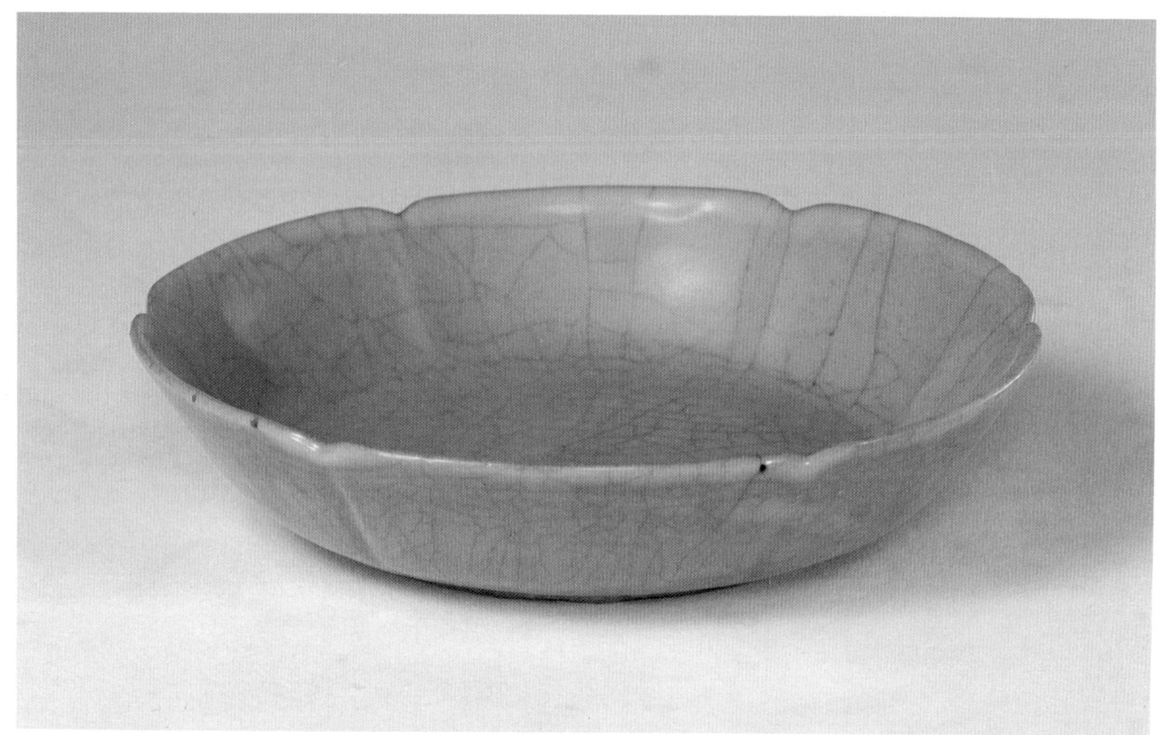

盤撇沿，六花瓣形口，花口以下有裏凸外凹的六條紋綫為飾。圈足微外捲，底有六個支釘痕。裏、外均施滿釉，釉面開細碎紋片，釉色溫潤清澈，猶如美玉。盤底刻有乾隆皇帝御題詩：“宣和陶器用功巧，修內督之奄豎倫。設曰葵花喻忠赤，師誠輩豈果其人。乾隆丙申夏御題。”鈐“比德”、“朗潤”二方章。

24

**官窰葵瓣折沿盤**

宋

高2.8厘米　口徑14.6厘米　足徑8.8厘米

清宮舊藏

**Mallow-petal plate with foliated edge, Guan ware**

Song Dynasty

Height: 2.8cm　Diameter of mouth: 14.6cm

Diameter of foot: 8.8cm

Qing Court collection

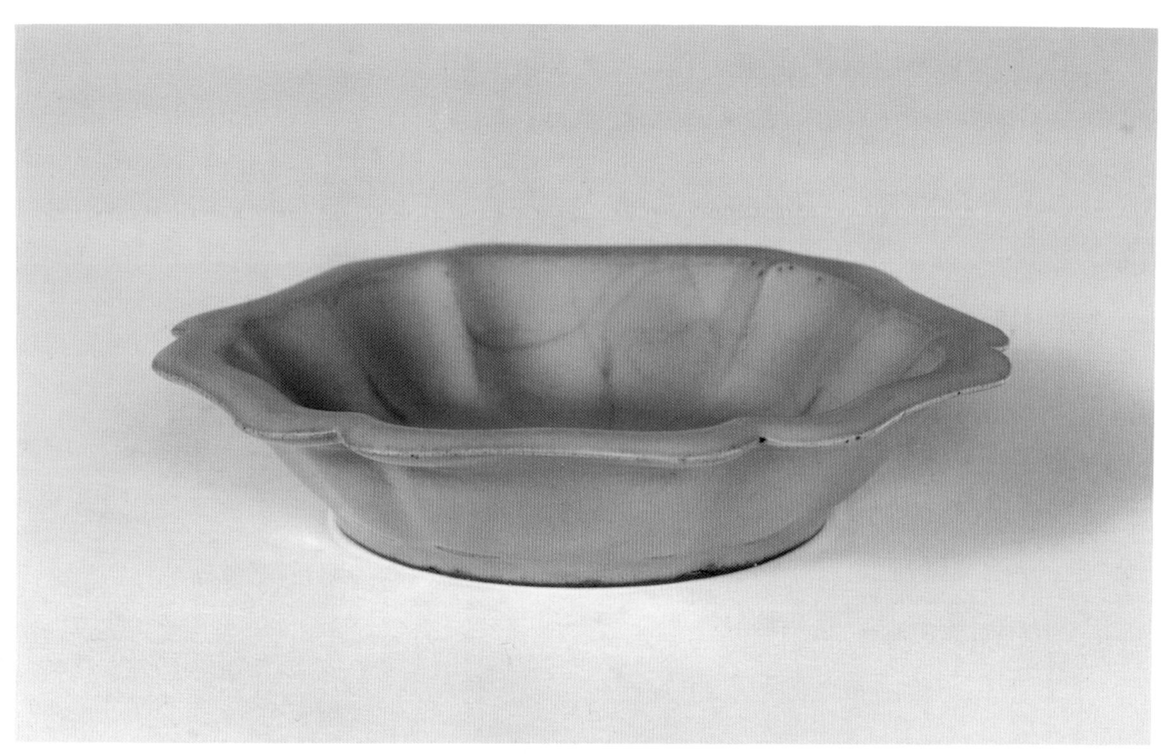

此盤敞口，折沿，圈足。整體呈六瓣葵花形，綫條富於變化，胎薄體輕，釉質豐厚滋潤。

25

## 官窰盤

宋

高3厘米　口徑14.6厘米　足徑9.4厘米

**Plate, Guan ware**

Song Dynasty

Height: 3cm　Diameter of mouth: 14.6cm

Diameter of foot: 9.4cm

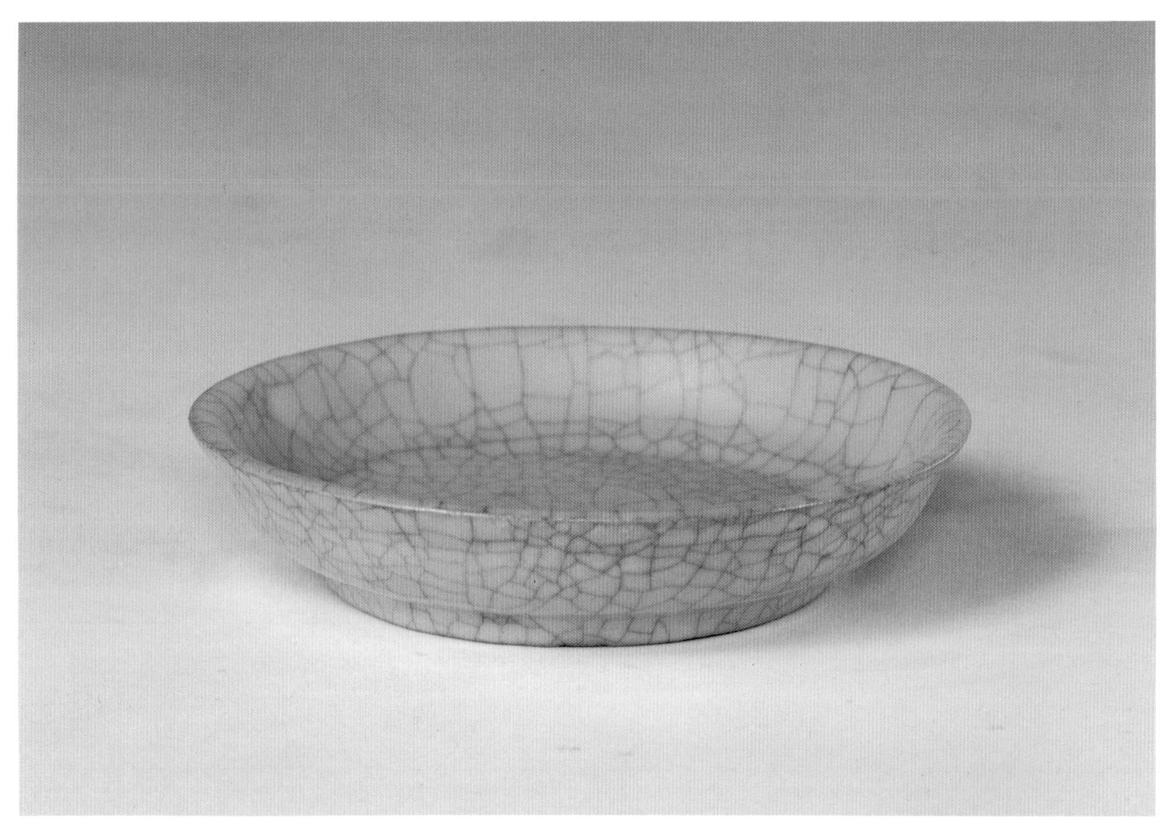

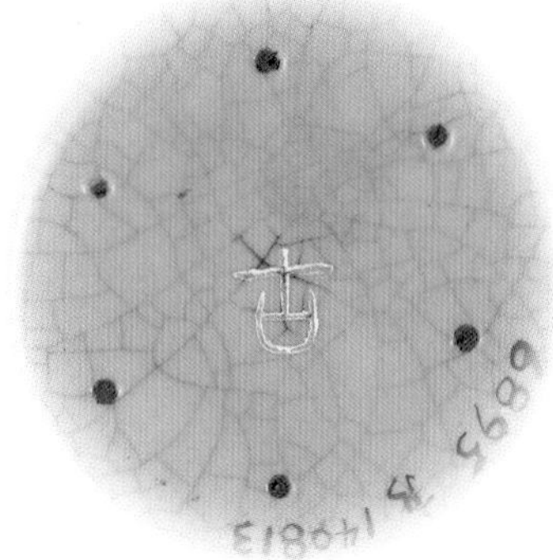

盤口稍外撇，裏心坦平，淺圓腹，折底，圈足淺而寬，通體青釉，釉質厚潤光潔，開細碎片紋。底有六支釘痕，特別值得注意的是在底部刻有一個清晰的“古”字。其意義何在還有待進一步研究。此盤造型端正、穩重，綫條流利，簡樸、平淡而又清逸、典雅，不失為官窰的一件上乘之作。

26

**官窰葵瓣口盤**

宋

高3厘米　口徑15.6厘米　足徑5.7厘米

清宮舊藏

**Plate with a mallow-petal mouth, Guan ware**

Song Dynasty

Height: 3cm　Diameter of mouth: 15.6cm

Diameter of foot: 5.7cm

Qing Court collection

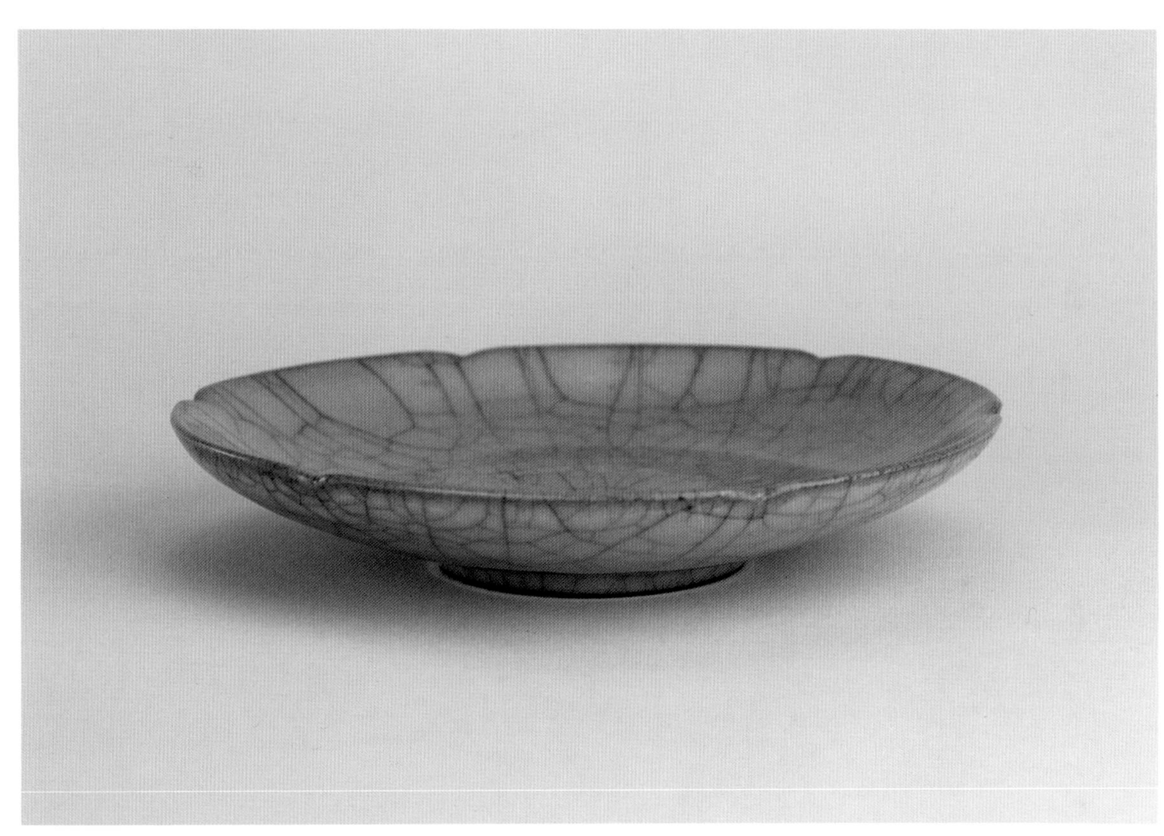

盤六花瓣口，盤心坦平，圈足上寬下窄，裏、外及底心滿釉，開赭色紋片，體現了官窰器的另一種造型特徵。

傳世的南宋官窰青瓷中，有的為了突出紋片釉的藝術效果，用着色劑來塗抹釉面裂縫，或用墨汁、茶葉湯等高丹寧含量的液汁染成黑色，或用顏料染成紅色和金色。由於裂紋寬度不同，色料滲入程度亦不同，寬裂紋中色易滲入，因而色調深，細裂紋中色料不易滲入，因而色調也相應較淺。

27

## 官窰葵瓣口盤

宋

高2.9厘米　口徑14.7厘米　足徑5.8厘米

清宮舊藏

**Plate with a mallow-petal mouth, Guan ware**

Song Dynasty

Height: 2.9cm　Diameter of mouth: 14.7cm

Diameter of foot: 5.8cm

Qing Court collection

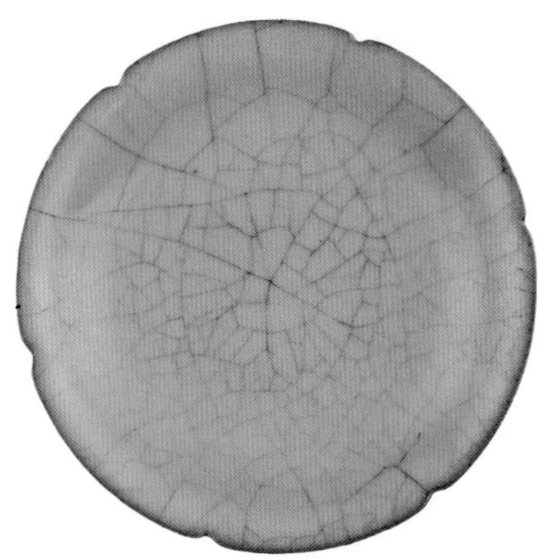

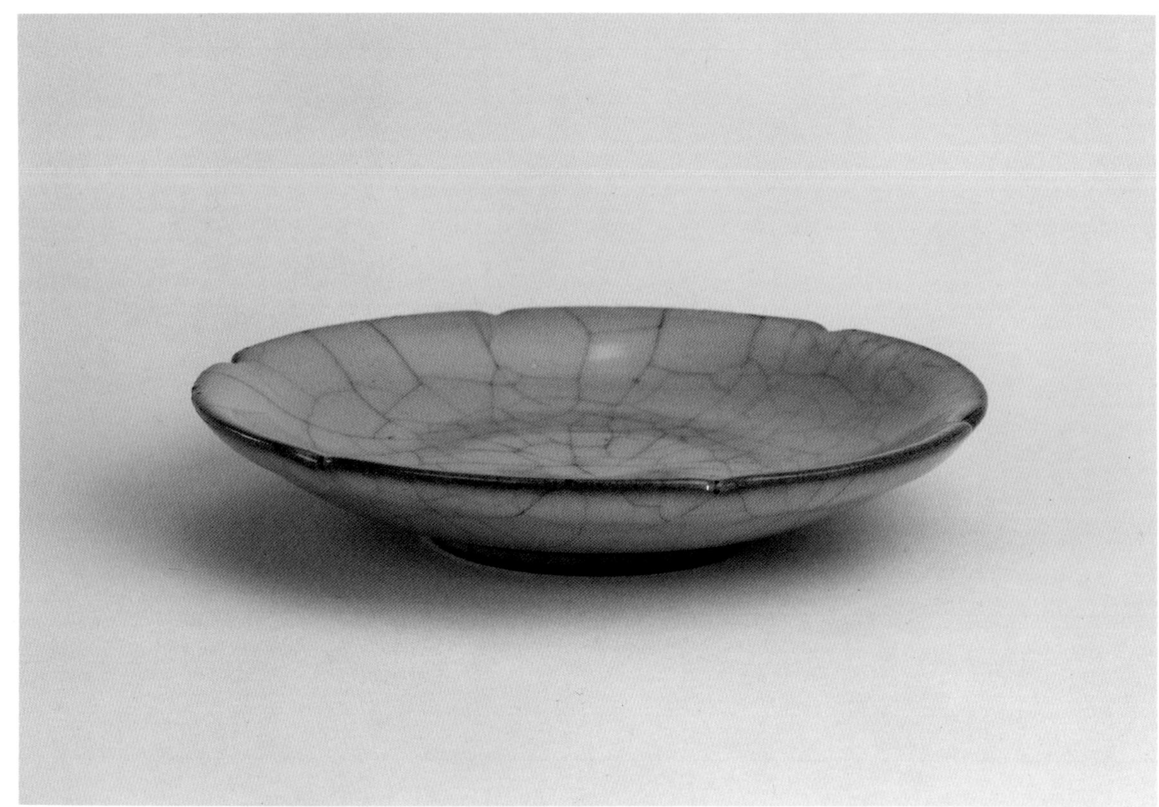

盤六花瓣口，瘦底，圈足，上寬下窄，裏外施釉，開碎紋片，足邊無釉，釉色瑩潤。

宋代官窰主要以開片作為釉面裝飾手法，人為地燒造出蟹爪紋、冰裂紋、鱔血紋、細碎紋、百圾碎、魚子紋等千姿百態的開片紋飾。其中最具特色的是冰裂紋。如按色彩分，有鱔血紋、金絲鐵綫、淺黃魚子紋等；按形狀分有網形紋、梅花紋、細碎紋等，多姿多彩，耀人眼目。

28

**官窰葵瓣口盤**
宋
高2.6厘米　口徑12.5厘米　足徑7.5厘米
清宮舊藏

**Plate with a mallow-petal mouth, Guan ware**
Song Dynasty
Height: 2.6cm　Diameter of mouth: 12.5cm
Diameter of foot: 7.5cm
Qing Court collection

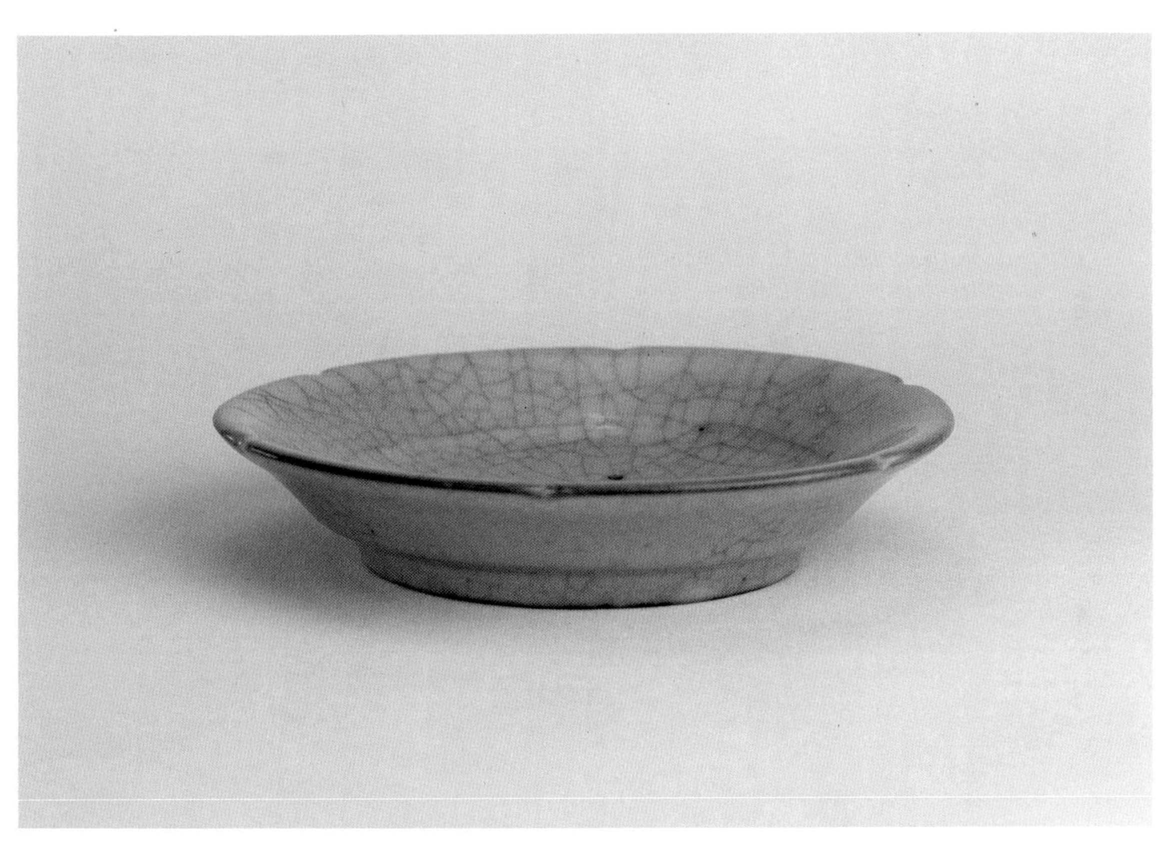

盤撇沿，六花瓣口，折腰，圈足，邊體滿釉，底有三個支釘痕。

29

## 官窰葵瓣口盤

宋

高3厘米　口徑16.6厘米　足徑9厘米

清宮舊藏

**Plate with a mallow-petal mouth, Guan ware**

Song Dynasty

Height: 3cm　Diameter of mouth: 16.6cm

Diameter of foot: 9cm

Qing Court collection

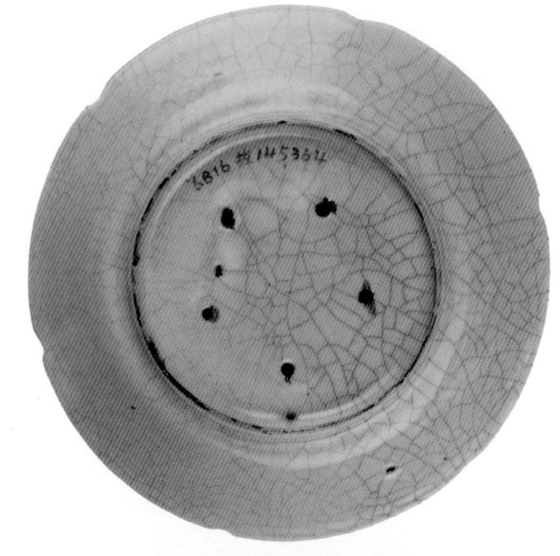

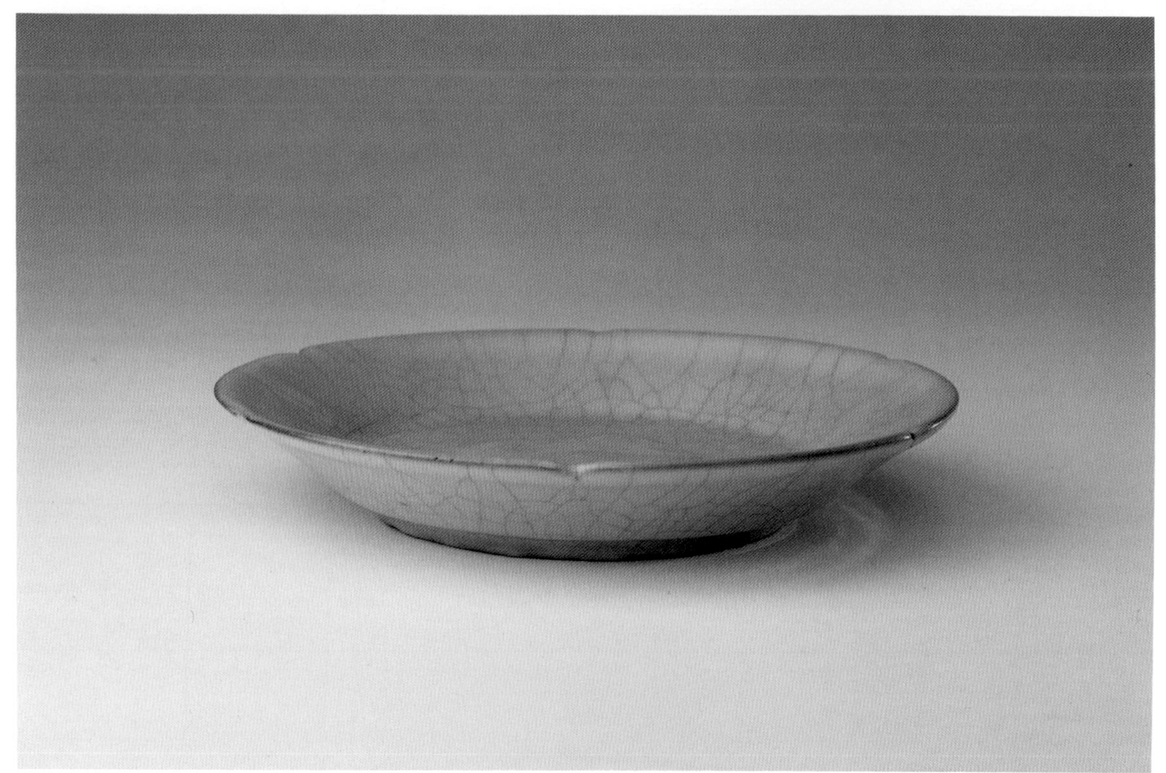

盤六花瓣口，折腰，圈足，上寬下窄，盤心凸起不平，通體滿釉，開細碎紋片，底有支釘痕五個，底足淺露胎骨。此盤造型優美，釉色淺灰中閃青黃色，是官窰器的又一特色。

官窰瓷器在燒造中，為了避免支釘燒黏釉而採用了圈足底端刮釉、墊餅裝燒的工藝方法，故凡南宋後期官窰的盤、碗、洗、瓶等器的圈足皆無釉而露灰褐色胎，俗稱“鐵足”。

30

## 官窰葵花盤

宋

高2.5厘米　口徑16厘米　足徑5.4厘米

清宮舊藏

**Plate in the shape of mallow flower, Guan ware**

Song Dynasty

Height: 2.5cm　Diameter of mouth: 16cm

Diameter of foot: 5.4cm

Qing Court collection

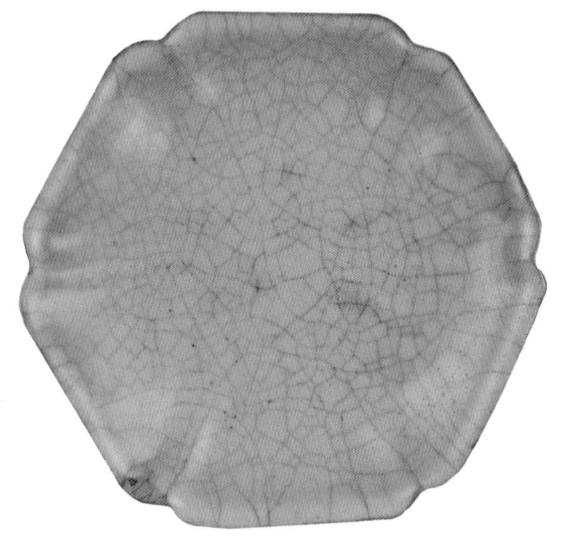

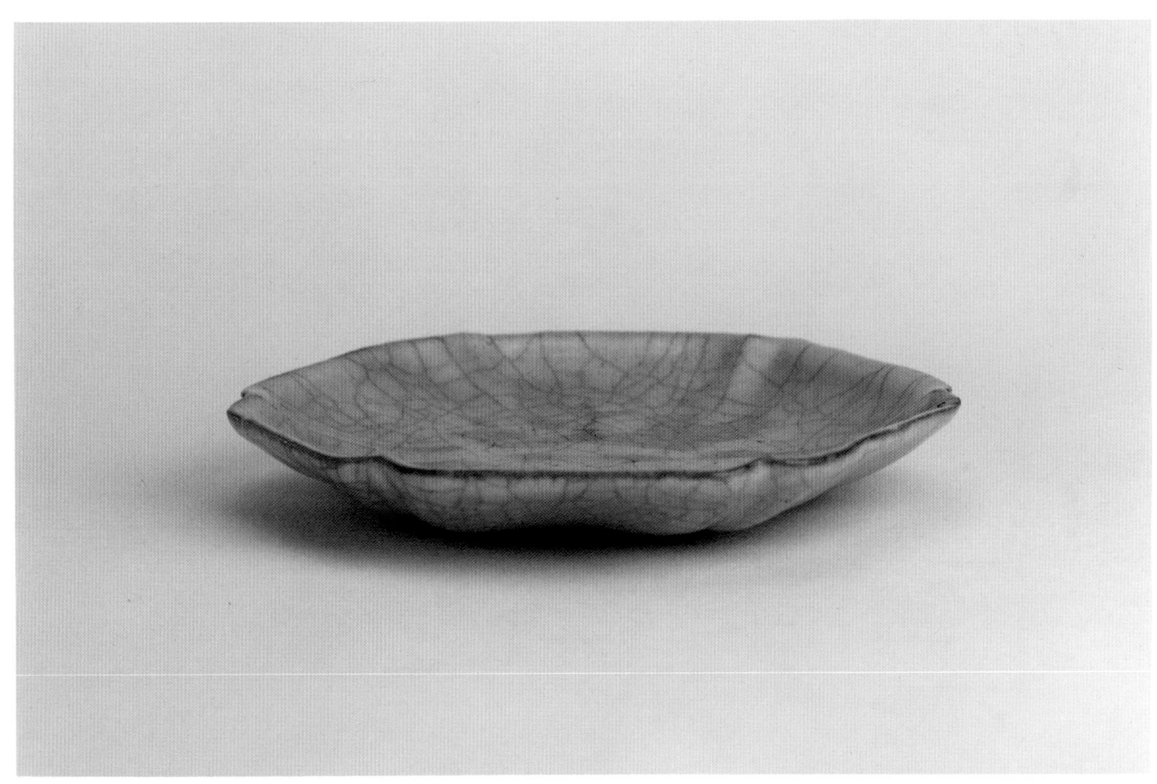

盤六方委角形，委角處裏、外凸起、凹進六條直綫為紋飾，圈足上寬下窄，裏、外及底心滿釉，並開碎裂紋片。此器造型新穎，釉色瑩潤，在官窰的傳世品中較少見。

31

## 官窰葵瓣口盤

宋

高3厘米　口徑13.4厘米　足徑7.8厘米

清宮舊藏

**Plate with a mallow-petal mouth, Guan ware**

Song Dynasty

Height: 3cm　Diameter of mouth: 13.4cm

Diameter of foot: 7.8cm

Qing Court collection

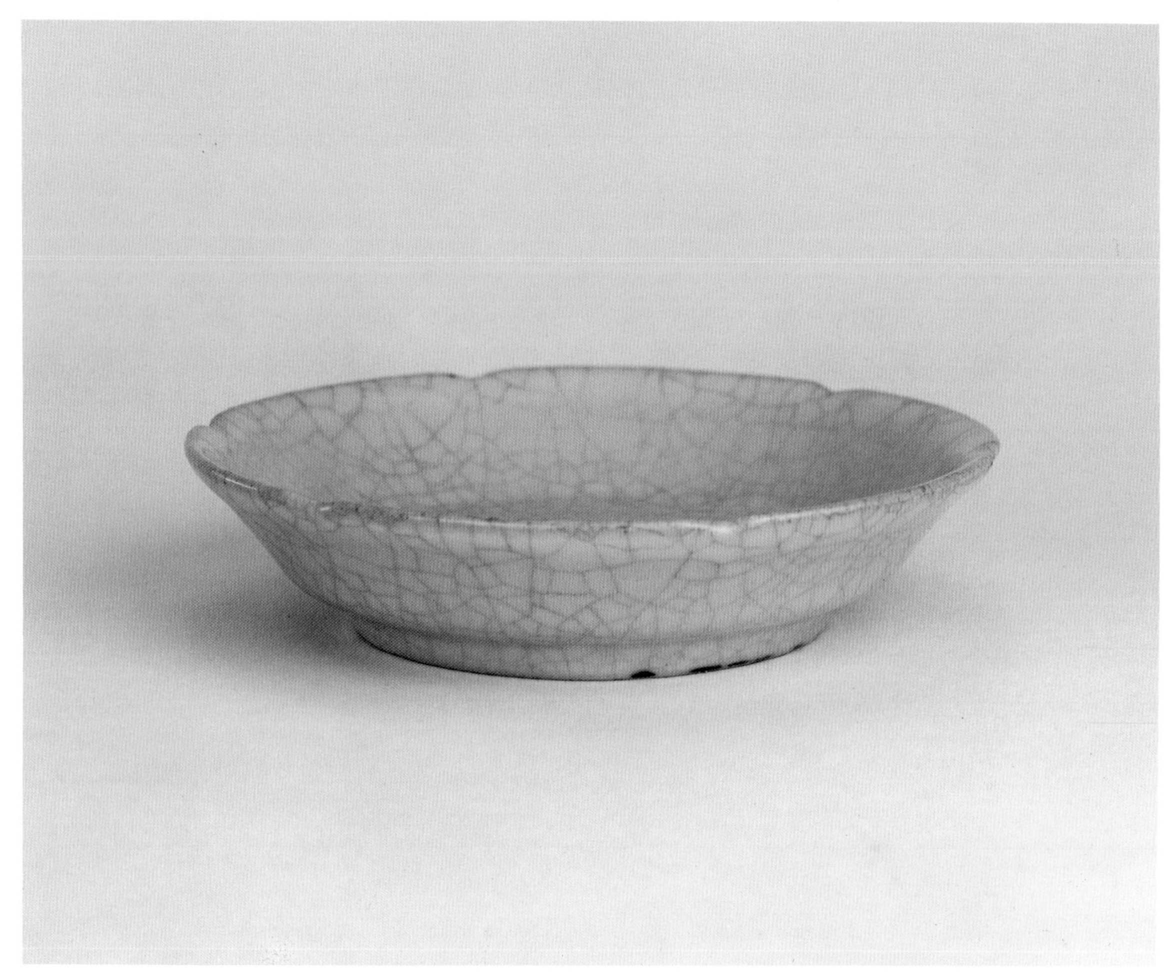

盤撇沿，六花瓣口，折底，圈足，上寬下窄，通體滿釉，釉層厚如堆脂，宛如美玉，底部有六支釘痕，此盤造型古樸，釉色典雅，意趣別具。器底鐫刻有乾隆皇帝御題詩。

32

## 官窰葵瓣口碗

宋
高4.4厘米　口徑11.5厘米　足徑3.9厘米
清宮舊藏

**Bowl with a mallow-petal mouth, Guan ware**
Song Dynasty
Height: 4.4cm　Diameter of mouth: 11.5cm
Diameter of foot: 3.9cm
Qing Court collection

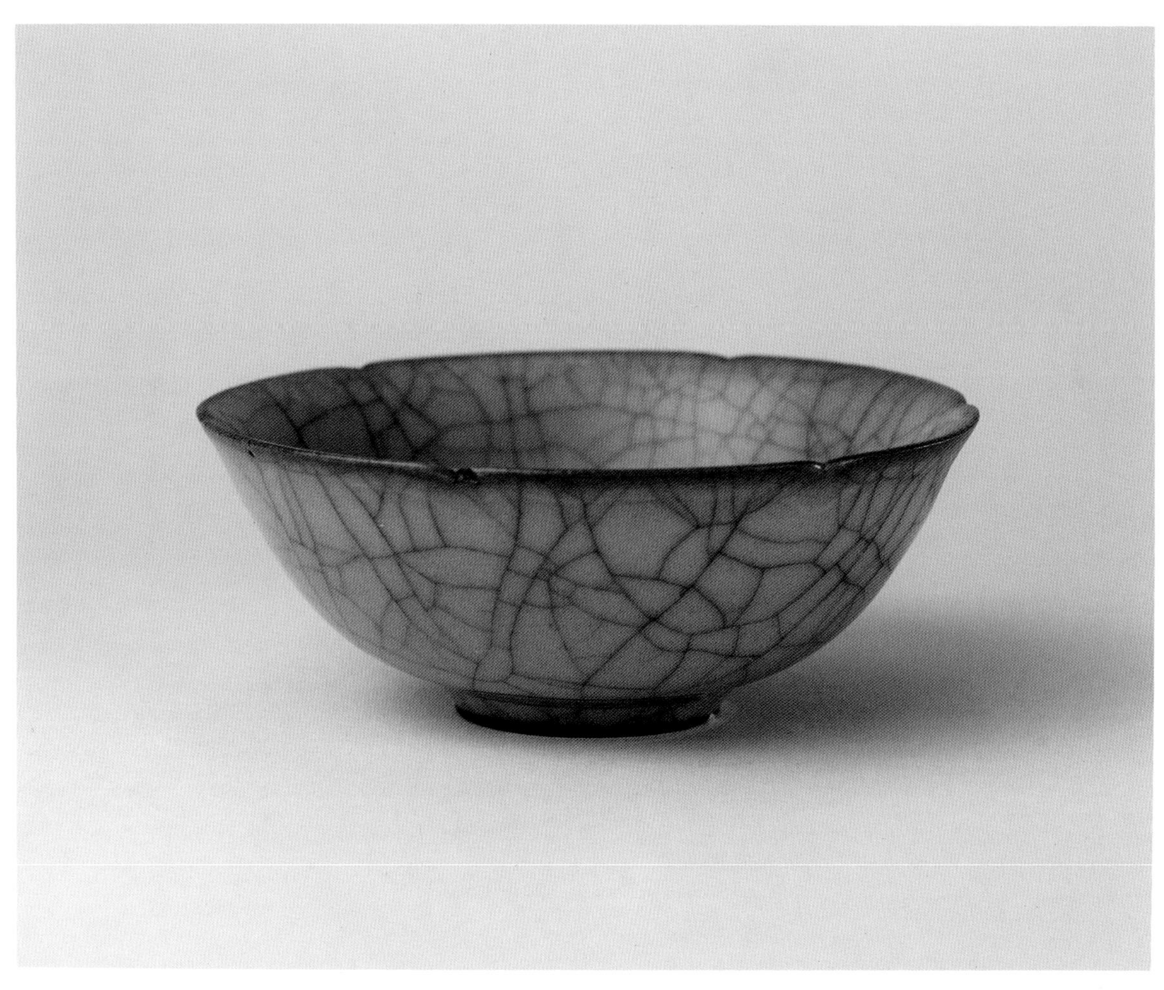

碗撇沿，六花瓣口，圈足，上寬下窄。裏、外及底心滿釉，口沿處釉薄，淺露胎骨。釉面開絲網狀裂紋。

33

## 官窰葵瓣口碗

宋
高5.9厘米　口徑18.2厘米　足徑5.4厘米
清宮舊藏

**Bowl with a mallow-petal mouth, Guan ware**
Song Dynasty
Height: 5.9cm　Diameter of mouth: 18.2cm
Diameter of foot: 5.4cm
Qing Court collection

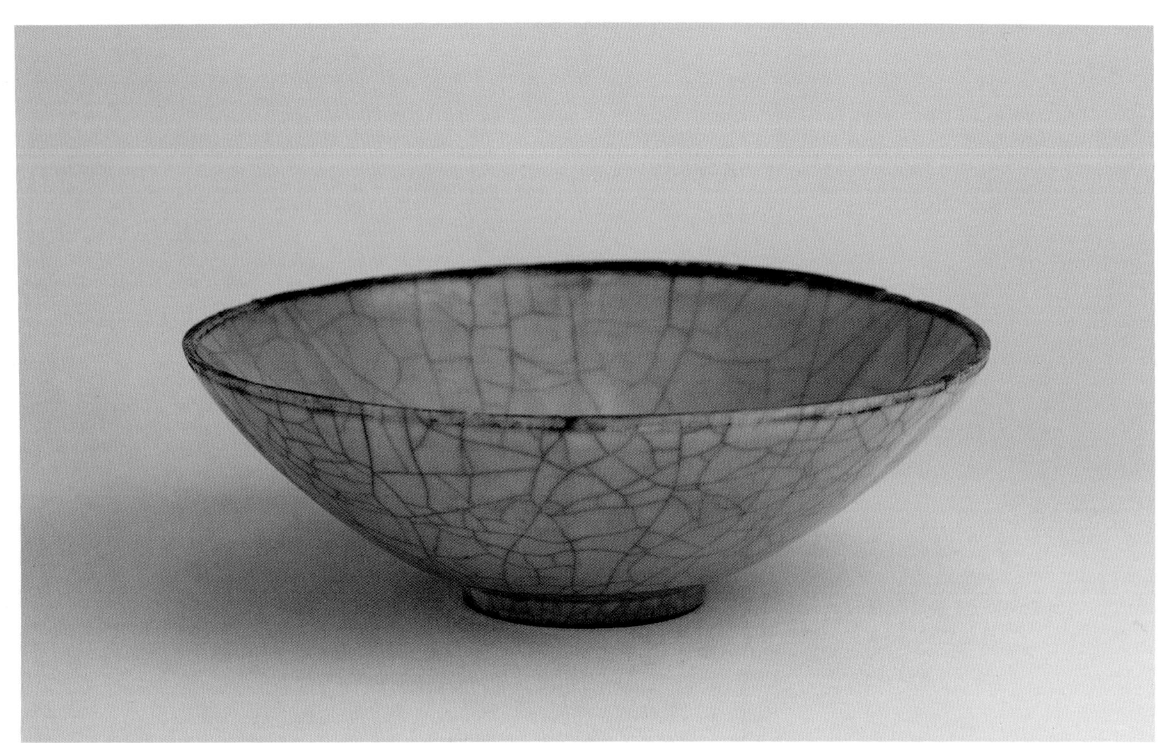

碗敞口，口沿鑲銅邊，腹略有弧度，淺圈足，底足沿露胎處呈黑紫色。裏外滿施灰青色釉，釉面滿佈開片紋，片紋較為密集，猶如不規則的蜘蛛網綫縱橫交錯，一般稱此種細碎片紋為百圾碎。

葵瓣口碗因口沿呈葵花形而得名，或五瓣或六瓣不等，在宋代極為流行，官窰瓷器中這種造型較為多見。

34

## 官窰葵瓣口碗

宋
高7.9厘米　口徑19.4厘米　足徑5.4厘米
清宮舊藏

**Bowl with a mallow-petal mouth, Guan ware**
Song Dynasty
Height: 7.9cm　Diameter of mouth: 19.4cm
Diameter of foot: 5.4cm
Qing Court collection

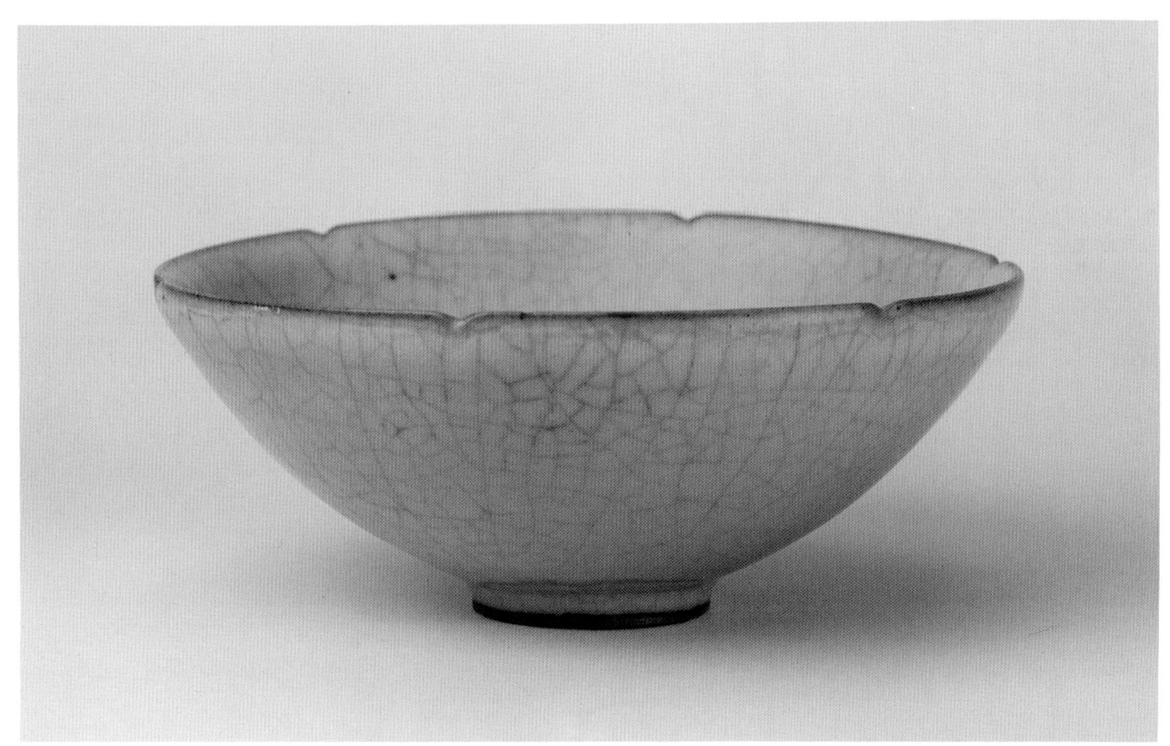

碗直沿微斂，六花瓣口形，碗心凹進，圈足較矮，器壁呈弧形，上部寬大，逐步向下內收。裏、外及底心施滿釉，釉色瑩潤，凝厚，典雅。此器大而完整，造型飽滿，和其他南宋官窰器一樣，口部釉面產生的垂流，把含鐵較高的褐色胎骨若隱若現地表露出來。碗底部有乾隆皇帝御題詩：“哥窰百圾破，鐵足獨稱珍。恰似標坯相，而能完謐神。宣成後精巧，柴李昔清淳。此是酌中者，休論器尚新。”下署“乾隆辛丑新正御題”。

35

## 哥窰膽瓶

宋

高14.2厘米　口徑2.2厘米　足徑5.4厘米

清宮舊藏

**Gall-shaped vase, Ge ware**

Song Dynasty

Height: 14.2cm　Diameter of mouth: 2.2cm

Diameter of foot: 5.4cm

Qing Court collection

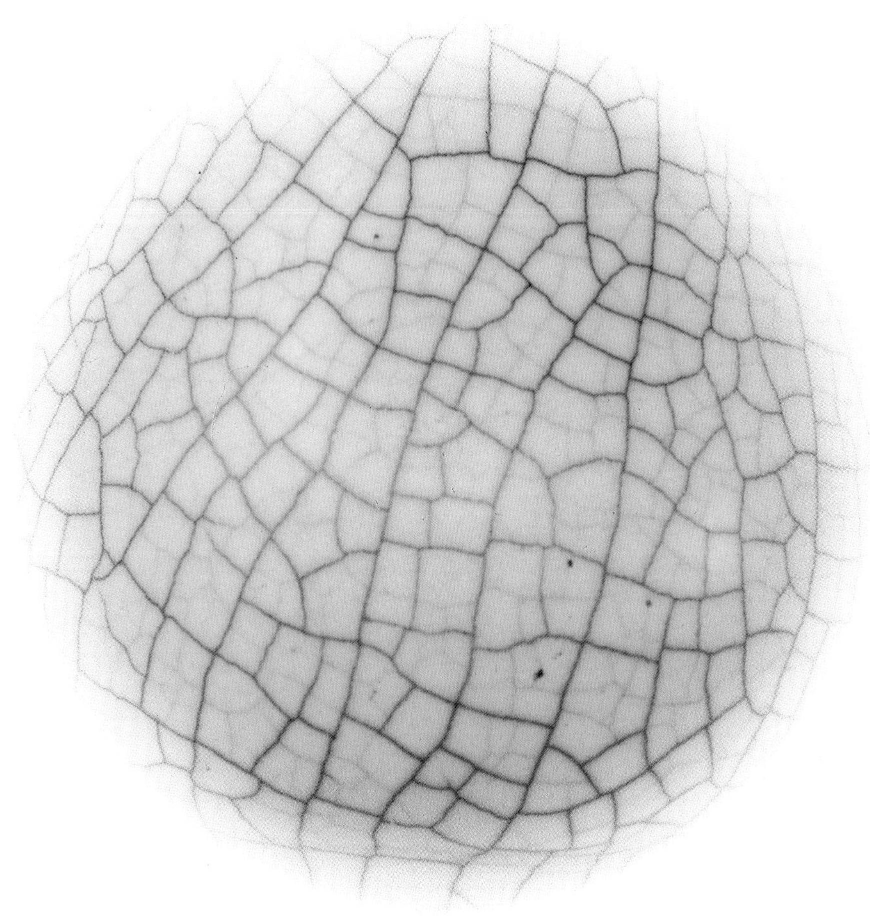

瓶小口，長頸，溜肩，圓腹，腹下微垂，底為圈足，圈足上端寬而下端窄，稍作斜形，有一種手捏不起的感覺。造型端莊，秀麗。通體施有米色釉，足底一周無釉呈黑色。器身開有黑色、米色紋片，即金絲鐵綫紋。

哥窰為宋代五大名窰之一，其造型古樸典雅，釉色瑩潤，精光內蘊，深沉含蓄，紋片縱橫交錯、變化萬千。

清高宗乾隆皇帝對哥窰製品喜愛尤如，命景德鎮進行大量仿製。曾詠詩多首讚美哥窰器。其中一首專讚膽式瓶曰：“芝為華彩玉為肌，火氣全無古氣披。恰似白描吳道子，觀音妙相手中持。”

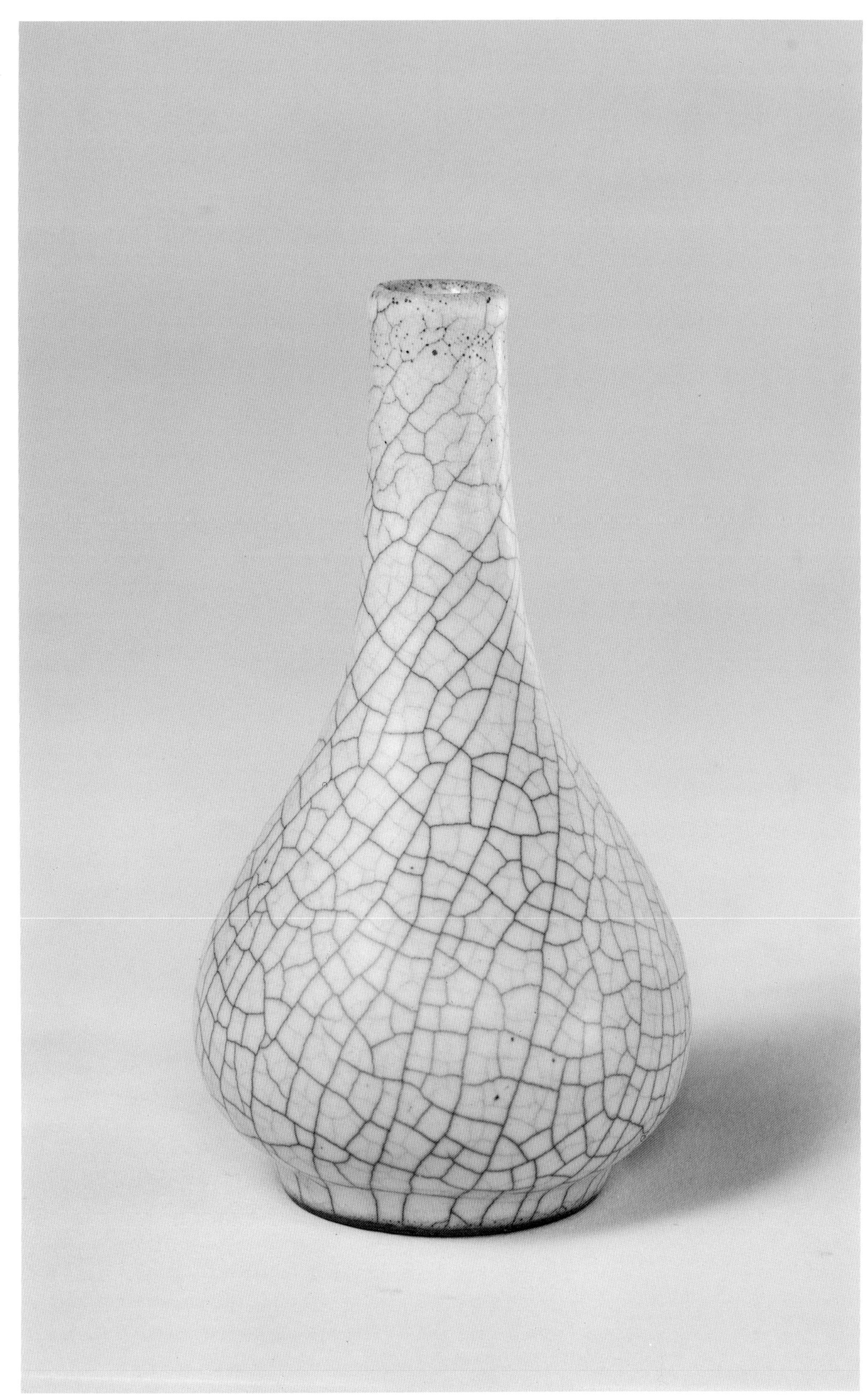

36

**哥窰膽瓶**
宋
高13.8厘米
口徑2.5厘米
足徑4.5厘米
清宮舊藏

**Gall-shaped vase, Ge ware**
Song Dynasty
Height: 13.8cm
Diameter of mouth: 2.5cm
Diameter of foot: 4.5cm
Qing Court collection

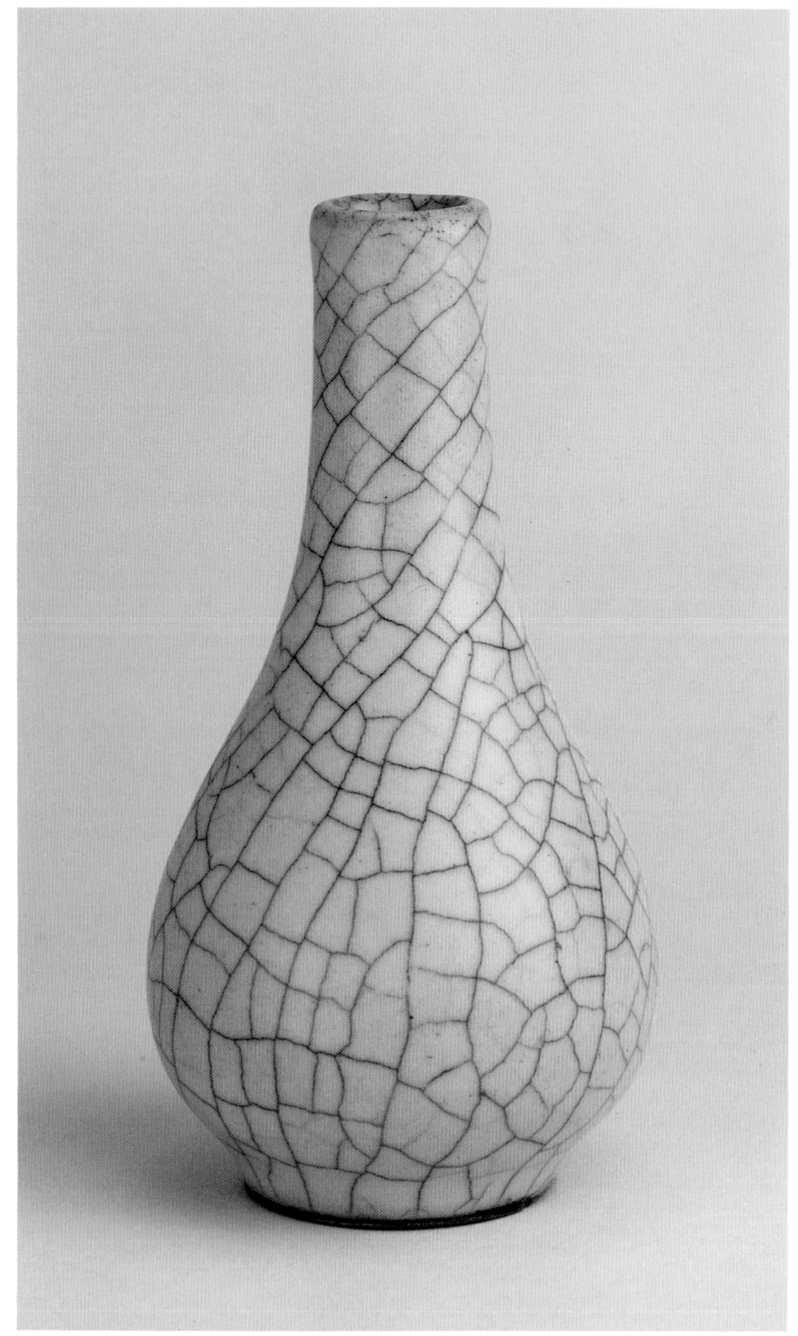

直口，長頸，溜肩，鼓腹，圈足。釉色為灰青，足邊無釉，塗有鐵銹紅色汁，釉色溫潤清雅，釉面佈滿大小紋片。大紋路多呈黑色，猶如鐵綫，小紋路細淺，呈黃色，恰似金絲，紋片大小交織，深淺相間，猶如金絲鐵綫附於瓶體之上。胎泥細膩，為典型的傳世哥窰佳品。

宋代五大名窰中，汝、官、哥窰均以開片紋作為釉面裝飾，汝窰和官窰為本色細碎紋開片，哥窰開片則由大、小兩種結合，形成其獨特的裝飾風格。哥窰瓷器釉為石灰鹼釉，這種釉燒成溫度高，黏度大，一般常溫下不易流動，因而其釉層能施得很厚，有的器物胎、釉幾乎一樣厚，因而使釉質越顯溫潤，器物外觀飽滿，加之釉面呈現的大小開片紋飾，更使器物潔淨雅致。此瓶釉面開片斜向相接，紋路自然有序，排列整齊，反映出窰工控制紋片工藝的高超技藝，這種破碎美越襯托出器物的莊重、高雅。

37

**哥窰貫耳長頸瓶**
宋
高11.3厘米
口徑2.5厘米
足徑4.3厘米
清宮舊藏

**Long-necked vase with pierced handles, Ge ware**
Song Dynasty
Height: 11.3cm
Diameter of mouth: 2.5cm
Diameter of foot: 4.3cm
Qing Court collection

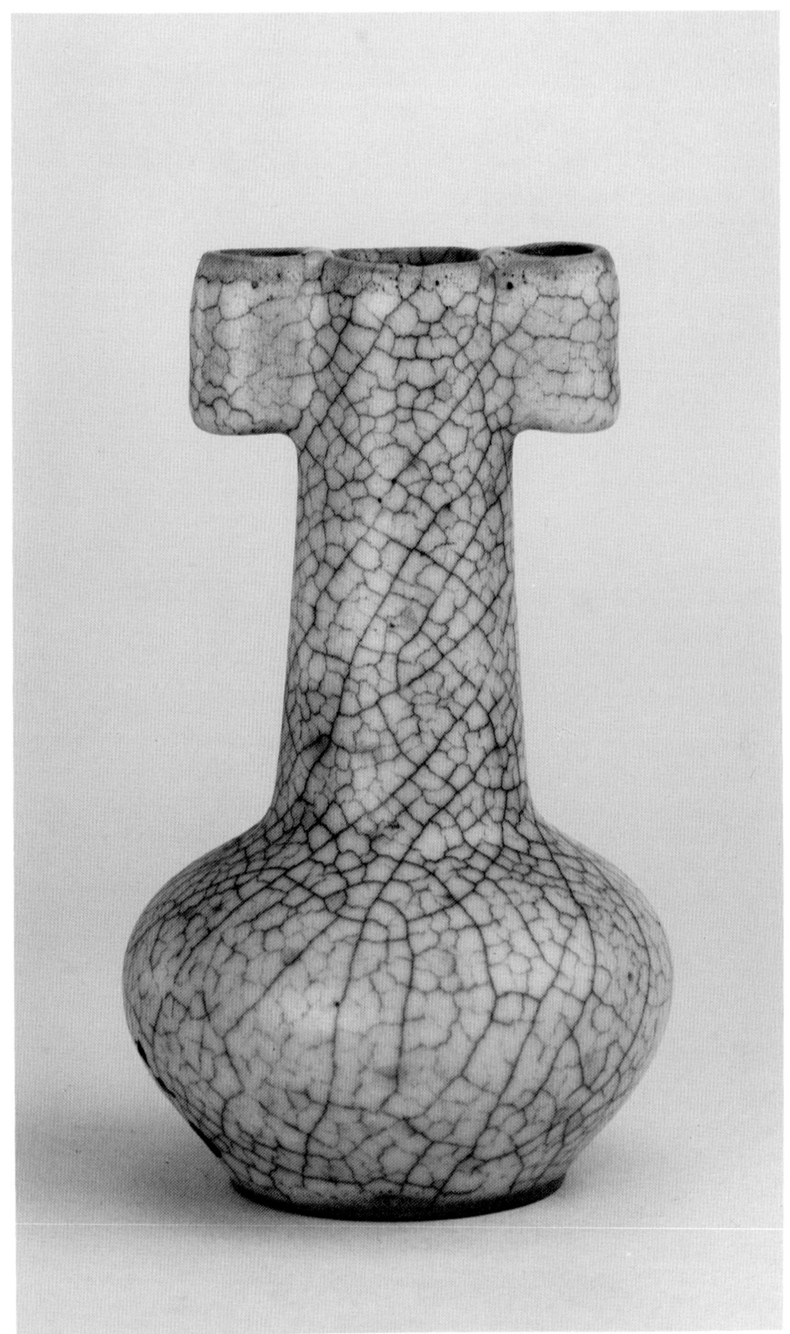

瓶直口，長頸，扁圓腹，底承以圈足，口沿兩側相對貼二圓形貫耳，與瓶口平齊，耳中空。口耳相連，加重了口部的力度，與腹部形成上下對稱，構成視覺上的均衡，給人以端莊、穩重之感。通體滿釉，開細碎紋片，靜穆，優美。

38

**哥窰弦紋瓶**

宋

高20.1厘米

口徑6.4厘米

足徑9.7厘米

**Vase with bow-string design, Ge ware**

Song Dynasty

Height: 20.1cm

Diameter of mouth: 6.4cm

Diameter of foot: 9.7cm

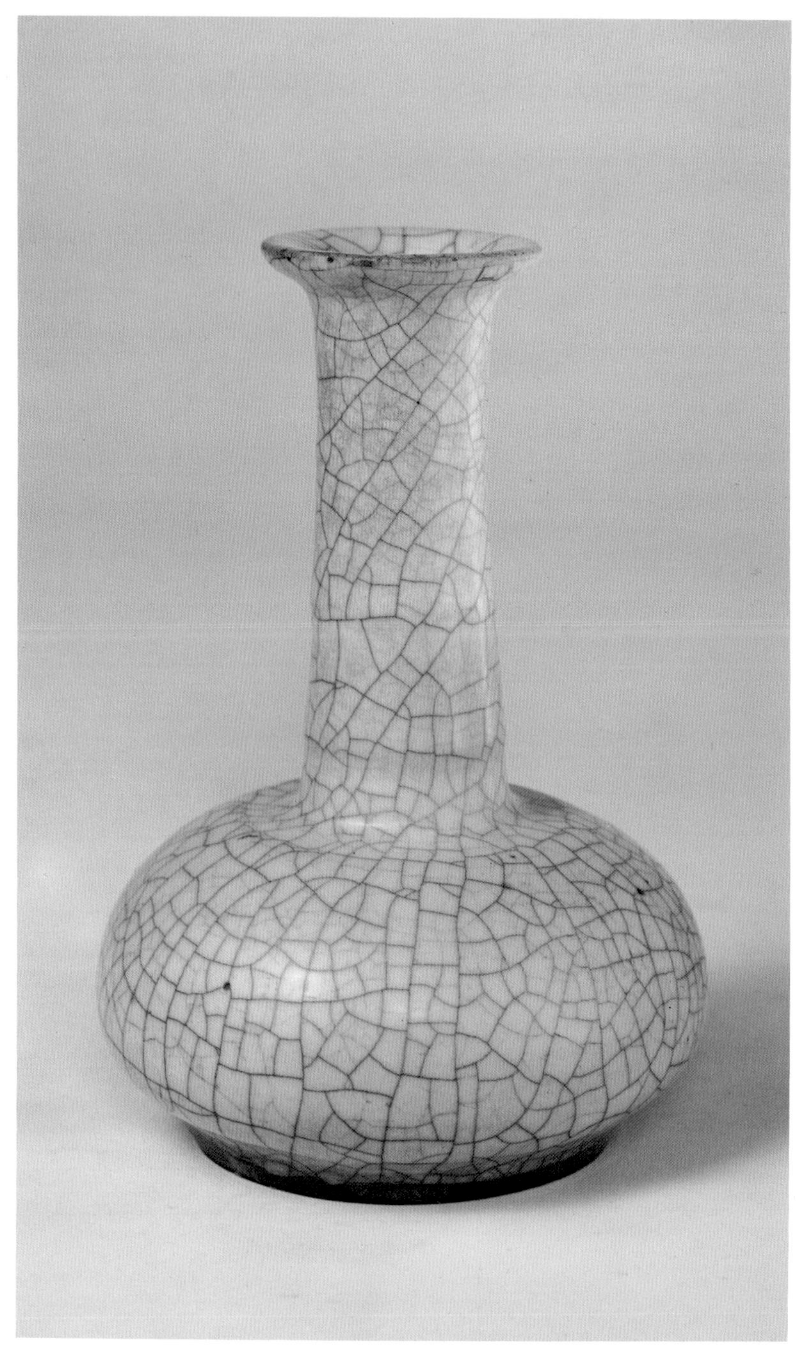

瓶撇口，頸細長，扁腹，底承圈足。頸及肩部凸起弦紋四道，通體施釉，底心滿釉，圈足一周無釉，呈醬色。通體開金絲鐵綫紋。

此瓶頸部細長，飾以數道間距不等的弦紋，使人感到頸雖長但不失度，腹雖鼓而不臃腫。造型簡潔雅致，具有一種純樸、典雅的藝術效果。

39

**哥窰貫耳八方扁瓶**
宋
高24.1厘米
口徑9.8×7.1厘米
足徑10.2×8.5厘米
清宮舊藏

**Octagonal flat vase with pierced handles, Ge ware**
Song Dynasty
Height: 24.1cm
Diameter of mouth: 9.8×7.1cm
Diameter of foot: 10.2×8.5cm
Qing Court collection

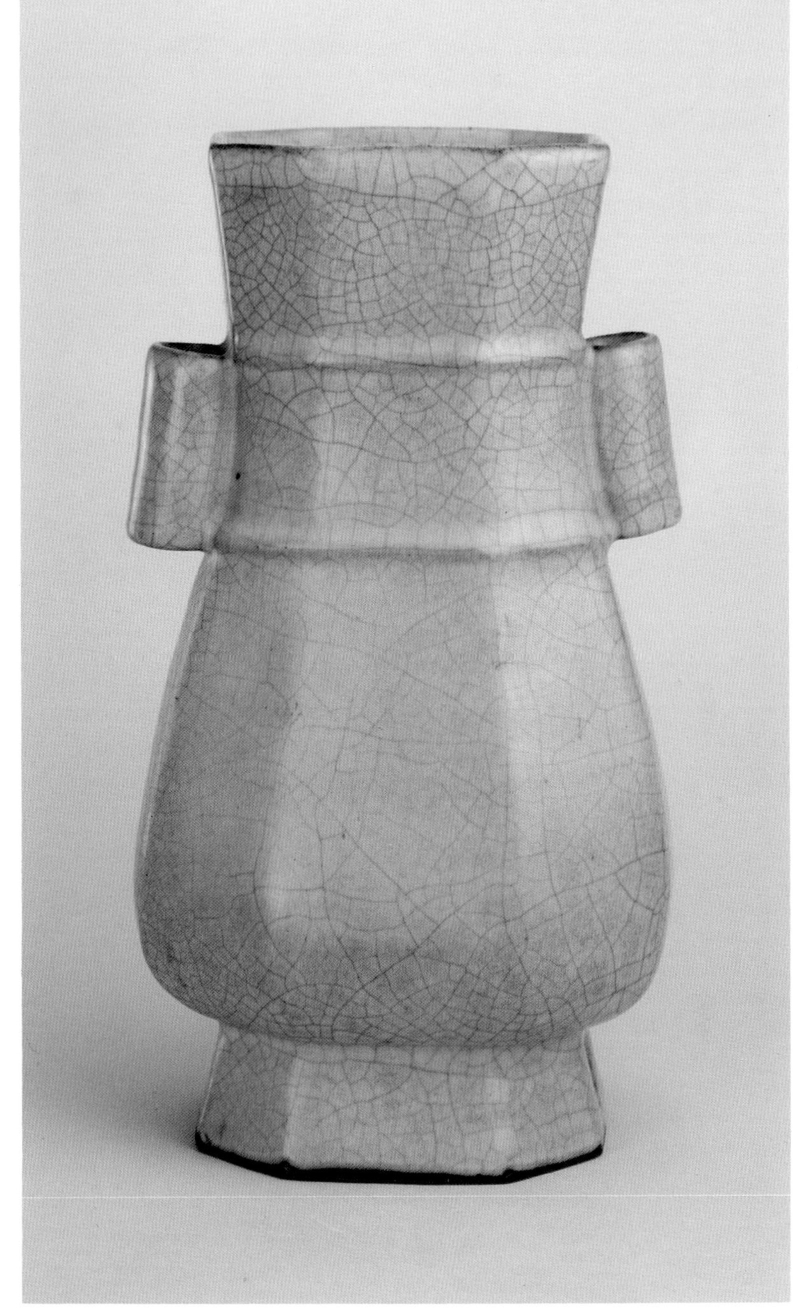

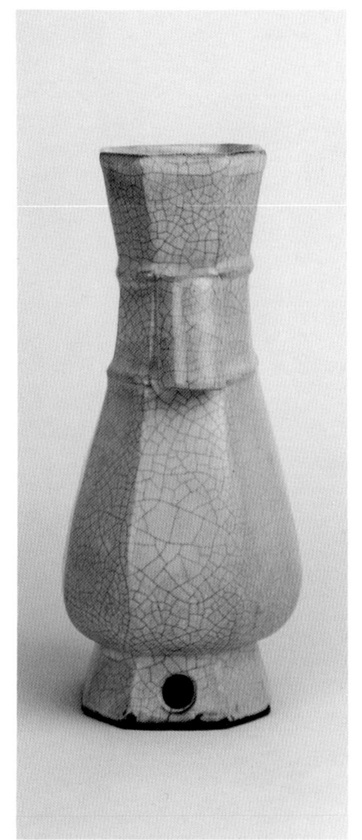

瓶仿青銅觶燒製，口為八方形，微外撇，頸部凸起弦紋兩道，兩側各有一圓形直耳，中空，腹下豐滿，足呈八方形，外撇，兩側各有一圓孔。此瓶通體為八方形，棱綫分明，體滿釉，開片，底足一周無釉，呈黑色，即鐵足。釉面光滑瑩潤。

宋代汝、官、哥窰器物，不尚紋飾，以造型、釉色取勝，只以開片美化器表，素樸典雅。其中尤以哥窰突出。

40

**哥窰貫耳扁瓶**
宋
高13.7厘米　口徑5.5×4.5厘米
足徑5.4×4.9厘米
清宮舊藏

**Flat vase with pierced handles, Ge ware**
Song Dynasty
Height: 13.7cm　Diameter of mouth: 5.5×4.5cm
Diameter of foot: 5.4×4.9cm
Qing Court collection

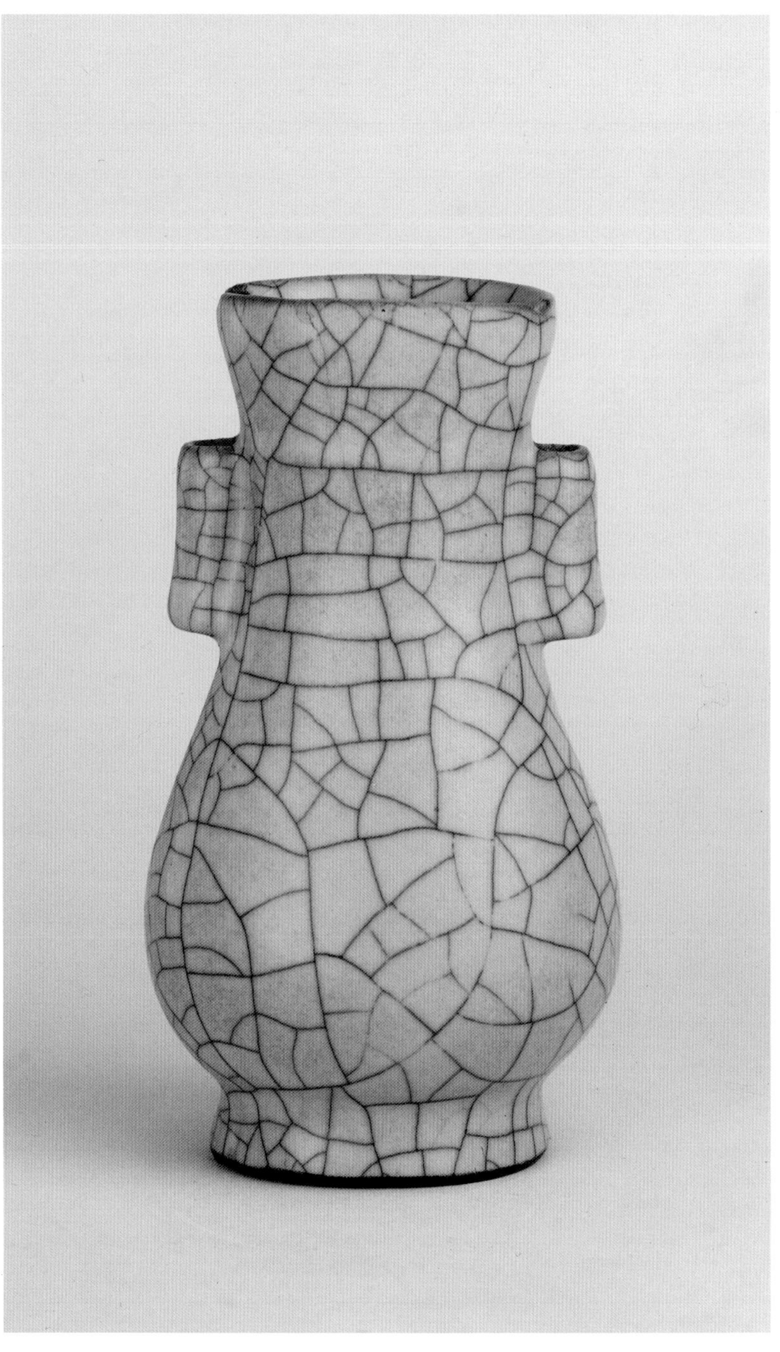

41

**哥窰貫耳扁瓶**
宋
高14.8厘米　口徑4.8×4厘米
足徑5.4×4.1厘米
清宮舊藏

**Flat vase with pierced handles, Ge ware**
Song Dynasty
Height: 14.8cm　Diameter of mouth: 4.8×4cm
Diameter of foot: 5.4×4.1cm
Qing Court collection

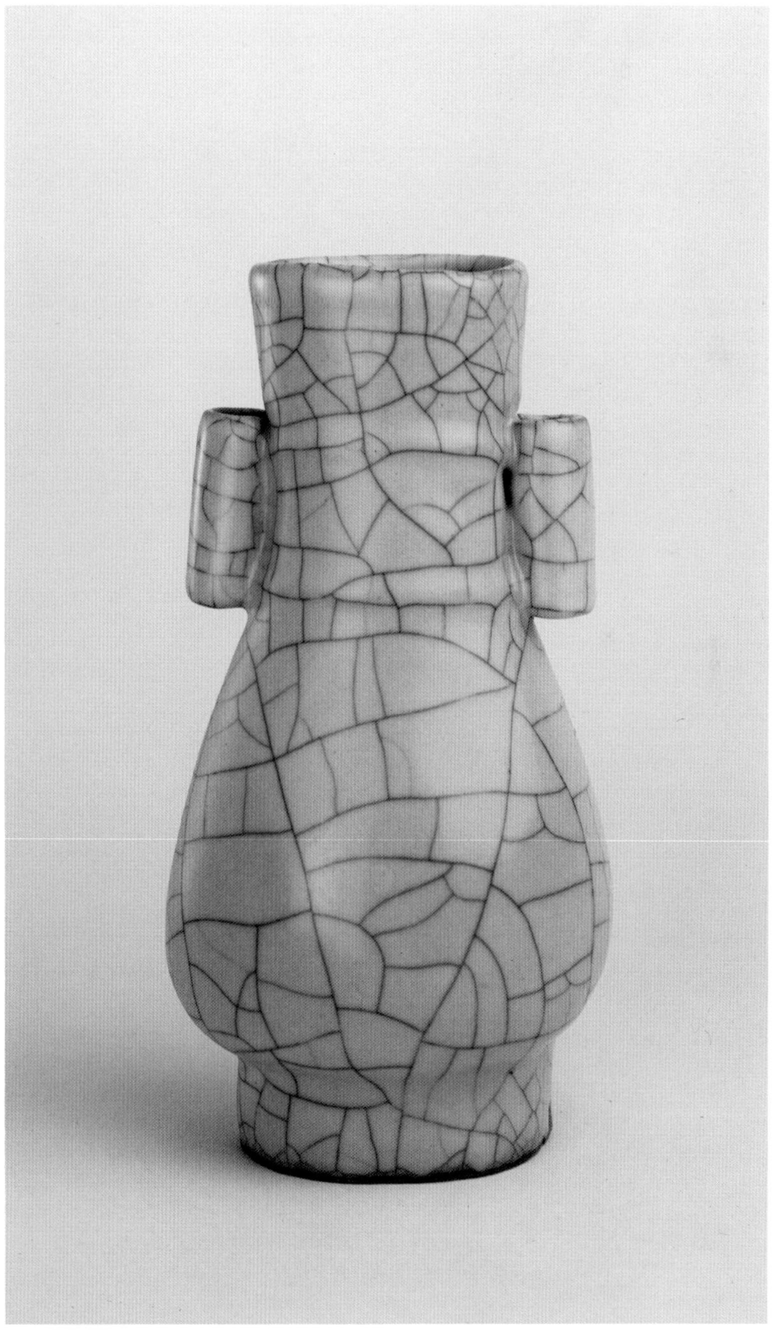

42

**哥窯貫耳扁瓶**

宋

高17.2厘米　口徑4.7×6.4厘米

足徑5.6×6.7厘米

清宮舊藏

**Flat vase with pierced handles, Ge ware**

Song Dynasty

Height: 17.2cm　Diameter of mouth: 4.7×6.4cm

Diameter of foot: 5.5×6.7cm

Qing Court collection

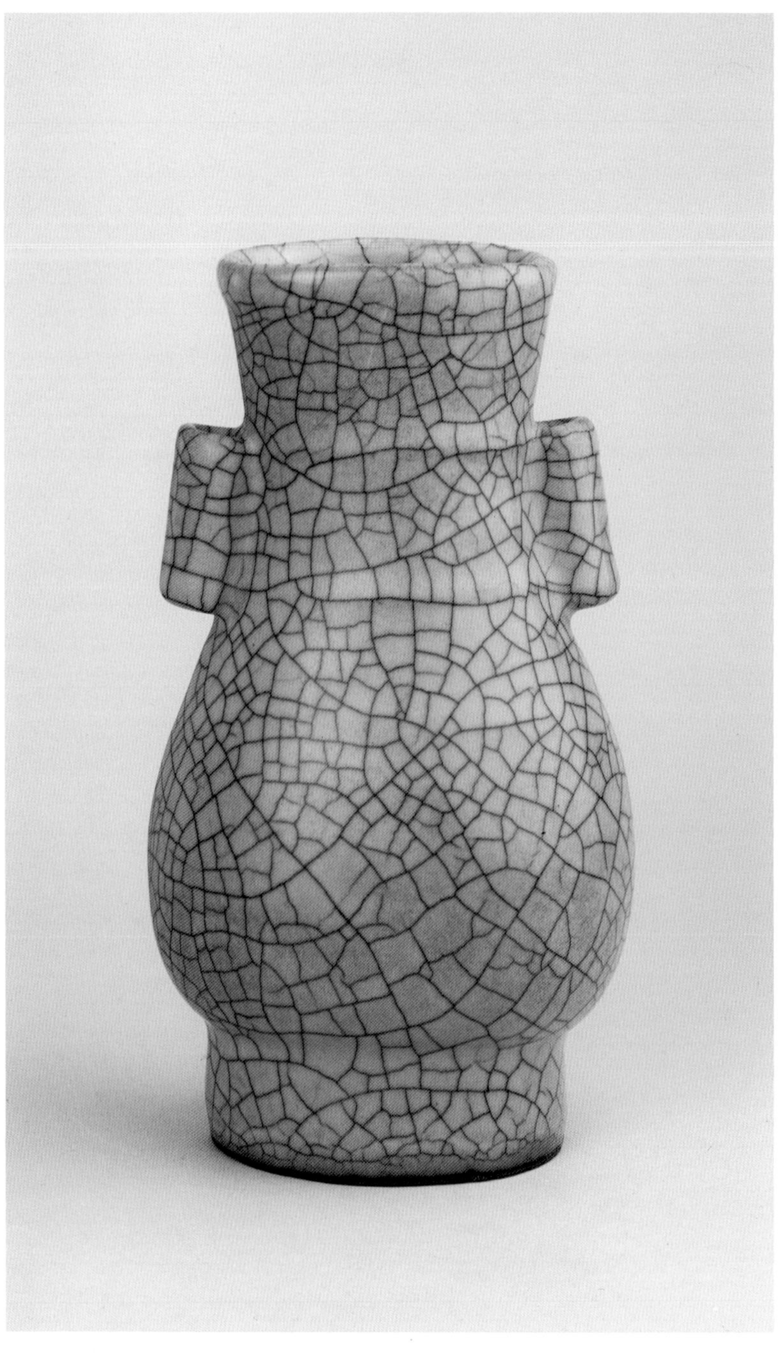

43 **哥窰八方貫耳扁瓶**
宋
高14.9厘米　口徑4.6×3.7厘米　足徑4.8×6.4厘米
清宮舊藏

**Octagonal flat vase with pierced handles**, Ge ware
Song Dynasty
Height: 14.9cm　Diameter of mouth: 4.6×3.7cm
Diameter of foot: 4.8×6.4cm
Qing Court collection

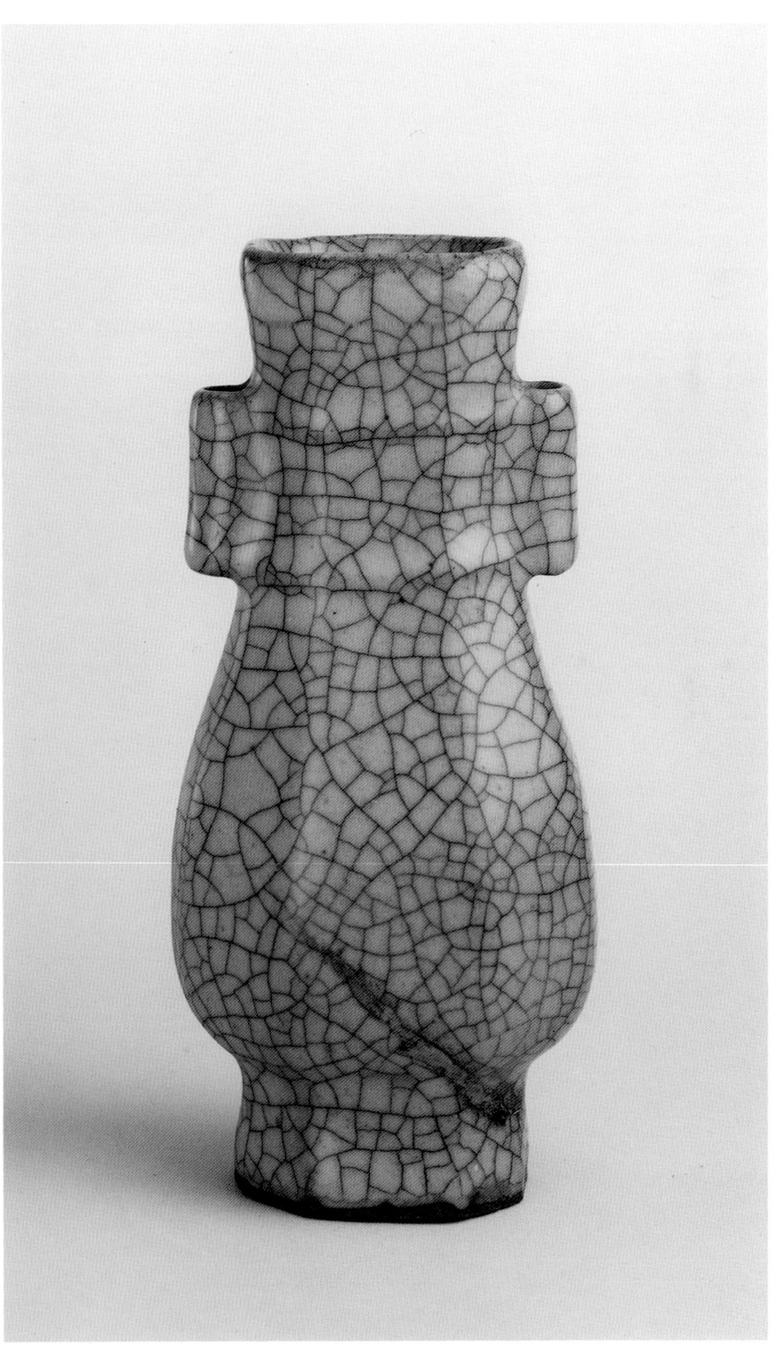

44

**哥窰八方貫耳瓶**

宋

高14.5厘米　口徑4.8×3.5厘米

足徑4.8×4.5厘米

**Octagonal vase with pierced handles, Ge ware**

Song Dynasty

Height: 14.5cm

Diameter of mouth: 4.8×3.5cm

Diameter of foot: 4.8×4.5cm

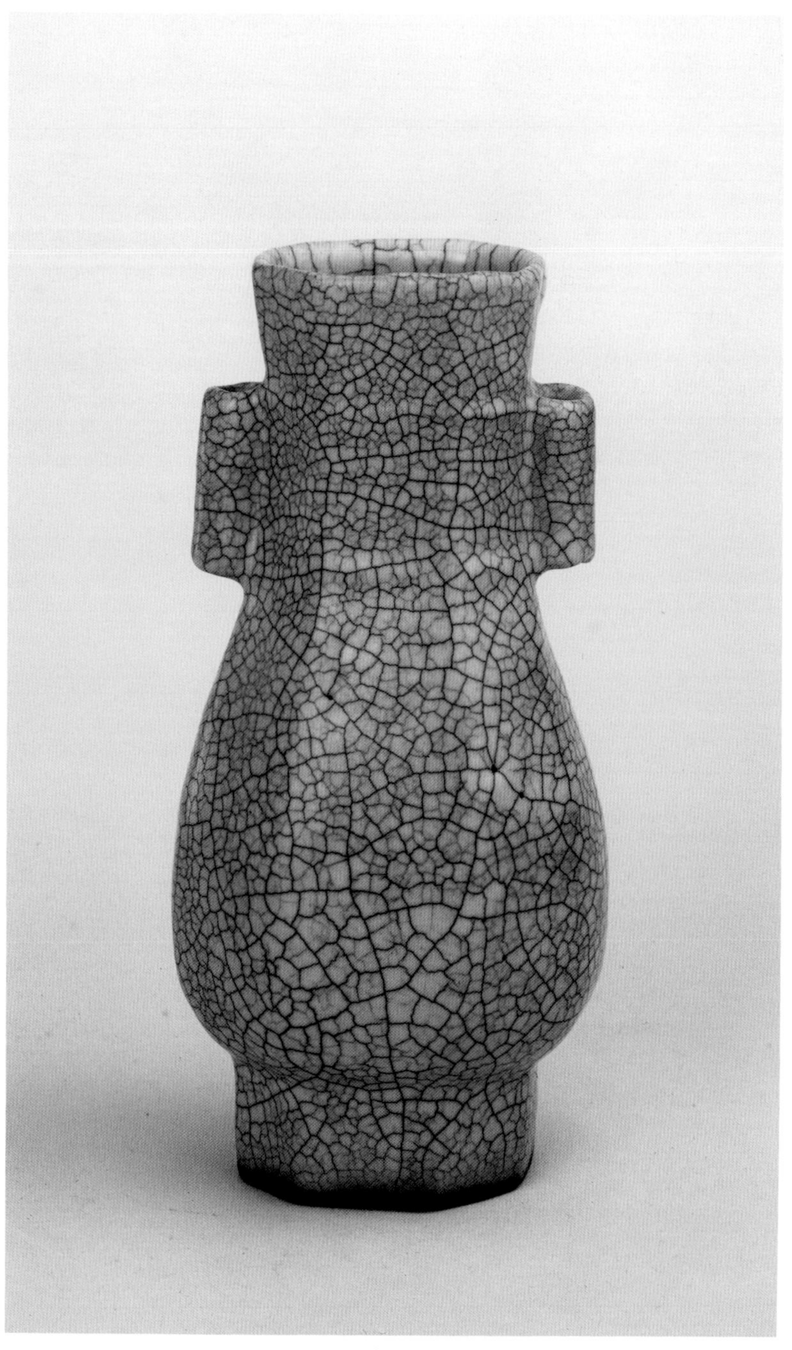

45

**哥窰小罐**

宋

高7.8厘米　口徑4.7厘米

足徑4.2厘米

清宮舊藏

**Small jar, Ge ware**

Song Dynasty

Height: 7.8cm　Diameter of mouth: 4.7cm

Diameter of foot: 4.2cm

Qing Court collection

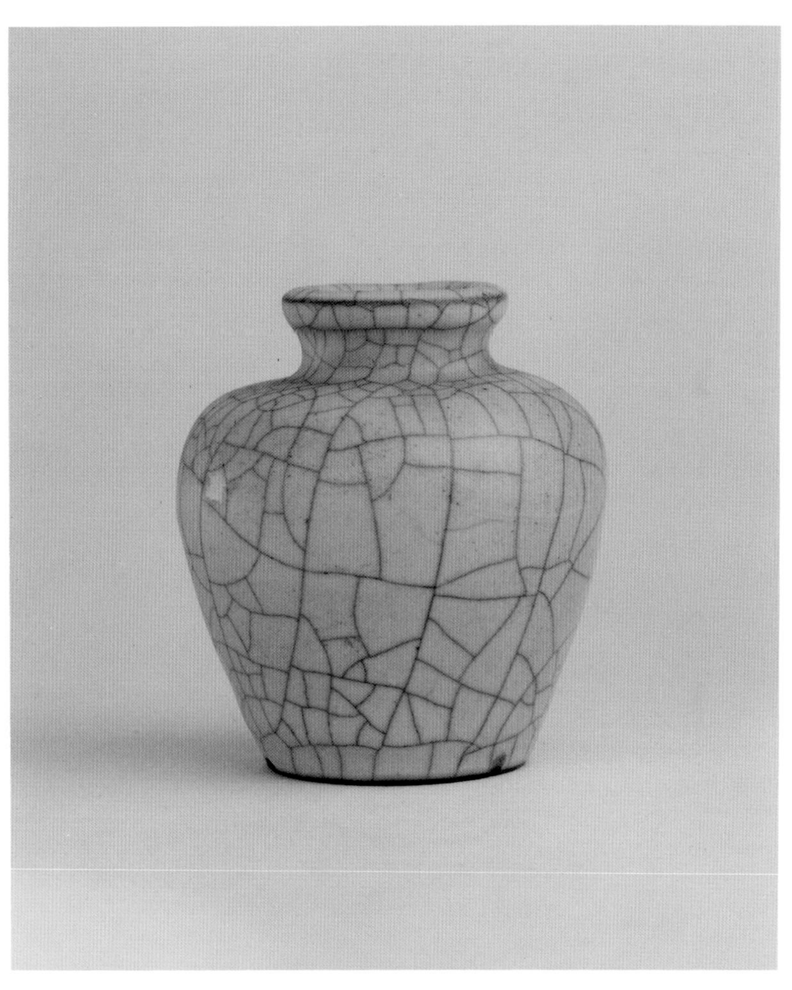

罐唇口，短頸，豐肩，肩以下漸收，頸部飾弦紋一道，底為圈足。通體滿釉，底足一周無釉，呈黑色。通體以開片為飾，口、肩、足尺寸比例適中，綫條流暢優美。此罐雖小巧玲瓏，卻氣度非凡，充分顯示了宋代造型藝術的高超水平。

宋代崇古、仿古之風興盛，受其影響，哥窰器物多為爐、瓶、洗、盤等式樣，罐類稀少，因此更加珍貴。

46

**哥窰雙魚耳爐**
宋
高8厘米　口徑12.5厘米　足徑9.2厘米
清宮舊藏

**Incense burner with two fish-shaped handles, Ge ware**
Song Dynasty
Height: 8cm　Diameter of mouth: 12.5cm
Diameter of foot: 9.2cm
Qing Court collection

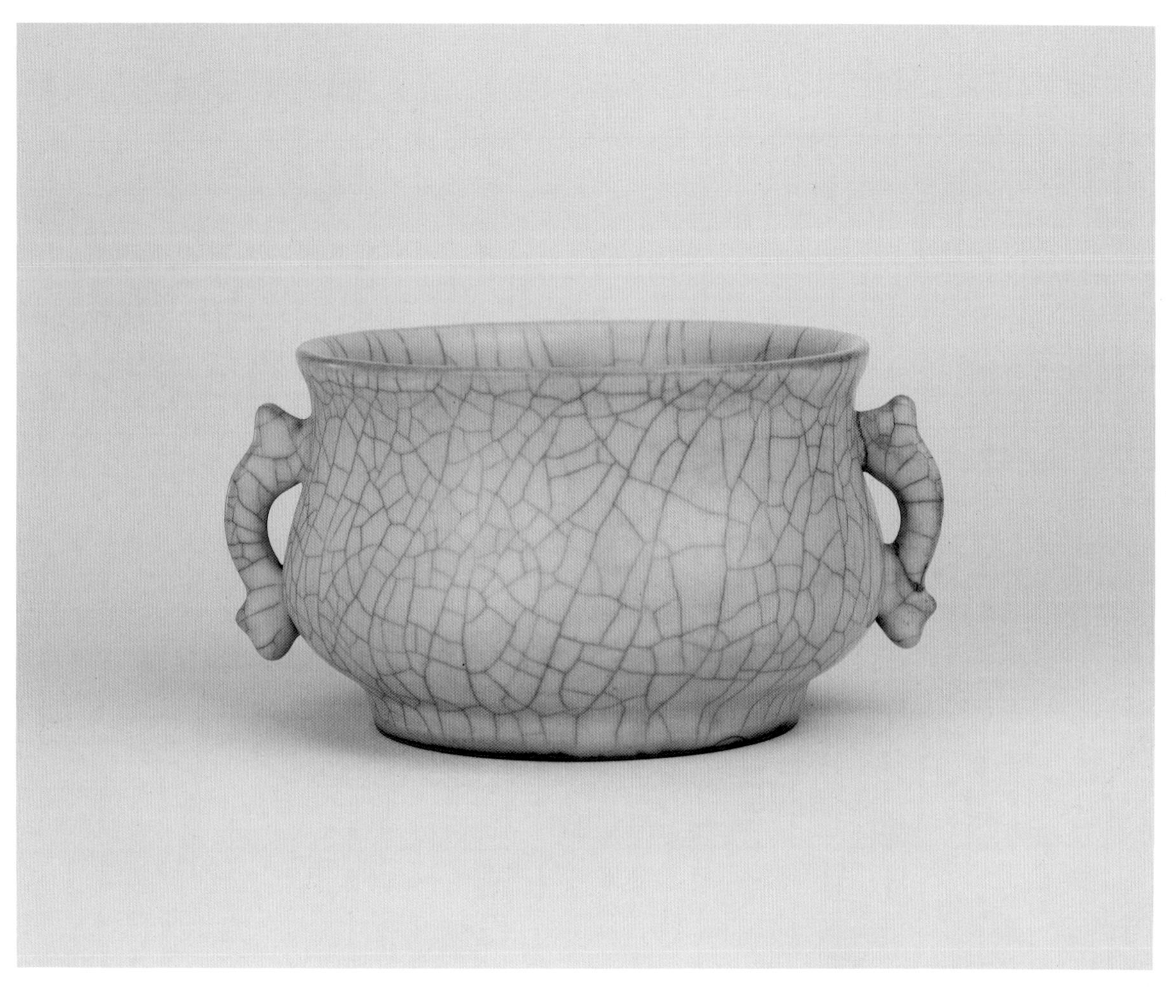

爐撇口，闊腹，腹兩側各有一魚形耳，底為圈足。通體滿釉，開片。底有六個支釘痕，裏心留有五個支釘痕。整體側視近似長方形，其外輪廓綫表現為口沿以下向內收縮，器腹微外凸，這一收一凸使器體綫條顯得飽滿有力。兩旁配置的雙耳向外擴張，在造型上增強了器物莊重的效果。

器型仿古青銅簋式，古樸莊重，製作精巧。

47

## 哥窰雙耳三足爐

宋
高5.2厘米　口徑7.9厘米　足距5.4厘米
清宮舊藏

**Three-legged incense burner with two handles, Ge ware**
Song Dynasty
Height: 5.2cm　Diameter of mouth: 7.9cm
Spacing between legs: 5.4cm
Qing Court collection

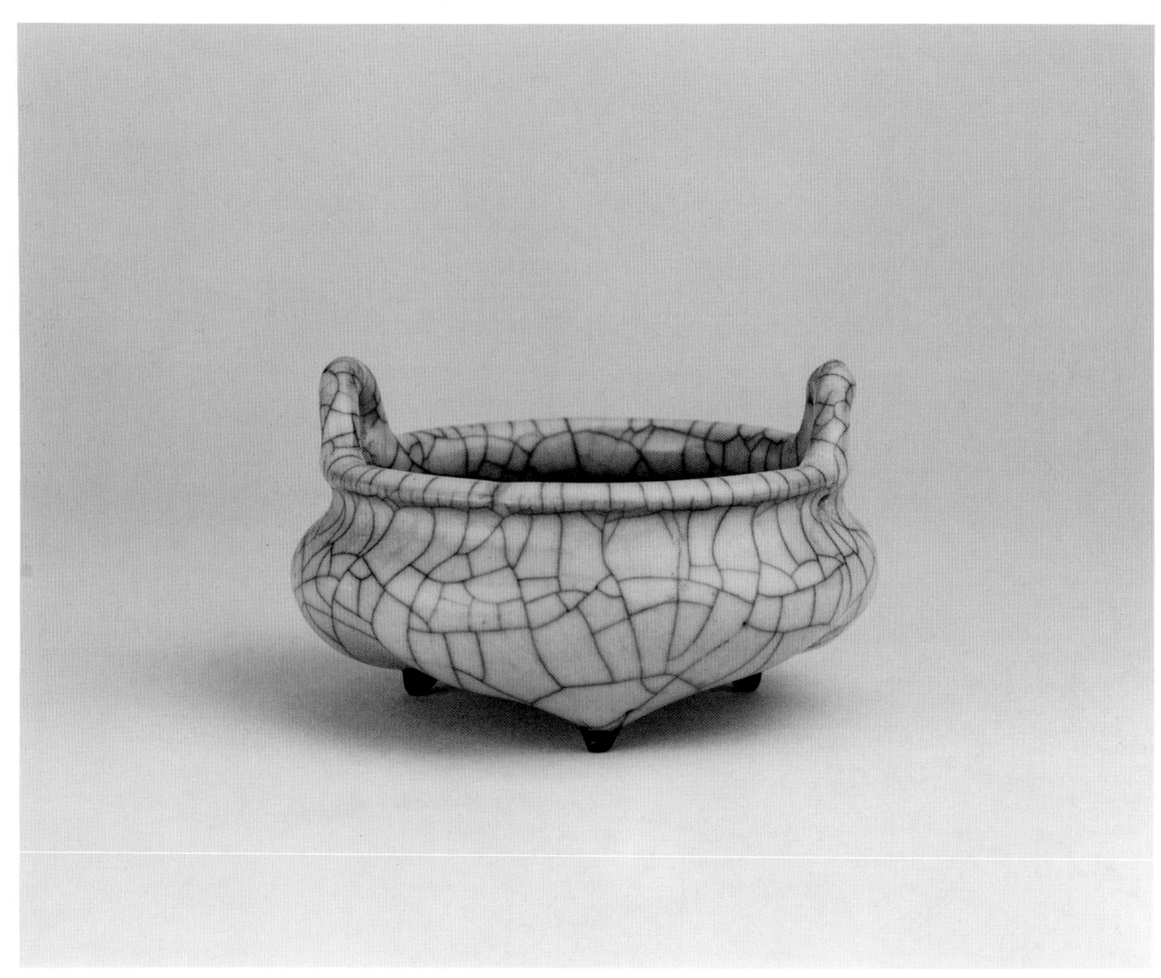

爐口沿微外捲，鼓腹，下承以三個小乳狀足，口沿上有二半圓形耳相對。器型玲瓏小巧，通體施灰青色釉。器身密佈開片，金絲鐵綫紋。

此爐為禮器，造型源於早期青銅鬲的樣式，宋人把這一造型藝術化，小型化，使器物綫條更加柔美，剛柔相濟。此爐造型古樸、敦厚、典雅，不失為哥窰器中的精品。

48

## 哥窰筒式三足爐

宋
高7.9厘米　口徑12.5厘米
足距10.3厘米

**Cylindrical incense burner with three legs, Ge ware**
Song Dynasty
Height: 7.9cm
Diameter of mouth: 12.5cm
Spacing between legs: 10.3cm

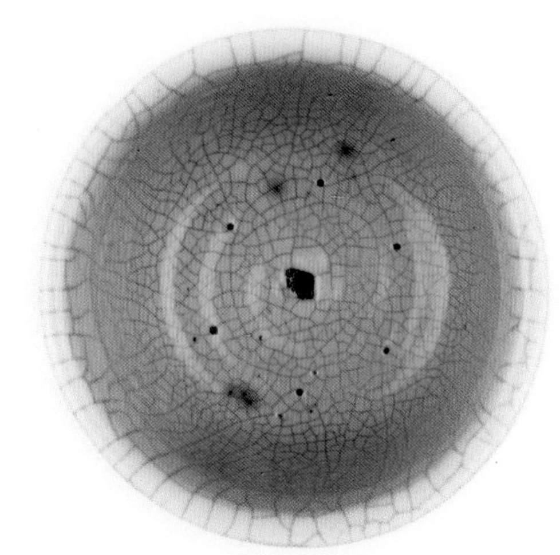

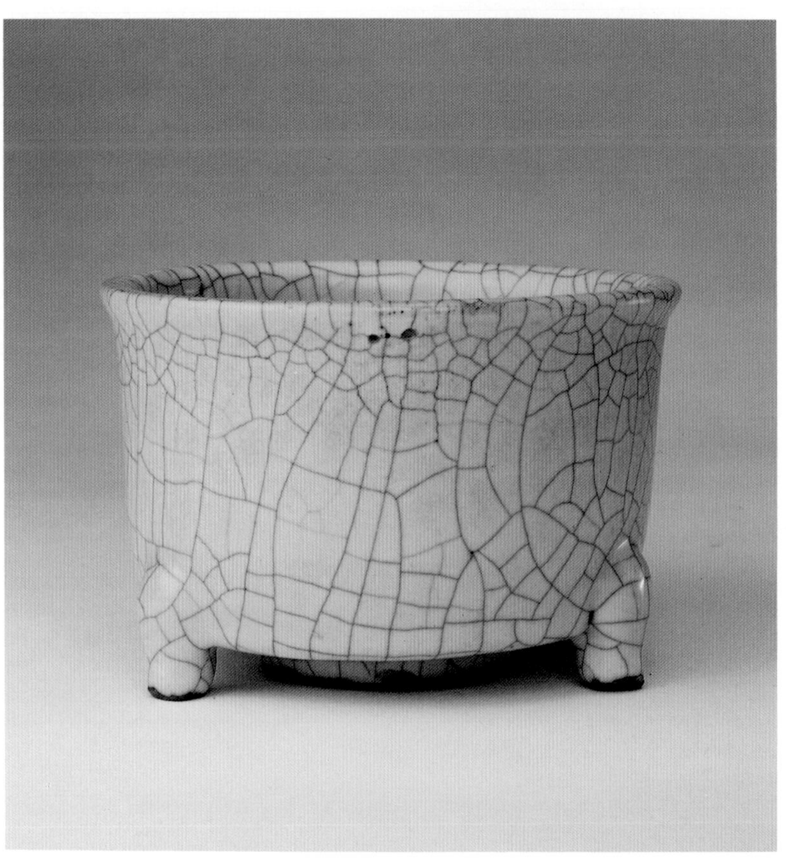

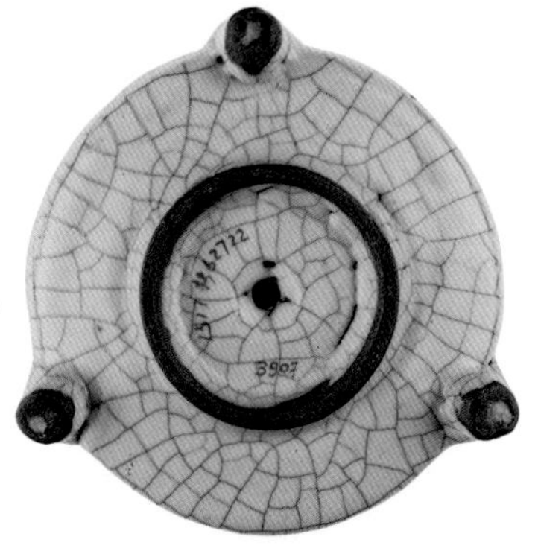

爐敞口，直壁，豐底，下承以三變形獸足。裏心留有六個支釘痕。通體滿釉，以開片為飾。

宋代由於崇古厚古之風盛行，受其影響，陳設器物造型亦以仿古為時尚，瓷器多仿自古青銅器、玉器，如雙耳爐、三足爐、琮式瓶等。

此爐仿自漢代酒樽式樣，定窰、龍泉窰都有燒製，為當時流行樣式，其中尤以哥窰產品突出。這件三足爐造型古樸、莊重、典雅，為典型的宮廷陳設用瓷。

49

## 哥窰雙耳三足爐

宋
高17.3厘米
口徑13.3厘米
足距9.2厘米
清宮舊藏

**Three-legged incense burner with two handles, Ge ware**

Song Dynasty
Height: 17.3cm
Diameter of mouth: 13.3cm
Spacing between legs: 9.2cm
Qing Court collection

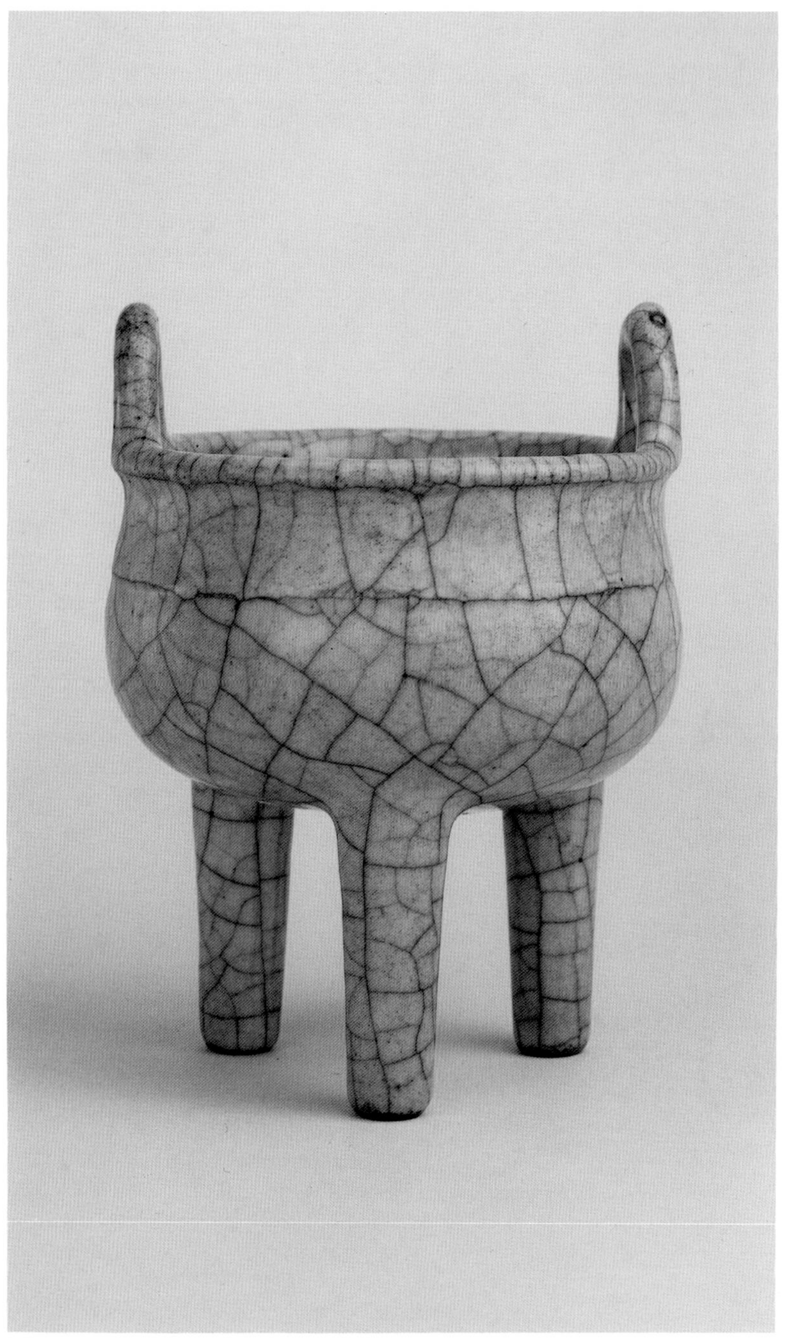

爐圓唇口，口下微內收，口上立兩環耳，鼓腹，飾以一周弦紋，豐底，下承以三柱足，足中空。通體滿釉，米黃色，開黃、黑色紋片。爐腹外壁開片較大，足、腹裏開片較細小，爐裏有七個支釘痕。

此爐仿商周時期青銅鼎式樣，造型宏大，氣勢雄偉，為一件不可多得的藝術珍品。

50

**哥窰雙耳爐**

宋

高8.3厘米　口徑11.9厘米　足徑9.5厘米

清宮舊藏

**Incense burner with two handles, Ge ware**

Song Dynasty

Height: 8.3cm　Diameter of mouth: 11.9cm

Diameter of foot: 9.5cm

Qing Court collection

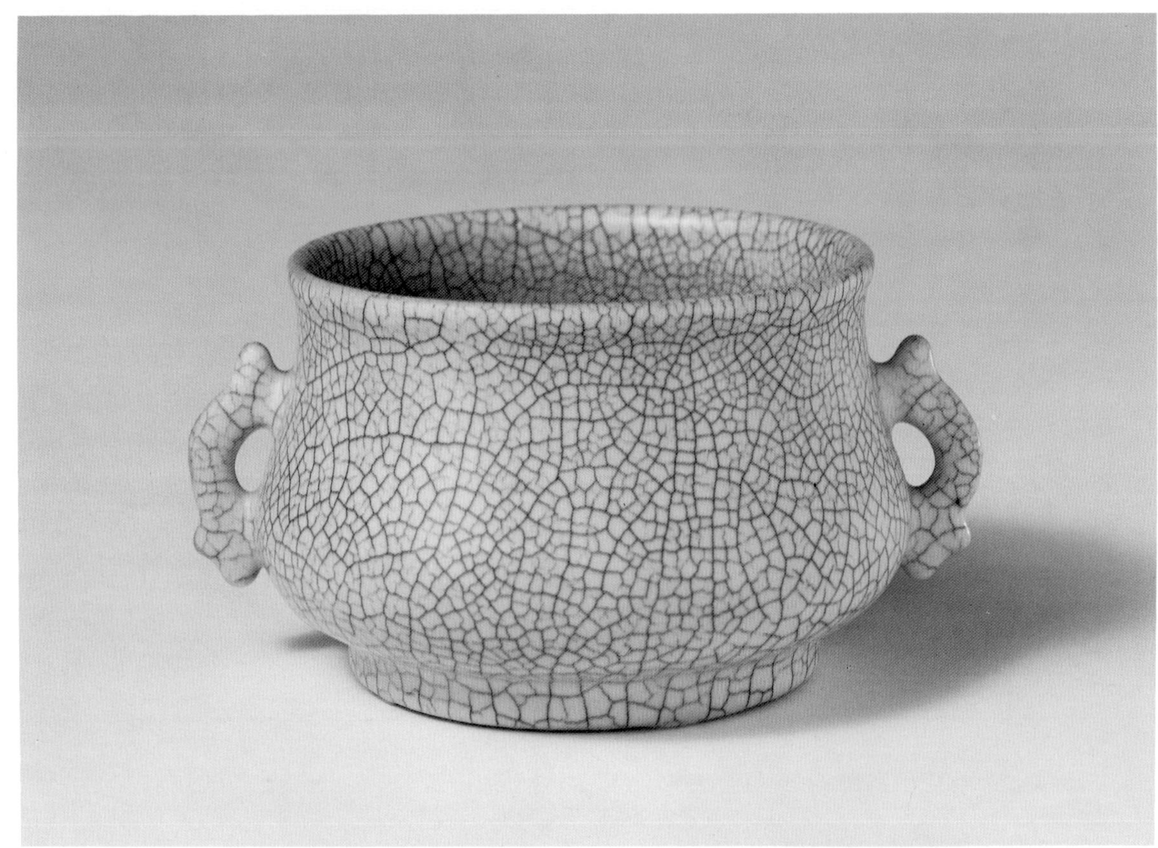

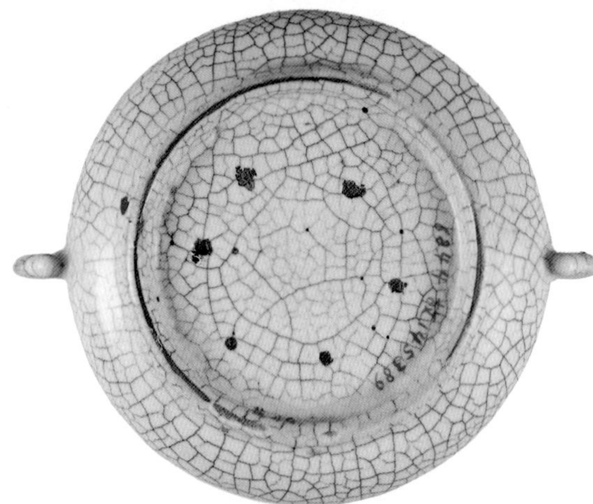

51

## 哥窰雙耳爐

宋

高9厘米　口徑11.8厘米　足徑9.6厘米

清宮舊藏

**Incense burner with two handles, Ge ware**

Song Dynasty

Height: 9cm　Diameter of mouth: 11.8cm

Diameter of foot: 9.6cm

Qing Court collection

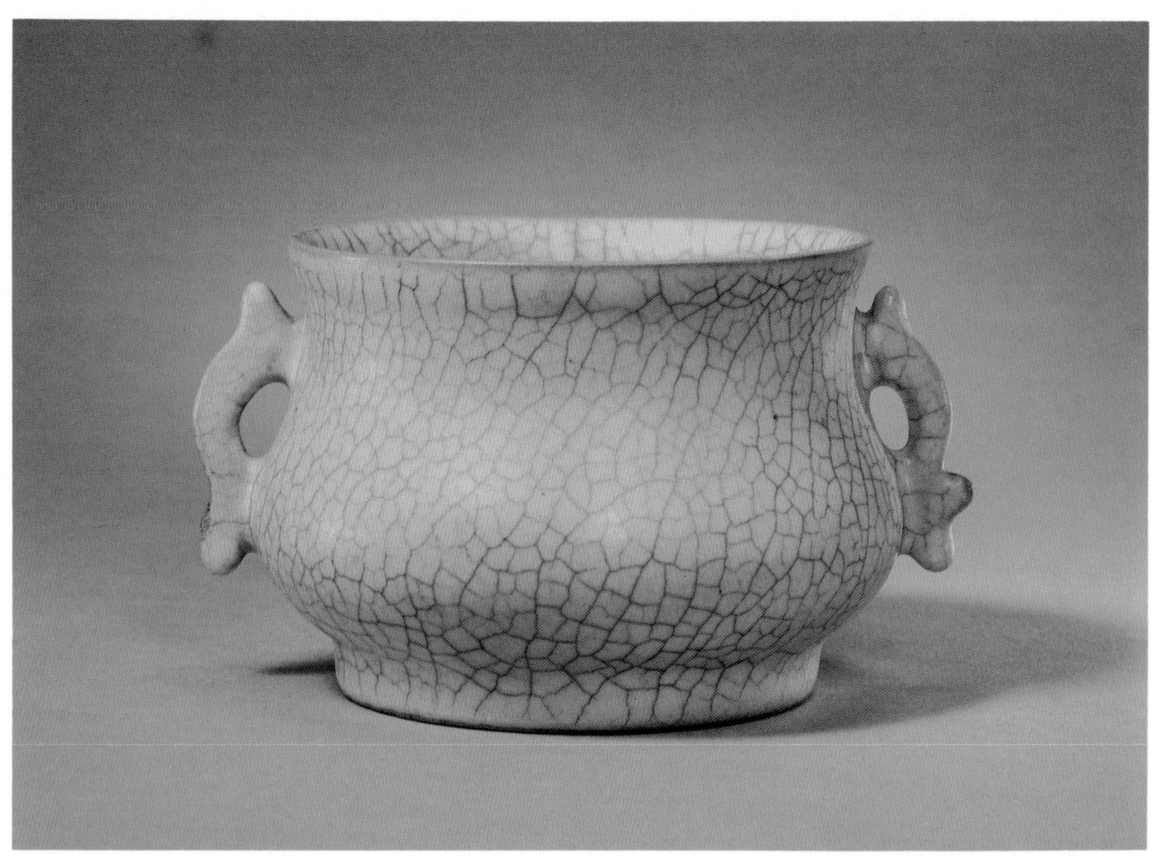

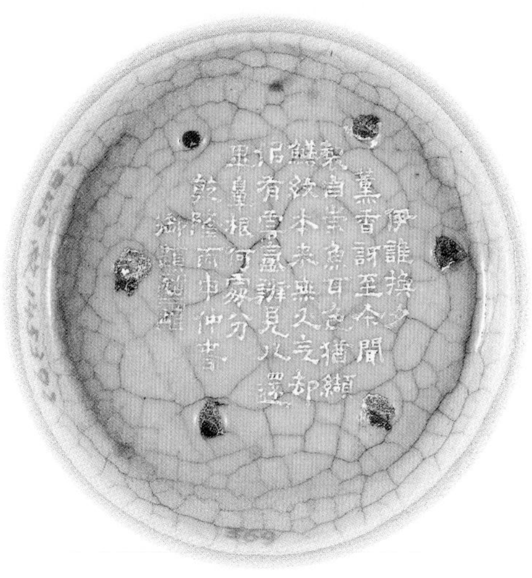

52 **哥窰戟耳爐**

宋

高5.3厘米　口徑7.5厘米　足徑5.7厘米

清宮舊藏

**Incense burner with halberd-shaped handles, Ge ware**

Song Dynasty

Height: 5.3cm　Diameter of mouth: 7.5cm

Diameter of foot: 5.7cm

Qing Court collection

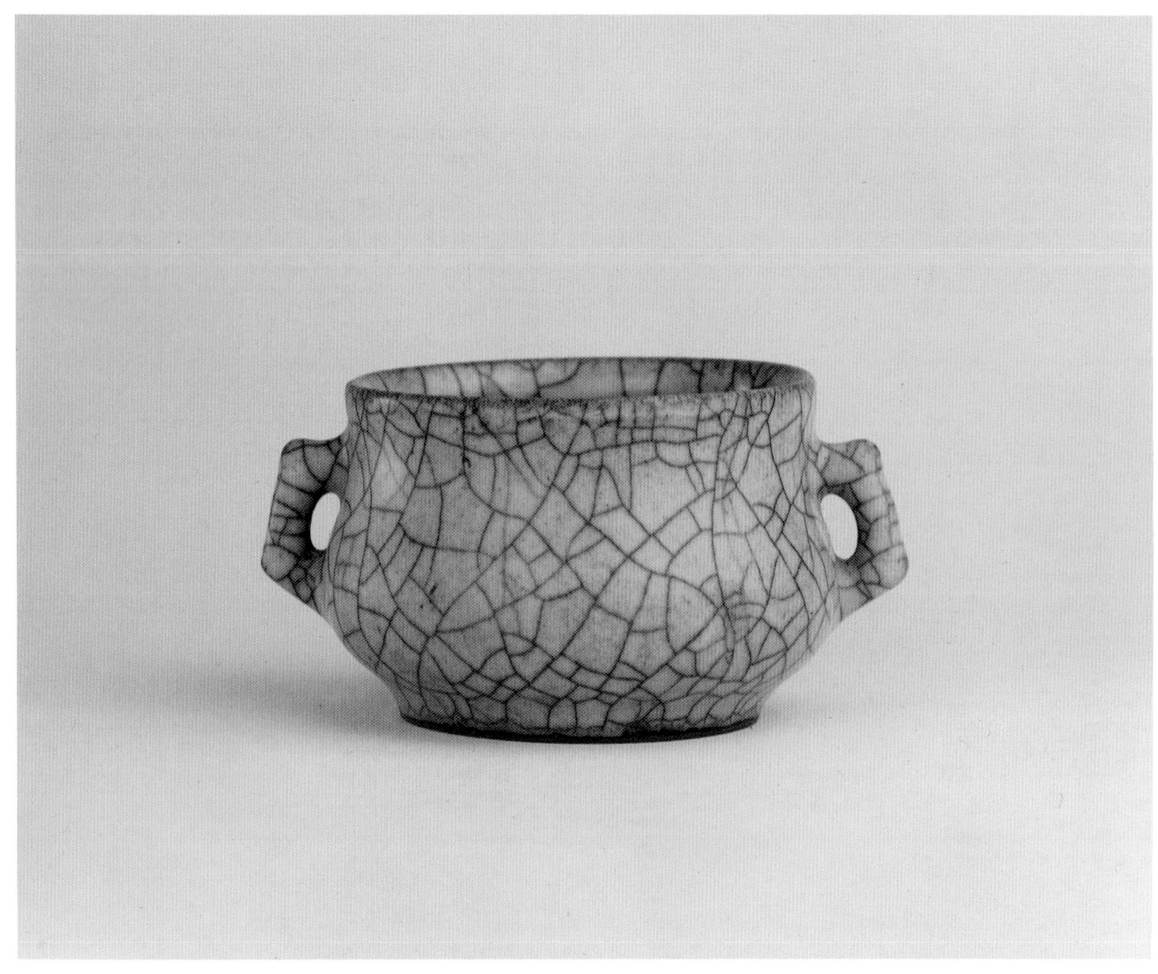

53

**哥窰雙耳三足爐**

宋

高12.5厘米　口徑13厘米　足距9.1厘米

**Three-legged incense burner with two handles, Ge ware**

Song Dynasty

Height: 12.5cm　Diameter of mouth: 13cm

Spacing between legs: 9.1cm

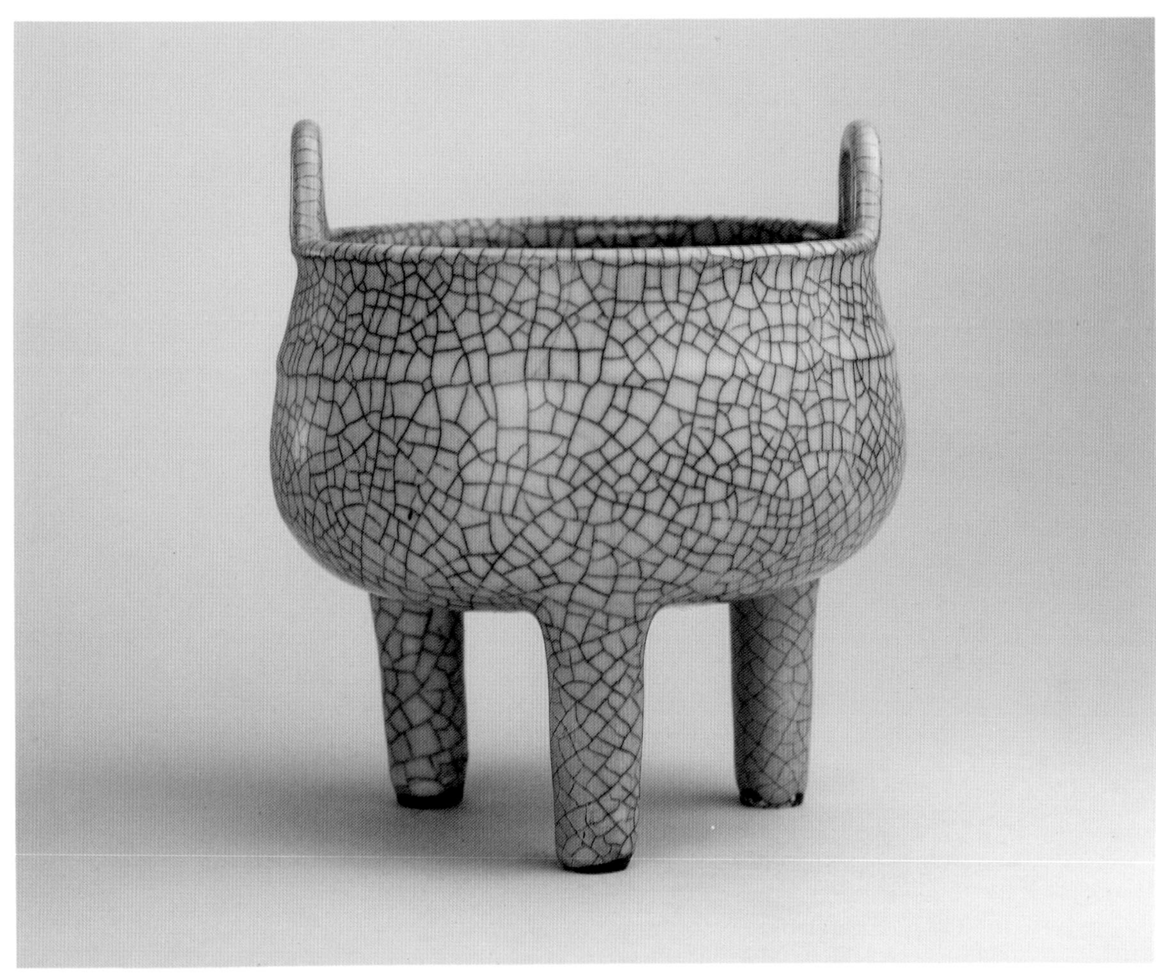

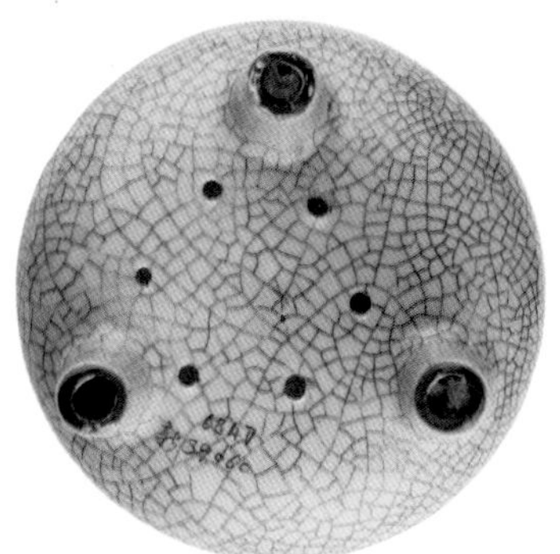

54

## 哥窰海棠花盆

宋

高7.8厘米　口徑14.6×11.8厘米　足距7.4厘米

清宮舊藏

**Flower pot in the shape of begonia flower, Ge ware**

Song Dynasty

Height: 7.8cm　Diameter of mouth: 14.6×11.8cm

Spacing between legs: 7.4cm

Qing Court collection

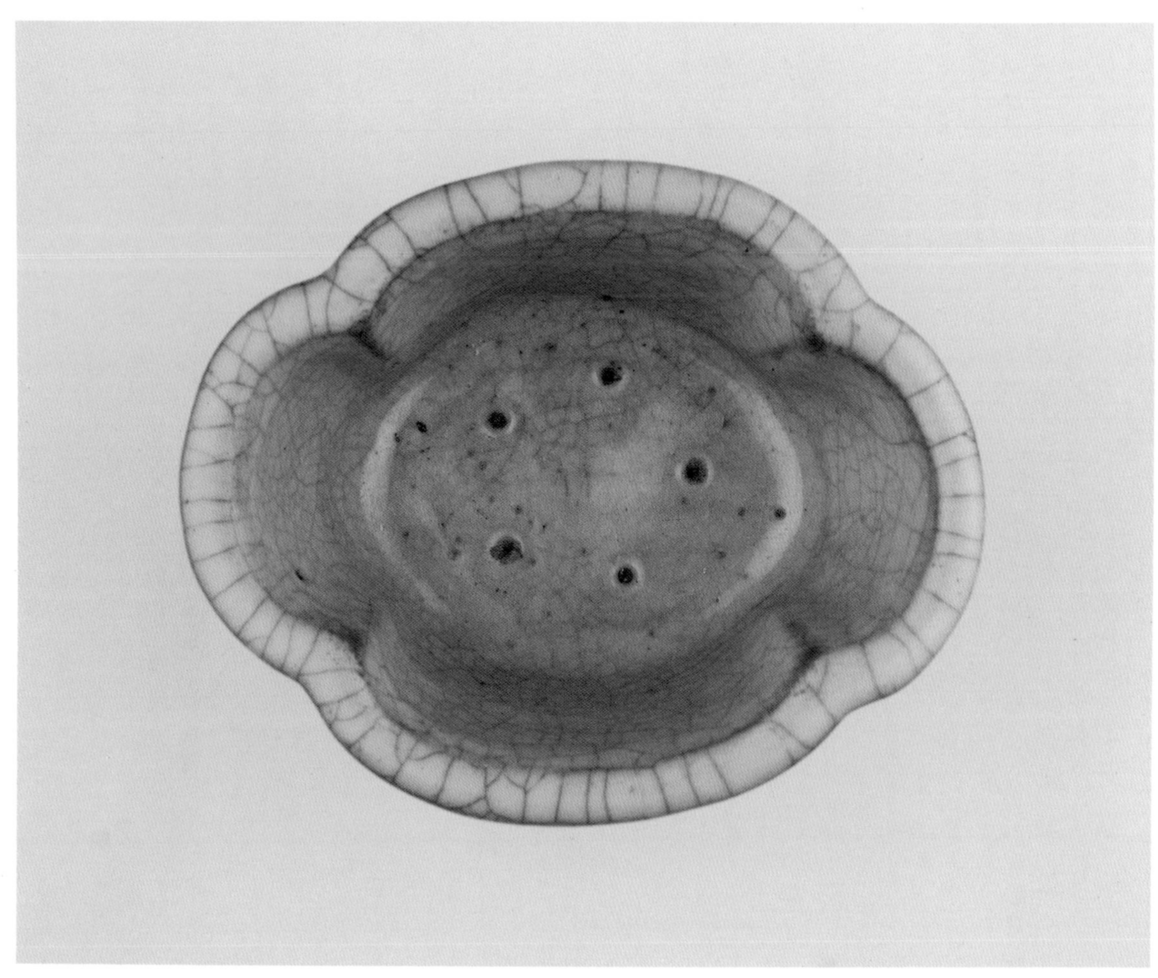

花盆呈四瓣海棠式，撇口，斜壁，平底，下承四如意雲頭形足。裏外滿釉，只足底處無釉，呈黑色，俗稱鐵足。通體開片，外壁開片較大，為冰裂紋；內壁開片細碎，稱魚子紋。裏心有五個支釘燒痕。

花盆以鈞窰產品傳世較多，哥窰花盆則世所罕見。

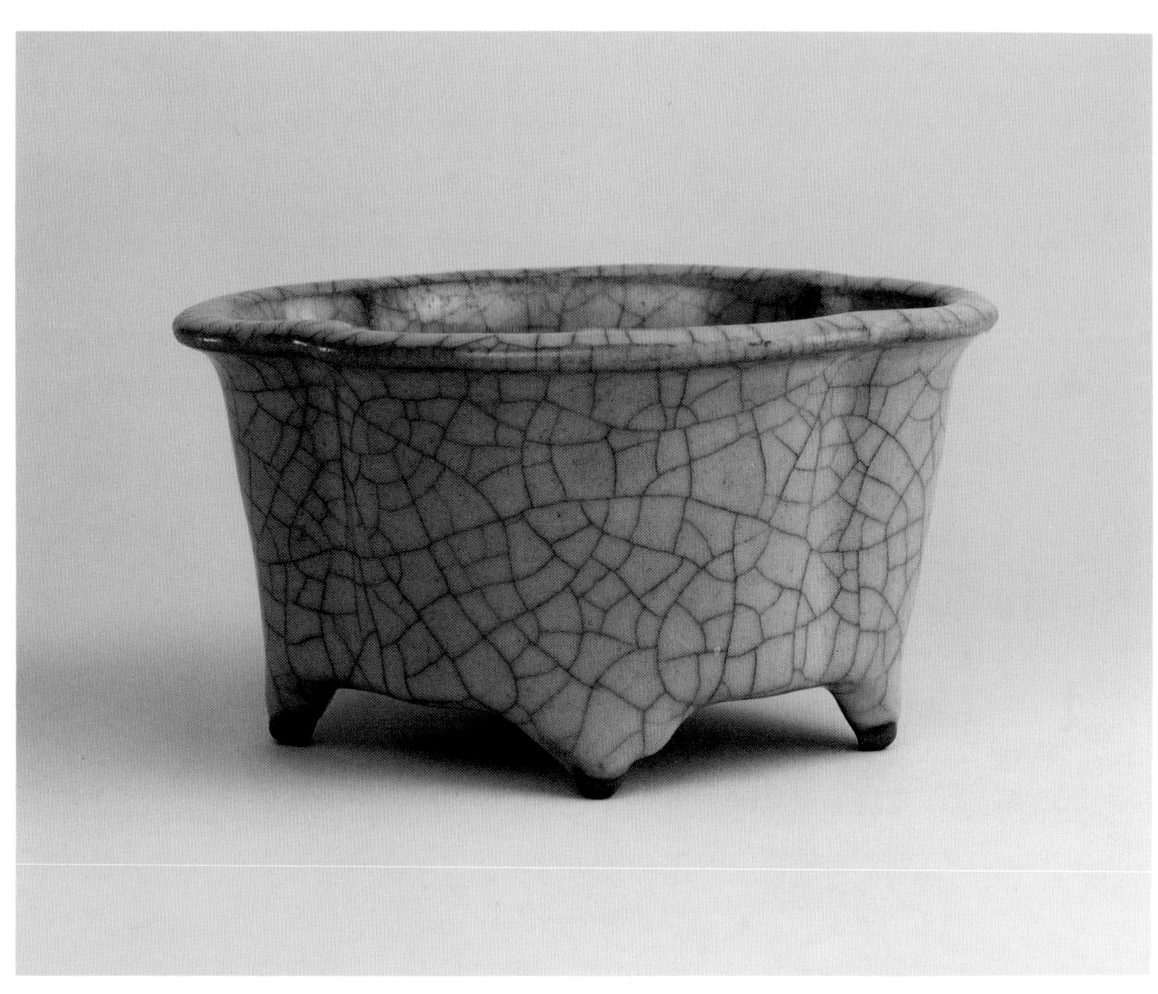

55

## 哥窰葵瓣口洗

宋
高2.9厘米　口徑12.1厘米　足徑8.4厘米
清宮舊藏

**Washer with a mallow-petal mouth, Ge ware**
Song Dynasty
Height: 2.9cm　Diameter of mouth: 12.1cm
Diameter of foot: 8.4cm
Qing Court collection

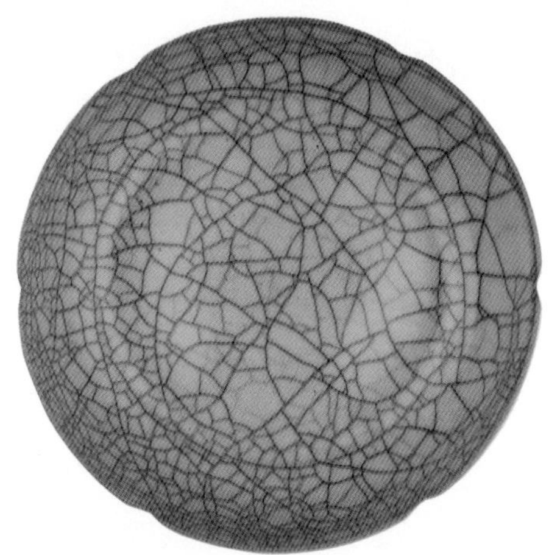

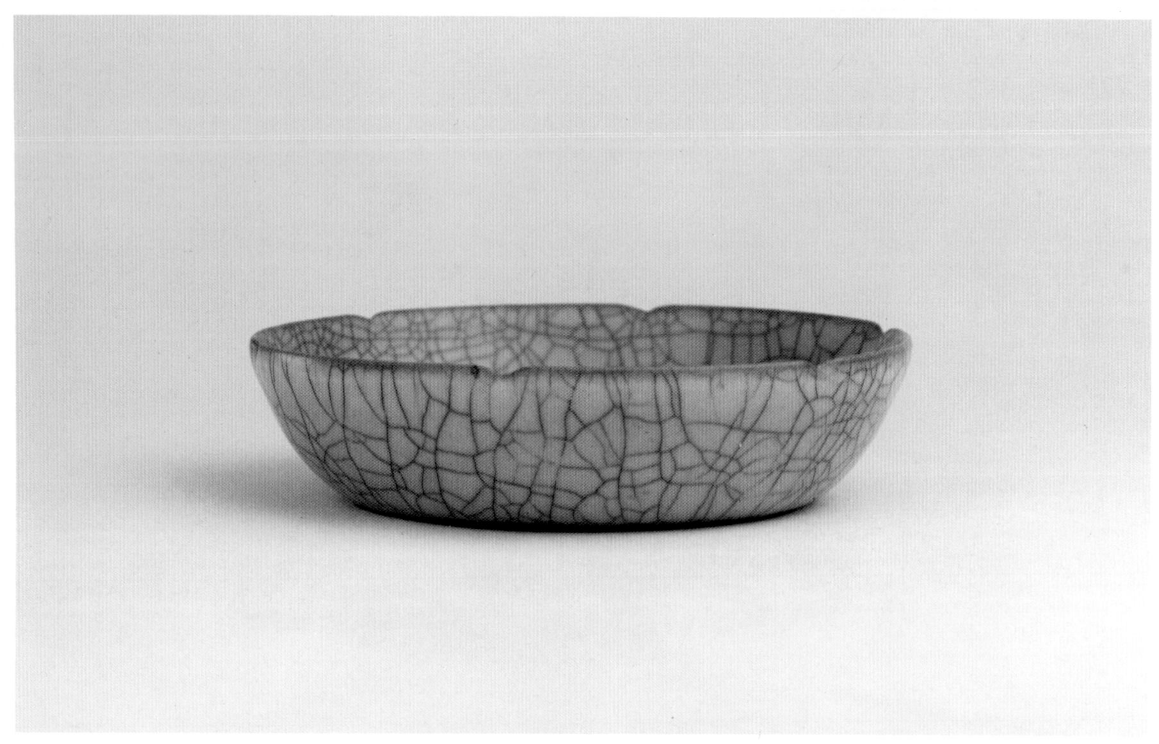

洗口呈六花瓣狀，微內收，口下漸斂，洗心微內凸，豐底，淺圈足一周。通體施釉，開片紋，底足一周無釉，呈黑色。底有五個細小支釘燒痕。

哥窰器物的燒製方法有墊餅支燒與裹足支燒兩種，前一種燒成後底足一周無釉，呈黑色；後一種底部留有數個細小支釘燒痕。此洗同時使用了以上兩種燒造方法，較為少見，為研究哥窰的燒製工藝提供了寶貴的實物資料。

56

## 哥窰葵花洗

宋
高3.5厘米　口徑12厘米　足徑8.8厘米
清宮舊藏

**Washer in the shape of mallow flower, Ge ware**
Song Dynasty
Height: 3.5cm　Diameter of mouth: 12cm
Diameter of foot: 8.8cm
Qing Court collection

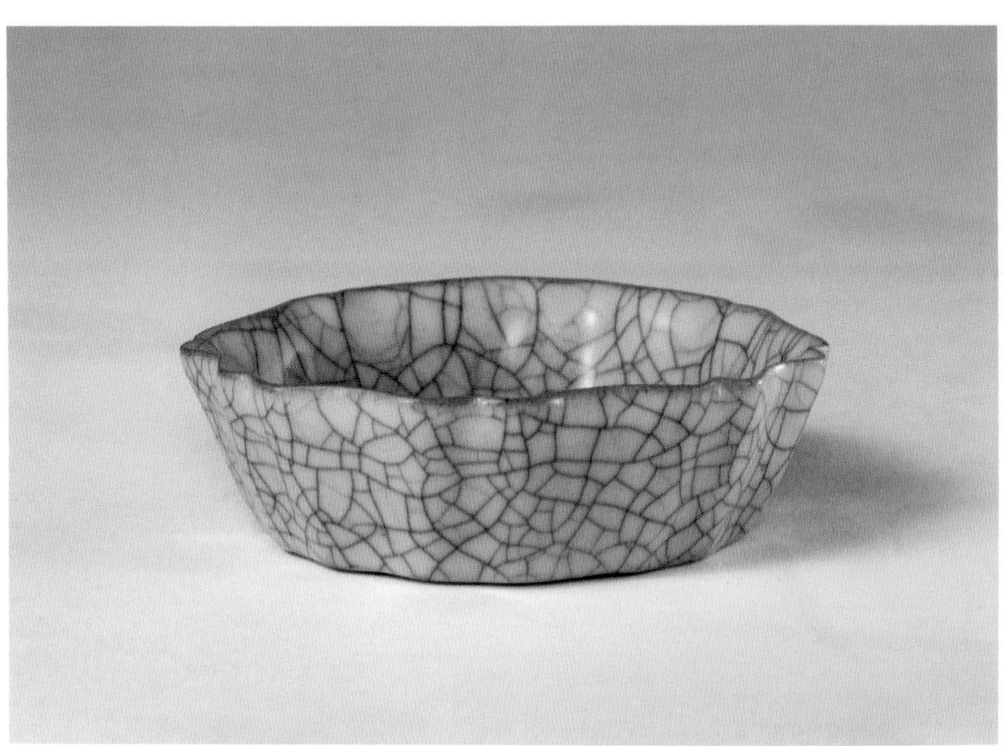

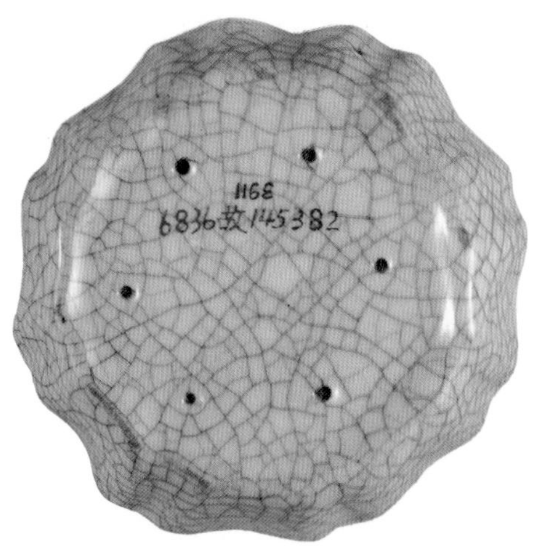


洗呈葵花瓣式，器身隨口沿起伏凸凹變化，洗心微向內凸起，整體造型精巧生動。通體施油灰色釉。釉面滿佈開片，大小相間有序。底部有六個支痕，此種葵瓣洗支釘數多為五個，六個支釘較為少見。

洗為宋代流行器型，汝窰、鈞窰、官窰、龍泉窰等都有燒造，其中尤以哥窰葵花洗出眾。

57

**哥窰葵花洗**

宋

高3.5厘米　口徑11.9厘米　底徑9.3厘米

清宮舊藏

**Mallow flower-shaped washer, Ge ware**

Song Dynasty

Height: 3.5cm　Diameter of mouth: 11.9cm

Diameter of foot: 9.3cm

Qing Court collection

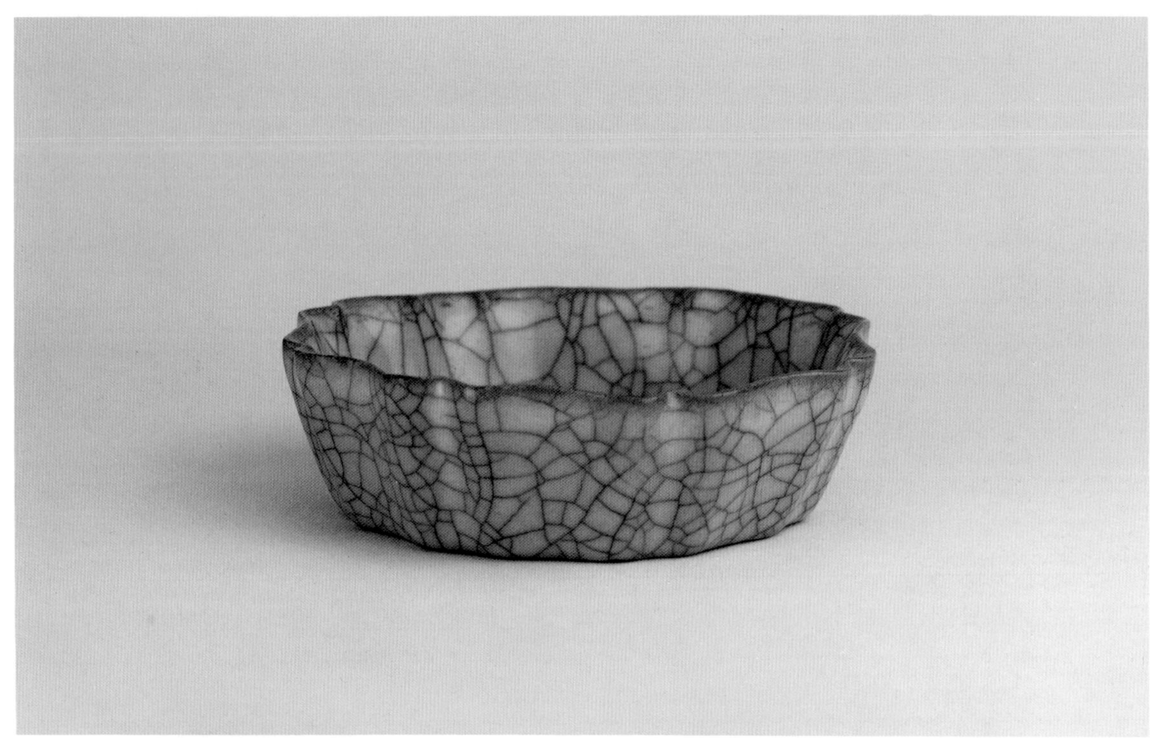

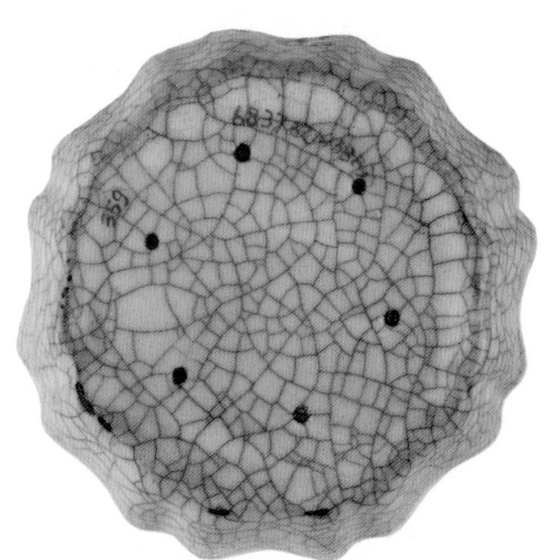

58

**哥窰圓洗**

宋

高2厘米　口徑9.2厘米　底徑8.7厘米

清宮舊藏

**Round washer, Ge ware**

Song Dynasty

Height: 2cm　Diameter of mouth: 9.2cm

Diameter of bottom: 8.7cm

Qing Court collection

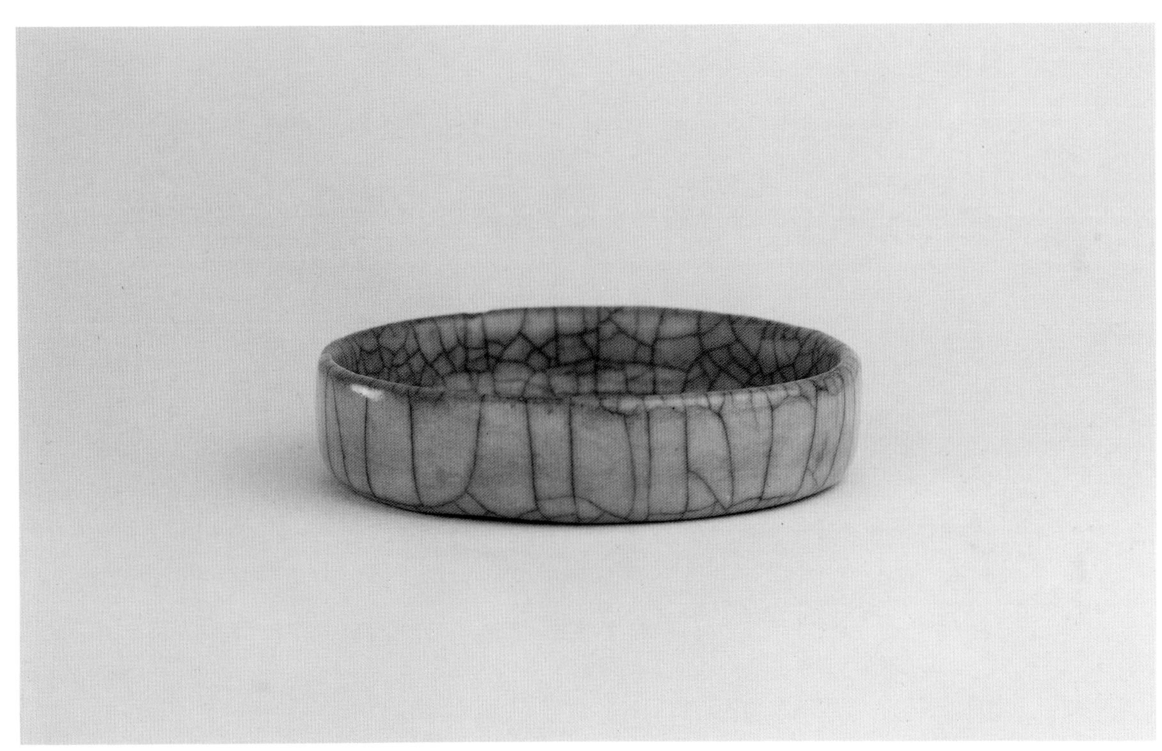

洗圓形，直沿，壁短小，洗心坦平，口底相若。通體滿釉，開片為飾，底有五個支釘痕。

哥窰洗多為葵瓣洗、葵瓣口洗，圓形洗較少見，此洗玲瓏小巧，精細可愛。

59

**哥窯葵花洗**
宋
高3.8厘米　口徑10厘米
足徑7.3厘米

**Washer in the shape of mallow flower, Ge ware**
Song Dynasty
Height: 3.8cm　Diameter of mouth: 10cm
Diameter of foot: 7.3cm

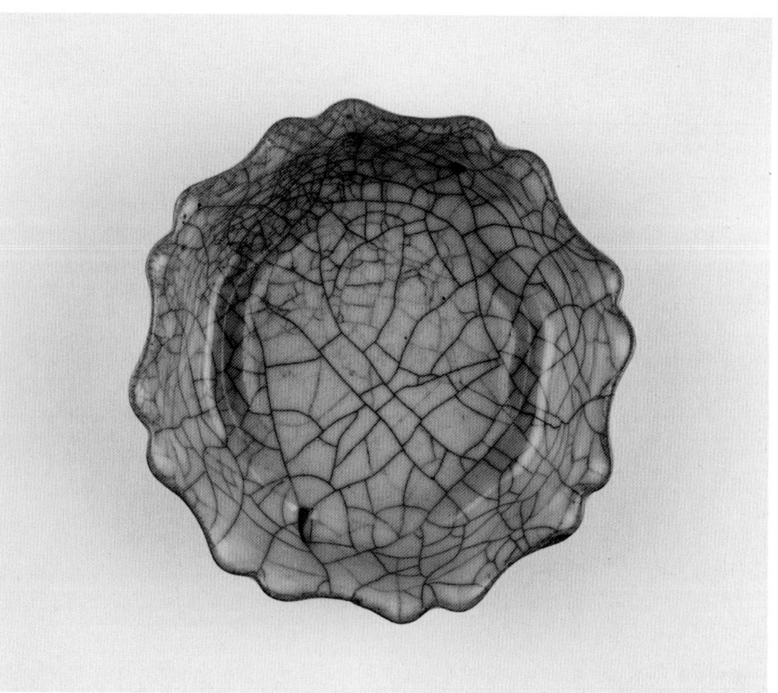

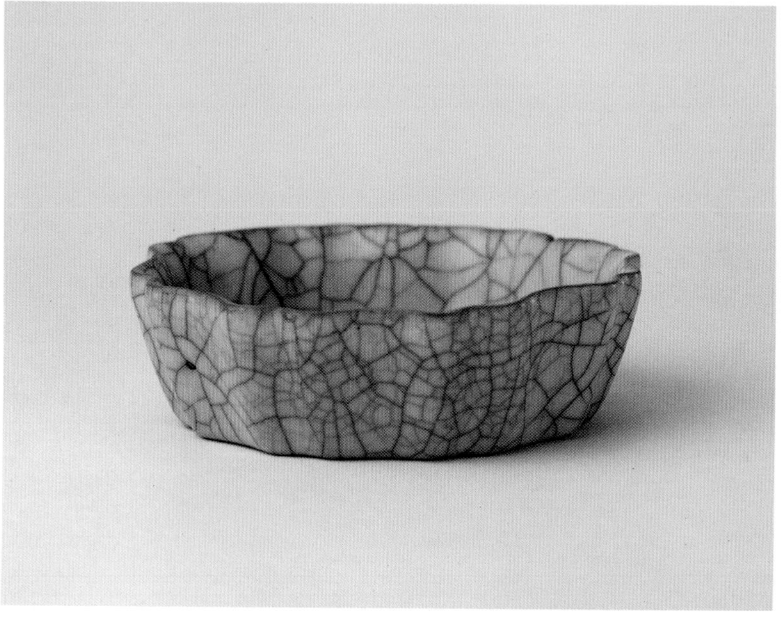

60

**哥窰菱花洗**

宋

高3.3厘米　口徑11.7厘米　足徑8.9厘米

清宮舊藏

**Washer in the shape of water chestnut flower, Ge ware**

Song Dynasty

Height: 3.3cm　Diameter of mouth: 11.7cm

Diameter of foot: 8.9cm

Qing Court collection

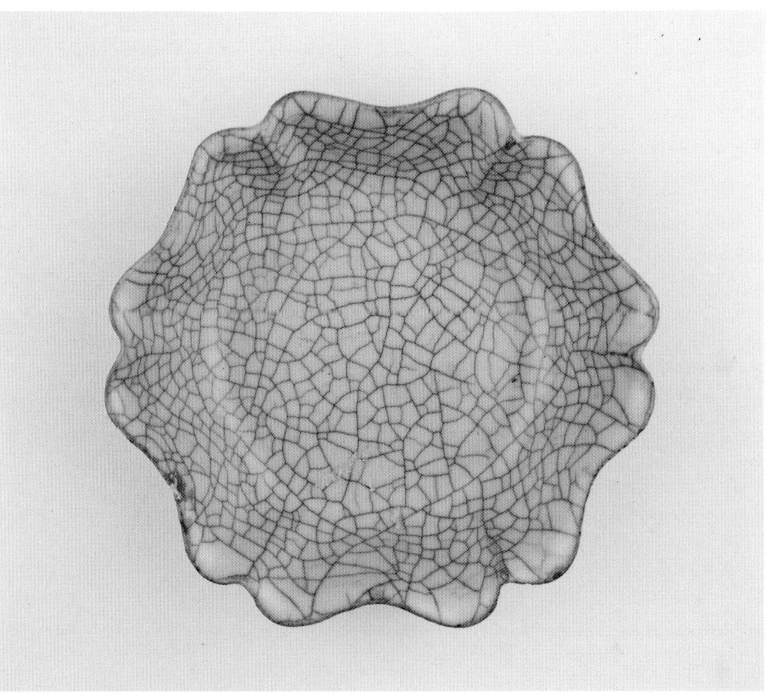

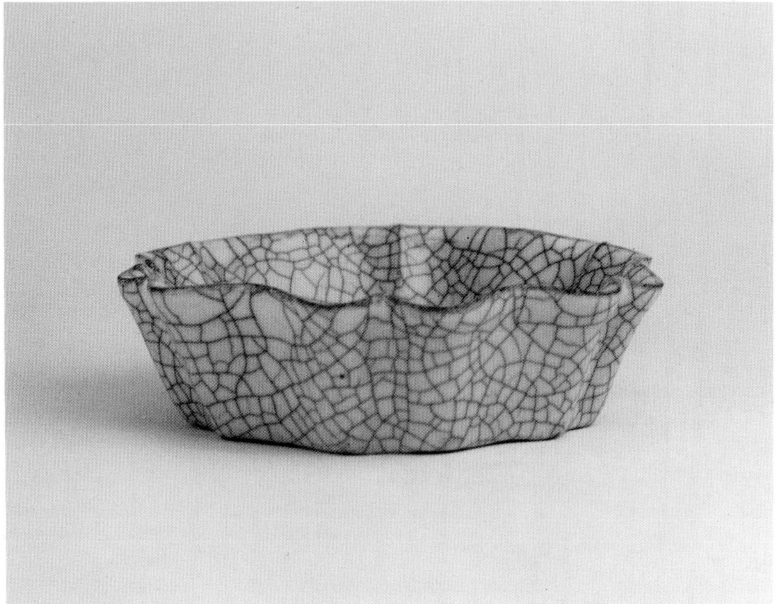

61

**哥窰葵花洗**

宋

高3.4厘米　口徑11.8厘米

足徑8.7厘米

清宮舊藏

**Washer in the shape of mallow flower, Ge ware**

Song Dynasty

Height: 3.4cm

Diameter of mouth: 11.8cm

Diameter of foot: 8.7cm

Qing Court collection

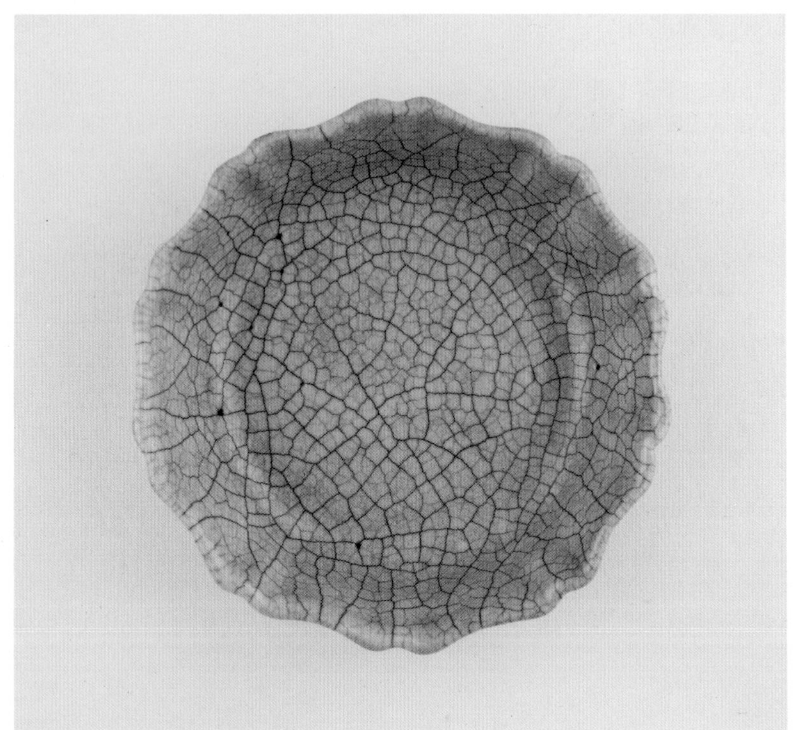

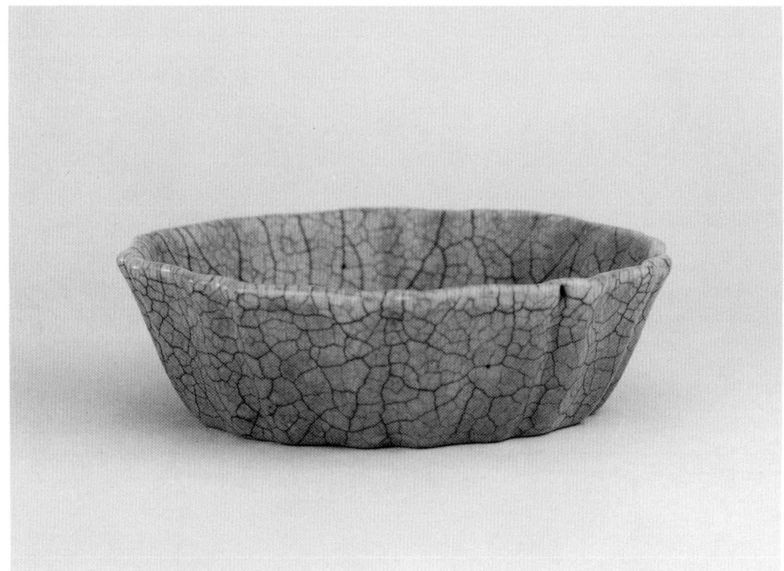

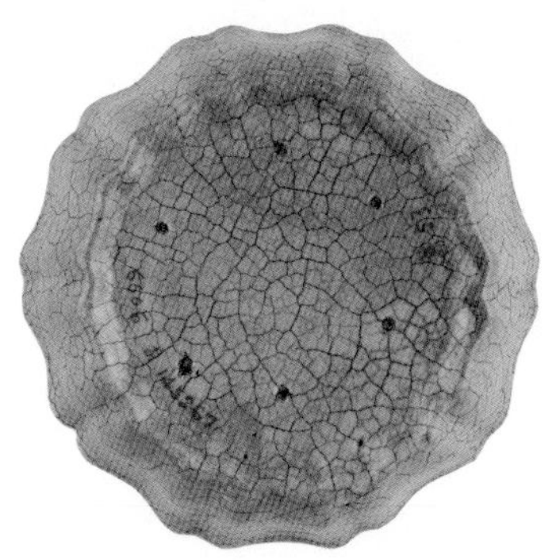

62

**哥窰碗**
宋
高7.5厘米　口徑19.8厘米　足徑5.6厘米
清宮舊藏

**Bowl, Ge ware**
Song Dynasty
Height: 7.5cm　Diameter of mouth: 19.8cm
Diameter of foot: 5.6cm
Qing Court collection

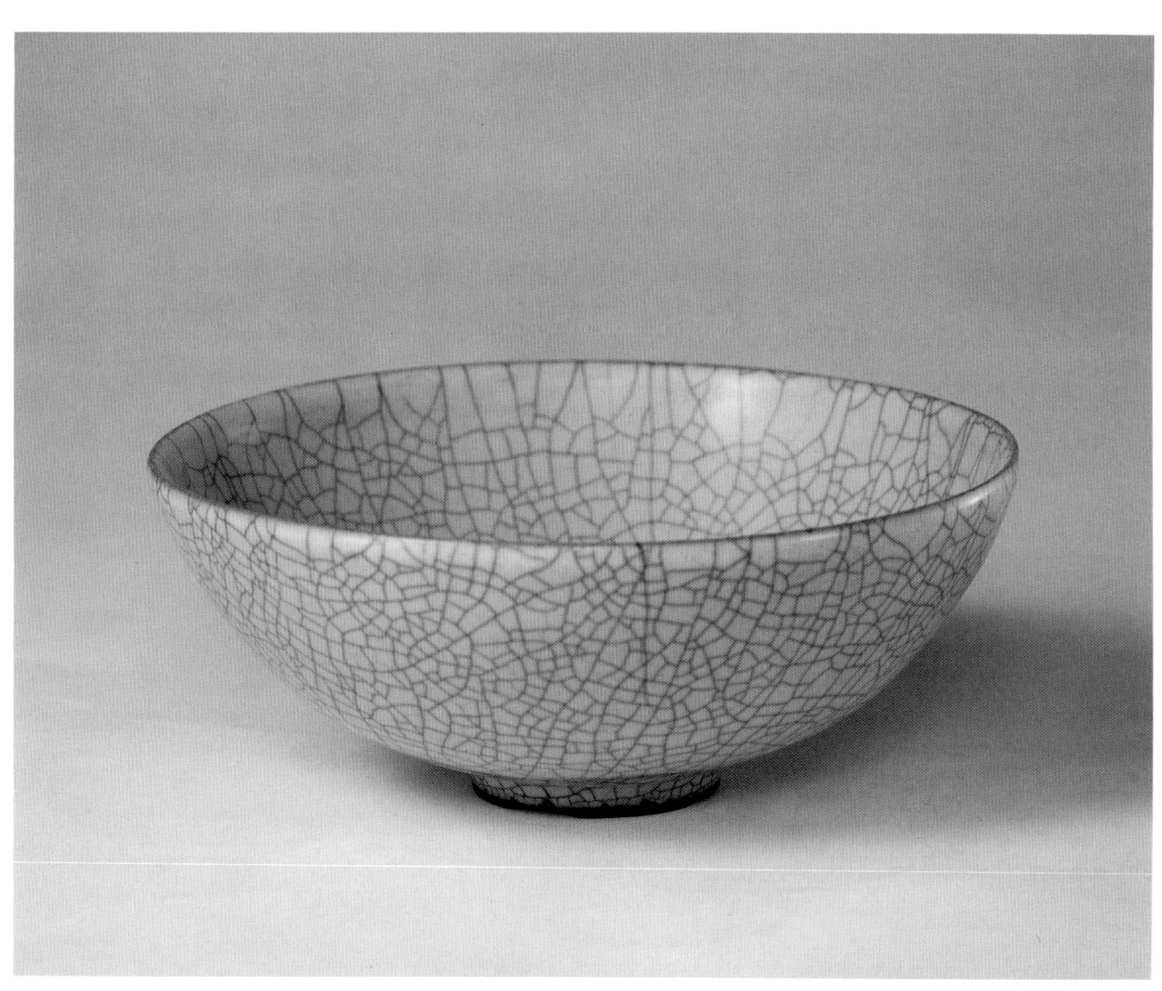

碗敞口，弧壁，瘦底，圈足。通體施釉，裏外開有細碎紋片，紋片呈黑、黃二色，俗稱金絲鐵綫。

哥窰器物中，日常用具較為稀少，因此此碗更加珍貴。

63

**哥窰葵瓣口碗**

宋

高4.8厘米　口徑11.8厘米　足徑3.8厘米

清宮舊藏

**Bowl with a mallow-petal mouth, Ge ware**

Song Dynasty

Height: 4.8cm　Diameter of mouth: 11.8cm

Diameter of foot: 3.8cm

Qing Court collection

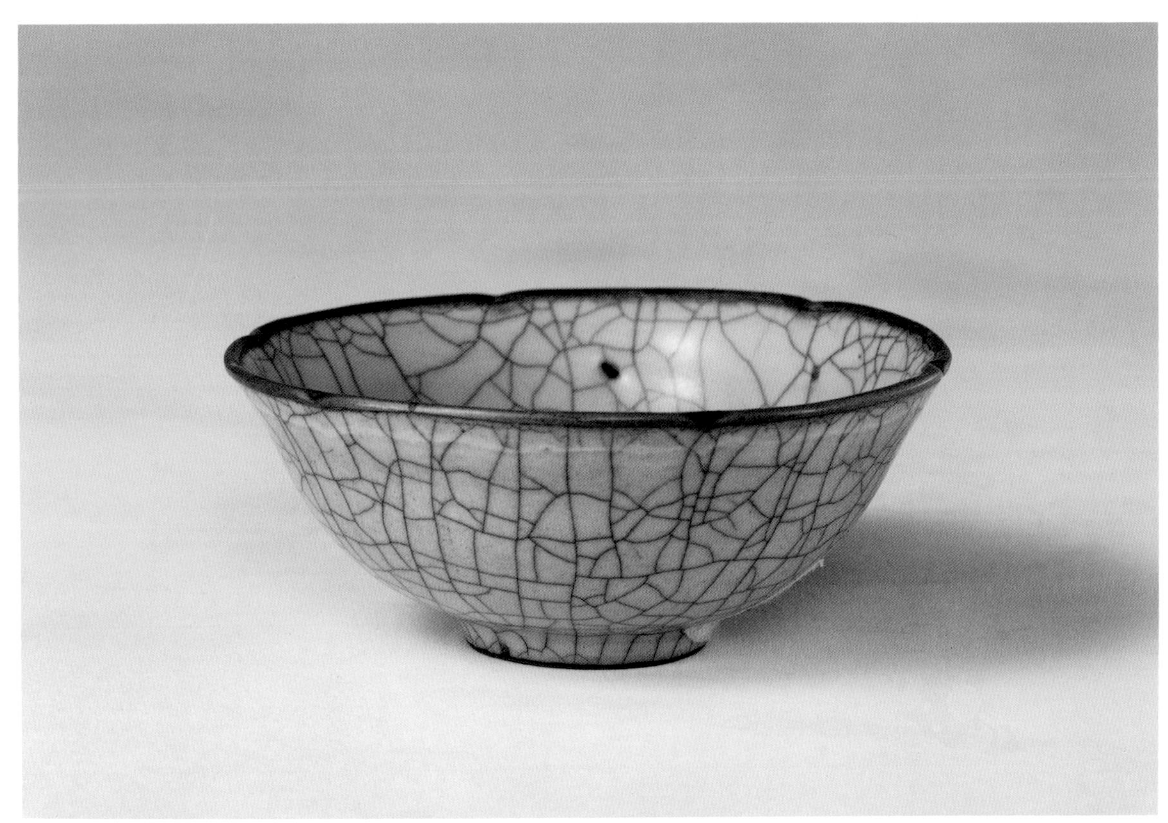

碗口為六瓣花口，口沿鑲紫銅，淺腹，弧壁，底為圈足。通體施灰青釉，釉面滿佈黑色片紋，疏密適中，裏心開片細小而密集，似無規則的蜘蛛網綫，即百圾碎。釉面光亮瑩潤。

此碗口部有一突出特點——水漬印。外部口沿下面有一周淺白色印痕，印圈綫的邊沿呈不規則的曲綫狀，如衣物上的汗漬印。這種現象多出現於哥窰圓器上，如盤、碗、洗、碟等，為哥窰器物的一個重要特徵。

64

**哥窰葵瓣口碗**

宋

高7.2厘米　口徑17.8厘米　足徑5.2厘米

清宮舊藏

**Bowl with a mallow-petal mouth, Ge ware**

Song Dynasty

Height: 7.2cm　Diameter of mouth: 17.8cm

Diameter of foot: 5.2cm

Qing Court collection

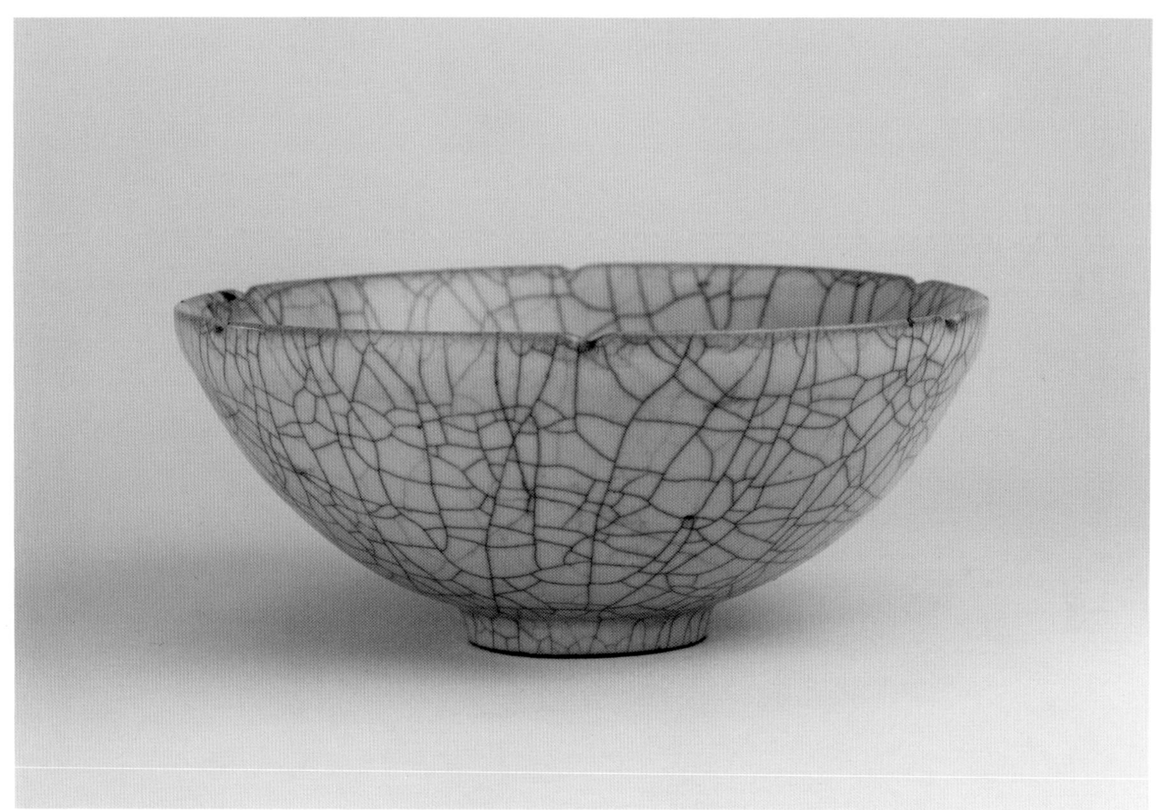

65

**哥窰葵瓣口碗**
宋
高7.4厘米　口徑18厘米　足徑5.1厘米
清宮舊藏

**Bowl with mallow-petal mouth, Ge ware**
Song Dynasty
Height: 7.4cm　Diameter of mouth: 18cm
Diameter of foot: 5.1cm
Qing Court collection

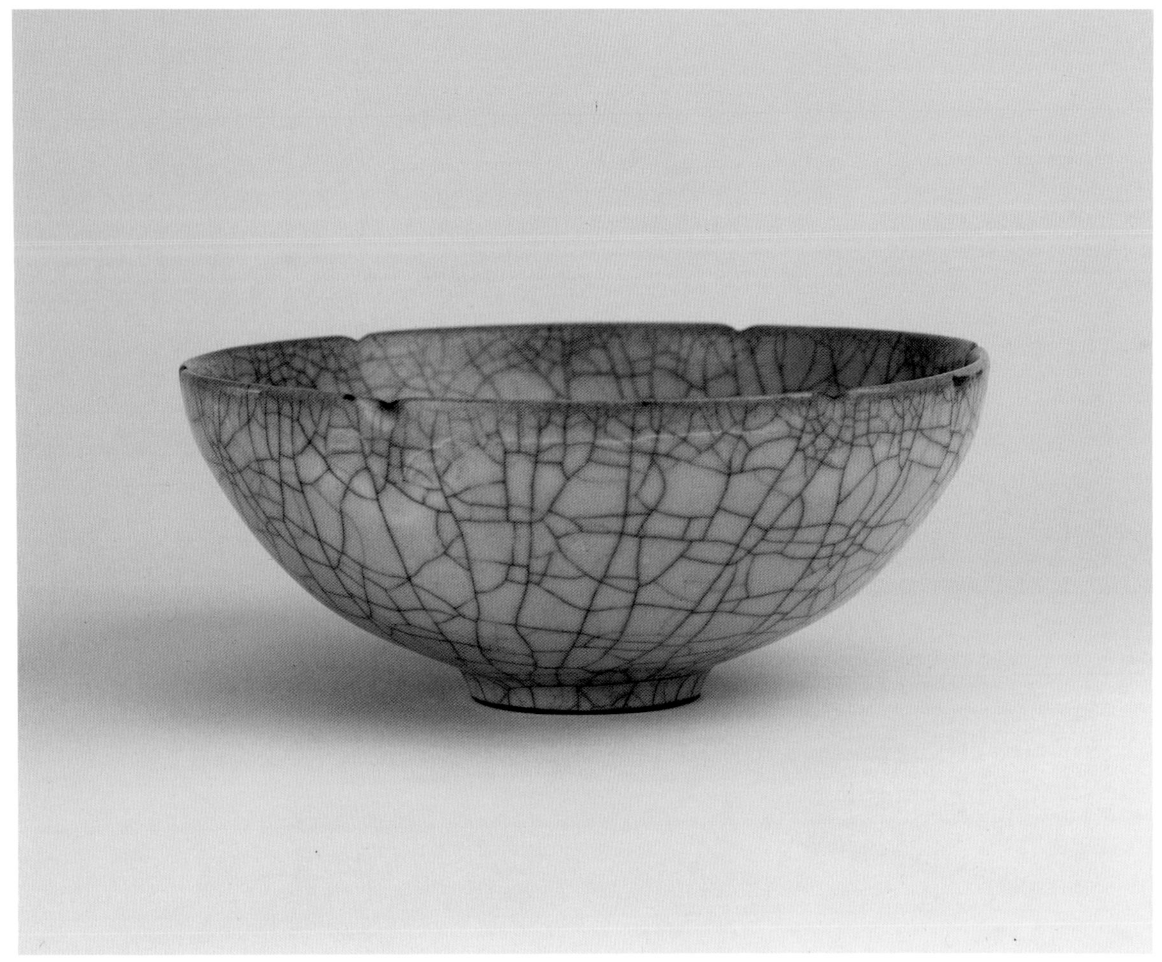

66

**哥窰葵瓣口碗**

宋

高7.3厘米　口徑19.5厘米　足徑6.7厘米

清宮舊藏

**Bowl with a mallow-petal mouth, Ge ware**

Song Dynasty

Height: 7.3cm　Diameter of mouth: 19.5cm

Diameter of foot: 6.7cm

Qing Court collection

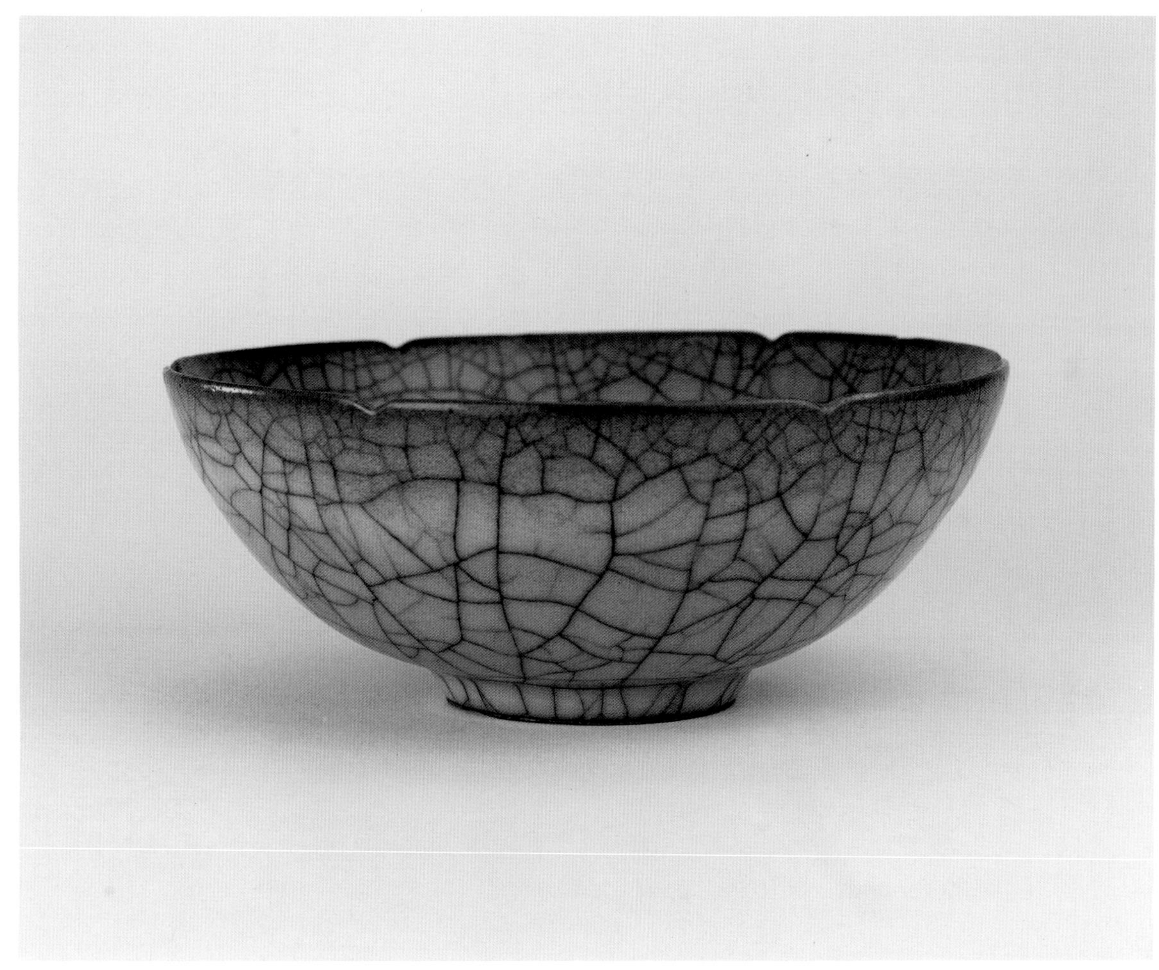

67

## 哥窰葵瓣口碗

宋
高7厘米　口徑18.5厘米　足徑6.8厘米
清宮舊藏

**Bowl with a mallow-petal mouth, Ge ware**
Song Dynasty
Height: 7cm　Diameter of mouth: 18.5cm
Diameter of foot: 6.8cm
Qing Court collection

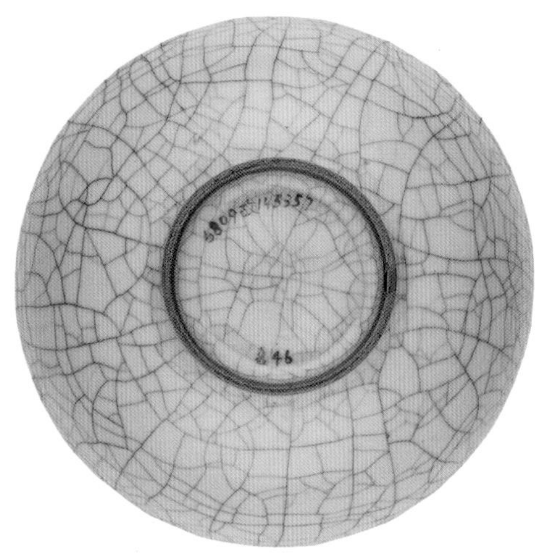

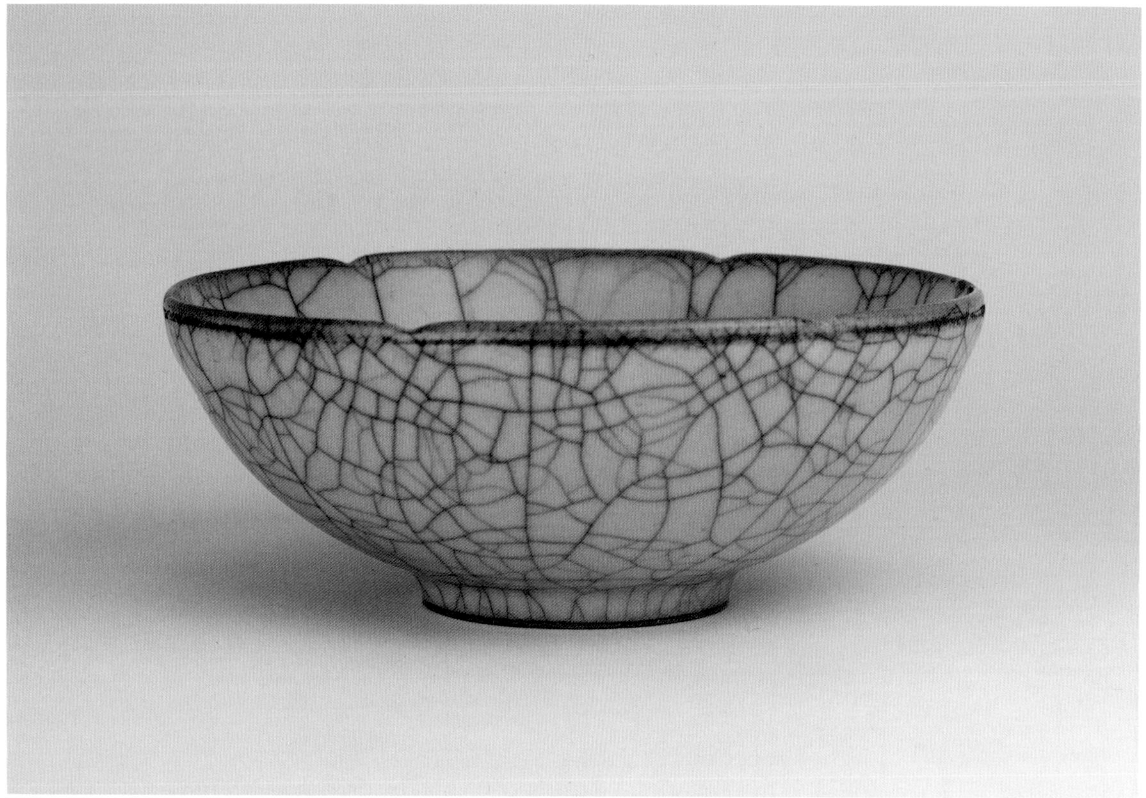

68

**哥窰小碗**

宋

高3.3厘米　口徑7.8厘米　足徑3厘米

清宮舊藏

**Small bowl, Ge ware**

Song Dynasty

Height: 3.3cm　Diameter of mouth: 7.8cm

Diameter of foot: 3cm

Qing Court collection

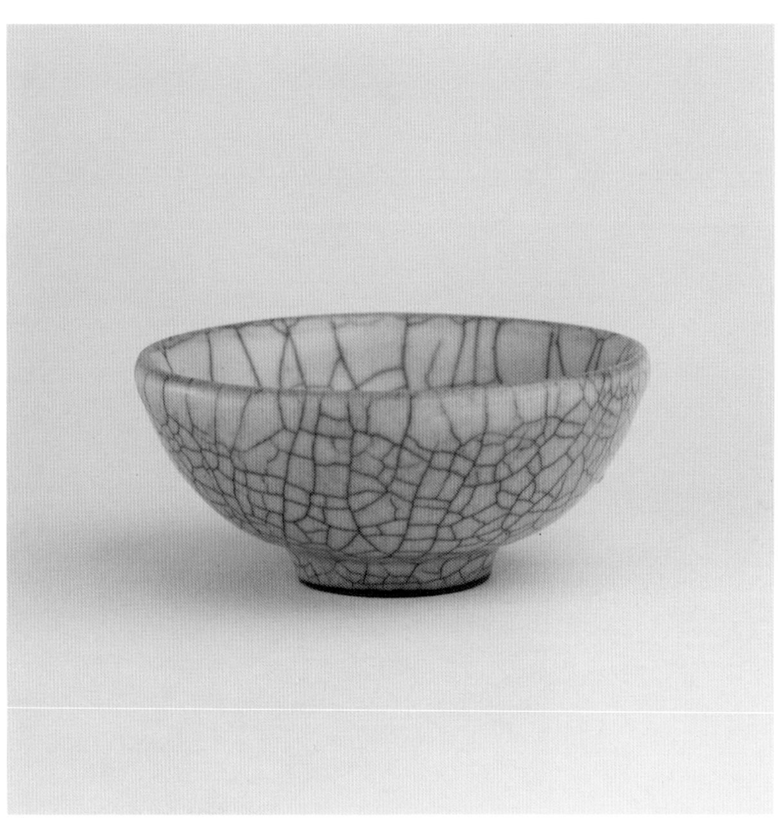

69

**哥窰八方小碗**
宋
高4.2厘米
口徑7.8厘米
足徑2.8厘米
清宮舊藏

**Small octagonal bowl, Ge ware**
Song Dynasty
Height: 4.2cm
Diameter of mouth: 7.8cm
Diameter of foot: 2.8cm
Qing Court collection

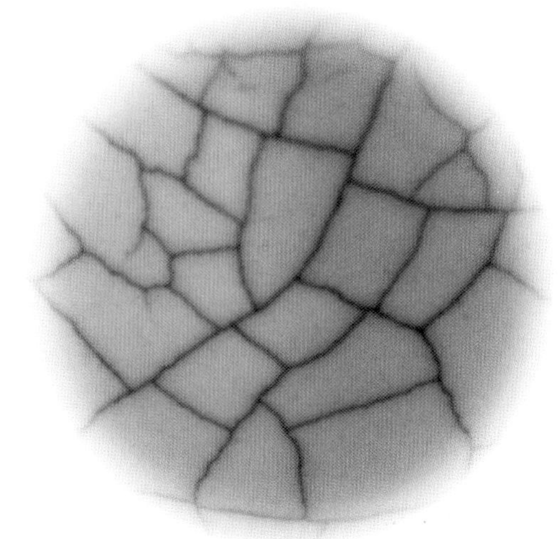

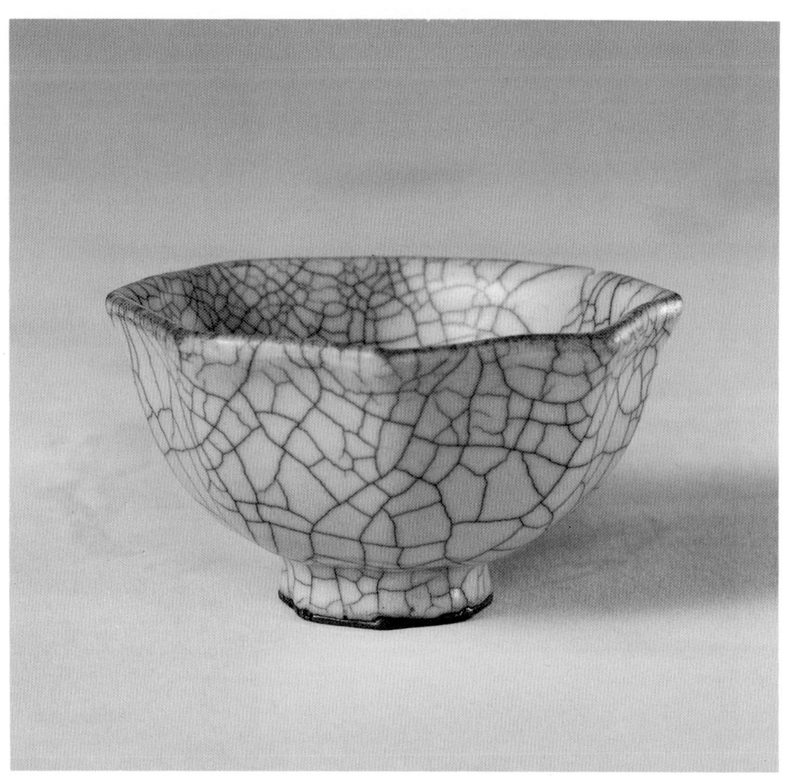

碗八方形，口微外撇，弧壁，瘦底，八方形圈足，足微外撇。裏外施滿釉，僅底足露胎呈黑色。通體開紋片，外壁開片較大，內壁開片細碎。

哥窰器物十分精良，這是因為胎體成型後，先素燒胎體，經過挑選，再多次上釉，裝窰二次燒成。因此傳世的哥窰器物，器型工整，製作精美。

此碗造型新穎雅致，折角棱綫分明，綫條宛轉自然，為哥窰器物中的珍品。

70

## 哥窰葵瓣口碗

宋
高3厘米
口徑7.8厘米
足徑2.8厘米
清宮舊藏

**Bowl with a mallow-petal mouth, Ge ware**

Song Dynasty
Height: 3cm
Diameter of mouth: 7.8cm
Diameter of foot: 2.8cm
Qing Court collection

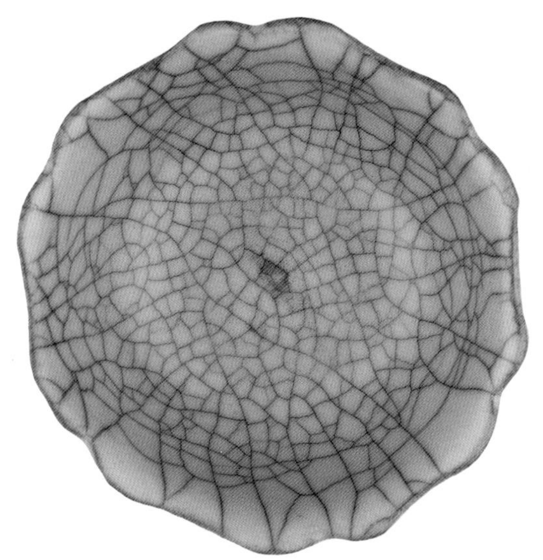

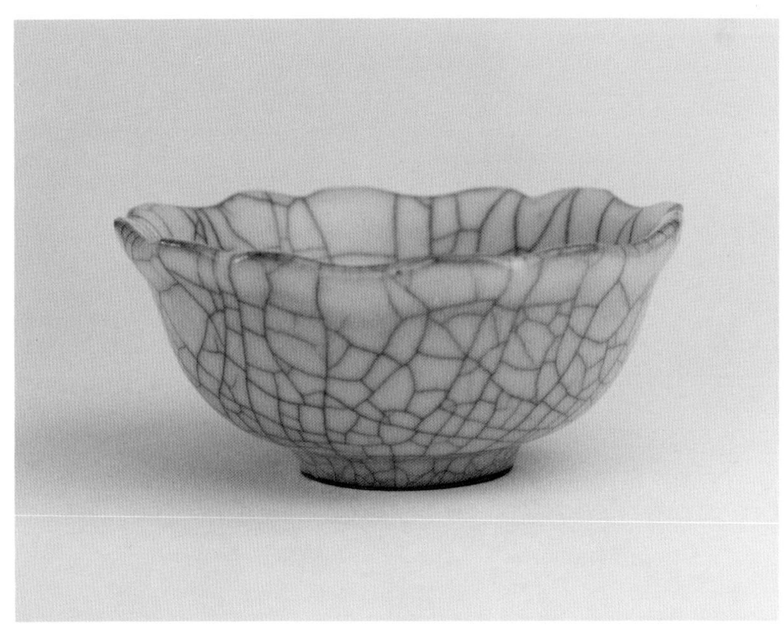

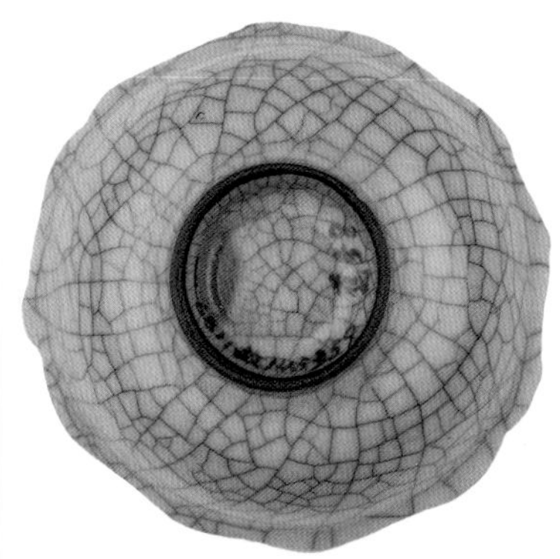

碗口呈花瓣狀，微外撇，弧壁，圈足，碗心微凸起，通體滿釉，開細碎紋片。

哥窰開片紋飾多種多樣，以色彩分有鱔血紋、黑藍紋、金絲鐵綫紋、淺黃紋、魚子紋；以形狀分有網形紋、梅花紋、細碎紋、大小格紋、冰裂紋等，總名百圾碎。

此碗造型新穎、別致，釉色純正，為哥窰典型產品。

71

**哥窯花口碗**

宋

高7.6厘米　口徑19.7厘米　足徑7厘米

**Bowl with a flower-petal mouth, Ge ware**

Song Dynasty

Height: 7.6cm　Diameter of mouth: 19.7cm

Diameter of foot: 7cm

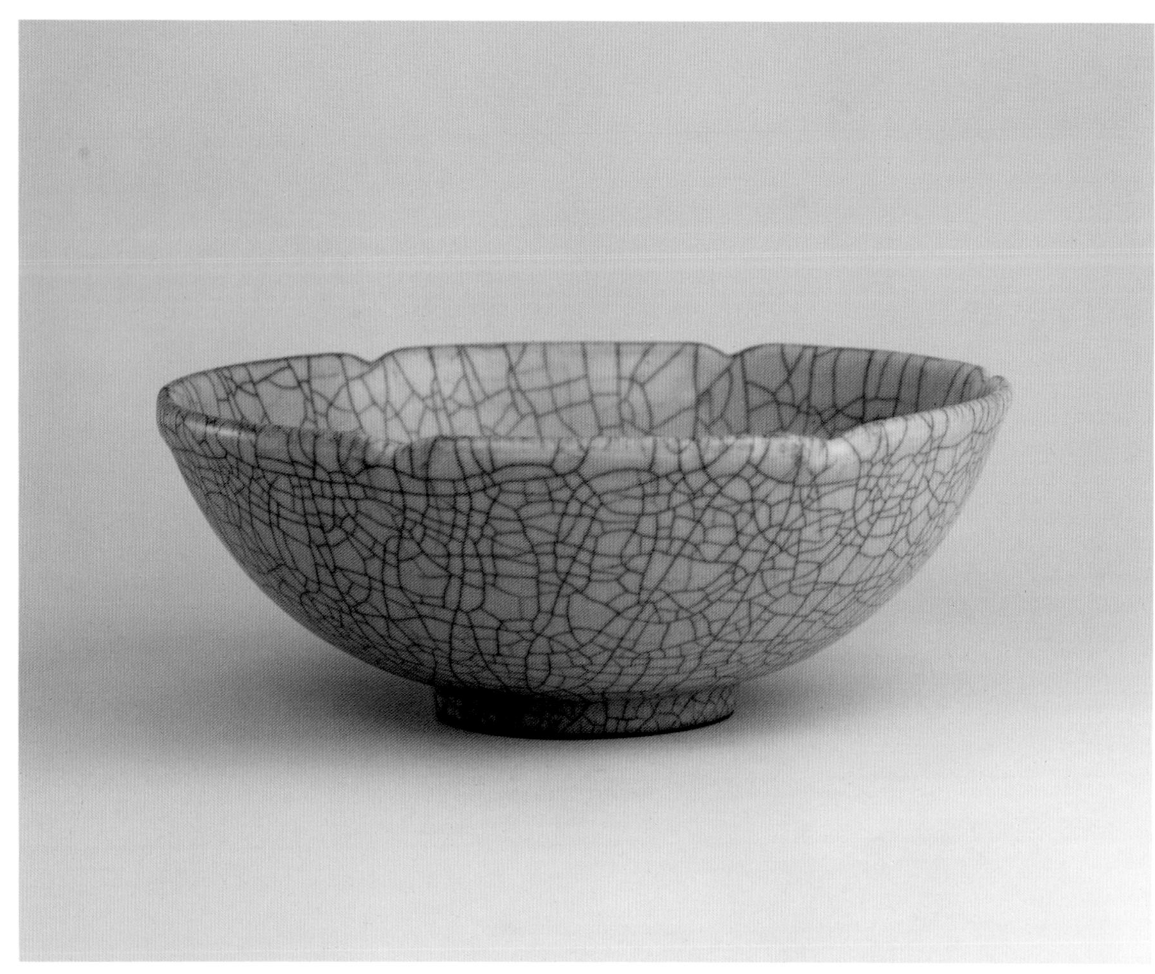

72

## 哥窰八方杯

宋

高4.5厘米　口徑8.6厘米　足徑3厘米

**Octagonal cup, Ge ware**

Song Dynasty

Height: 4.5cm　Diameter of mouth: 8.6cm

Diameter of foot: 3cm

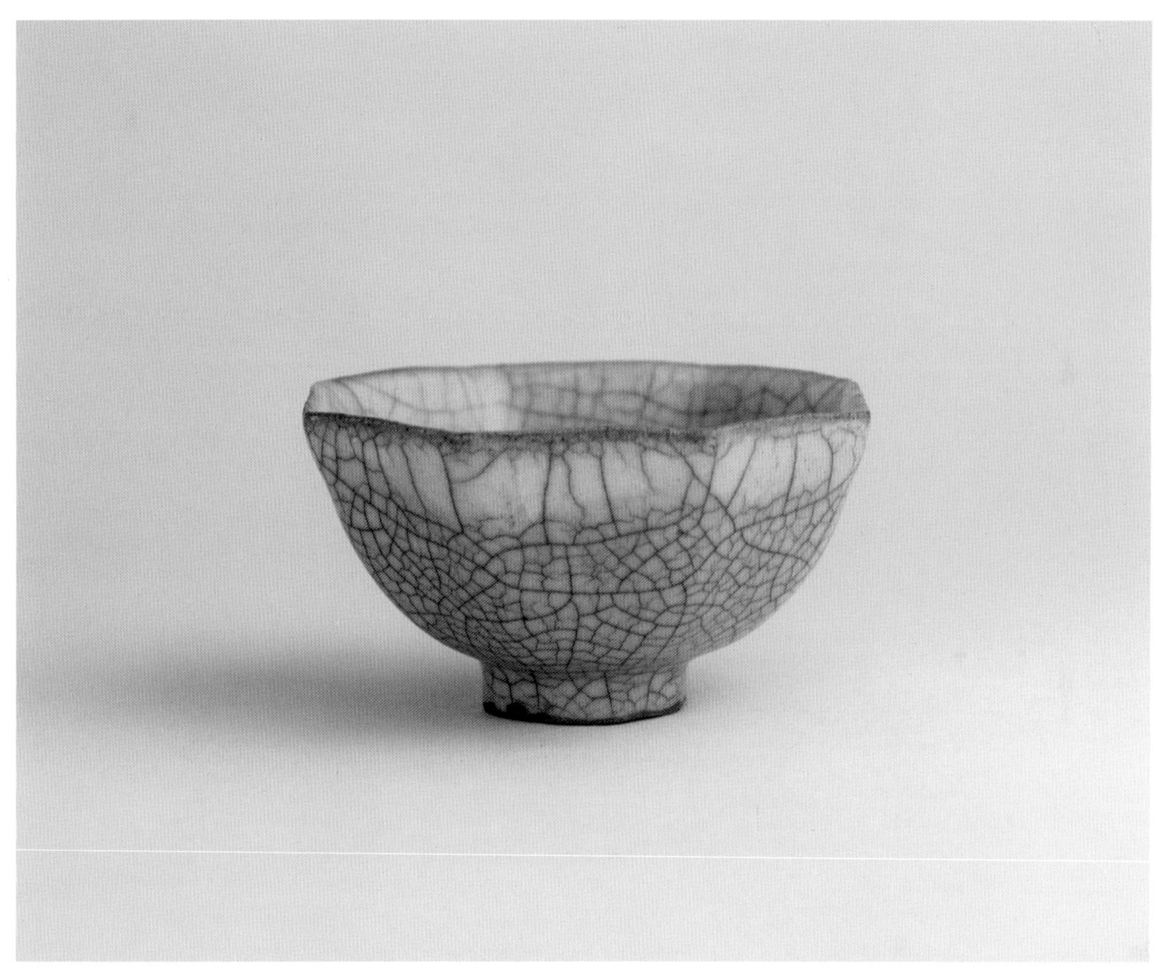

杯口為八方形，圈足，腹較深，裏外施灰青色釉，釉面佈滿黑、黃兩色大小紋片，口沿釉薄處隱露褐黃胎色，足邊無釉，呈鐵黑色，即文獻中所謂的紫口鐵足。

南宋時期的傳世哥窰器物為數不少，主要藏於北京和台北故宮博物院及上海博物館。造型有各式瓶、爐、洗、盤、碗、罐，釉色有粉青、灰青、青黃等色。哥窰器物以紋片著名，被譽為金絲鐵綫的開片成為哥窰特有的裝飾風格。此杯釉色溫潤，釉面開片紋飾大小疏密有致；八方杯成型技術要求很高，對於全憑手工操作的宋代工匠來説實屬不易，此為一件典型的傳世哥窰產品。

73

**哥窰盤**

宋

高1.8厘米　口徑15.3厘米　足徑5厘米

清宮舊藏

**Plate, Ge ware**

Song Dynasty

Height: 1.8cm　Diameter of mouth: 15.3cm

Diameter of foot: 5cm

Qing Court collection

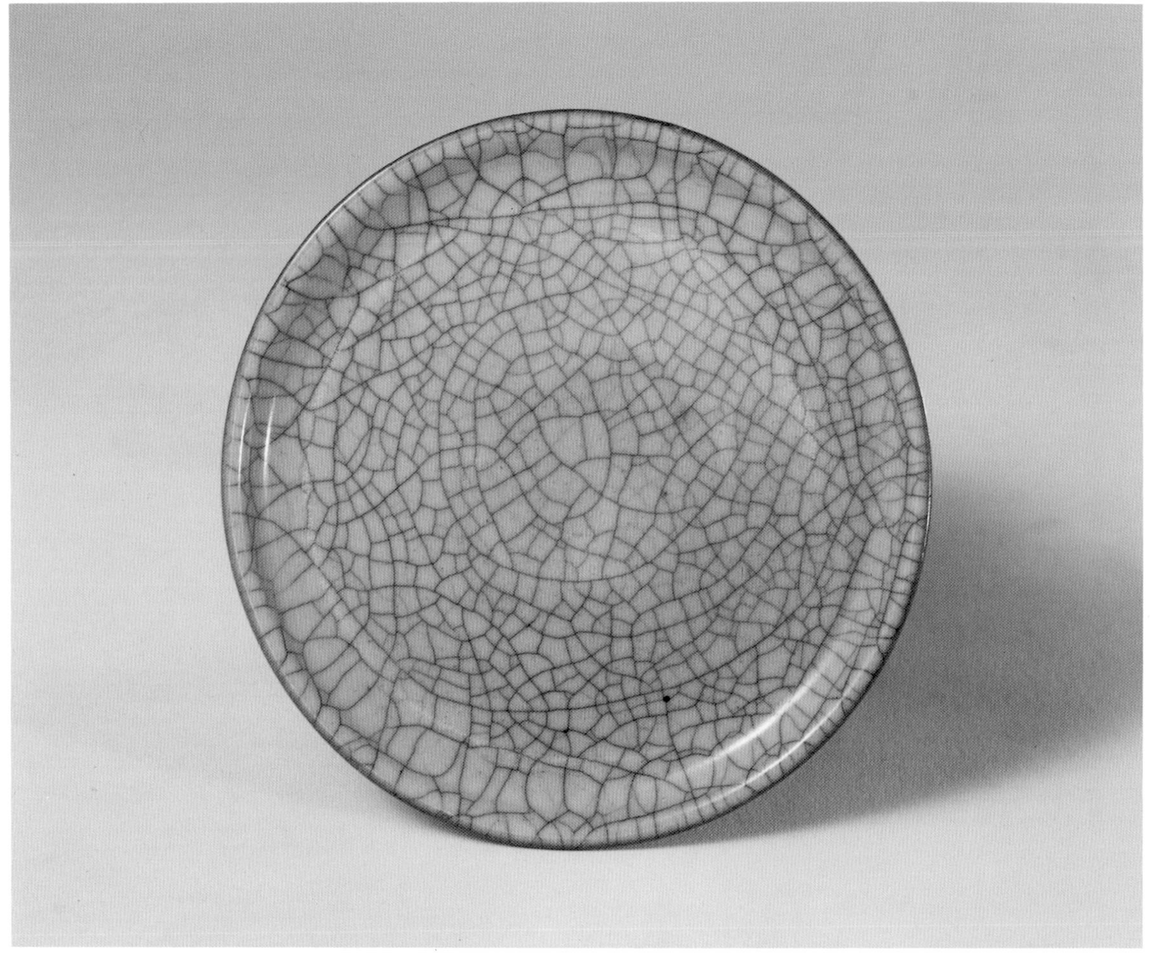

74

**哥窰葵瓣折腰盤**

宋

高4厘米　口徑15.3厘米　足徑6.4厘米

清宮舊藏

**Belly-bent plate with a mallow-petal mouth, Ge ware**

Song Dynasty

Height: 4cm　Diameter of mouth: 15.3cm

Diameter of foot: 6.4cm

Qing Court collection

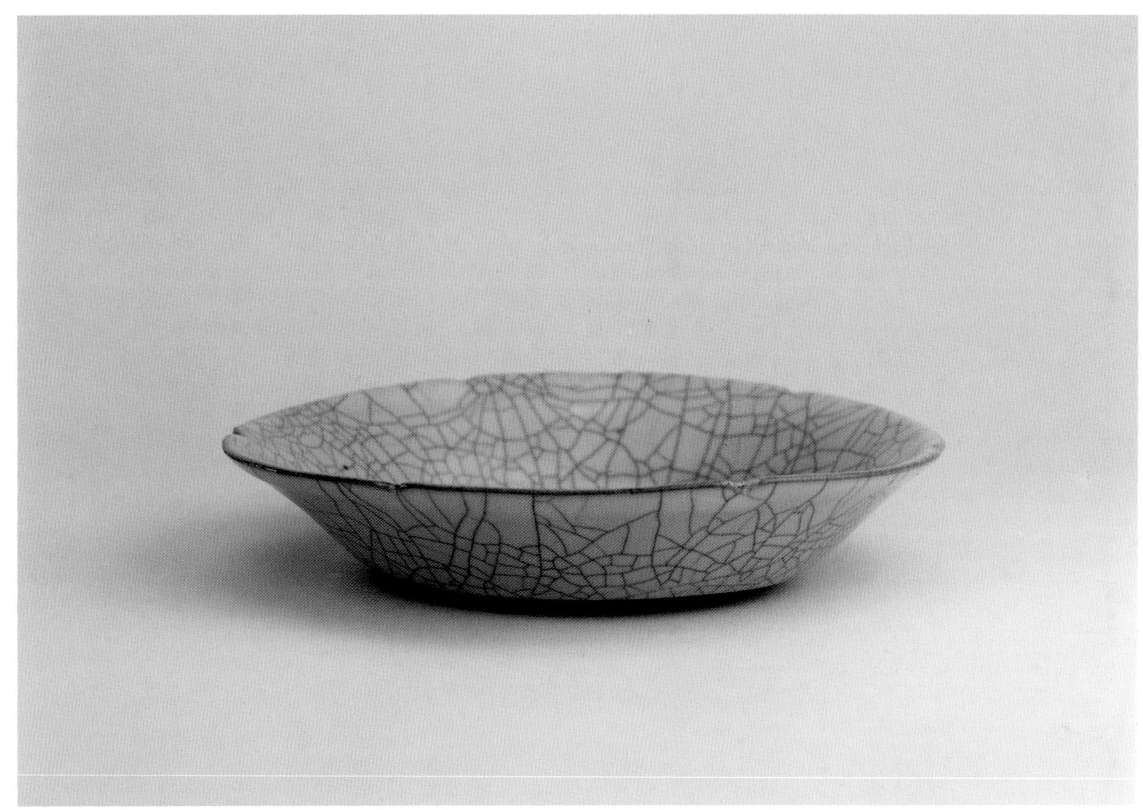

75

**哥窰葵瓣口盤**
宋
高2.9厘米　口徑15.4厘米　足徑5.6厘米
清宮舊藏

**Plate with a mallow-petal mouth, Ge ware**
Song Dynasty
Height: 2.9cm　Diameter of mouth: 15.4cm
Diameter of foot: 5.6cm
Qing Court collection

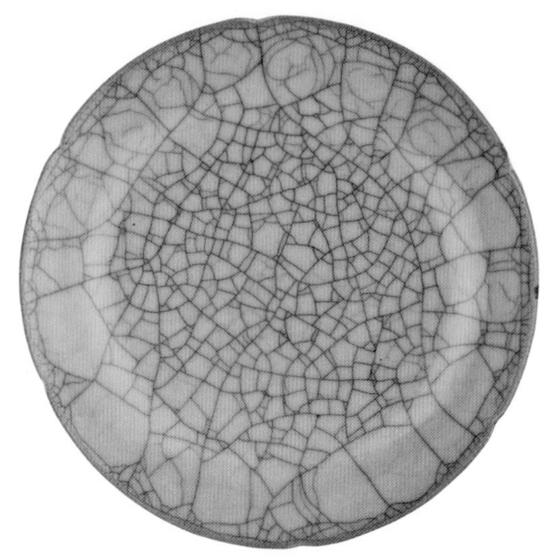

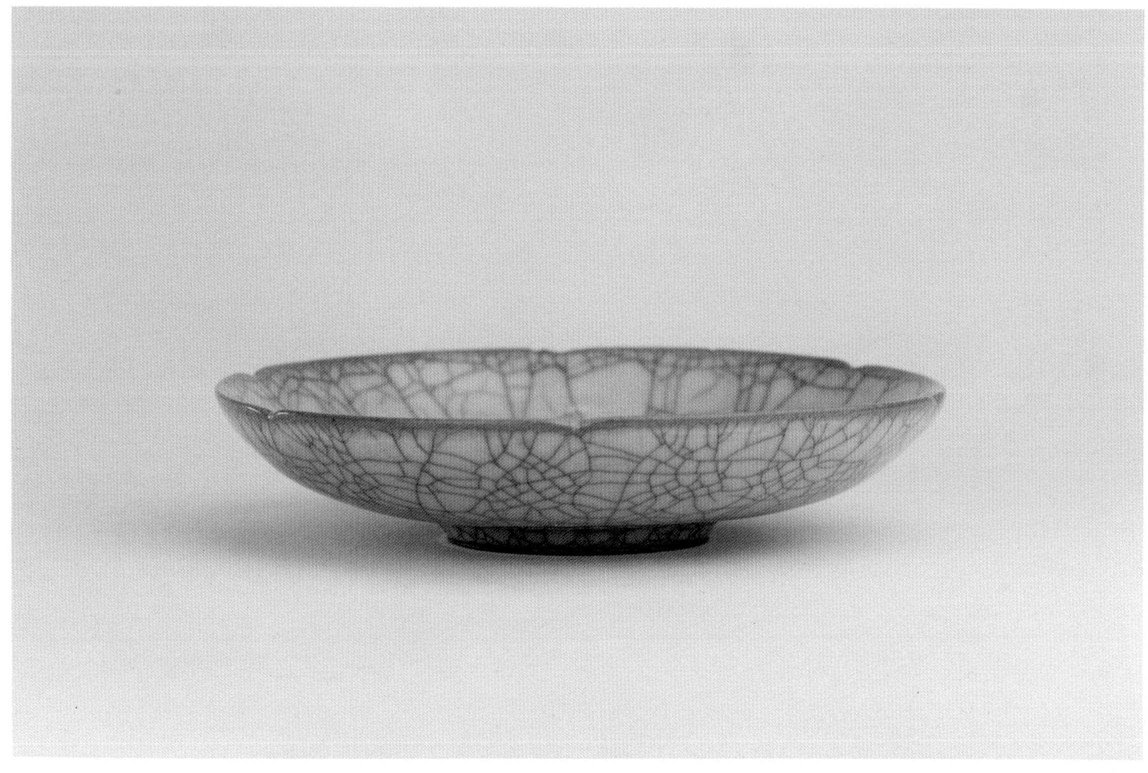

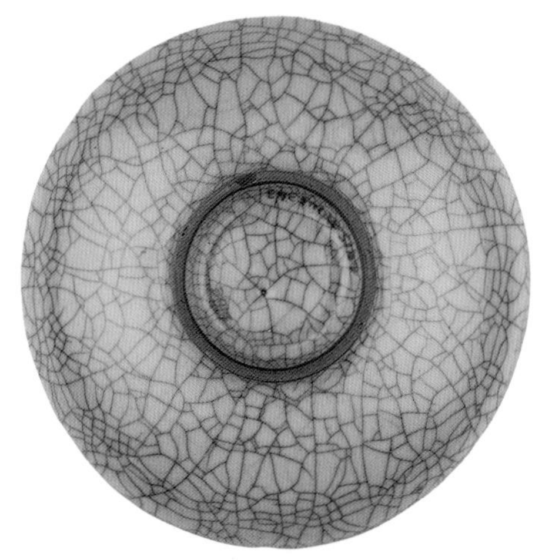

盤為六瓣花口，弧壁，盤心坦平，上寬下窄，圈足。通體施釉，開黑色紋片，盤內壁片紋較大，似花瓣，盤裏心片紋較小。

此盤底足規整，露胎處黑色濃重，為典型的鐵足。

76

**哥窰葵瓣口盤**

宋

高4.1厘米　口徑18.7厘米　足徑6.7厘米

清宮舊藏

**Plate with mallow-petal mouth, Ge ware**

Song Dynasty

Height: 4.1cm　Diameter of mouth: 18.7cm

Diameter of foot: 6.7cm

Qing Court collection

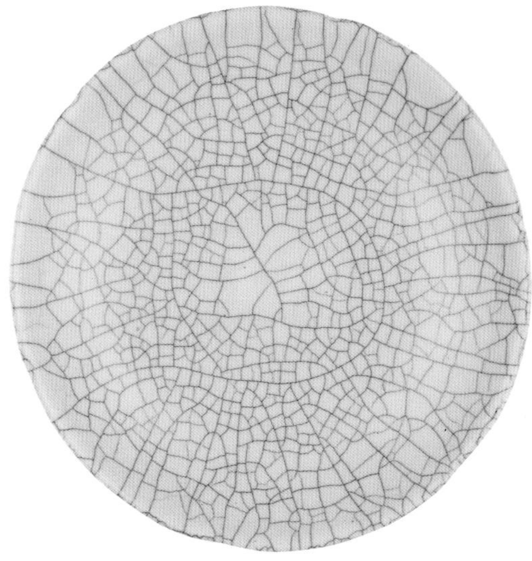

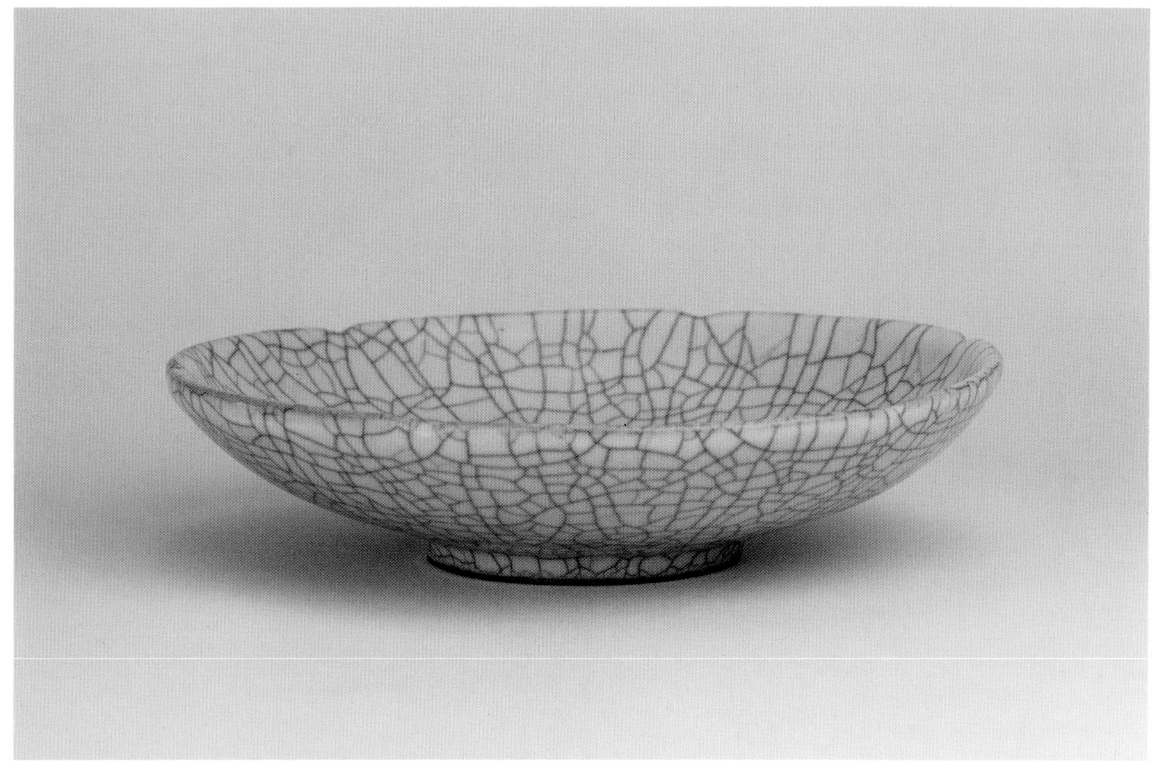

77

## 哥窰葵花盤

宋
高4.1厘米　口徑20.2厘米　足徑7.5厘米
清宮舊藏

**Plate in the shape of mallow flower, Ge ware**
Song Dynasty
Height: 4.1cm　Diameter of mouth: 20.2cm
Diameter of foot: 7.5cm
Qing Court collection

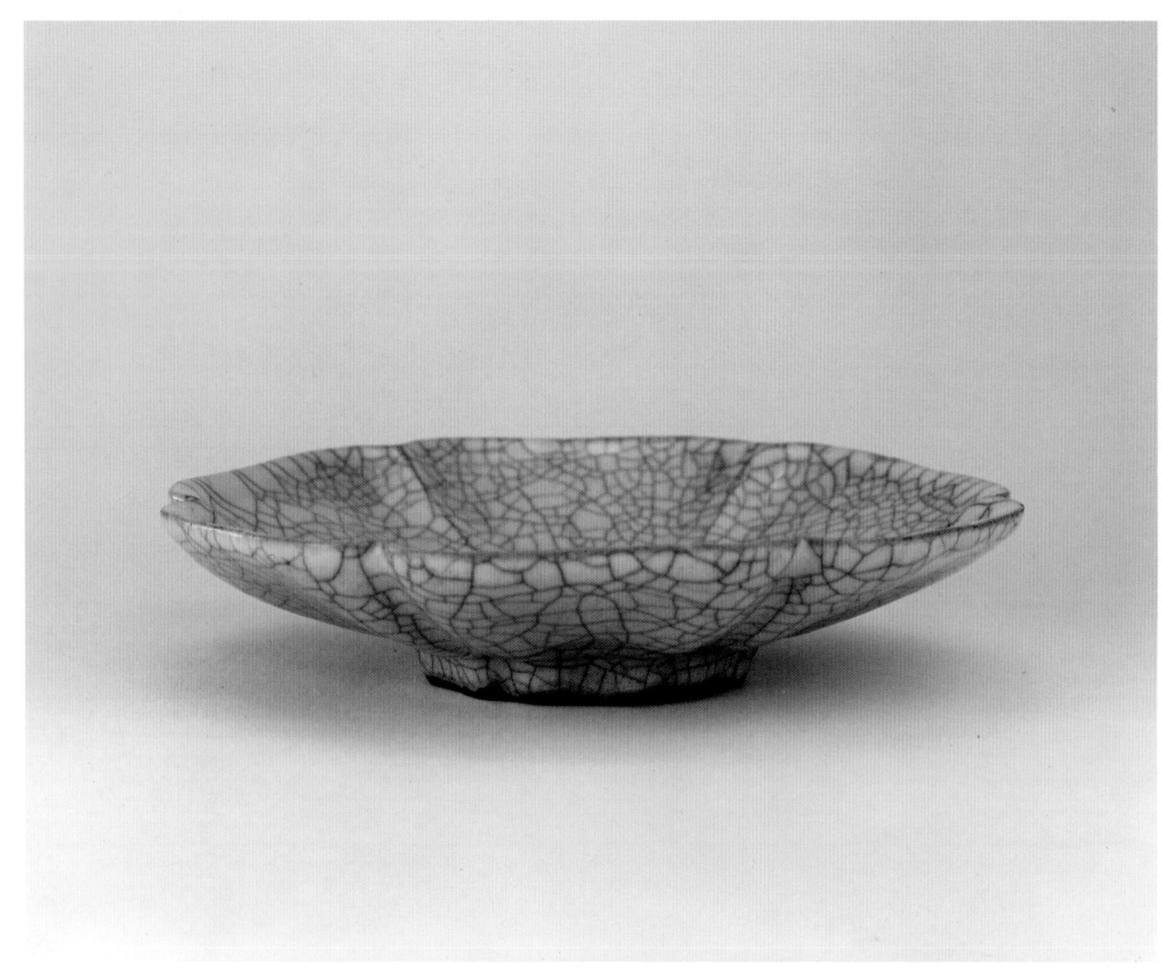

盤呈六葵花瓣式，盤壁向裏凸出六道棱綫，瘦底，圈足亦為六瓣狀。通體滿釉開片。

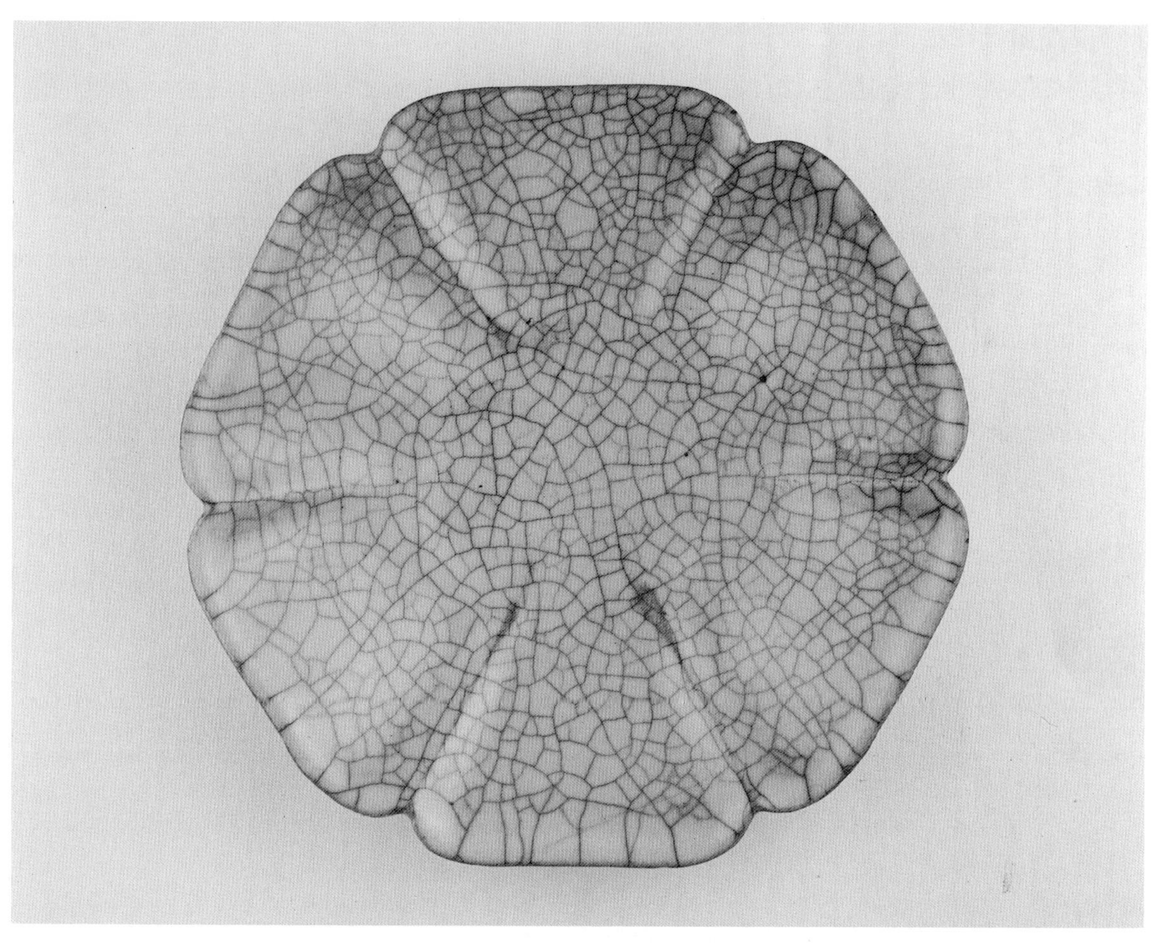

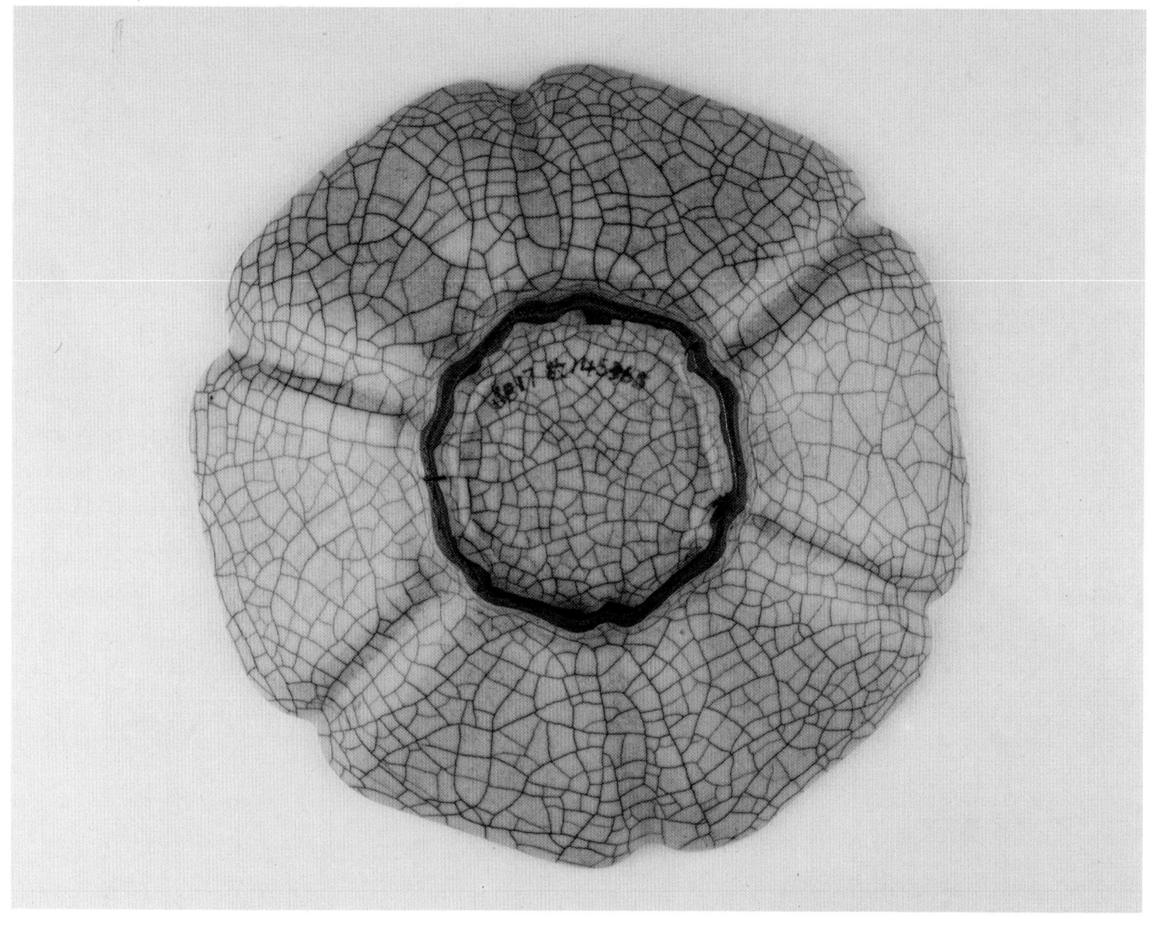

78

**哥窯葵瓣口盤**
宋
高2.9厘米　口徑14.6厘米　足徑5.7厘米
清宮舊藏

**Plate with a mallow-petal mouth, Ge ware**
Song Dynasty
Height: 2.9cm　Diameter of mouth: 14.6cm
Diameter of foot: 5.7cm
Qing Court collection

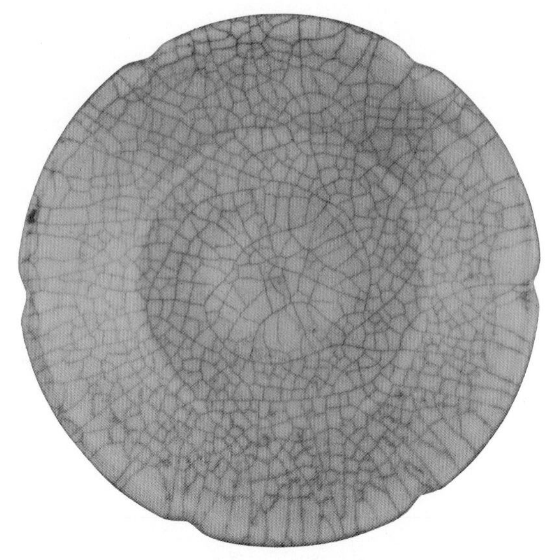

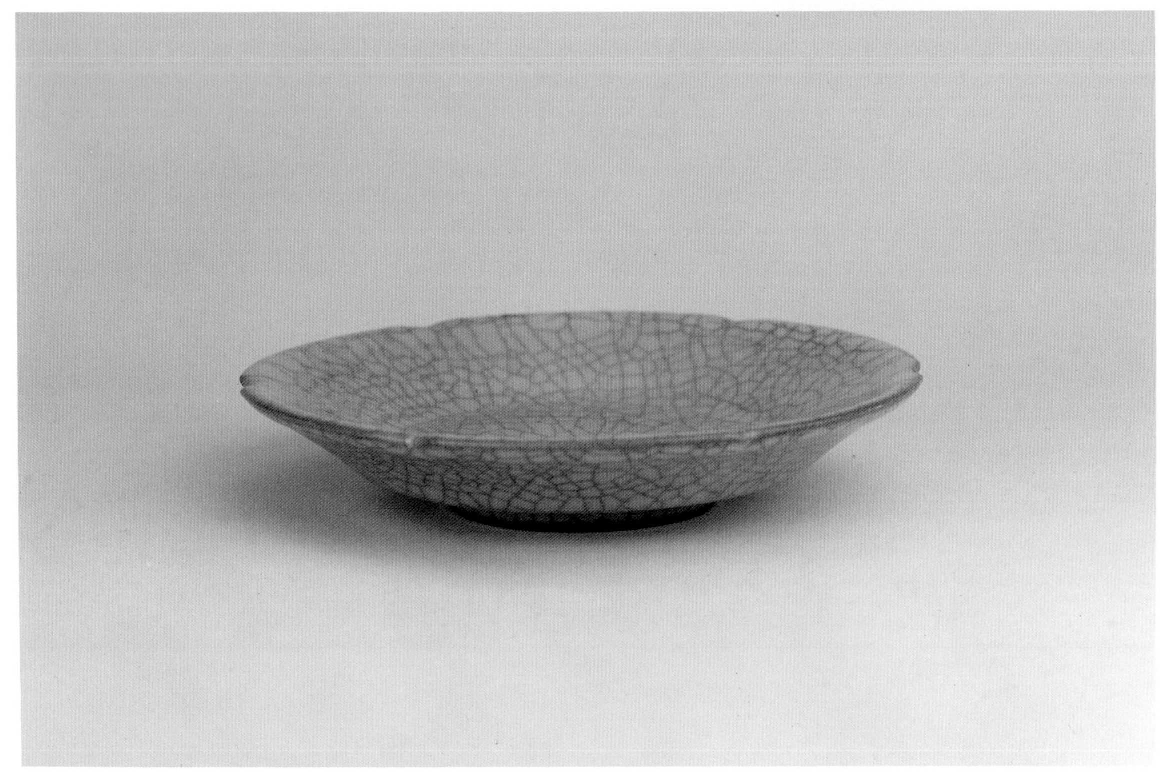

盤口外撇，為六花瓣形，折腰，盤心坦平，底為圈足。裏外通體滿釉，開紋片。底足一周無釉，呈黑色，即鐵足。

此盤口沿下部有一周較為明顯的積釉，這是因為哥窰的釉質為石灰鹼釉，燒製時釉質融熔，口部的釉料下流，口沿處釉層較薄，下部形成一層積釉，這種現象一般多出現於盤、碗類器物，為哥窰的一項重要特徵。

此盤造型優雅、大方，綫條富於變化，為哥窰的代表作品。

79

**哥窰菱花口盤**
宋
高2.5厘米　口徑15.5厘米　足徑5.8厘米
清宮舊藏

**Plate with a water chestnut-petal mouth, Ge ware**
Song Dynasty
Height: 2.5cm　Diameter of mouth: 15.5cm
Diameter of foot: 5.8cm
Qing Court collection

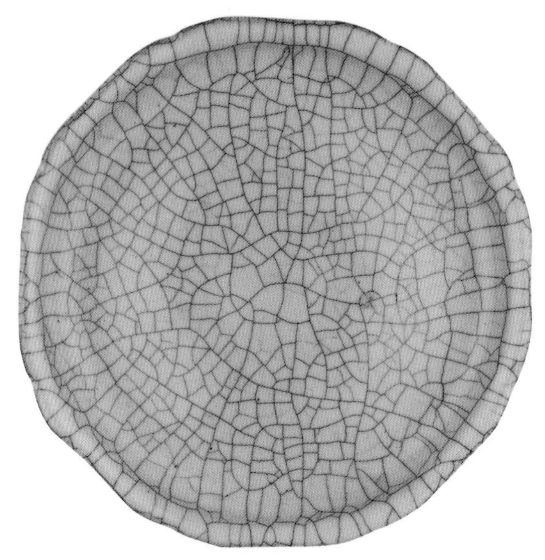

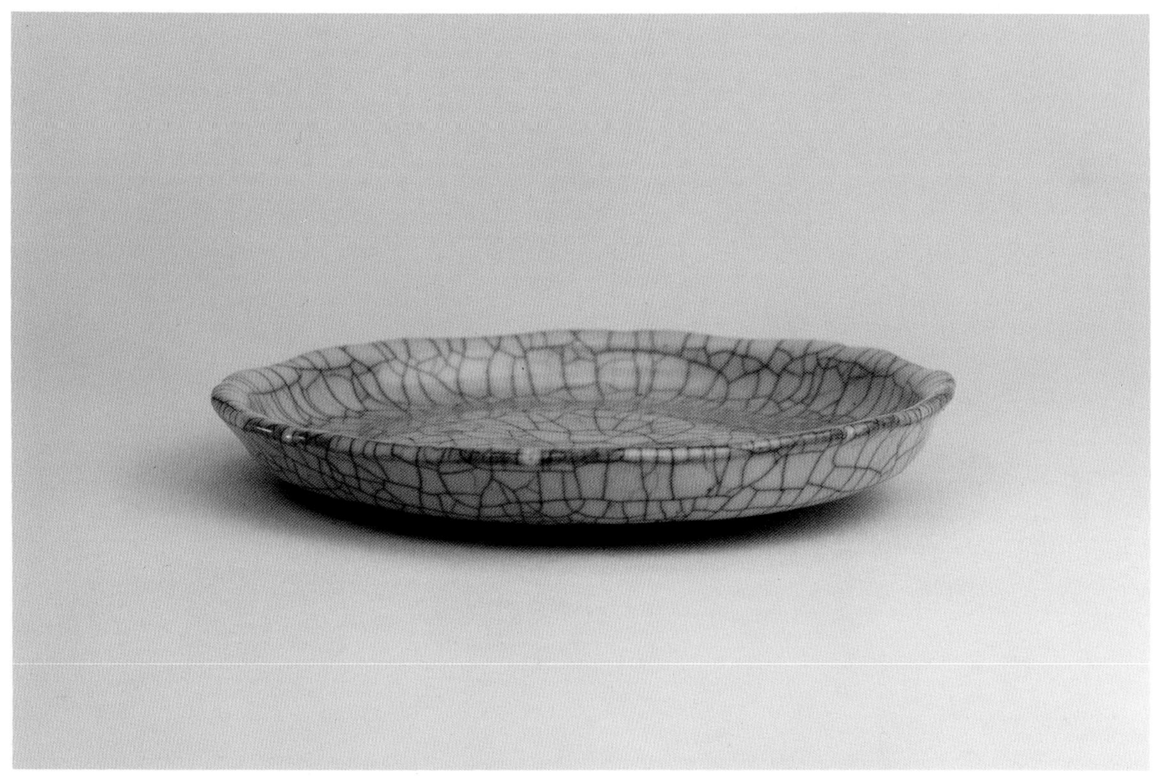

盤沿外折，八花瓣口，盤心一周微隆起，底為圈足。通體施釉，開片為飾。

此盤造型精巧別致，具有明顯的仿金銀器的風格。

80

**哥窯菊瓣盤**
宋
高4.1厘米　口徑16厘米　足徑5.6厘米
清宮舊藏

**Plate in the shape of chrysanthemum flower, Ge ware**
Song Dynasty
Height: 4.1cm　Diameter of mouth: 16cm
Diameter of foot: 5.6cm
Qing Court collection

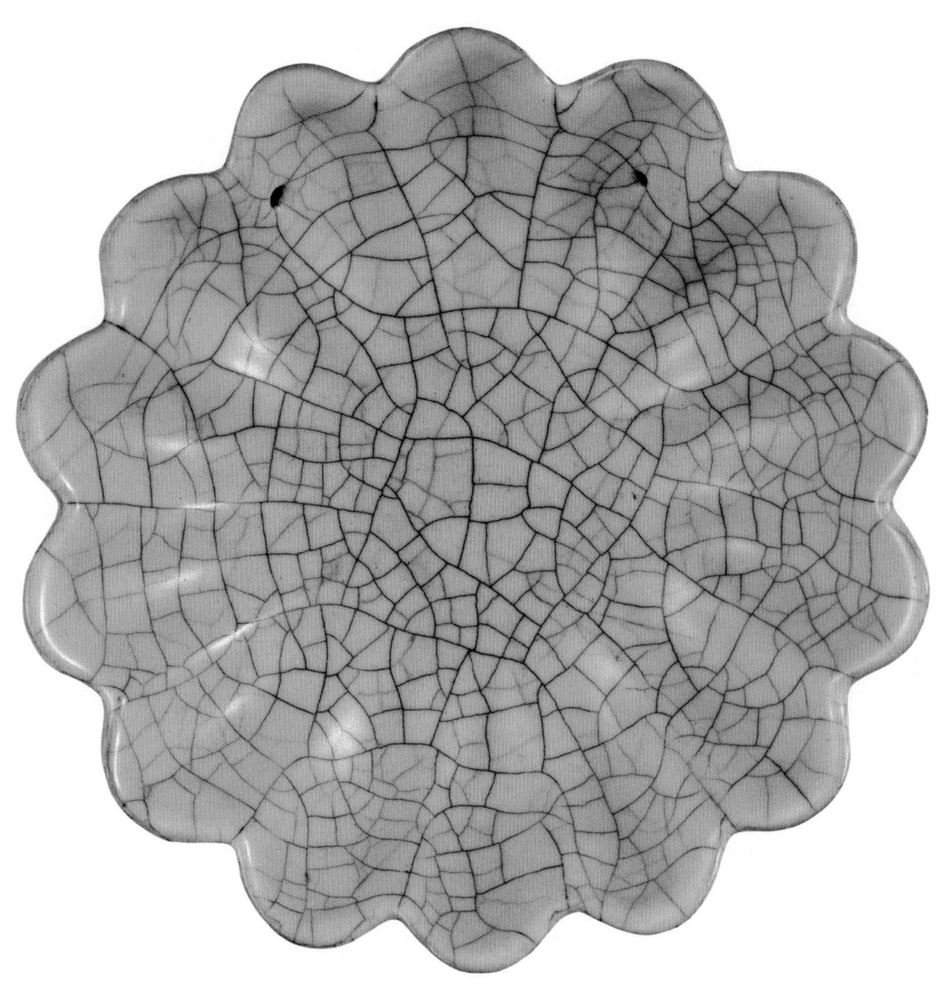

盤仿菊花狀，通體作十四瓣菊花形，盤壁向內出棱，底為圈足。通體施釉，只足底一周無釉露胎，呈黑色。盤身佈滿紋片。

此盤把器型與裝飾紋樣完美和諧地統一起來，俯視猶如一朵盛開的菊花。造型秀麗、優美，綫條流暢、自然，達到了“合於天造，厭於人意”的藝術境界。

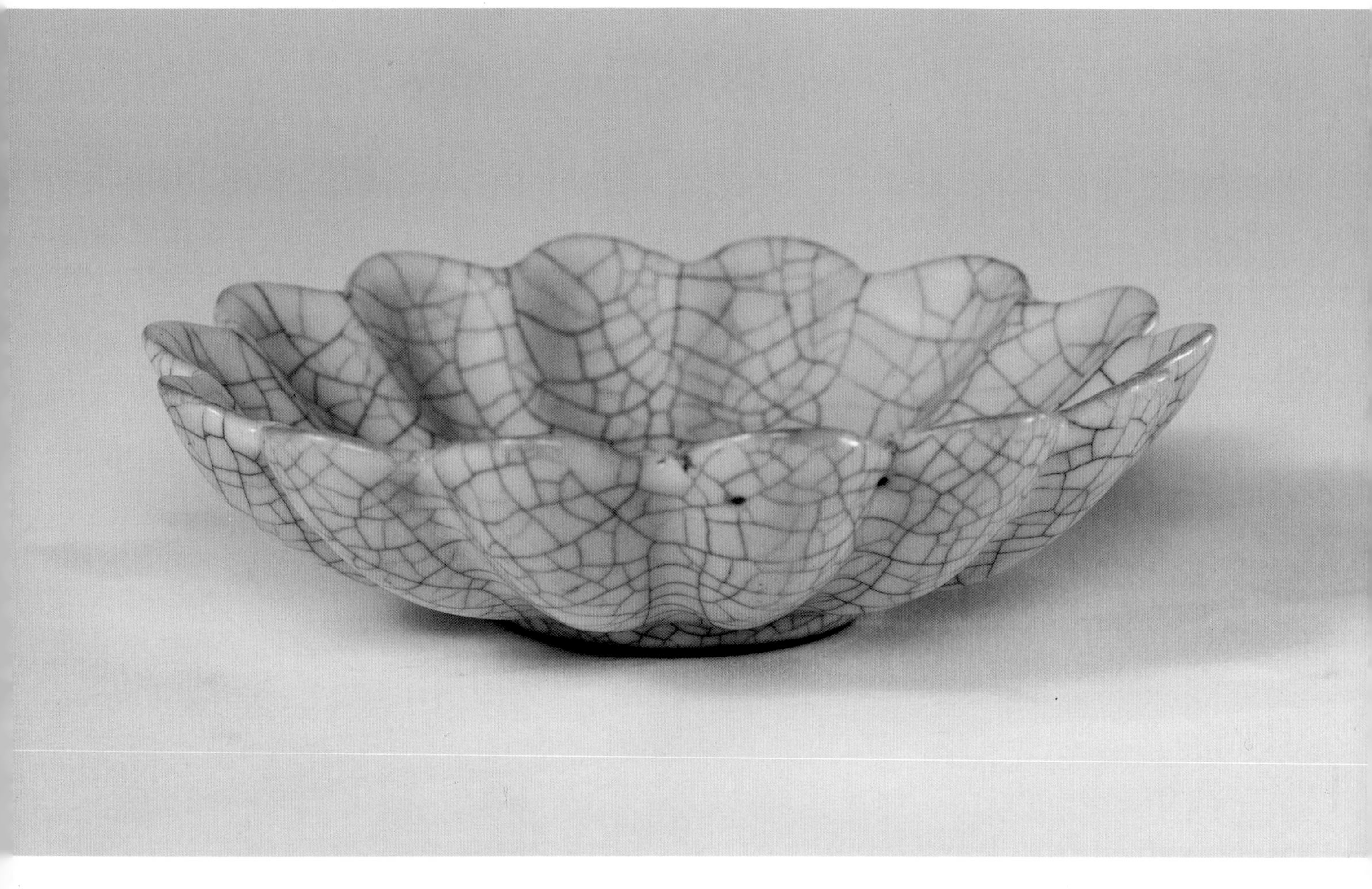

81

**哥窰葵瓣口盤**

宋

高3.2厘米　口徑15.2厘米　足徑5厘米

清宮舊藏

**Plate with a mallow-petal mouth, Ge ware**

Song Dynasty

Height: 3.2cm　Diameter of mouth: 15.2cm

Diameter of foot: 5cm

Qing Court collection

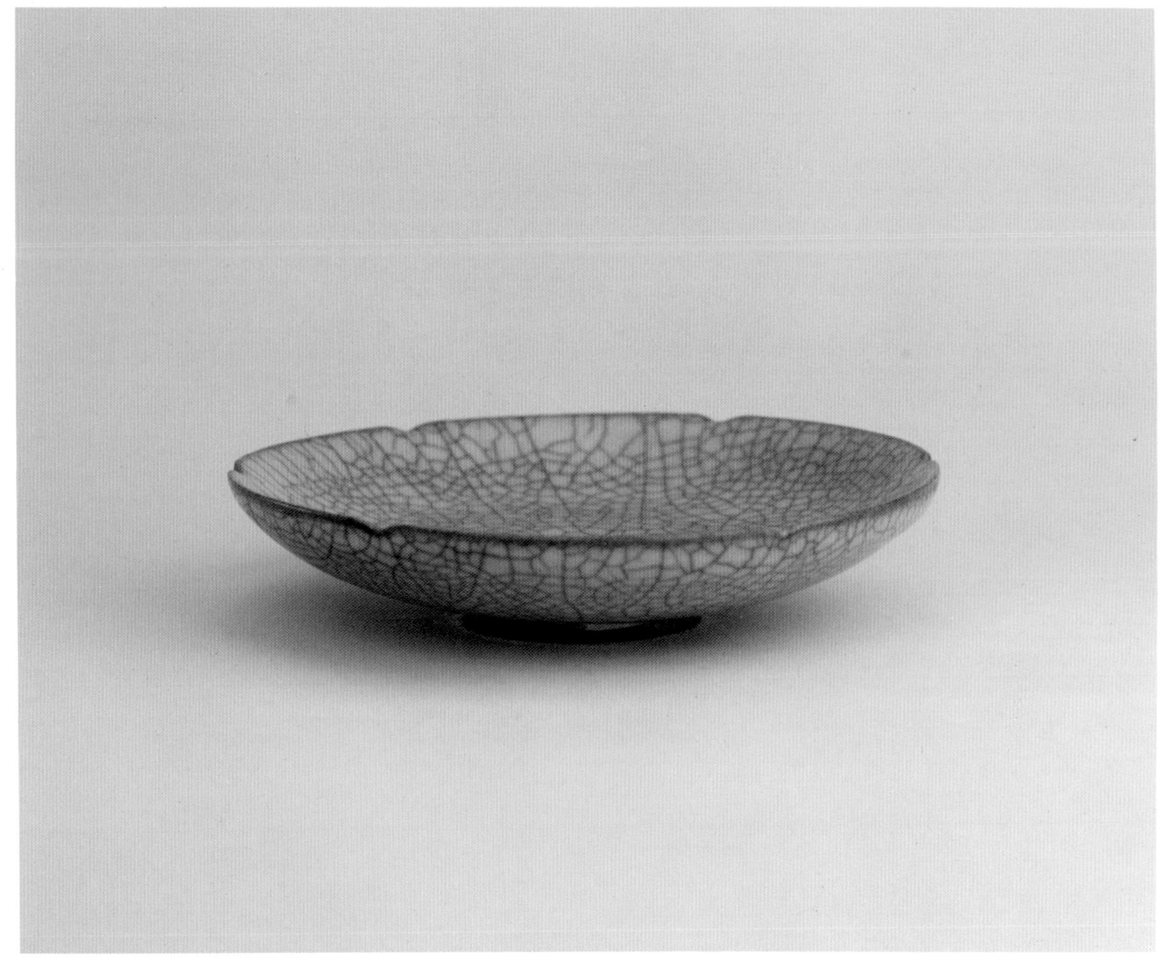

82

## 哥窰葵瓣口盤

宋
高3厘米
口徑12.9厘米
足徑5.3厘米
清宮舊藏

**Plate with a mallow-petal mouth, Ge ware**

Song Dynasty
Height: 3cm
Diameter of mouth: 12.9cm
Diameter of foot: 5.3cm
Qing Court collection

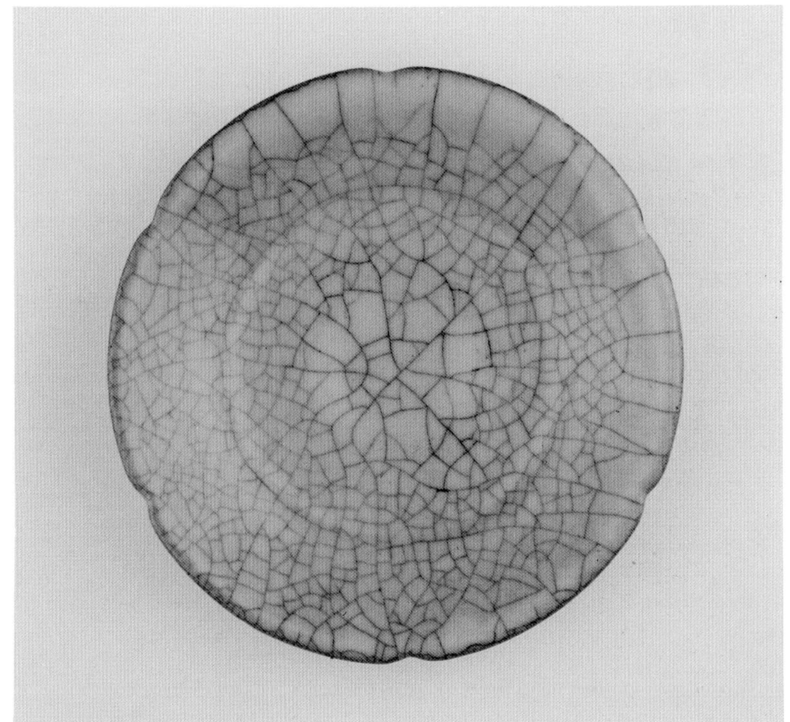

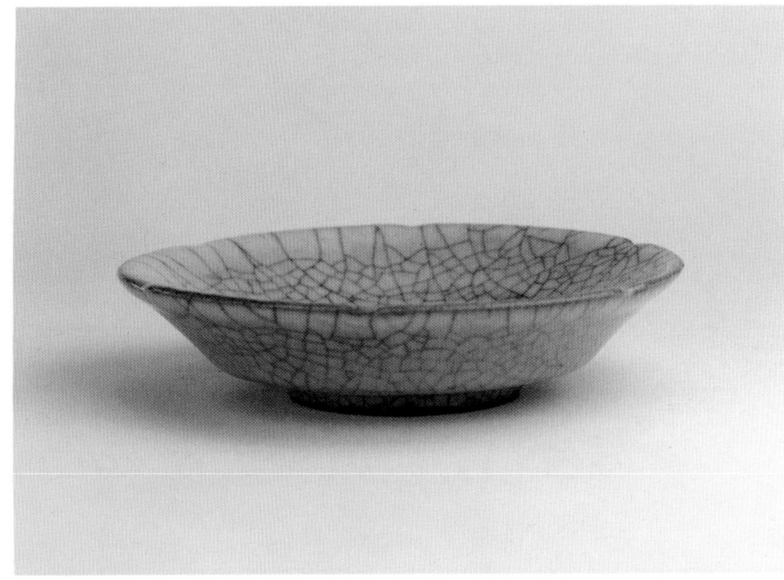

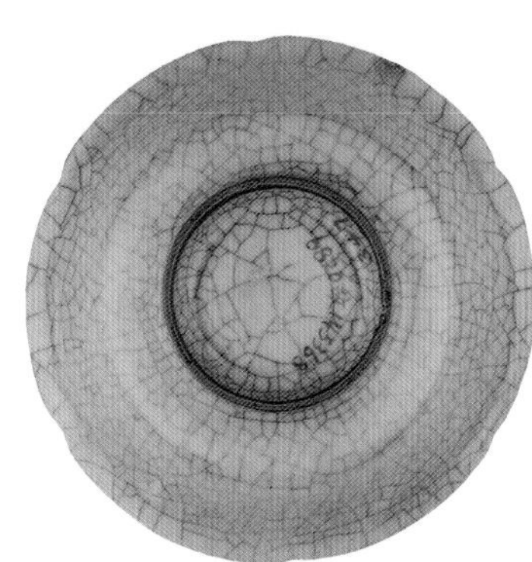

83

**哥窰盤**
宋
高3.2厘米　口徑16.9厘米　足徑7.6厘米
清宮舊藏

**Plate, Ge ware**
Song Dynasty
Height: 3.2cm　Diameter of mouth: 16.9cm
Diameter of foot: 7.6cm
Qing Court collection

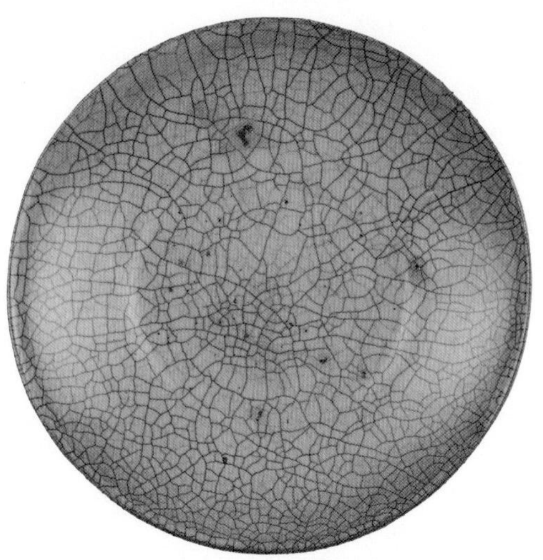

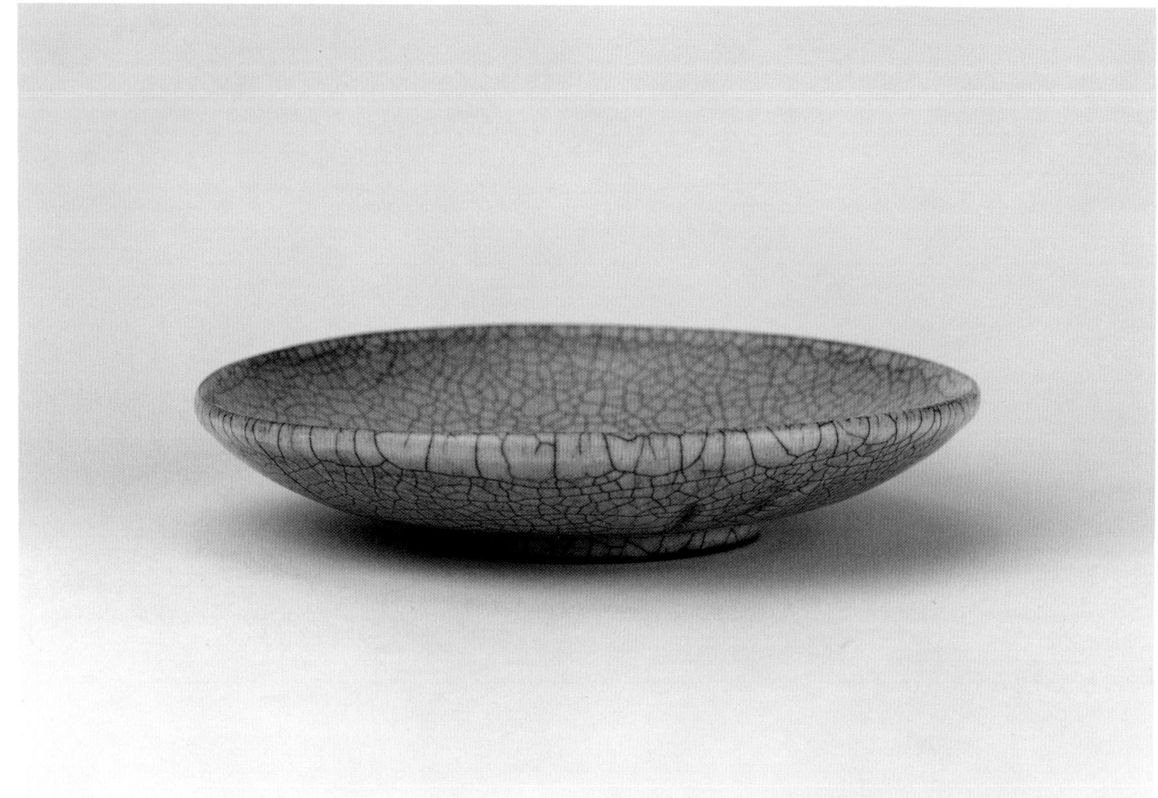

84

## 哥窰葵瓣口盤

宋

高3.1厘米　口徑14.5厘米　足徑5.8厘米

清宮舊藏

**Plate with a mallow-petal mouth: Ge ware**

Song Dynasty

Height: 3.1cm　Diameter of mouth: 14.5cm

Diameter of foot: 5.8cm

Qing Court collection

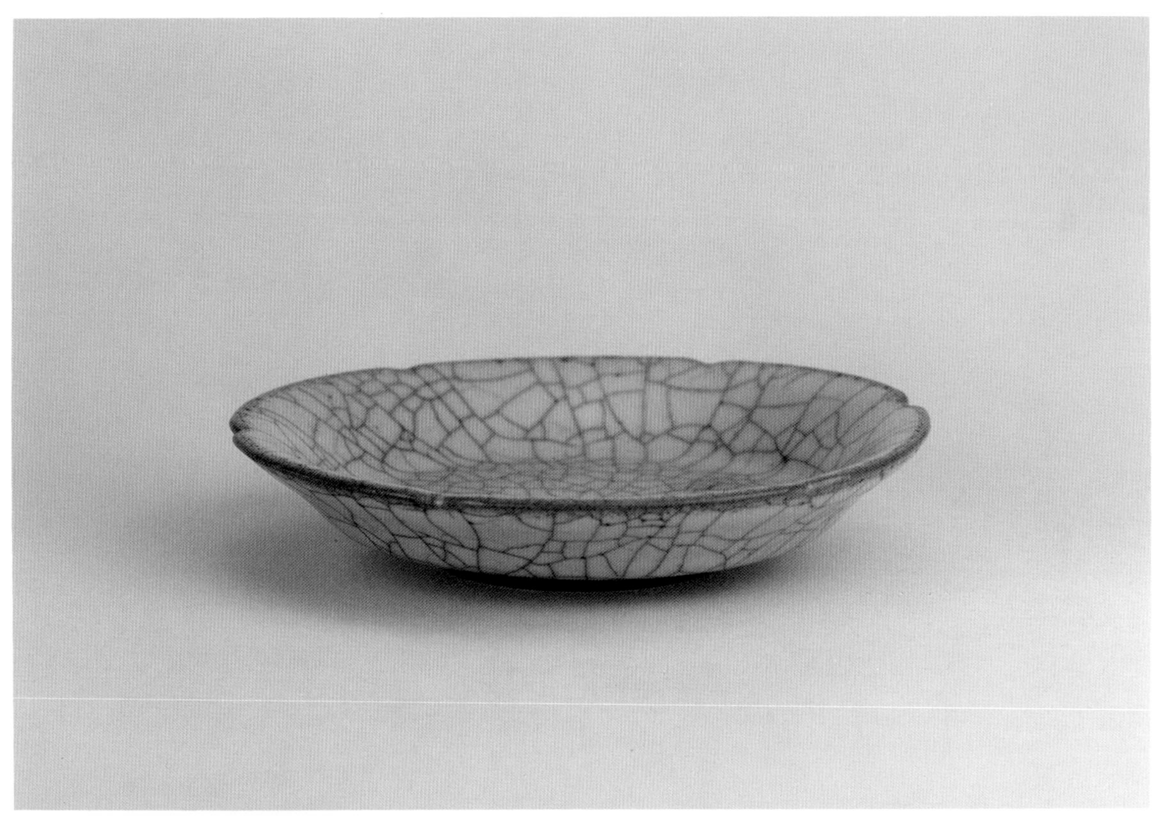

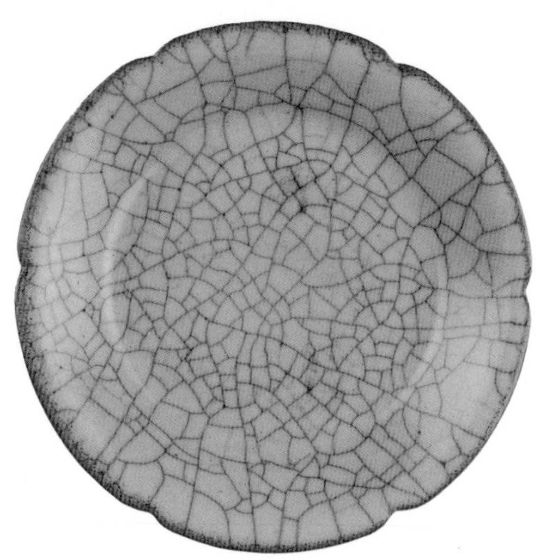

85

**哥窰葵瓣口盤**
宋
高3.3厘米　口徑15.7厘米　足徑6.3厘米
清宮舊藏

**Plate with a mallow-petal mouth, Ge ware**
Song Dynasty
Height: 3.3cm　Diameter of mouth: 15.7cm
Diameter of foot: 6.3cm
Qing Court collection

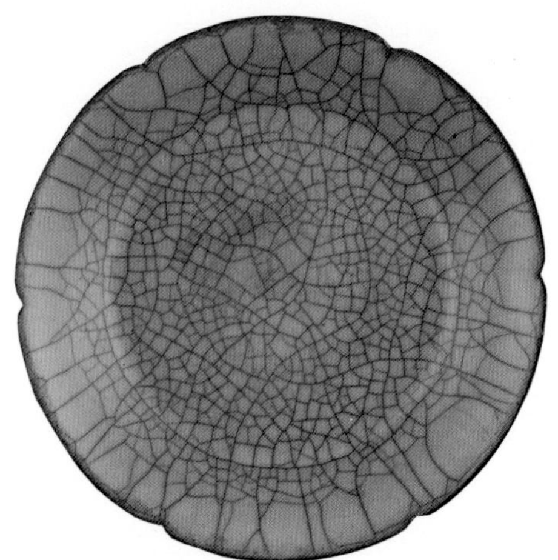

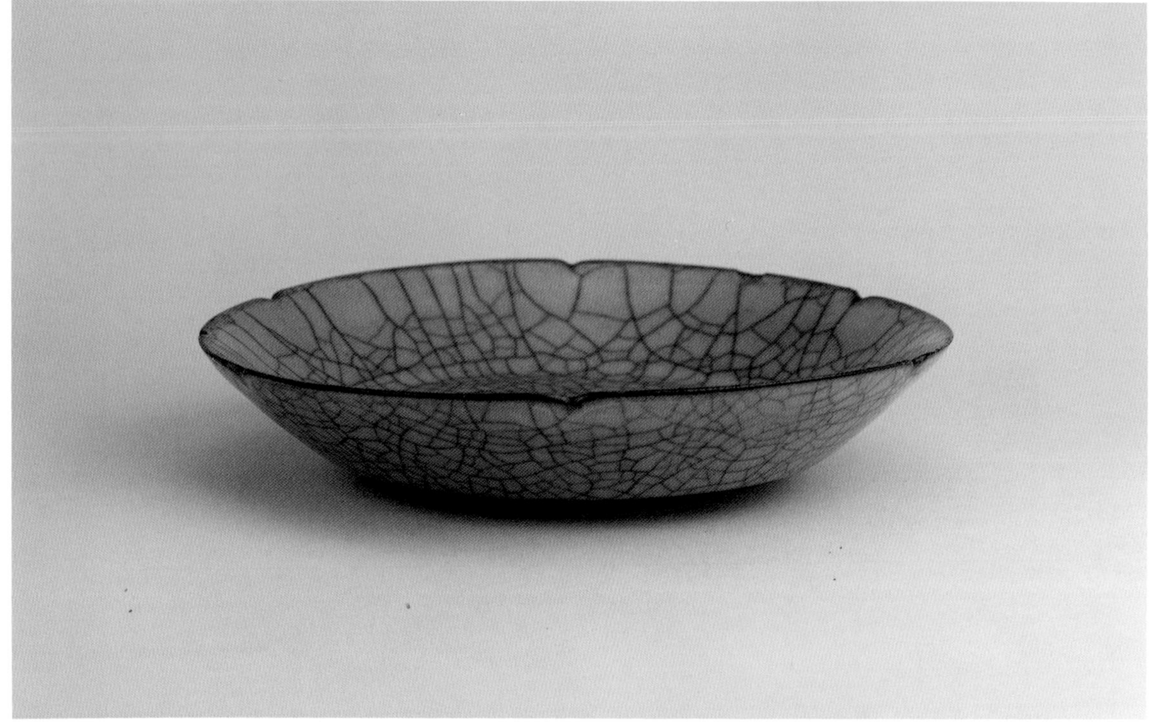

86

**哥窰葵瓣口盤**

宋

高3.2厘米　口徑15.2厘米　足徑5.2厘米

清宮舊藏

**Plate with a mallow-petal mouth, Ge ware**

Song Dynasty

Height: 3.2cm　Diameter of mouth: 15.2cm

Diameter of foot: 5.2cm

Qing Court collection

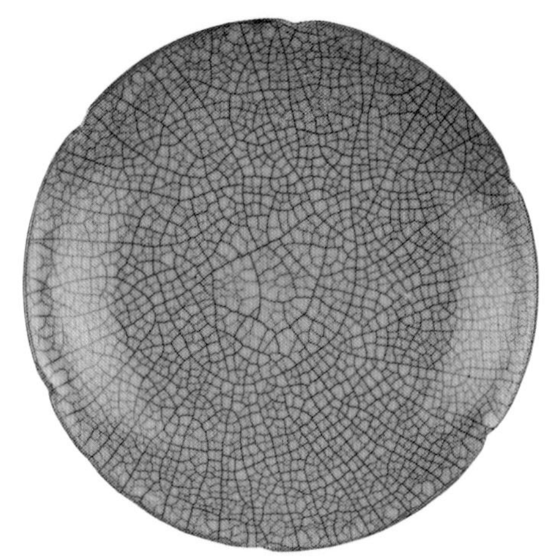

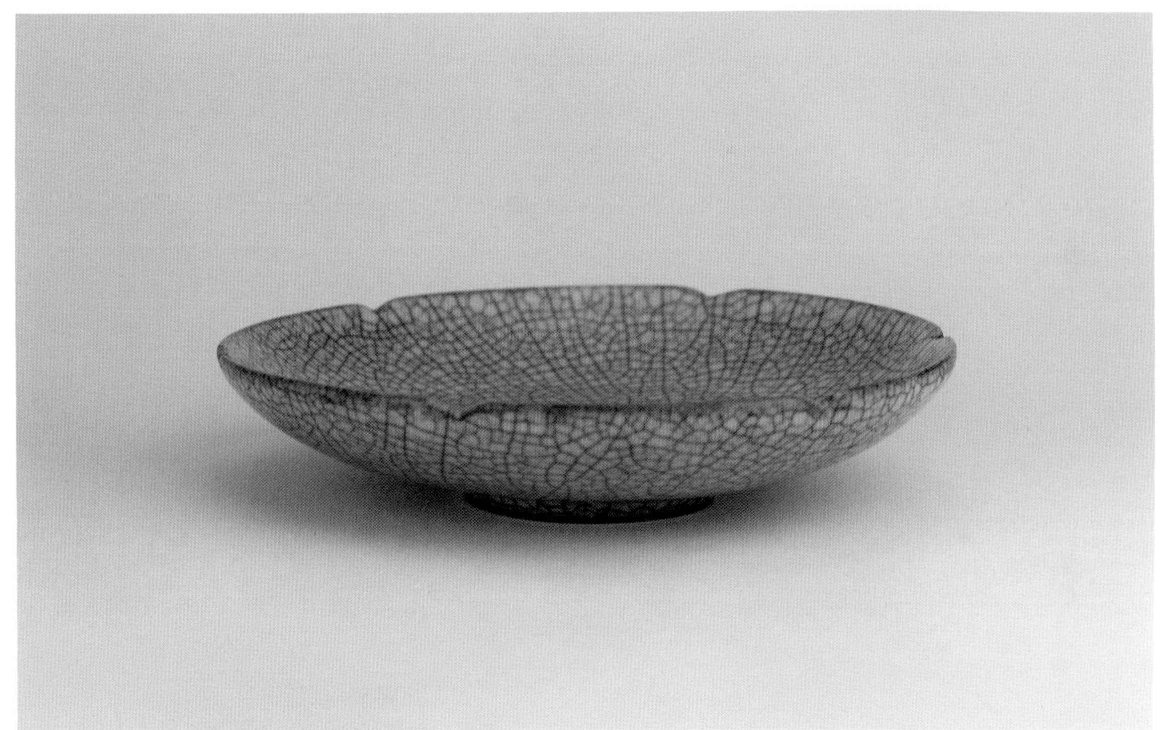

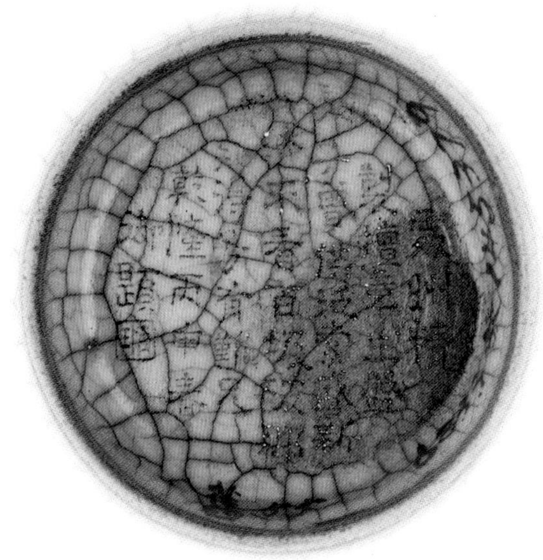

盤六花瓣口，口以下漸收斂，圈足。裏外滿釉，油灰色，底足一周無釉，呈黑色。通體開細碎魚子紋。

此盤足心內刻有乾隆皇帝御題詩一首："處州精製擅章生，盤子曾供泛索盛，新法不看百圾破，那知得號有難兄。乾隆丙申春御題。"下鈐"百玬"印款。

87

**哥窰盤**

宋

高2.7厘米　口徑15.6厘米　足徑5.7厘米

清宮舊藏

**plate, Ge ware**

Song Dynasty

Height: 2.7cm　Diameter of mouth: 15.6cm

Diameter of foot: 5.7cm

Qing Court collection

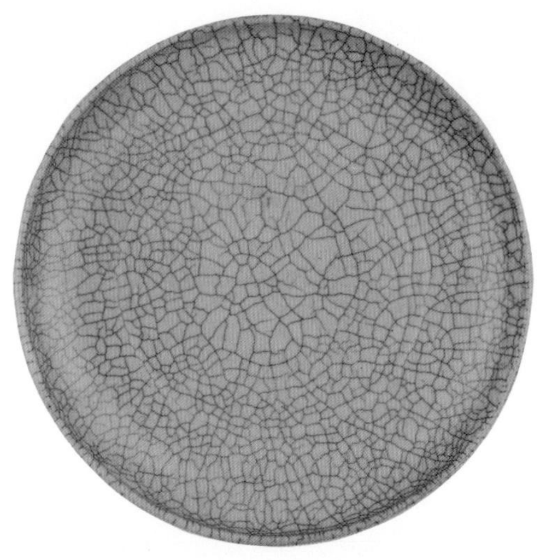

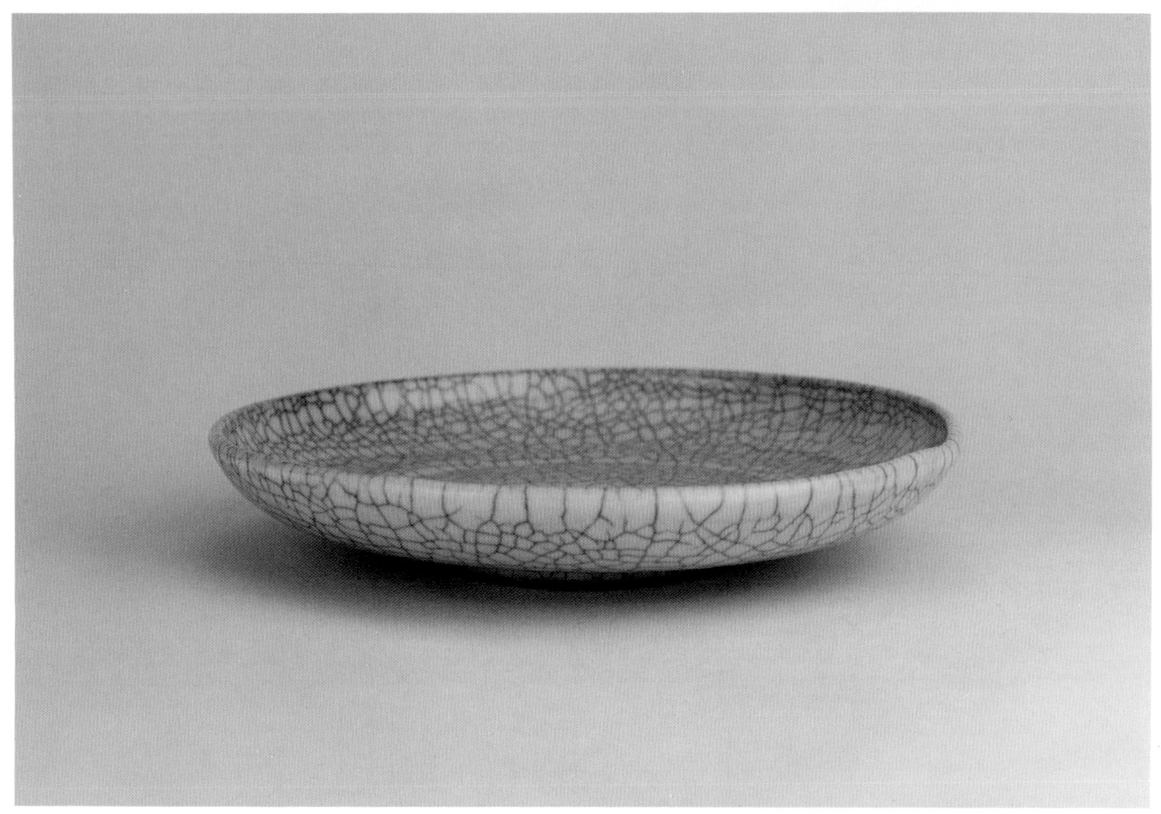

盤直口，口部微內斂，盤心凹進弦紋一道，圈足。通體施米色釉，底足一周露黑胎鐵足。釉面滿佈開片，較大的黑色開片內間細小的黃色紋片，黑、黃紋綫縱橫交錯，變化萬千，雅趣天成。以高倍放大鏡觀察，釉質內多微小氣泡，如珠隱現，寶光內蘊，形成一種溫潤如玉的視覺效果。

88

**哥窰葵瓣口盤**

宋

高2.5厘米　口徑12.6厘米　足徑7.2厘米

清宮舊藏

**Plate with a mallow-petal mouth, Ge ware**

Song Dynasty

Height: 2.5cm　Diameter of mouth: 12.6cm

Diameter of foot: 7.2cm

Qing Court collection

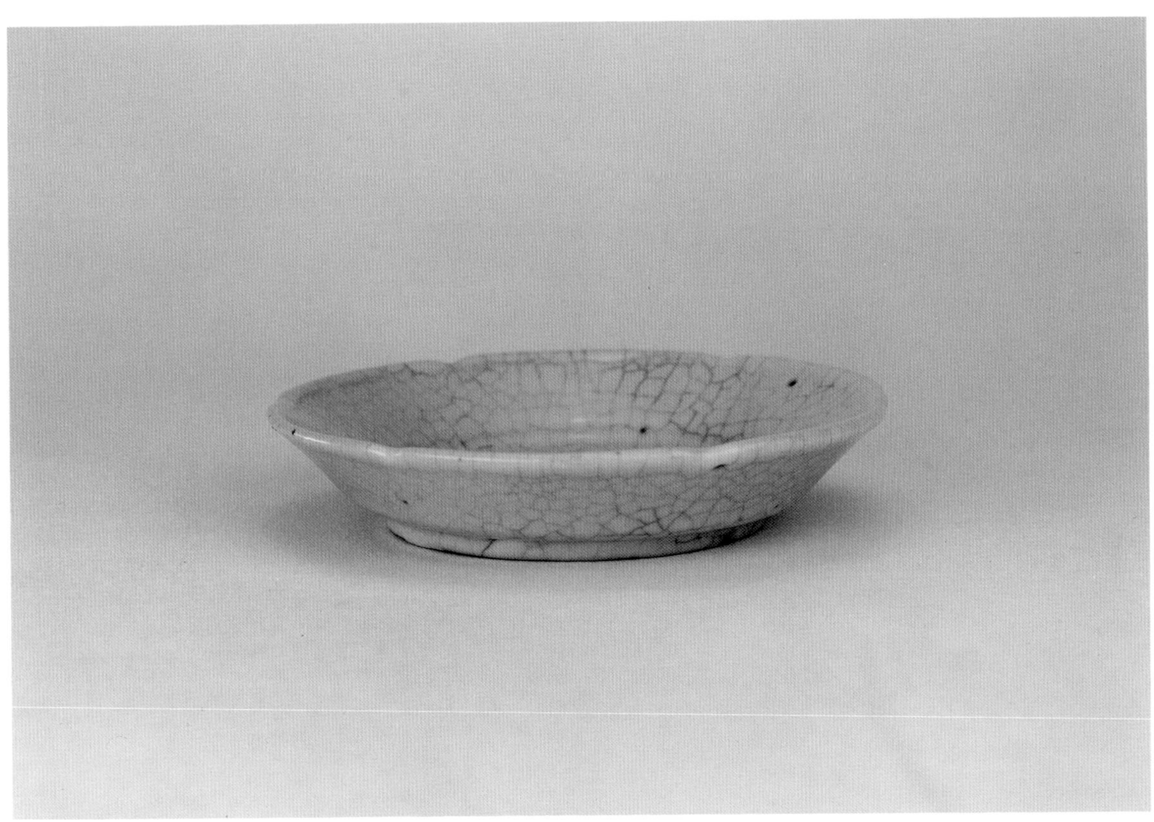

89

**哥窰盤**

宋

高2.8厘米　口徑15.3厘米　足徑5.4厘米

**Plate, Ge ware**

Song Dynasty

Height: 2.8cm　Diameter of mouth: 15.3cm

Diameter of foot: 5.4cm

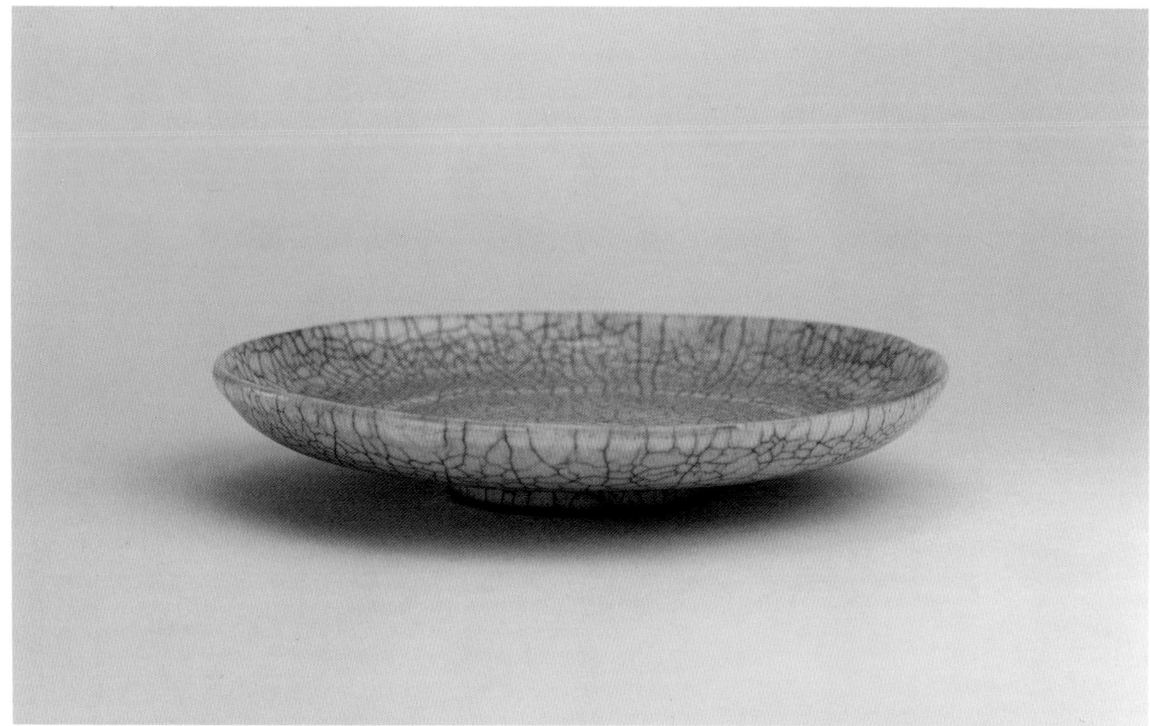

90 **哥窰葵瓣口盤**

宋

高3.2厘米　口徑14.5厘米　足徑7.4厘米

清宮舊藏

**Plate with a mallow-petal mouth, Ge ware**

Song Dynasty

Height: 3.2cm　Diameter of mouth: 14.5cm

Diameter of foot: 7.4cm

Qing Court collection

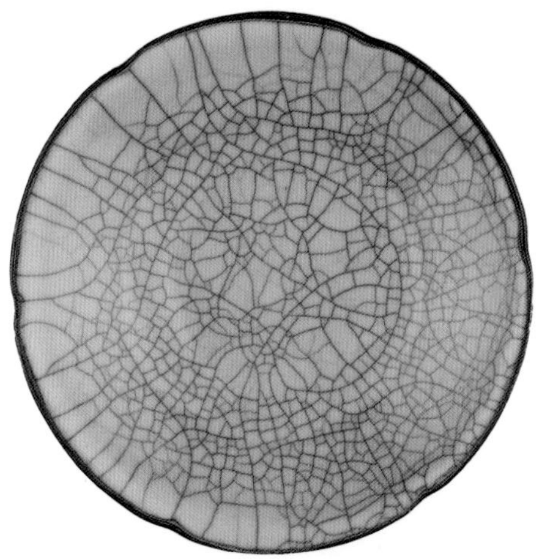

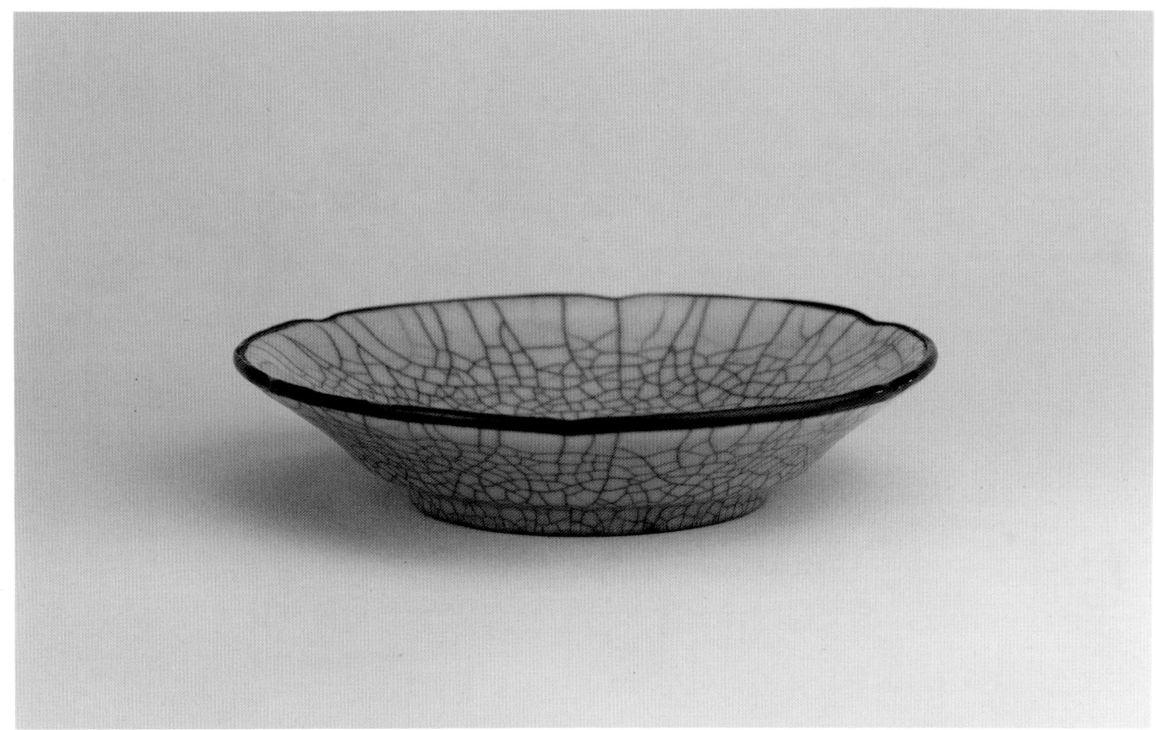

91

**哥窰葵瓣口盤**
宋
高2.5厘米　口徑14.2厘米　足徑7.7厘米

**Plate with a mallow-petal mouth, Ge ware**
Song Dynasty
Height: 2.5cm　Diameter of mouth: 14.2cm
Diameter of foot: 7.7cm

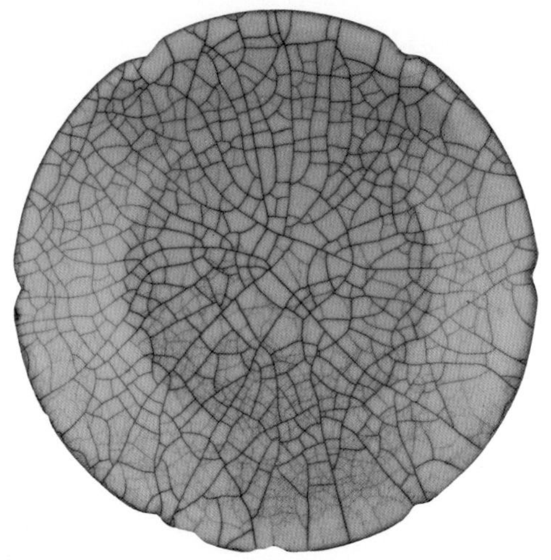

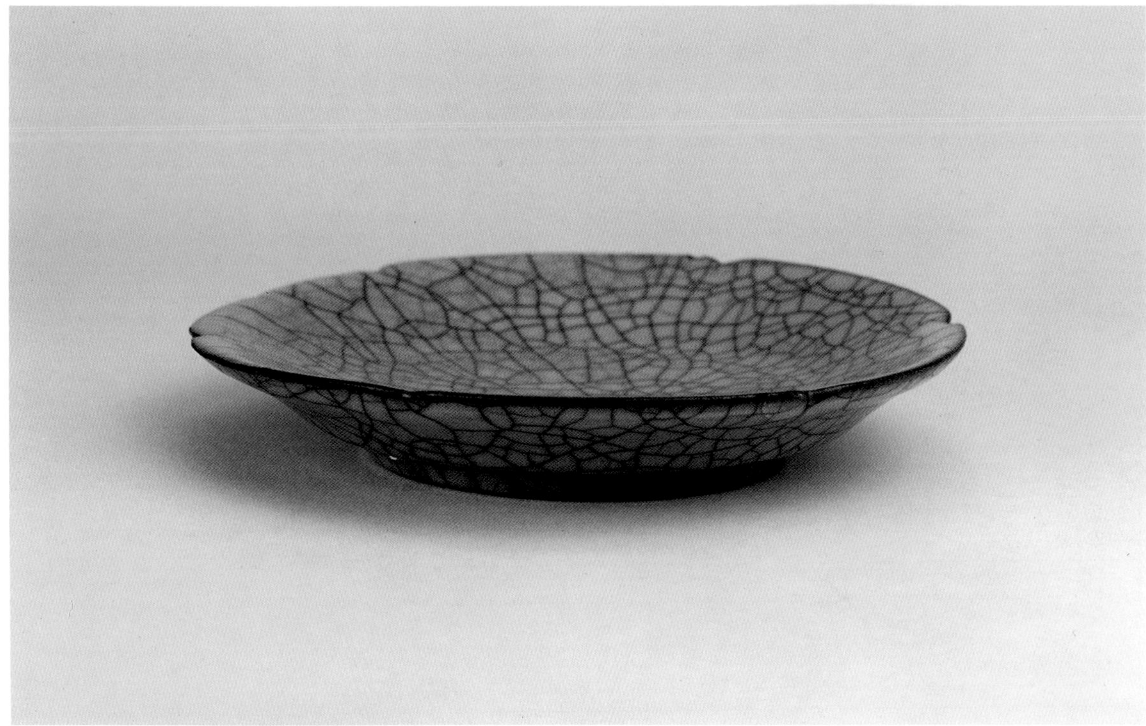

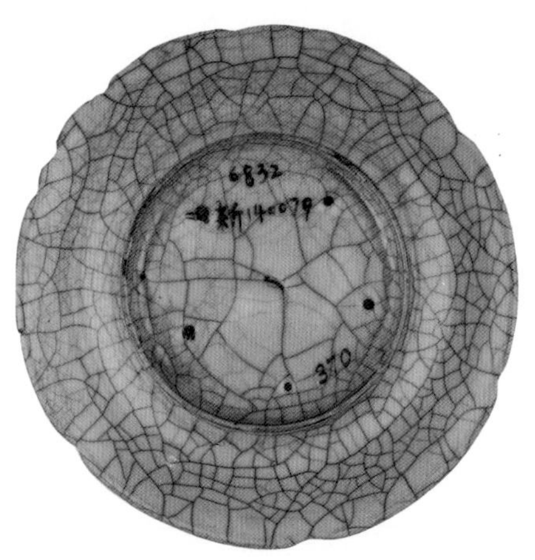

# 民窰

***Private Kilns***

92 **越窰壺**

宋

高23.4厘米　口徑12.5厘米　足徑9.1厘米

**Pot, Yue ware**

Song Dynasty

Height: 23.4cm　Diameter of mouth: 12.5cm

Diameter of foot: 9.1cm

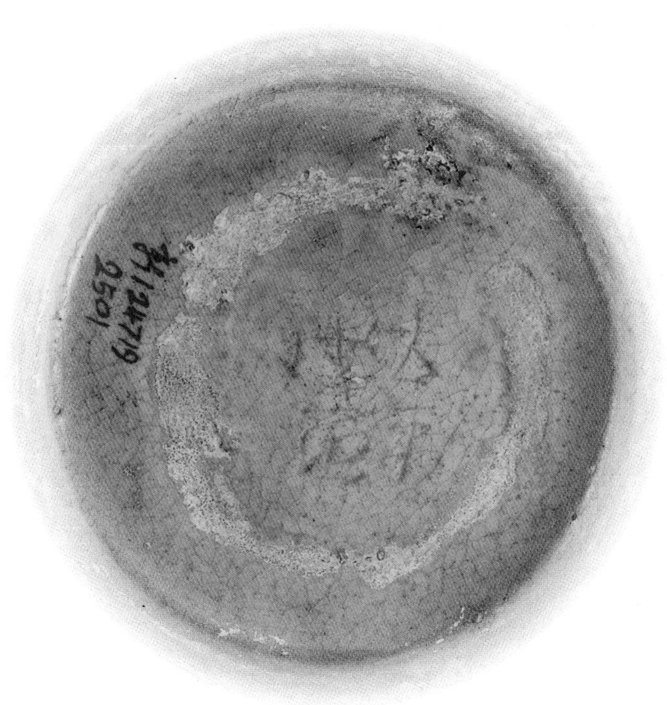

壺敞口，直頸，壺身為四瓣瓜棱形，兩側一為流，一為曲柄，流與柄之間有雙條形繫，圈足。足底有一圈支燒痕，中心刻劃“太平戊寅”四字。通體釉色青中泛黃。傳世品中帶有“太平戊寅”款的還有碗、盤，這批器物是北宋早期產品。在窰址調查中，也曾採集到這類標本。據文獻記載，入宋後，貢瓷數量增加，有時一次進貢瓷器就達十四萬之多。此種款識的器物有可能是入貢中原的貢品。此壺還保留着早期的造型特徵，如四瓣瓜棱形、壺流稍短等。

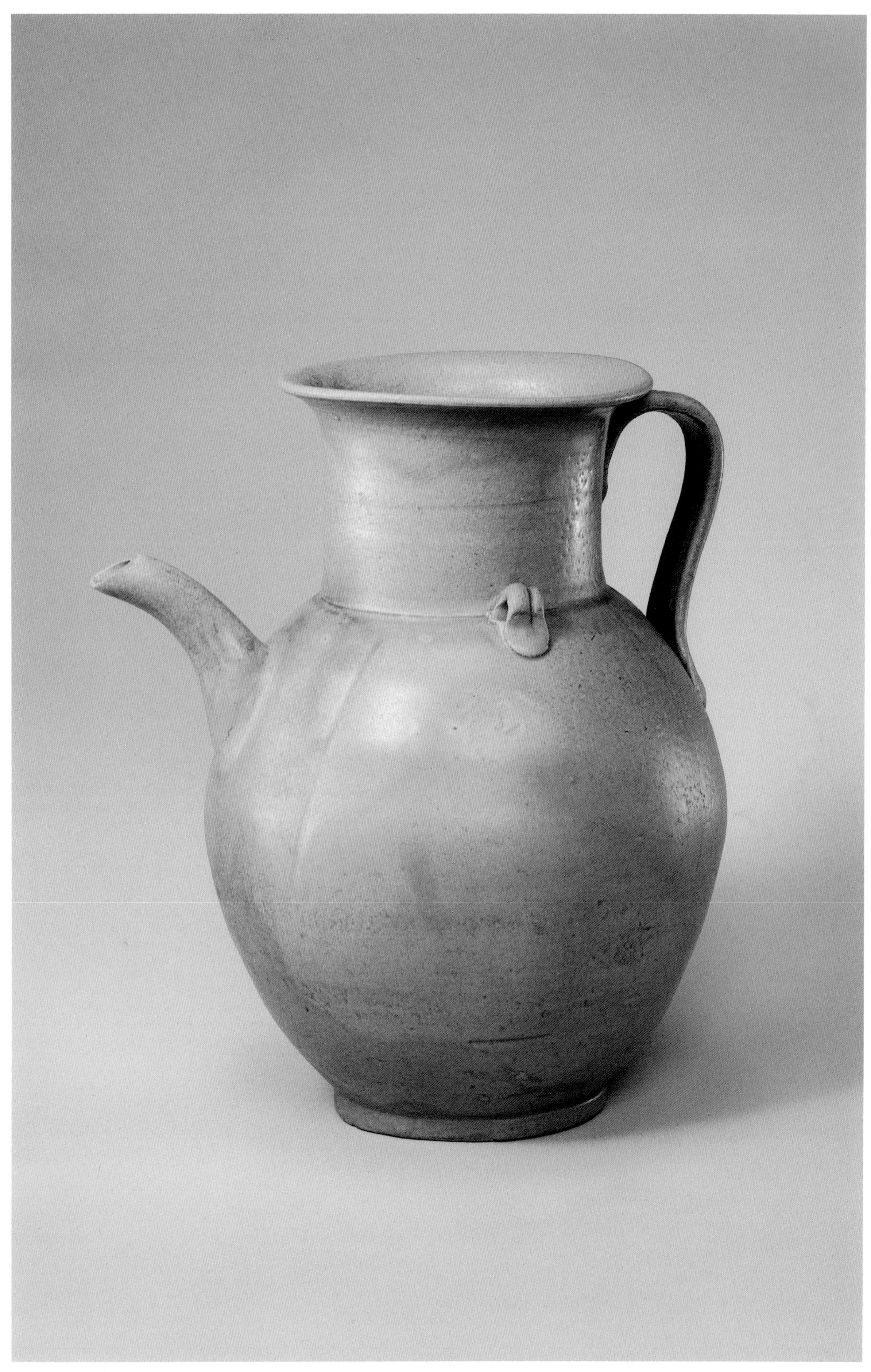

93 **越窰小瓶**
宋
高12厘米
口徑5厘米
足徑4.5厘米

**Small vase, Yue ware**
Song Dynasty
Height: 12cm
Diameter of mouth: 5cm
Diameter of foot: 4.5cm

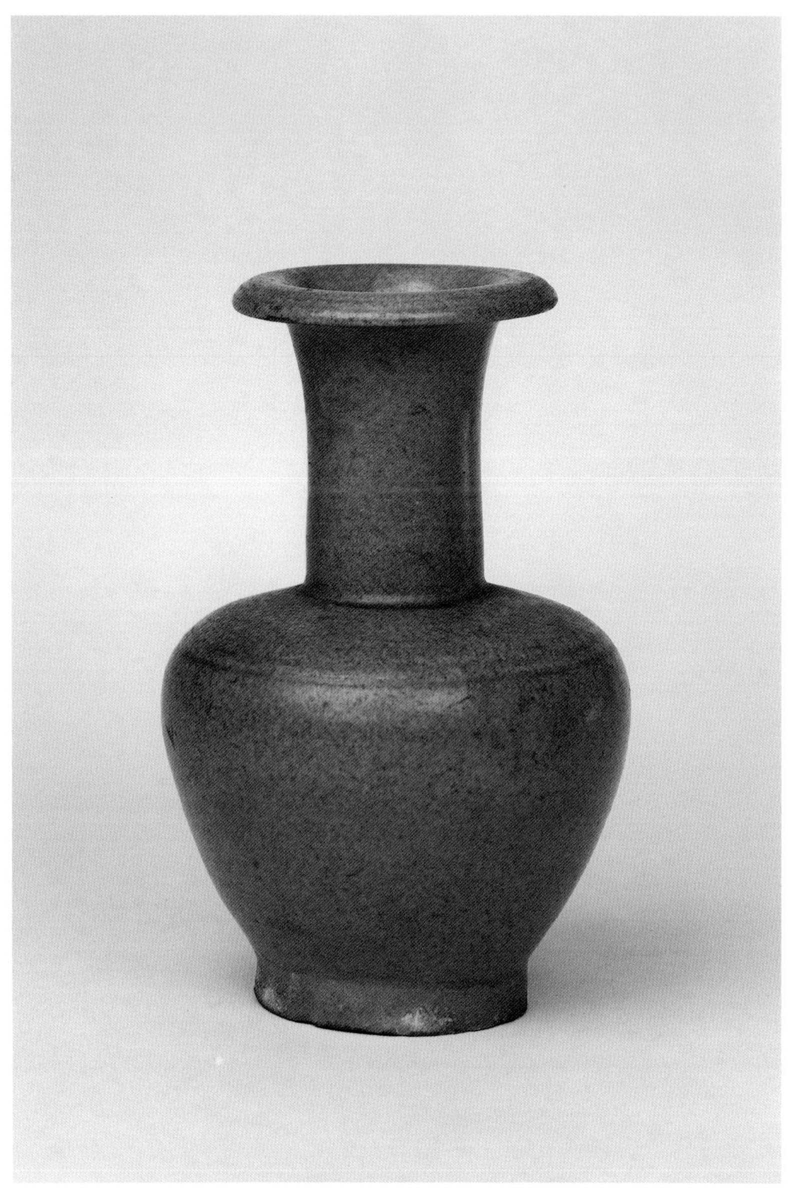

瓶口外捲，細長頸，豐肩，肩以下漸內收，圈足微外撇。足底滿釉支燒，留有四個長形支燒痕。肩飾弦紋兩道。釉色青中泛灰，是宋代浙江越窰系產品。

94

## 越窰刻花四繫罐

宋
高12.5厘米
口徑6.3厘米
足徑6厘米

**Four-looped jar with incised design, Yue ware**
Song Dynasty
Height: 12.5cm
Diameter of mouth: 6.3cm
Diameter of foot: 6cm

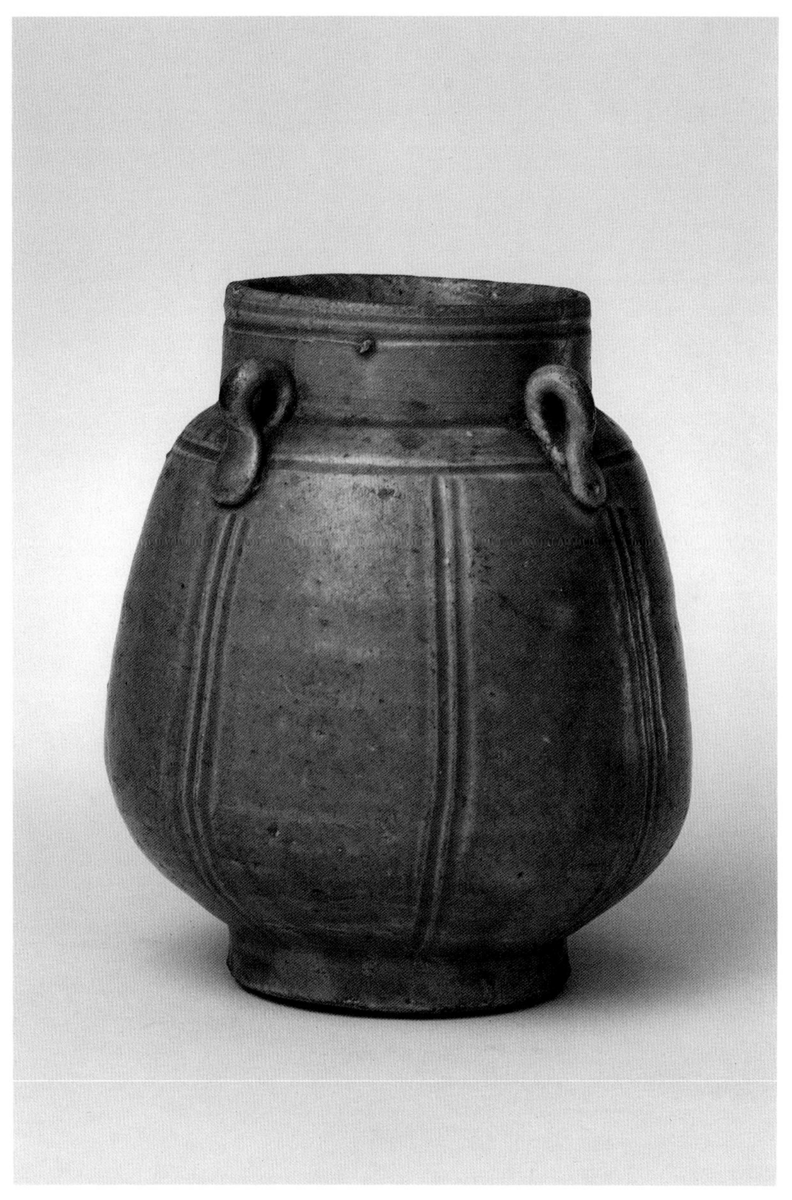

罐直口，溜肩，腹部下收，肩部四繫，圈足外撇。口沿下及肩部各有弦紋一周，腹部刻對稱直綫紋六組，刀鋒流暢，刻綫清晰。

此罐造型規整，胎質堅硬，裏外施釉，釉色青中泛淺綠色，釉面不平，有縮釉現象。當為宋代早期之作。

95

## 越窰印花碗

宋
高4.5厘米
口徑11.5厘米
足徑4厘米

**Bowl with impressed design, Yue ware**

Song Dynasty
Height: 4.5cm
Diameter of mouth: 11.5cm
Diameter of foot: 4cm

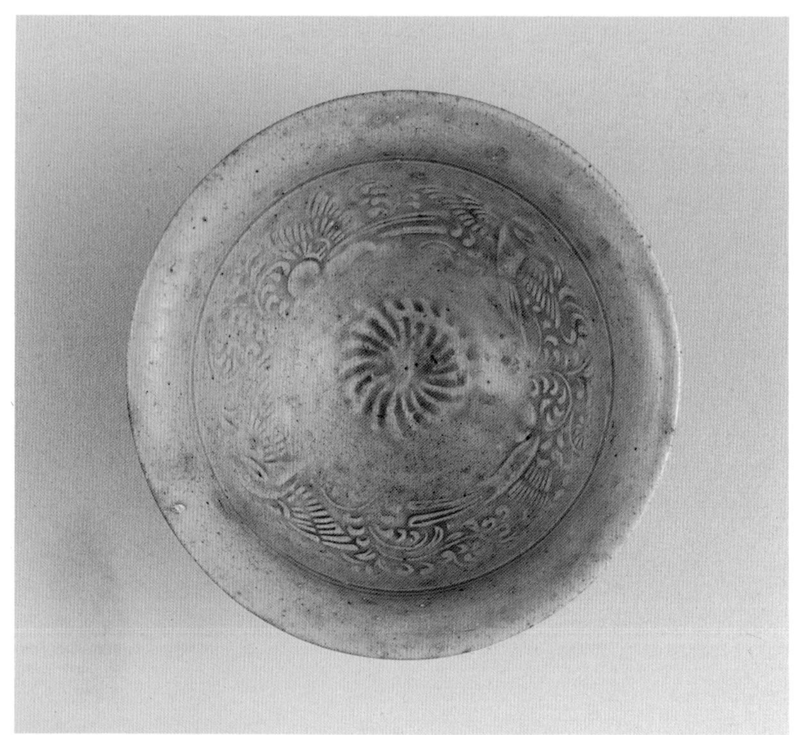

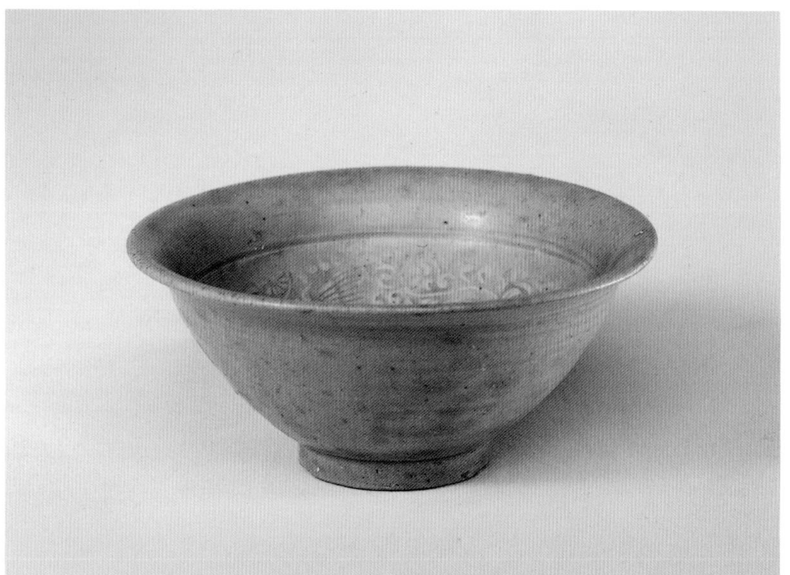

碗敞口，口以下漸內收，圈足。碗內外施青釉，足外牆滿釉，圈足裏有支燒痕。碗裏口下劃一道弦紋，內壁印雙鳳穿花，碗中心印一朵團菊。釉色青中微泛黃，印花及支燒方法具越窰產品特徵。越窰類似紋飾還有劃花花鳥紋。

96

## 青釉印花二聯盒

宋

通高4.8厘米　口徑長7.7厘米　足徑長5.7厘米

**Twin-box with impressed floral design, green glaze**

Song Dynasty

Overall heigth: 4.8cm　Length of mouth: 7.7cm

Length of foot: 5.7cm

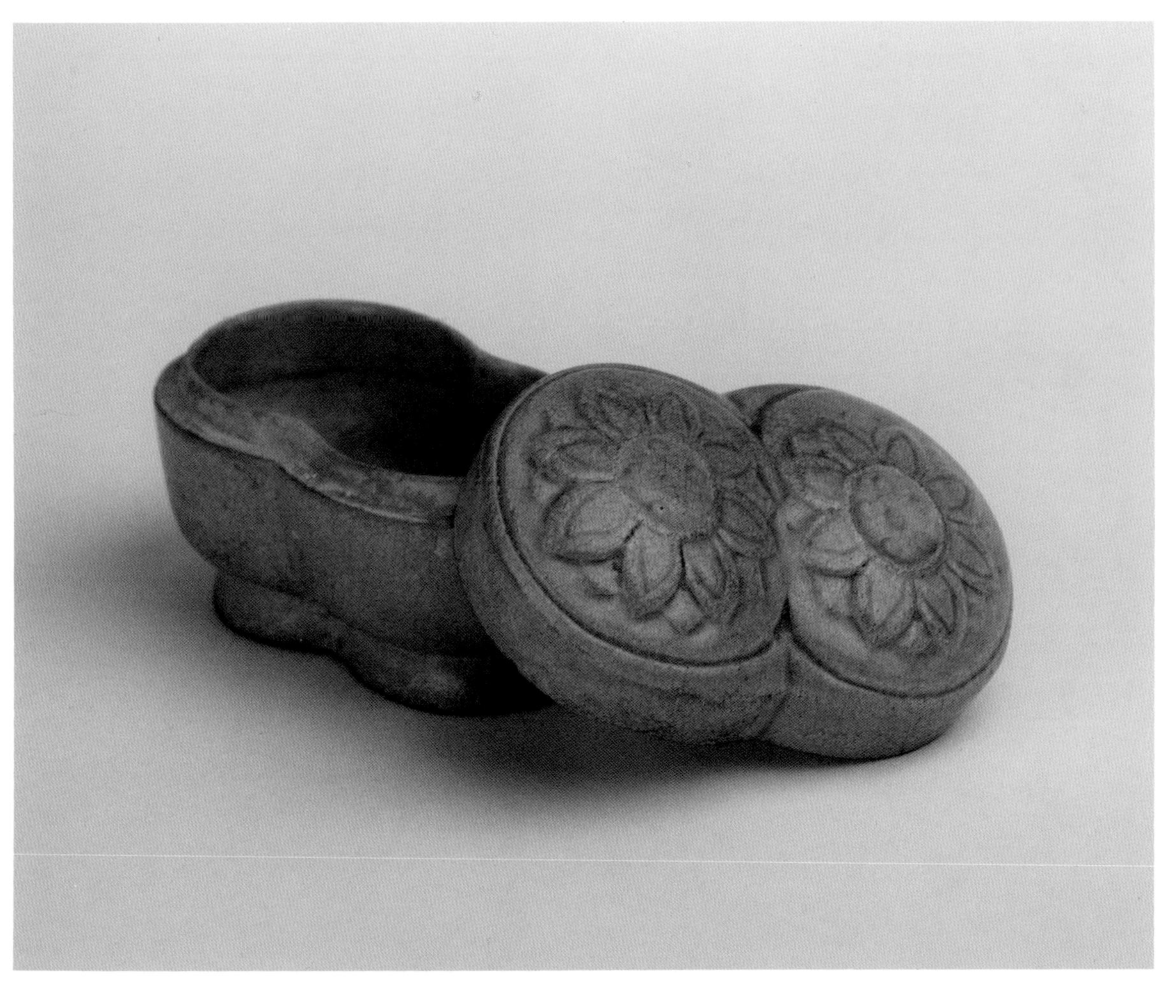

兩盒相連，圈足，帶蓋，蓋扣合其上。盒面印有二朵花紋。裏外施青釉，足邊無釉。

此盒為越窰產品，係作化妝盒之用。在製胎成型過程中，實際先作一橢圓形盒體，然後用工具在其兩側對稱部位輕輕一壓，即成一連體小盒。

97 **龍泉窰琮式瓶**

宋

高25.2厘米　口徑6.2厘米　足徑6厘米

清宮舊藏

**Vase in the shape of a jade Cong, Longquan ware**

Song Dynasty

Height: 25.2cm　Diameter of mouth: 6.2cm

Diameter of foot: 6cm

Qing Court collection

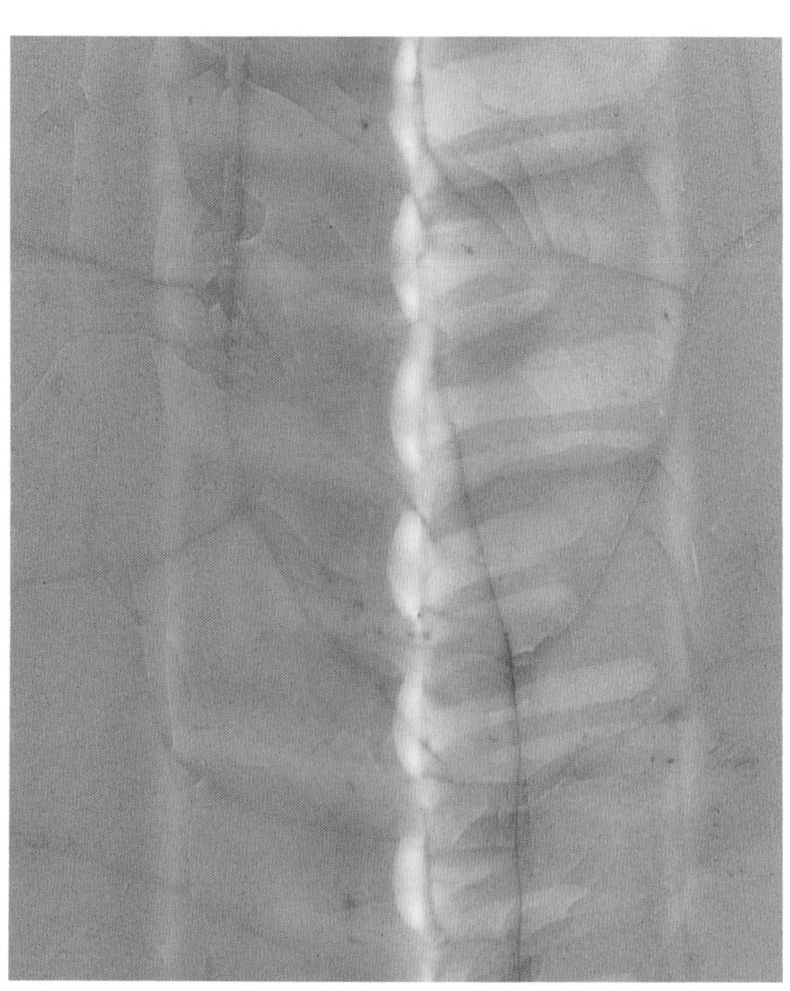

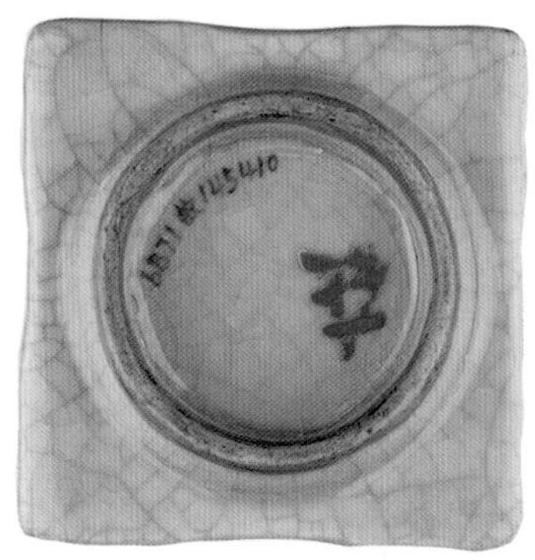

瓶口底相若，器身為琮式，方形，直腹，四面各凸起橫堅綫紋為裝飾，圈足，通體施青釉，釉色瑩潤光亮，開細碎紋片。

琮式瓶始出現於南宋，宋代盛行仿古之風，這種瓶式係仿照周代玉琮外型並加以變化而成。明代石灣窰多產此類瓶，清代景德鎮也有燒造，但仍以宋代龍泉窰製品為最佳。

龍泉窰在今浙江省龍泉縣境內。因宮廷的需求和海外市場的依託，終於發展為一個窰場林立的龐大窰系。它以卓越的藝術成就，取代了越窰的地位，成為南方重要的青瓷產區。

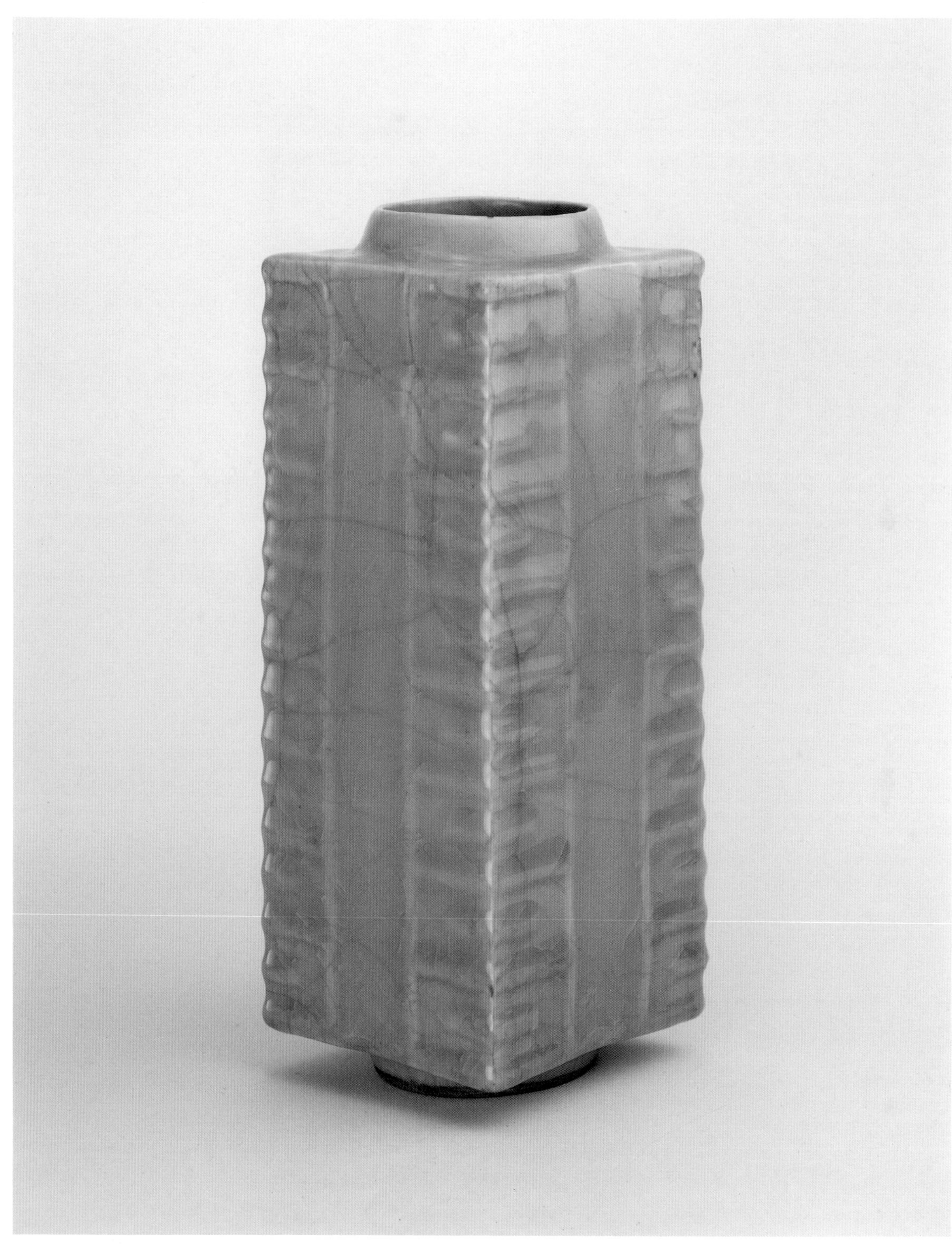

98

**龍泉窰雙鳳耳瓶**
宋
高17.5厘米
口徑5.7厘米
足徑6.3厘米
清宮舊藏

**Vase with two phoenix-shaped handles, Longquan ware**
Song Dynasty
Height: 17.5cm
Diameter of mouth: 5.7cm
Diameter of foot: 6.3cm
Qing Court collection

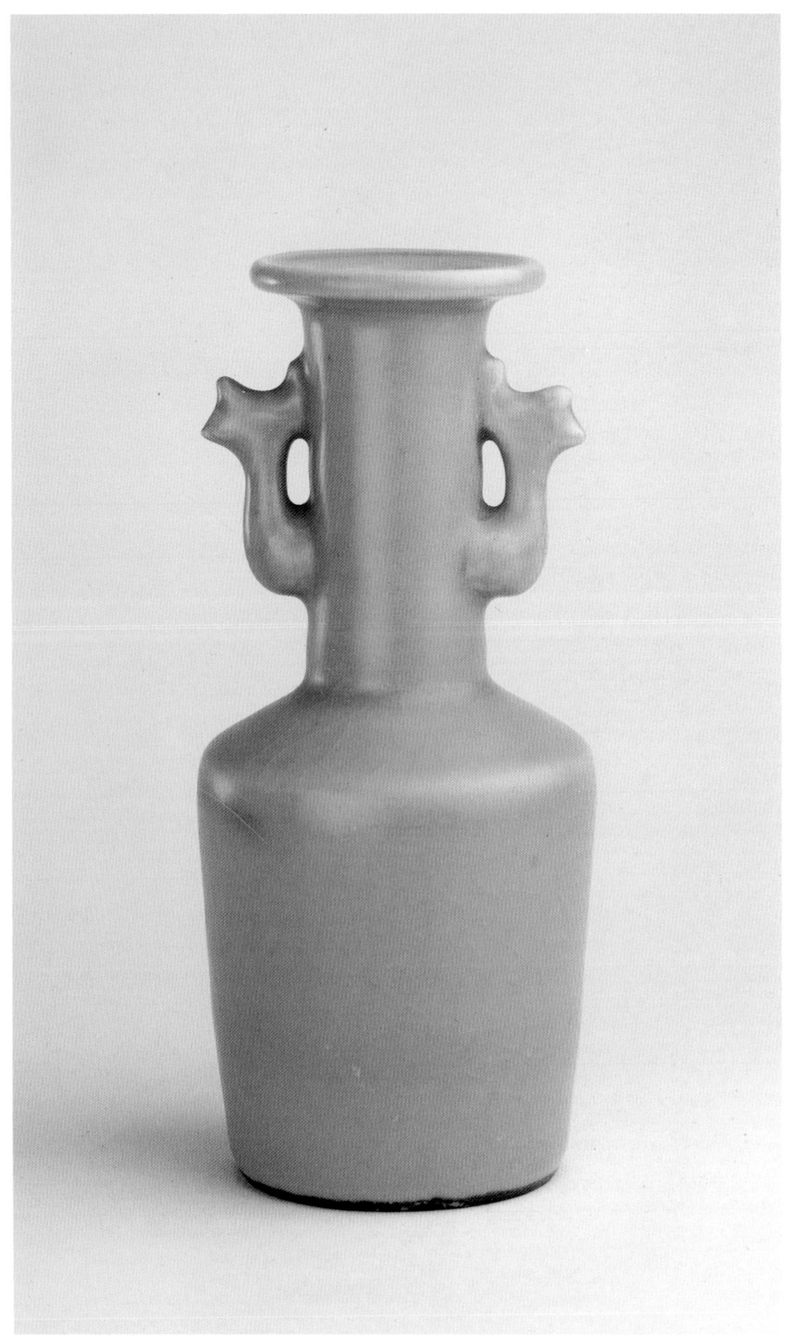

瓶平口，細長頸，折肩，頸部兩側各凸起一鳳形耳，瓶身為直筒形，圈足，足部露胎。釉色為瑩潤明亮的梅子青色，通體開碎紋片。

雙耳瓶是在頸部兩側附貼雙耳，創燒於隋代，宋代南北瓷窰普遍燒製。有貫耳、環耳、戟耳、獸耳等多種式樣。鳳耳瓶、魚耳瓶是龍泉窰特有的作品，流行於南宋。這種瓶可用以盛水或插花，亦可作為陳設用瓷。傳世或出土器甚多。

99

**龍泉窰穿帶瓶**
宋
高22.1厘米
口徑6厘米
足徑9.7厘米

**Vase with two tape holes, Longquan ware**
Song Dynasty
Height: 22.1cm
Diameter of mouth: 6cm
Diameter of foot: 9.7cm

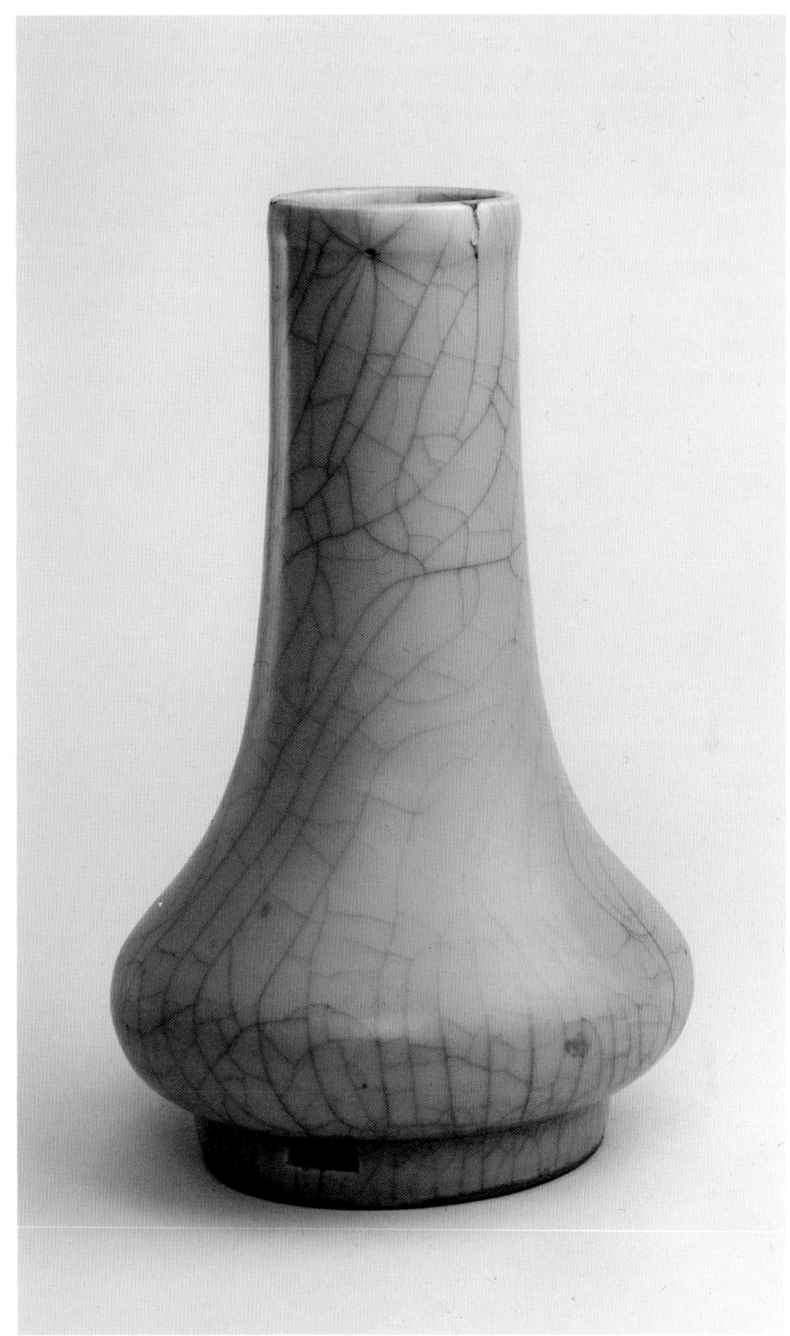

瓶直口，長頸，腹部扁圓，圈足上寬下窄，足邊兩側有長方形對稱兩孔，可以穿帶繫用。通體施青釉，開有細密如網狀片紋。此器造型古樸，釉質晶瑩溫潤，勝似碧玉，是龍泉窰的精細之作。

100

**龍泉窰盤口瓶**
宋
高17厘米
口徑6.7厘米
足徑7.6厘米
清宮舊藏

**Vase with a dish-shaped mouth, Longquan ware**
Song Dynasty
Height: 17cm
Diameter of mouth: 6.7cm
Diameter of foot: 7.6cm
Qing Court collection

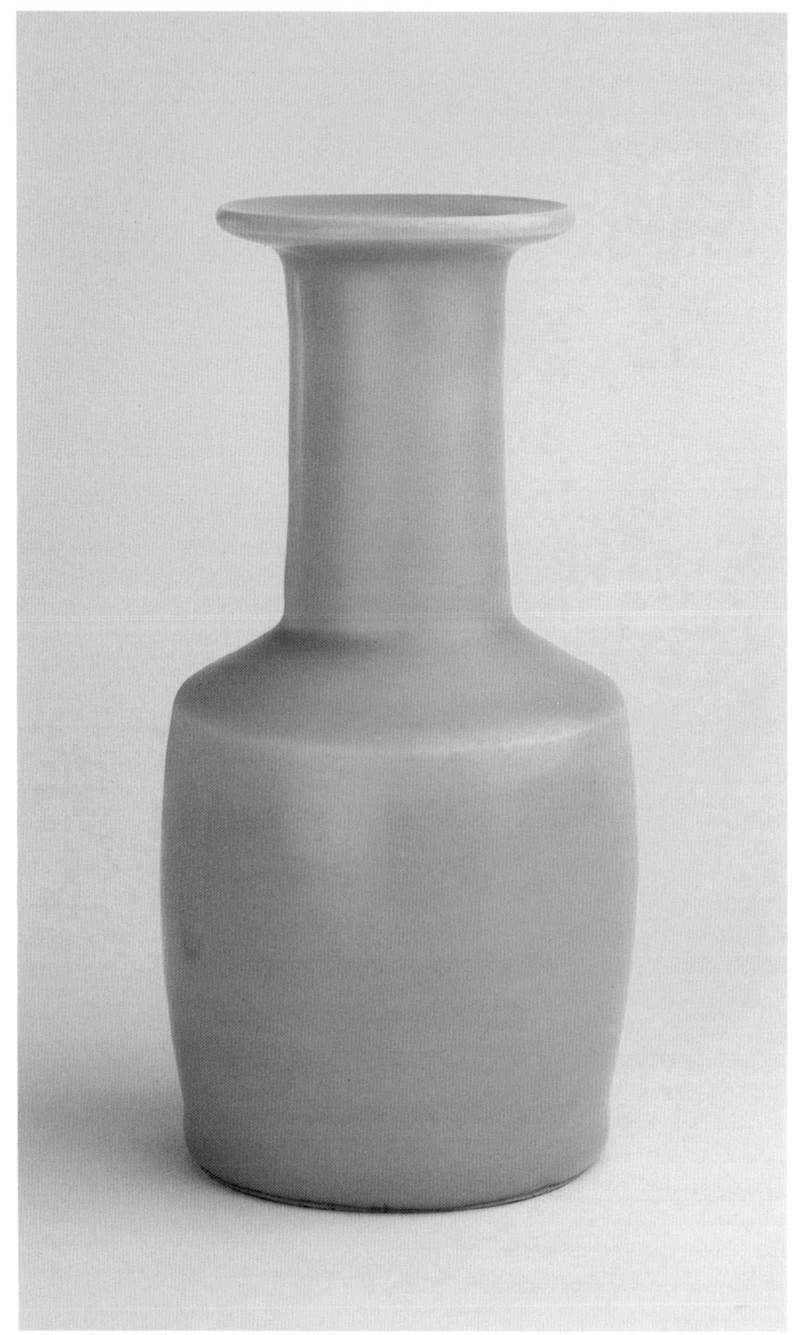

瓶盤口，細長頸，溜肩，圓腹，圈足，裏、外及足內滿釉，底邊垂釉，凸棱處釉薄，露胎白色，足邊無釉。此瓶器型精美，釉色純淨，頗具藝術魅力。

101

## 龍泉窰貫耳八方瓶

宋
高13厘米
口徑3.6×5.3厘米
足徑4.3×5.3厘米
清宮舊藏

**Octagonal vase with pierced handles, Longquan ware**
Song Dynasty
Height: 13cm
Diameter of mouth: 3.6×5.3cm
Diameter of foot: 4.3×5.3cm
Qing Court collection

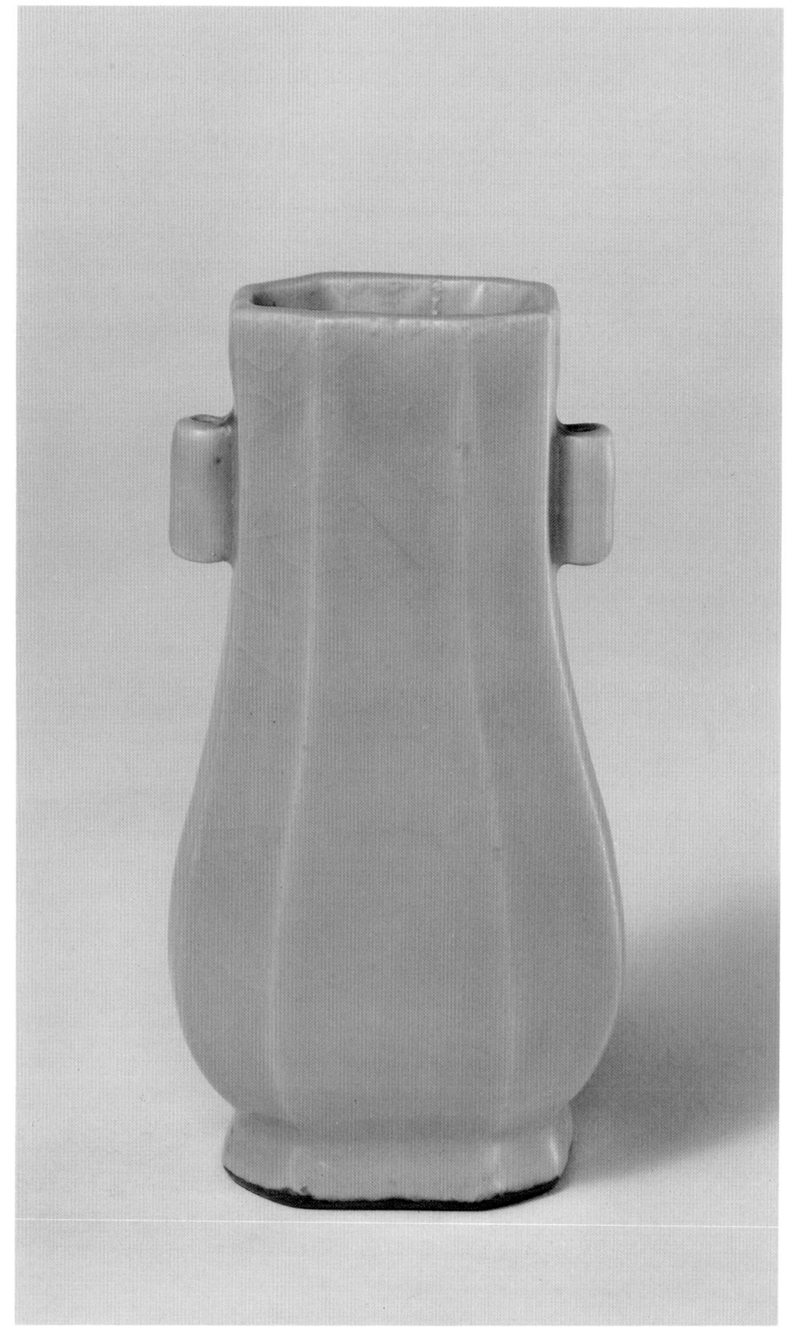

瓶敞口，自口沿處到底圈足統作八方扁形，下腹部豐滿，圈足外撇，頸部兩側貼有兩個對稱筒形耳。釉質厚潤光潔，開稀疏大片紋。棱角處釉薄，微露胎色。

此瓶係仿商周時古青銅器觶的造型燒製而成，古樸，莊重。

102

**龍泉窰雙耳大瓶**
宋
高31.5厘米　口徑10厘米
足徑11.7厘米
清宮舊藏

**Large two-handled vase, Longquan ware**
Song Dynasty
Height: 31.5cm
Diameter of mouth: 10cm
Diameter of foot: 11.7cm
Qing Court collection

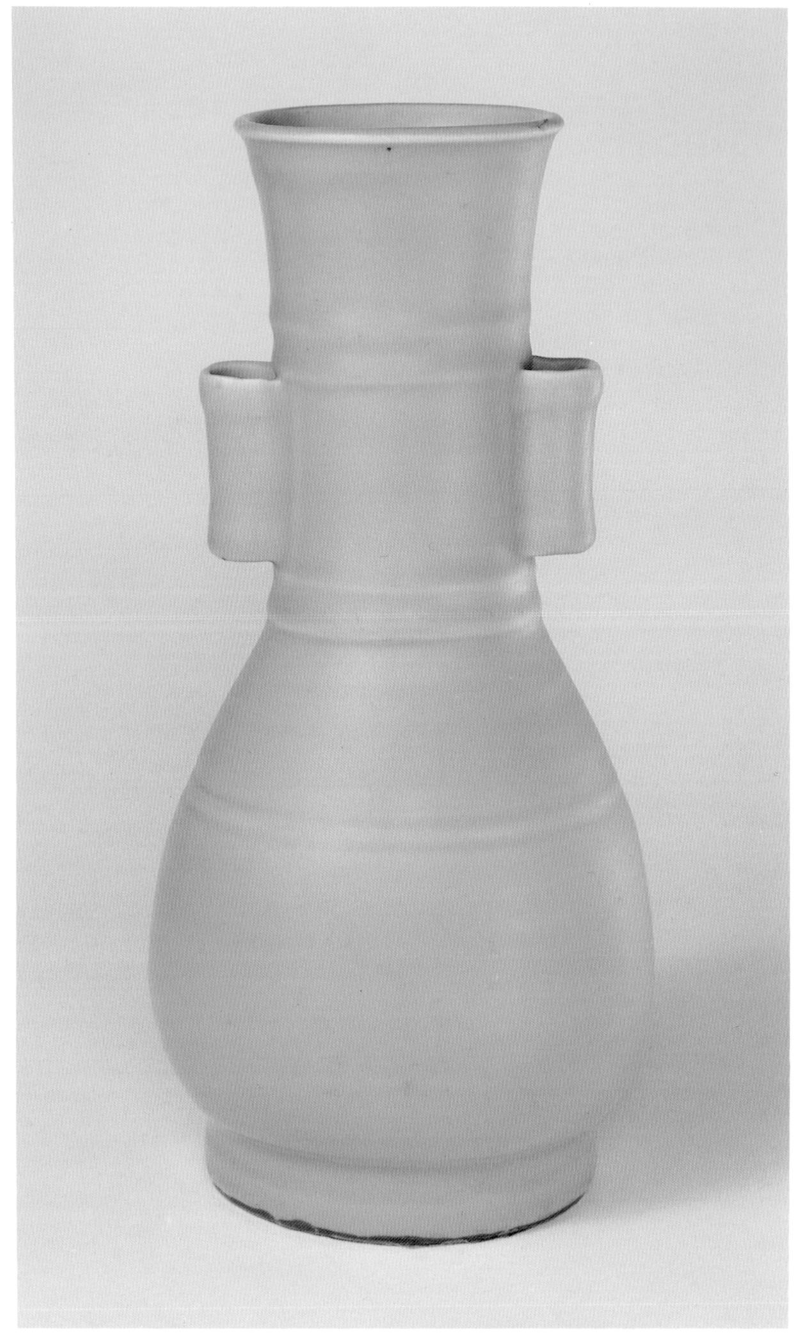

瓶口微撇，長頸，圓腹，圈足，瓶裏外滿釉，底釉凹凸不平，頸部凸起弦紋四道，兩側各凸起一耳，彼此對稱，腹部凹進弦紋兩道。器型碩大，造型古樸莊重，釉色瑩潤光潔，這種雙耳瓶是龍泉窰中的名貴作品。

龍泉青瓷的成就，與製瓷匠師掌握先進的燒造工藝是分不開的。使用石灰鹼釉替代石灰釉，其特點是高溫黏度比較大，在高溫下不易流釉，在同樣溫度下燒成，則釉面光澤柔和，沒有刺眼的浮光。同時，增加了釉層厚度，一般厚度在0.5至1毫米，梅子青釉厚達1.5毫米以上。釉層厚而不流，使青瓷具有渾厚飽滿的藝術美。

103

**龍泉窰七弦瓶**
宋
高31厘米
口徑10.4厘米
足徑11.3厘米

**Vase with design of seven bow-strings in relief, Longquan ware**
Song Dynasty
Height: 31cm
Diameter of mouth: 10.4cm
Diameter of foot: 11.3cm

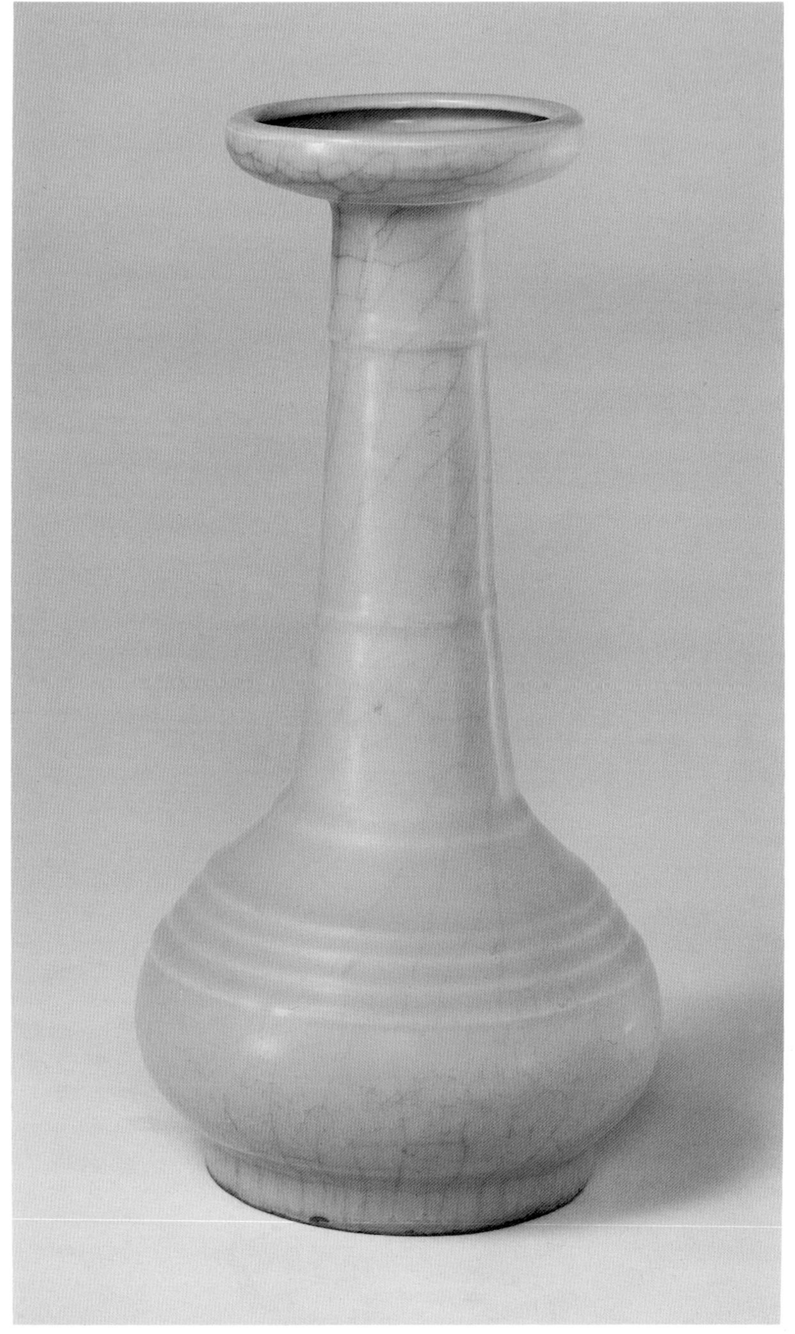

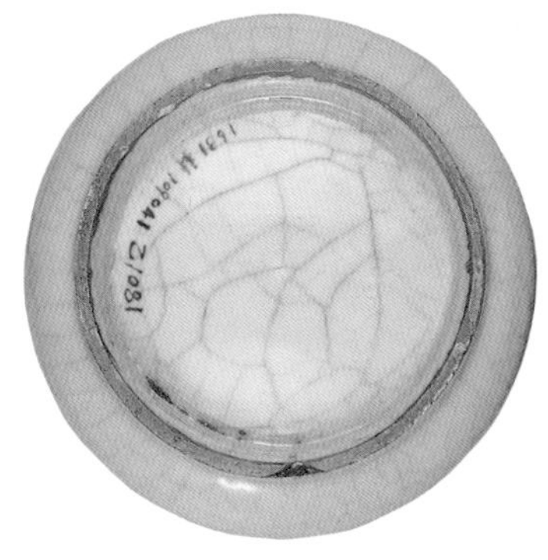

瓶盤口，細長頸，溜肩，扁圓腹，圈足。有凸起弦紋七道。通體施粉青色釉，釉色柔和淡雅，溫潤如玉，釉面開金絲片紋。此器瓶身修長，造型古樸，美觀大方，是龍泉窰瓷器中的精品。

104

**龍泉窰凸雕蓋瓶**
宋
通高22.5厘米
口徑8.8厘米
足徑8.9厘米

**Coverd vase with decoration in relief, Longquan ware**
Song Dynasty
Overall height: 22.5cm
Diameter of mouth: 8.8cm
Diameter of foot: 8.9cm

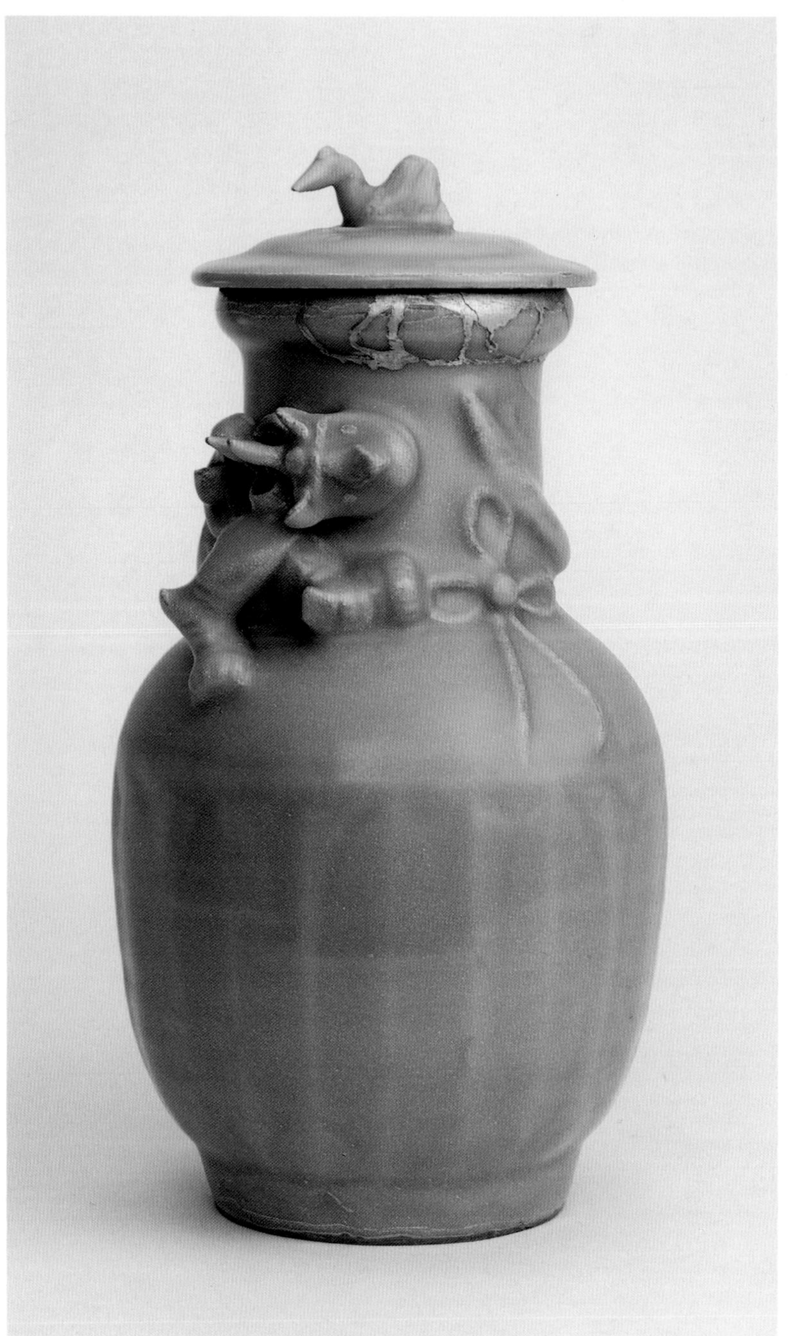

瓶盤口，帶蓋，蓋鈕為一卧鵝，形象生動。肩部豐滿，肩以下漸收至底，頸部凸雕蟠螭一條，栩栩如生。腹部凸起蓮瓣一周，圈足。通體釉層較厚，釉色粉青，口沿及足端無釉。胎體厚重。

蟠龍瓶是宋代陪葬器皿之一種，在瓶的頸肩處堆塑一條蟠曲舞動的龍。大多有蓋，蓋頂上飾虎、狗、鳳、雞、鳥等禽獸形鈕，以虎鈕居多，又稱“龍虎瓶”。瓶體有筒式、多級塔式等。龍泉窰此類品極多。

105

**龍泉窰凸雕蓋瓶**
宋
通高22厘米
口徑8.5厘米
足徑9.8厘米
清宮舊藏

**Covered vase with decoration in relief, Longquan ware**
Song Dynasty
Overall height: 22cm
Diameter of mouth: 8.5cm
Diameter of foot: 9.8cm
Qing Court collection

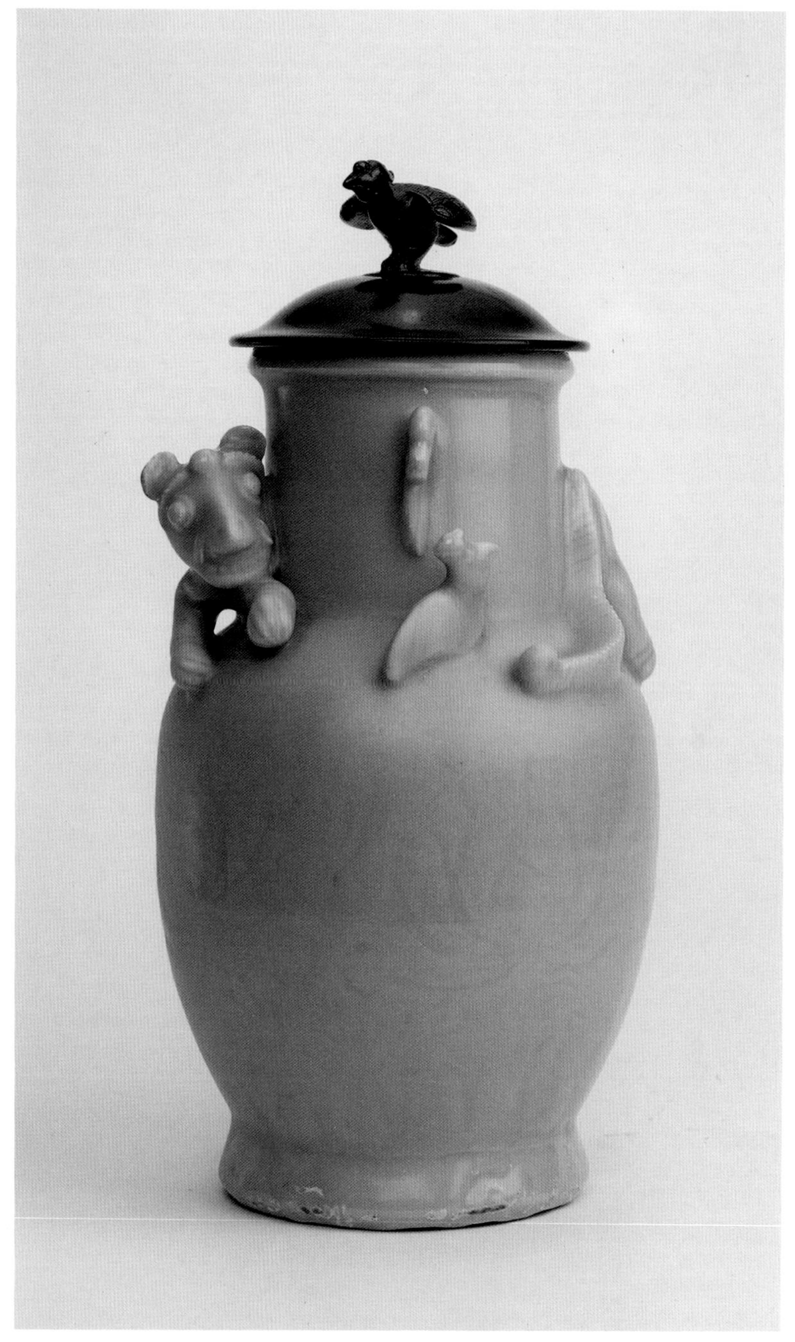

瓶直口微斂，短頸豐肩，肩以下漸收至底，圈足，沙底。肩部凸雕虎、雞及朵雲裝飾，腹部刻劃纏枝蓮花四朵，近底處刻劃蓮瓣紋一周，共計有十六朵之多。通體施粉青釉，釉面光澤。

106

## 龍泉窰五孔蓋瓶

宋

通高30厘米　口徑7.2厘米　足徑9.5厘米

**Covered vase with five spouts, Longquan ware**

Song Dynasty

Overall height: 30cm　Diameter of mouth: 7.2cm

Diameter of foot: 9.5cm

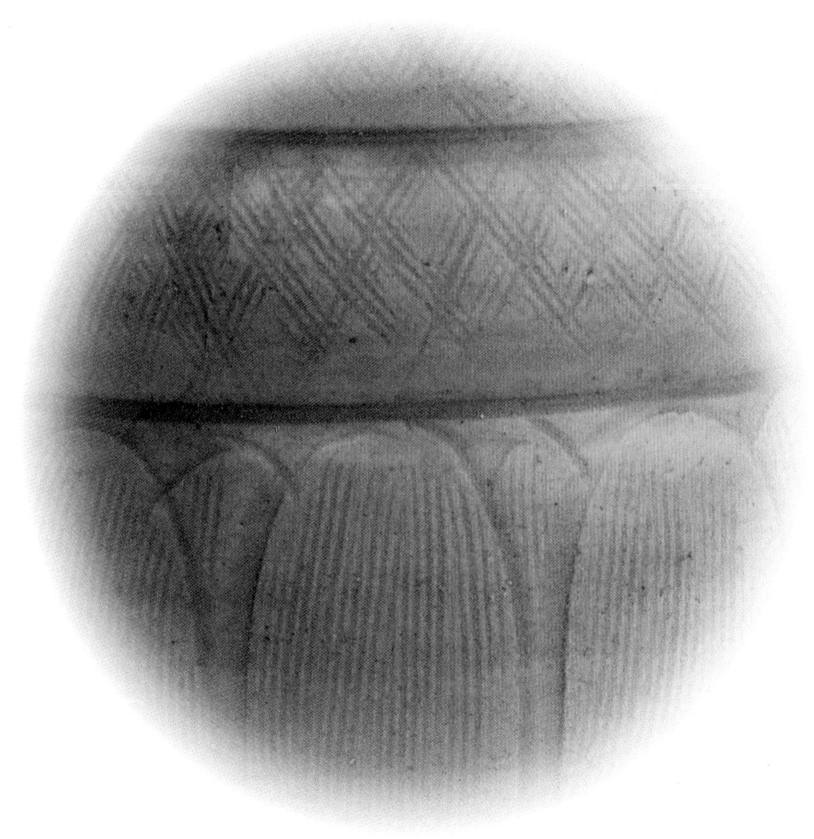

瓶直口，器身為多級塔式，圈足，肩部直立五孔。通體裝飾五層紋飾：最上部飾下覆蓮瓣紋，最下部是上仰蓮瓣紋，花瓣較大，間帶複綫，第二層紋飾是如意雲頭紋，中間二層為網格紋。蓋鈕為花瓣形，蓋面刻綫紋，蓋出沿。此瓶主要採用刻劃、貼塑手法，裝飾華美，瓶蓋設計頗為講究，別出心裁。紋飾雖繁複卻層次分明。

五孔瓶為宋代流行的瓶式之一，南北方均有燒製，以南方燒造較多。通常肩部設五管，亦有四管、六管者，管多與器身不通。有的瓶體為多級塔式，意喻五穀豐登，多用於陪葬。瓶高多在20－30厘米，個別有高達40厘米以上者。

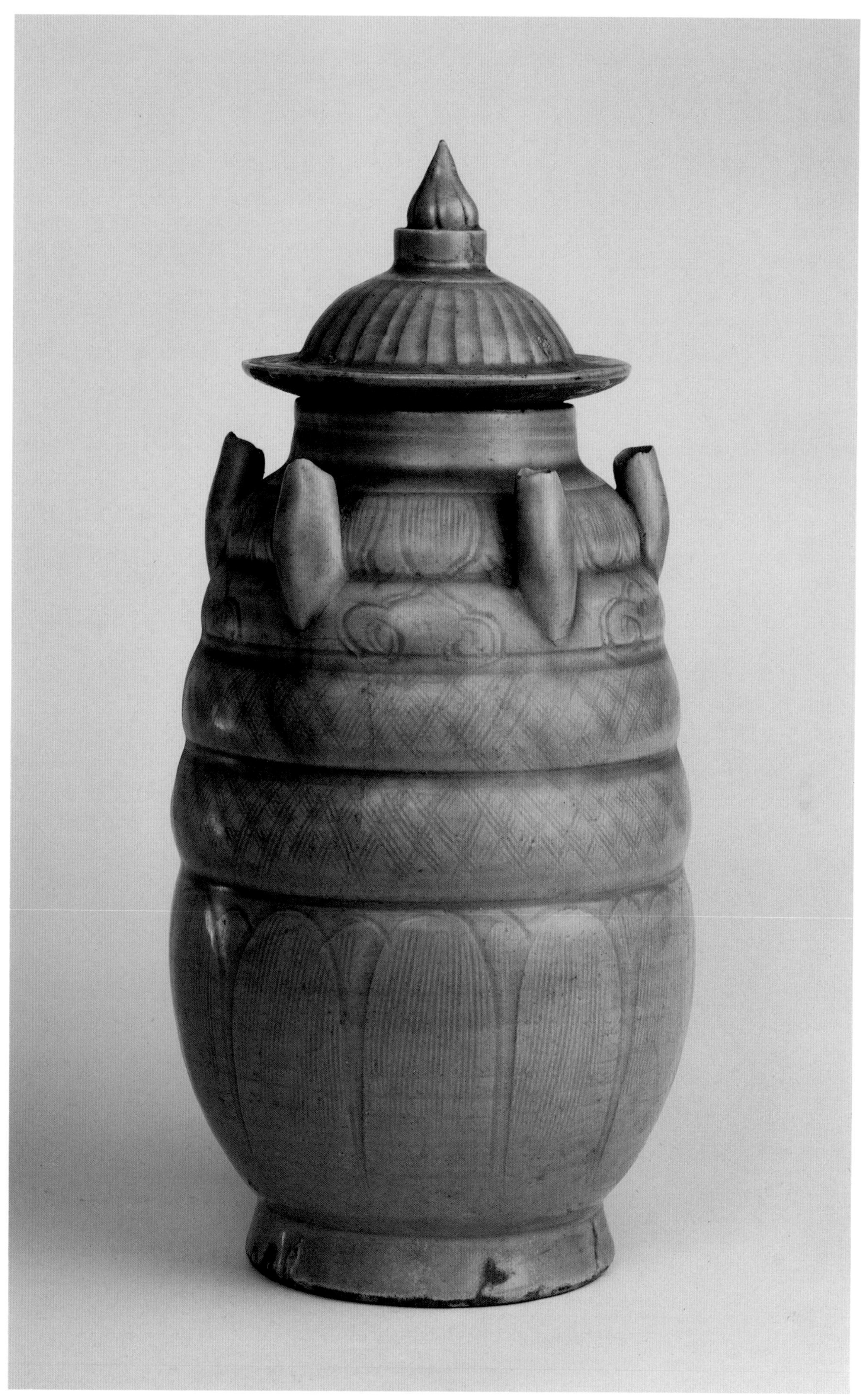

107

**龍泉窰五孔瓶**

宋
高25.5厘米
口徑7.5厘米
足徑9.5厘米

**Vase with five spouts, Longquan ware**

Song Dynasty
Height: 25.5cm
Diameter of mouth: 7.5cm
Diameter of foot: 9.5cm

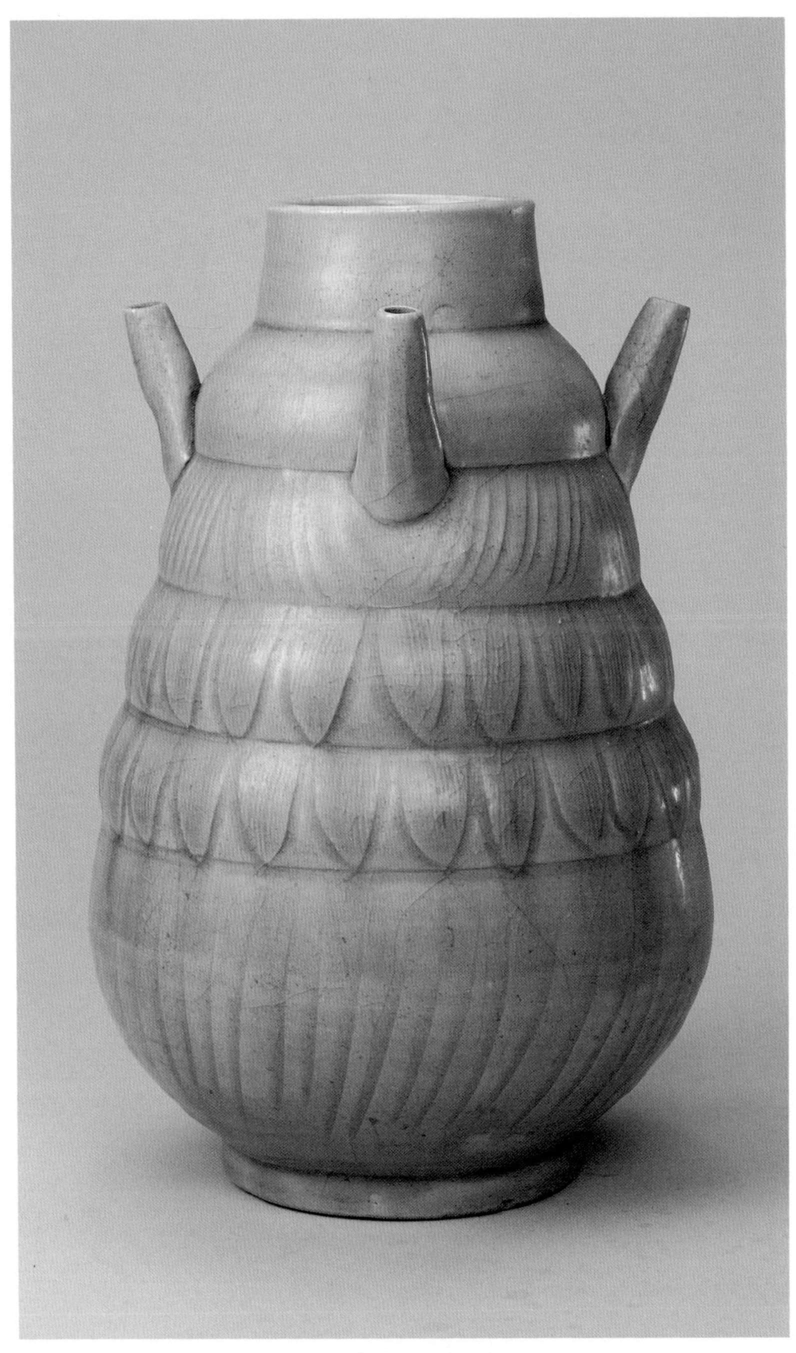

瓶直口，器身較高，腹下部豐滿，肩部斜插四孔。淡青色釉，微閃灰，釉面明澈溫潤，蒼翠如玉。上下共有四層紋飾：最上層斜綫紋，最下層也劃刻較長的斜綫紋飾，腹部飾二層間錯排列的覆垂蓮瓣紋，以深而寬的斜向刀法刻出，渾圓肥厚，每瓣起筋，更增添了花朵的立體感。宋瓷上的蓮瓣紋飾形式較多，有圓頭、尖頭、單鈎錢或雙鈎綫等。

108

# 龍泉窰五孔蓋瓶

宋
通高27厘米
口徑5厘米
足徑7.5厘米

**Covered vase with five spouts, Longquan ware**

Song Dynasty
Overall height: 27cm
Diameter of mouth: 5cm
Diameter of foot: 7.5cm

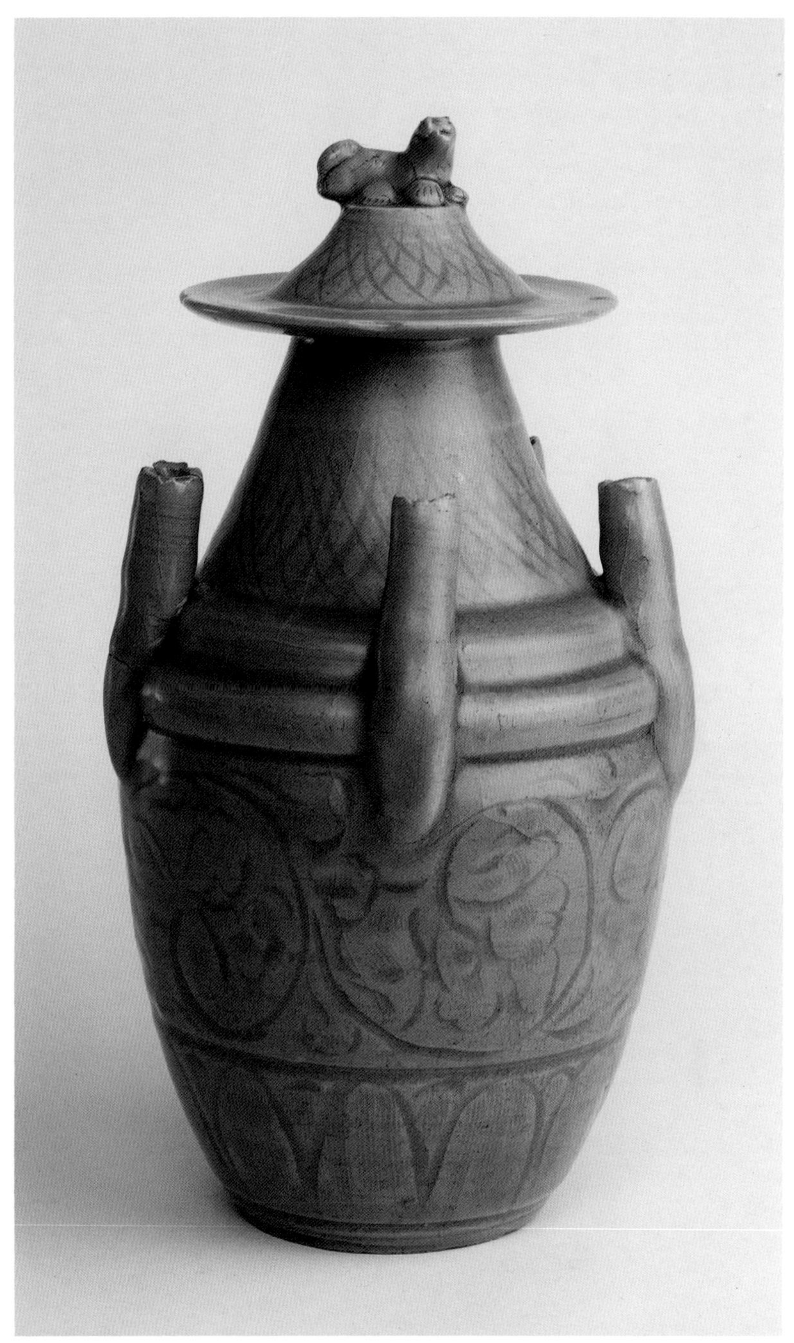

瓶小口，頸自上向下漸廣，二層台式肩，肩部貼附五個管，通稱五管瓶或五孔瓶。附草帽式蓋，蓋頂卧一小獸。青黃色釉，蓋、頸部及腹部裝飾花紋。蓋、頸部劃網格狀紋，腹部為纏枝花，足部劃刻上仰的蓮瓣紋，蓮瓣內間篦劃紋。

109

## 龍泉窰五孔蓋瓶

宋
通高22厘米
口徑8.6厘米
足徑9厘米

**Covered vase with five spouts, Longquan ware**

Song Dynasty
Overall height: 22cm
Diameter of mouth: 8.6cm
Diameter of foot: 9cm

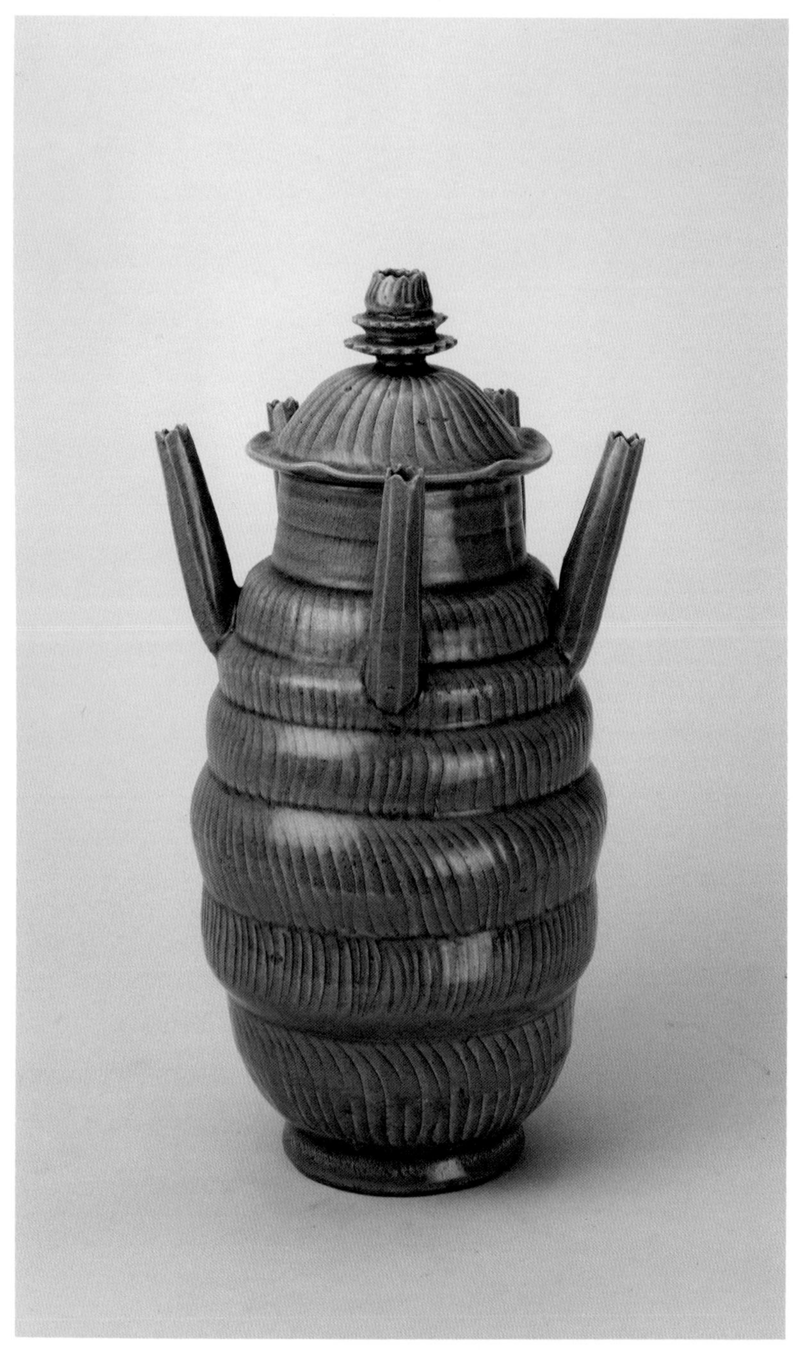

瓶六節橫瓜棱形，直口，圈足外撇，瓶身滿刻直綫紋飾，層次感強。在瓶身第二節處，凸起五個多楞長嘴，均為花口。瓶蓋為荷葉形，蓋面也刻直綫紋飾，與器身綫紋相協調。蓋頂有鈕，兩層葵花紋。器裏外施釉。此瓶造型美觀，五孔為飾，劃刻花紋工整細膩。

110

**龍泉窰刻劃花五孔瓶**
宋
高22厘米
口徑8.5厘米
足徑10厘米

**Vase with five spouts, decorated with incised and carved floral design, Longquan ware**
Song Dynasty
Height: 22cm
Diameter of mouth: 8.5cm
Diameter of foot: 10cm

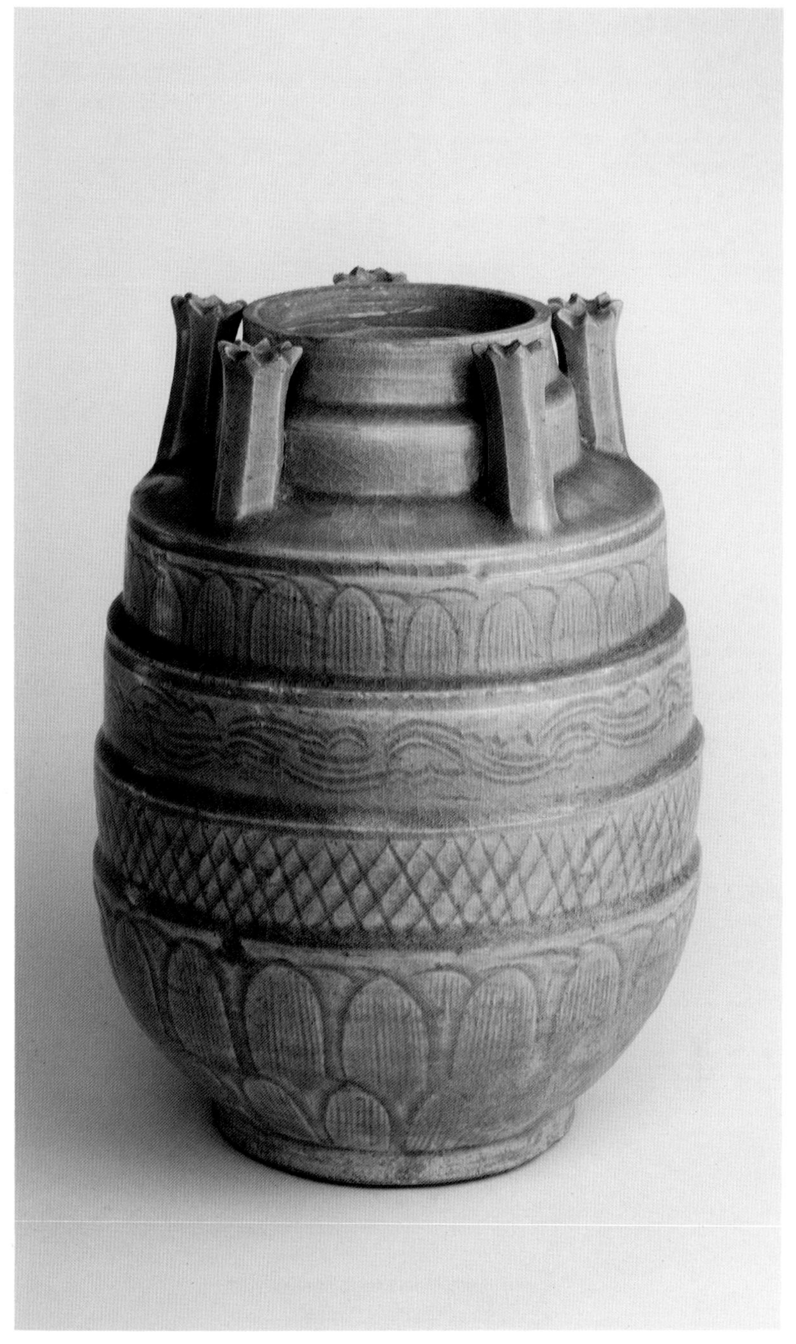

瓶直口，肩部貼有向上直立的多棱形五管，花口形，圈足外撇。器身共有四層紋飾，第一層小蓮瓣紋，第二層為具有動感的水波紋，第三層是密集的網格狀紋，第四層為上仰的蓮瓣紋。

111

## 龍泉窰刻花五孔蓋瓶

宋

通高25.3厘米　口徑8厘米　足徑8.8厘米

**Covered vase with five spouts and incised floral design, Longquan ware**

Song Dynasty

Overall height: 25.3cm　Diameter of mouth: 8cm

Diameter of foot: 8.8cm

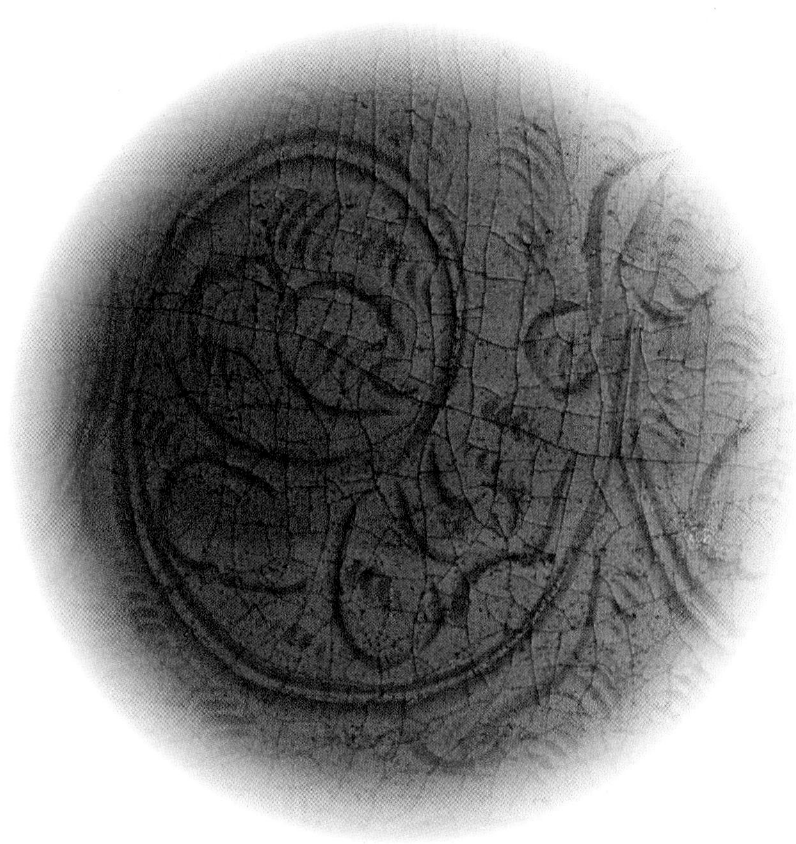

瓶直口，肩部有直立的五管，管的形狀像壺嘴，並裝飾有三層斜綫紋。器身刻有勾蓮紋一周，近底處有上仰蓮瓣紋為飾，間有篦劃紋。圈足較為規整，稍向外撇。瓶蓋鈕為山羊形，蓋面刻蓮瓣紋，釉色青中泛黃，較為光潔。

此瓶腹部裝飾的覆垂蓮瓣紋，以用力的刀法刻出，渾圓肥厚，頗具花朵的立體感。

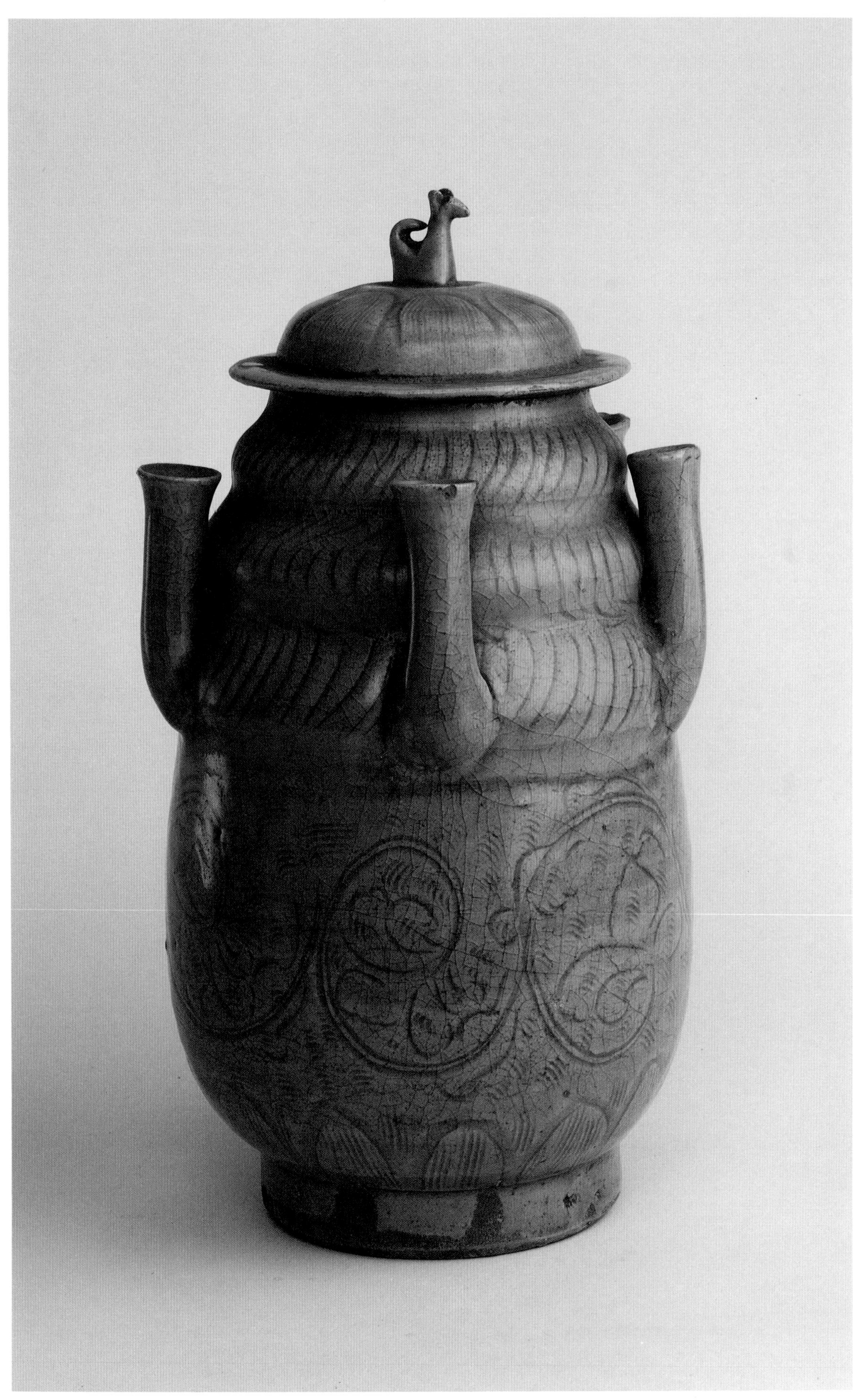

112 **龍泉窰五孔蓋瓶**
宋
通高24厘米
口徑6.8厘米
足徑7厘米

**covered vase with five spouts, Longquan ware**
Song Dynasty
Overall height: 24cm
Diameter of mouth: 6.8cm
Diameter of foot: 7cm

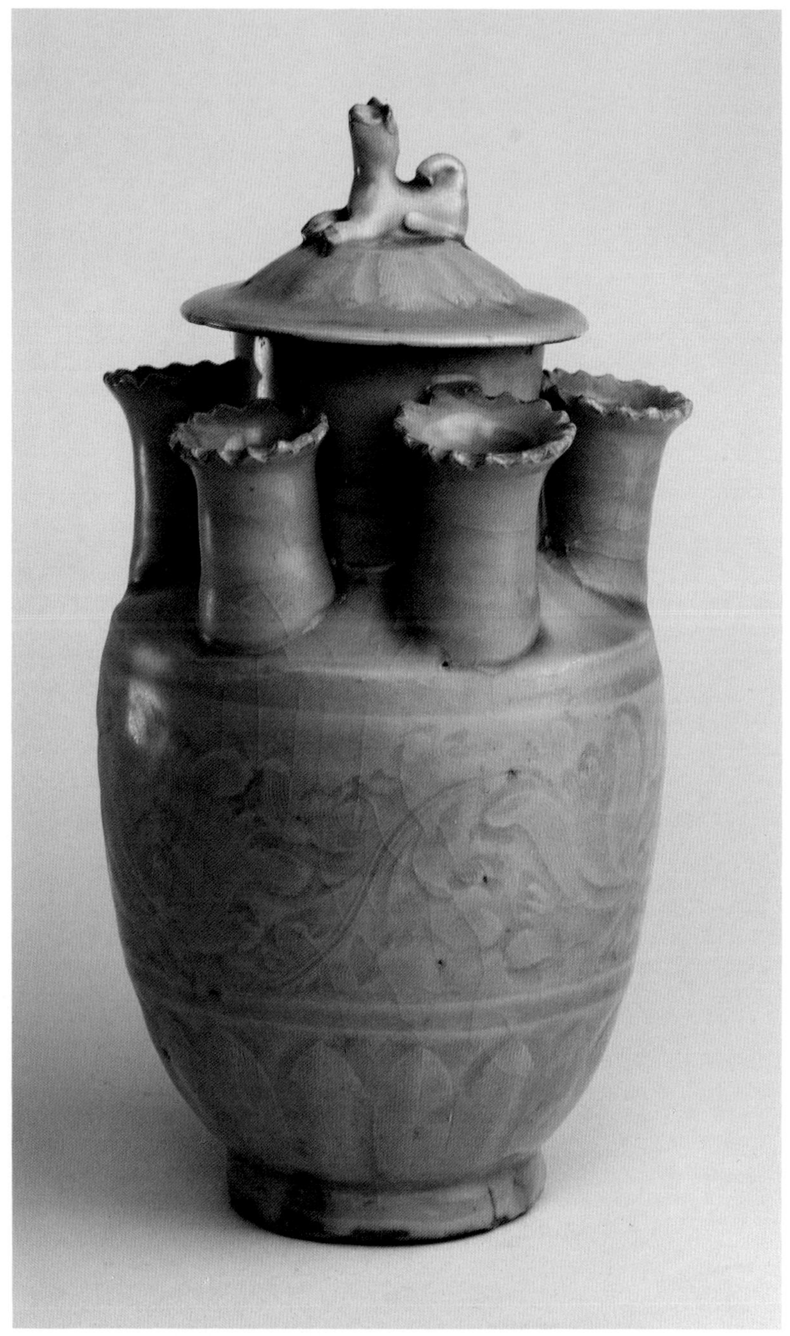

瓶直口。腹部刻纏枝牡丹紋一周，間篦劃紋，近底處為上仰的蓮瓣紋，間複綫。肩部有五孔，花口形，孔口較粗。蓋鈕狗形，蓋刻蓮瓣紋。圈足。釉色淺青。

113

**龍泉窰刻花塔式瓶**
宋
通高20.4厘米
口徑9.3厘米　足徑9.3厘米

**Pagoda-shaped vase with incised floral design, Longquan ware**
Song Dynasty
Overall height: 20.4cm
Diameter of mouth: 9.3cm
Diameter of foot: 9.3cm

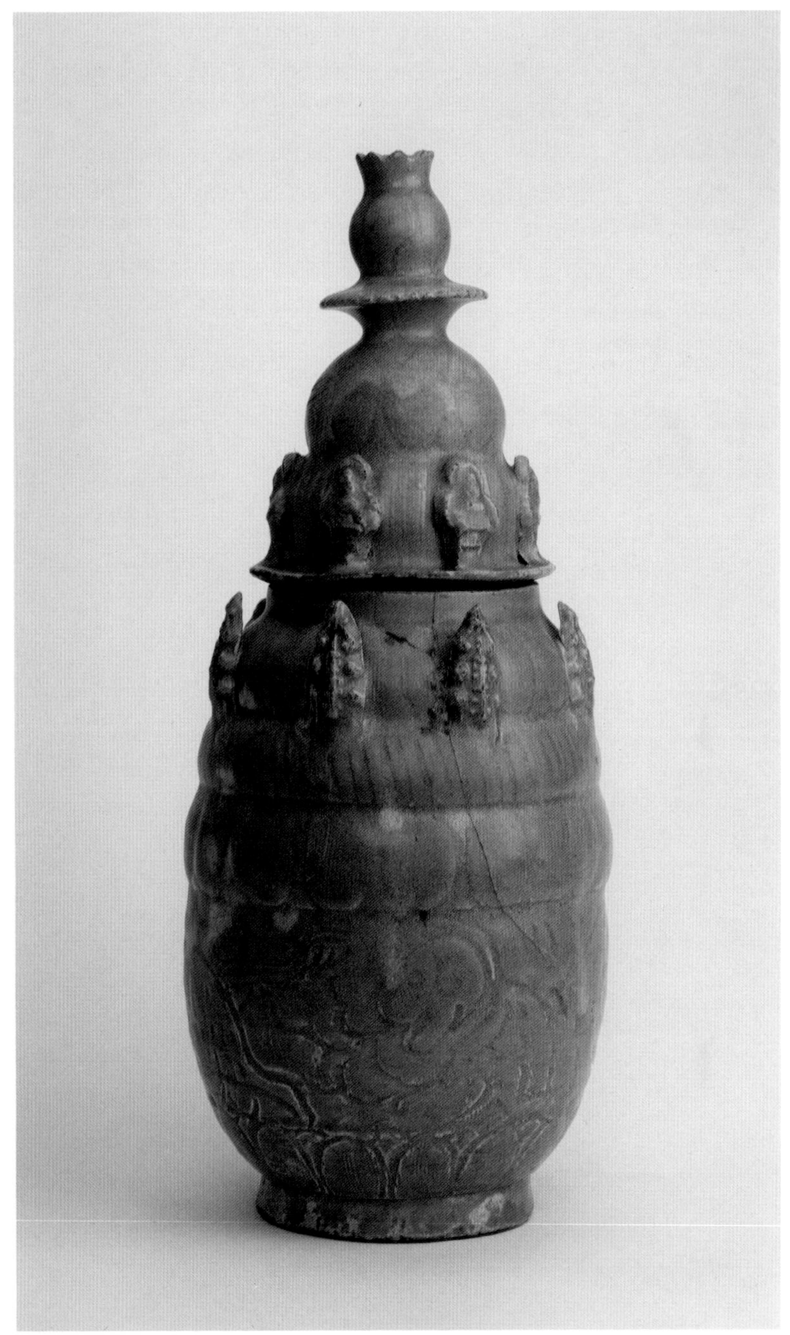

瓶為塔形，直口，圈足，沙底。器身有五層裝飾，第一、三層各刻蓮瓣紋一周，第二層刻堅道紋一圈，腹部則刻有獸穿花紋飾，近底處刻上仰蓮瓣紋一周。肩部堆貼七個青蛙形裝飾。瓶蓋直口，平沿，頂部蓮花形，沿上堆貼六個帶座佛像，形象小巧生動。通體青釉，有開片紋。整個器物造型古樸穩重，雕塑精美，融雕塑、刻劃等技法為一體，體現出龍泉製瓷匠師們的高超技藝。

114

## 龍泉窰弦紋蓋瓶

宋
通高38.3厘米
口徑12厘米
足徑10厘米

**Covered vase with bow-string pattern, Longquan ware**

Song Dynasty
Overall height: 38.3cm
Diameter of mouth: 12cm
Diameter of foot: 10cm

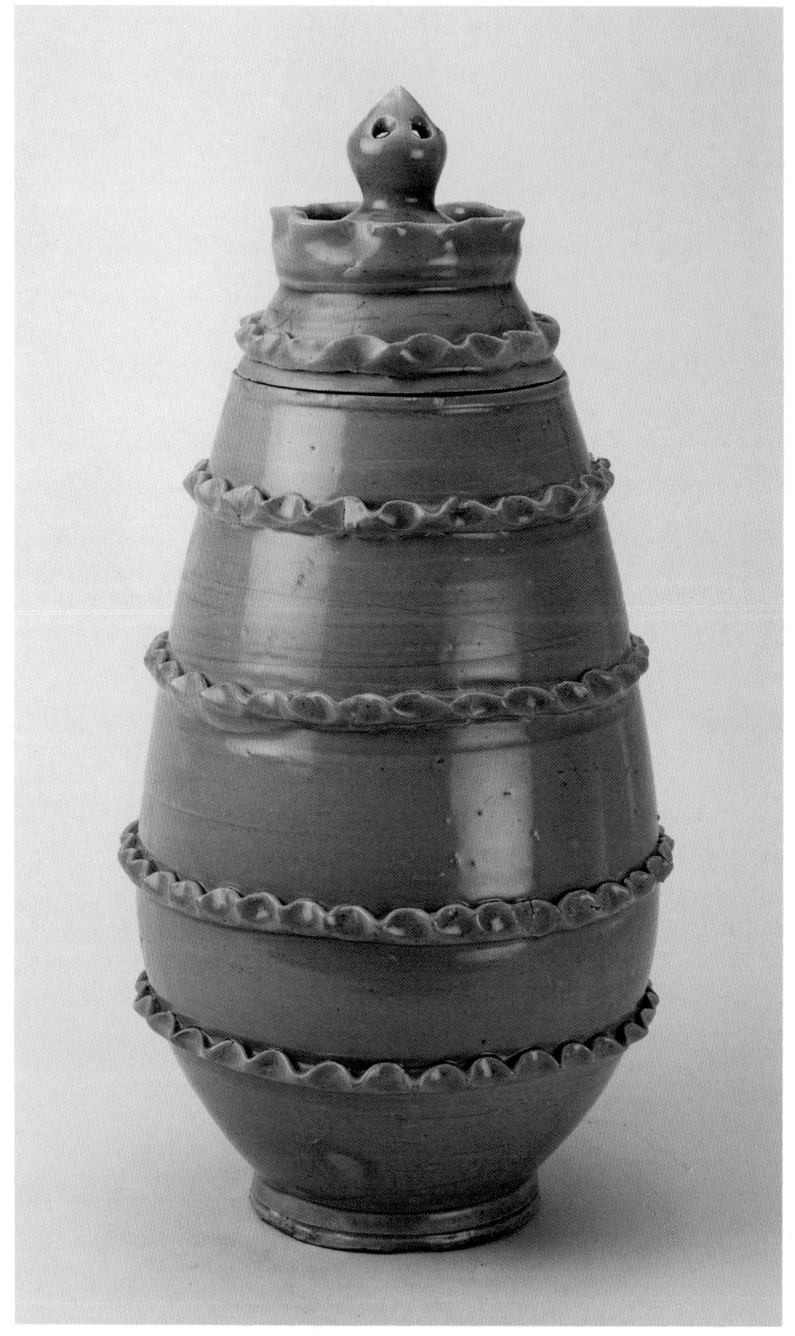

瓶立形，器身上部較小，下部較大，口微斂，圈足。瓶身上下共凸起四道波浪式繩紋，瓶蓋兩層紋飾，近口處也凸起波浪式紋一道，其上直起花邊紋一周，兩道紋飾之間劃刻“萬家二千秋”五字。蓋鈕鏤空，中央尖頂有六個小圓孔，足有八支釘痕。通體滿釉，釉色淺青。穀倉罐式器型，別致新穎，在宋代極為風行。

115 **龍泉窰刻花雙繫洗口瓶**

宋

高24.5厘米

口徑9.5厘米

足徑8.5厘米

**Vase with a washer-shaped mouth and two loops decorated with incised floral design, Longquan ware**

Song Dynasty

Height: 24.5cm

Diameter of mouth: 9.5cm

Diameter of foot: 8.5cm

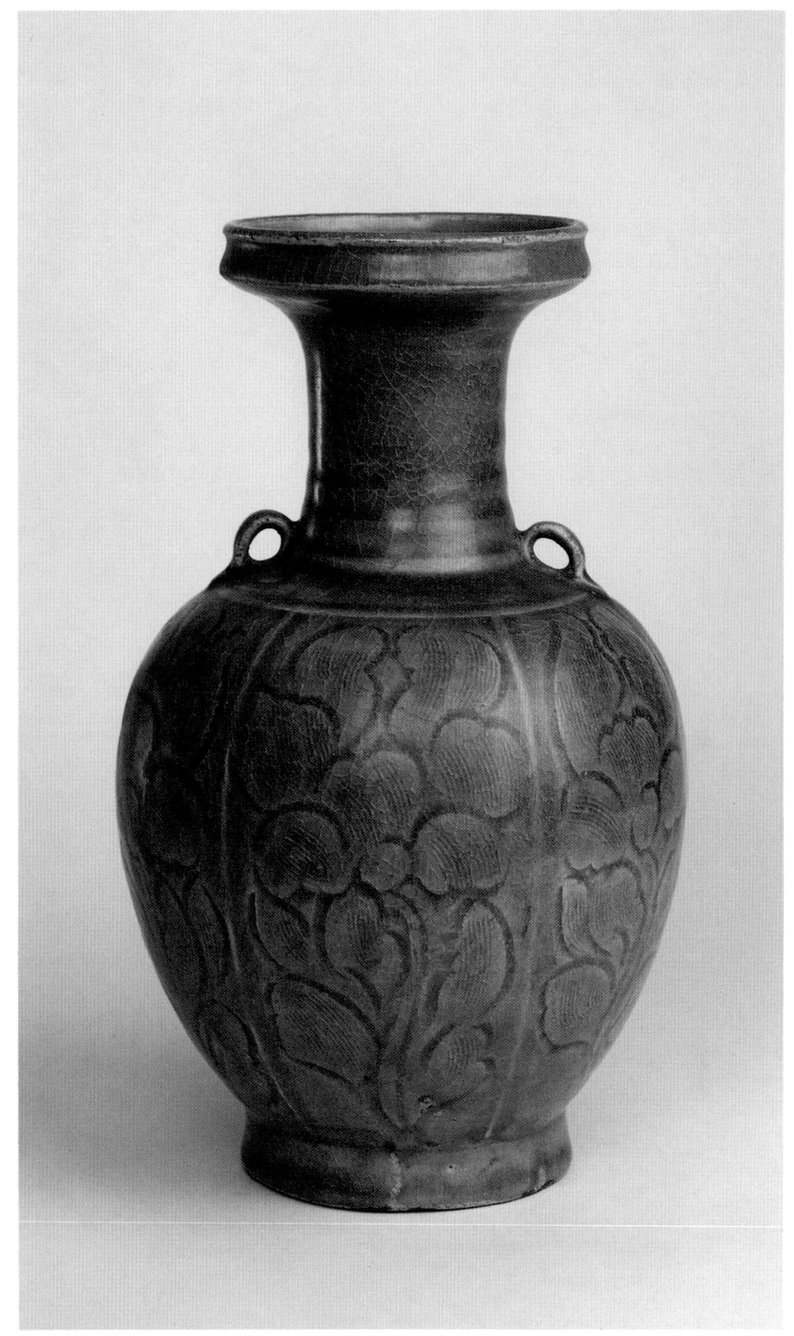

瓶洗口，造型修長，肩部帶有兩繫，頸部刻三道弦紋，瓶身刻有不同形狀的折枝牡丹花六組，每組之間用凸綫隔開，葉脈間有篦劃紋。圈足外撇，底足內無釉露胎，釉色青中閃黃。洗口瓶以瓶口似淺洗而得名，南北瓷窰都有此瓶式，以南方龍泉窰、越窰製品為多見。

116

**龍泉窰刻花蓋罐**
宋
通高15厘米
口徑3.8厘米
足徑5厘米

**Covered jar with incised floral design, Longquan ware**
Song Dynasty
Overall height: 15cm
Diameter of mouth: 3.8cm
Diameter of foot: 5cm

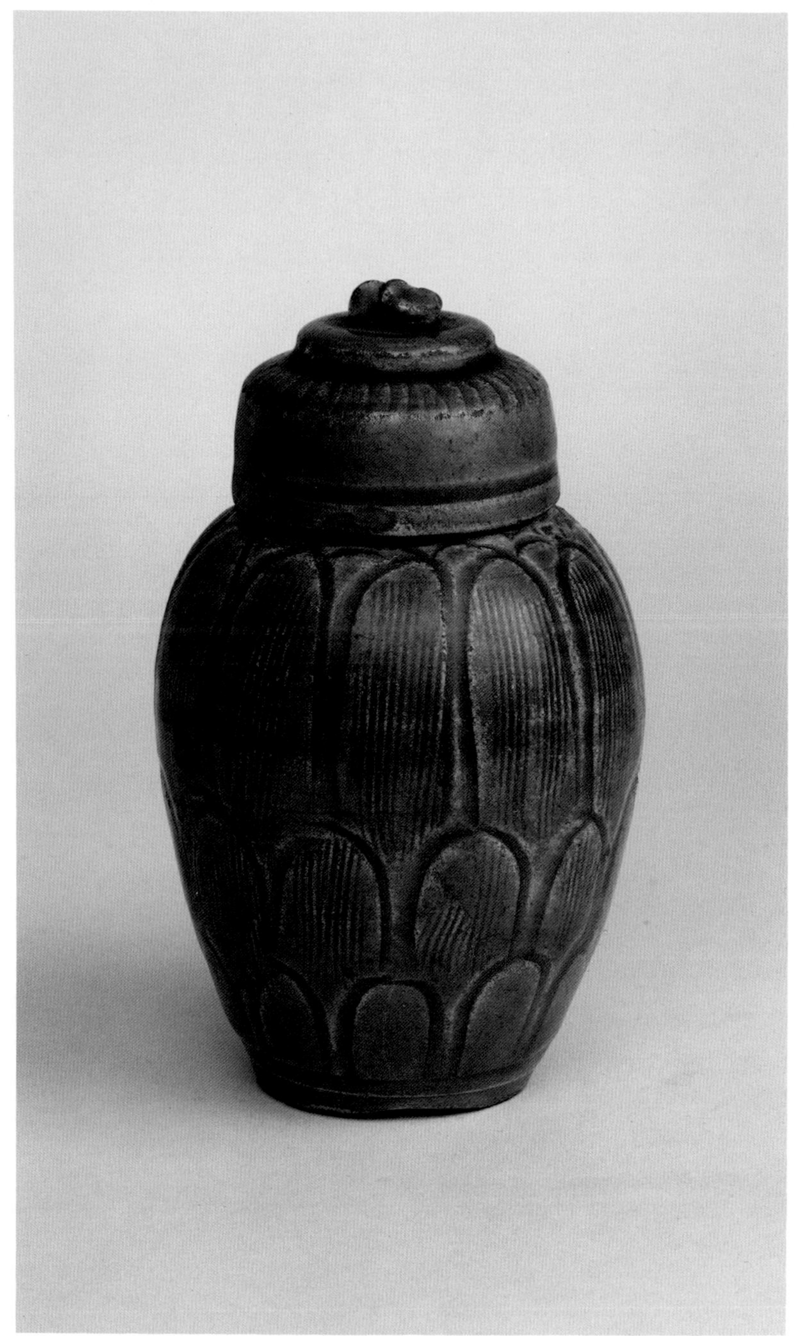

罐直口，口肩部素胎，直頸，形如蓮子，又稱蓮子罐。罐身刻上仰的蓮瓣紋，從上至下共有三層紋飾，花瓣由大向小變化，上部兩層花瓣間有篦劃紋，蓋頂有瓜蒂形鈕，蓋面刻綫紋。蓮花荷葉是龍泉窰較成功的裝飾題材，刀鋒剛勁有力，刻劃生動自然，韻味別具。

117

## 龍泉窰青釉鳥食罐

宋

高3.9－1.5厘米　口徑5.3－2.4厘米　足徑3.2－2.1厘米

**Green glazed containers for bird's food, Longquan ware**

Song Dynasty

Height: 3.9-1.5cm　Diameter of mouth: 5.3-2.4cm

Diameter of foot: 3.2-2.1cm

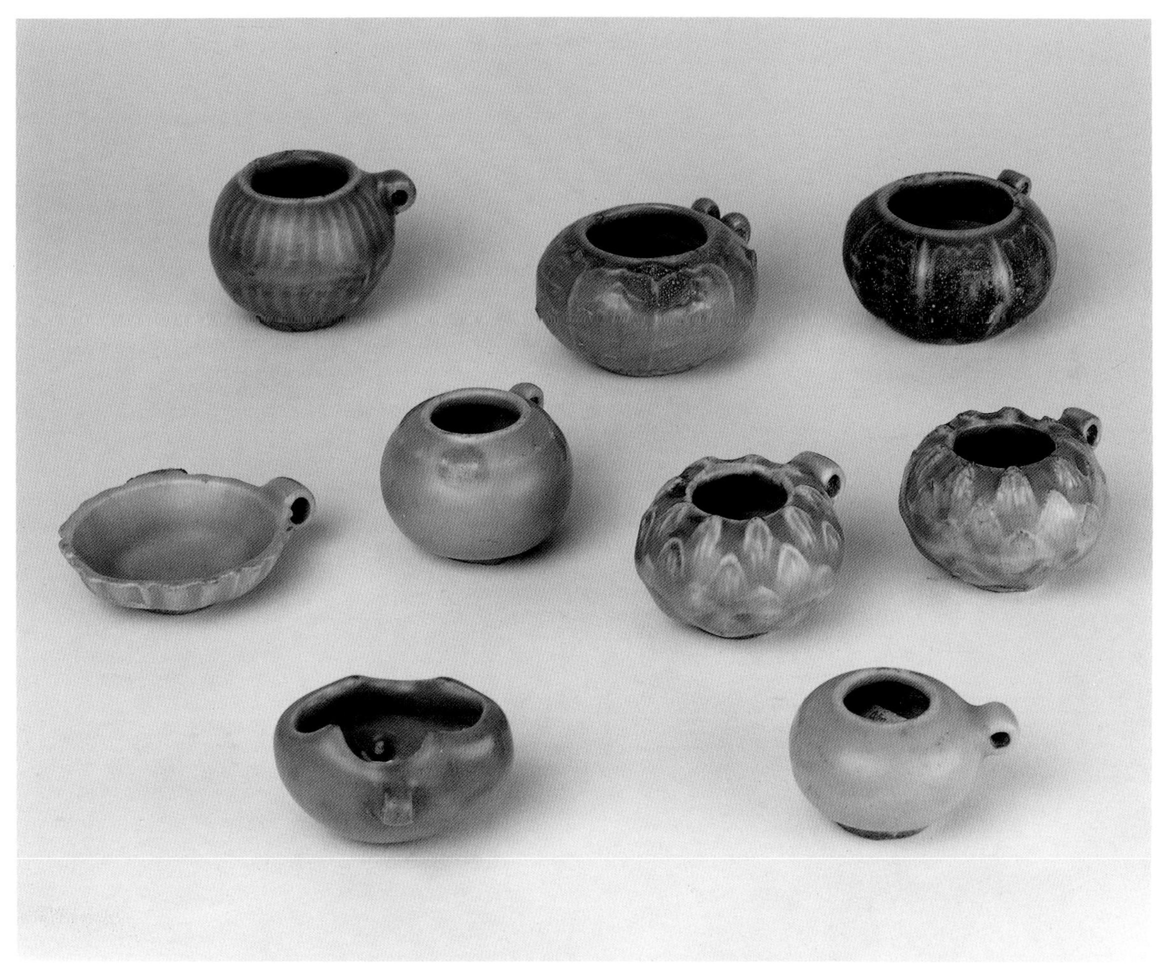

鳥食罐是用來餵鳥的器具。漢代始就有燒造。宋代龍泉窰也曾生產過，器型豐富多樣，有小罐形、橢圓形、淺碟形等，造型秀美靈巧，生動有趣。紋飾刻劃精細，器身有菊瓣紋、蓮瓣紋、綫紋，也有在器身印金玉滿堂、長命富貴等吉祥語的，還有鼓釘式等。釉色柔和滋潤，深淺有別。器底一般為平底，露胎骨。

118

## 龍泉窰青釉鳥食罐

宋

高3.2厘米　口徑3.4厘米　足徑3.2厘米

**Green glazed container for bird's food, Longquan ware**

Song Dynasty

Height: 3.2cm　Diameter of mouth: 3.4cm

Diameter of foot: 3.2cm

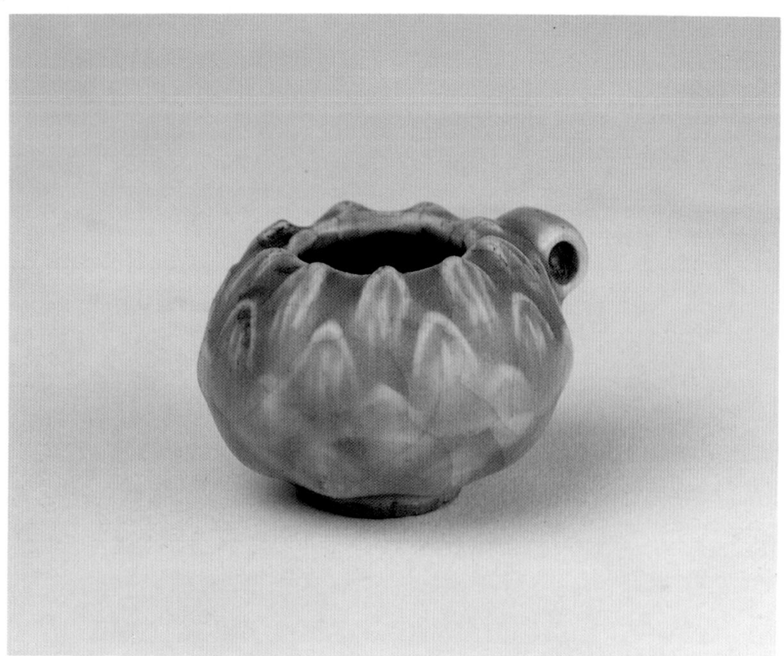

119

## 龍泉窰青釉鳥食罐

宋

高3.9厘米　口徑3.2厘米　足徑2.3厘米

**Green glazed container for bird's food, Longquan ware**

Song Dynasty

Height: 3.9cm　Diameter of mouth: 3.2cm

Diameter of foot: 2.3cm

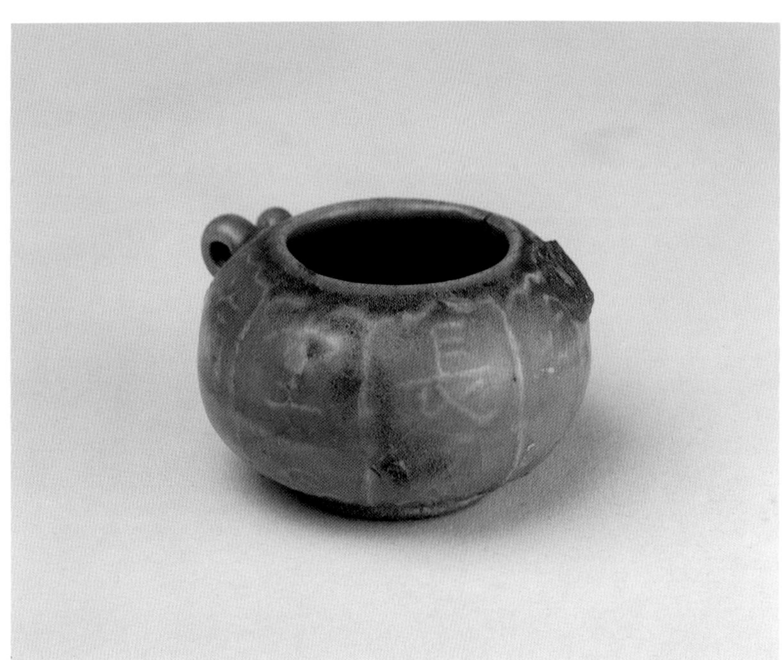

120 **龍泉窰青釉花觚**

宋

高12厘米　口徑9.7厘米　足徑4.2厘米

**Green glazed beaker-shaped vase, Longquan ware**

Song Dynasty

Height: 12cm　Diameter of mouth: 9.7cm

Diameter of foot: 4.2cm

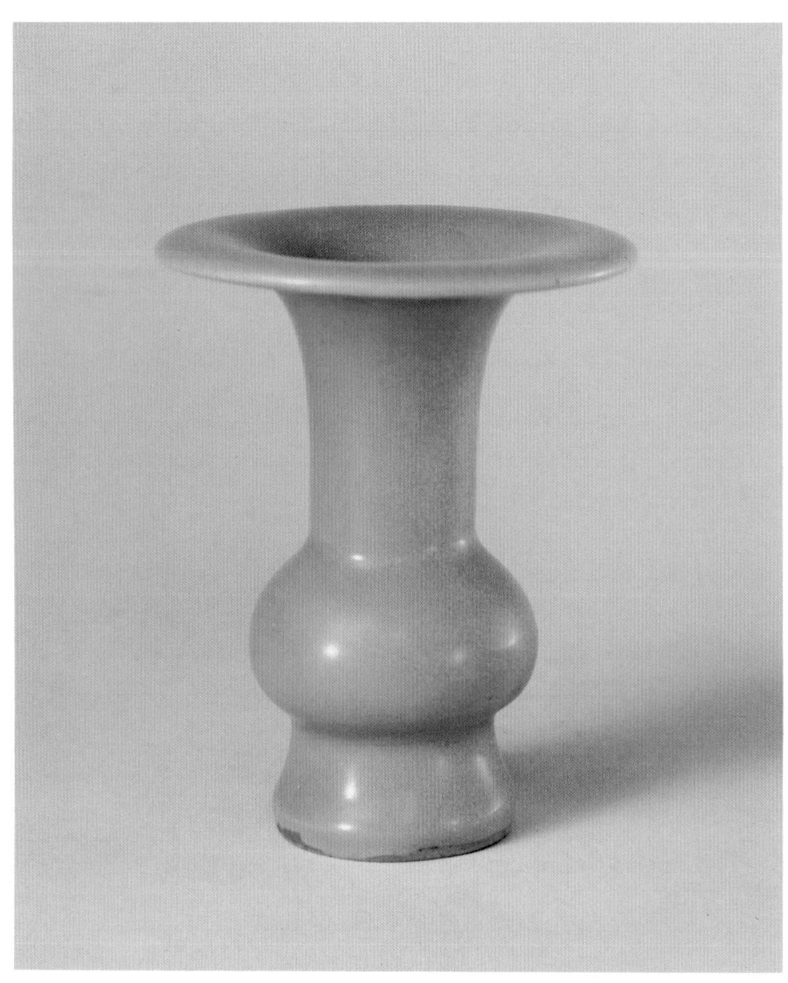

觚撇口，直頸，扁腹，圈足外撇，口部呈喇叭狀造型，風格獨特。裏外施釉，釉色為較好的粉青色，釉面光澤感強，質如翡翠。

觚為古代青銅酒器，夏商時較為流行，西周後漸少。瓷製觚一般為陳設器，有時作插花之用。

121

## 龍泉窰三足爐

宋

高12.4厘米　口徑14.5厘米　足距9.2厘米

清宮舊藏

**Three-legged incense burner, Longquan ware**

Song Dynasty

Height: 12.4cm　Diameter of mouth: 14.5cm

Spacing between legs: 9.2cm

Qing Court collection

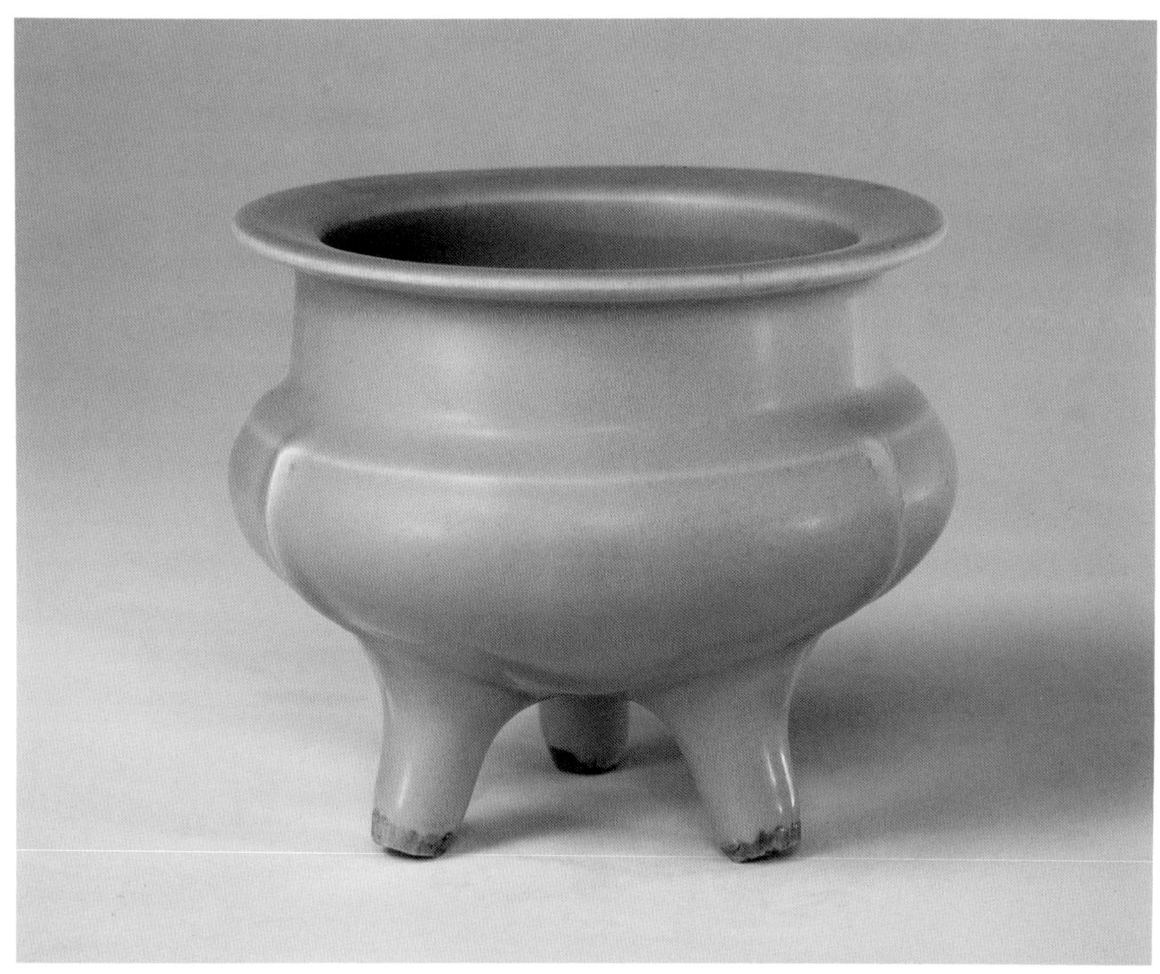

爐折沿，短頸，扁圓腹，下承以三足，與三足對應處凸起三條綫，因凸綫上釉薄，露出淺白色，俗稱出筋。通體施淺青色釉，三足底露醬黃色胎。此爐為南宋晚期至元代龍泉窰燒製的一種器型，係仿陶鬲形式，又稱鬲式爐。此爐釉色淺青，溫潤如玉。南宋龍泉窰採用石灰鹼釉，特點是高溫黏度大，不易流動，龍泉匠師充分利用這種釉的特點，採用多次施釉，使釉色達到前所未有的水平。這種釉色青翠、純淨、滋潤、柔和、極少開片和流釉。類似爐傳世器物不少，世界各大博物館均有收藏。韓國新安海底沉船中打撈不少鬲式爐，造型有大小之別，細部有微小差異。

122

## 龍泉窰三足爐

宋

高10.5厘米　口徑14.1厘米　足距8.3厘米

清宮舊藏

**Three-legged incense burner, Longquan ware**

Song Dynasty

Height: 10.5cm　Diameter of mouth: 14.1cm

Spacing between legs: 8.3cm

Qing Court collection

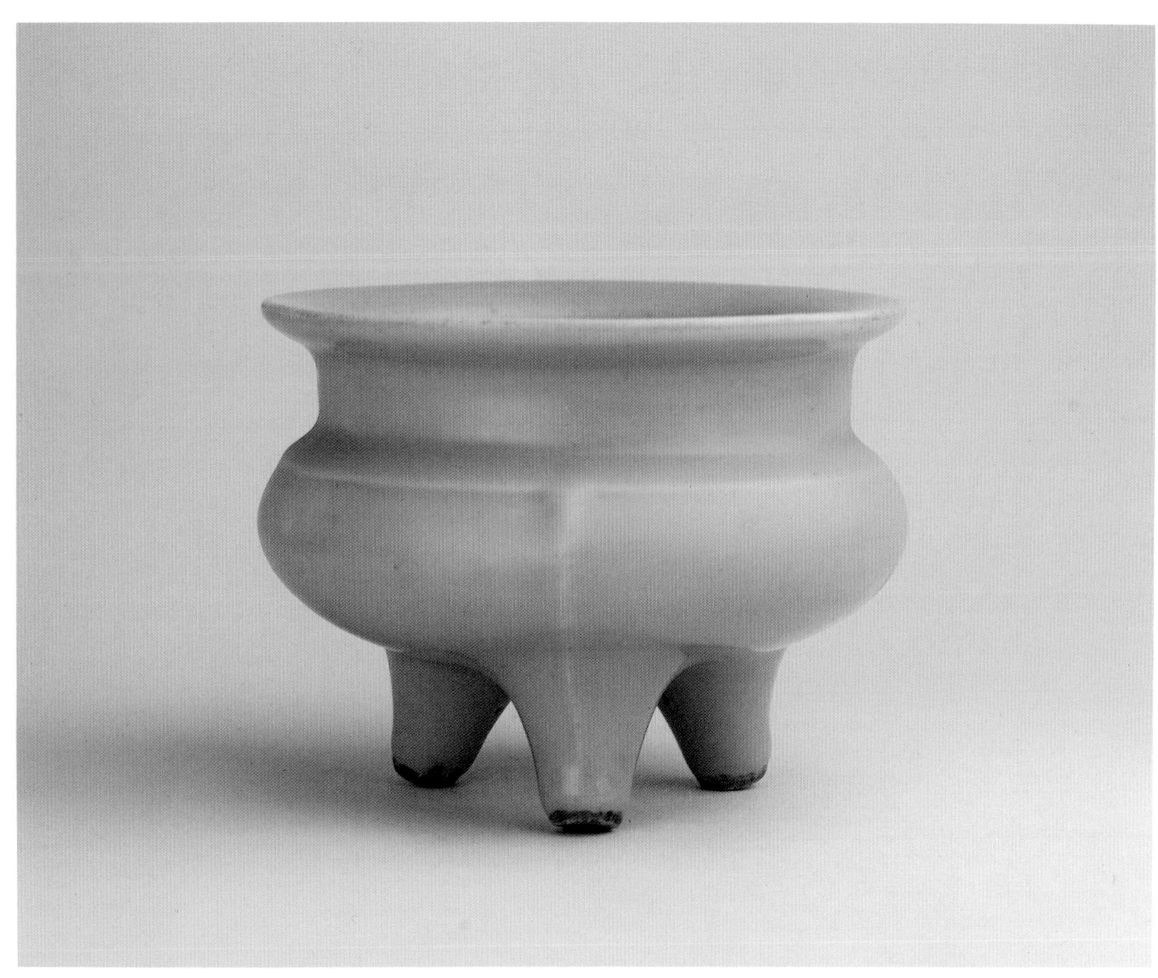

爐折沿，短頸，扁腹，下承三足。爐身凸起三條直綫裝飾，裹外滿釉。此爐係仿古青銅鬲的形式，造型飽滿、莊重。爐腹至足部凸起的三條棱綫，原亦為仿銅器裝飾，結果在器物上形成了出筋的裝飾效果，於翠玉般的釉色中顯露出幾條規整的白綫，分外醒目。此爐釉色為典型的梅子青色，溫潤青翠，幽雅怡人，體現了龍泉青瓷的典型特色。

123

**龍泉窰弦紋三足爐**

宋

高10.4厘米　口徑14.9厘米　足距11.8厘米

清宮舊藏

**Three-legged incense burner with bow-string design, Longquan ware**

Song Dynasty

Height: 10.4cm　Diameter of mouth: 14.9cm

Spacing between legs: 11.8cm

Qing Court collection

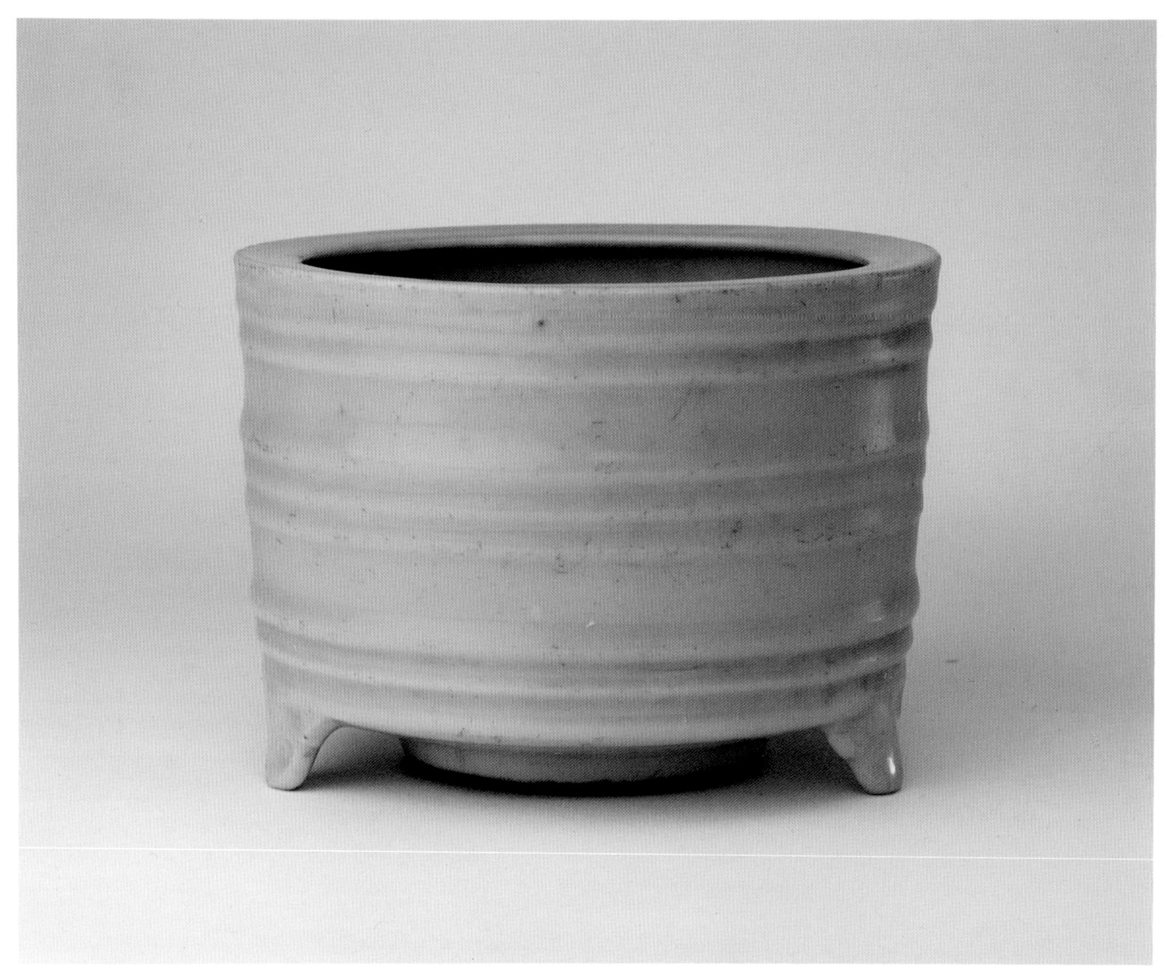

爐身為直筒形，全器以弦紋裝飾，上部和下部各飾弦紋二道，中部三道。下承以三垂雲足，足面印雲紋，底為懸空圈足。裏外滿釉，淺粉青釉色，釉面有疏朗的開片。

此爐造型仿古銅奩形式，形制古拙，釉色瑩潤，光澤柔和，不失為龍泉窰的一件上乘佳作。

124 **龍泉窰弦紋三足爐**

宋

高9.3厘米　口徑14.5厘米　足距7.9厘米

**Three-legged incense burner with bow-string design, Longquan ware**

Song Dynasty

Height: 9.3cm　Diameter of mouth: 14.5cm

Spacing between legs: 7.9cm

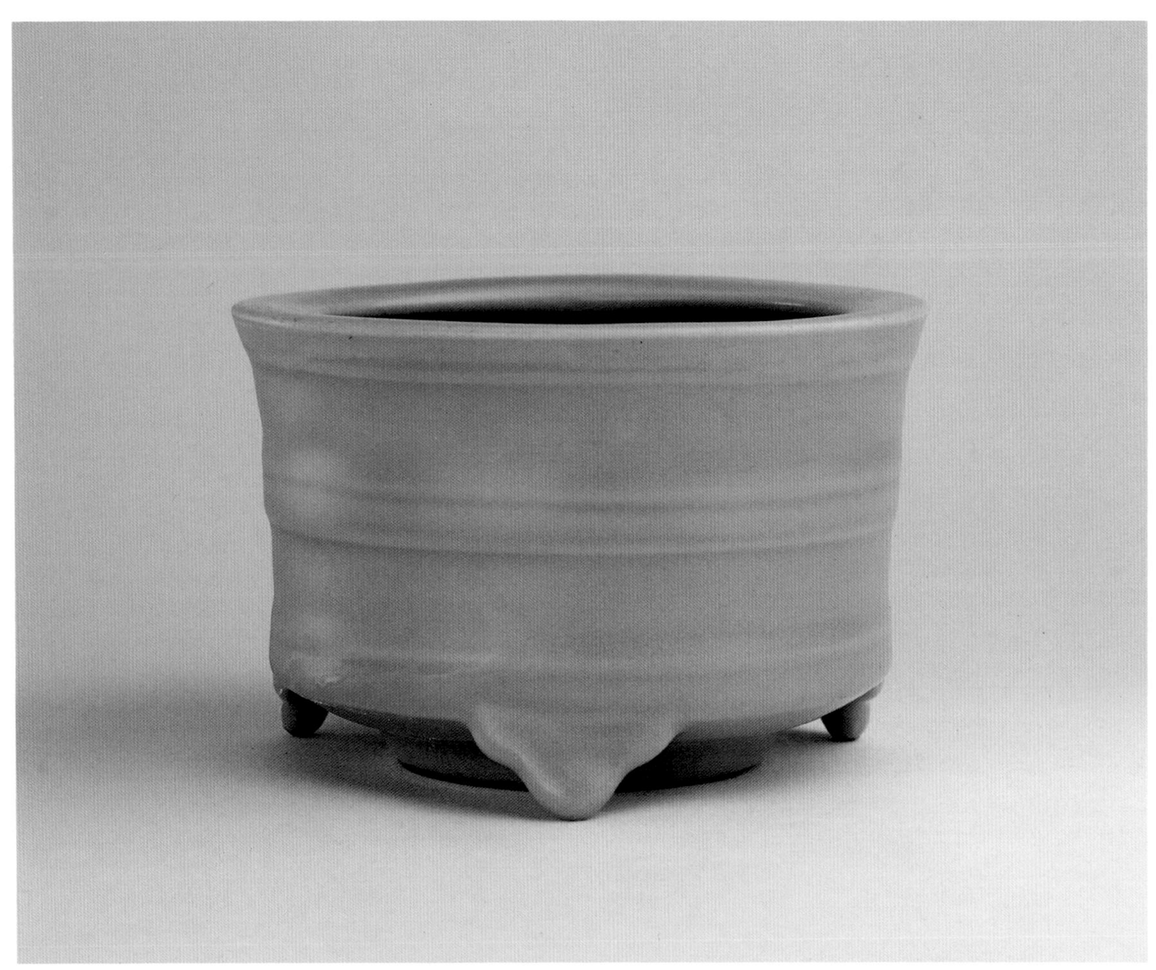

爐口沿較寬，直壁，下承以三垂雲足，內底為圈足壁。三足與圈足均着地。器身外印弦紋四道，上下各一道，中間二道。通體施梅子青釉，造型古樸大方。

梅子青釉勝於一般青釉，由於其熔融較透，光澤強，釉層厚，碧如翡翠，青綠可人。

125 **龍泉窰三足爐**

宋

高13.2厘米　口徑16.7厘米　足距9.8厘米

清宮舊藏

**Three-legged incense burner, Longquan ware**

Song Dynasty

Height: 13.2cm　Diameter of mouth: 16.7cm

Spacing between legs: 9.8cm

Qing Court collection

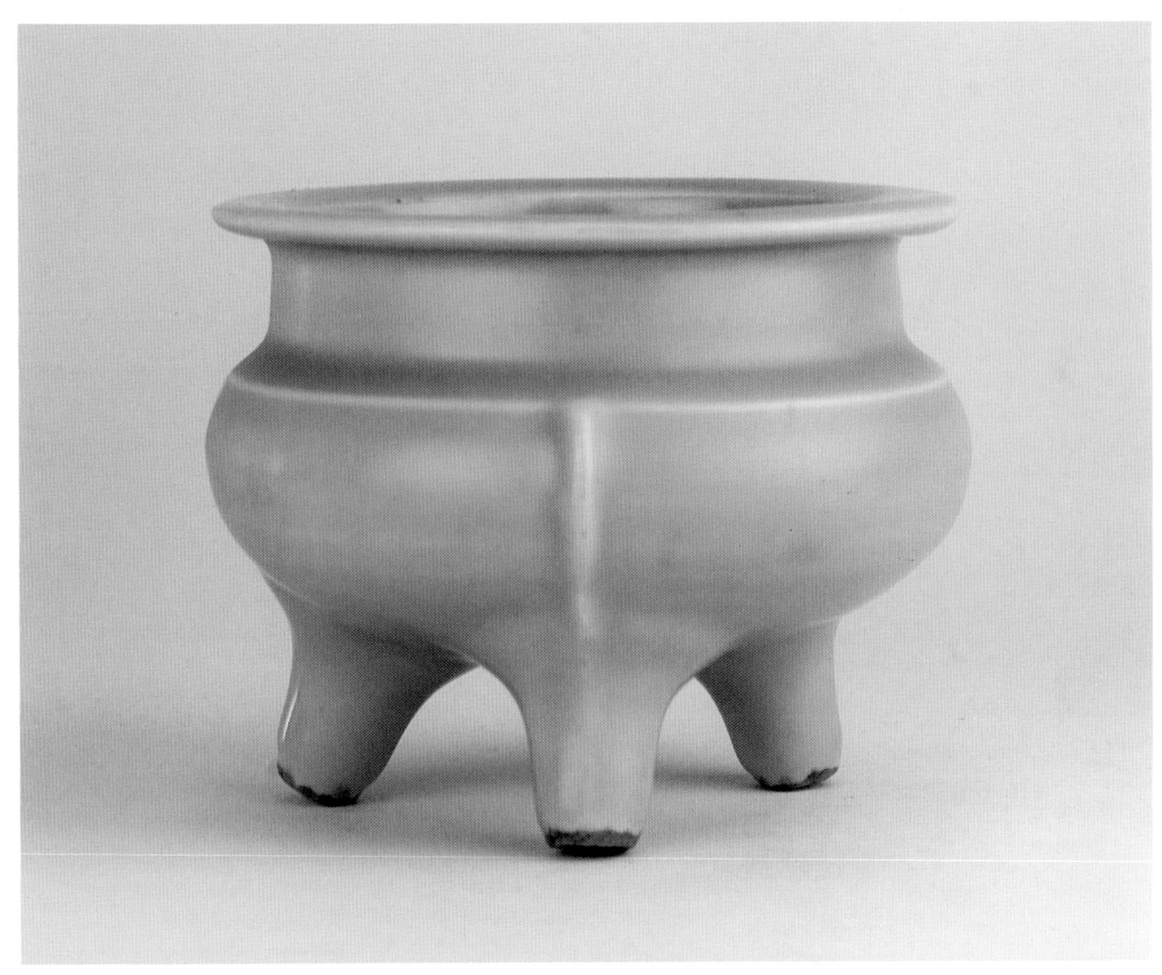

爐折沿，短頸，扁腹，下承以三足，足外撇。爐身凸起三條直綫裝飾，棱角分明，裏外滿釉，釉色極佳。此爐出筋裝飾頗具特點，由於龍泉窰瓷器屬於厚釉青瓷，而這三條處於形體轉折部位的棱綫不易停釉，釉層較薄，燒成後透出白色的胎骨，即所謂出筋。這種出筋給器物單調的釉色帶來了變化，色彩的對比使器物更為美觀，並且在視覺上加強了爐足的實力感。

126 **龍泉窰三足爐**

宋

高9.6厘米　口徑12.1厘米　足距8.2厘米

清宮舊藏

**Three-legged incense burner, Longquan ware**

Song Dynasty

Height: 9.6cm　Diameter of mouth: 12.1cm

Spacing between legs: 8.2cm

Qing Court collection

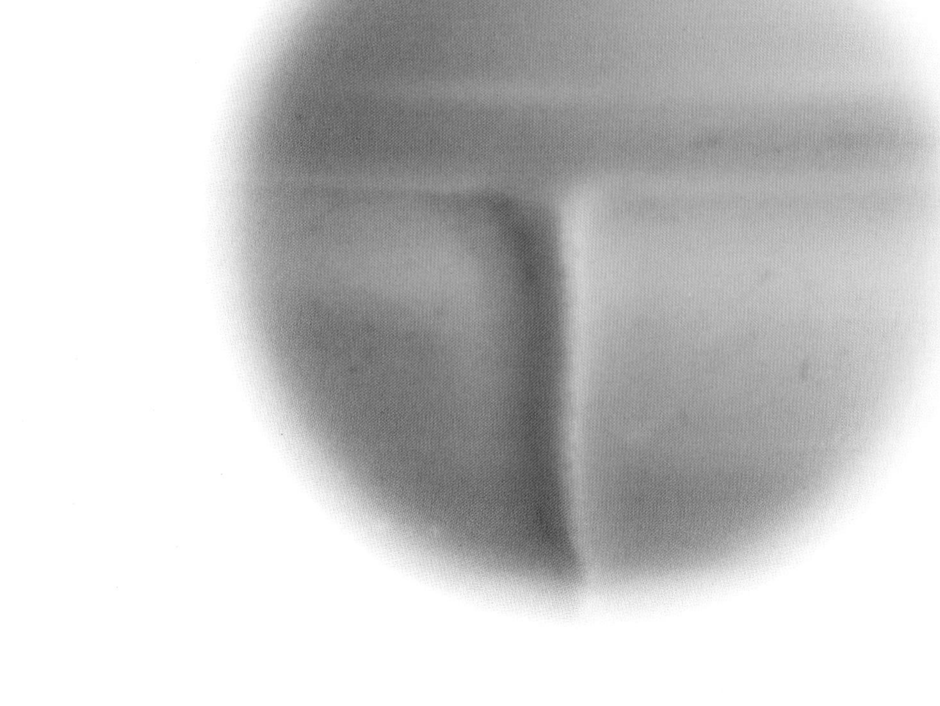

此爐的造型是仿照周代青銅器鬲的形式燒製，敞口，折沿，短頸，圓腹，下承以三足，其絕妙之處在於爐之頸、腹通過曲直的綫形對比，突出了器物飽滿圓潤的特點。爐的腹部至足部凸起的三條棱綫，逼真地模仿了銅器的出筋的裝飾效果。此爐為柔潤如玉的梅子青色，深淺適度；其釉的色澤和質地美代表了中國歷史上青釉燒製的最高水平。

南宋龍泉青瓷以釉色取勝，其中梅子青釉深沉華滋，釉色葱翠，釉層略帶透明，色澤照人，猶如梅子初生，因而得名。

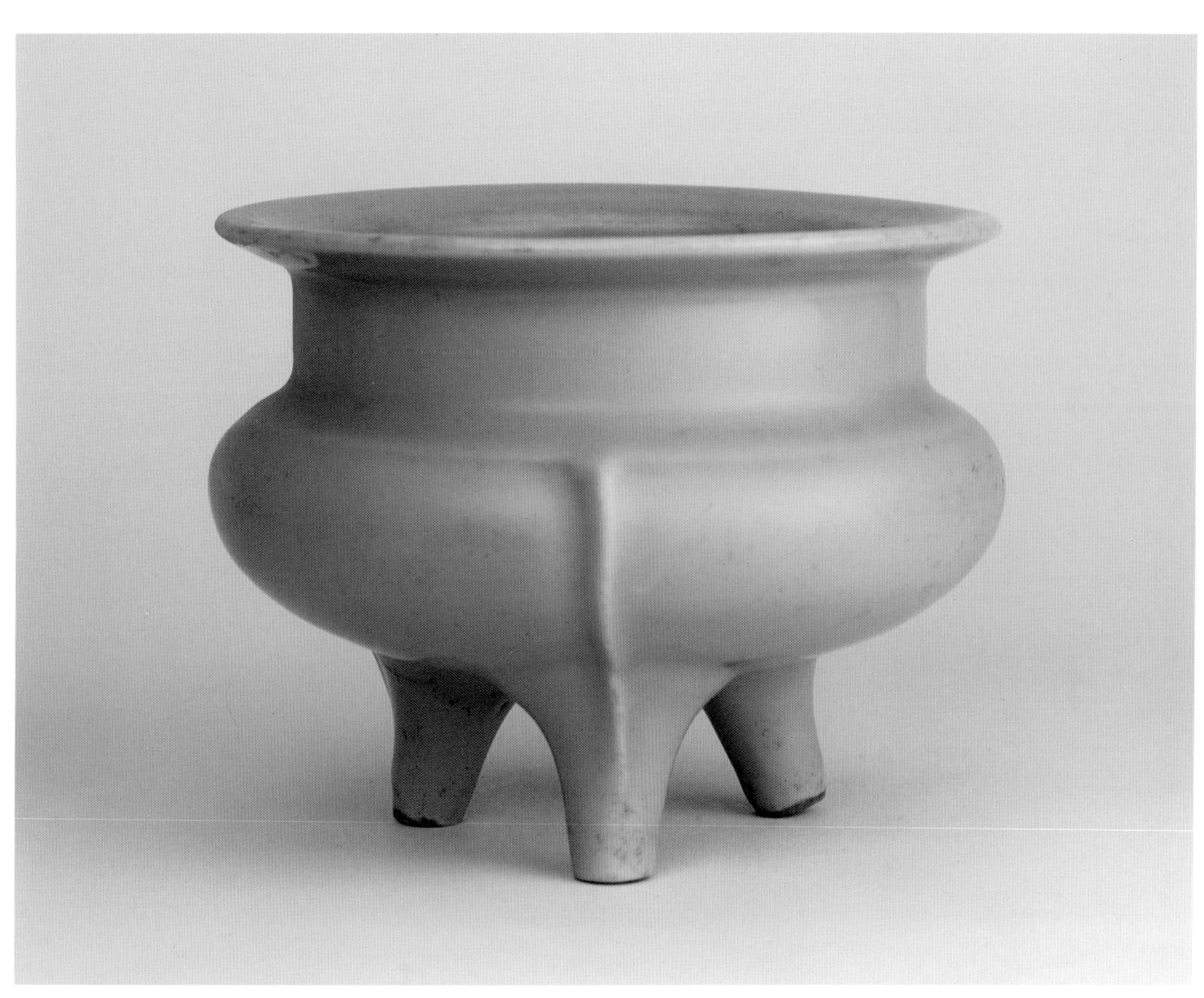

127

## 龍泉窰瓜棱壺

宋

高9厘米　口徑2.1厘米　足徑5厘米

**Melon-shaped ewer, Longquan ware**

Song Dynasty

Height: 9cm　Diameter of mouth: 2.1cm

Diameter of foot: 5cm

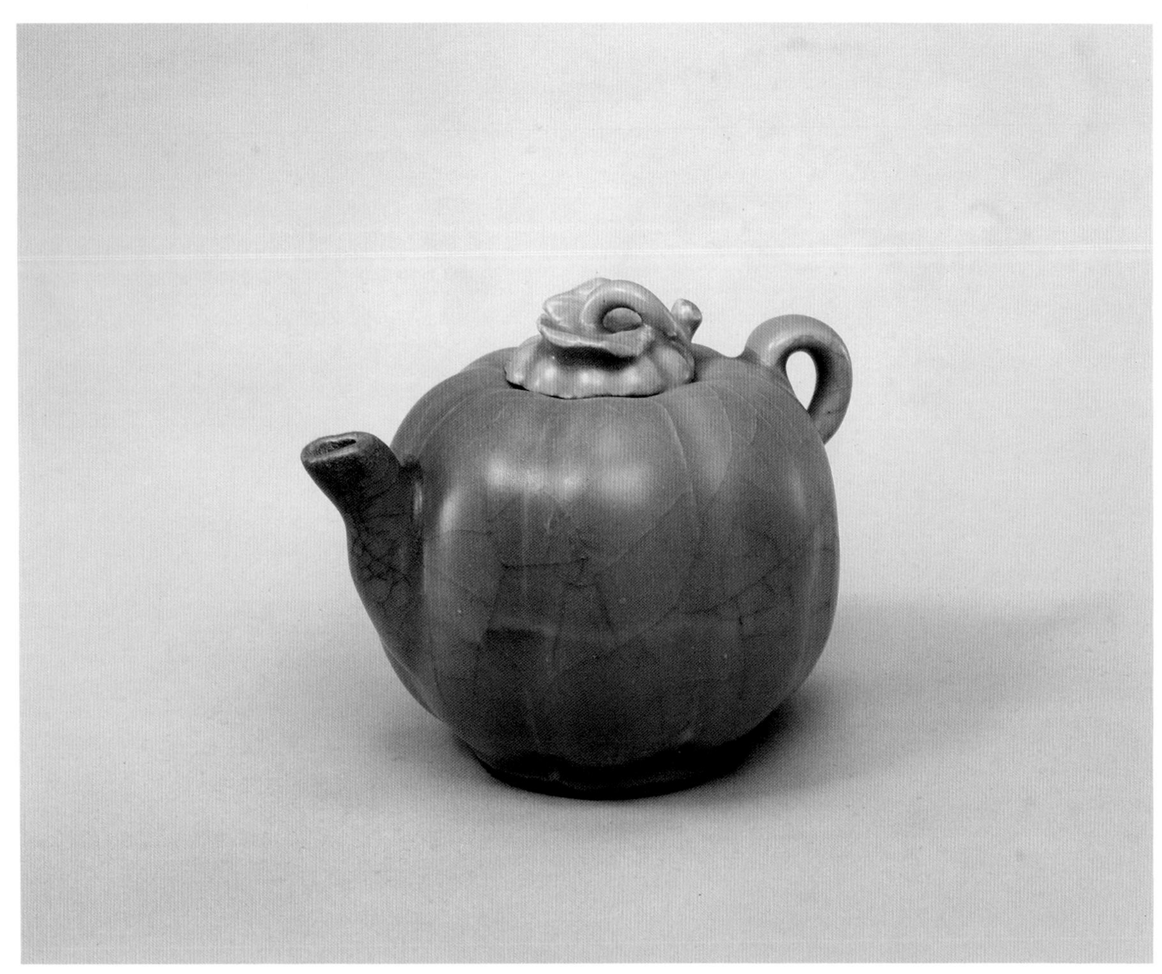

壺口下凹，壺身為六瓣瓜棱形，蓋為瓜蒂形，肩部兩側各有一短流和執柄，淺圈足，通體施青釉，釉呈青灰色，局部釉色泛黃，為燒製過程中氧化氣氛過高所致，釉面開大小片紋，足邊無釉。

此件瓜棱壺造型獨特，瓜棱形壺體，蒂形壺蓋，構思巧妙，短粗的壺流與整個敦厚的壺體造型協調統一，器表的青灰色釉更顯出器物的沉穩、清雅，加之釉面出現的不規則大小片紋，仿佛人為匠意，更增添了器物本身的裝飾效果。

128

## 龍泉窰船

宋

長16厘米　高9厘米　足徑6厘米

**Boat, Longquan ware**

Song Dynasty

Length: 16cm Height: 9cm　Diameter of foot: 6cm

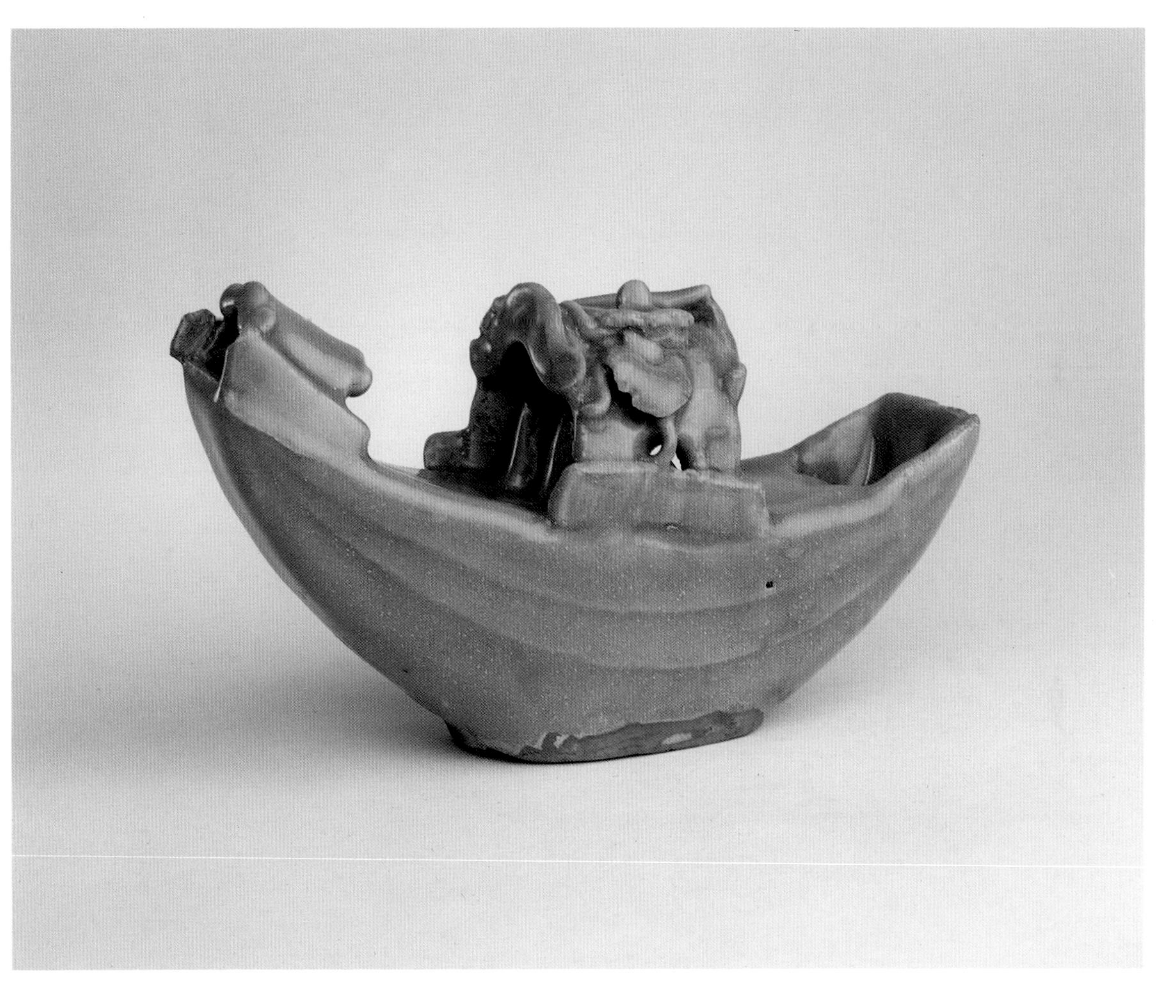

造型為船形，船兩側高高翹起，有篷，篷上貼塑一小人，作向上爬狀，形象樸拙可愛。船下層有倉。器身裏外施釉，近足處露胎。宋元時期這種造型較多，是龍泉窰的一大特徵。宋代船較小，元代船形複雜，造型龐大。此船身有兩道凸起紋綫，釉色潤澤，篷出沿，上有編席紋，製作甚為精美。

129

## 龍泉窰鼓釘三足洗

宋

高6.8厘米　口徑17.8厘米　足距14.5厘米

**Three-legged washer with drum-nail design, Longquan ware**

Song Dynasty

Height: 6.8cm　Diameter of mouth: 17.8cm

Spacing between legs: 14.5cm

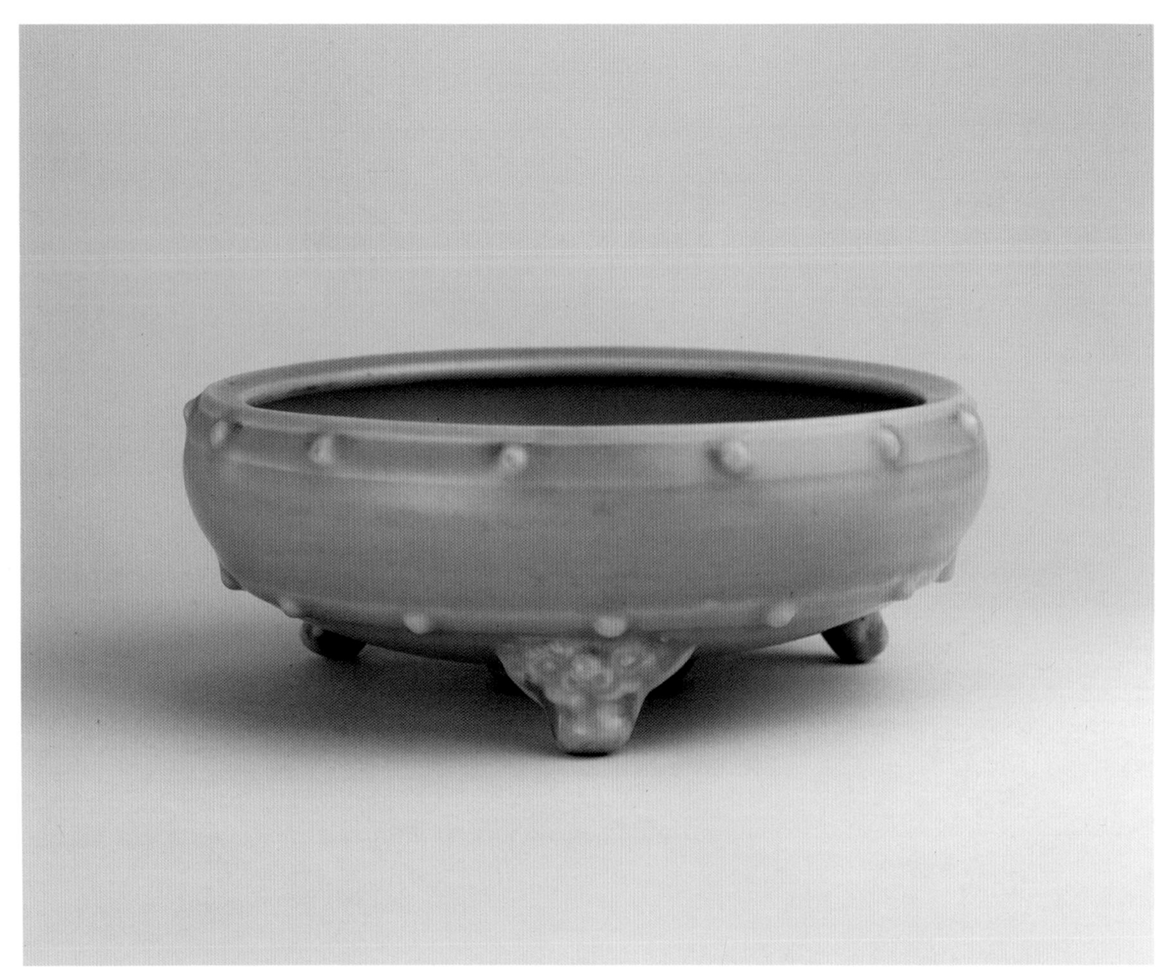

洗口內斂，圓腹，洗心較為坦平，腹下承以三獸頭足，底心為一小圈足，圈足不落地。顯露胎骨，裏心施釉，釉色潤澤明亮。洗身上下各凸起鼓釘紋一周，上層鼓釘十五個，下層十四個，鼓釘處有帶狀凸起弦紋為飾。此器造型別致，古色古香，是龍泉青瓷的名貴之作。

130

**龍泉窰板沿洗**
宋
高7.5厘米　口徑20.8厘米　足徑12.9厘米
清宮舊藏

**Washer with broad brim, Longquan ware**
Song Dynasty
Height: 7.5cm　Diameter of mouth: 20.8cm
Diameter of foot: 12.9cm
Qing Court collection

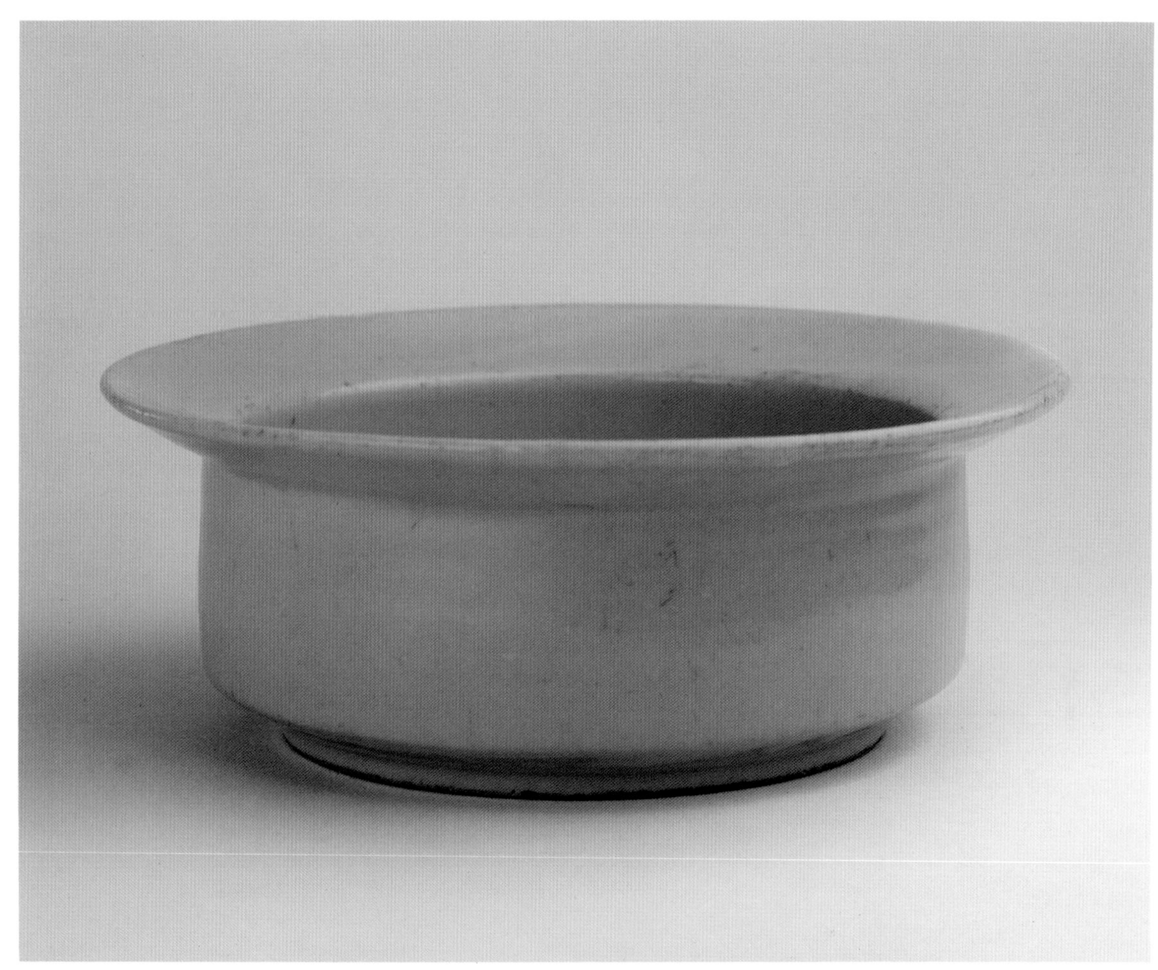

洗折沿，器身垂直，口沿向下內斜，折底，圈足，足邊露胎。釉色偏灰，裏外滿釉，無任何紋飾。此洗形體較大，完整無缺，綫條簡練，美觀大方。其式樣頗新穎，在龍泉窰瓷器中較少見。

龍泉青瓷在南宋中期逐漸形成了自己獨特的風格，造型淳樸，器底厚重，圈足闊而矮，具穩重感。

131

**龍泉窰雙魚洗**
宋
高6厘米
口徑13.5厘米
足徑13厘米
清宮舊藏

**Washer with applied double-fish design, Longquan ware**
Song Dynasty
Height: 6cm
Diameter of mouth: 13.5cm
Diameter of foot: 13cm
Qing Court collection

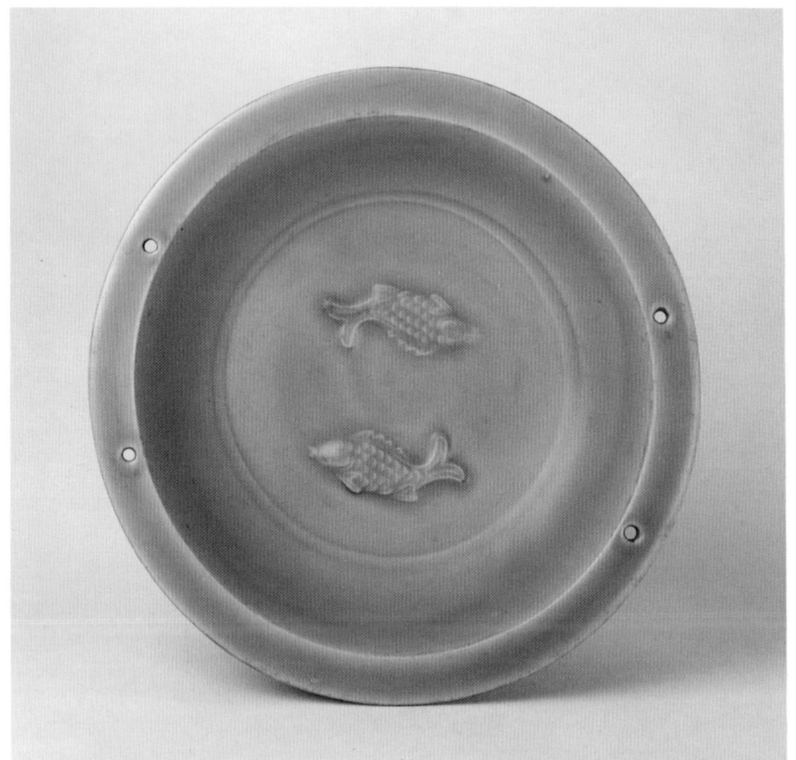

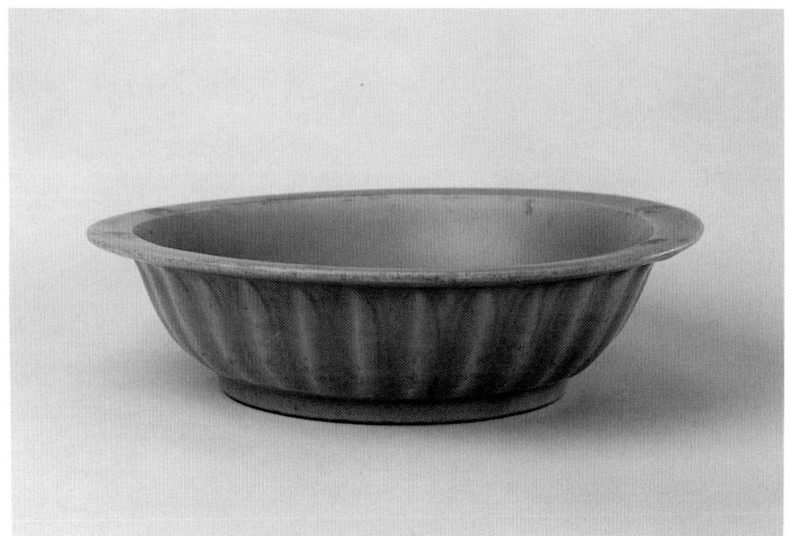

洗敞口，寬平沿，腹自上而下向內呈弧形收斂，平底，圈足。腹外壁飾蓮瓣紋，內底貼雙魚，魚搖鰭擺尾，活潑可愛。通體施粉青色釉，釉層豐厚，淡雅恬靜。雙魚是模印以後再黏貼在底上。這種工藝分釉上和釉下兩種，先在坯上貼魚紋再上釉燒造為釉下；在坯體上釉後再貼魚燒製稱釉上，此洗的雙魚貼在釉下，而且是經多次施釉才能形成的厚釉，工藝十分精湛。

132

**龍泉窰蓮瓣洗**
宋
高4.3厘米
口徑13.6厘米
足徑6.1厘米

**Washer with lotus-petal design, Longquan ware**
Song Dynasty
Height: 4.3cm
Diameter of mouth: 13.6cm
Diameter of foot: 6.1cm

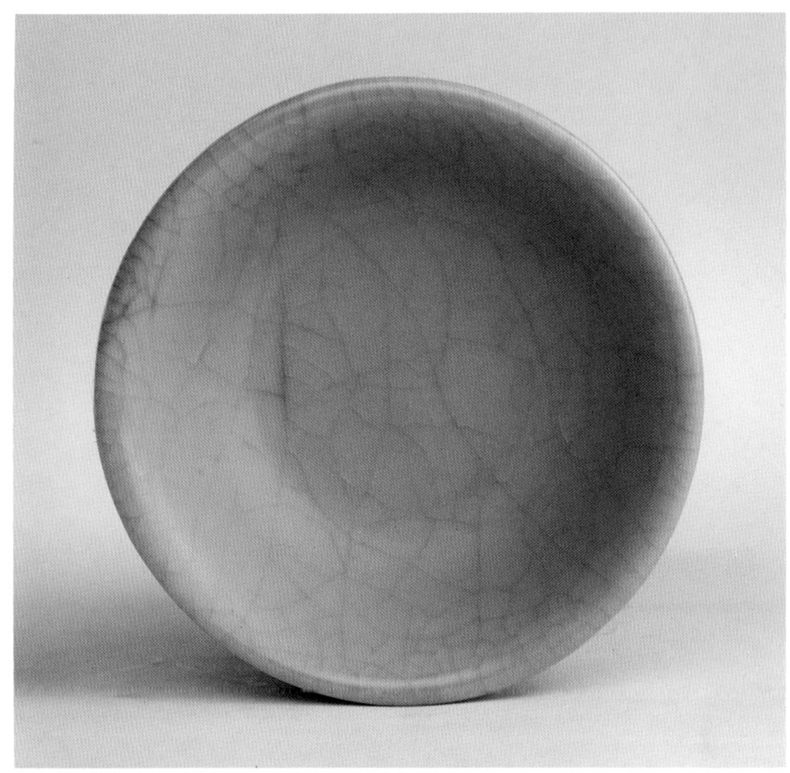

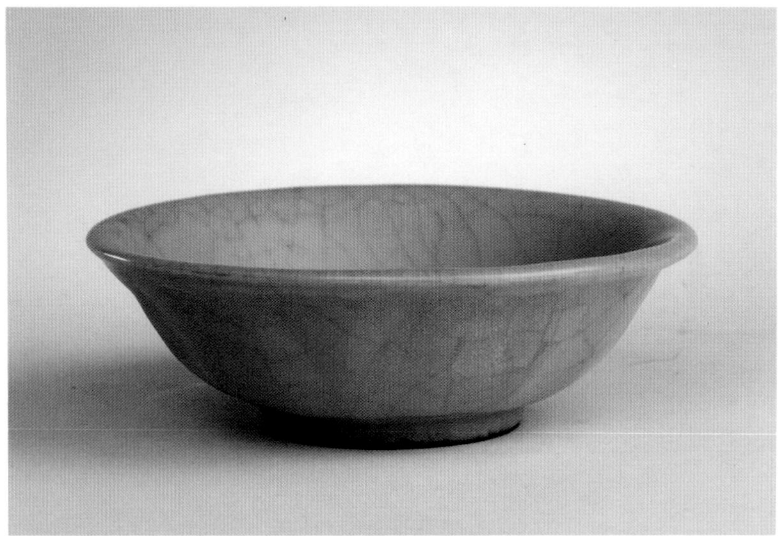

洗撇口，口以下漸收斂，圈足。器物外壁刻凸蓮瓣紋一周，共計十六瓣。裏、外均施滿釉，釉色粉青，並有碎紋片，是龍泉窰模仿同時代官窰的作品。

採用瓜果花卉的形態來設計器型，是龍泉青瓷藝術的又一特徵，具有代表性的有蓮瓣洗、荷葉盤、瓜棱壺、鳥食罐等。這種器型不完全如實模仿，不僅實用，而且具有濃厚的裝飾色彩。

133

**龍泉窰三聯洗**

宋

高1.8厘米　口距7.5厘米　足距5.4厘米

**Triple washer, Longquan ware**

Song Dynasty

Height: 1.8cm　Spacing of mouths: 7.5cm

Spacing between legs: 5.4cm

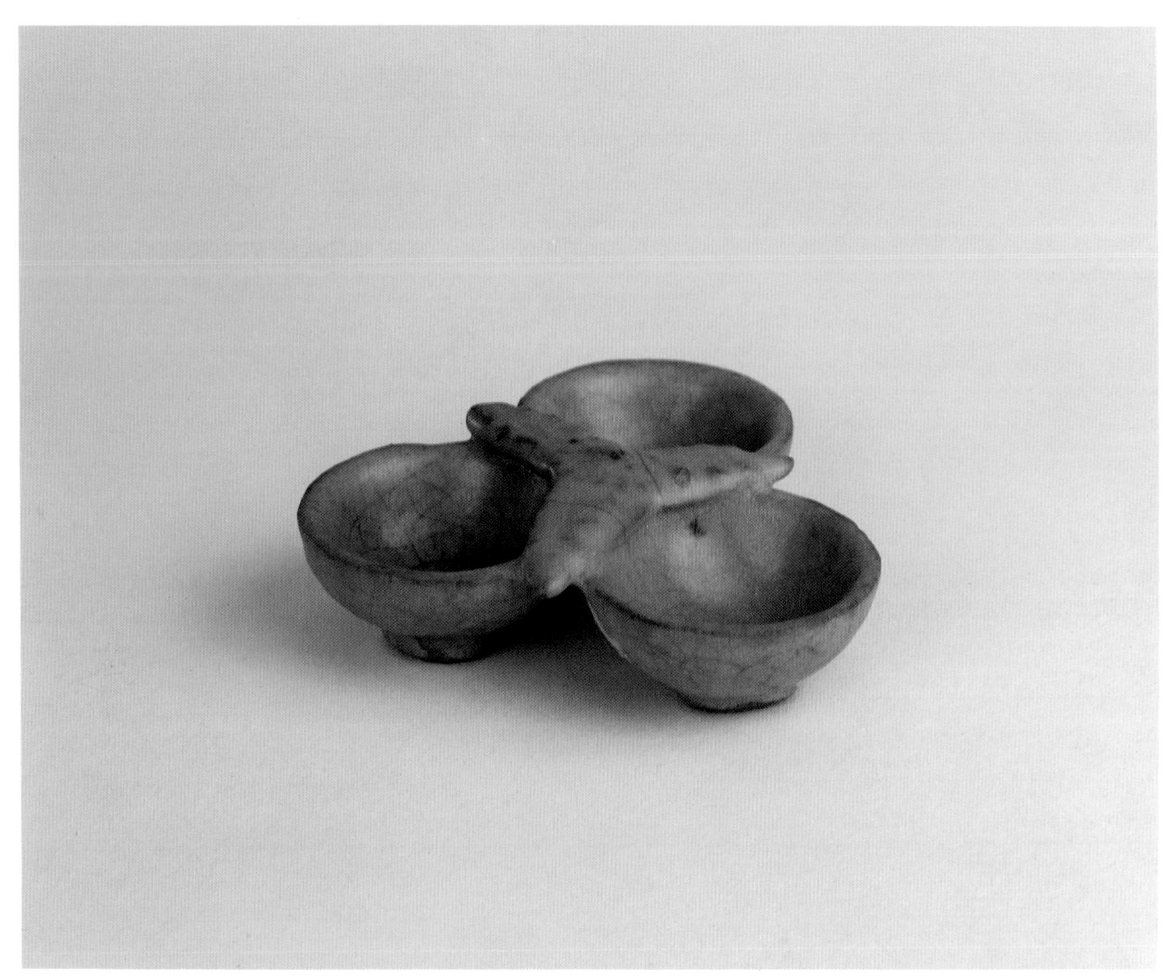

三隻小洗口部以茨菇葉聯為一體。洗敞口，腹較深，平底，小高足，足底露胎。釉色淺灰，釉面有網狀開片紋。三隻小洗無論造型、尺寸、釉色均相同，構成一個整體。造型奇巧，匠心獨具。

134

**龍泉窰蓮瓣碗**

宋

高7厘米　口徑17.2厘米　足徑4.8厘米

**Bowl with lotus-petal design, Longquan ware**

Song Dynasty

Height: 7cm　Diameter of mouth: 17.2cm

Diameter of foot: 4.8cm

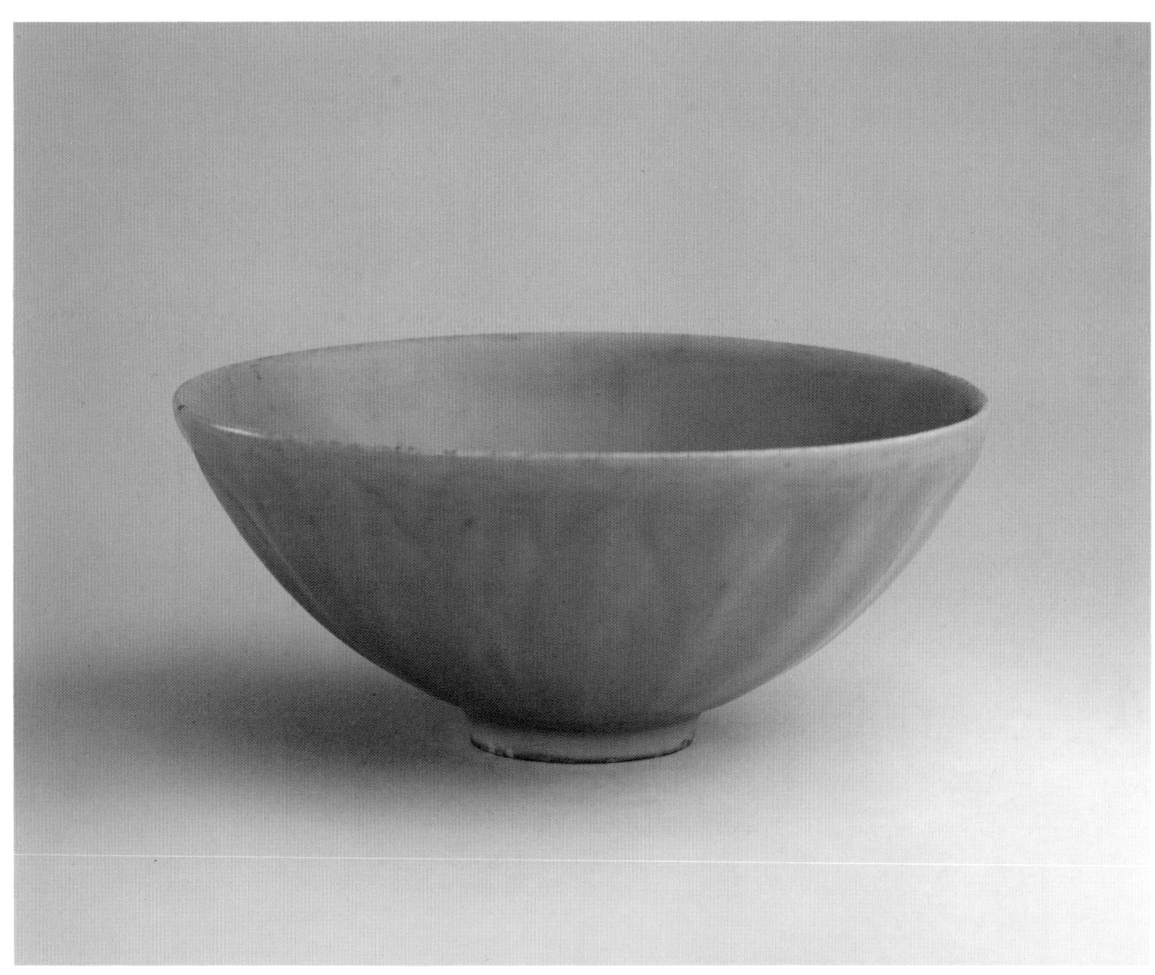

碗敞口，口以下漸收斂，圈足外撇，足心微凸起。外壁刻凸蓮瓣紋二十，通體滿施梅子青釉。

梅子青是龍泉窰在南宋時期創造的青釉新品種，其燒成溫度比粉青釉高，釉的玻璃化程度也高於粉青釉。釉層略帶透明，釉面光澤強。梅子青釉的形成除燒成溫度高以外，還需要較強的還原氣氛和比粉青釉更厚的釉層。

135

**龍泉窰荷葉小碗**

宋
高4.2厘米
口徑10.3厘米
足徑3.1厘米

**Small lotus-leaf-shaped bowl, Longquan ware**

Song Dynasty
Height: 4.2cm
Diameter of mouth: 10.3cm
Diameter of foot: 3.1cm

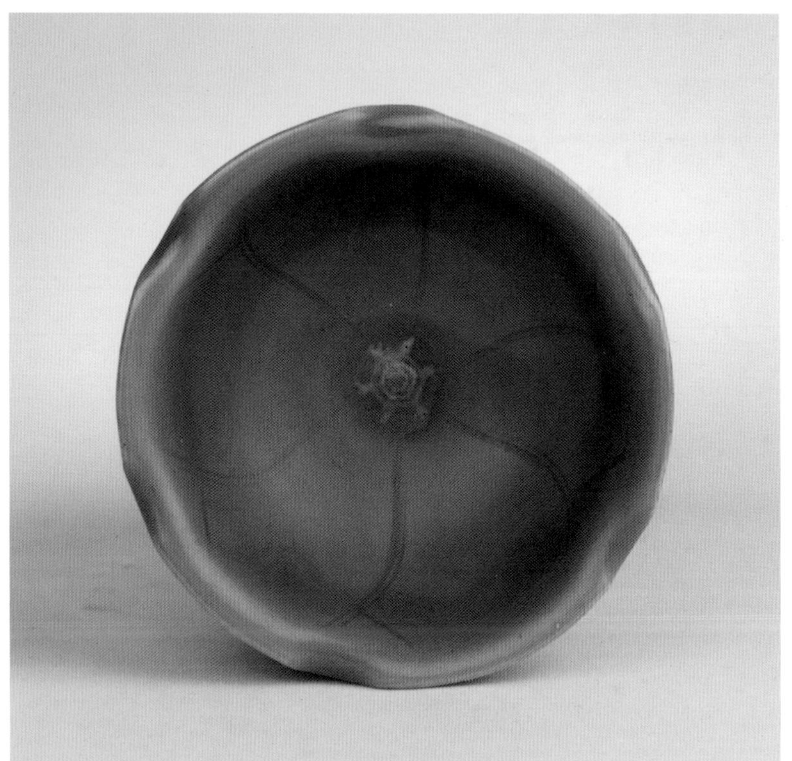

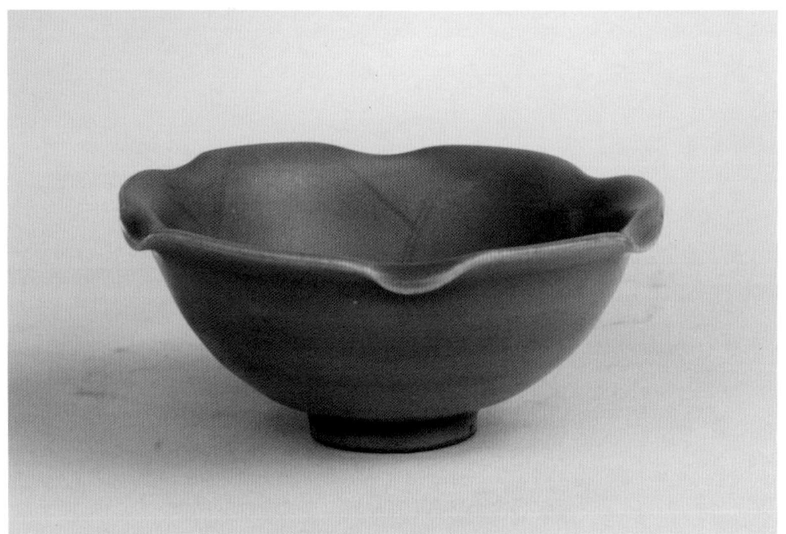

碗呈荷葉式，花口束腹，圈足。裏外滿施青釉。內壁刻劃葉脈紋絡，內心凸印一小龜。此碗造型別致，小巧玲瓏，起伏的口沿，婉轉柔和，宛如初露水面的荷葉，突破了陶瓷裝飾中幾何綫條規律的束縛，美觀怡人，別具新意。

136

**龍泉窰劃花碗**

宋
高5.9厘米
口徑17.5厘米
足徑4.5厘米
清宮舊藏

**Bowl with carved floral design, Longquan ware**

Song Dynasty
Height: 5.9cm
Diameter of mouth: 17.5cm
Diameter of foot: 4.5cm
Qing Court collection

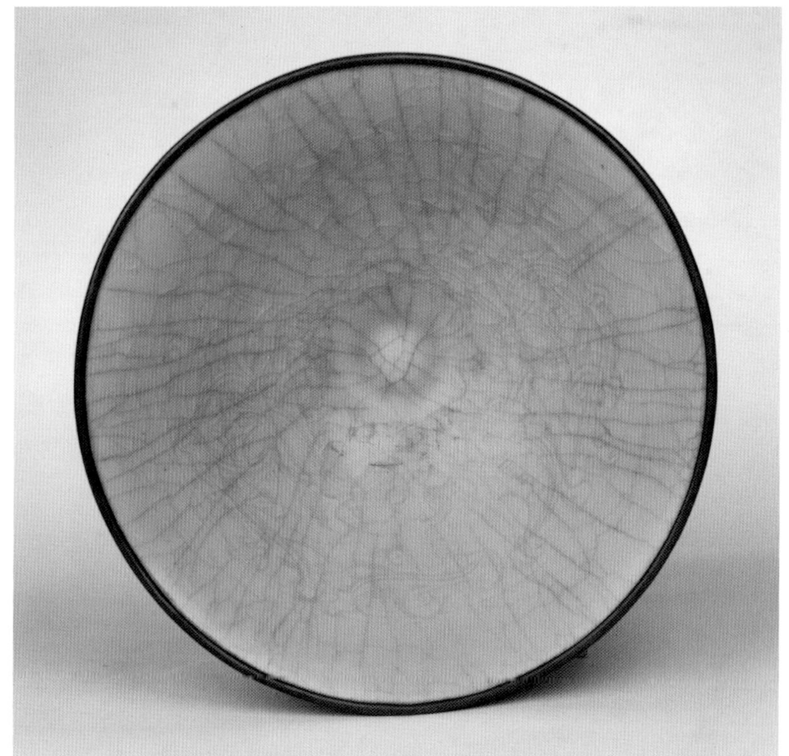

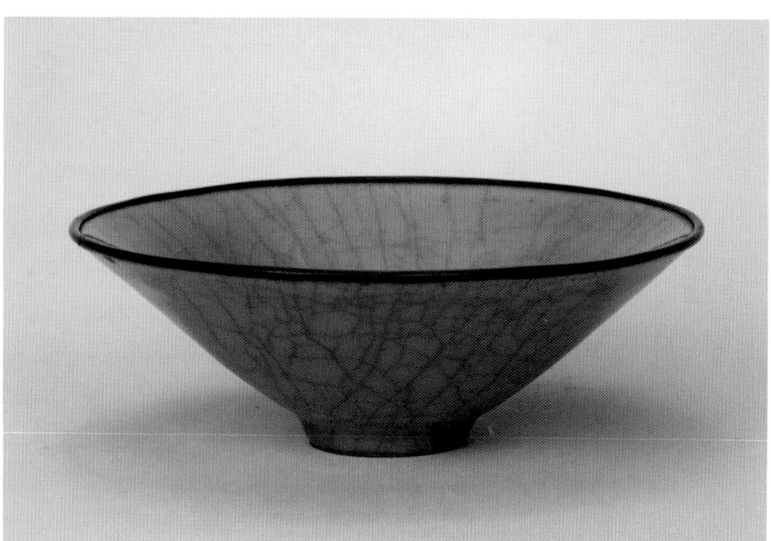

碗身斗笠形，侈口，鑲銅口，小底，圈足。通體滿釉，呈青色，釉的玻璃質感極強，釉面開細碎片紋。碗裏壁劃刻飄帶繡球紋飾二組。斗笠碗始燒於五代，以宋代燒製的產品最為名貴。宋龍泉窰這種碗較多見。

137

**龍泉窰小碗**
宋
高4厘米　口徑12.2厘米　足徑3.5厘米

**Small bowl, Longquan ware**
Song Dynasty
Height: 4cm　Diameter of mouth: 12.2cm
Diameter of foot: 3.5cm

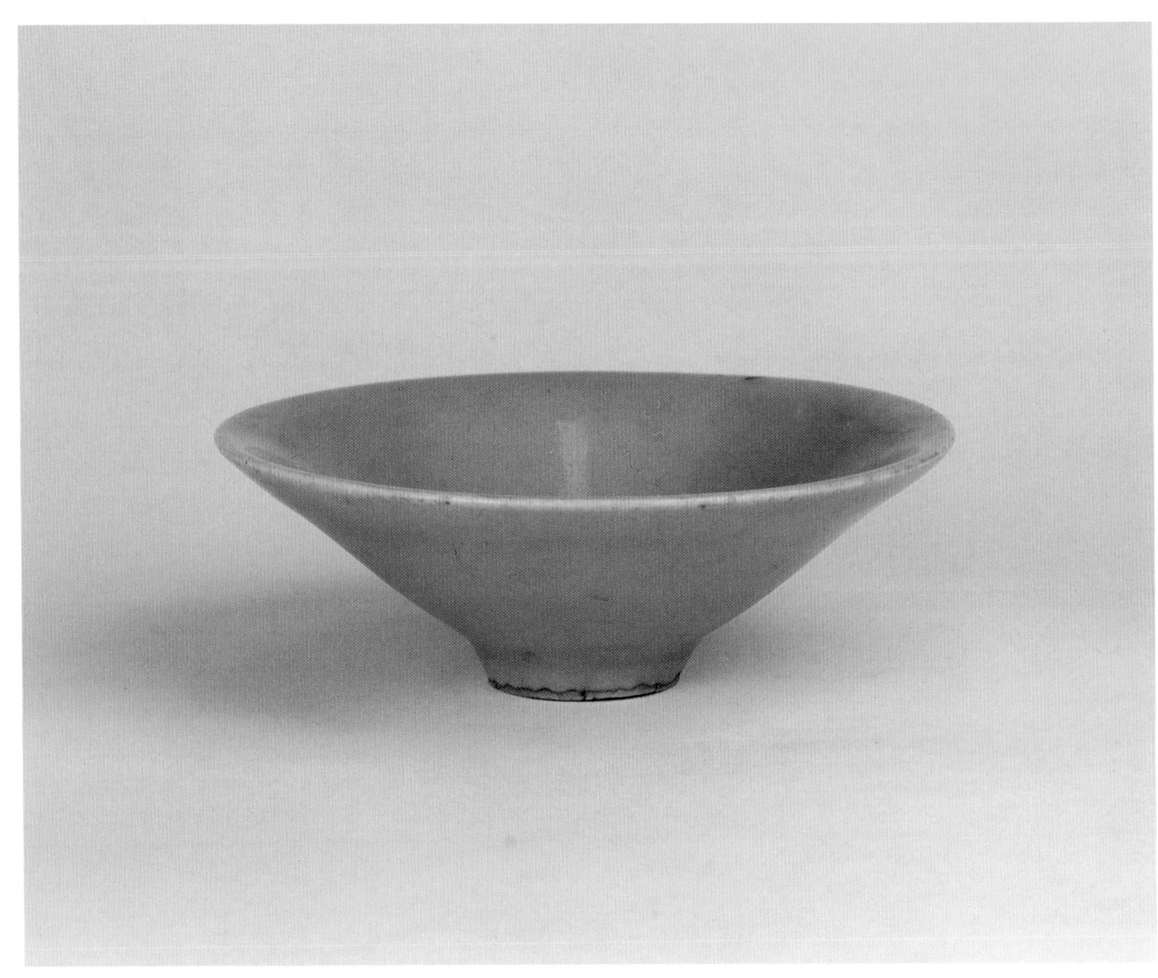

碗敞口，斜直壁，斗笠形，圈足，足心有小乳突。光素無紋飾，釉層厚，釉色粉青，裏外滿釉。

138

**龍泉窰花口碗**
宋
高4.9厘米　口徑13.6厘米　足徑4厘米

**Bowl with a flower-petal mouth, Longquan ware**
Song Dynasty
Height: 4.9cm　Diameter of mouth: 13.6cm
Diameter of foot: 4cm

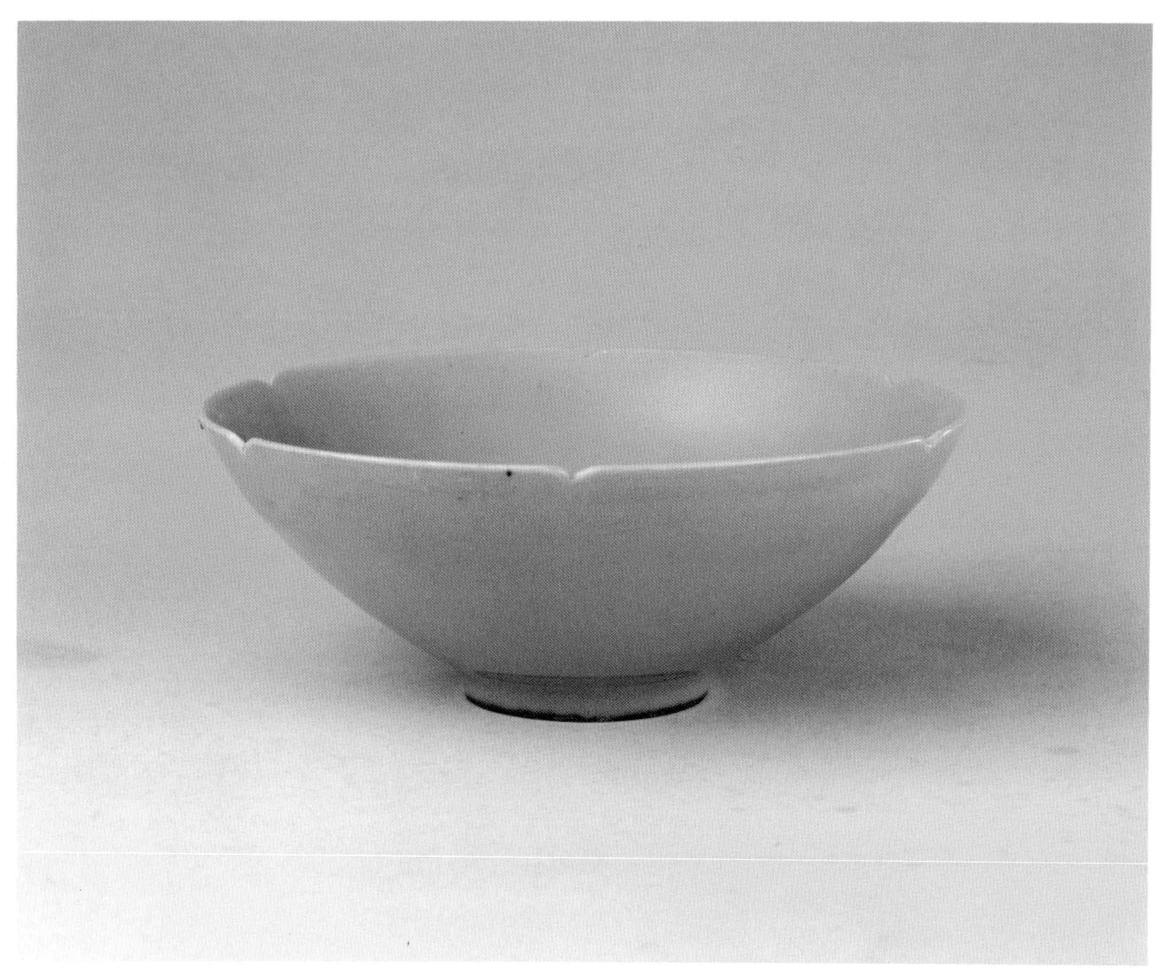

碗為六瓣形花口，口以下漸收斂，至底處急收，圈足。通體施粉青色釉，釉色瑩潤。器型小巧玲瓏，精細優美。

粉青釉為南宋龍泉窰首創。後來的景德鎮窰受其影響，生產粉青釉產品。

139

**龍泉窰刻花小碗**
宋
高4厘米
口徑5厘米
足徑2.5厘米

**Small bowl with incised floral design, Longquan ware**
Song Dynasty
Height: 4cm
Diameter of mouth: 5cm
Diameter of foot: 2.5cm

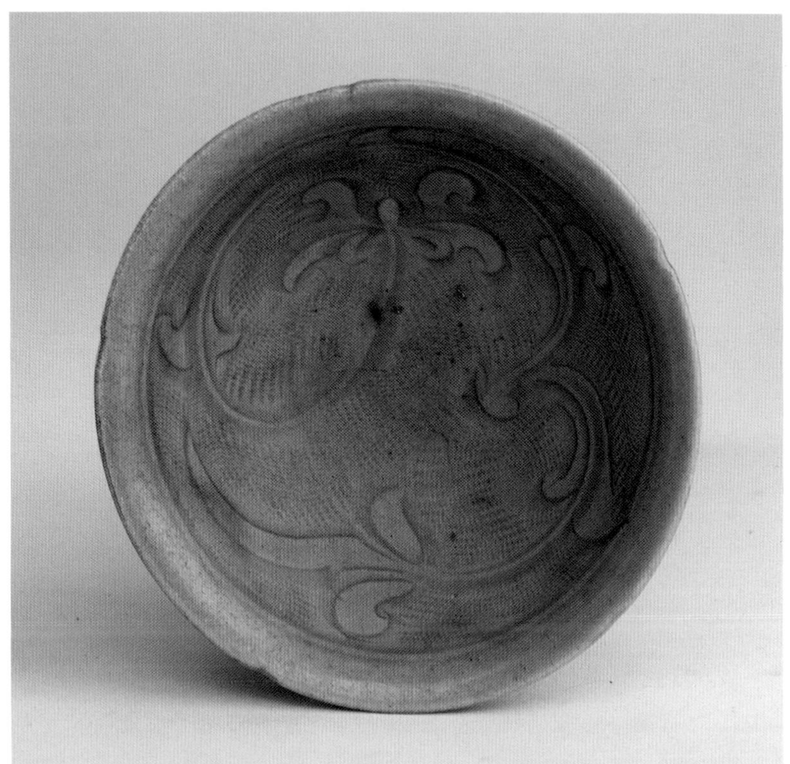

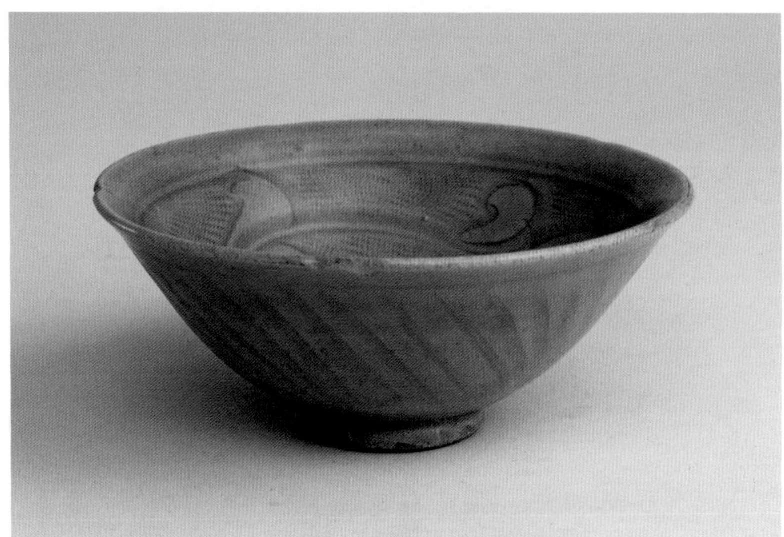

碗撇口，五花瓣形口，器外壁滿刻複綫紋一周，內壁刻劃蝴蝶狀花紋，襯以兩葉，其間點綴以淺而密集的篦點紋。刻花刀法嫺熟、精細，花葉質感強，具有寫意的效果。此小碗造型纖巧精緻，釉色青潤，是珠光青瓷的典型作品。其工藝製作手法，影響了龍泉窰系中的浙江金華、武義等地，而後又影響到福建同安等地，紛紛採用外刻複綫、裏劃花、篦劃或篦點的裝飾方法。

140

## 龍泉窰蓋碗

宋

通高6厘米　口徑7.8厘米　足徑3.9厘米

**Covered bowl, Longquan ware**

Song Dynasty

Overall height: 6cm　Diameter of mouth: 7.8cm

Diameter of foot: 3.9cm

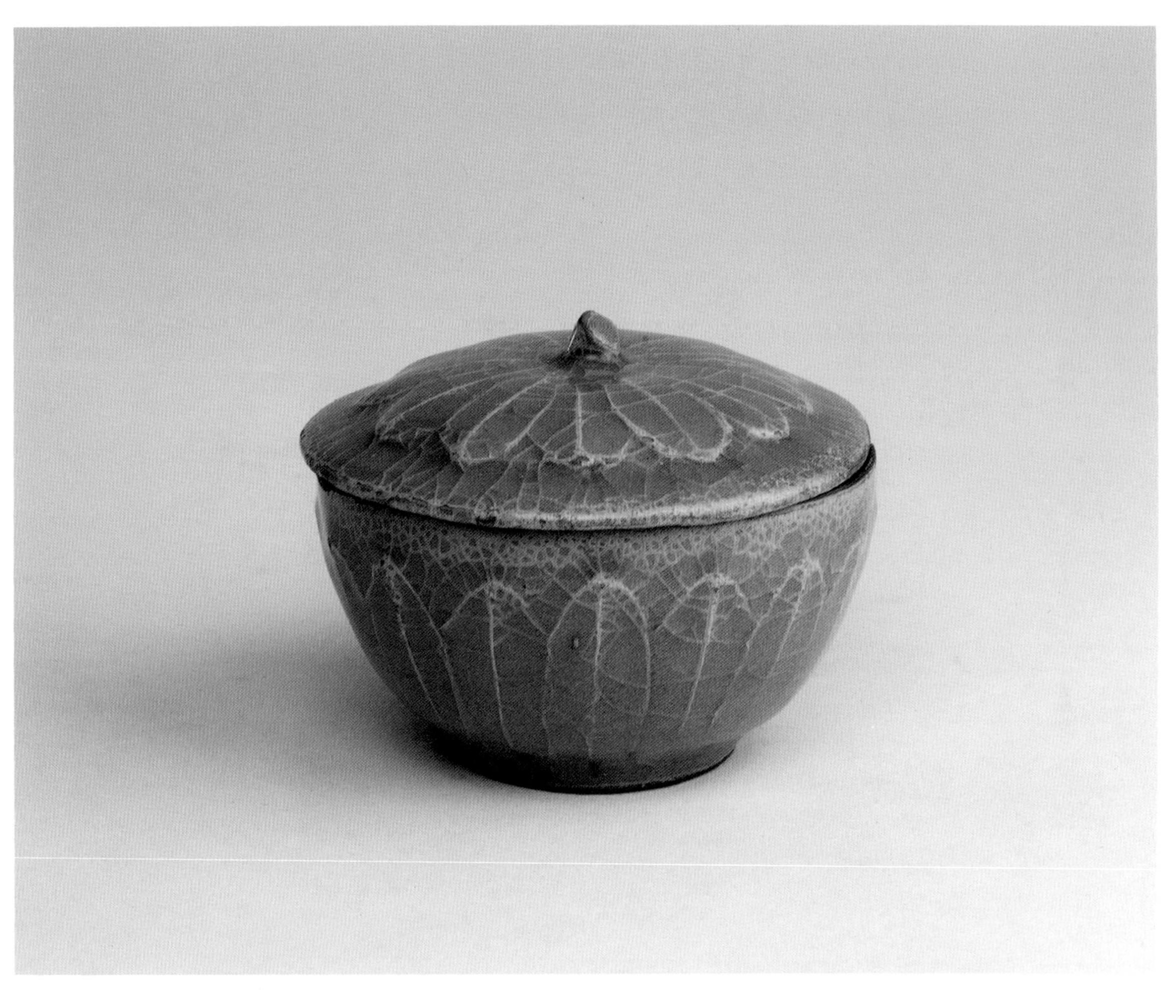

碗直口，口部露胎，圈足，蓋面帶鈕。器身滿佈凸起的蓮瓣紋。器裏、外均施釉，釉色青灰，有開片。口部片紋細碎、繁密，器心片紋較大。

141 龍泉窰"河濱遺範"盤

宋
高4.1厘米
口徑16厘米
足徑5.1厘米
清宮舊藏

**Plate impressed with four characters "He Bin Yi Fan", Longquan ware**

Song Dynasty
Height: 4.1cm
Diameter of mouth: 16cm
Diameter of foot: 5.1cm
Qing Court collection

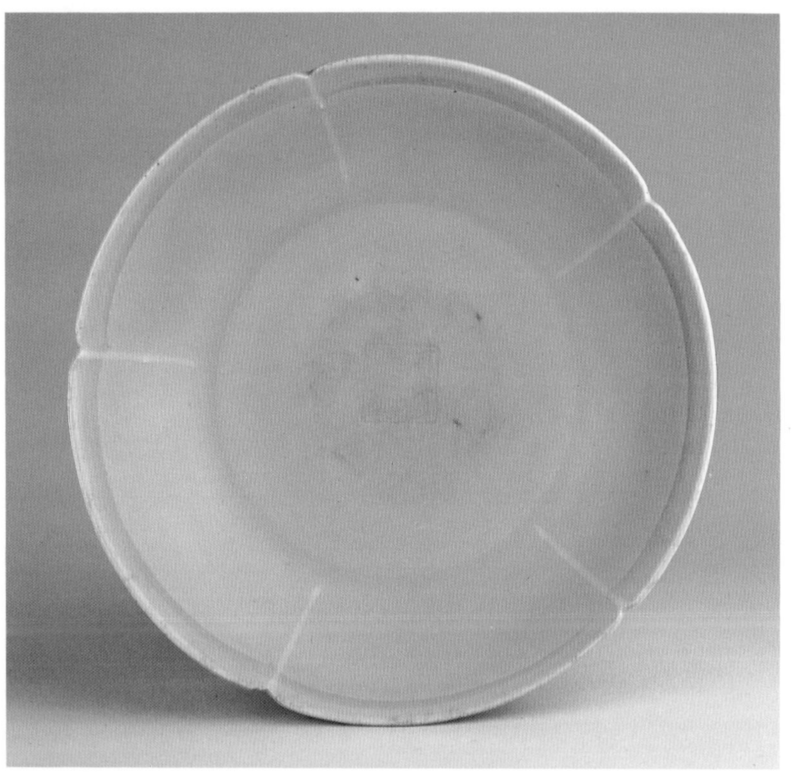

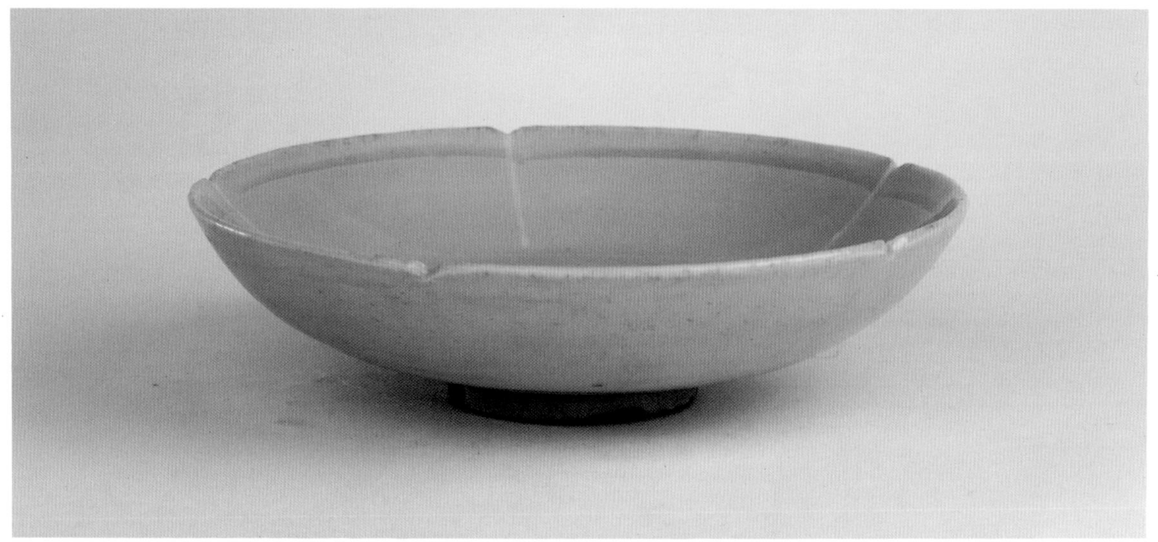

盤口呈五花瓣形，盤底坦平，小圈足。胎體厚重。裏外施滿釉，足內無釉。內心印陰文"河濱遺範"四字，這在龍泉窰製品中較為常見。盤內壁劃有五道白色花瓣紋為飾。此盤造型精巧，為龍泉窰代表性之作。

142

**龍泉窰刻花盤**
宋
高3.2厘米
口徑15.5厘米
足徑5厘米

**Plate incised with floral design, Longquan ware**
Song Dynasty
Height: 3.2cm
Diameter of mouth: 15.5cm
Diameter of foot: 5cm

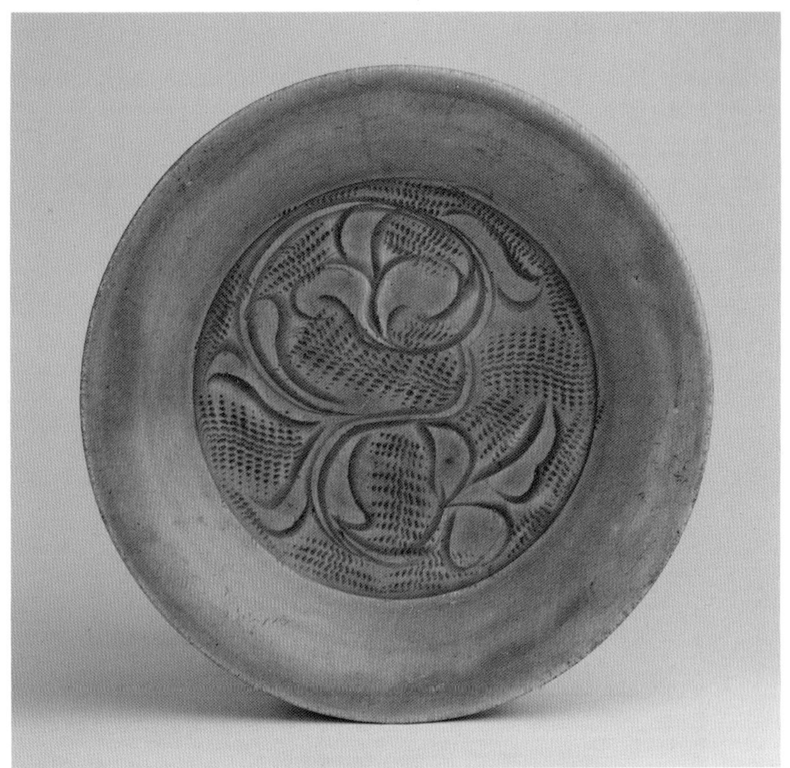

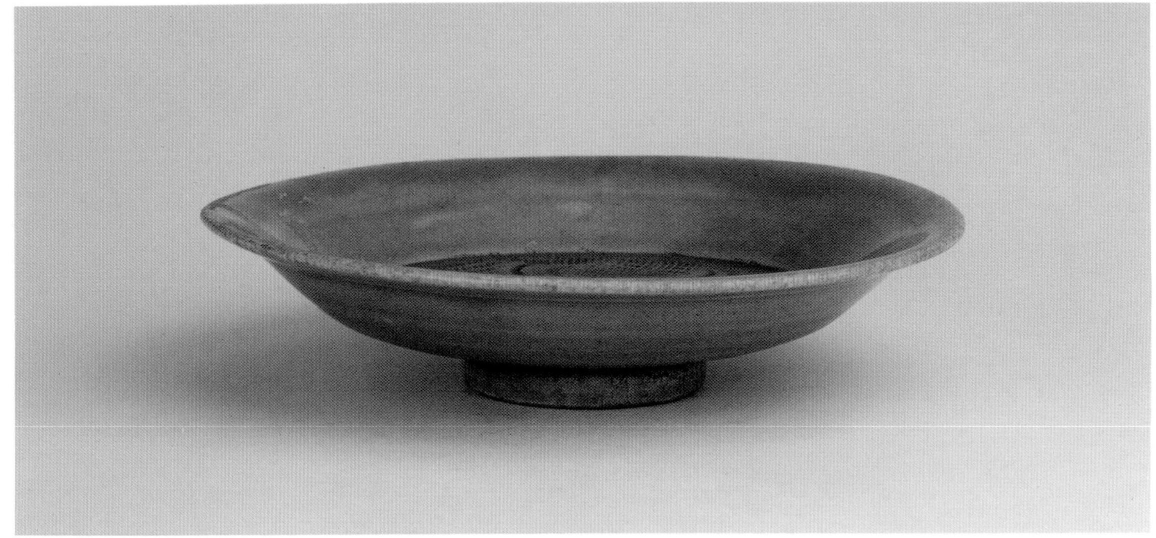

盤口沿外撇，盤心坦平，圈足。盤心刻三朵自然舒展的花葉，用深而寬的斜向刀痕刻出花葉的整體輪廓，再輔以密集成片的篦點紋，猶如花葉在水中浮動。構圖簡潔，佈局疏密得當，中心突出，刻劃精細。外壁無多餘裝飾。器內外施釉，足內無釉，釉色青中泛黃。

143 **龍泉窰花口盤**

宋

高3.5厘米

口徑15.5厘米

足徑5厘米

**Plate with a flower-petal mouth, Longquan ware**

Song Dynasty

Height: 3.5cm

Diameter of mouth: 15.5cm

Diameter of foot: 5cm

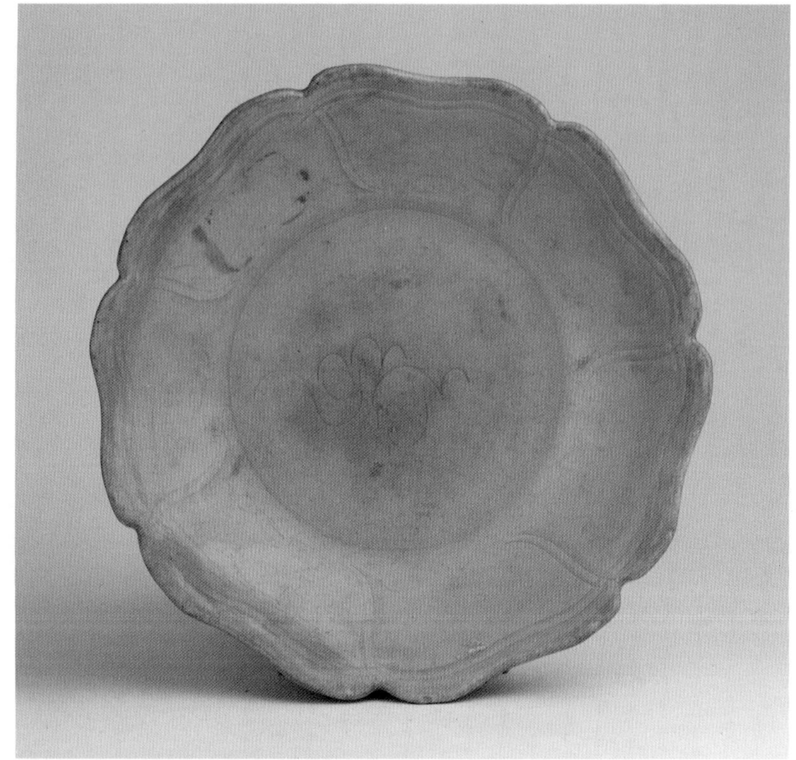

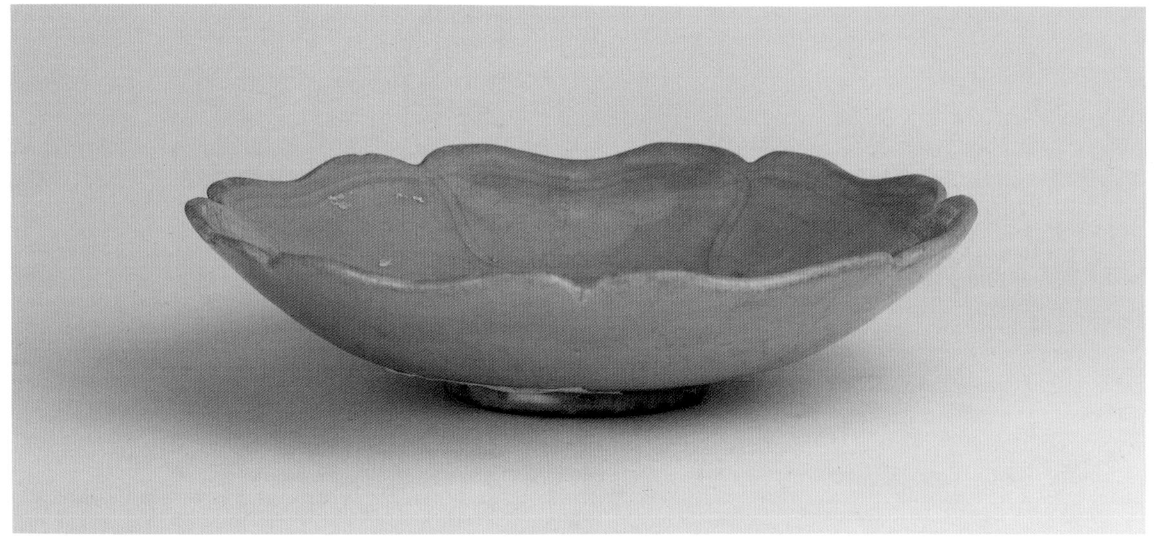

盤花口，口沿下劃雙道曲綫紋，將盤內壁劃分為七花瓣形。內心刻劃較隨意的曲綫形紋飾，外壁光素無紋。圈足，足底部露胎。裏、外均施釉，釉色青灰。

144

## 龍泉窰刻花花口碟

宋
高3厘米
口徑15.5厘米
足徑4.5厘米

**Dish with a flower-petal mouth incised with floral design, Longquan ware**
Song Dynasty
Height: 3cm
Diameter of mouth: 15.5cm
Diameter of foot: 4.5cm

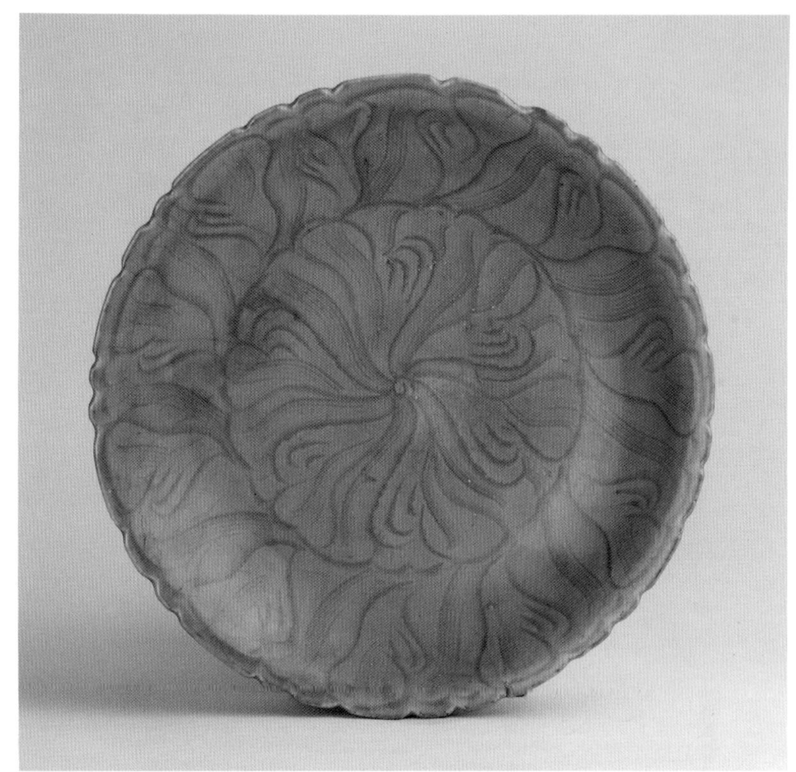

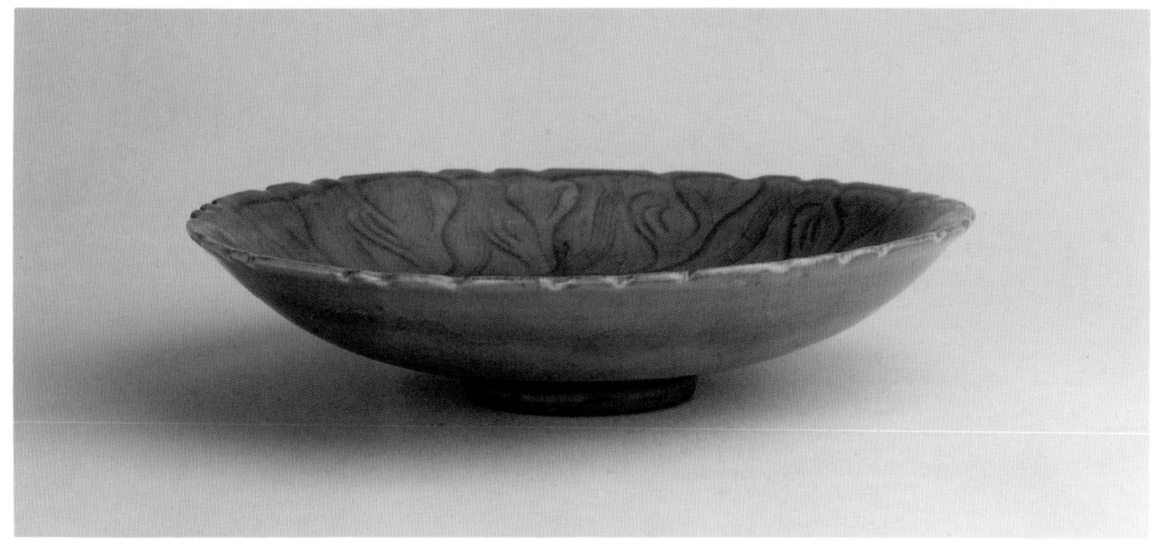

碟花形口，微外撇，底圈足。器壁兩層紋飾，內壁大花瓣紋，裏心滿刻六瓣團花紋，具有圖案化的裝飾效果。外壁釉面開片，無花紋。裏外施釉，釉色青幽潤澤。此碟造型優雅，製作精細，紋飾佈局合宜，綫條流暢而富於變化，是龍泉窰一件上乘之作。

145

**龍泉窰杯**

宋

高5.1厘米　口徑8.3厘米　足徑2.6厘米

**Cup, Longquan ware**

Song Dynasty

Height: 5.1cm　Diameter of mouth: 8.3cm

Diameter of foot: 2.6cm

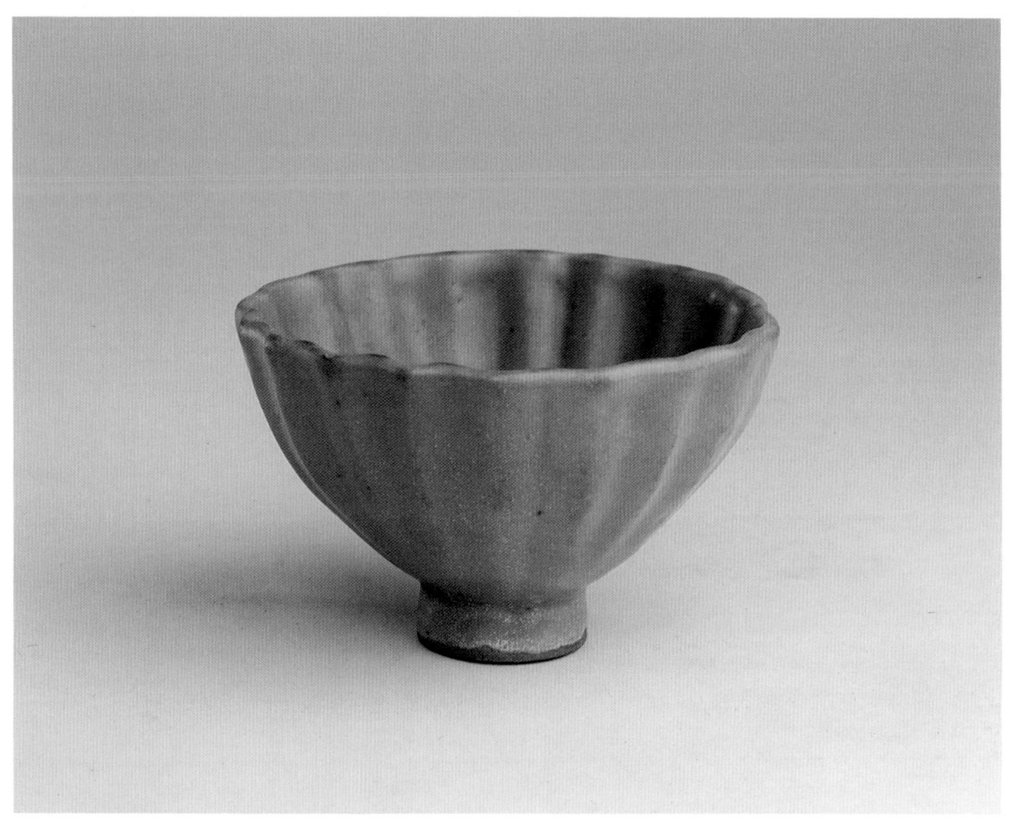

杯花口，杯身呈雞心狀，腹部較深，底心有雞心狀突起，高足小巧，足心有乳突狀物。器壁滿刻菊瓣紋。青灰色釉，柔和雅淡。此杯形體小巧，玲瓏別致，製作精細。

146

## 青釉劃花碗

宋
高3厘米
口徑9厘米
足徑1厘米

**Green glazed bowl with carved design**

Song Dynasty
Height: 3cm
Diameter of mouth: 9cm
Diameter of foot: 1cm

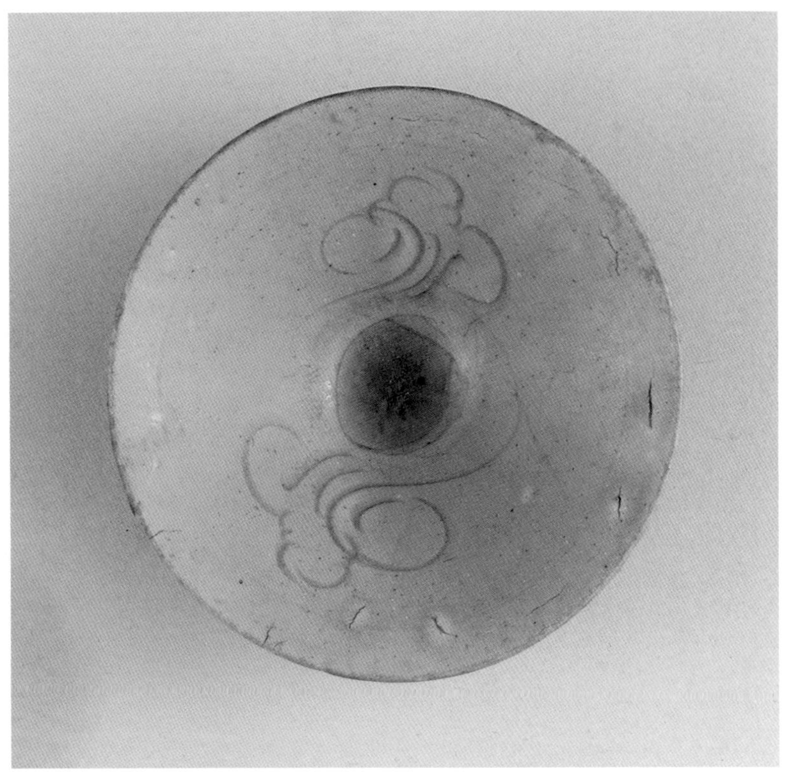

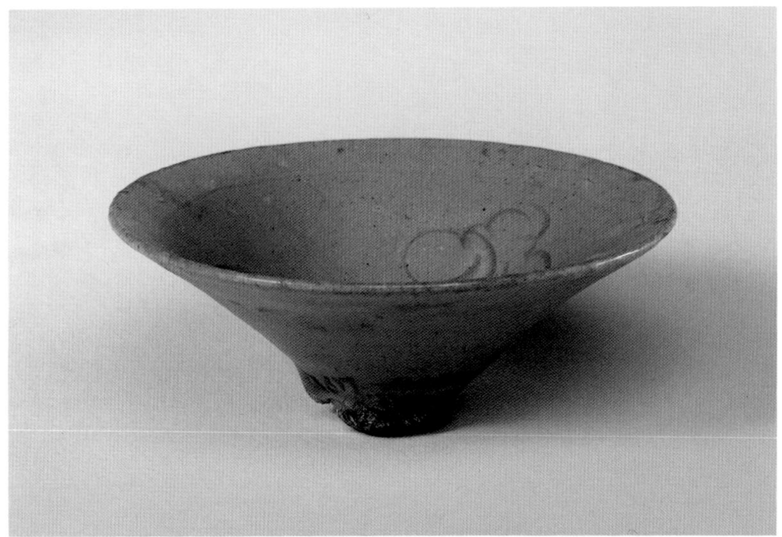

碗敞口，腹壁呈45度斜出，小足，型如斗笠。裏外施青釉，釉質透明，裏心積釉較厚，外近足部有垂釉，圈足內外素胎無釉。碗裏心劃兩朵如意形朵雲。此碗造型小巧，劃花紋飾簡練，為龍泉窰系產品。

147

**青釉劃花碗**

宋
高7厘米
口徑15.5厘米
足徑5厘米

**Green glazed bowl with carved design**

Song Dynasty
Height: 7cm
Diameter of mouth: 15.5cm
Diameter of foot: 5cm

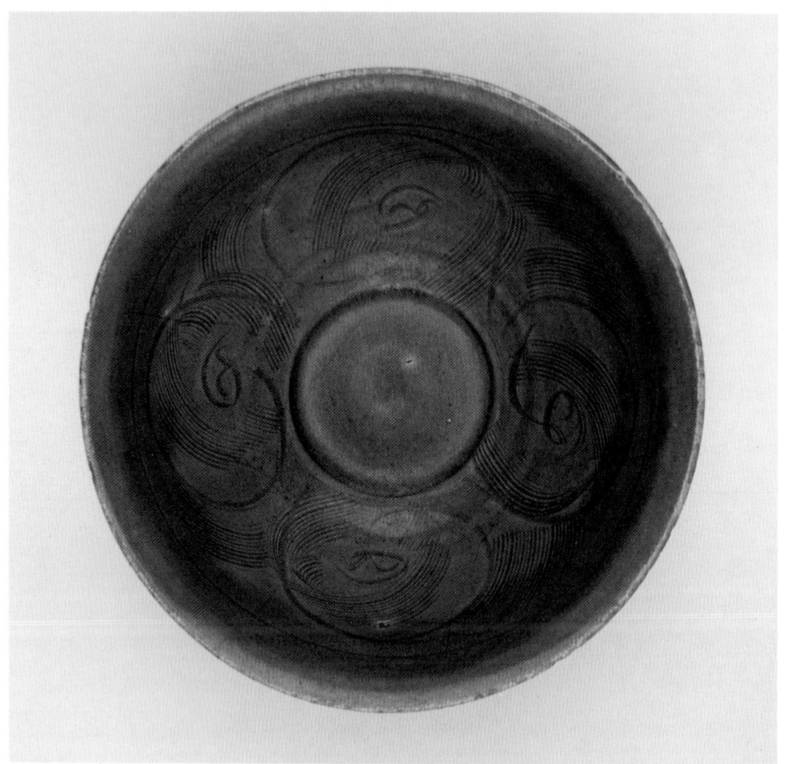

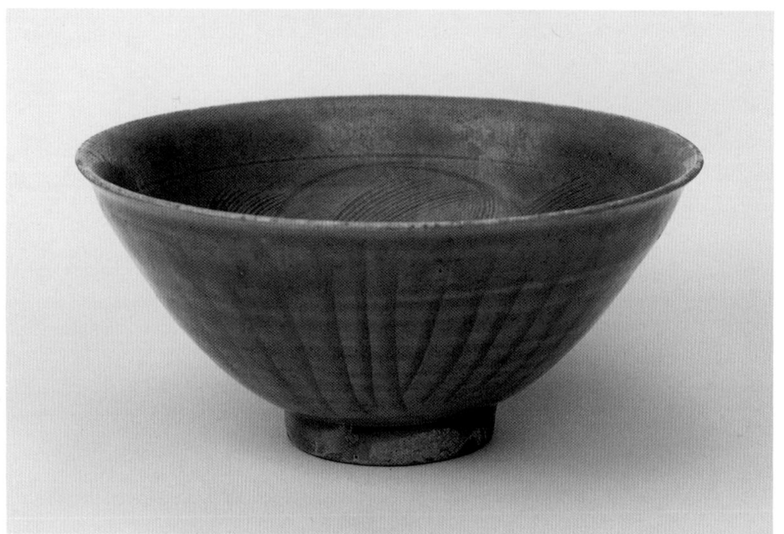

碗敞口，口以下漸內收，圈足。通體施青釉，足底露胎。碗裏飾劃花篦劃紋四組，碗外刻複綫裝飾。以往把具這種裝飾特點的器物大多定為同安窰或同安型。隨着考古工作的發展，目前已在浙江、福建兩省發現了大批燒製這種裏飾劃花篦劃紋，外刻複綫紋的瓷窰。出現這種裝飾較早的是浙江龍泉窰，而後向浙江、福建發展。從該碗的胎釉及紋飾上看，與浙江金華、江山一帶產品極為相似，當為該地產品。

148

**青釉刻花小碗**

宋

高4厘米

口徑12.1厘米

足徑4.6厘米

**Small green glazed bowl incised with floral design**

Song Dynasty

Height: 4cm

Diameter of mouth: 12.1cm

Diameter of foot: 4.6cm

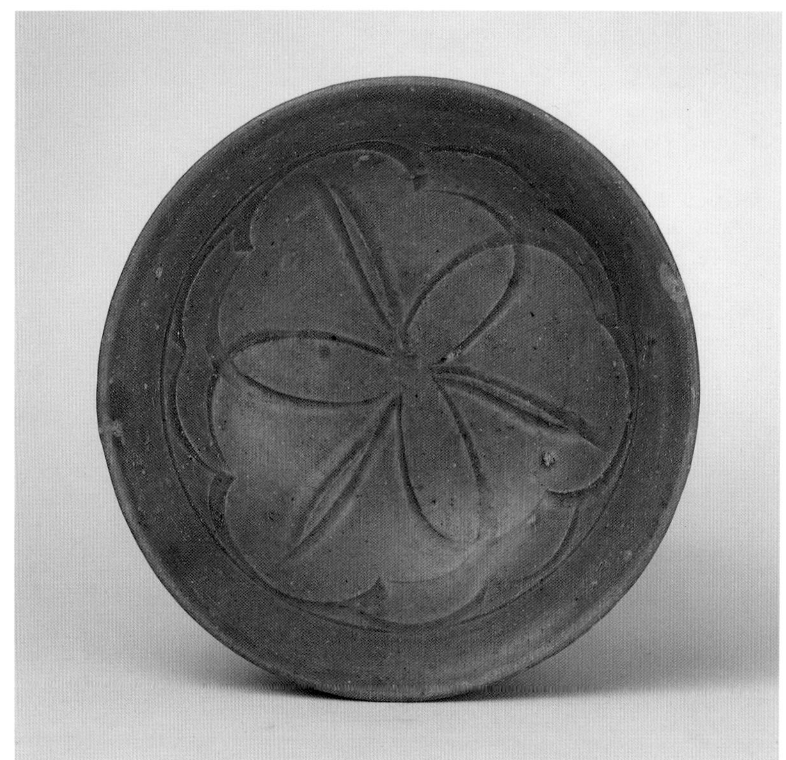

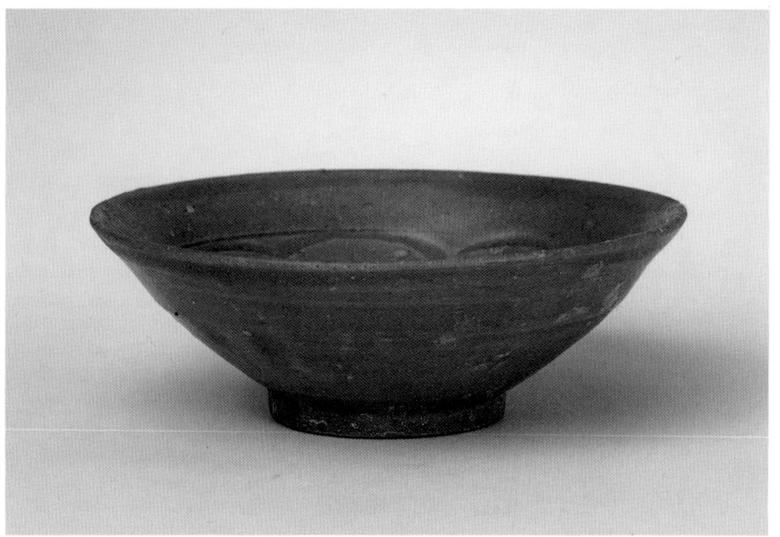

碗敞口，淺腹，圈足。內外施青釉，足滿釉，足底有支燒痕。碗裏口下飾一道弦紋，靠近弦紋刻連弧紋一周，中心刻六瓣花，花瓣三肥三瘦相間排列。此碗胎、釉稍粗，碗外有旋削痕，釉面有幾處露胎，為越窰系瓷窰產品。越窰、鄞縣窰、東陽窰有類似產品。

149

**青釉刻花碗**
宋
高5厘米
口徑13厘米
足徑3.7厘米

**Green glazed bowl incised with floral design**
Song Dynasty
Height: 5cm
Diameter of mouth: 13cm
Diameter of foot: 3.7cm

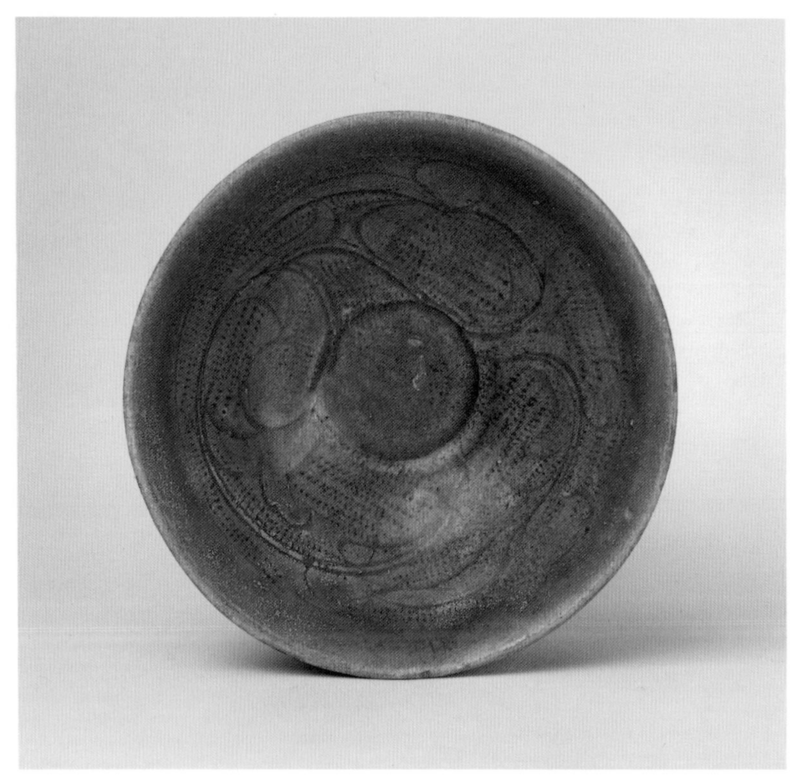

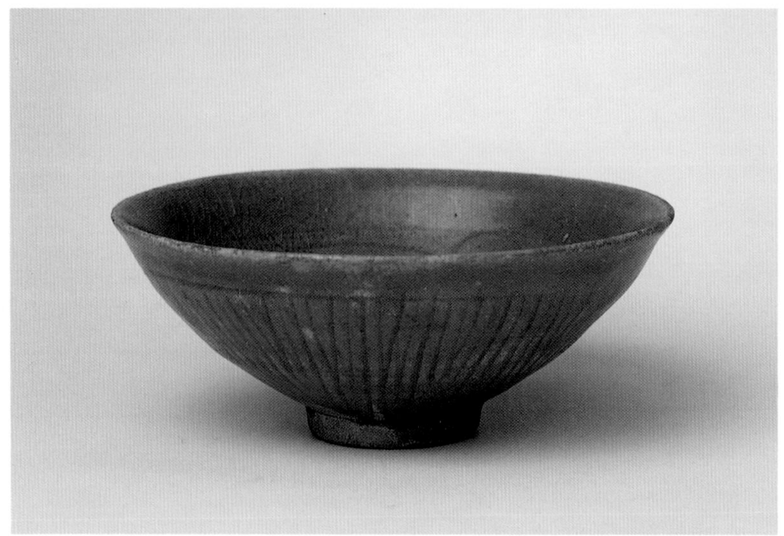

碗敞口，口以下漸內收，圈足。內外施青釉，足底及部分足牆露胎。碗外近口邊飾弦紋一道，弦紋下飾複綫。碗內壁刻劃兩組纏枝花葉，花葉以外用篦狀工具點出之字形篦點紋。此種內劃花篦劃或篦點，外刻複綫紋的碗一般稱之為珠光青瓷，是浙江瓷窰產品。

150 **青釉刻花玉壺春瓶**
宋
高30厘米
口徑7厘米
足徑8厘米

**Pear-shaped vase with incised floral design, green glaze**
Song Dynasty
Height: 30cm
Diameter of mouth: 7cm
Diameter of foot: 8cm

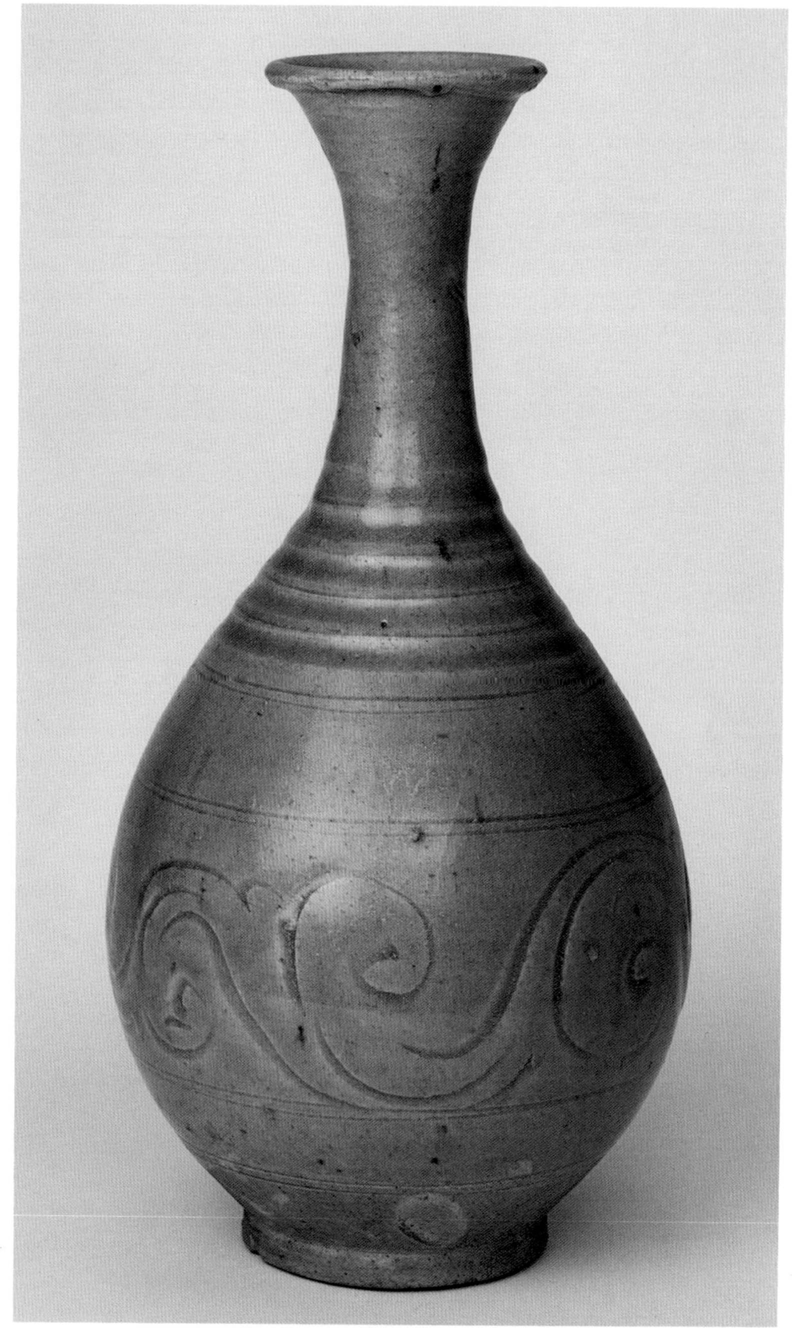

瓶撇口，細長頸，圈足。肩部凸起弦紋四道，瓶身刻弦紋四組，腹部刻捲枝紋一周。釉色淺青，玻璃質感強，釉面有細小開片紋，腹下部及圈足無釉。主題紋飾以刻劃花相結合的手法，劃花綫條細，刻花刀鋒有力，綫條清晰，從其釉質及裝飾手法看，當為宋代南方瓷窰產品。

151 **青白釉瓜式帶蓋壺**

宋

通高9.8厘米　口徑2.5厘米　足徑5.5厘米

**Covered pot in the shape of a melon, greenish white glaze**

Song Dynasty

Overall height: 9.8cm　Diameter of mouth: 2.5cm

Diameter of foot: 5.5cm

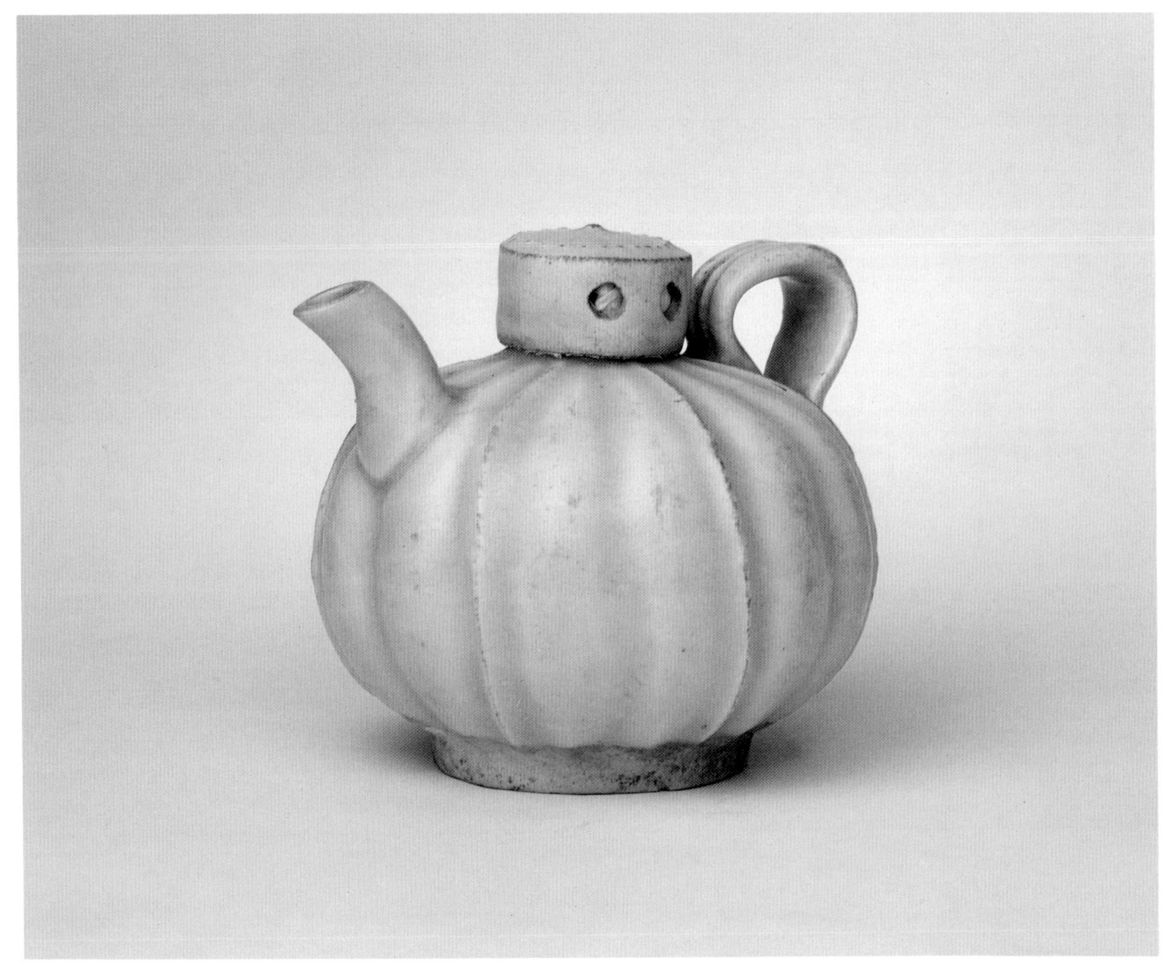

壺身呈瓜棱狀，口蓋相合，蓋頂印有一朵花為飾，蓋壁有二個圓環形繫，可供繫繩用。壺有寬形曲柄，彎流，平底。器身施青白釉，施釉不到底，露胎處泛出火石紅色。此壺造型莊重古樸。

152

## 青白釉洗口瓜棱壺

宋
高19.7厘米
口徑6.6厘米
足徑7.4厘米

**Greenish white glazed pot in the shape of a melon with a washer-shaped mouth**

Song Dynasty
Height: 19.7cm
Diameter of mouth: 6.6cm
Diameter of foot: 7.4cm

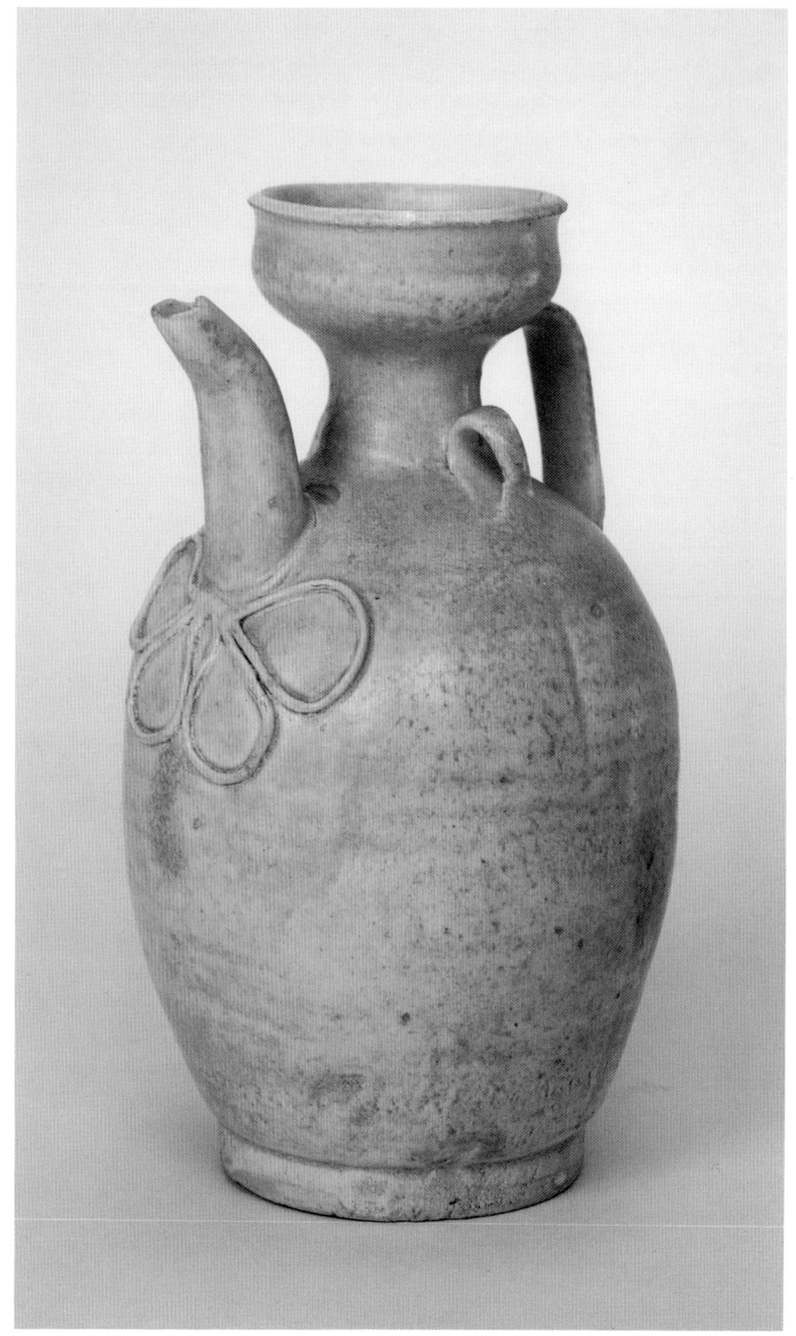

壺洗口，折沿，束頸，鼓腹，圈足，平底，底部露胎。肩部裝有一長流，一曲帶形柄，兩邊有對稱雙耳。流下貼有凸起的蝴蝶結形裝飾。通體施青白釉，釉面佈黑色斑點，器身修長優美。

153

## 青白釉注壺、注碗

宋

通高24厘米　碗口徑17厘米　碗足徑9.8厘米

**Greenish white glazed warming pot and bowl**

Song Dynasty

Overall height: 24cm　Diameter of bowl mouth: 17cm

Diameter of bowl foot: 9.8cm

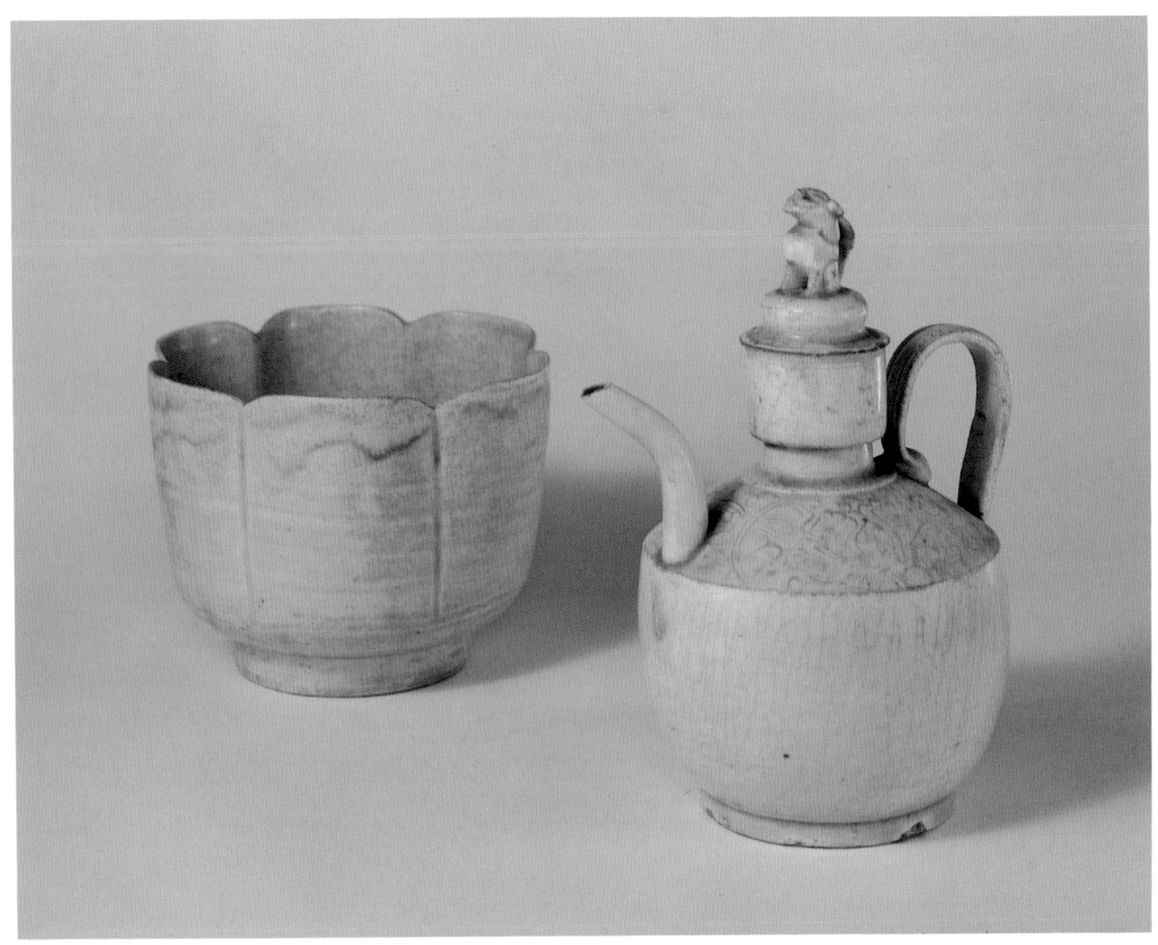

壺直口，溜肩，肩腹之間有明顯的棱角。圓腹，圈足。配有獅形鈕蓋，造型挺秀，棱角分明。通體施青白釉，釉面有明顯的片紋。肩部飾劃花纏枝牡丹。注碗呈六瓣花口，腹部與花口相對應飾六條凹綫，圈足。注壺置於碗內，碗口剛好與壺的肩部相齊。

此套器物為宋代溫酒器具，溫酒器最早見於唐代，稱執壺，根據唐代文獻記載，稱之為“注子”。五代、宋代注壺、注碗為盛酒和溫酒的配套酒具，飲酒前先將酒壺置於碗中，注碗中盛熱水用於溫酒。這種注壺、注碗南北方都有燒製。陝西耀州窰、江西景德鎮窰、安徽繁昌窰都有產品傳世。其中以景德鎮窰所燒造型豐富，數量居多。

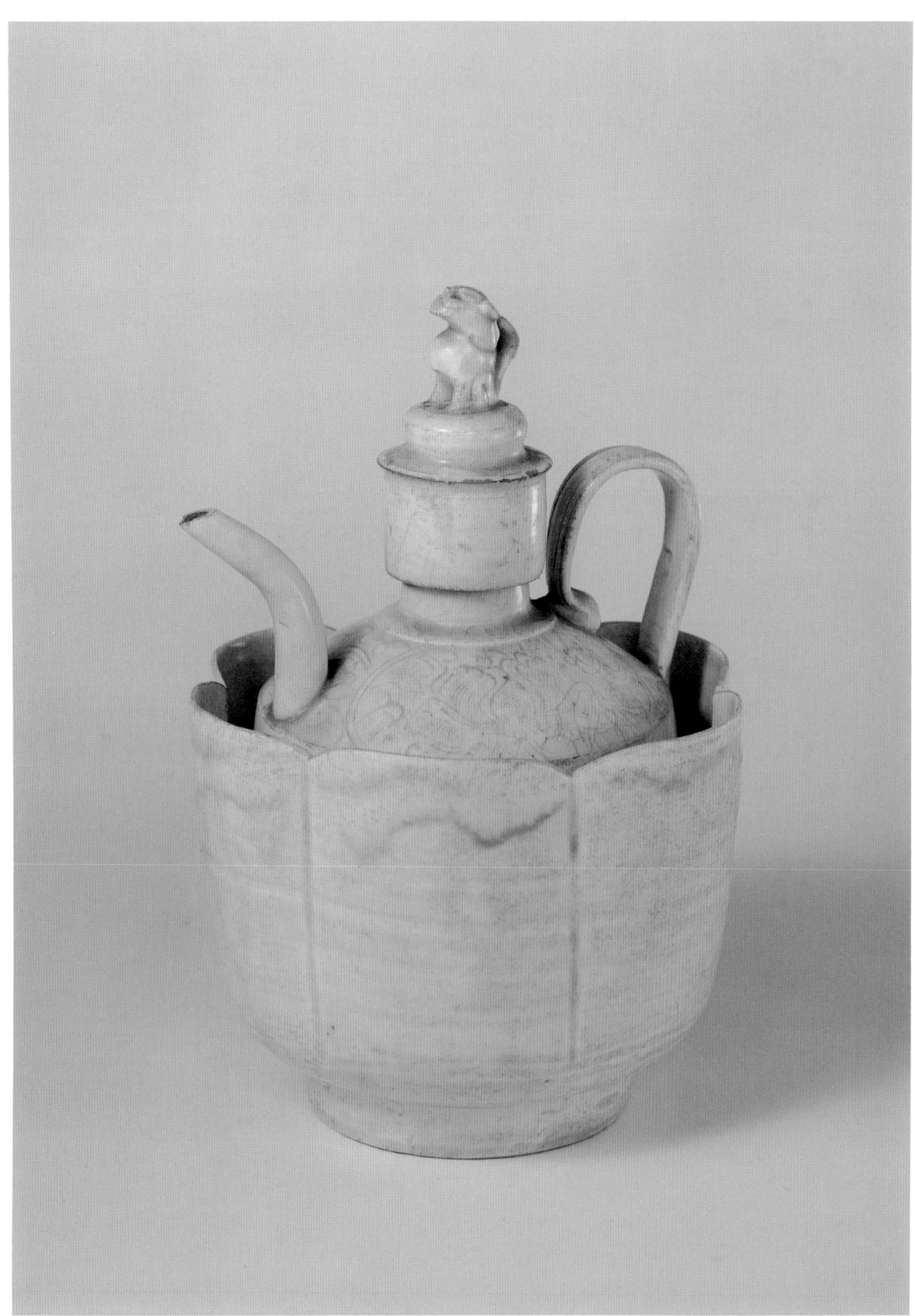

154

## 青白釉印花燭台

宋

高11厘米　口徑5厘米　足徑7厘米

**Greenish white glazed candlestick impressed with floral design.**

Song Dynasty

Height: 11cm　Diameter of mouth: 5cm

Diameter of foot: 7cm

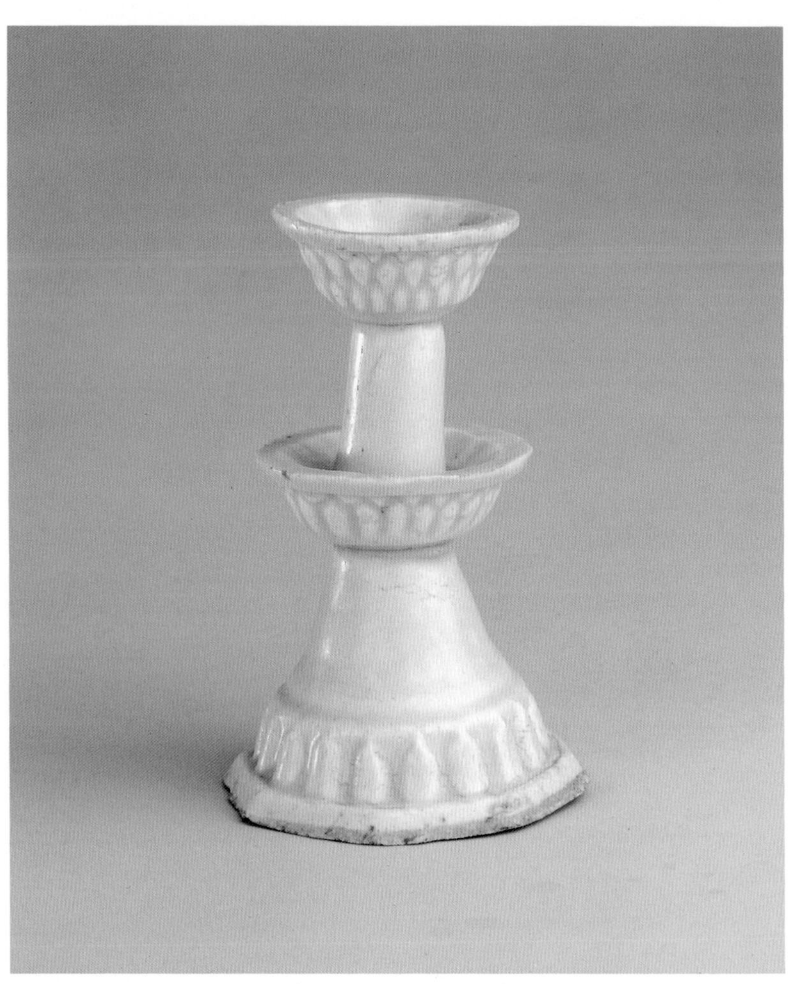

燭台為二層台式，中間形如圓柱。二層台形如小淺碗，上層飾花瓣二層，下層飾花瓣一層。下為喇叭狀撇足，底座呈八方形，上飾花瓣一周。燭台屬照明用具，其製作的歷史十分悠久。從傳世器物看，戰國時期已有各式精美的銅燭台。至三國、兩晉、南北朝，隨着製瓷工藝的發展，青釉燭台出現，其造型種類隨時代而變化。三國時有羊形燭台，兩晉有獅形燭台，南朝燭台造型漸趨複雜，一般為多管形。到隋唐時期，燭台底座的裝飾越趨精美。宋代景德鎮燭台為兩層式，以後明清也多為二層式，但底座較高，有圓形及八方形，具有穩重感。

155

# 青白釉雙獅枕

宋

長17.5厘米　高15.5厘米

**Greenish white glazed pillow decorated with double-lion design**

Song Dynasty

Length: 17.5cm　Height: 15.5cm

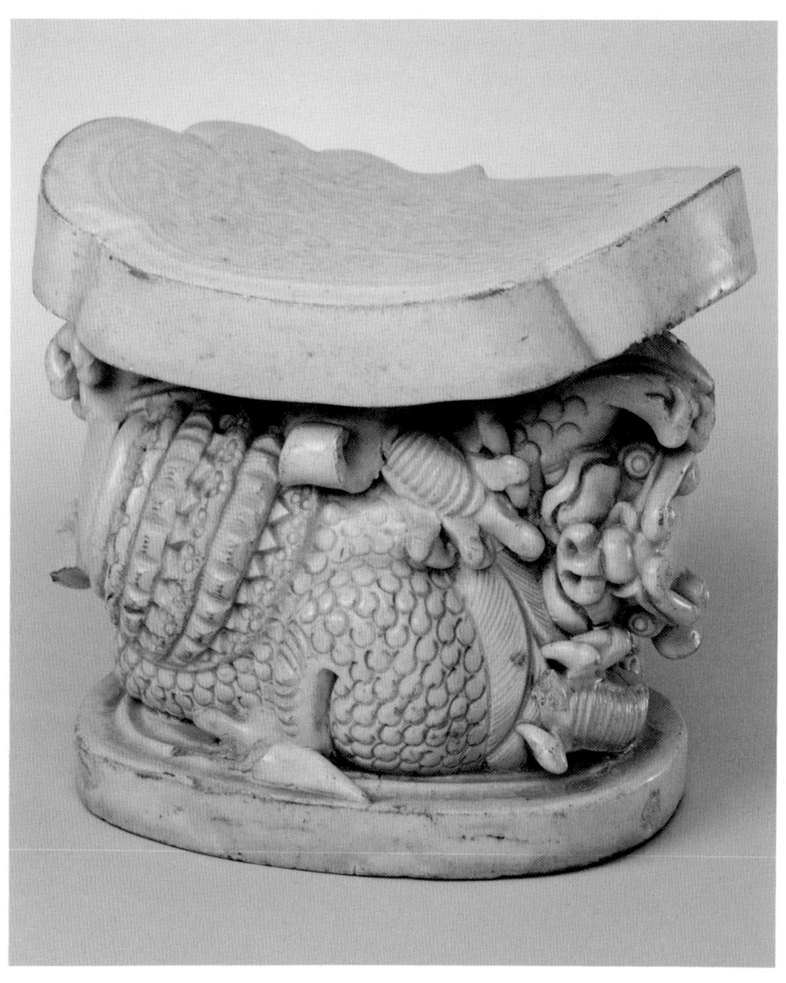

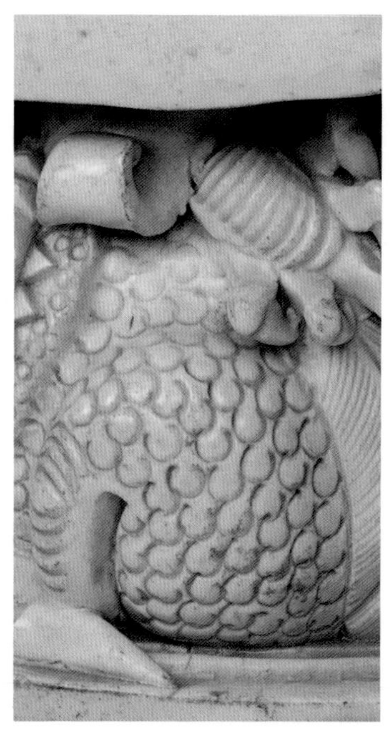

枕分三部分：上為如意花形枕面，兩側上翹，外周依枕形劃出二道邊綫，內刻劃間篦劃菊花一朵，花外花枝纏繞，側視枕面較厚。中間部分為雙獅相擁滾抱嬉戲，靈牙利爪，獅身以圈形工具戳印出珍珠紋和半圓紋，依不同部位大小不一，間飾劃花及篦劃紋，紋理清晰，生動而藝術地表現了獅子的形象，立體感強。下部為一橢圓形底座。三部分組合對稱中有變化，造型完美和諧，是景德鎮窰北宋時期有代表性的枕式之一。

156

## 青白釉刻花洗

宋
高3.2厘米
口徑16.1厘米
足徑11.4厘米

**Greenish white glazed washer incised with floral design**

Song Dynasty
Height: 3.2cm
Diameter of mouth: 16.1cm
Diameter of bottom: 11.4cm

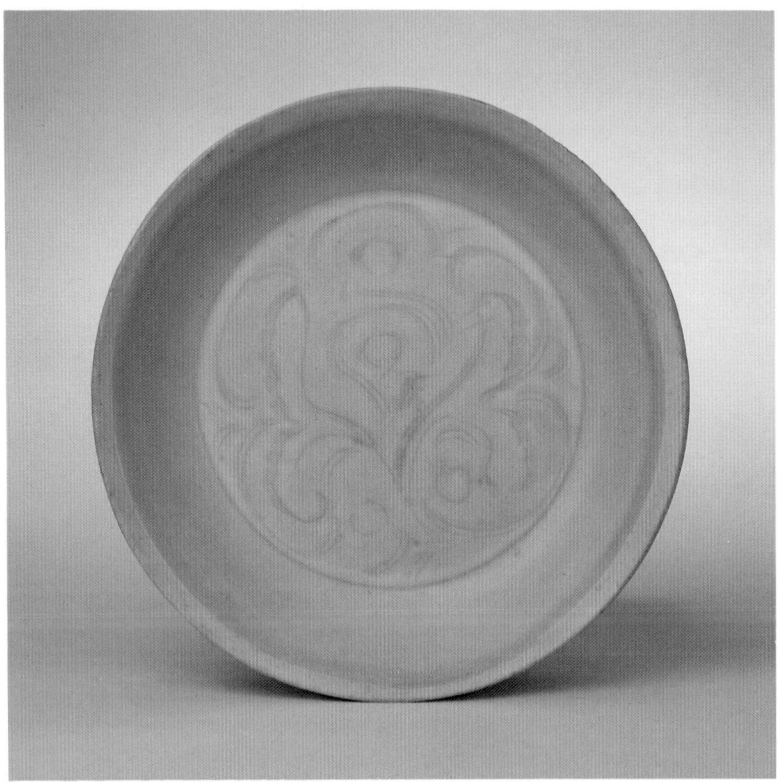

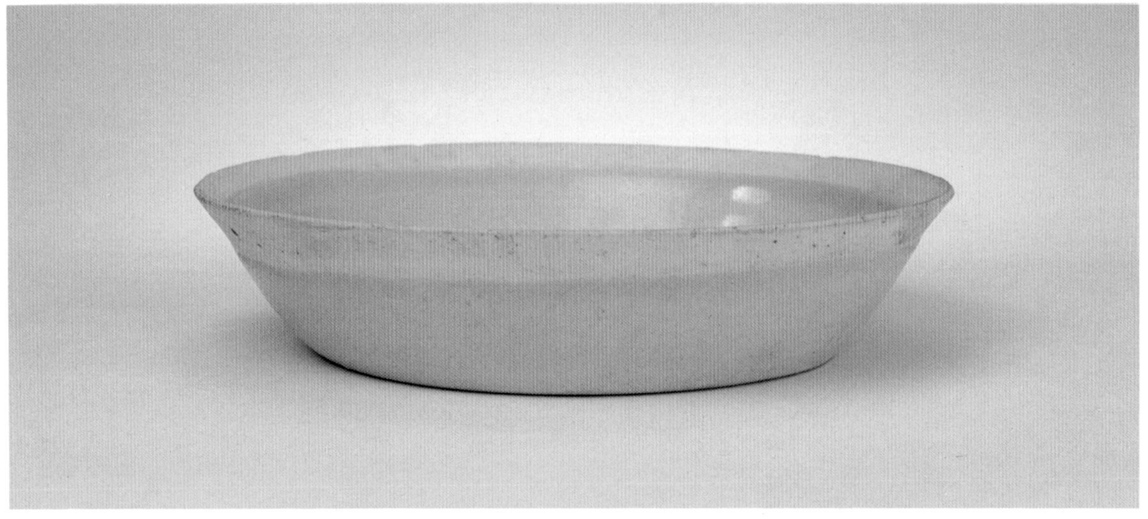

洗口外撇，腹壁斜直，內外壁光素，平底，微向內凹，洗心坦平，印有纏枝花紋，綫條清晰。覆燒露胎，裹外滿施青白釉，釉色光亮，造型穩重大方。

157

## 青白釉菊瓣洗

宋
高2.2厘米
口徑10.7厘米
底徑7.5厘米

**Chrysanthemum-petal-shaped washer in greenish white glaze**

Song Dynasty
Height: 2.2cm
Diameter of mouth: 10.7cm
Diameter of bottom: 7.5cm

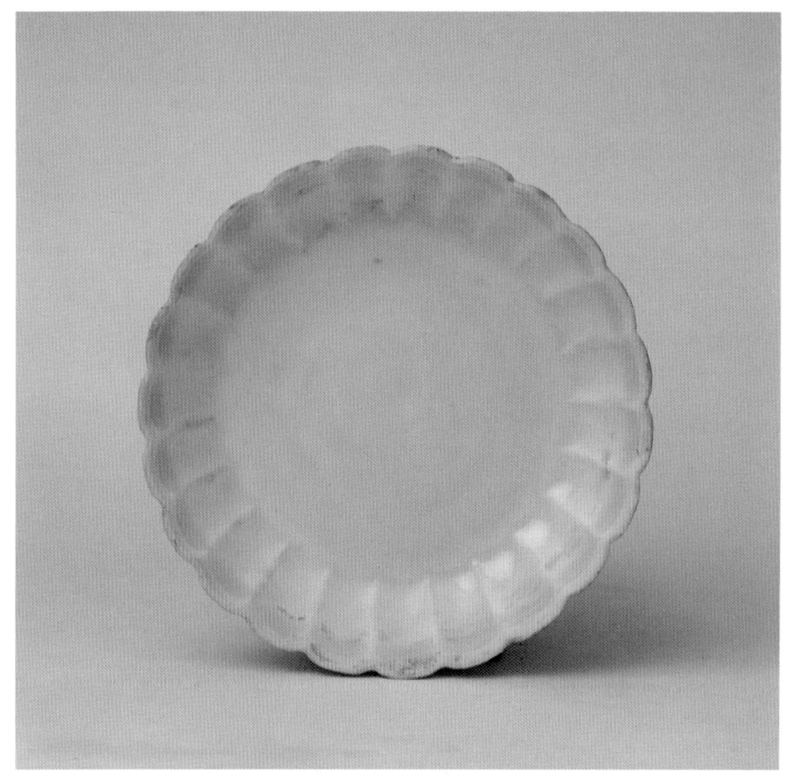

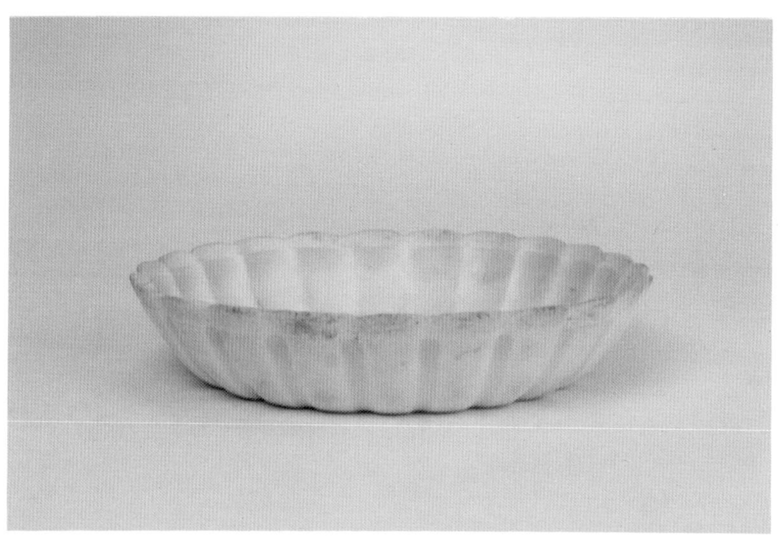

洗敞口，覆燒脫釉，通體呈菊瓣狀，底稍內凹。裏、外均施青白釉，積釉處釉色較深，造型小巧精緻。

158

## 青白釉刻花洗

宋
高3.4厘米
口徑16.2厘米
底徑11.4厘米

**Greenish white glazed washer with incised floral design**

Song Dynasty
Height: 3.4cm
Diameter of mouth: 16.2cm
Diameter of bottom: 11.4cm

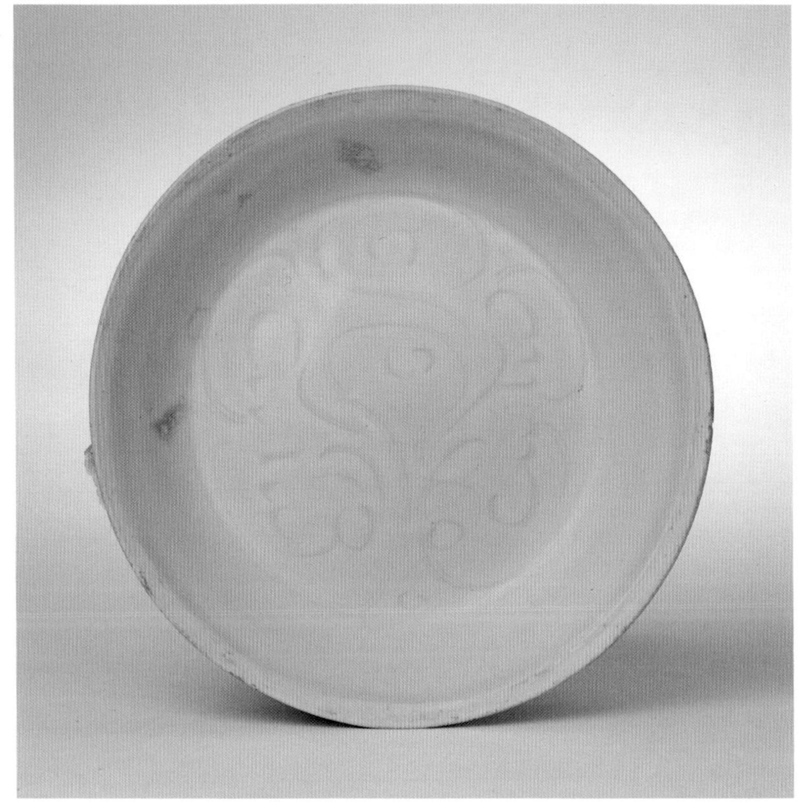

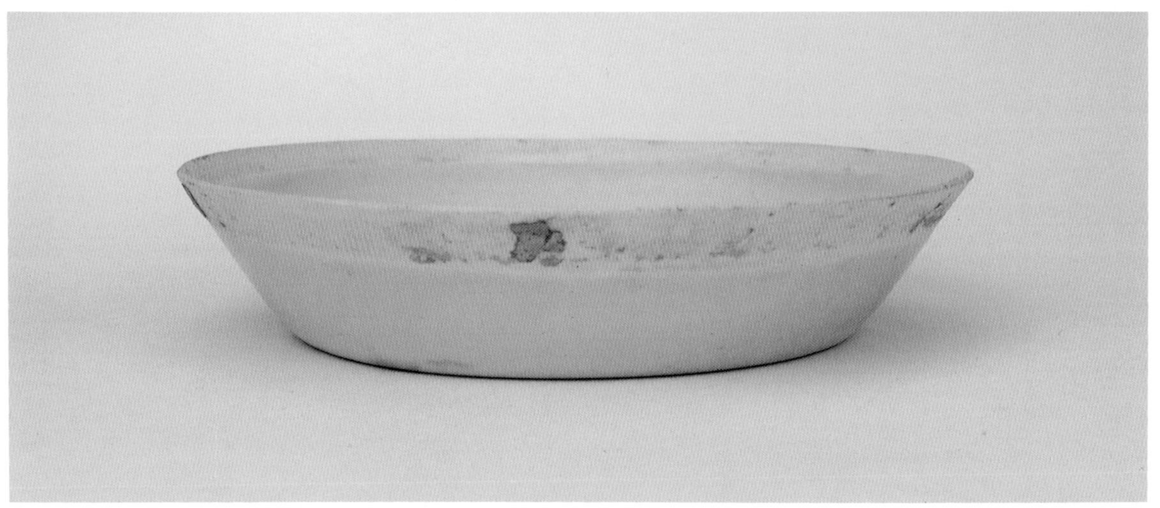

洗為寬邊芒口，口沿外壁殘留寸許銅邊，腹微斜，平底，底向內凹，有出土痕迹。器內外壁光素無紋，裏心刻纏枝花葉紋。裏外滿施青白釉，釉色柔和光潤，綫條刻劃瀟灑簡練。

159

## 青白釉印花盤

宋
高3.8厘米
口徑16厘米
足徑5厘米
清宮舊藏

**Greenish white glazed plate with impressed floral design**

Song Dynasty
Height: 3.8cm
Diameter of mouth: 16cm
Diameter of foot: 5cm
Qing Court collection

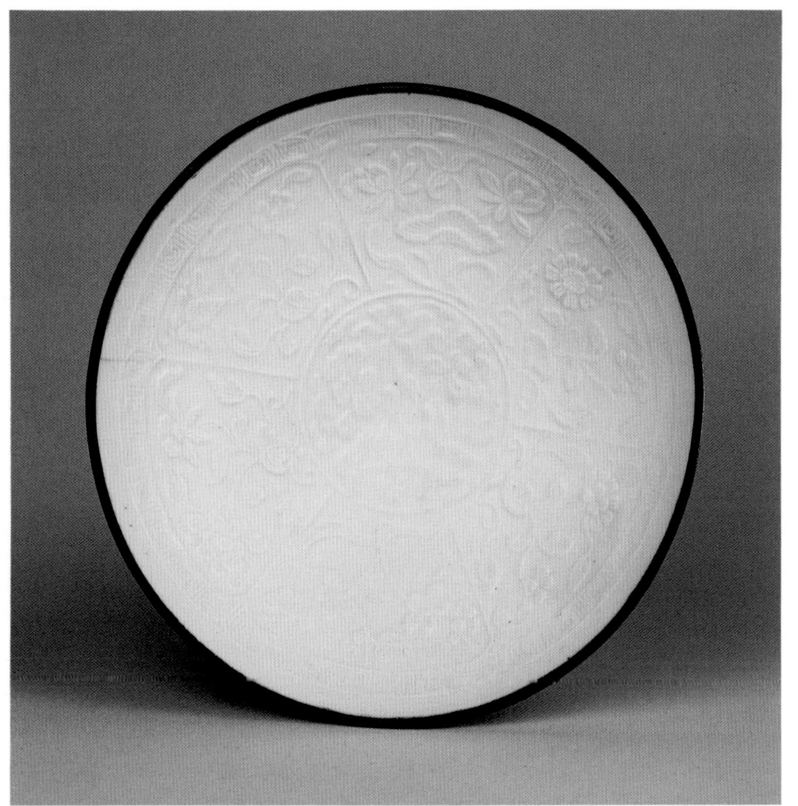

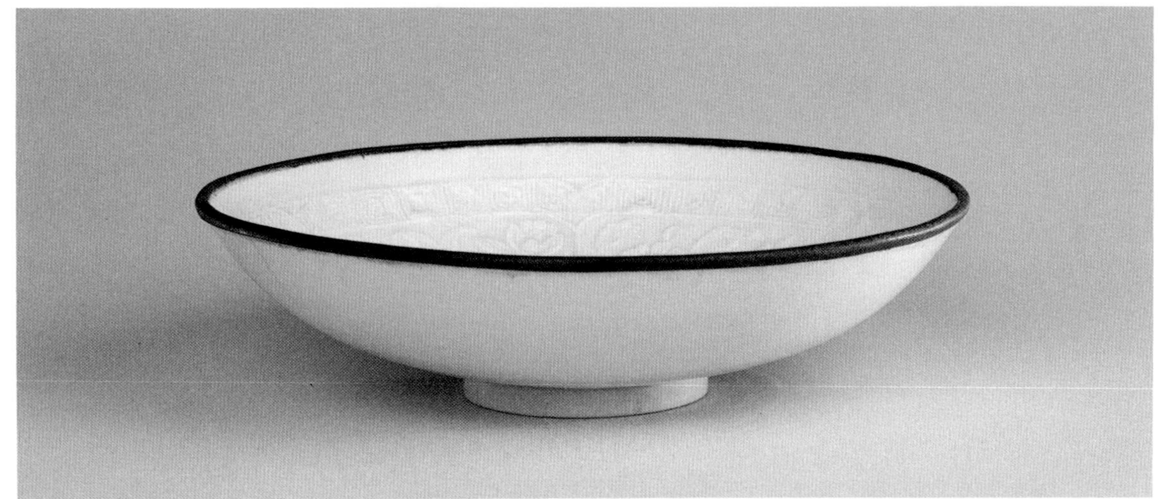

口微敞，鑿銅邊，淺弧壁，圈足。內口下印一圈回紋邊飾，盤壁凸起六直綫將其分成六格，每格分別印有牡丹、荷花、菊花、梅花等四季花卉，底印一折枝牡丹。胎體輕薄，裏外施青白釉。

盤裏凸起直綫紋裝飾，為仿金屬器具造型。景德鎮窰燒製的青白瓷印花盤、碗，其印花紋飾均為陽紋，絕大多數印於盤碗的裏部及盒蓋上面。此盤採用覆燒方法，為仿定窰之作。這種裝燒方法，大大增加了產品的產量，曾一度使景德鎮裝燒青白瓷形成風尚，並影響到江南地區的很多瓷窰。由於其在原料選擇、製作工藝以及裝飾紋樣等方面都達到了相當水平，因而也被宮中收藏。

160

## 青白釉刻花葵瓣口盤

宋
高3.8厘米
口徑16.1厘米
足徑5.2厘米

**Greenish white glazed plate with a mallow-petal mouth incised with floral design**

Song Dynasty
Height: 3.8cm
Diameter of mouth: 16.1cm
Diameter of foot: 5.2cm

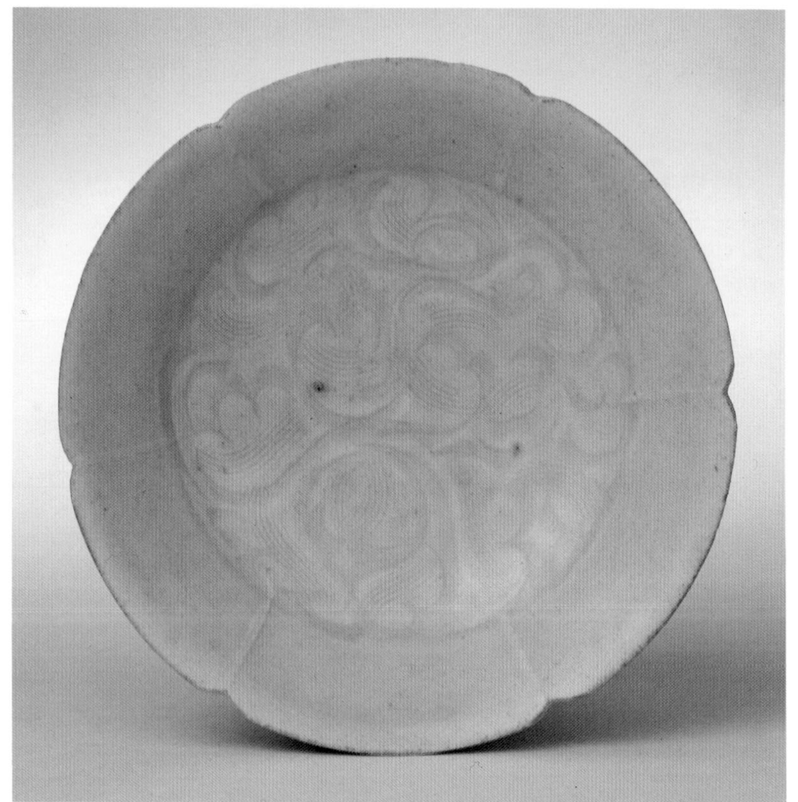

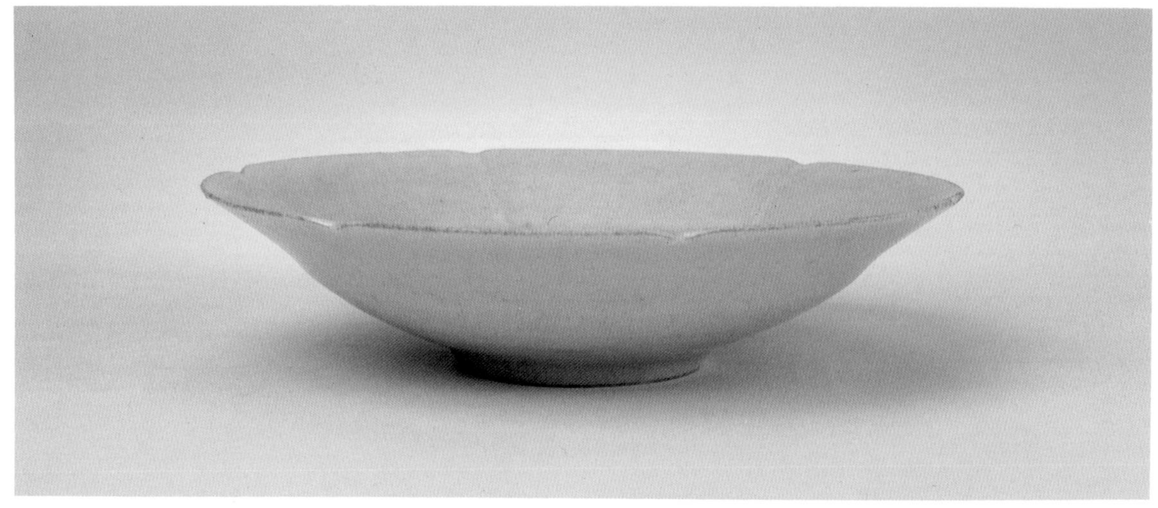

盤為六瓣花式口，折腹，圈足，足部露胎。外壁光素無紋，裏心刻花卉紋。裏外施青白色釉，釉面不潔淨，有點狀黑斑。

161

**青白釉花瓣小碟**

宋

高1.5厘米

口徑8.2厘米

足徑4厘米

**Small flower-petal-shaped dish in greenish white glaze**

Song Dynasty

Height: 1.5cm

Diameter of mouth: 8.2cm

Diameter of foot: 4cm

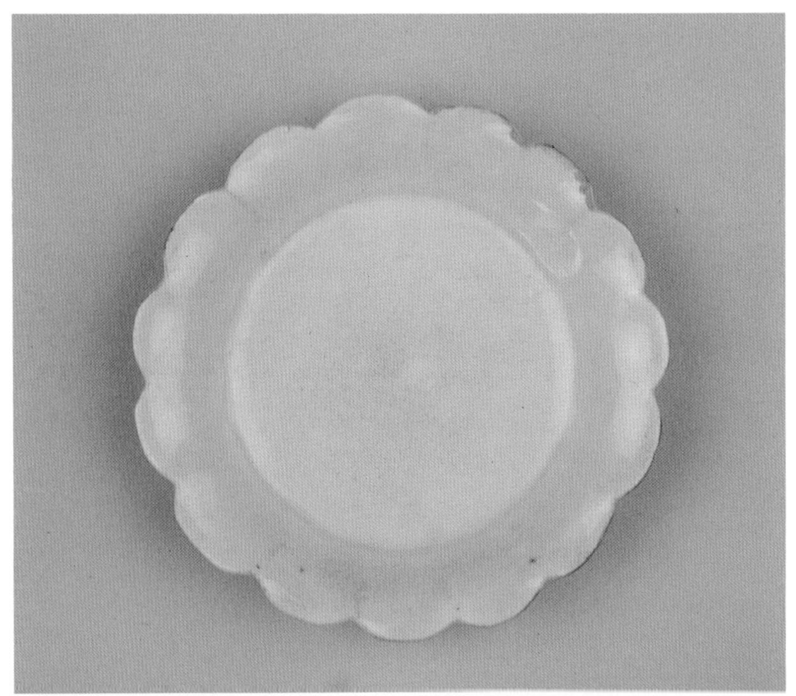

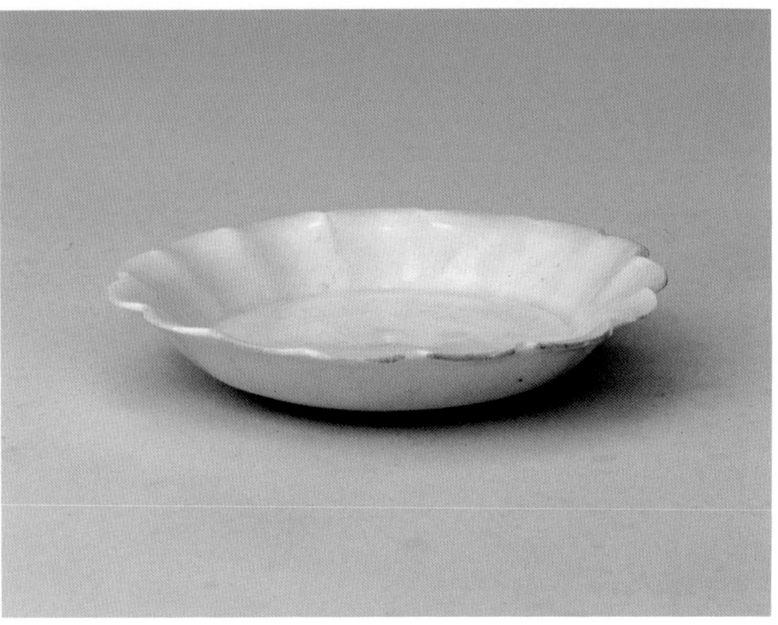

碟為淺式，淺足。碟身呈十五瓣花口，碟壁內凹外凸作花瓣形。此器物型係仿金銀器式樣燒製，胎薄體輕，釉質純淨，具青白玉效果。

162

## 青白釉葵瓣口卧足碟

宋

高2.3厘米　口徑11厘米　足徑4厘米

**Greenish white glazed dish with a mallow-petal mouth and concave foot**

Song Dynasty

Height: 2.3cm　Diameter of mouth: 11cm

Diameter of foot: 4cm

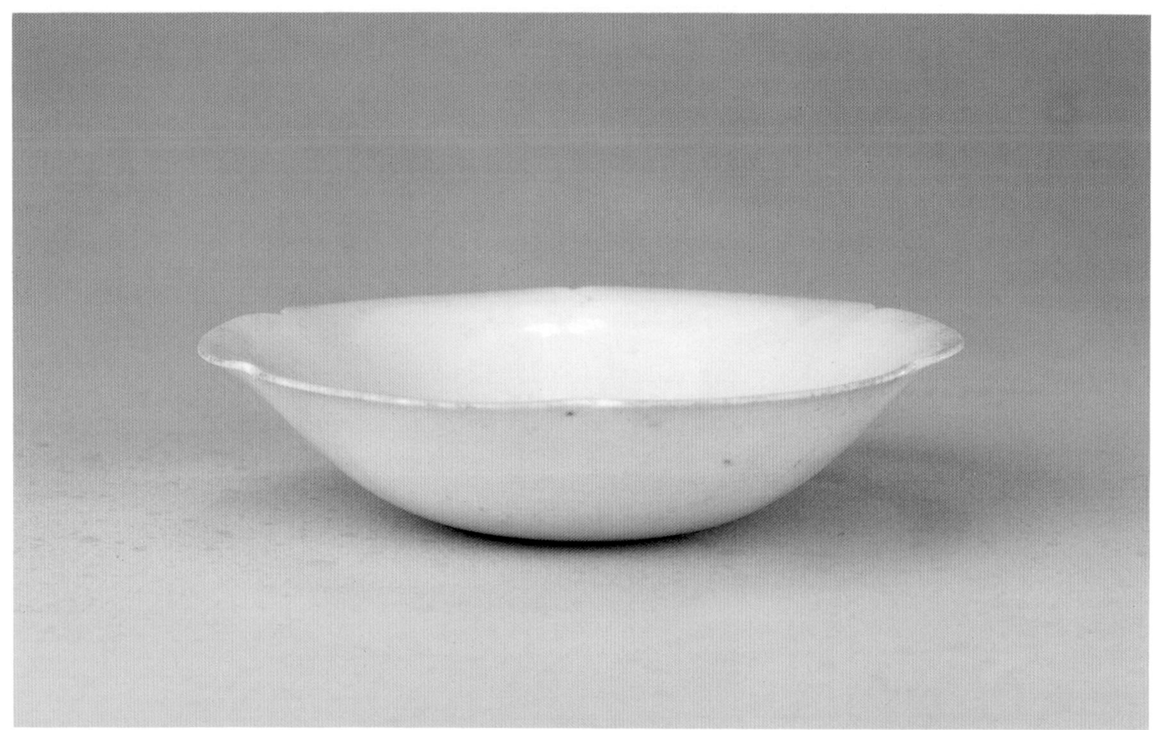

碟敞口，小平足。口部呈六瓣花口。施青白釉，釉質滋潤。此碟無裝飾，以純淨如玉的質地及輕巧圓潤的造型取勝。是景德鎮湖田窰北宋時期產品。

163

**青白釉葵花小碟**

宋

高1.8厘米　口徑10.6厘米　足徑3.6厘米

清宮舊藏

**Small mallow-petal-shaped dish in greenish white glaze**

Song Dynasty

Height: 1.8cm　Diameter of mouth: 10.6cm

Diameter of foot: 3.6cm

Qing Court collection

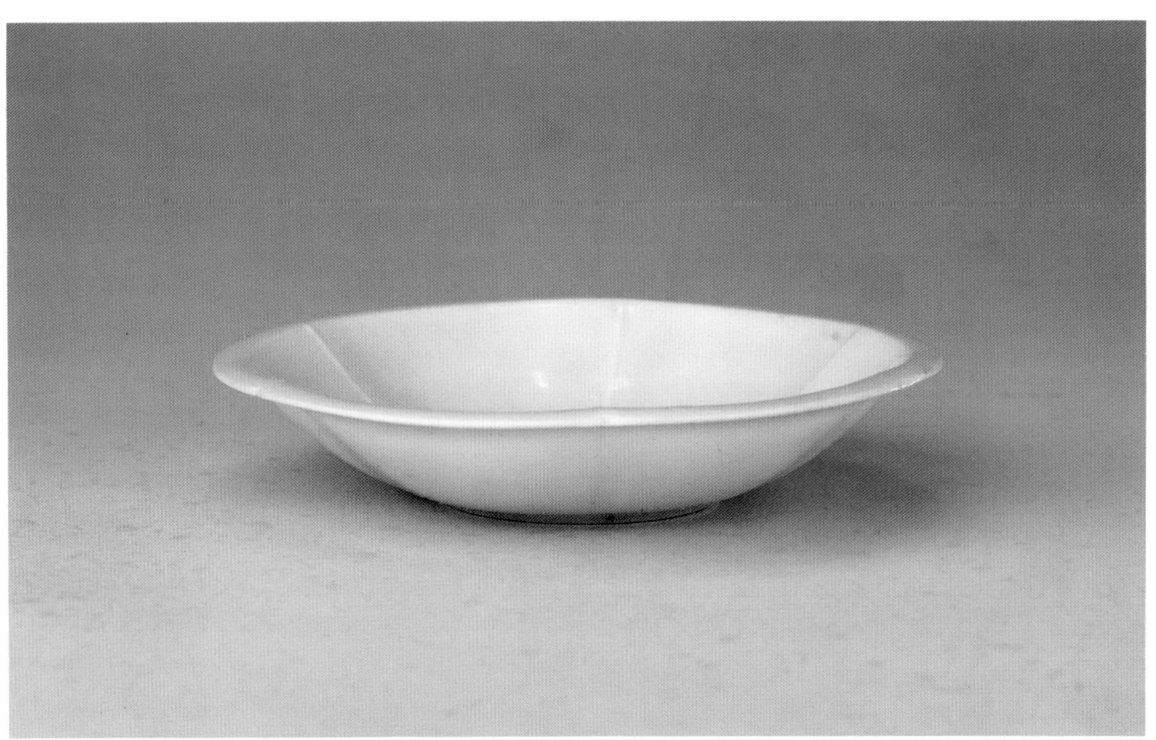

碟口微外折，呈六瓣葵花口。碟裏凸起六條綫，俗稱出筋。外相應內凹六條綫。小淺足。造型係仿金銀器形制，胎薄體輕，造型小巧工細，釉質純淨無瑕，是景德鎮湖田窰北宋時期的產品。青白瓷係模仿青白玉效果燒製而成，素有假玉器之稱。宋、元之際南方瓷窰普遍燒製，以景德鎮產品為佳。

164

**青白釉劃花碟**
宋
高3厘米
口徑13.4厘米
底徑9.3厘米
清宮舊藏

**Greenish white glazed dish with carved floral design**
Song Dynasty
Height: 3cm
Diameter of mouth: 13.4cm
Diameter of bottom: 9.3cm
Qing Court collection

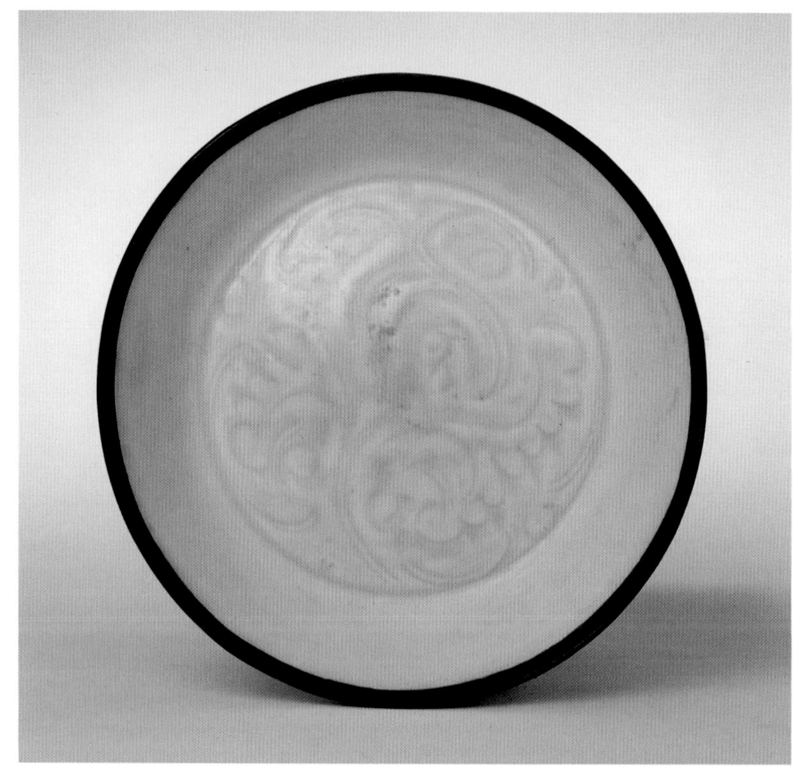

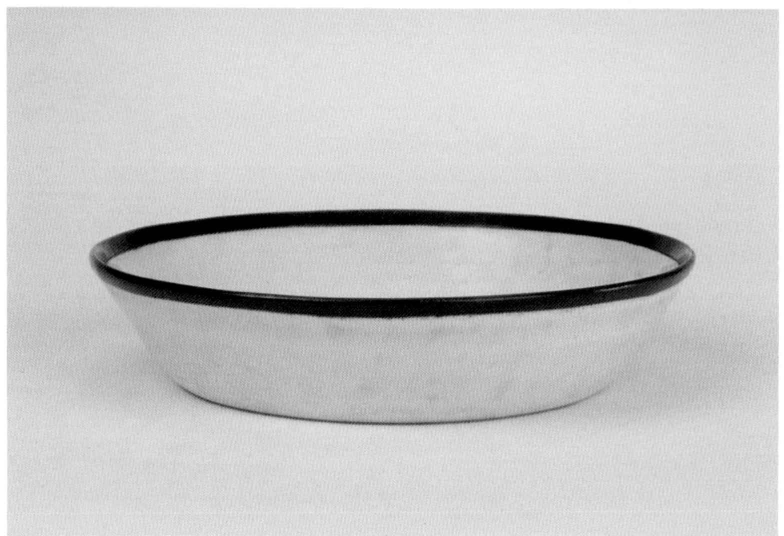

碟侈口，鑲銅口，底上凸，壁斜直。外部光素無紋，裏心刻劃牡丹紋一枝，綫條流暢。底部有細緻的旋紋痕迹。器裏外滿施青白釉，釉色青亮。

165

**青白釉雙耳帶蓋瓶**
宋
通高21.6厘米
口徑3.6厘米
足徑10.8厘米

**Covered vase with two ears in greenish white glaze**
Song Dynasty
Overall height: 21.6cm
Diameter of mouth: 3.6cm
Diameter of foot: 10.8cm

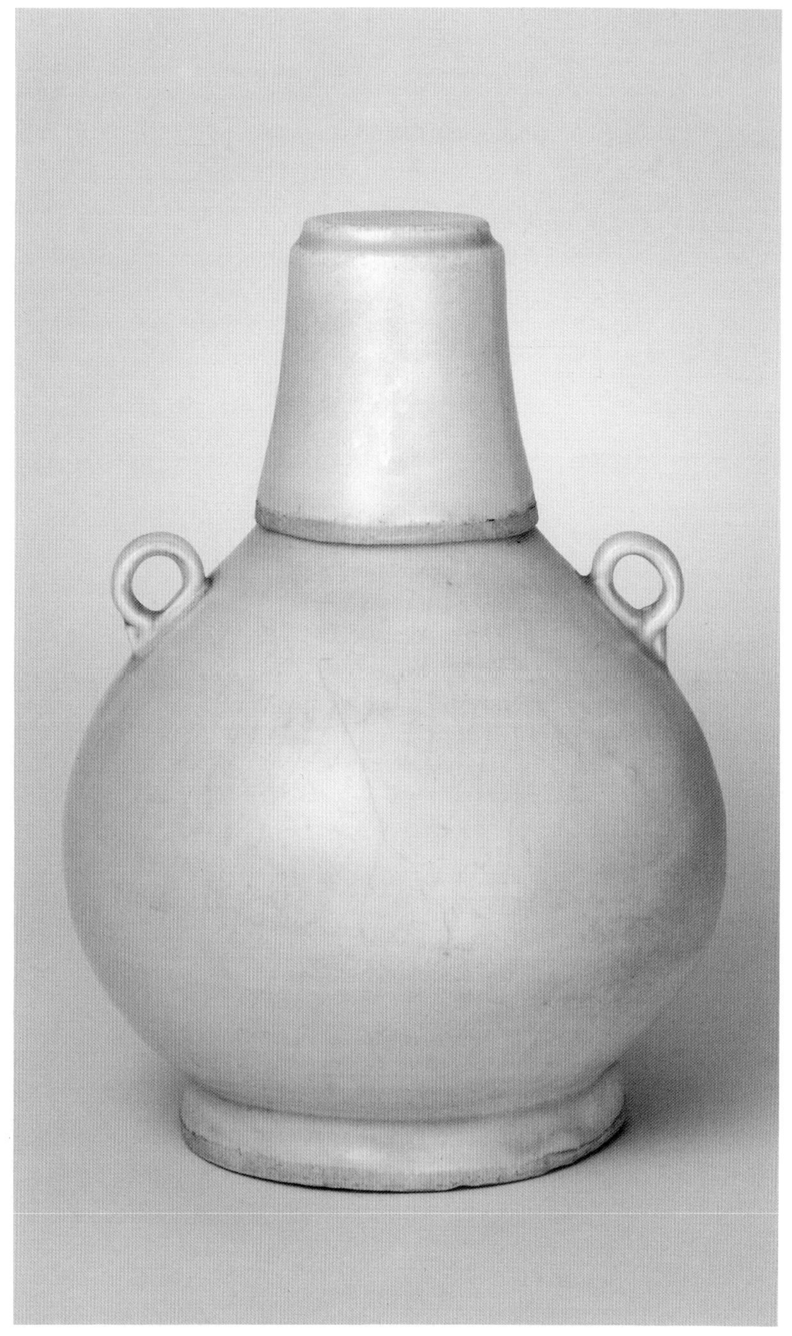

瓶小口，短頸，碩圓腹，向外鼓出，肩部裝有對稱的雙耳，圈足，底部露胎無釉。瓶蓋形如倒扣的茶杯，口部脱釉。裏外滿施青白釉，釉質光潤，釉面密集開片紋。

166

## 青白釉刻花梅瓶

宋

高26.6厘米　口徑5厘米　足徑8.5厘米

**Prunus vase incised with floral design, greenish white glaze**

Song Dynasty

Height: 26.6cm　Diameter of mouth: 5cm

Diameter of foot: 8.5cm

瓶小口出邊，細頸，溜肩，肩以下漸收，圈足，足微外撇，瓶身刻劃纏枝花紋，上下各有弦紋一道，裏外施釉，釉色青中泛白，白中閃青，釉質光亮滋潤，胎質細潔，光照見影。

宋代青白瓷的產品，胎體的硬度、薄度和透明度，都達到了現代硬瓷的標準，代表了宋代瓷器的燒造水平。特別是採用覆燒方法後，產量倍增，許多地區燒造，對東南沿海地區影響很大。宋元時期，青白瓷已遠銷海外，其產品盛燒不衰，形成了一個以景德鎮為中心的著名的青白瓷窰系。此件梅瓶為景德鎮窰燒製的一件青白瓷作品，其釉色、胎質及刻花紋飾畫法均帶有明顯的景德鎮青白瓷產品的特徵。

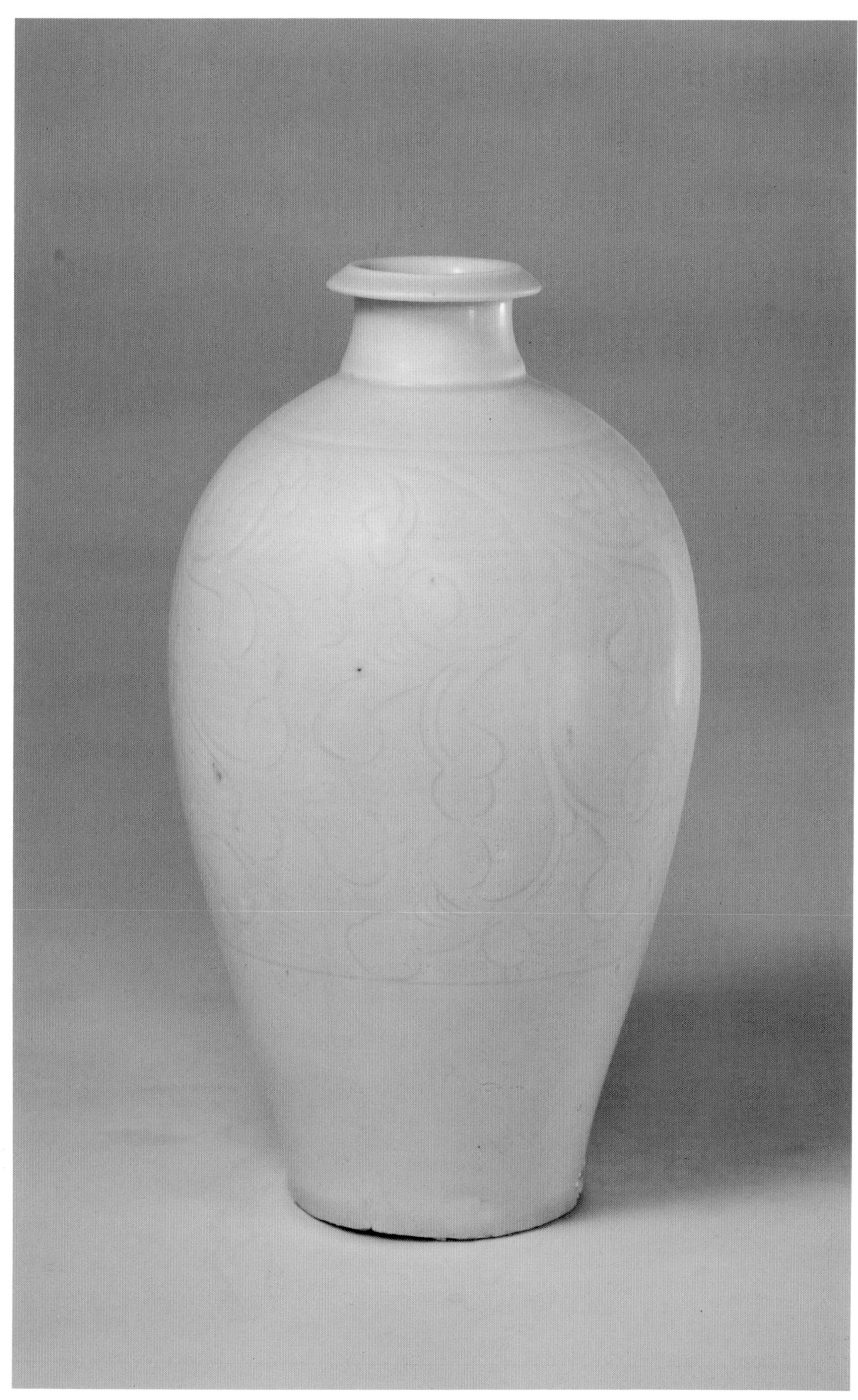

167

**青白釉劃花瓶**
宋
高31.7厘米
口徑4.6厘米
足徑9.6厘米
清宮舊藏

**Greenish white glazed vase carved with floral design**
Song Dynasty
Height: 31.7cm
Diameter of mouth: 4.6cm
Diameter of foot: 9.6cm
Qing Court collection

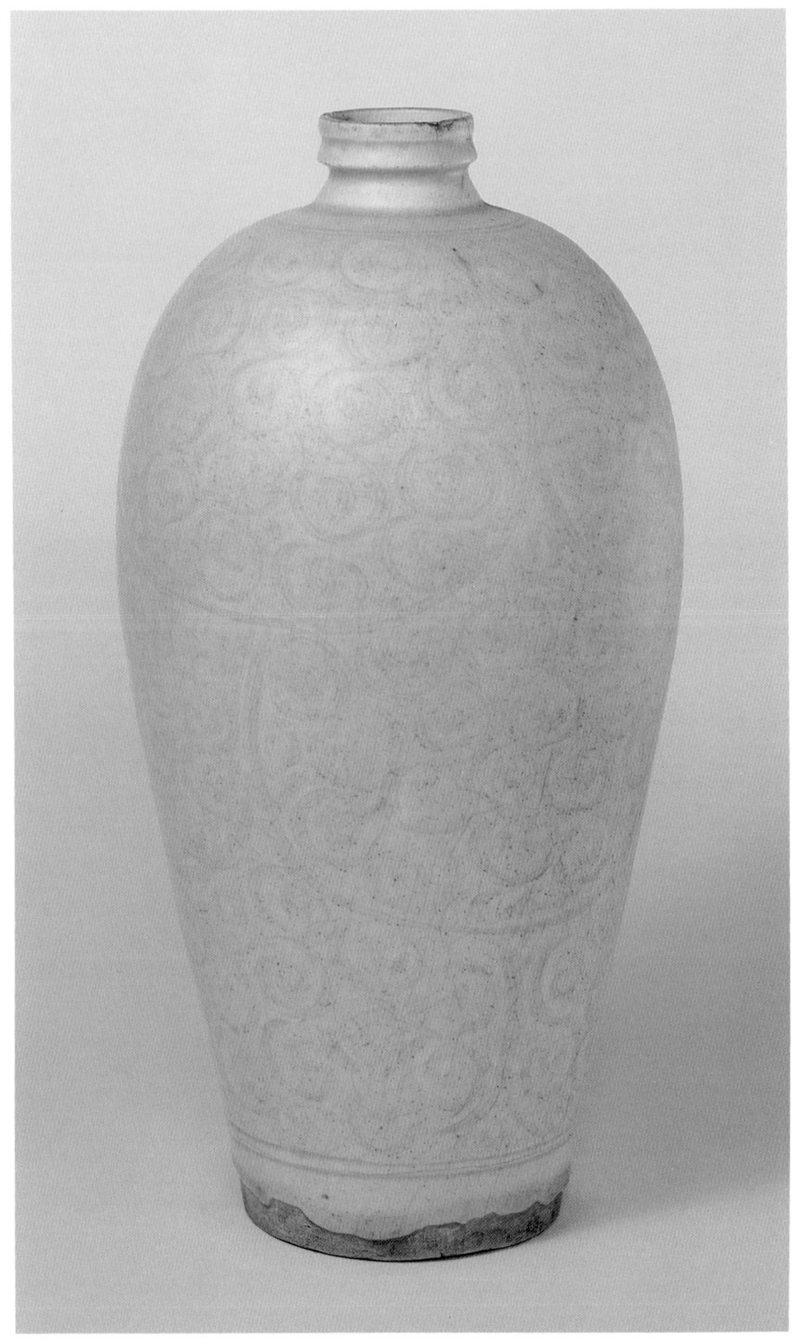

瓶直口，短頸，溜肩，肩以下漸收，圈足素底。瓶外口凸起弦紋一道，瓶身刻花，花葉用旋渦紋表現，肩及足上各刻弦紋二道，裏外施青白釉，積釉處呈水綠色，釉不至底，釉面開碎片紋。

此瓶器型大而完整，為景德鎮青白瓷中罕見的器物。

168

## 青白釉刻花瓶

宋
高26.9厘米
口徑8厘米
足徑9.1厘米

**Greenish white glazed vase incised with floral design**
Song Dynasty
Height: 26.9cm
Diameter of mouth: 8cm
Diameter of foot: 9.1cm

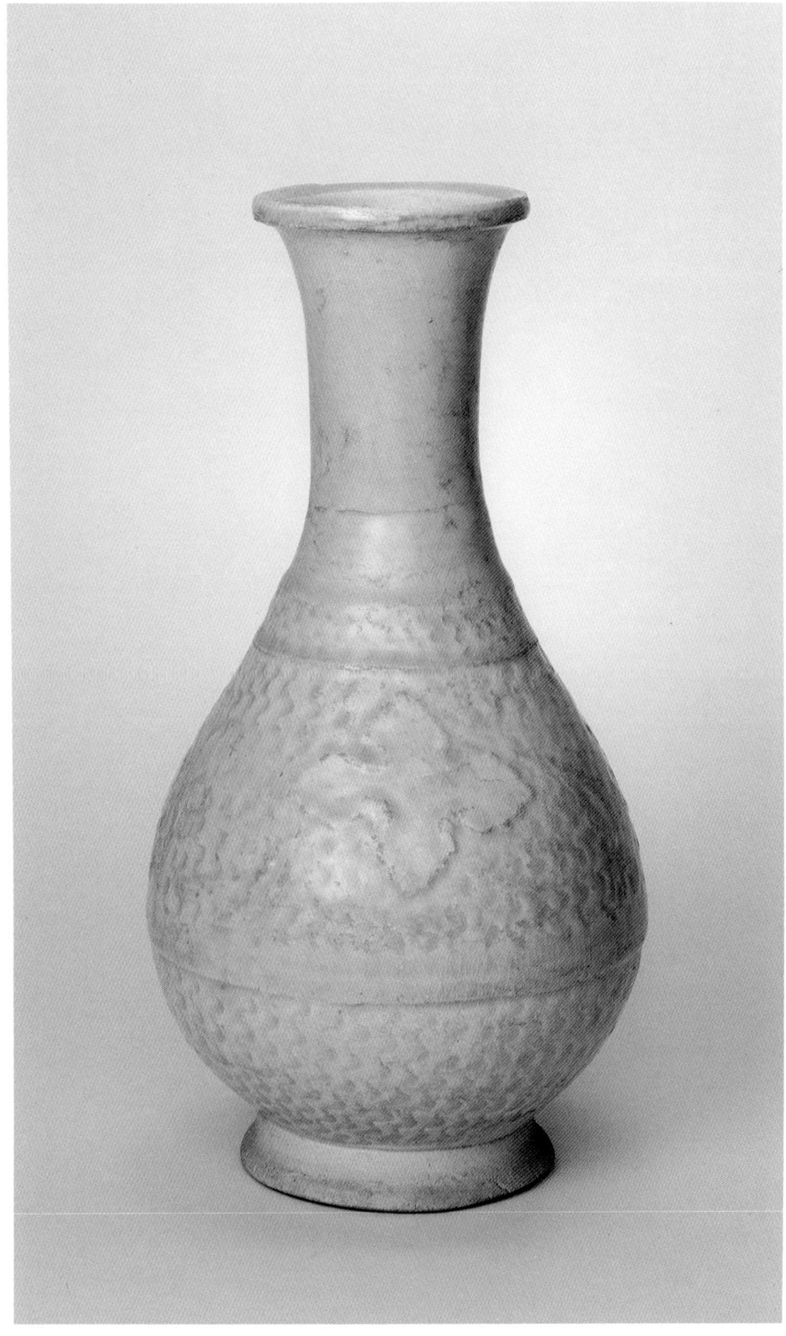

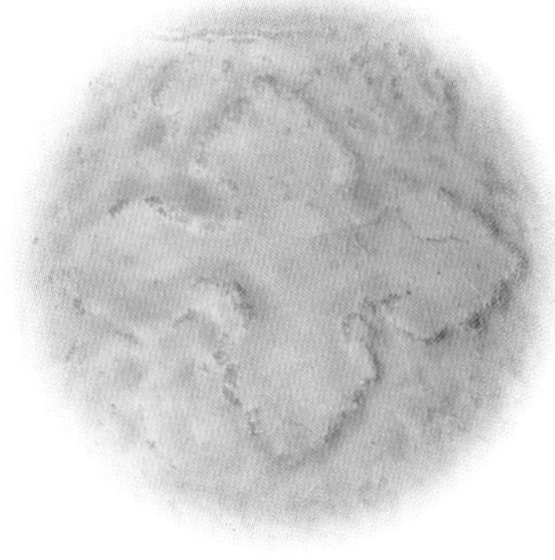

瓶敞口，方唇，溜肩，鼓腹，圈足外撇。通體刻劃水波紋，腹部刻蓮花、荷葉紋飾二組，底足露胎。通體施青白釉，施釉不到底，釉厚處呈湖藍色，釉面有開片紋，此瓶瓶體修長，造型優雅。

169

## 青白釉刻花膽式瓶

宋

高34.1厘米　口徑4.8厘米　足徑10.9厘米

**Gall-shaped vase incised with floral design, greenish white glaze**

Song Dynasty

Height: 34.1cm　Diameter of mouth: 4.8cm

Diameter of foot: 10.9cm

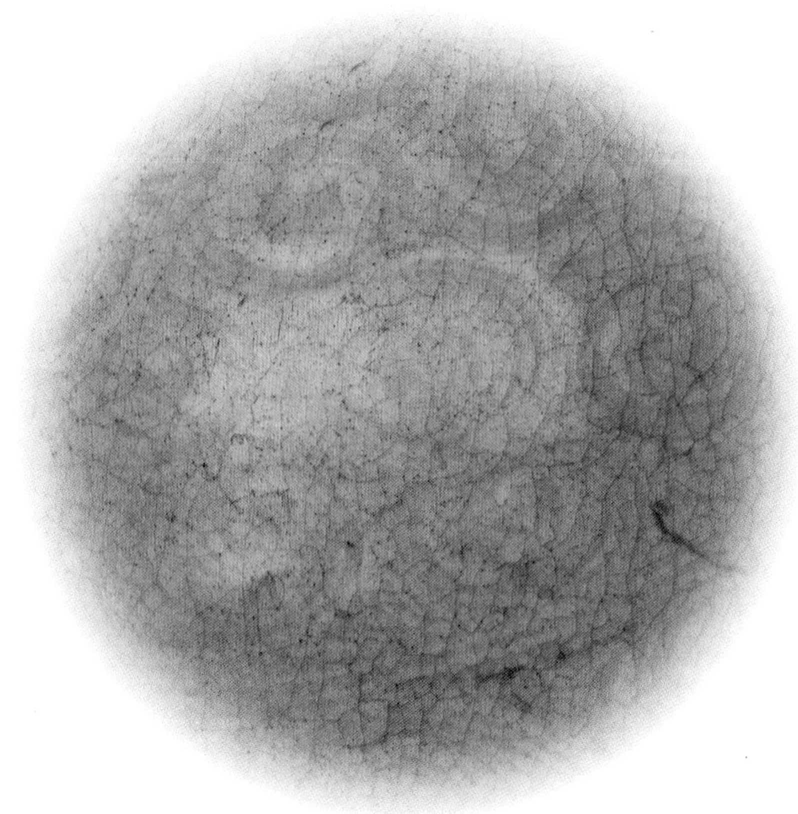

瓶膽式，敞口，頸部細長，至肩部漸廣，腹部較為豐滿，圈足外撇，底部露胎。通體滿刻捲草紋，施青白釉，釉面遍佈細碎密集的開片紋。此瓶造型穩重古樸，頗具特色。

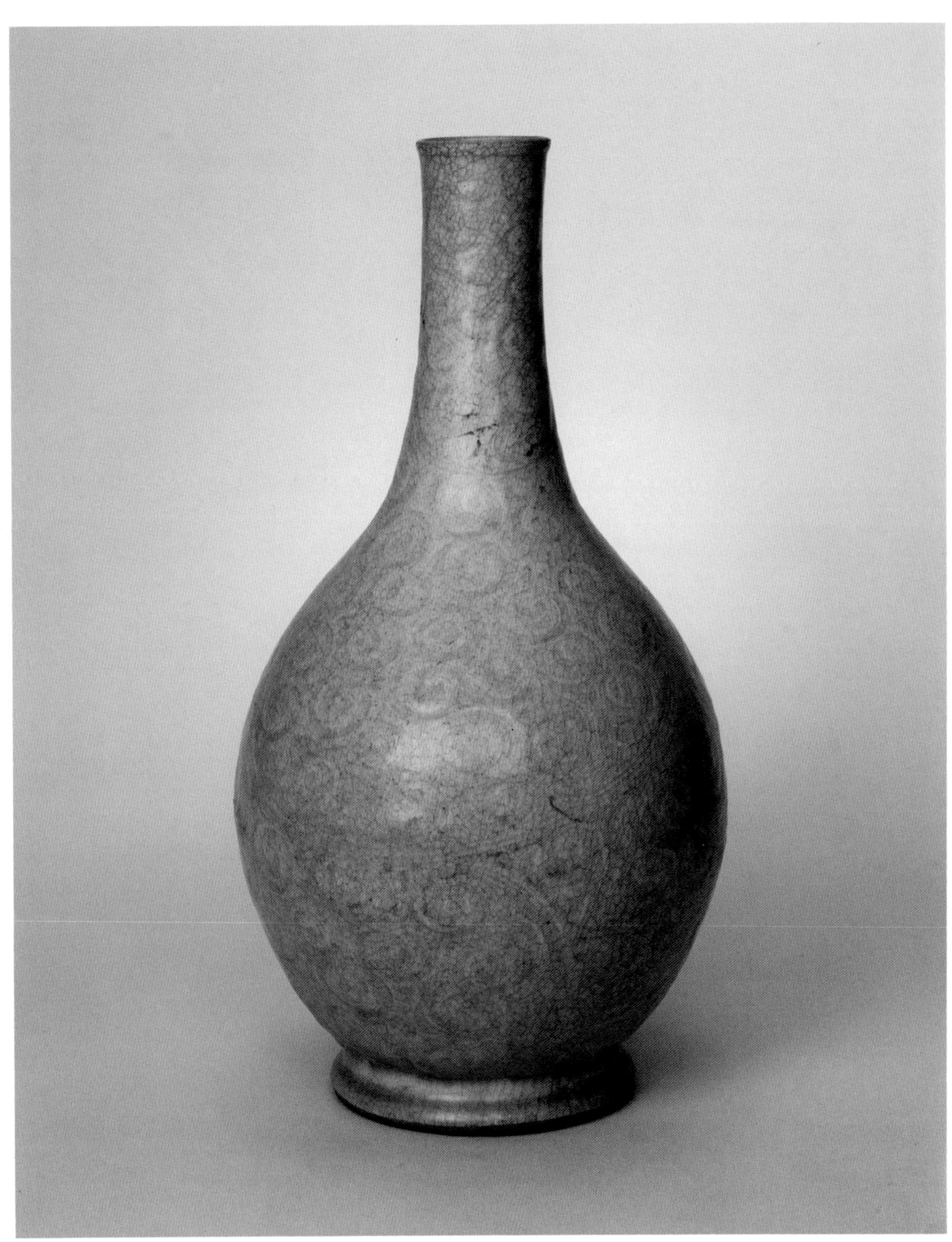

170

## 青白釉洗口瓜棱壺

宋
高20.2厘米
口徑8.5厘米
足徑7.6厘米

**Melon-shaped pot with a washer-shaped mouth, greenish white glaze**
Song Dynasty
Height: 20.2cm
Diameter of mouth: 8.5cm
Diameter of foot: 7.6cm

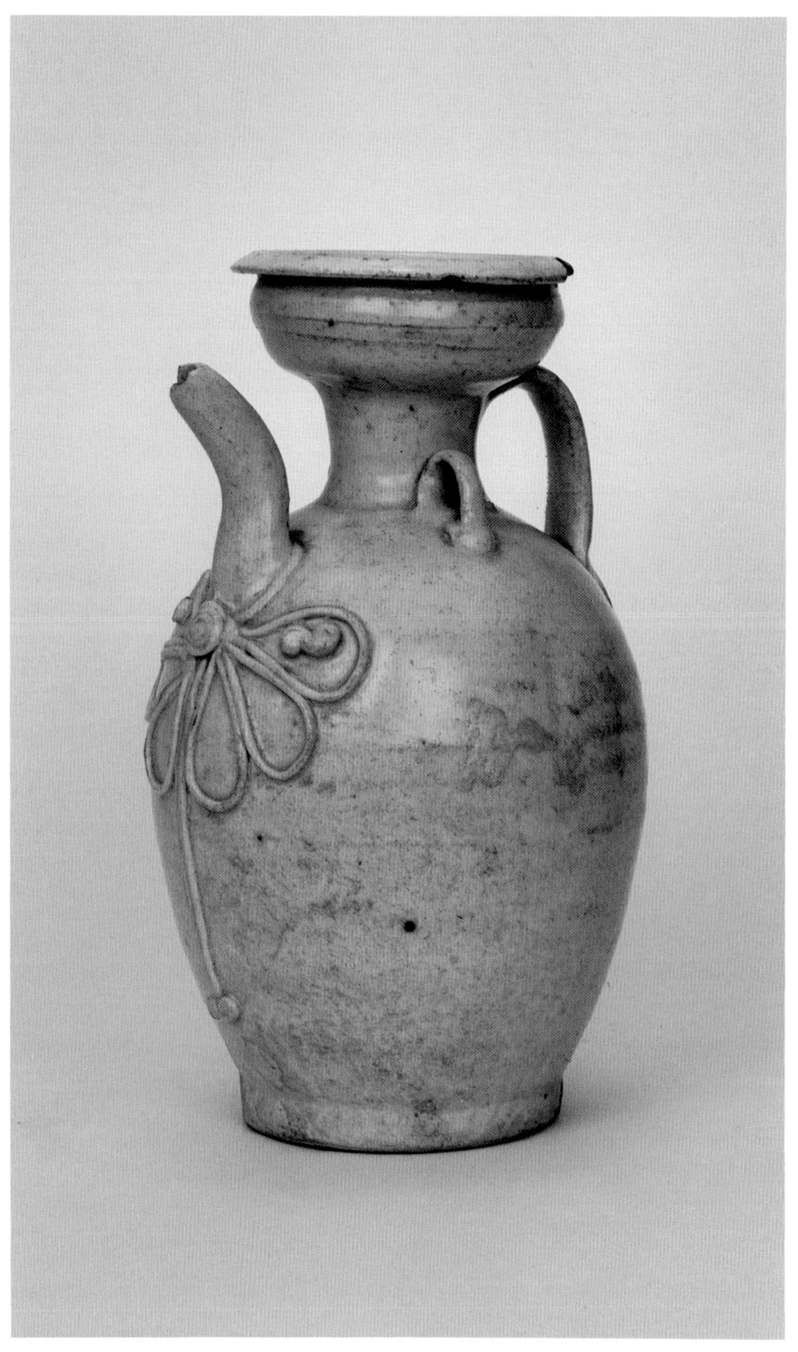

壺洗口，折沿，束頸，鼓腹，圈足，平底。肩部裝有一流，一扁形曲柄，二圓形耳。曲柄上凸起三條綫棱，流下凸起蝴蝶結裝飾，其中一結與流相套，左右對稱兩結及結下各凸起一“S”形小鈕。壺上腹部有五條下凹的短綫，將壺體分成五瓣瓜棱形。通體施青白釉，釉層較薄，釉下可見結晶斑。

171

## 青白釉瓜棱執壺

宋
高24.5厘米
口徑6.2厘米　足徑8.6厘米

**Melon-shaped ewer in greenish white glaze**

Song Dynasty
Height: 24.5cm
Diameter of mouth: 6.2cm
Diameter of foot: 8.6cm

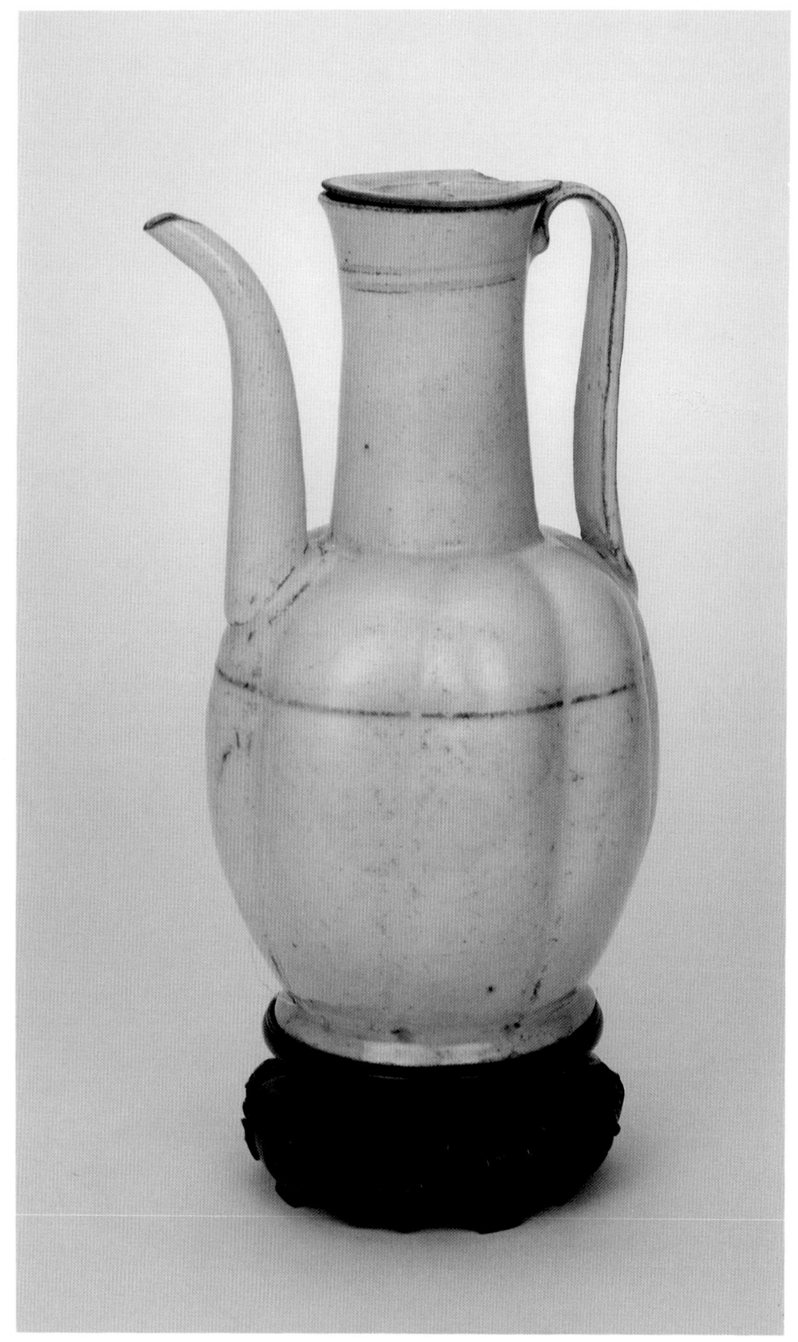

壺口微敞，外口沿下與肩部連一曲柄，另一側為一細長微曲的壺流，流下部有一劃花紋飾，長直頸，腹部為八瓣瓜棱形，圈足，足微外撇，素底無釉。通體施青白釉，釉色青中泛黃，釉質光亮，透明度好。肩部有一圈明顯的上下合範模印。壺帶蓋，蓋為盤形，凹處有一鈕。

宋代以景德鎮窰為代表燒製的青白瓷中，瓜棱壺式樣較多，造型仿金屬器物特徵；壺體修長，壺流、曲柄增長，曲度加大，釉色帶黃，此壺為北宋早期燒製的一件作品。

172

## 青白釉印花壺

宋

高8.8厘米　口徑4厘米　底徑9厘米

**Greenish white glazed pot with impressed floral design**

Song Dynasty

Height: 8.8cm　Diameter of mouth: 4cm

Diameter of bottom: 9cm

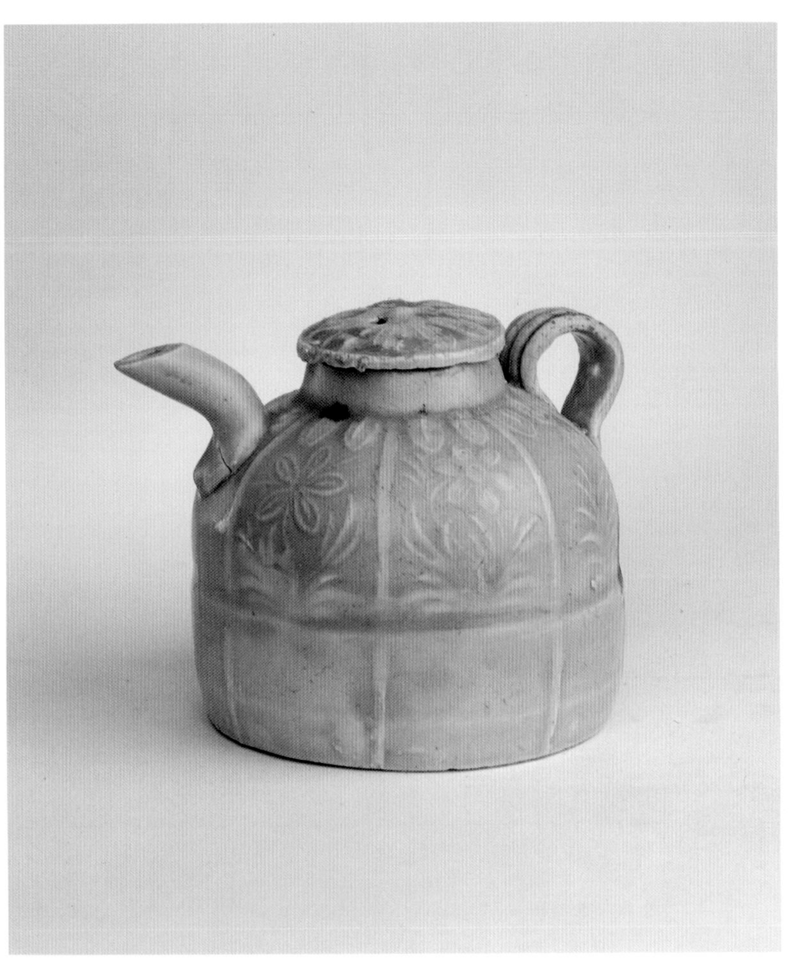

壺為小口，短頸，溜肩，直腹，平底微出邊。一側為曲流，一側為短柄，柄上陰刻三綫紋為飾。有蓋，蓋面、肩及腹部飾朵花、花草紋，肩部一周花瓣紋。每組花草紋有凸綫隔開。釉色灰青。從此壺造型、印紋裝飾及釉色來看，其產地為福建省。福建浦城大口窰有與之類似的器物及標本。

173

**青白釉劃花銀錠枕**

宋
長24.2厘米
寬10.7厘米
高12厘米

**Ingot-shaped pillow with carved design in greenish white glaze**

Song Dynasty
Length: 24.2cm
Width: 10.7cm
Height: 12cm

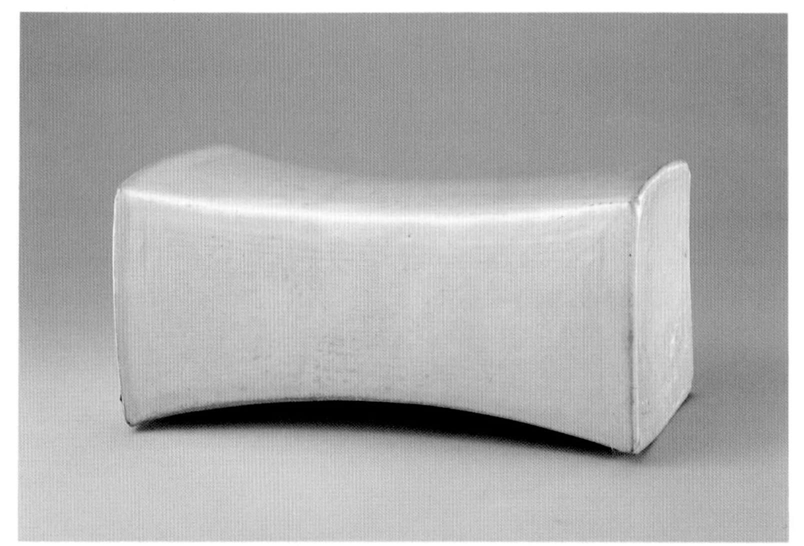

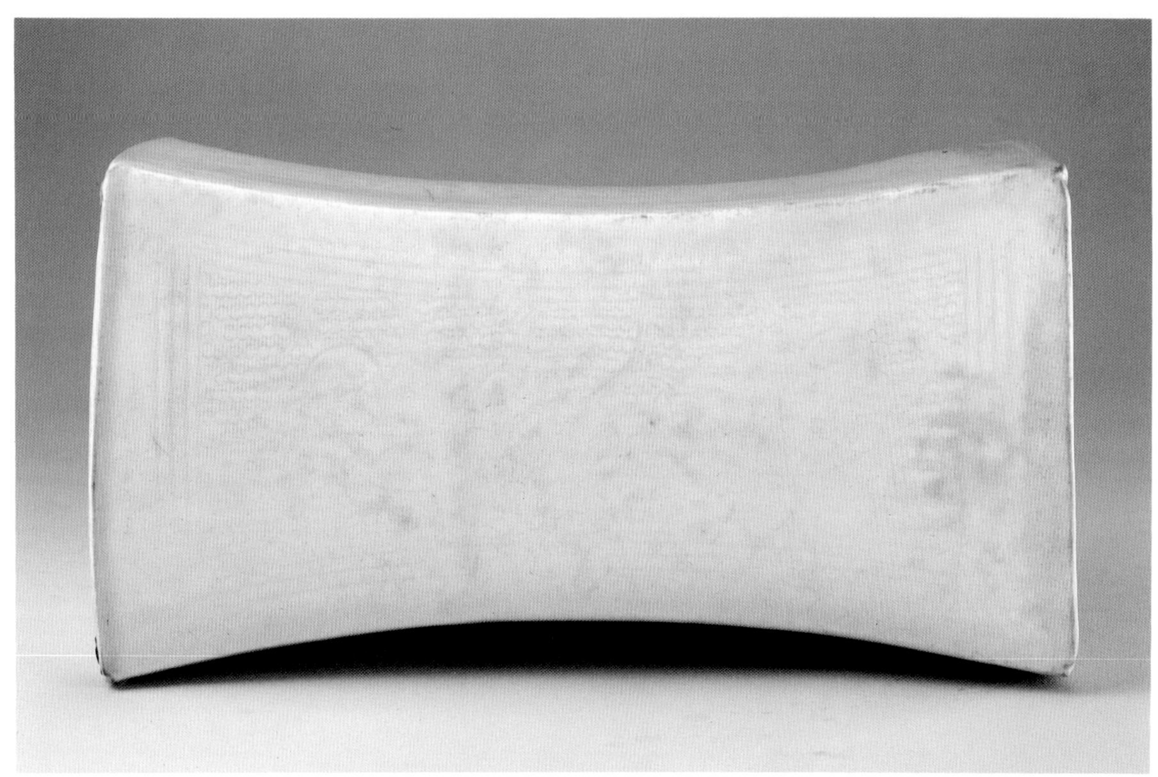

銀錠枕為宋代枕式之一，以南方較為常見。枕作長方形，中間細，形似銀錠，故名。枕四面有劃花裝飾。此為景德鎮窰產品。除銀錠枕以外，宋代還有腰圓形枕、建築枕、雙獅戲球枕、仕女枕、嬰戲枕等。燒青白瓷枕的窰除景德鎮以外，還有江西吉州窰、安徽繁昌窰和福建、廣東等省一些瓷窰。在燒法上南方枕一般採用立燒，枕的一側四角留有四個支燒痕。而北方枕多採用正燒或側燒，枕底無釉或一側四角有四個方形支燒痕。

174 **青白釉菊瓣盒**

宋

通高3.4厘米　口徑5.2厘米　足徑4.8厘米

**Chrysanthemum-petal-shaped box in greenish white glaze**

Song Dynasty

Overall height: 3.4cm　Diameter of mouth: 5.2cm

Diameter of foot: 4.8cm

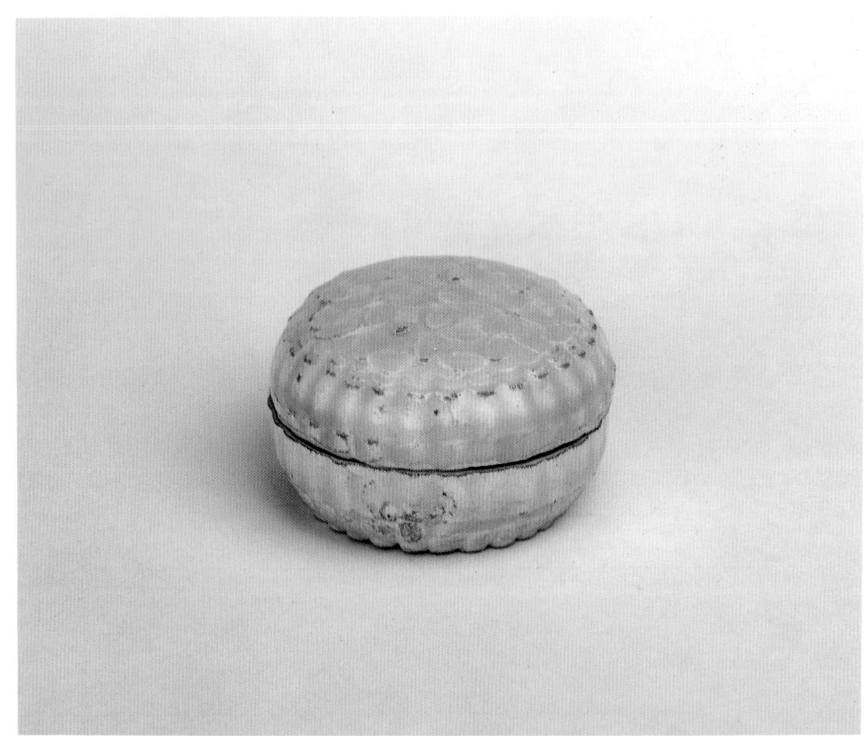

盒菊瓣形，子母口，平底露胎，施釉不到底。底部印有款識："蔡家盒子記"。蓋頂印有密集的錦紋，紋飾不很清晰。器裏、外均施青白釉，造型小巧精緻。

175

## 青白釉印花蓋盒

宋

通高6.1/5.9厘米　口徑5.6/5.7厘米

足徑4/3.2厘米

**Covered boxes with impressed floral design, greenish white glaze**

Song Dynasty

Overall height: 6.1/5.9cm

Diameter of mouth: 5.6/5.7cm

Diameter of foot: 4/3.2cm

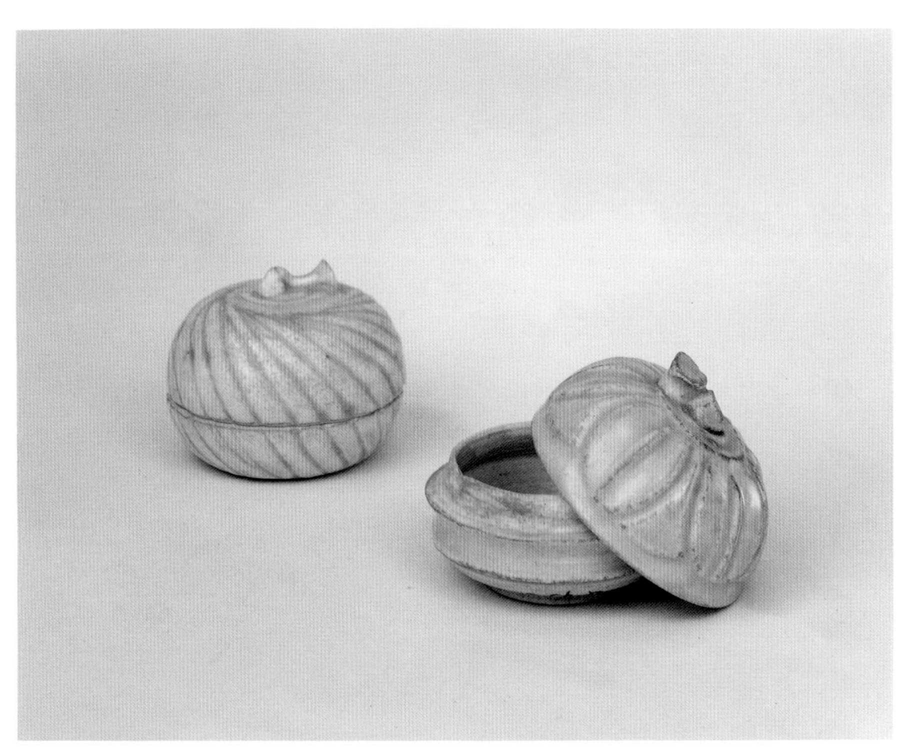

盒淺腹，子母口，蓋呈饅頭形。蓋面滿印五蓮瓣形花紋，頂部中心位置有一小鈕，圈足，底部無釉。通體施青白釉，造型上下渾然一體。

176

## 青白釉劃花盒

宋

高3.3厘米　口徑12.9厘米　足徑7.3厘米

**Greenish white glazed box with carved design**

Song Dynasty

Height: 3.3cm　Diameter of mouth: 12.9cm

Diameter of foot: 7.3cm

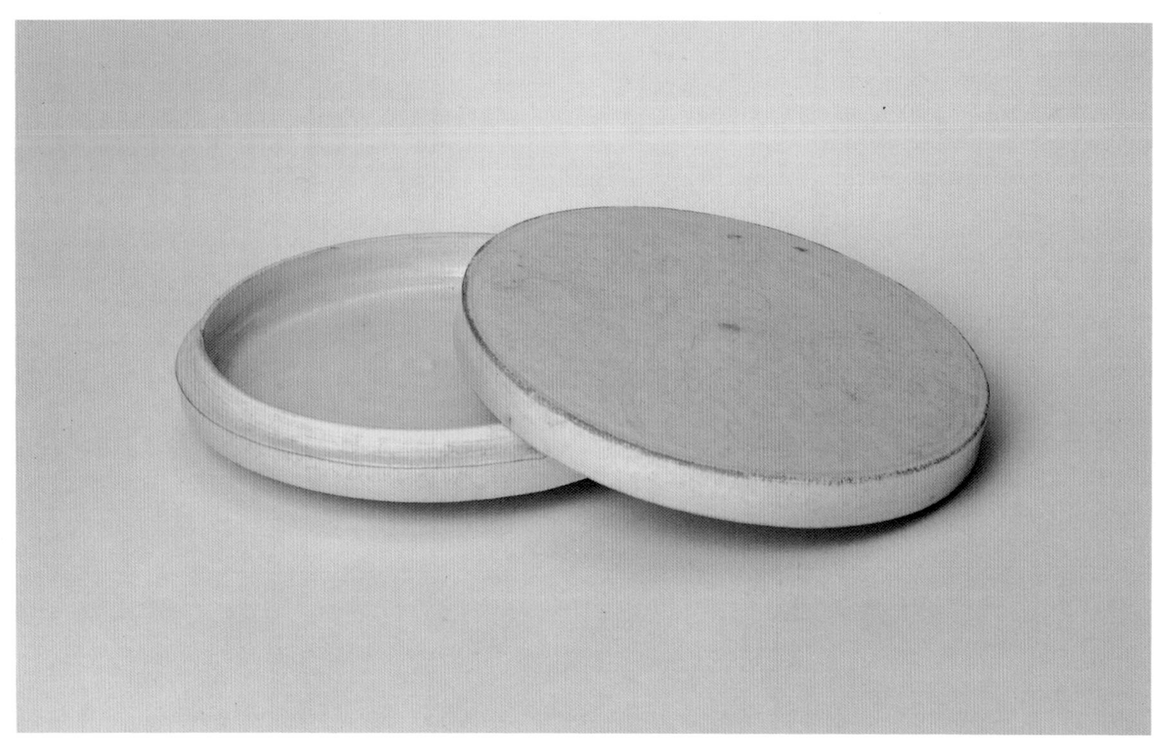

盒形為磨盤式，子母口，平底，矮圈足。蓋面光滑平坦，上刻劃嬰戲紋。通體施青白釉，聚釉處呈現出湖藍色澤。

177

**青白釉蓋碗**

宋

通高10.5厘米　口徑12.5厘米　足徑4.3厘米

**Covered bowl in greenish white glaze**

Song Dynasty

Overall height: 10.5cm　Diameter of mouth: 12.5cm

Diameter of foot: 4.3cm

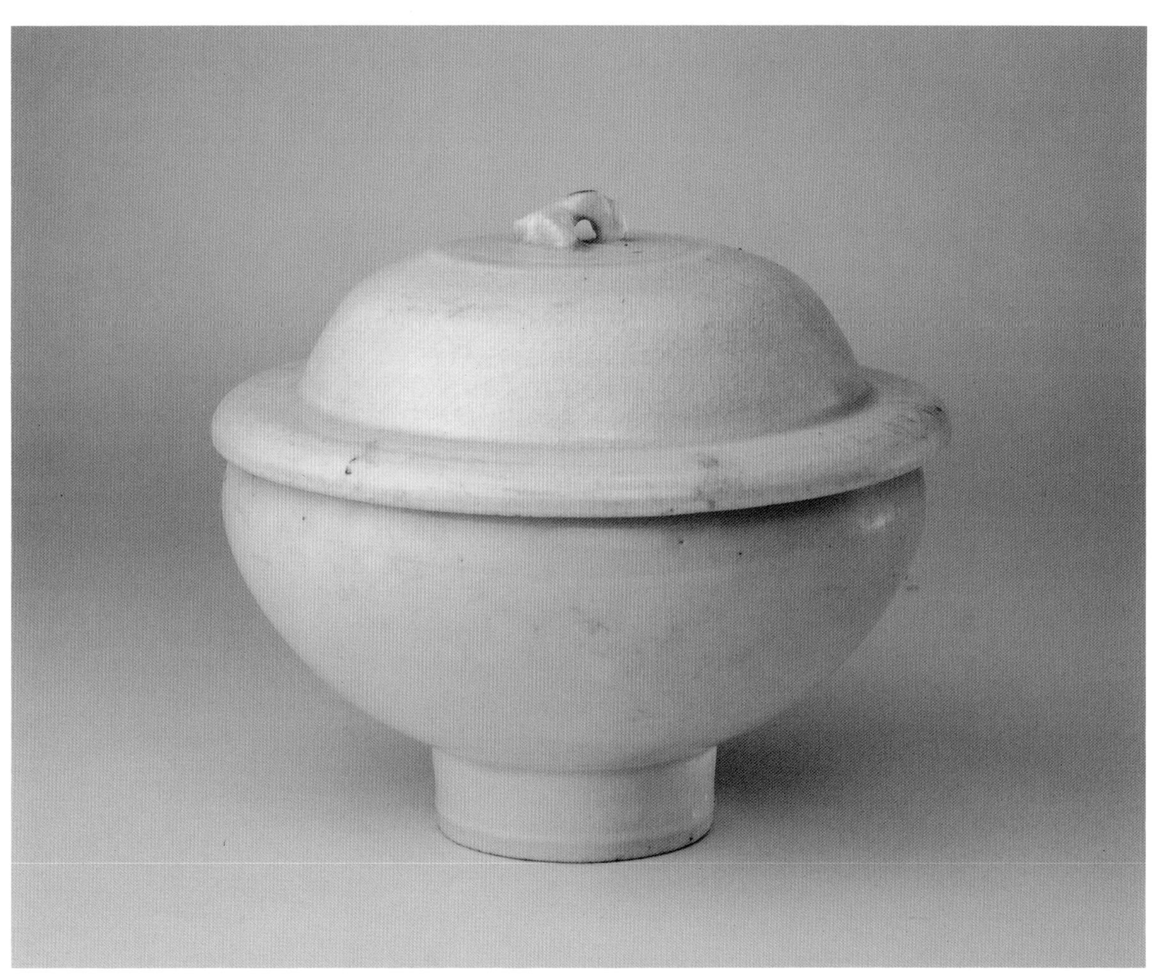

碗斂口，腹壁束收，高圈足，碗蓋凸起瓜蒂形鈕。蓋有一圈折沿，蓋口合於碗口。通體光素無紋飾，施青白釉，積釉處呈水綠色，蓋內頂及足心無釉。

此碗造型別致，器物完整，釉質光亮細膩，反映了北宋時期景德鎮窰的燒製水平。

178

## 青白釉小碗

宋
高4厘米　口徑7厘米　足徑3厘米
清宮舊藏

**Small bowl in greenish white glaze**

Song Dynasty
Height: 4cm　Diameter of mouth: 7cm
Diameter of foot: 3cm
Qing Court collection

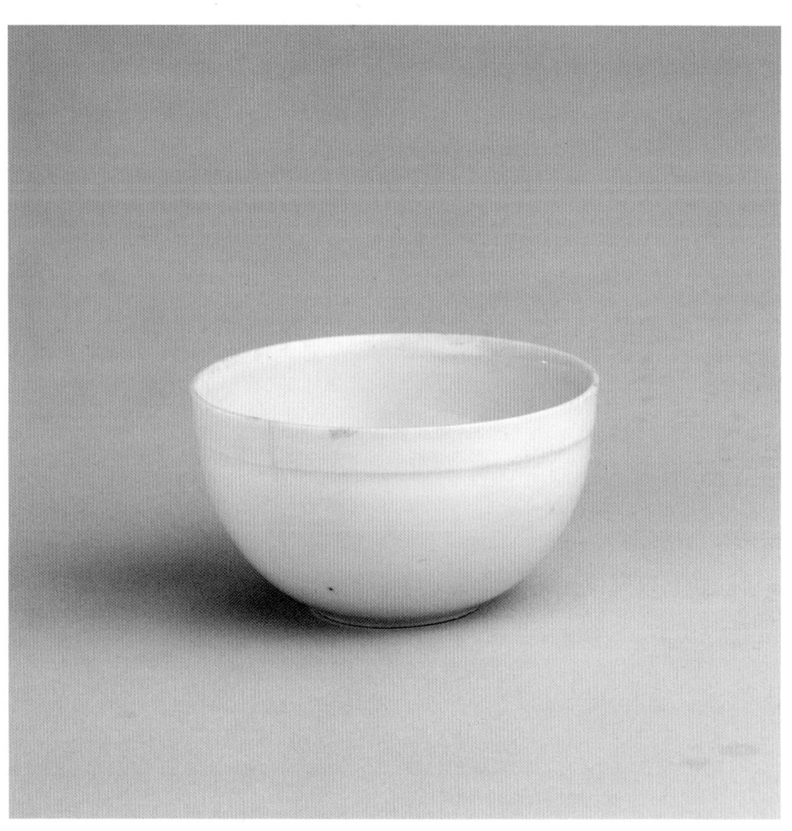

口微敞，深腹，淺圈足。外口沿下凸弦紋一道，內外施青白釉，內口沿下及足根積釉處隱泛青色。小碗胎體輕薄，幾近脫胎，為仿定窰之作。

179

## 青白釉刻花大碗

宋

高6.7厘米　口徑20.8厘米　足徑6厘米

清宮舊藏

**Large bowl with incised design in greenish white glaze**

Song Dynasty

Height: 6.7cm　Diameter of mouth: 20.8cm

Diameter of foot: 6cm

Qing Court collection

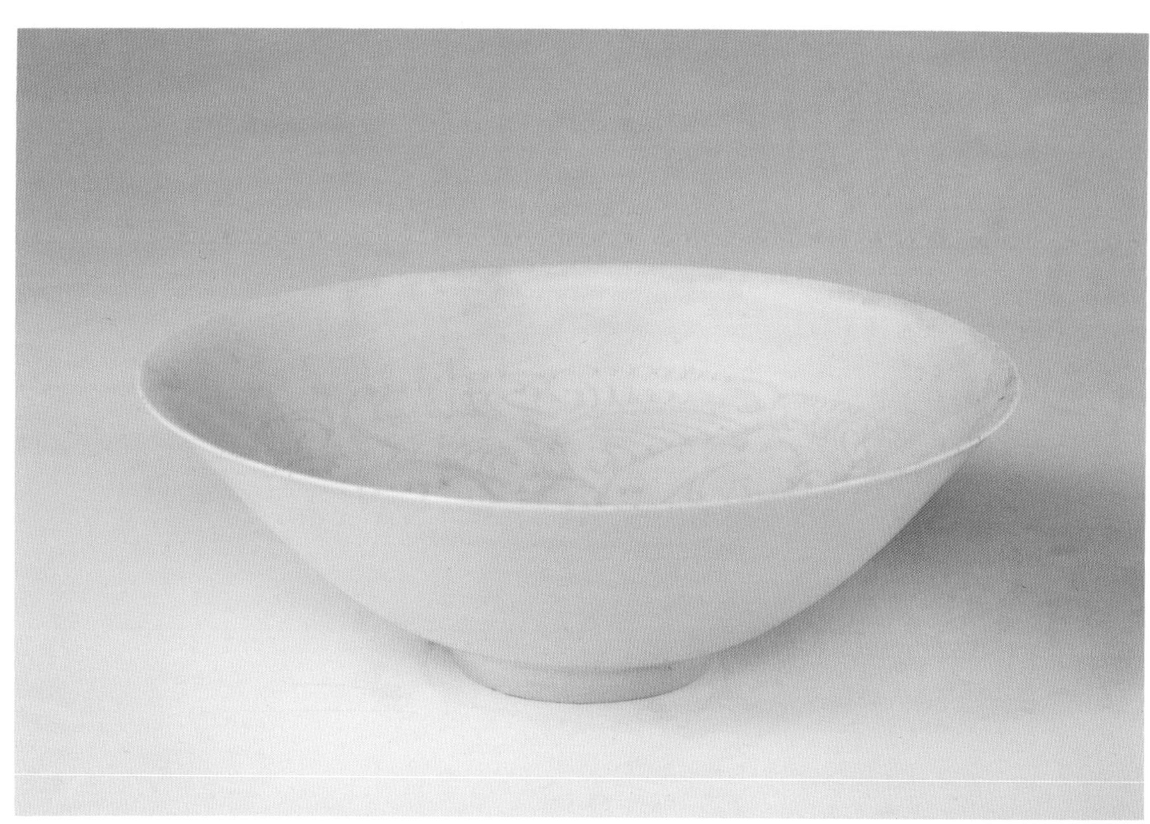

碗撇口，弧形腹壁，瘦底圈足。碗內刻印二嬰戲蓮紋飾，外光素無紋，內外施青白釉，底足無釉，胎體輕薄。

宋代景德鎮窰燒製的青白瓷器物，常見的有碗、盤、瓶、壺、罐等，其裝飾手法主要為刻花和印花，紋飾以嬰戲圖最為典型。寥寥數筆，便將嬰兒豐滿肥胖的肌體、活潑可愛的姿態刻畫得生動傳神。加之釉質光亮，釉色白中泛青，給人以冰肌玉膚的質感。

此碗無論從工藝和燒製技術上均為景德鎮青白瓷的代表作品。

180

**青白釉印花碗**
宋
高5.5厘米
口徑17.5厘米
足徑5.5厘米

**Greenish white glazed bowl with impressed design**
Song Dynasty
Height: 5.5cm
Diameter of mouth: 17.5cm
Diameter of foot: 5.5cm

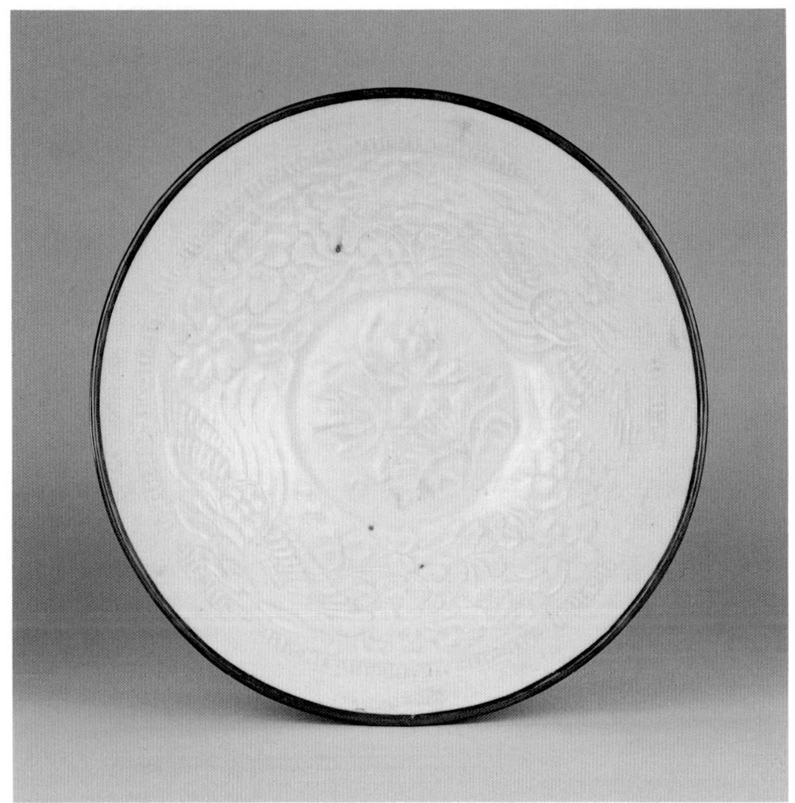

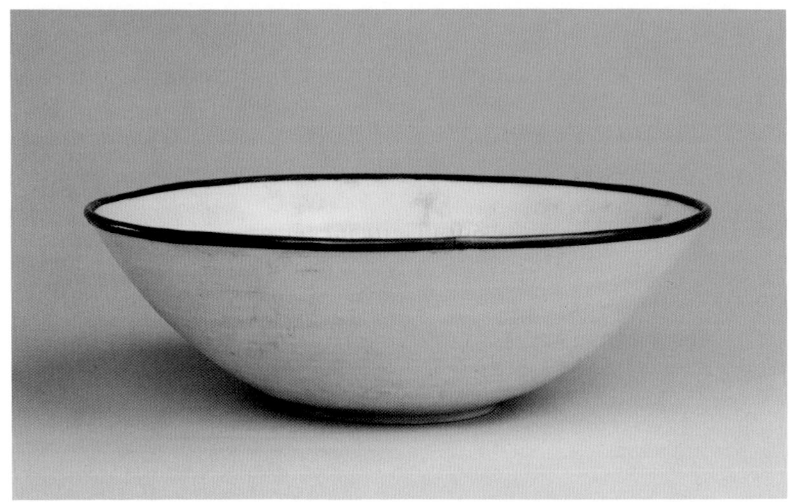

碗敞口，鏨銅邊，淺圈足。內口沿下一圈回紋，內壁對稱印雙鳳穿花紋飾，碗心為折枝花一枝，通體青白釉。

此碗印紋凸起，紋飾清晰、自然，立體感強，為仿定窰之作，卻缺乏定窰紋飾的細膩感。

181

**青白釉劃花葵瓣口碗**
宋
高7.8厘米
口徑17.7厘米
足徑6.7厘米
清宮舊藏

**Greenish white glazed bowl with a mallow-petal-shaped mouth carved with floral design**
Song Dynasty
Height: 7.8cm
Diameter of mouth: 17.7cm
Diameter of foot: 6.7cm
Qing Court collection

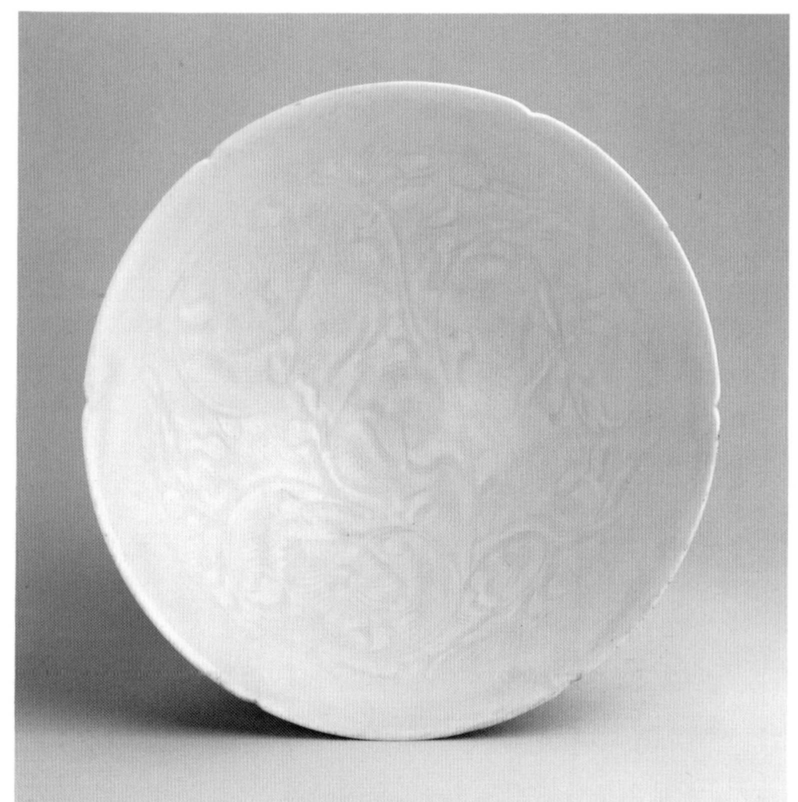

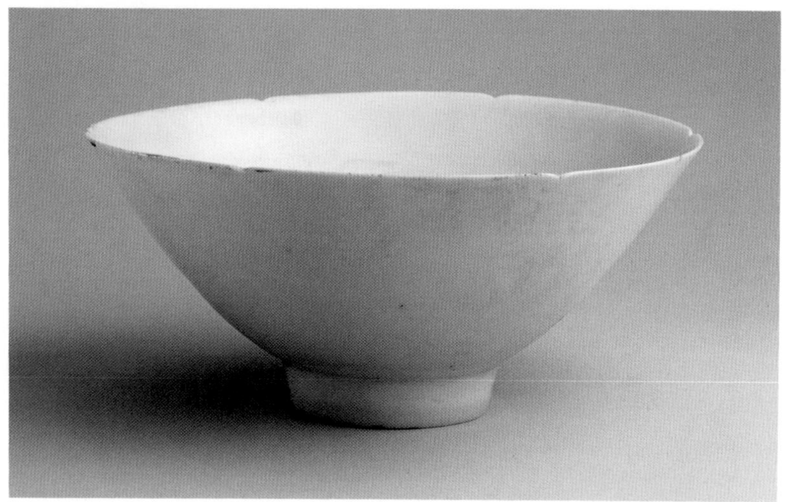

六葵瓣口，口以下漸收，高圈足，素底。碗內佈滿纏枝芙蓉花紋飾。裏外施青白釉，足根積釉處呈水綠色，胎薄質堅。

此碗為景德鎮湖田窰燒製的產品，具有該窰明顯的特徵。其釉汁在焙燒時因黏度小而易於薄處泛白，積釉處則帶水綠色，其釉面的光澤度強，釉層透明度高，玻璃質感強，釉中氣泡大而疏。景德鎮窰青白瓷產品裝飾紋樣以刻、劃花為主，紋飾簡潔。題材多牡丹、篦菊紋、飛鳳、蓮荷紋等。此碗劃花手法嫻熟，綫條流暢，花瓣口的造型別致，是景德鎮青白瓷器中的傑作。

182

**青白釉劃花碗**

宋

高7.2厘米

口徑20.5厘米

足徑5.6厘米

**Greenish white glazed bowl with carved design**

Song Dynasty

Height: 7.2cm

Diameter of mouth: 20.5cm

Diameter of foot: 5.6cm

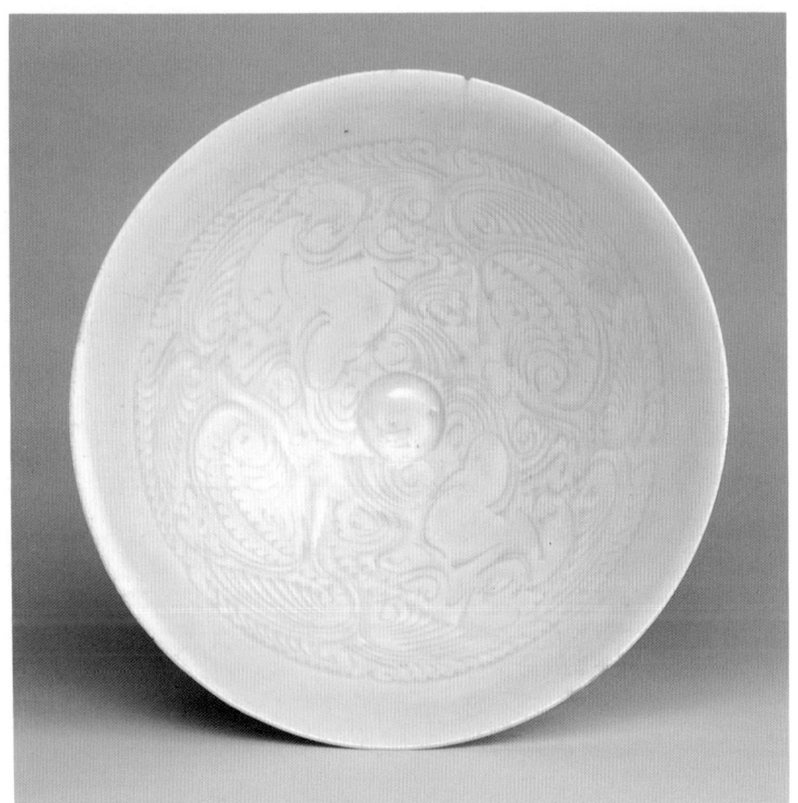

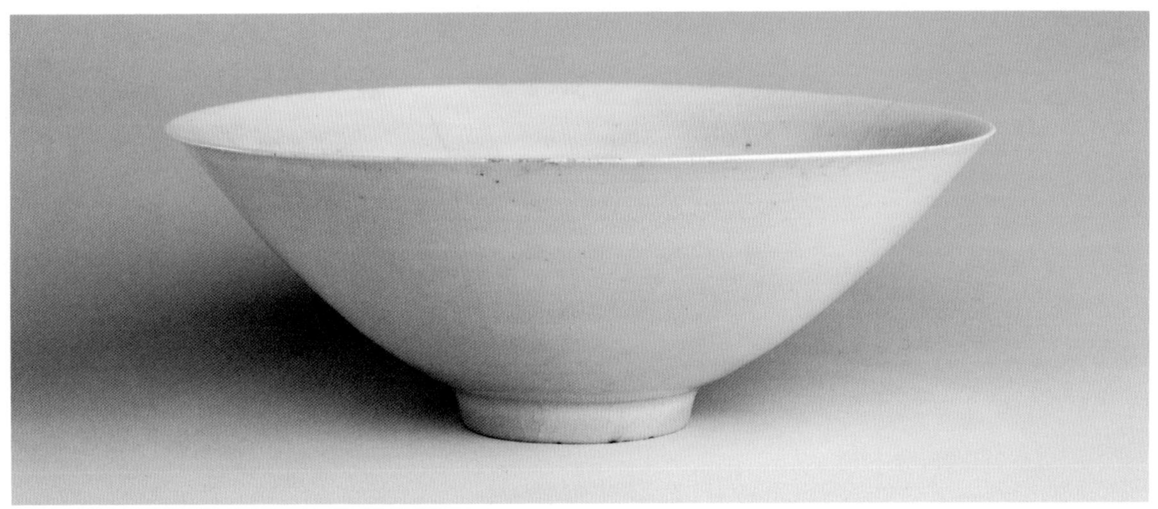

碗敞口，圈足，底有墊餅痕迹。碗內壁對稱地劃兩嬰戲紋，其間刻有捲枝蓮紋。外光素無紋飾。通體施青白釉，釉面有開片。碗壁旋削得很薄，薄胎處透光可映見刻劃的紋飾，刻劃手法熟練，嬰兒只劃出其肥腴的肌體及大致輪廓綫，劃痕積釉處呈水綠色，紋飾清晰，具有層次感。

183 **青白釉印花大碗**
宋
高7.5厘米
口徑20.1厘米
足徑5.5厘米

**Large bowl with impressed floral design, greenish white glaze**
Song Dynasty
Height: 7.5cm
Diameter of mouth: 20.1cm
Diameter of foot: 5.5cm

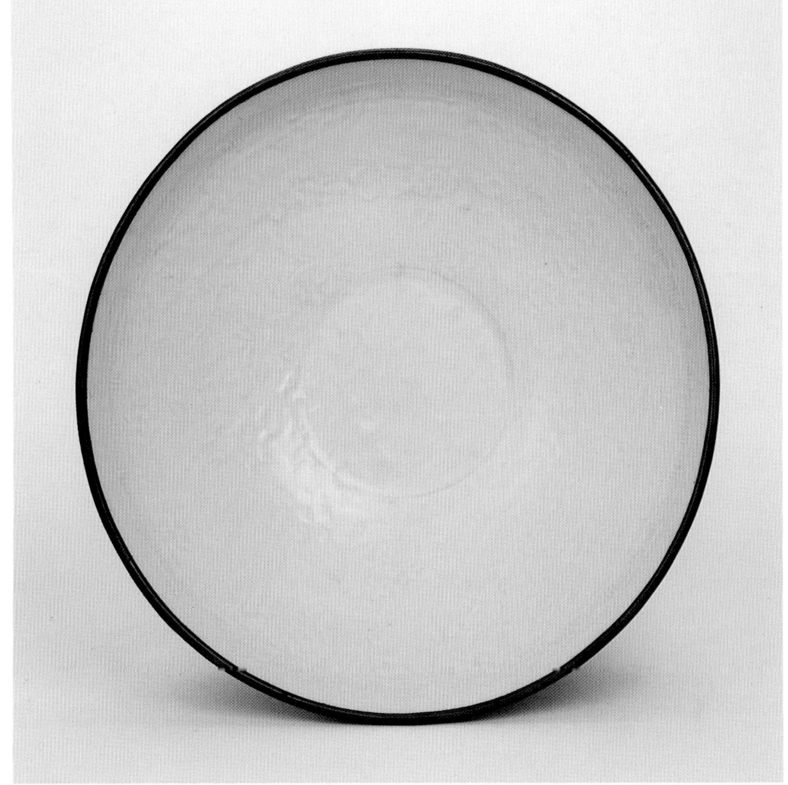

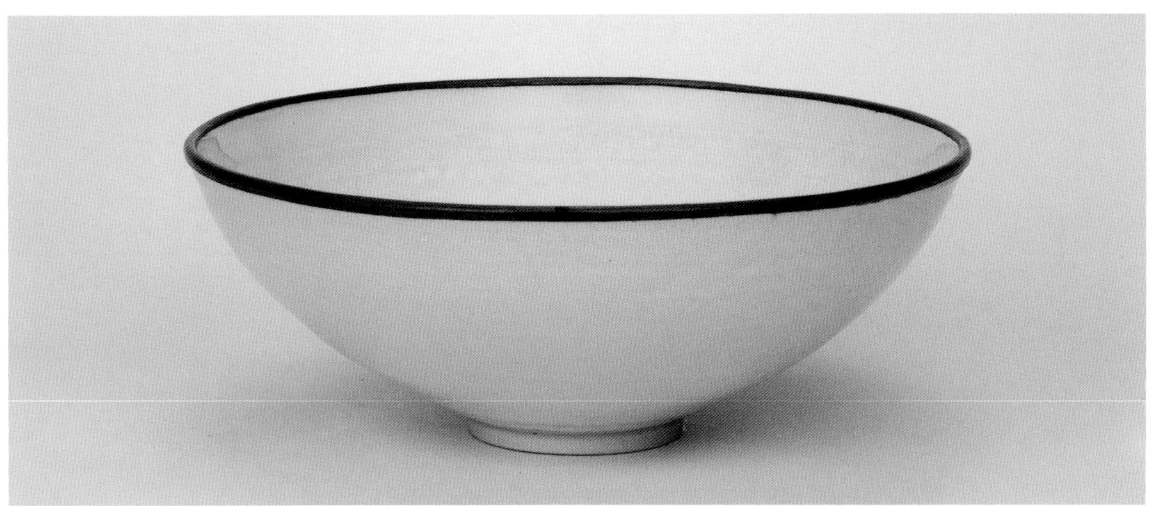

碗敞口，鑒銅口，弧形腹壁，淺圈足。碗內印滿折枝牡丹、荷花，外素面無紋飾。裏外施青白釉，足根積釉處呈水綠色。

此碗從造型及印花紋飾上明顯受定窰影響，其風格與定窰相同，因而又有“南定”之稱。只是其釉色白中泛青，不像定窰的釉色泛牙黃色，且無淚痕斑迹。

184

**青白釉印花碗**
宋
高5.3厘米
口徑18.7厘米
足徑6.3厘米

**Greenish white glazed bowl with impressed design**
Song Dynasty
Height: 5.3cm
Diameter of mouth: 18.7cm
Diameter of foot: 6.3cm

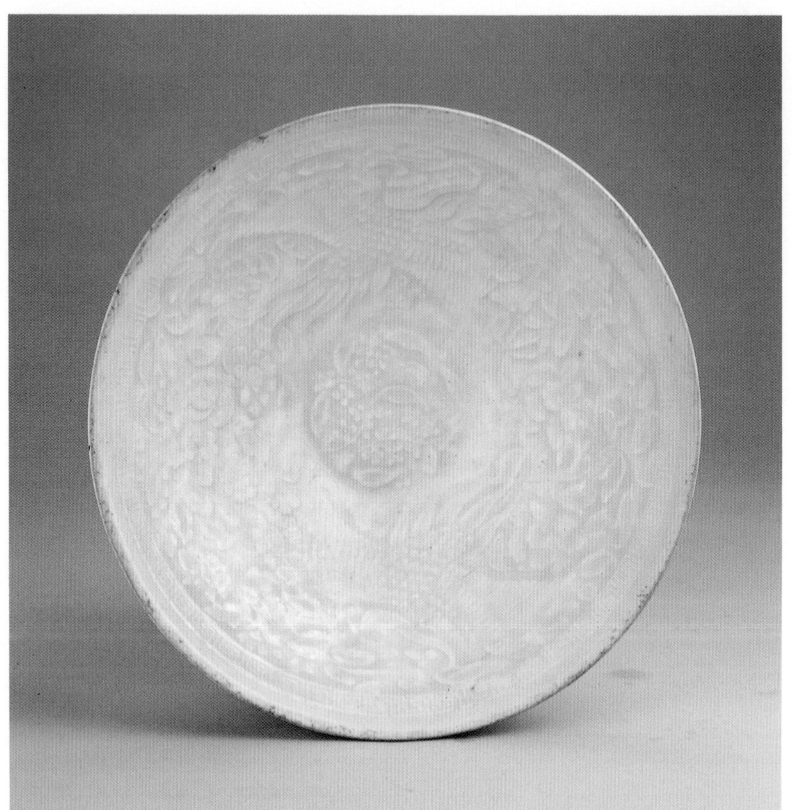

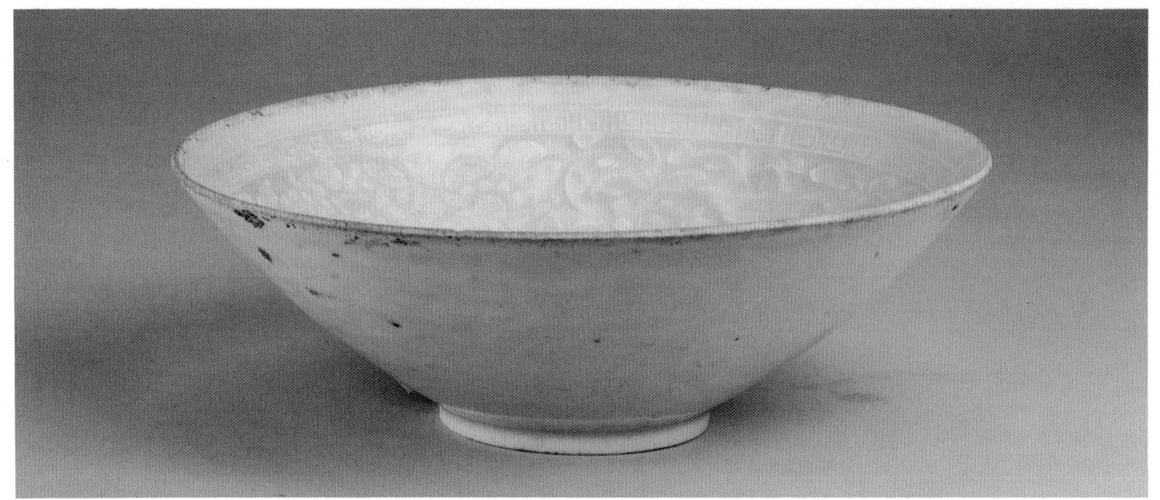

芒口，內口沿下一圈回紋邊飾，內壁對稱地印二隻飛鳳及折枝牡丹，內底印二折枝花，外素面無紋飾。淺圈足。裏外施青白釉，足根積釉處呈水綠色。釉色光亮，釉層細薄晶瑩，胎體輕薄，器物上的紋飾透光可以映見，花紋邊沿積釉處則現出一點淡青色，因而又有人稱之為映青。景德鎮窰燒製的青白瓷印花碗中，以雙鳳為圖案的較多，這也是受定窰裝飾紋飾影響的結果。

185 **青白釉劃花碗**

宋

高8厘米　口徑16.4厘米　足徑6.2厘米

**Greenish white glazed bowl with carved floral design**

Song Dynasty

Height: 8cm　Diameter of mouth: 16.4cm

Diameter of foot: 6.2cm

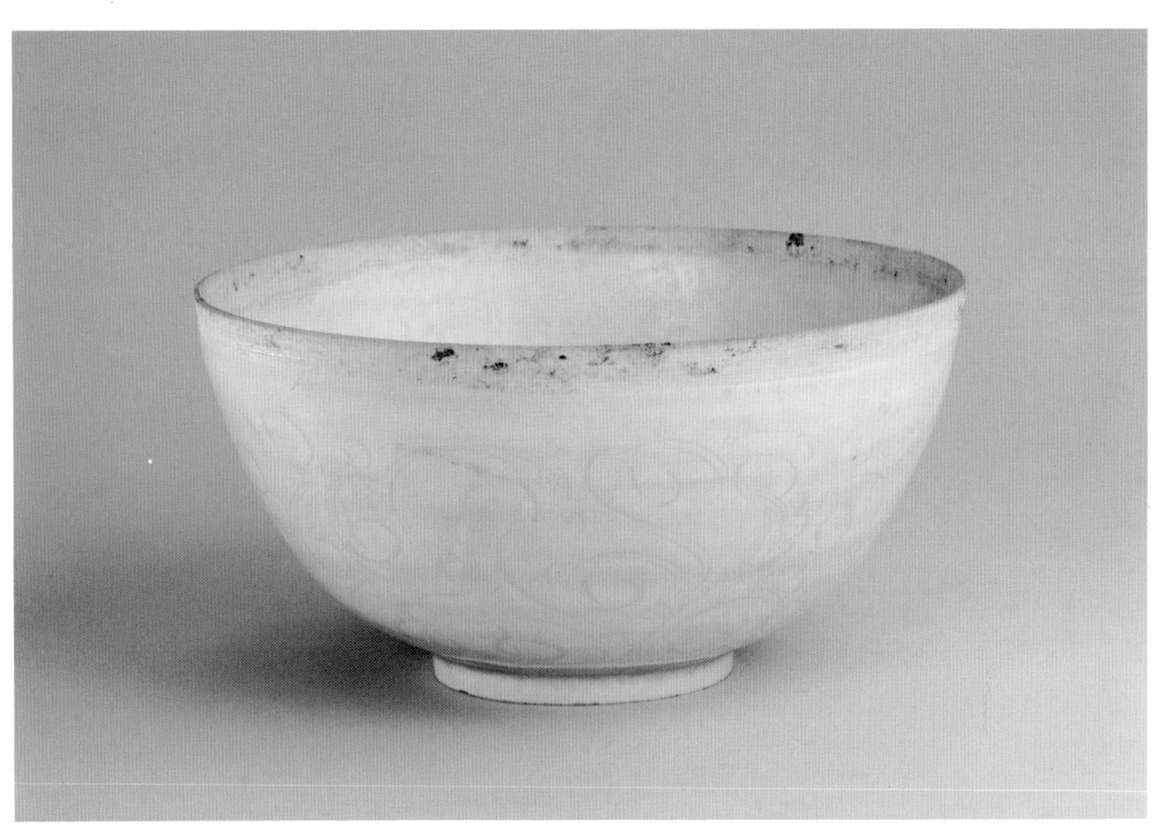

碗敞口，腹壁弧形，淺圈足。採用覆燒，足滿釉，口為芒口。碗外劃花捲枝葉紋。

186 **青白釉劃花碗**
宋
高5.1厘米
口徑14.5厘米
足徑3.3厘米

**Greenish white glazed bowl carved with floral design**
Song Dynasty
Height: 5.1cm
Diameter of mouth: 14.5cm
Diameter of foot: 3.3cm

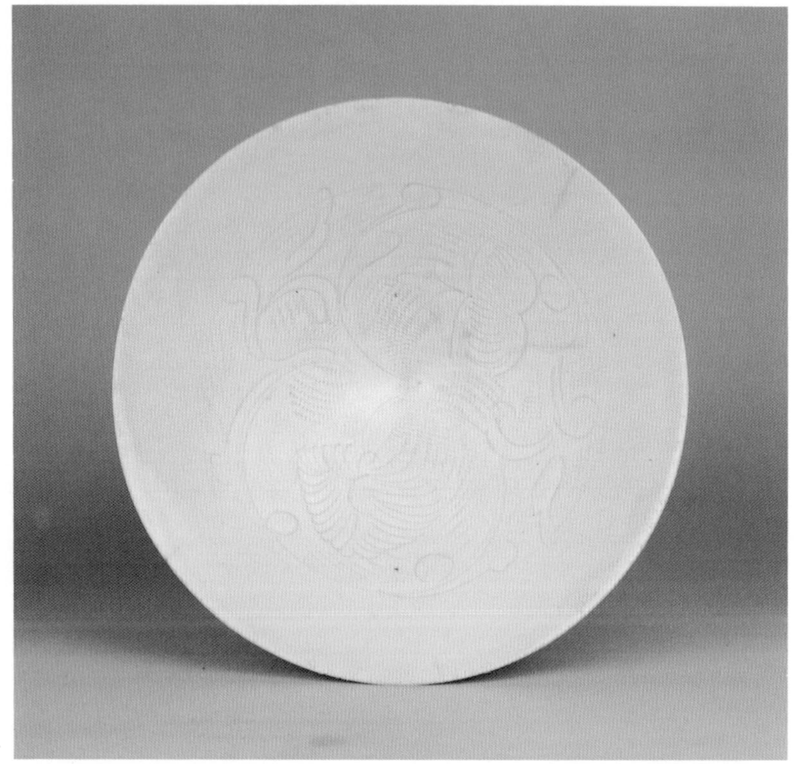

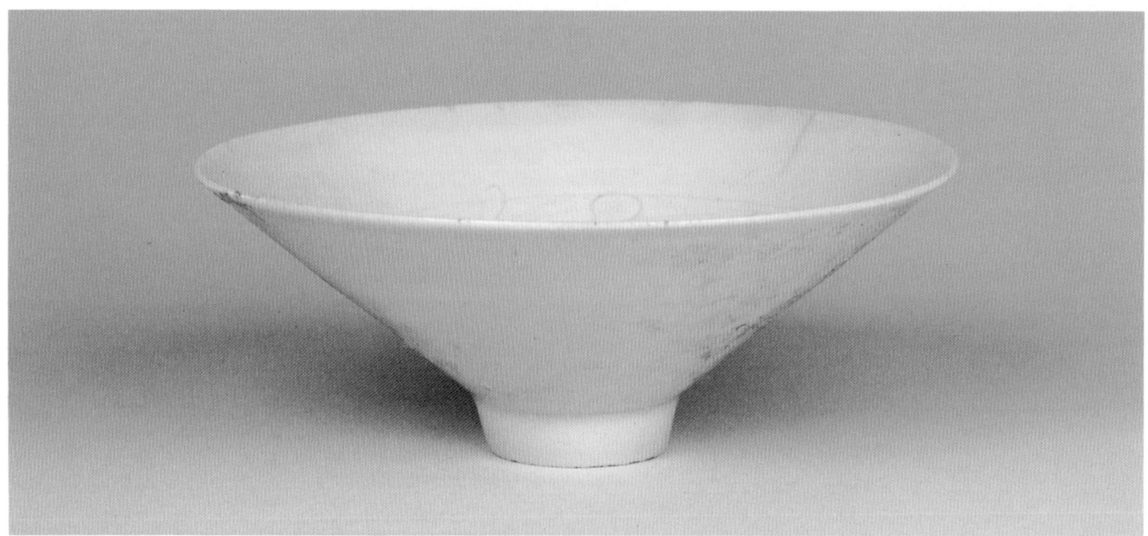

碗敞口，腹壁斜直呈45度斜出，餅狀實足微內凹，形如斗笠。通體施青白釉，底素胎支燒，留有糊底，為景德鎮湖田窰產品。碗外光素，裏劃菊花間篦點紋。湖田窰青白瓷比較流行這種裝飾，在花紋以外的地子上用篦狀工具飾以點紋，把主題紋飾更加鮮明地襯托出來。除江西製的青白瓷具這種特點以外，福建亦有一批瓷窰的青瓷、青白瓷使用這種裝飾。

187

**青白釉刻花葵口碗**

宋

高7厘米

口徑19.5厘米

足徑5.7厘米

**Greenish white glazed bowl with a mallow-petal mouth and incised decoration**

Song Dynasty

Height: 7cm

Diameter of mouth: 19.5cm

Diameter of foot: 5.7cm

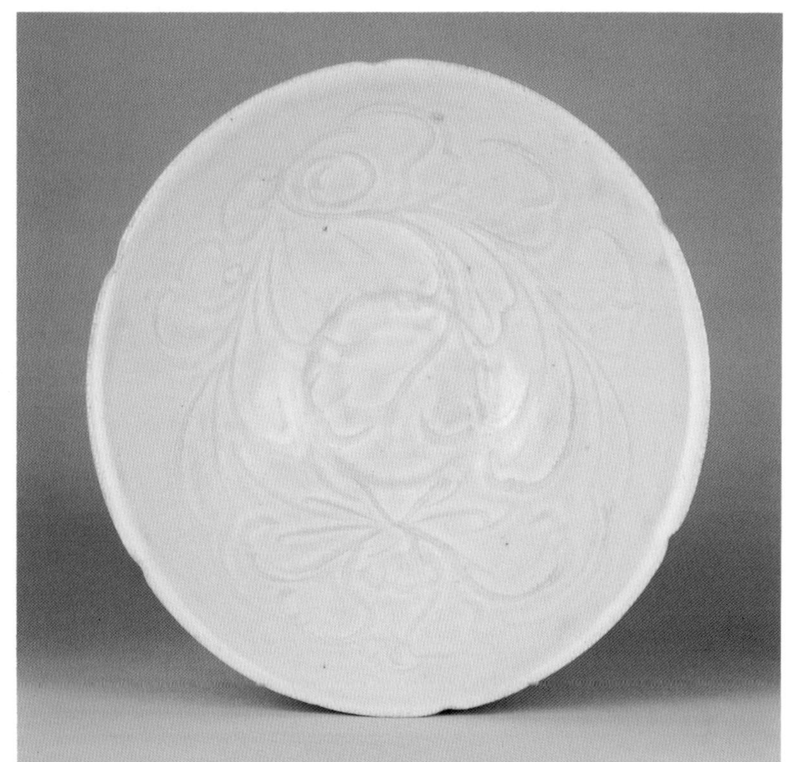

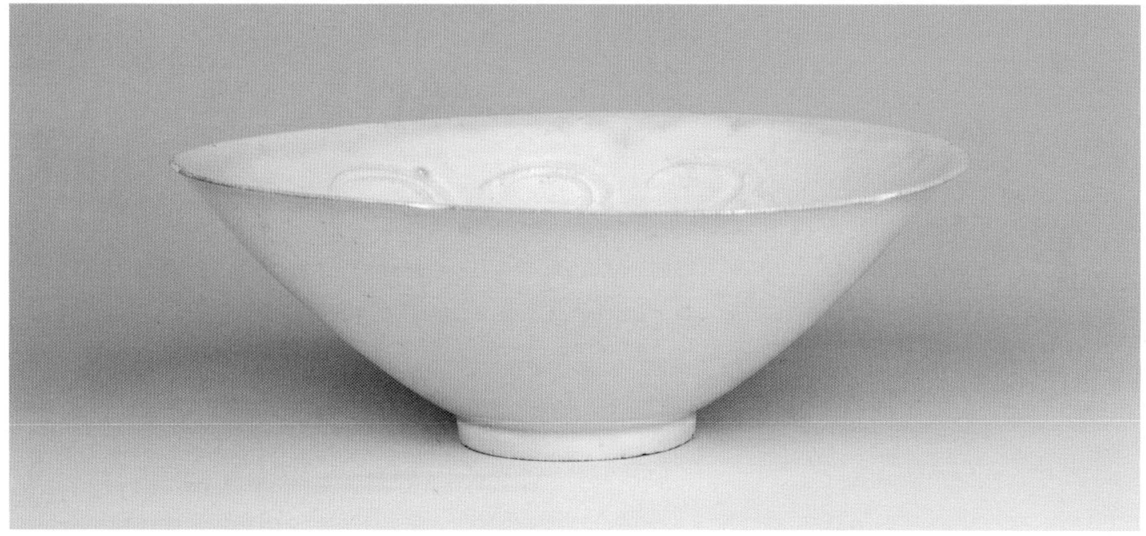

碗呈六瓣葵花口形，足淺而窄，素底。通體施青白釉。碗裏刻劃一折枝牡丹，花繁葉茂，舒展而飽滿。這種裝飾方法與河北定窰有異曲同工之妙。一般碗的裝飾分碗心、碗壁兩部分，隨形而飾，而定窰、景德鎮青白瓷窰一部分器物突破了這種裝飾格局，效果更為瀟灑自然。

188 **青白釉刻劃花碗**

宋

高5.5厘米

口徑19.5厘米

足徑6厘米

**Greenish white glazed bowl with incised and carved design**

Song Dynasty

Height: 5.5cm

Diameter of mouth: 19.5cm

Diameter of foot: 6cm

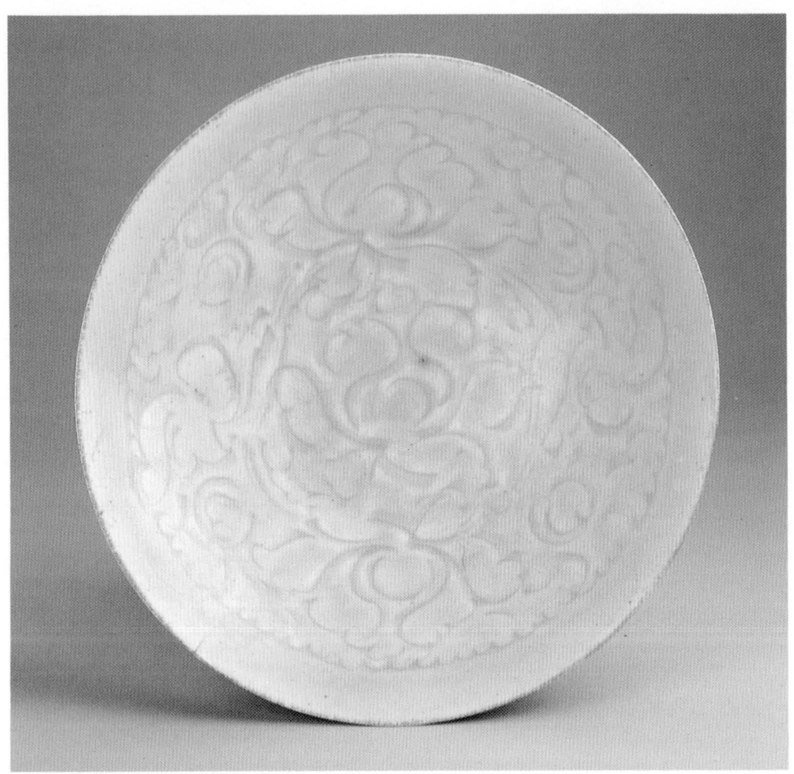

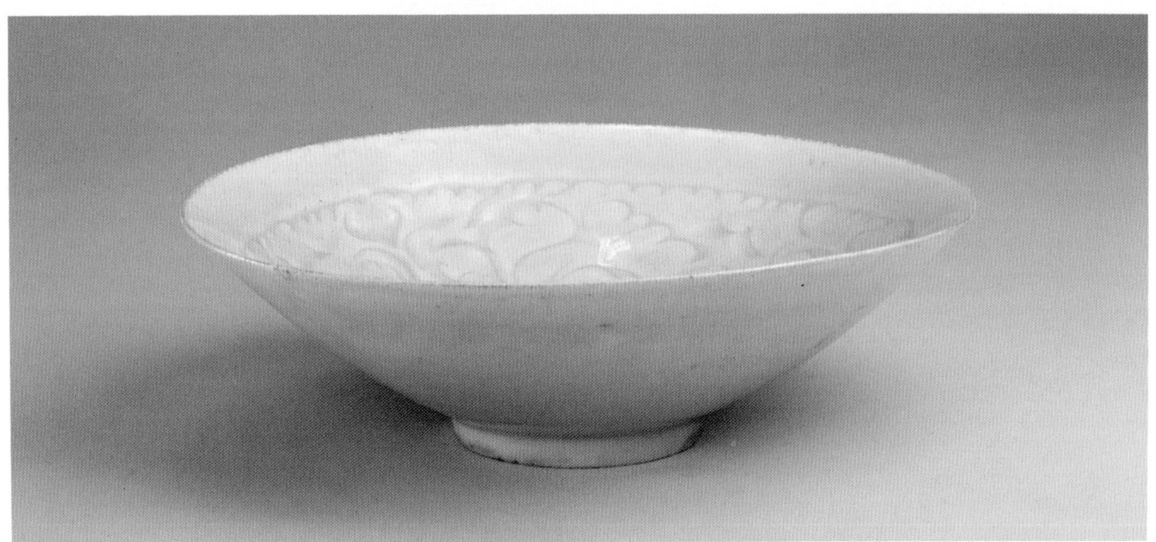

碗敞口，淺式，底較厚，素底。採用墊餅正燒，是景德鎮北宋時期產品。碗內外施青白色釉。碗裏刻劃纏枝牡丹兩枝，兩個胖嬰在花間扳枝玩耍。嬰戲題材在瓷器上出現最早見於湖南長沙窰，宋代較為盛行，定窰、磁州窰、耀州窰、景德鎮窰燒製的盤、碗、枕上常可見到。

189

**青白釉劃花碗**
宋
高7.8厘米
口徑21厘米
足徑6厘米

**Greenish white glazed bowl with carved floral design**
Song Dynasty
Height: 7.8cm
Diameter of mouth: 21cm
Diameter of foot: 6cm

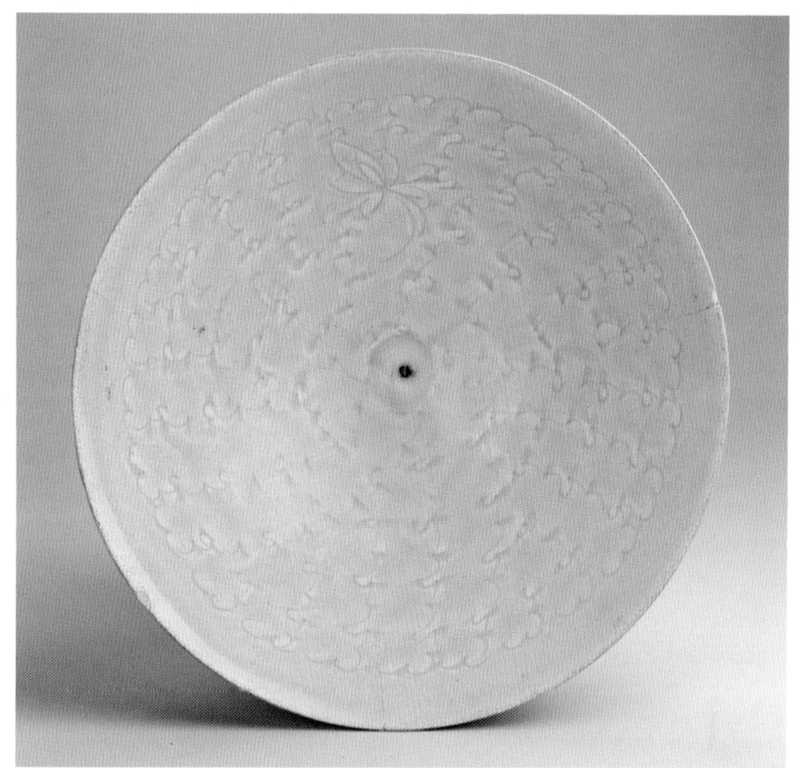

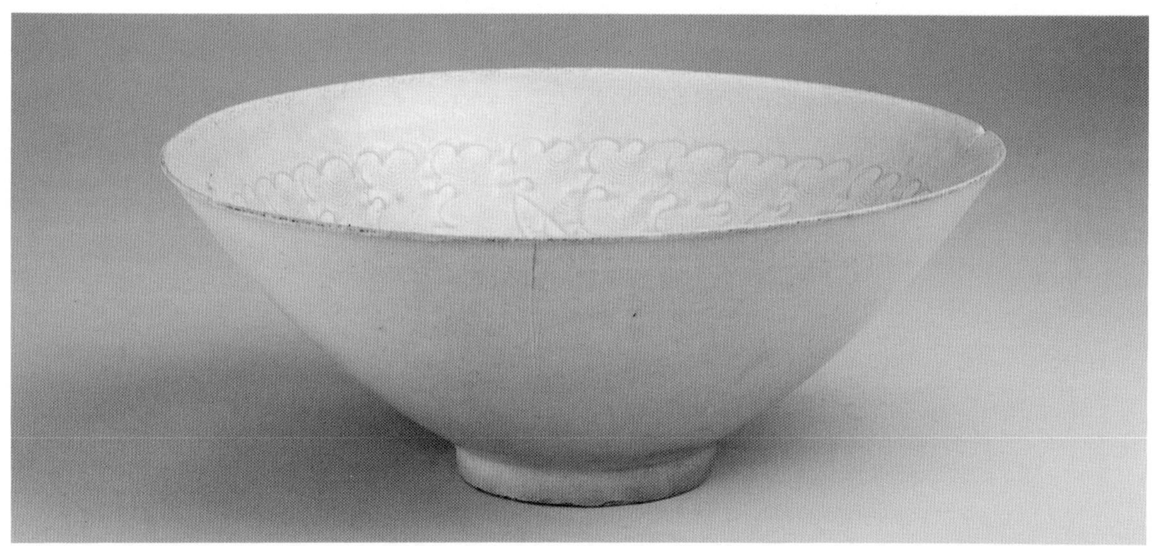

碗敞口，斜壁，足裏稍內凹，為餅狀實足，足底因支燒留有醬色糊底，為景德鎮湖田窰北宋時期產品。碗內外施青白釉，外光素，裏劃花篦劃水波紋，內壁一側劃一朵蓮花於水中。落花流水紋宋代較為盛行，陝西耀州窰劃花、河南青釉印花中均可見到，但花多在碗心或內壁對稱式佈局，像此碗這種佈局為景德鎮所獨有。

190

## 青白釉印花碗

宋
高4.4厘米
口徑17.7厘米
足徑5.7厘米

**Greenish white glazed bowl with impressed floral design**

Song Dynasty
Height: 4.4cm
Diameter of mouth: 17.7cm
Diameter of foot: 5.7cm

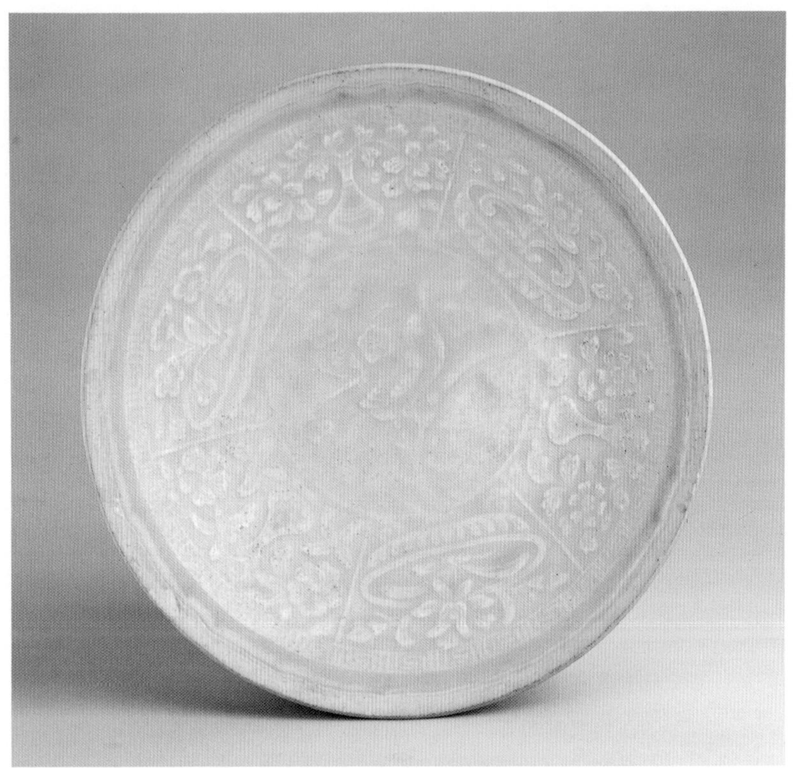

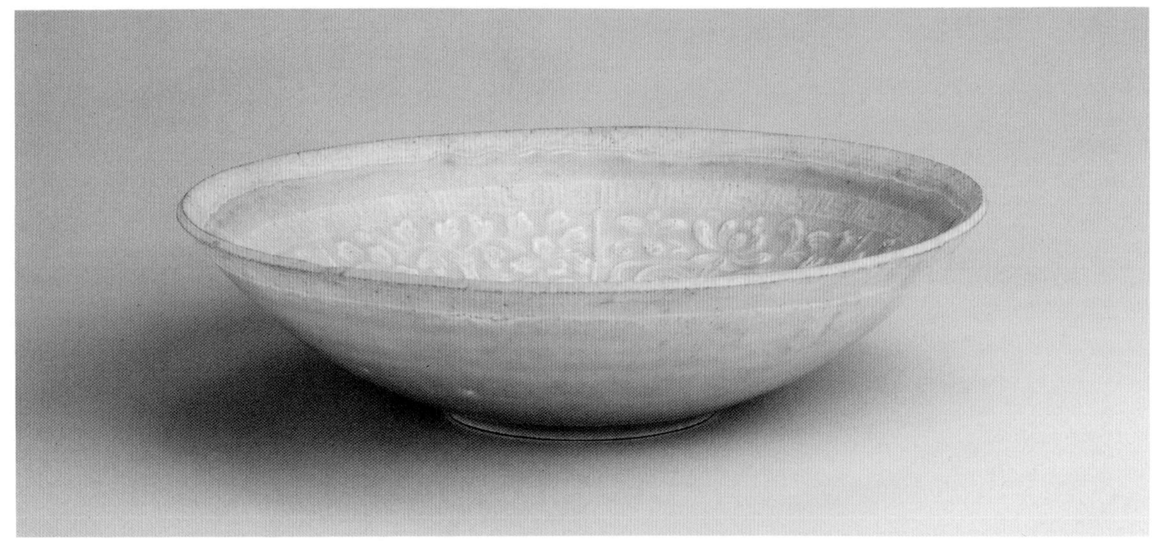

碗式較淺，敞口，弧腹，淺圈足。口部無釉，係覆燒所致，為景德鎮湖田窰南宋時期產品。碗內外施青白釉，外光素，裏印花。紋飾佈局採用分格式，碗裏心印花卉，碗內壁凸起六綫把內壁分為六等份，每格內飾盆、瓶花，三盆花、三瓶花間隔排列，口邊飾回紋一周。景德鎮青白瓷從燒法及紋飾上與河北定窰有密切關係。定窰首先大量使用覆燒方法，景德鎮在南宋時期也多採用這種覆燒方法，產量大大提高。印花亦模仿定窰印花，口部回紋及分格式佈局是定窰宋、金時期大量使用的。

191

**青白釉刻花碗**
宋
高5.8厘米
口徑10.5厘米
足徑5厘米

**Greenish white glazed bowl with incised design**
Song Dynasty
Height: 5.8cm
Diameter of mouth: 10.5cm
Diameter of foot: 5cm

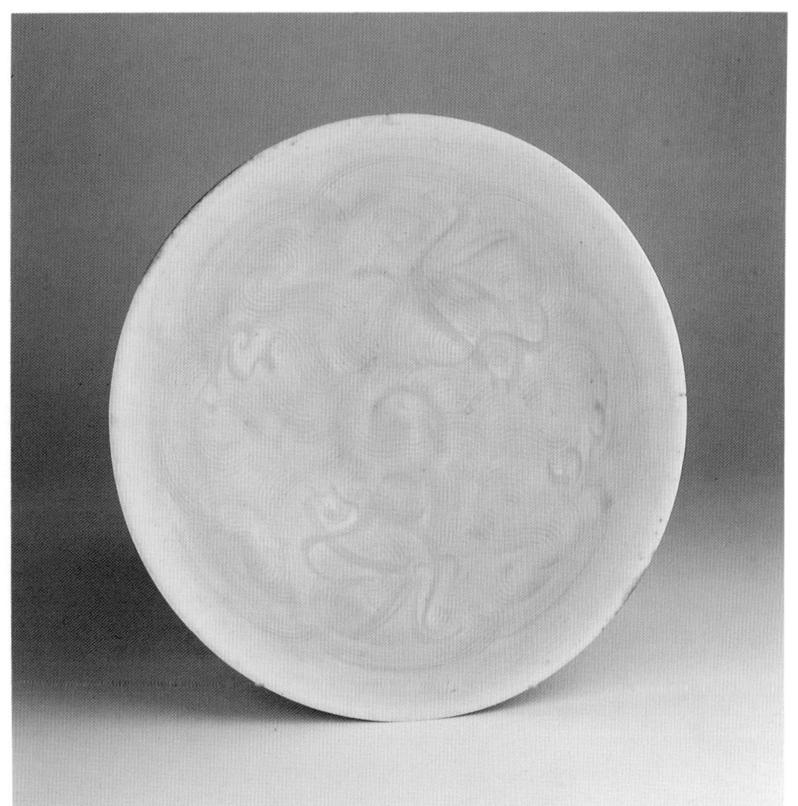

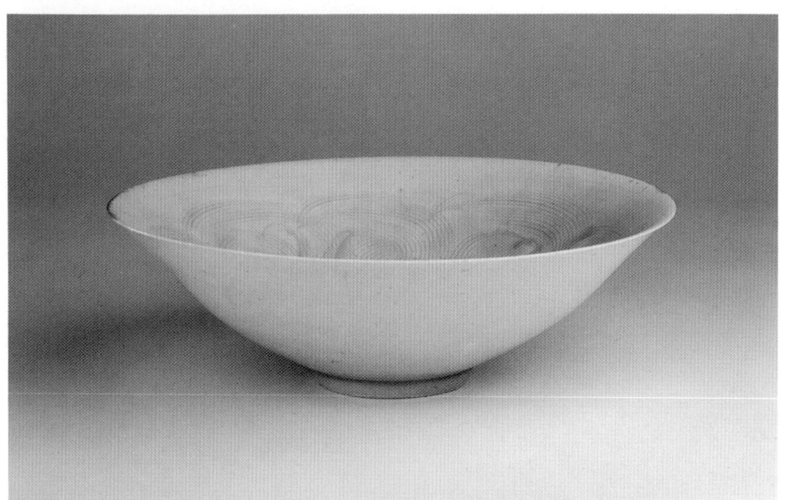

碗敞口，腹壁微弧，淺足，是景德鎮湖田窰北宋時期產品。施青白釉，碗裏刻劃雙魚，雙魚以外的地子用篦狀工具劃出水波紋。這種表現技法，南北方都曾盛行，定窰、耀州窰、磁州窰及江西、福建的一批青白瓷窰均廣泛使用，裝飾效果各具千秋。

192

## 青白釉注碗

宋

高14厘米　口徑15厘米　足徑8.3厘米

**Greenish white glazed warming bowl**

Song Dynasty

Height: 14cm　Diameter of mouth: 15cm

Diameter of foot: 8.3cm

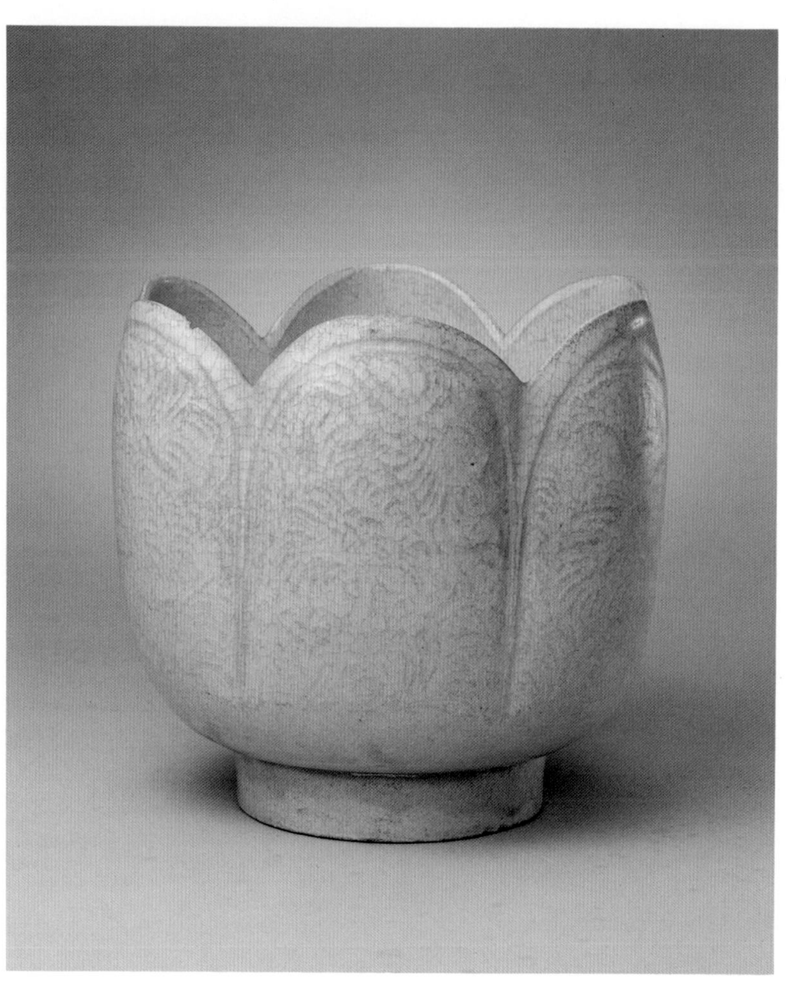

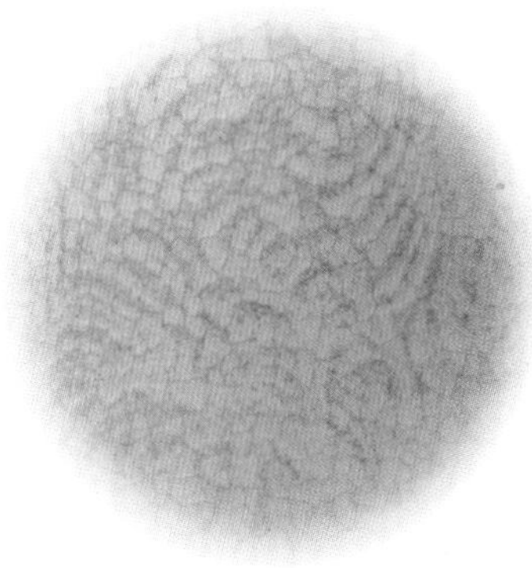

碗呈六瓣蓮花口形，式較深，多與注壺配套使用。碗外飾六組陽紋印花，施青白釉，釉色泛黃，係氧化氣氛所致。注壺、注碗為宋代特有造型，以江西較為多見，其次安徽繁昌窰、陜西耀州窰、福建等亦有燒造。河南汝窰有與此類似的注碗，但未見注壺。

193 **青白釉刻花大碗**
宋
高8.5厘米
口徑31.5厘米
足徑9厘米

**Large bowl incised with floral design, greenish white glaze**
Song Dynasty
Height: 8.5cm
Diameter of mouth: 31.5cm
Diameter of foot: 9cm

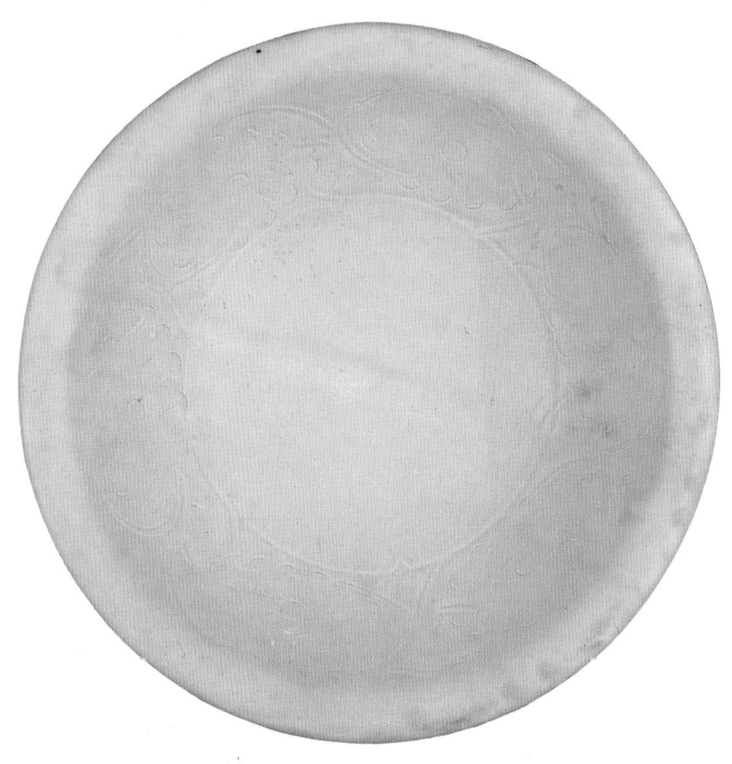

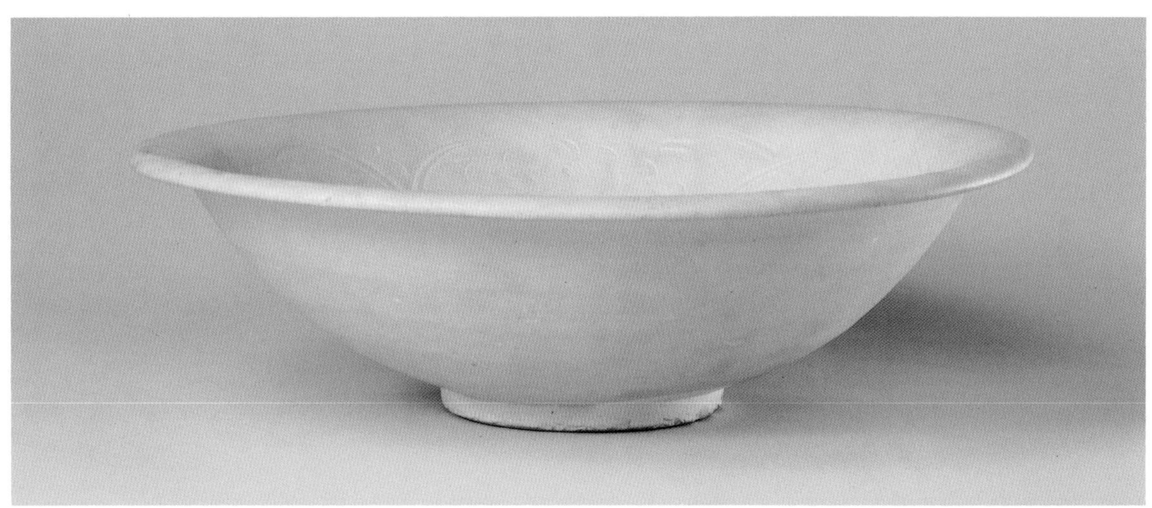

碗口外折，弧腹，圈足。內外施青白釉，足內外露胎。碗裏刻劃花，此碗器型較大，造型規整，釉色較淺，體現了工匠在成型工藝上的造詣。

194

**青白釉印花碗**

宋

高6.2厘米

口徑18.7厘米

足徑6.4厘米

**Greenish white glazed bowl with impressed design**

Song Dynasty

Height: 6.2cm

Diameter of mouth: 18.7cm

Diameter of foot: 6.4cm

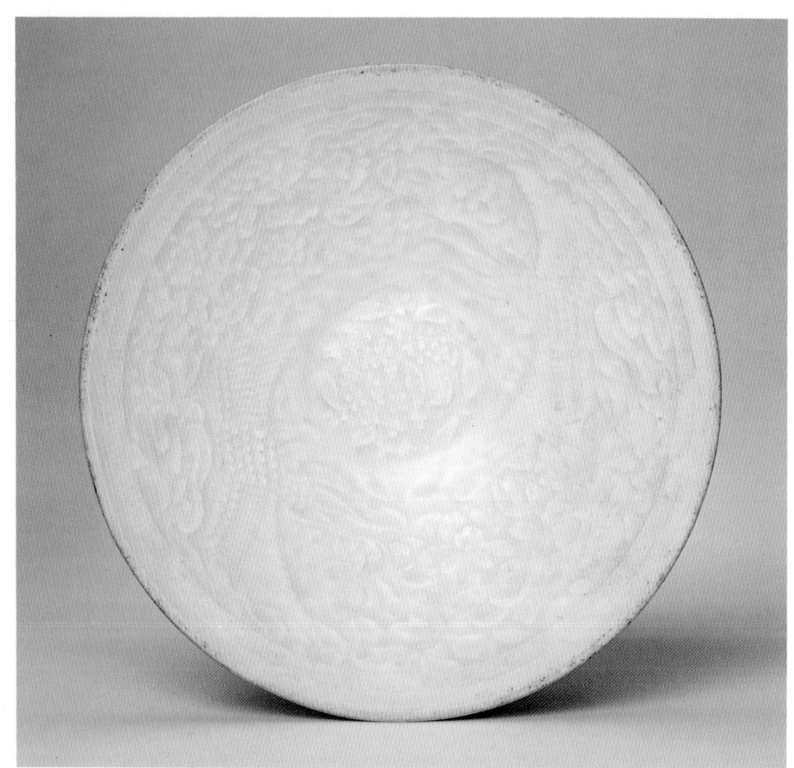

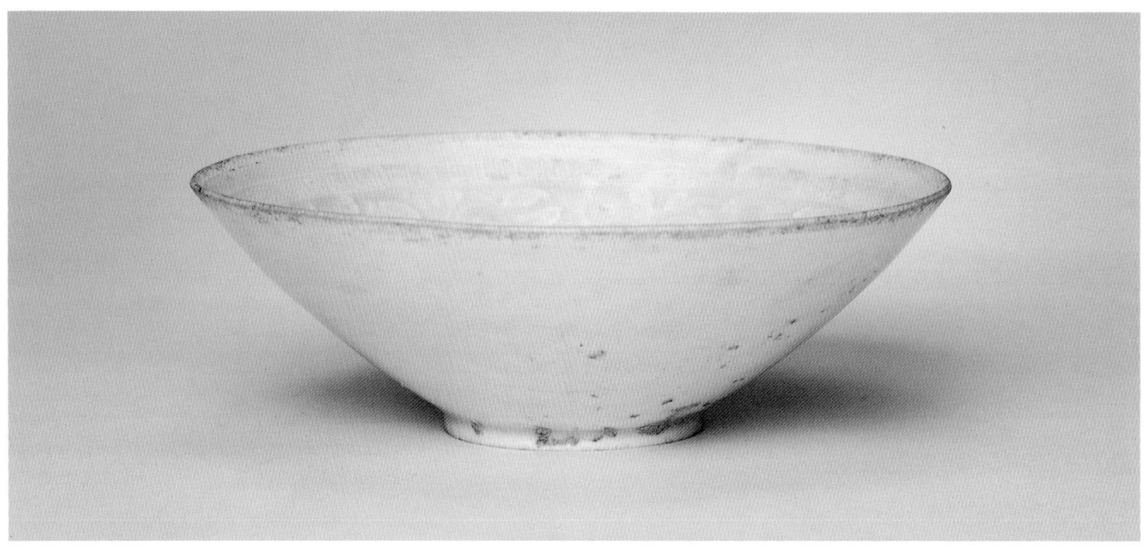

碗敞口，口部脱釉，圈足覆燒。碗外壁光素，裏口沿下印回紋一圈，內壁滿印雙鳳穿花紋飾，裏心印桂花二枝。裏外施青白釉，有開片。胎體輕盈，器壁較薄。

195

## 青白釉大碗

宋

高8.6厘米　口徑26厘米　足徑7厘米

**Large bowl in greenish white glaze**

Song Dynasty

Height: 8.6cm　Diameter of mouth: 26cm

Diameter of foot: 7cm

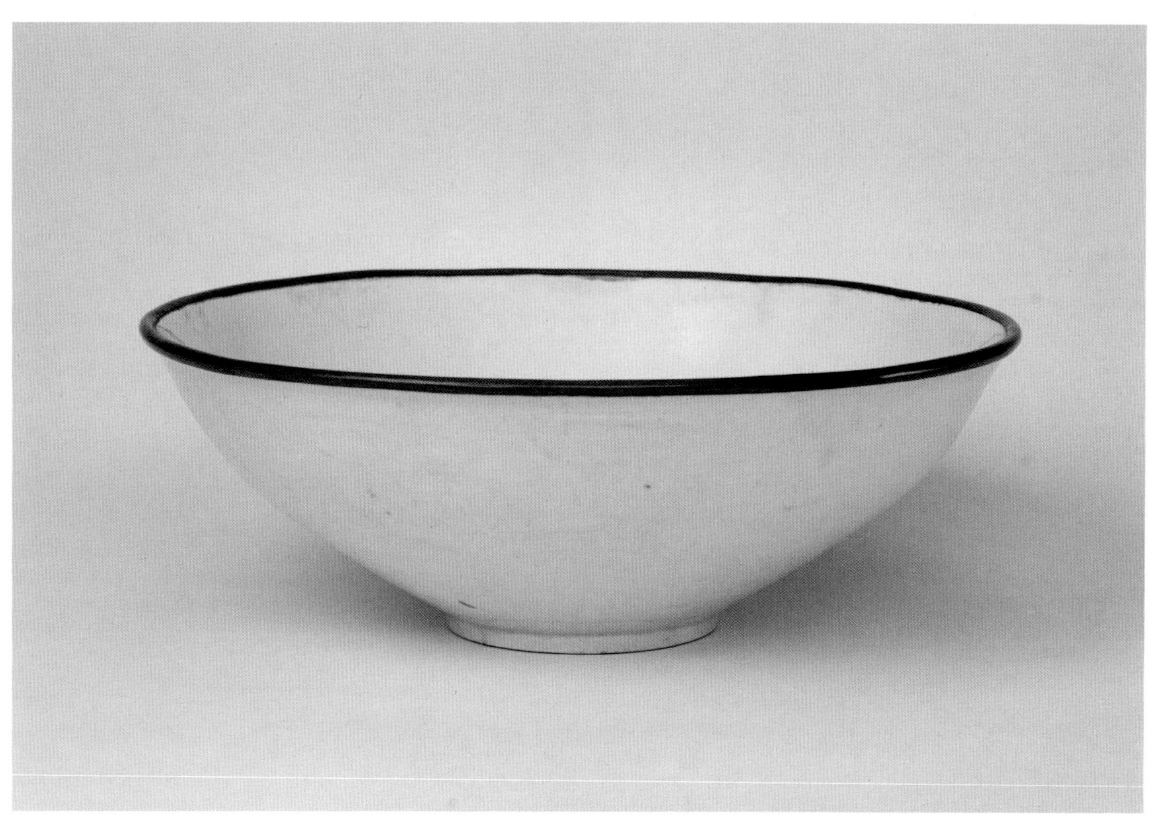

碗敞口，銅口，口以下漸收斂，圈足，足部處理細緻，裏心平坦。內外光素無紋飾。此碗造型碩大，裏、外均施青白釉，釉色光亮潤澤，積釉處呈青綠色。

196 **青白釉印花碗**
宋
高5.2厘米
口徑15.2厘米
足徑7.9厘米
清宮舊藏

**Greenish white glazed bowl with impressed floral design**
Song Dynasty
Height: 5.2cm
Diameter of mouth: 15.2cm
Diameter of foot: 7.9cm
Qing Court collection

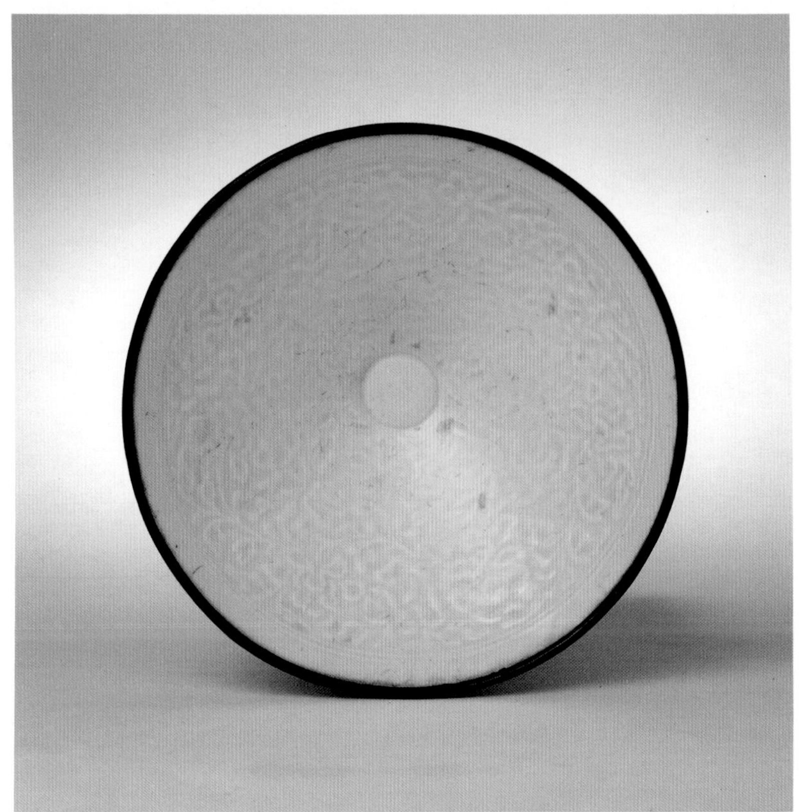

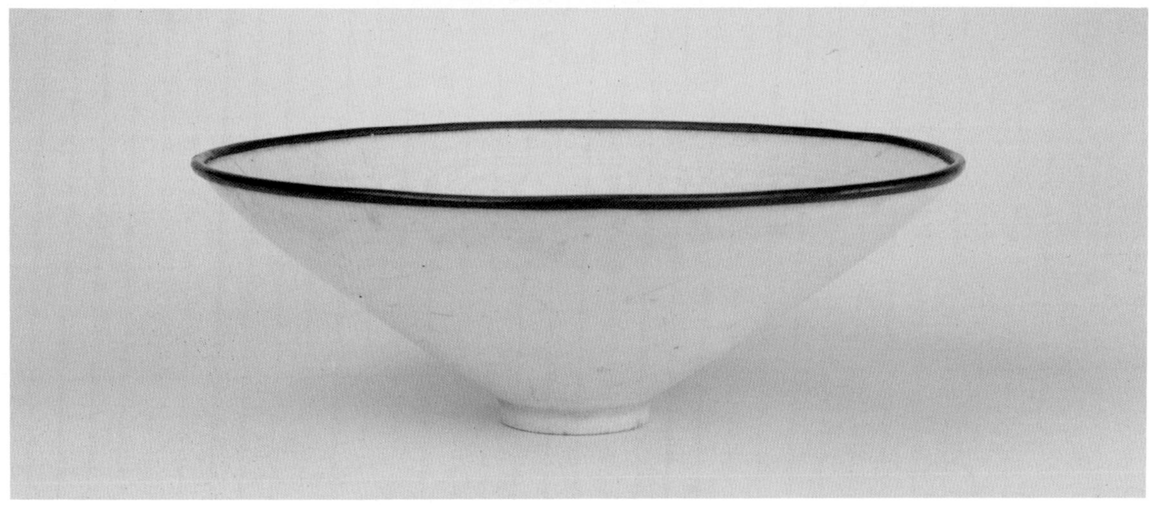

碗呈斗笠式，鑲銅口，圈足窄小。外壁光素無紋飾，裏壁滿印纏枝花卉。器裏、外均施青白釉，釉色瑩潤，積釉處釉色發深，造型別具一格。

197 **青白釉劃花碗**
宋
高5.9厘米
口徑18厘米
足徑6.8厘米
清宮舊藏

**Greenish white glazed bowl with carved design**
Song Dynasty
Height: 5.9cm
Diameter of mouth: 18cm
Diameter of foot: 6.8cm
Qing Court collection

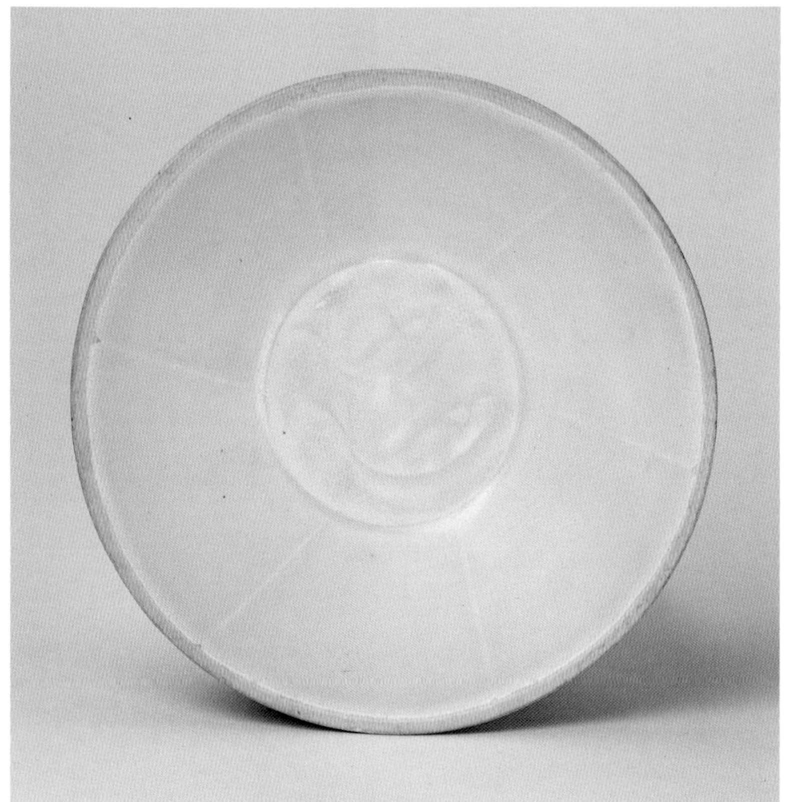

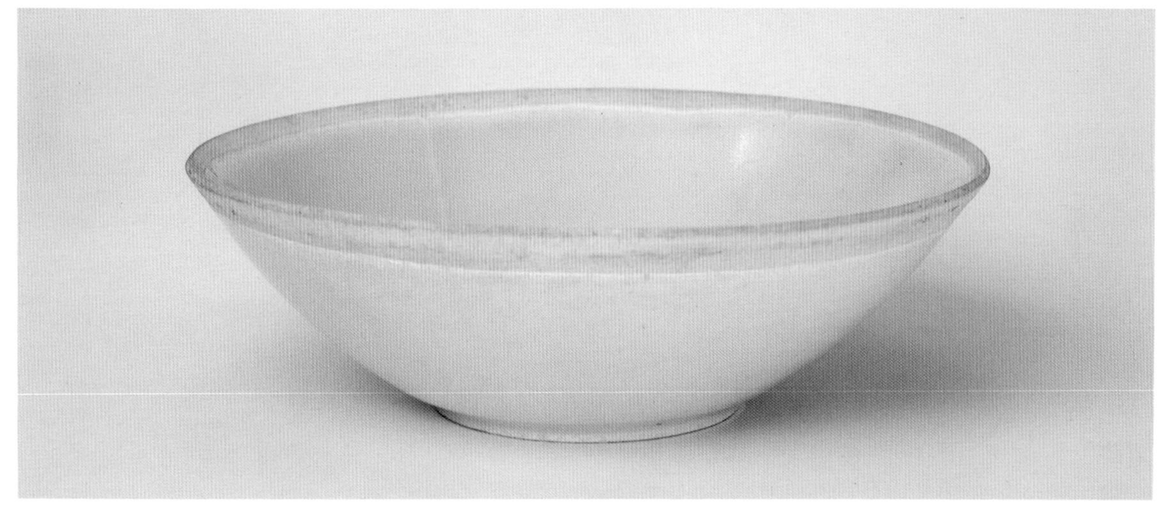

碗敞口，芒口部較寬闊，圈足，器型規整。內壁六條綫出筋，碗心刻劃雙魚水波紋，魚在水中嬉戲，形態逼真。外壁光素無紋飾。裏外滿釉，釉色青白。

198 **青白釉印花碗**

宋

高6.4厘米

口徑18.5厘米

足徑6.3厘米

**Greenish white glazed bowl with impressed design**

Song Dynasty

Height: 6.4cm

Diameter of mouth: 18.5cm

Diameter of foot: 6.3cm

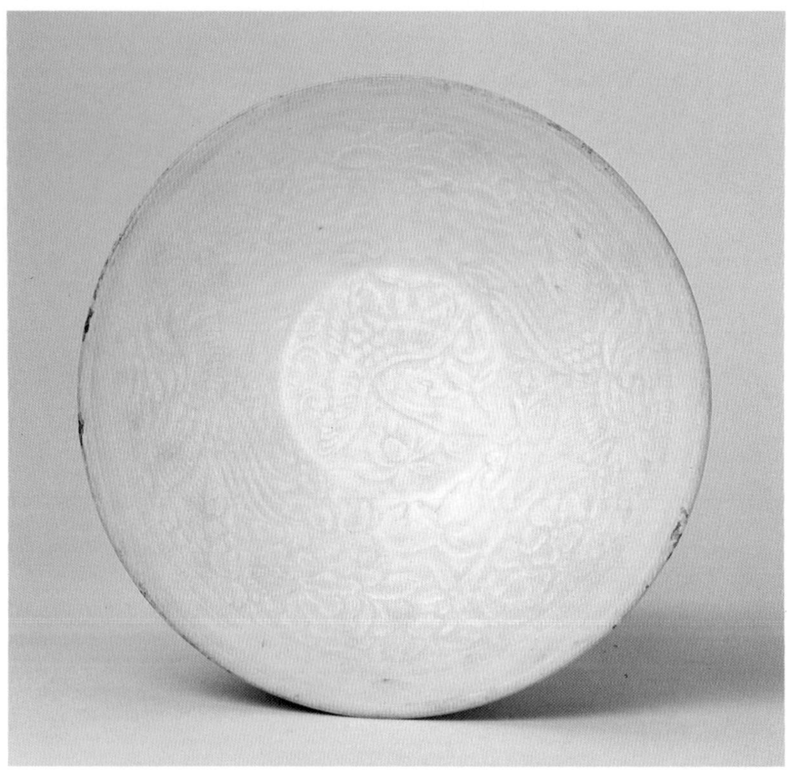

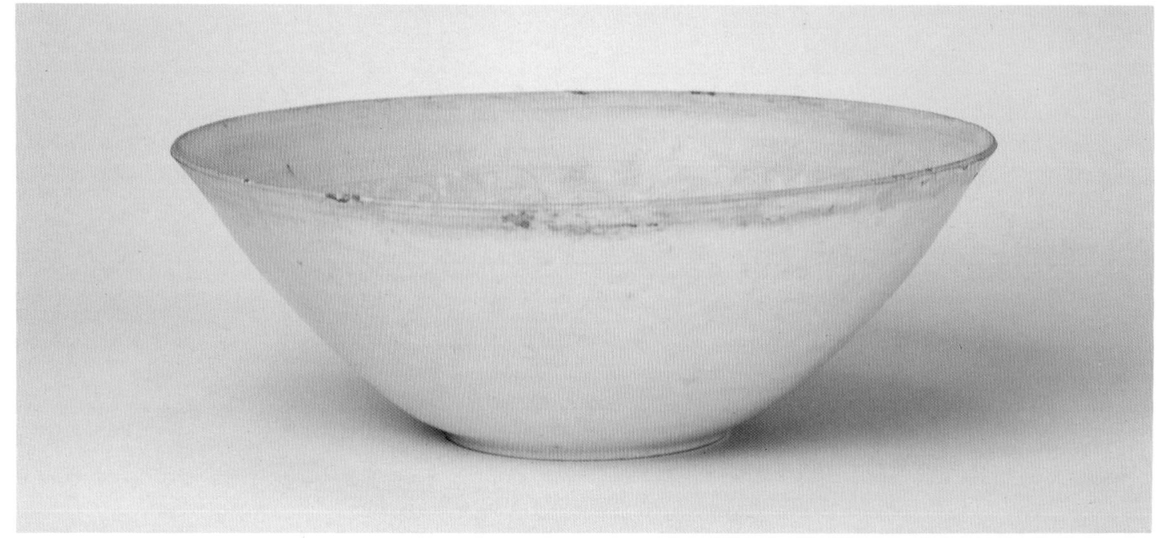

碗敞口，覆燒，圈足矮窄，胎輕體薄。裏腹部印變形回紋邊飾一周，下印雙鳳穿花圖案，紋飾繁縟密集，裏心印鳳啣蓮花紋。外壁光素無紋。裏外滿施青白釉，釉色泛黃，釉面不潔淨。

199

## 青白釉碗

宋

高5.7厘米　口徑12.1厘米　足徑3.6厘米

**Greenish white glazed bowl**

Song Dynasty

Height: 5.7cm　Diameter of mouth: 12.1cm

Diameter of foot: 3.6cm

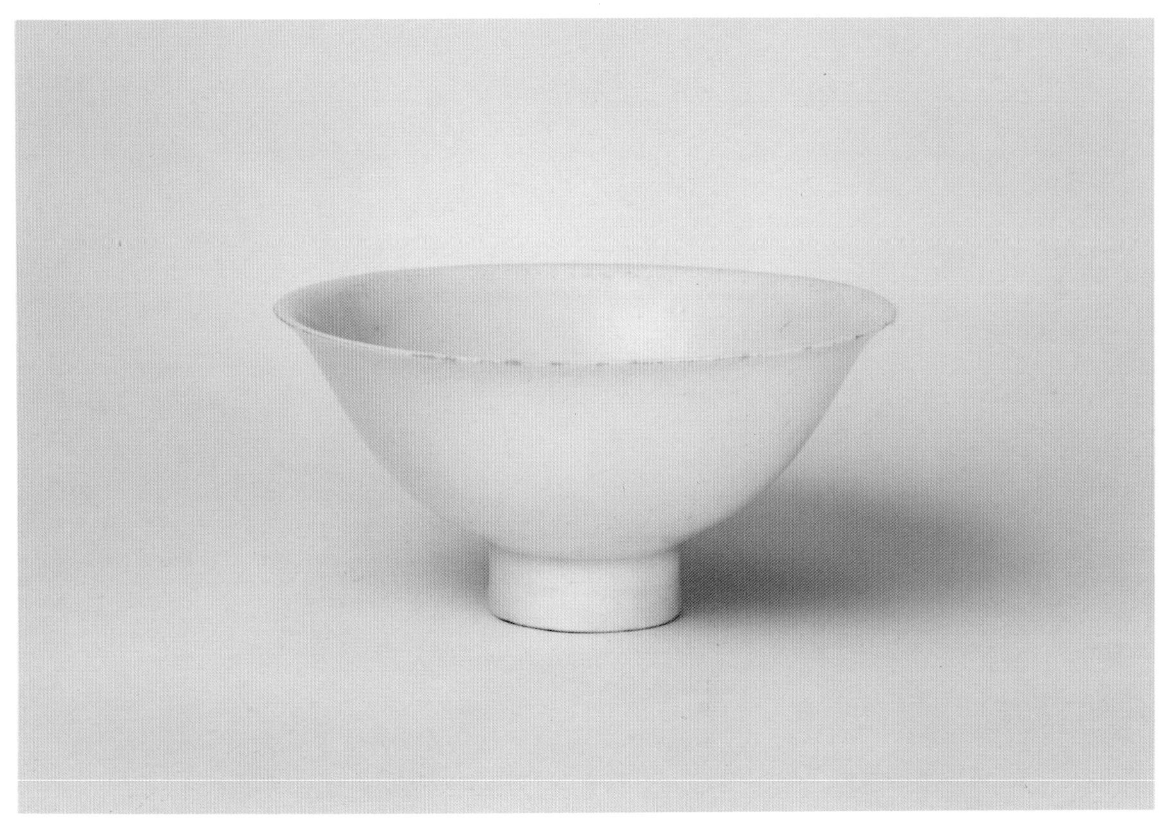

碗口外撇，腹部微向外鼓，高細圈足，修整規矩。此碗造型秀巧，胎體輕薄。裏外滿施青白釉，釉色光潔。通體光素無紋飾，樸實無華。

200 **青白釉刻花碗**

宋
高4.5厘米
口徑11.8厘米
足徑3.3厘米

**Greenish white glazed bowl with incised design**

Song Dynasty
Height: 4.5cm
Diameter of mouth: 11.8cm
Diameter of foot: 3.3cm

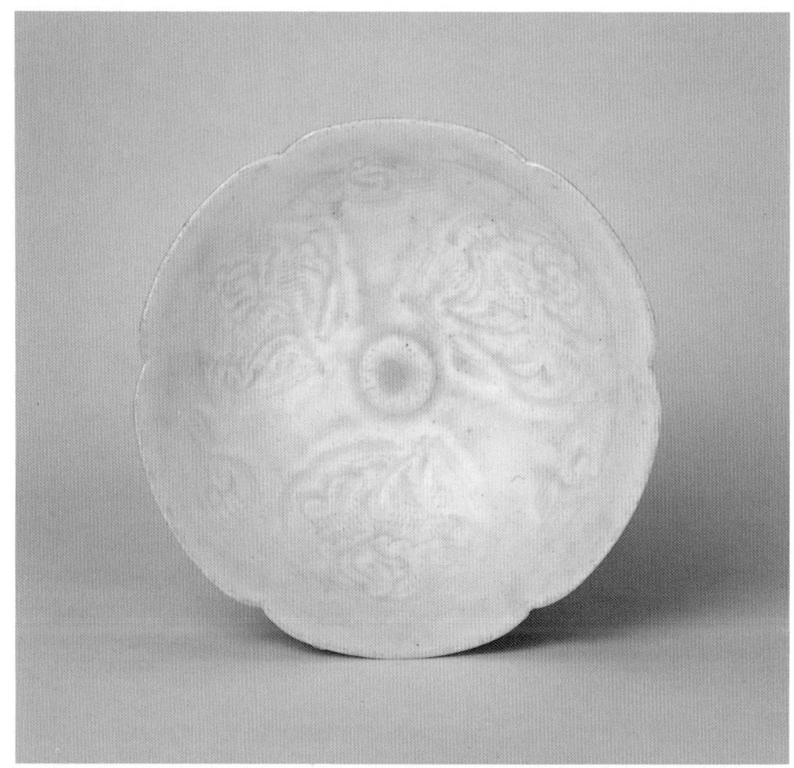

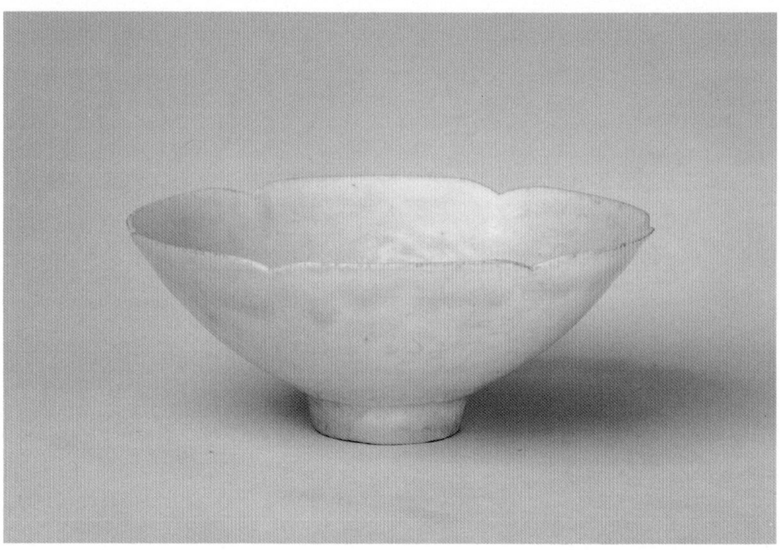

碗口作六花瓣形，腹微斜，圈足，底露胎，泛火石紅色。外壁光素，內壁刻三組團花圓案。碗裏心有小圓圈，微凸，胎體輕巧，通體滿施青白釉。

201 **青白釉刻花花口碗**
宋
高6.9厘米
口徑20厘米
足徑6厘米

**Greenish white glazed bowl with a flower-petal mouth and incised design**
Song Dynasty
Height: 6.9cm
Diameter of mouth: 20cm
Diameter of foot: 6cm

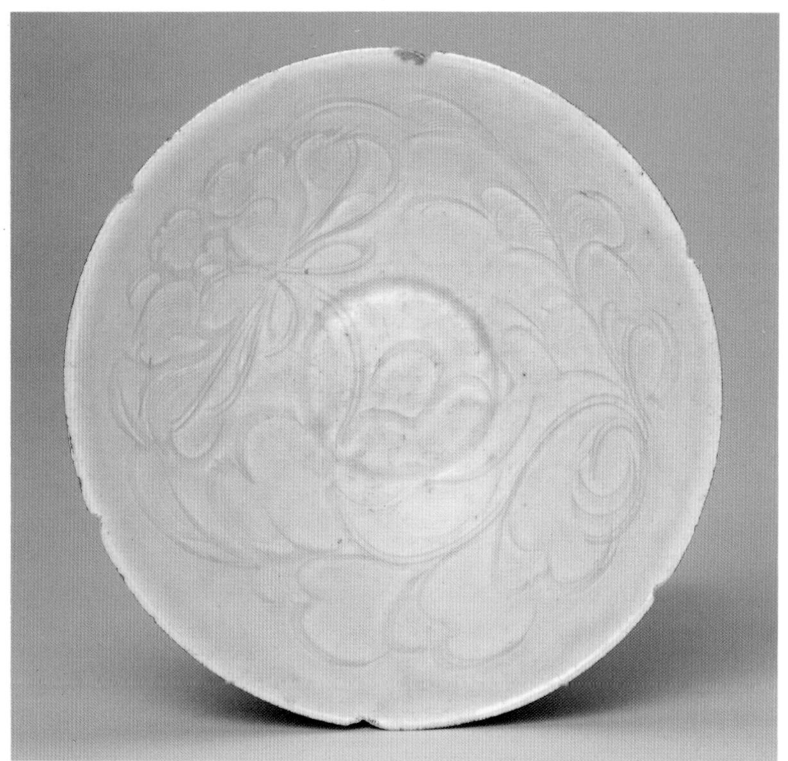

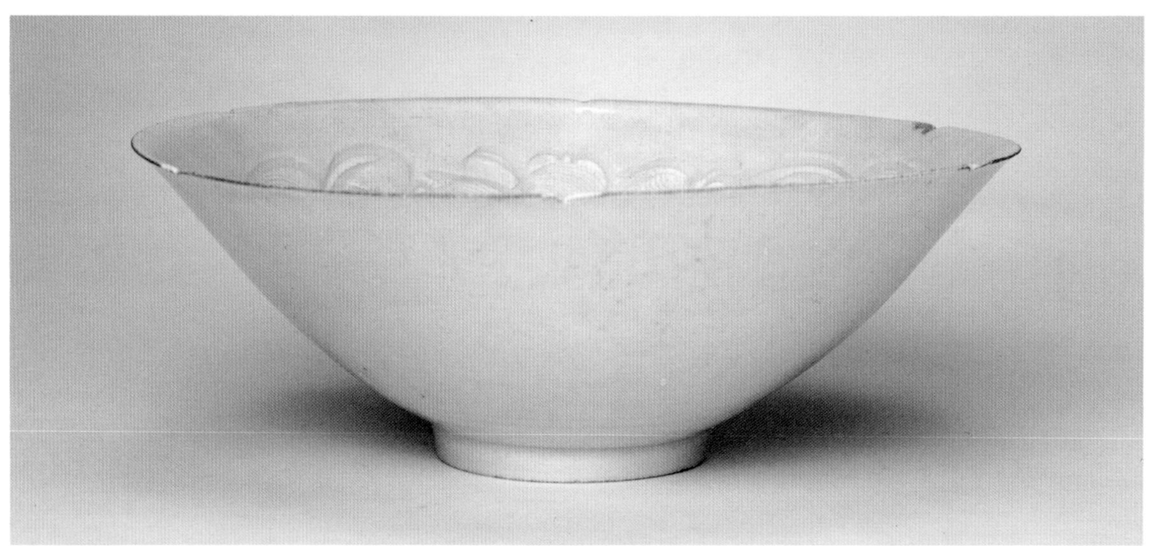

碗敞口，六花瓣口，圈足，底部較厚重，墊餅支燒。碗壁較薄，外部平滑，無多餘紋飾，近足處有二道平行暗弦紋。器裏滿劃一枝大牡丹花紋，綫條清晰，刻劃有力。通體滿施青白釉。

202 **青白釉印花洗**

宋

高3.5厘米

口徑13.1厘米

足徑11.1厘米

清宮舊藏

**Greenish white glazed washer with impressed design**

Song Dynasty

Height: 3.5cm

Diameter of mouth: 13.1cm

Diameter of bottom: 11.1cm

Qing Court collection

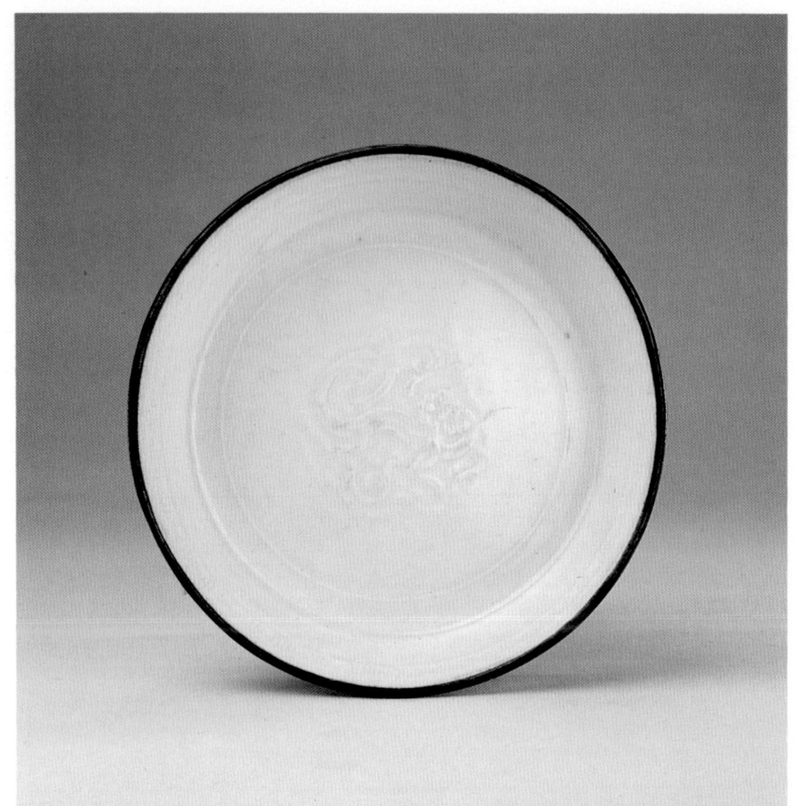

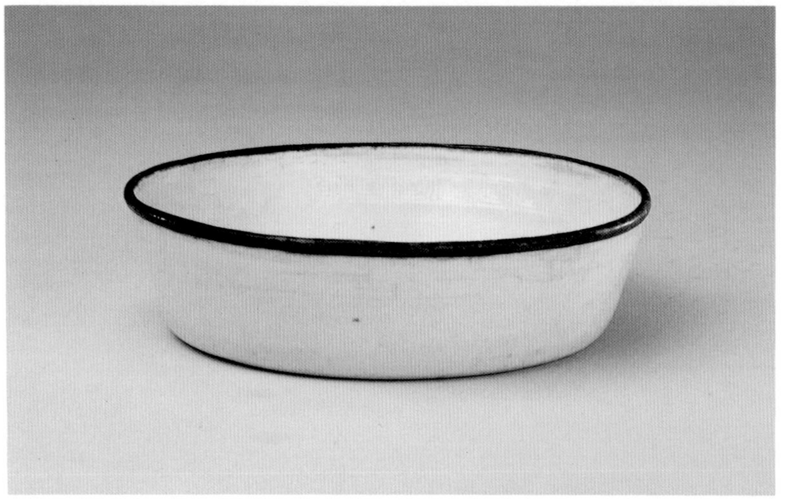

洗直口，平底微上凹，底邊出一道凸弦。裏外施青白釉，口無釉，鑲銅口，為景德鎮南宋時期仿定窰產品。洗中心飾團螭紋。

203 **建窰黑釉小碗**
宋
高4.5厘米　口徑8.3厘米　足徑3厘米

**Small bowl in black glaze, Jian ware**
Song Dynasty
Height: 4.5cm　Diameter of mouth: 8.3cm
Diameter of foot: 3cm

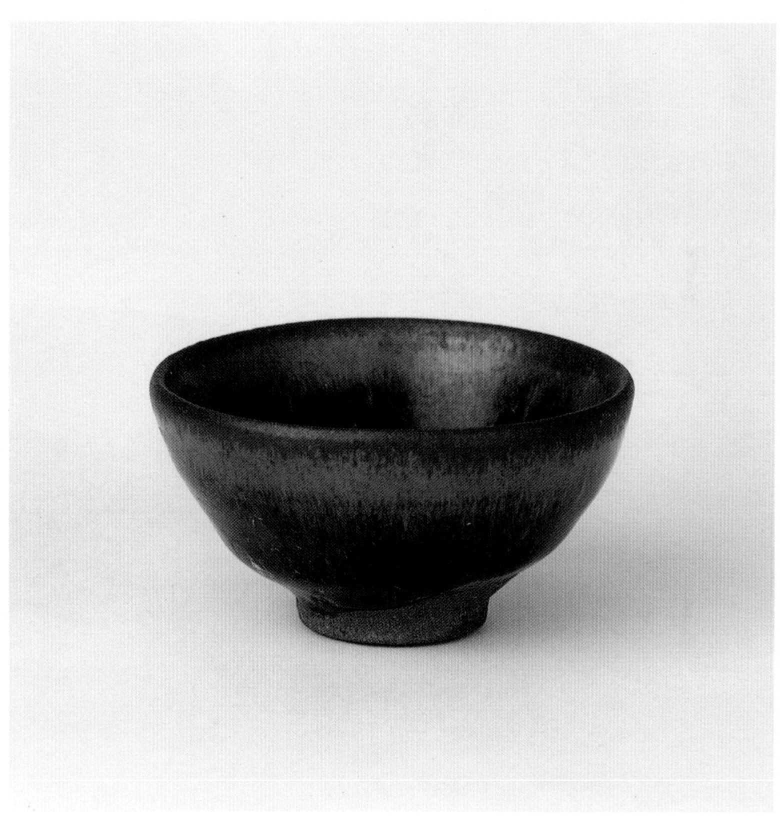

碗直口，口以下內收，圈足外深內淺。內外施黑釉，口部呈醬色。外釉至近足部。口下醬、黑色交接處有黑、醬相間的條紋。胎為紫褐色，胎、釉較厚，碗式較小，是福建建陽窰的產品。兔毫紋屬結晶釉之一種，流行於福建地區，以建陽窰所產最為著名。其他地區亦有發現，如四川、山西地區瓷窰亦有燒製。

204

**建窰黑釉碗**

宋

高6厘米　口徑12厘米　足徑4厘米

**Black glazed bowl, Jian ware**

Song Dynasty

Height: 6cm　Diameter of mouth: 12cm

Diameter of foot: 4cm

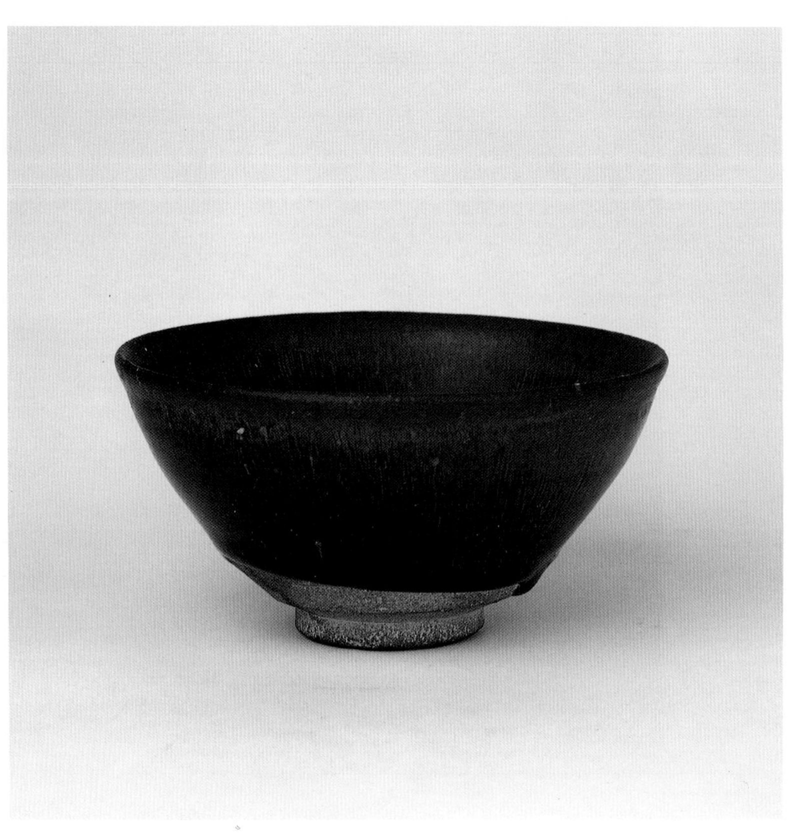

碗敞口，口下有外凹裏凸的棱，口以下漸內收，圈足外深內淺。碗裏滿釉，外施釉至近足部，釉有明顯的下垂痕迹，露黑褐色胎。碗口釉呈醬色，口下漸為褐、黑相間色，近裏心為純黑色。自口至裏心有細長的放射狀兔毫紋。此碗造型為建陽窰比較典型的碗式之一，通稱為兔毫盞。

兔毫盞特點是黑釉碗裏、外有細長黃棕色或鐵銹色條狀紋，如兔毛，故名。這種兔毫紋在顯微鏡下呈魚鱗狀結構，毫毛兩側邊沿上各有一道黑色粗條紋，是由赤鐵礦晶體構成，毫毛中間由許多赤鐵礦小晶體組成。兔毫盞燒成溫度一般在1,330℃左右。在燒成過程中釉層中產生氣泡，將其中的鐵質帶到釉面，當溫度達1,300℃以上，釉層流動，富含鐵質的部分就流成條狀，冷卻時從中析出赤鐵礦小晶體。而胎中氧化鐵含量高達9%，在高溫時胎中部分鐵質會熔入釉中，對兔毫的形成亦有一定的影響。

205 **建窰黑釉碗**
宋
高6.3厘米
口徑12厘米
足徑3.6厘米

**Black glazed bowl, Jian ware**
Song Dynasty
Height: 6.3cm
Diameter of mouth: 12cm
Diameter of foot: 3.6cm

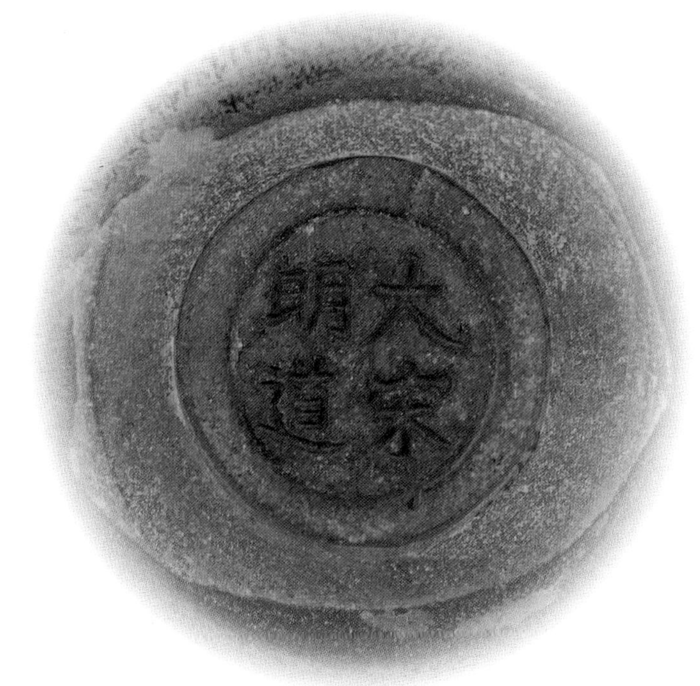


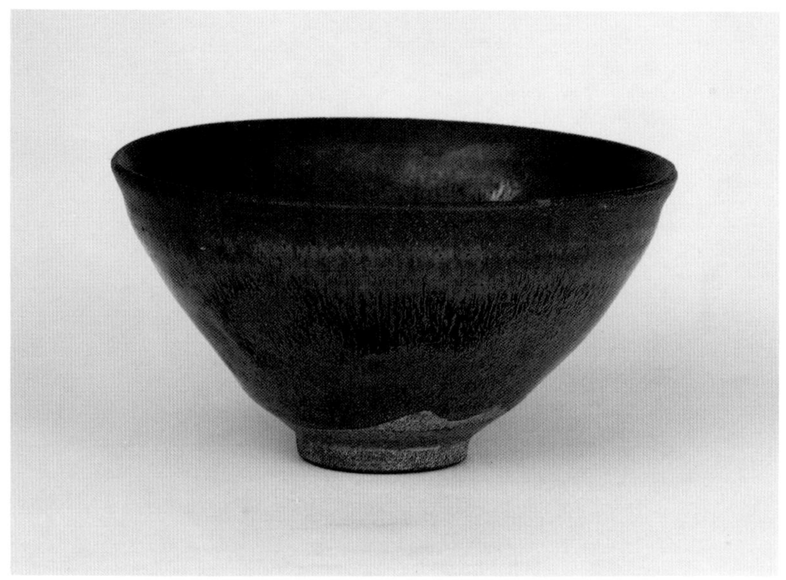

碗敞口，口下有棱，碗式較深，瘦底，圈足外深內淺。內外施釉，釉以醬色為主，並有醬、黑色相間的不明顯的條紋。碗外釉至近足部，以下露紫色胎。足底刻有“大宋明道”四字楷款。此碗為建陽窰產品，目前從大量出土及傳世器物來看，該窰帶款識的只有“供御”、“進琖”，此款“大宋明道”當為後刻。

206

**建窰兔毫紋碗**

宋
高6厘米
口徑11厘米
足徑3.5厘米

**Bowl decorated with hare's hair streaks, Jian ware**

Song Dynasty
Height: 6cm
Diameter of mouth: 11cm
Diameter of foot: 3.5cm

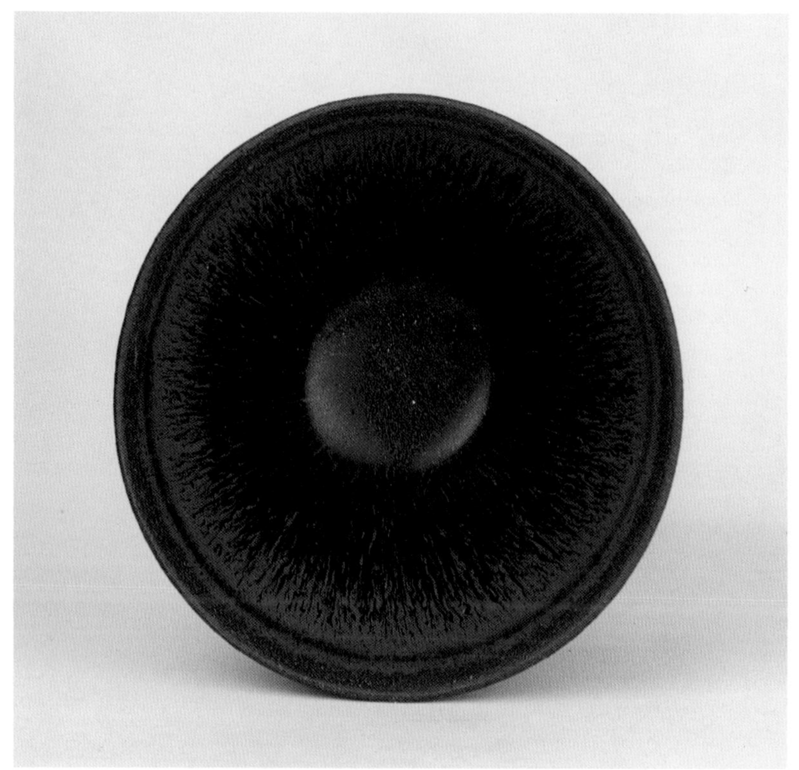

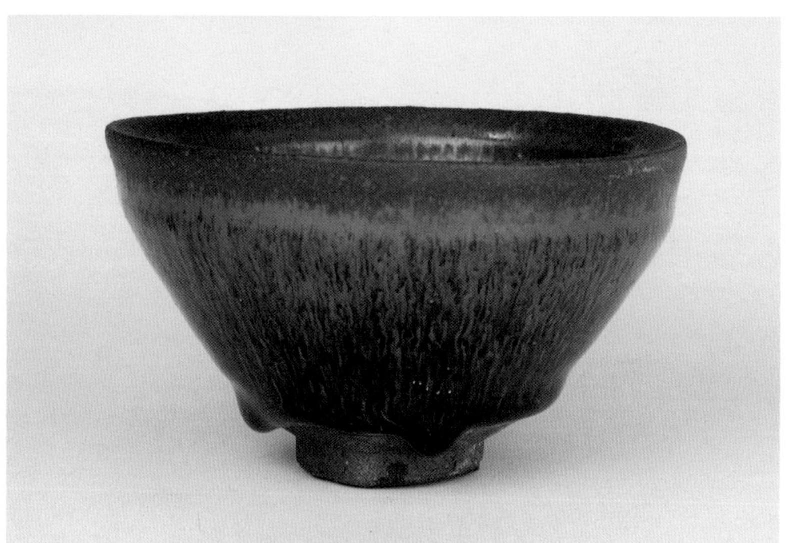

碗敞口，口下有棱，瘦底，圈足，是建窰比較典型的碗式之一。碗內外施釉，口部釉為醬色，以下漸為黑色，釉面有黑、褐相間的條紋。垂釉較重，近足露紫黑色胎。建陽窰採用含鐵量很高的瓷土，故胎色一般都為紫黑色。

207 **建窰黑釉碗**

宋

高6.3厘米　口徑12厘米　足徑4厘米

**Black glazed bowl, Jian ware**

Song Dynasty

Height: 6.3cm　Diameter of mouth: 12cm

Diameter of foot: 4cm

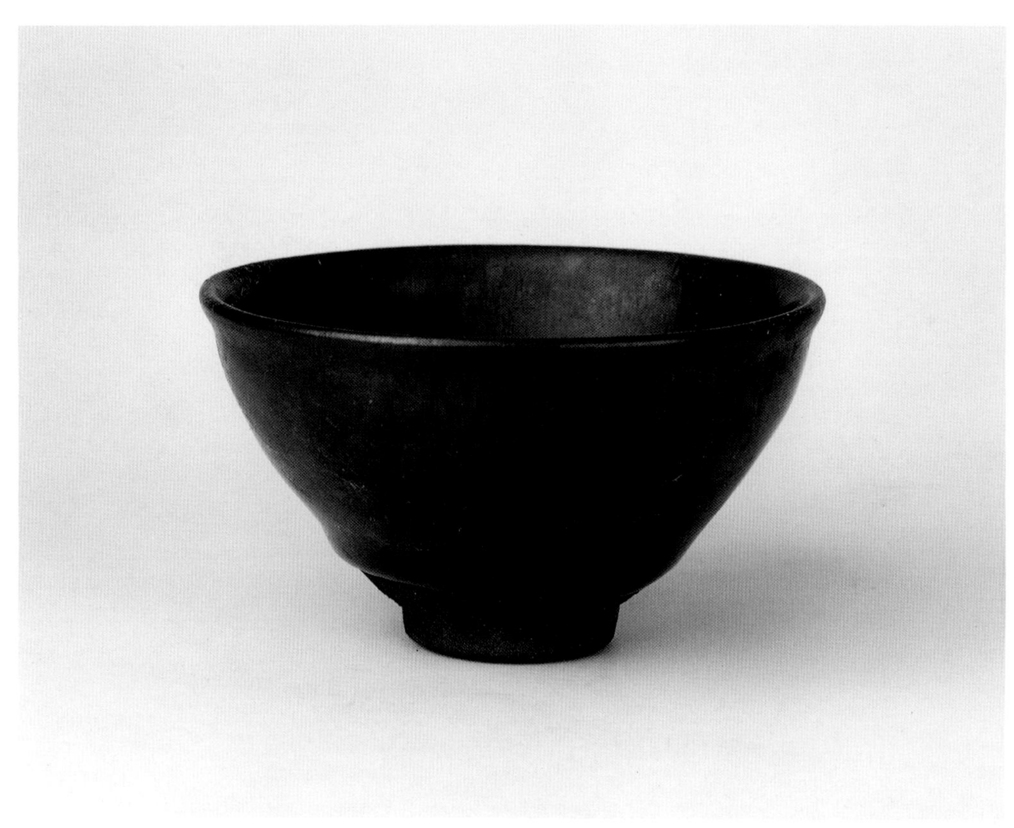

碗敞口，口下內收，圈足。碗內外施黑釉，釉純黑光亮，釉面有銀灰色結晶斑。碗外釉至近足部，以下露黑色胎，胎質較粗，胎體厚重。足圈外深內淺，是建陽窰最常見的特點之一。

208

**黑釉醬斑小碗**
宋
高4.7厘米　口徑12.5厘米　足徑3.9厘米

**Black glazed bowl with dark reddish brown spots**
Song Dynasty
Height: 4.7cm　Diameter of mouth: 12.5cm
Diameter of foot: 3.9cm

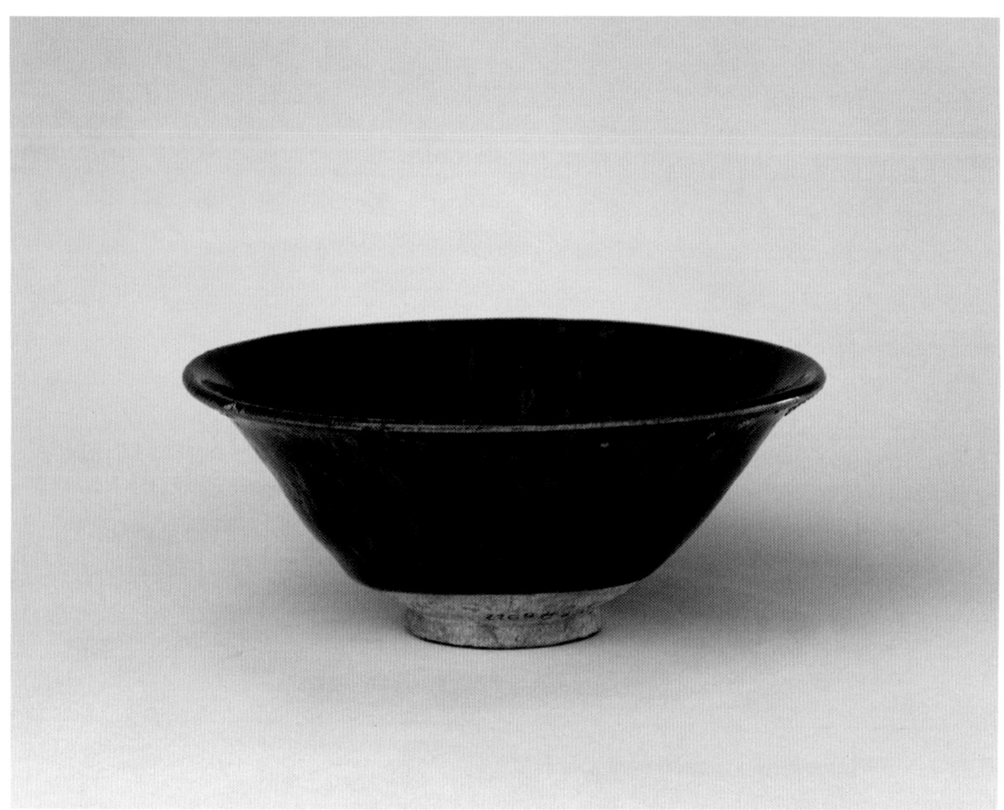

碗敞口，腹漸收，圈足微外撇。內外施黑釉，外釉施至近足部，無釉處露黃白色胎。碗內外黑釉上飾醬色條狀彩，醬彩呈放射狀展開排列，形狀不規則，變化萬千。

209

**黑釉兔毫紋碗**

宋

高7.5厘米　口徑18厘米　足徑5厘米

**Black glazed bowl with hare's hair streaks**

Song Dynasty

Height: 7.5cm　Diameter of mouth: 18cm

Diameter of foot: 5cm

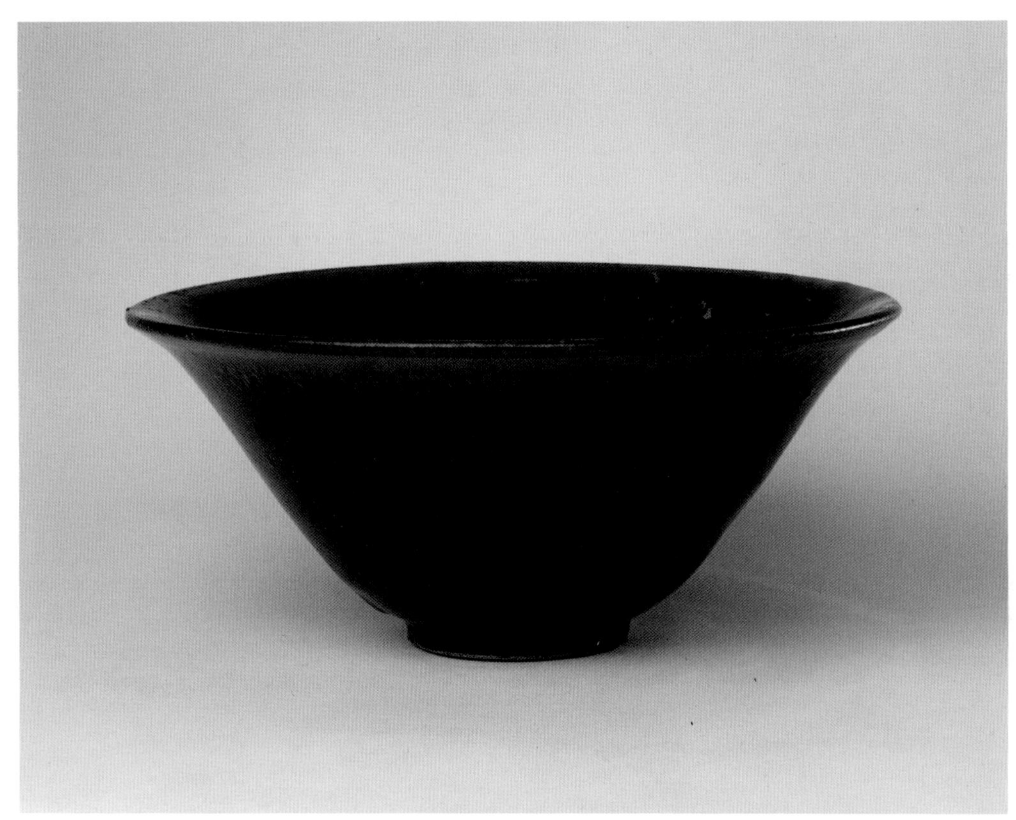

碗敞口，式較深，淺圈足。內外施黑釉，黑釉漆黑光亮。足底素胎，足底心有釉，釉不均勻。碗裏外口部呈醬色，呈現黑、褐相間的兔毫紋。裏心毫紋漸粗，呈醬色小斑點。胎為白色，與建窰紫黑色胎明顯不同。此碗口徑較大，式較深，白胎，釉光亮，為建窰系產品。

210 **黑釉醬彩碗**

宋

高5.3厘米

口徑13.2厘米

足徑3.8厘米

**Black glazed bowl with dark reddish brown spots**

Song Dynasty

Height: 5.3cm

Diameter of mouth: 13.2cm

Diameter of foot: 3.8cm

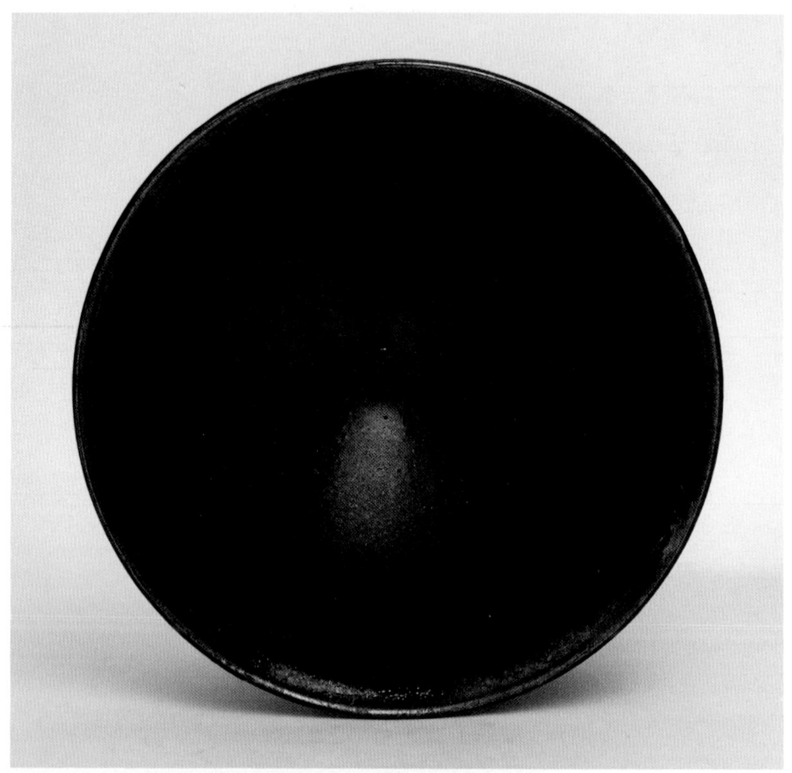

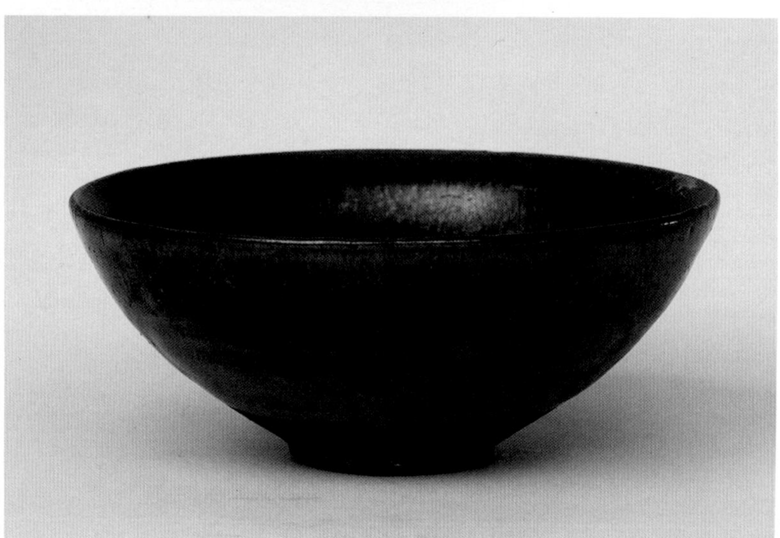

碗敞口，弧腹，淺圈足。內外施黑釉，碗裏佈滿醬色斑點。碗外釉質光亮，有明顯的垂釉痕。近足處露紫紅色胎，胎體厚重，為建窰系瓷窰的產品。

211

**黑釉雞心碗**
宋
高9厘米　口徑15.7厘米　足徑4.9厘米

**Heart-shaped bowl in black glaze**
Song Dynasty
Height: 9cm　Diameter of mouth: 15.7cm
Diameter of foot: 4.9cm

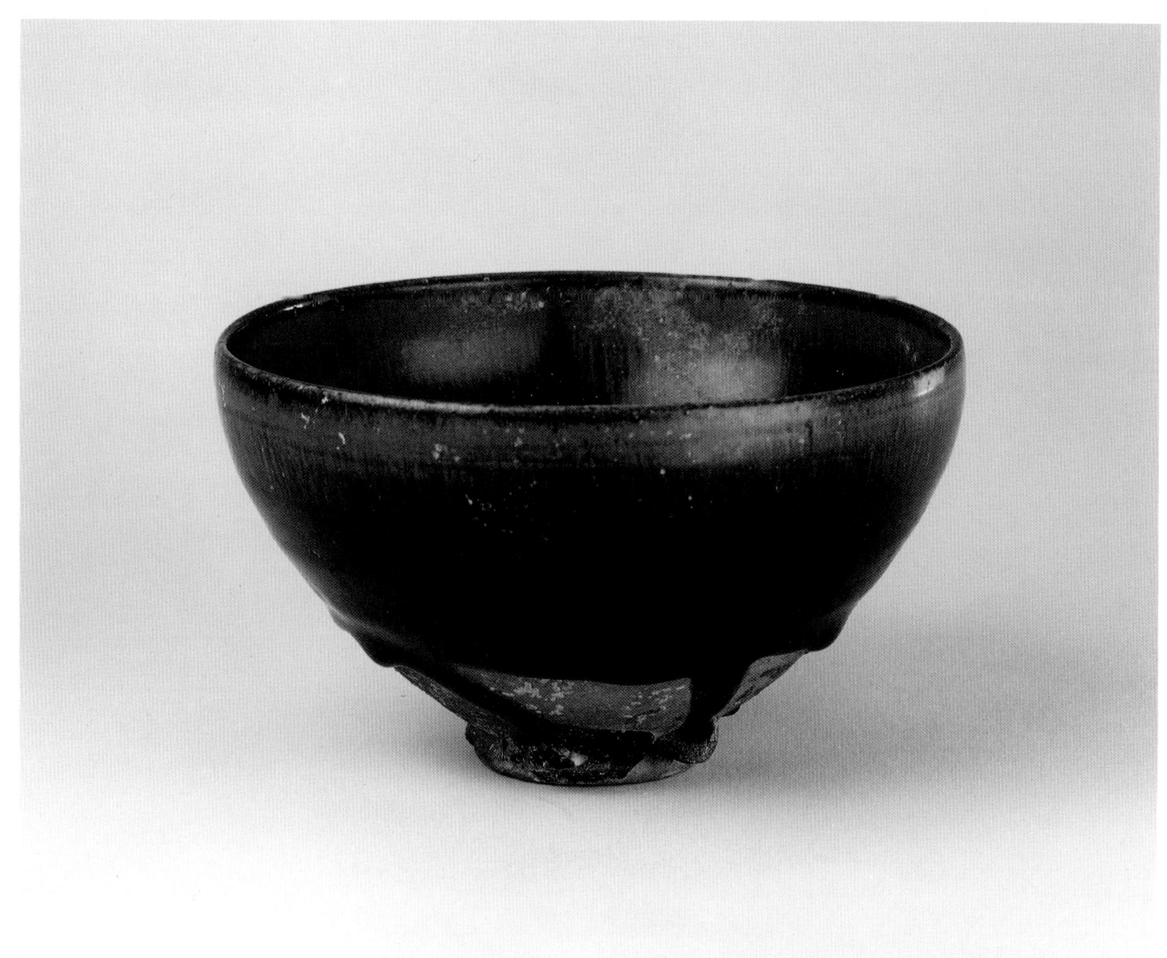

碗口內收，腹壁斜直，寬圈足，底部無釉，有雞心狀突起，胎質黑灰，胎體厚重。裏部滿施黑釉，外部施半釉，色澤黑亮。垂釉嚴重，釉層凝厚，口部為醬釉，釉面有兔毫紋。

212

**黑釉三足爐**

宋

高7厘米　口徑16厘米　足徑10.8厘米

**Black glazed incense burner with three legs**

Song Dynasty

Height: 7cm　Diameter of mouth: 16cm

Spacing between legs: 10.8cm

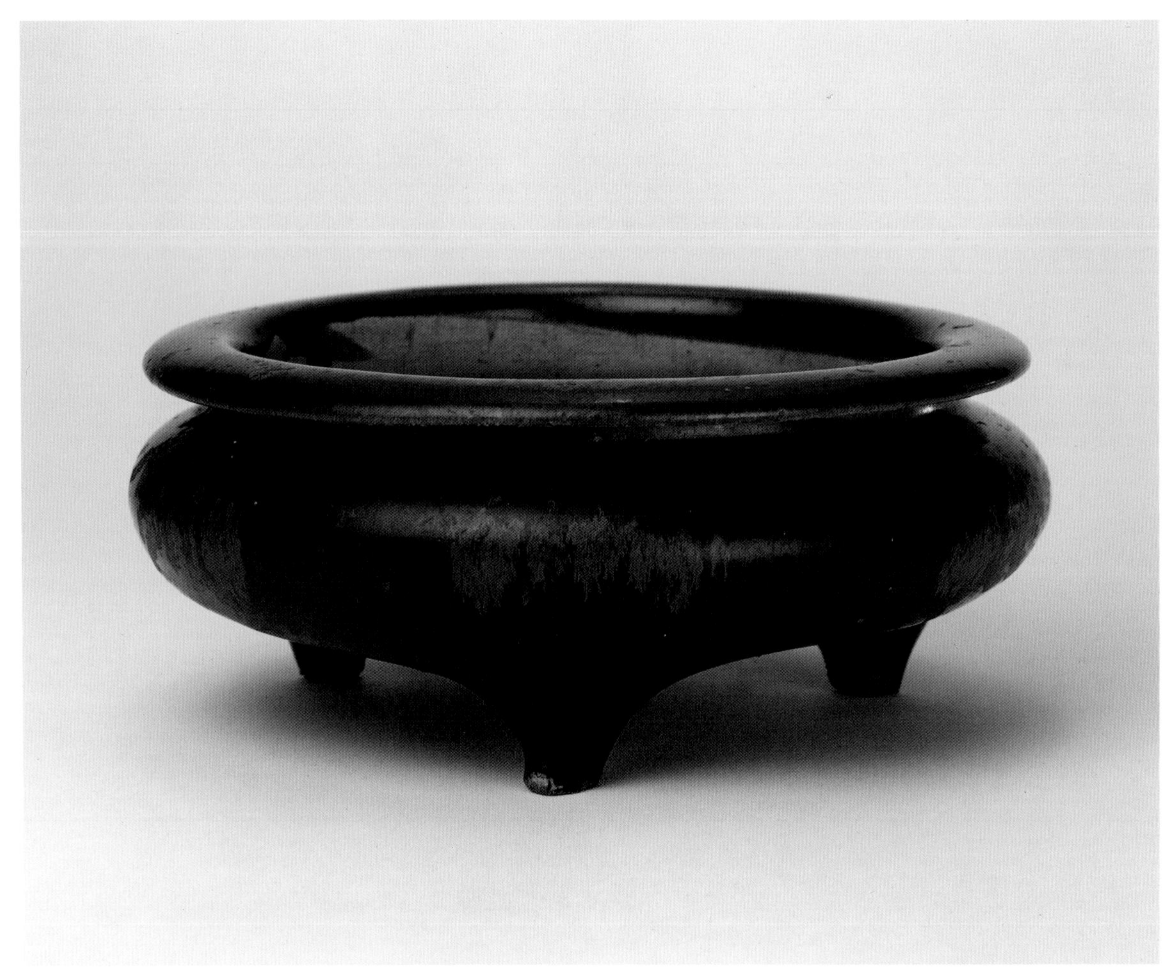

爐折沿，束頸，扁腹，三足。外施黑釉，裏素胎，三足處下凹。在爐腹部飾四組醬彩，彩為任意點畫。

213

## 吉州窰白地黑花罐

宋

高10.5厘米　口徑10.5厘米　足徑6.3厘米

**Jar with black floral design over a white ground, Jizhou ware**

Song Dynasty

Height: 10.5cm　Diameter of mouth: 10.5cm

Diameter of foot: 6.3cm

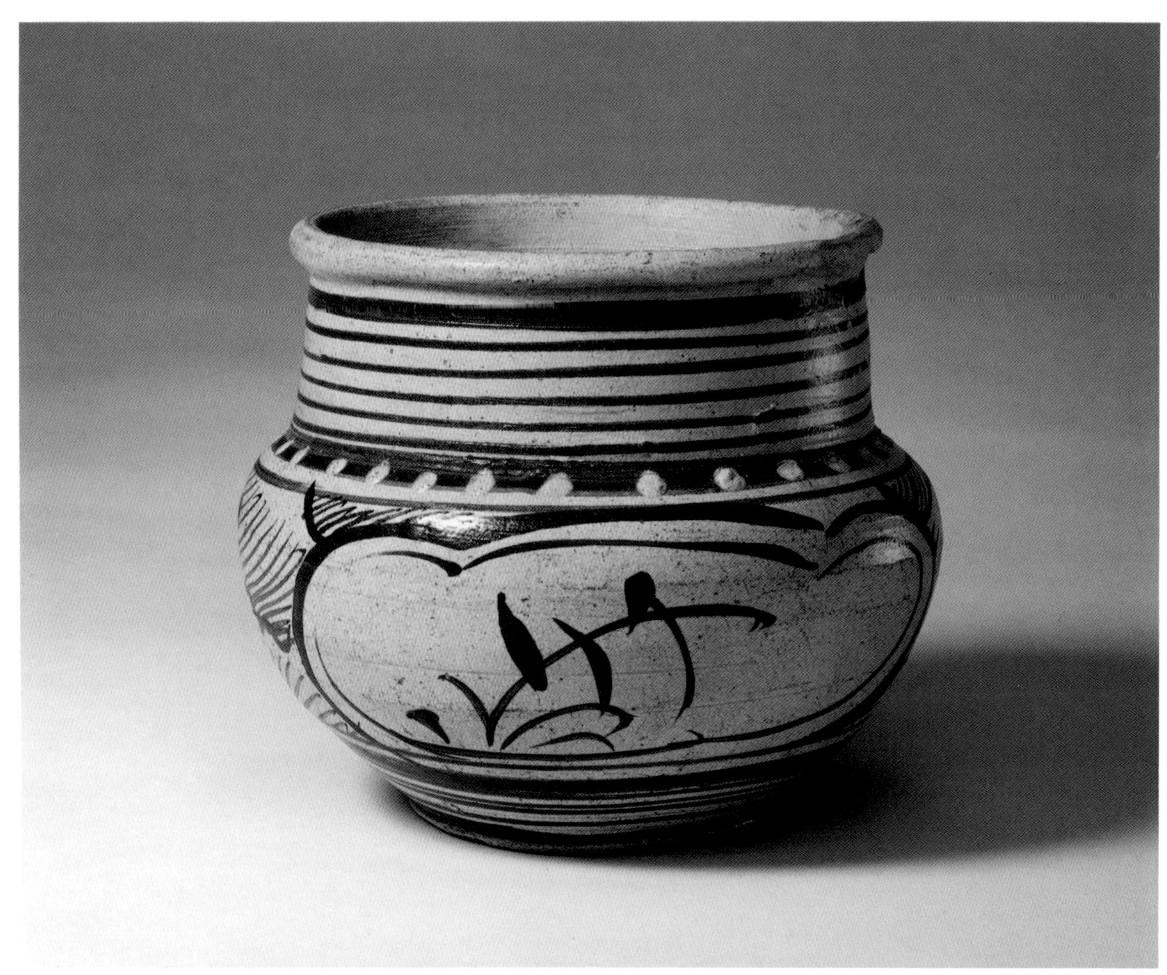

罐廣口，圓唇，直頸，扁腹，圈足。頸及足部褐彩繪多道弦紋，肩頸之間一周黑地白點紋。腹部開光內繪折枝花草紋，開光外繪變形海水紋。紋飾簡練草率。這種裝飾技法源於北方磁州窰，但又具有地方特色。磁州窰白地黑花品種白黑對比強烈，而吉州窰白地實為土黃色，黑花實為褐色。紋飾佈局多以開光形式出現，常見奔鹿紋、花草紋。南昌南宋嘉定二年（1209）墓出土的蓮花紋爐及奔鹿紋蓋罐為這類器物的斷代提供了有價值的依據。除罐以外，白地黑花器物還有瓶、壺、爐、尊等。

214

## 吉州窰白地黑花小罐

宋

高7.1厘米　口徑6.4厘米　足徑7.1厘米

**Small jar with black floral design over a white ground, Jizhou ware**

Song Dynasty

Height: 7.1cm　Diameter of mouth: 6.4cm

Diameter of foot: 7.1cm

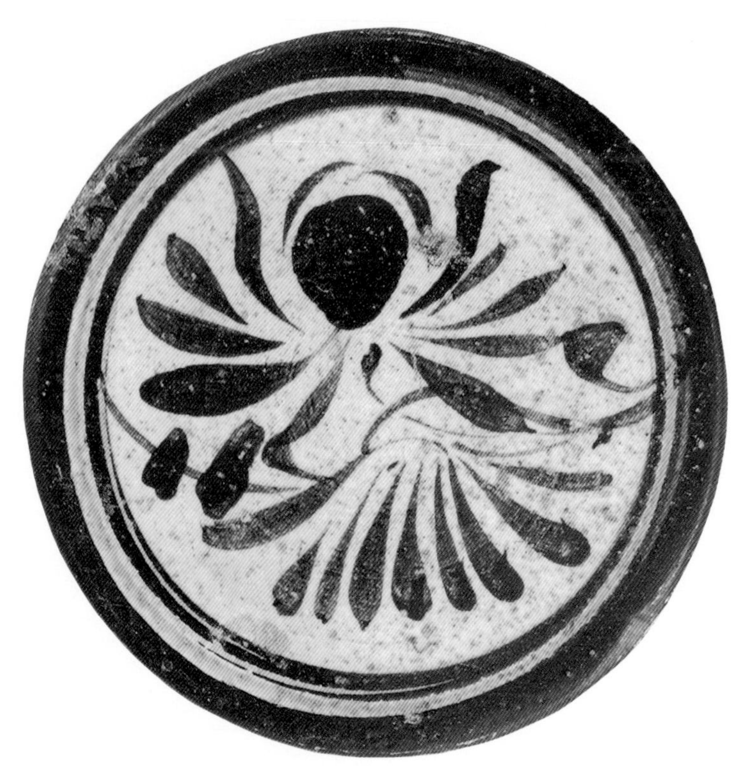

罐為直筒形，上、下徑相若，平頂式蓋，素底。蓋面以褐彩繪折枝花朵，罐身繪捲枝紋。此罐較小，應為蟋蟀罐。蓋與罐身吻合，所繪紋飾簡練。

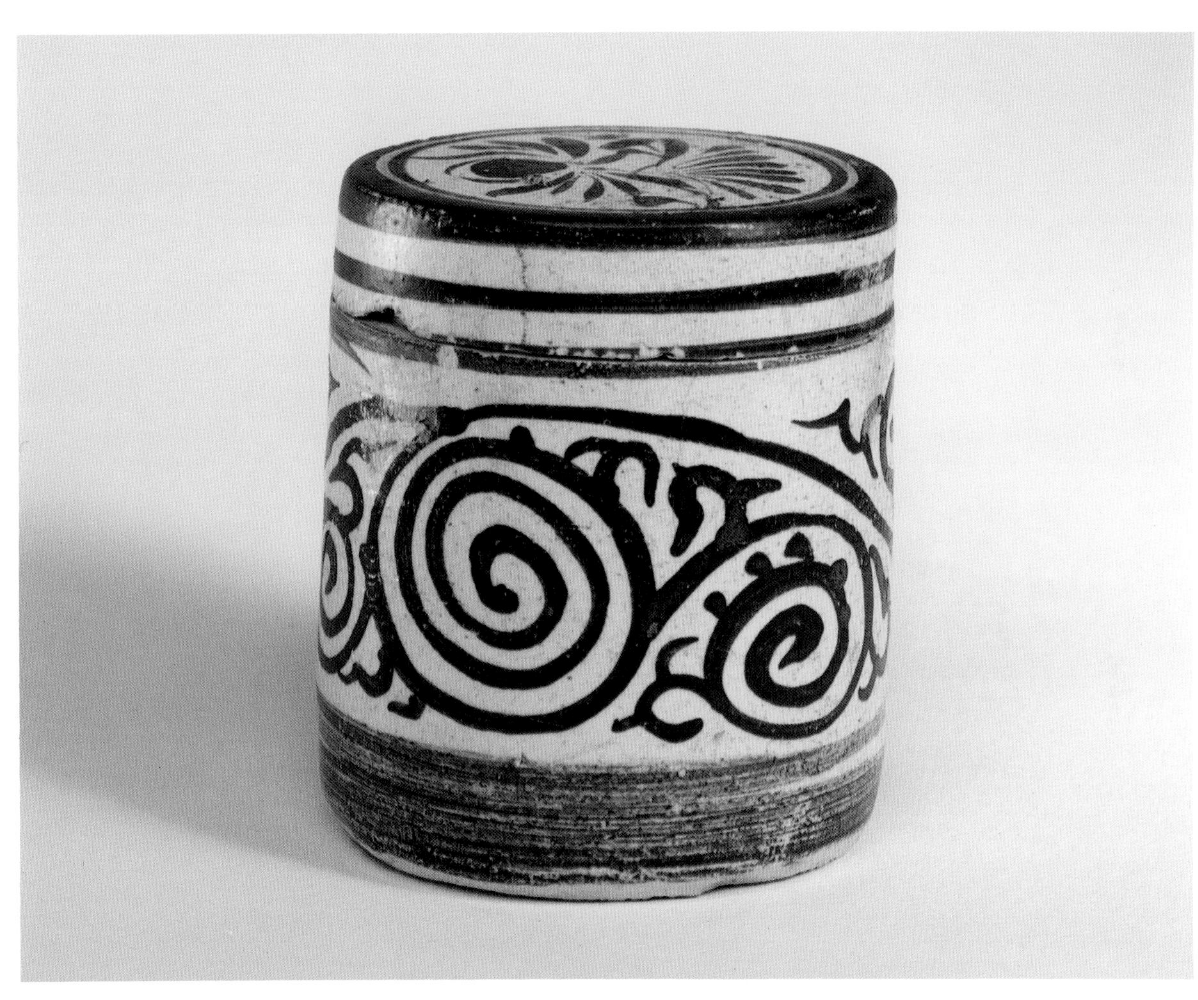

215 **吉州窰玳瑁釉罐**

宋

高11厘米　口徑12厘米　足徑6厘米

**Jar in tortoise-shell glaze, Jizhou ware**

Song Dynasty

Height: 11cm　Diameter of mouth: 12cm

Diameter of foot: 6cm

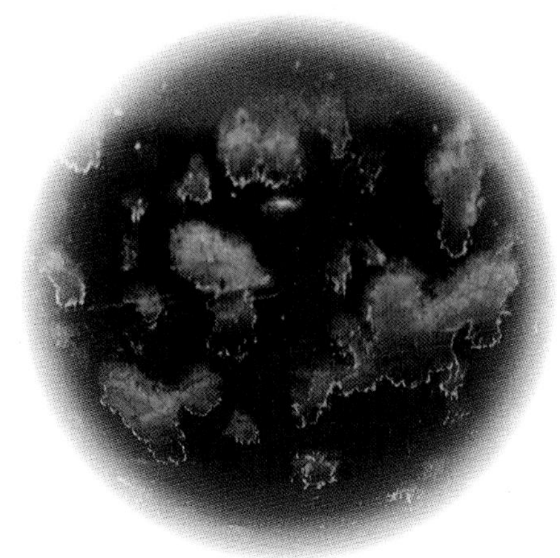

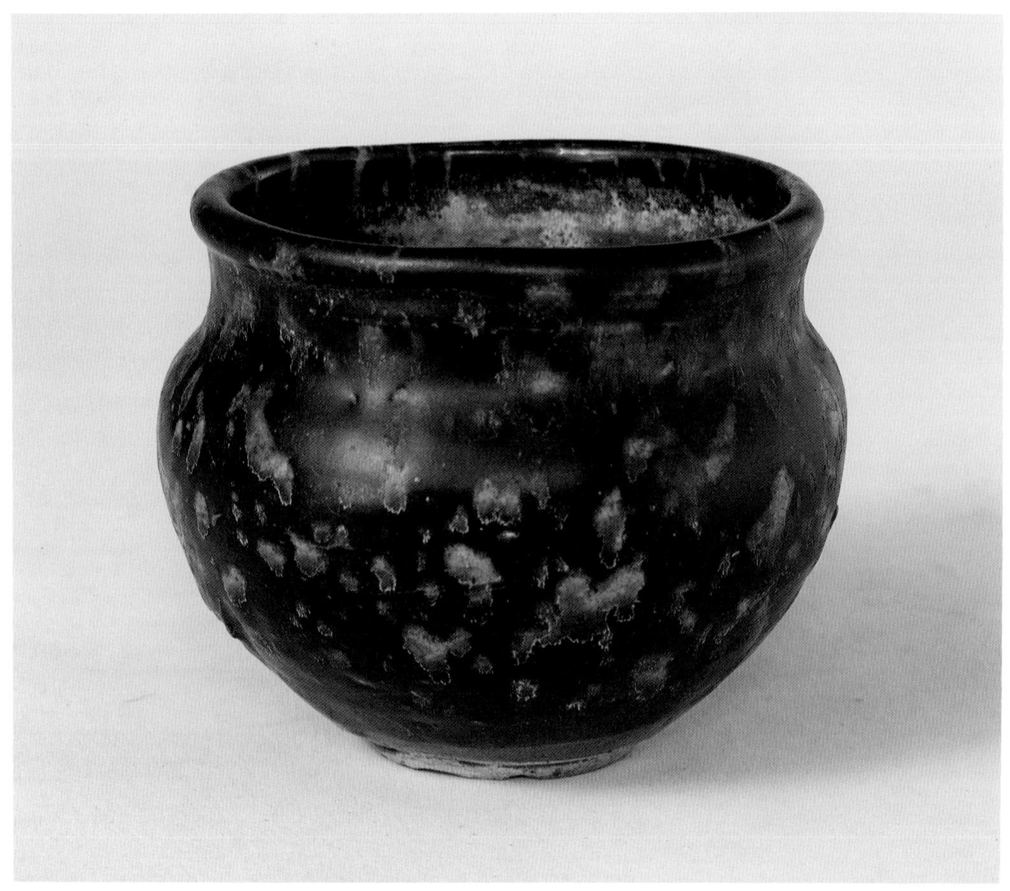

罐唇口，短頸，圓腹，淺足。罐外施玳瑁釉，底足及罐裏露胎。玳瑁釉是吉州窰窰變色斑裝飾中的一種，以其色質與玳瑁相似而得名。其工藝為先施一種含鐵較高的釉料，然後隨意甩灑一種色較淺的釉料，兩種釉在燒成過程中變化而形成深色地淺色斑點。因釉中含鐵量多少不等、甩彩時的任意性與燒成氣氛不同，形成千變萬化的色斑。吉州窰傳世玳瑁釉器物除罐以外，還有瓶、爐、碗等。

216 **吉州窰瑪瑙釉梅瓶**
宋
高36厘米
口徑6厘米
足徑12厘米
清宮舊藏

**Prunus vase in brownish yellow glaze, Jizhou ware**
Song Dynasty
Height: 36cm
Diameter of mouth: 6cm
Diameter of foot: 12cm
Qing Court collection

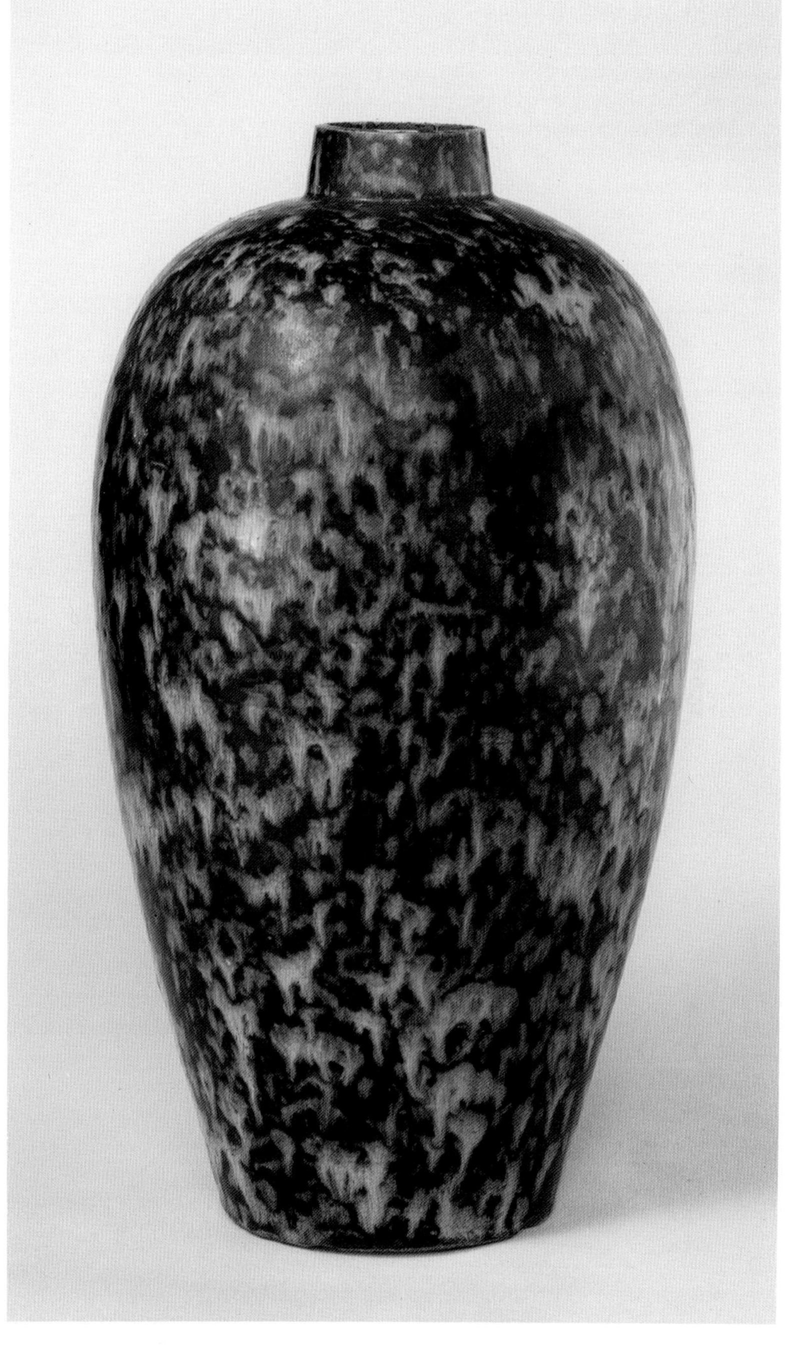

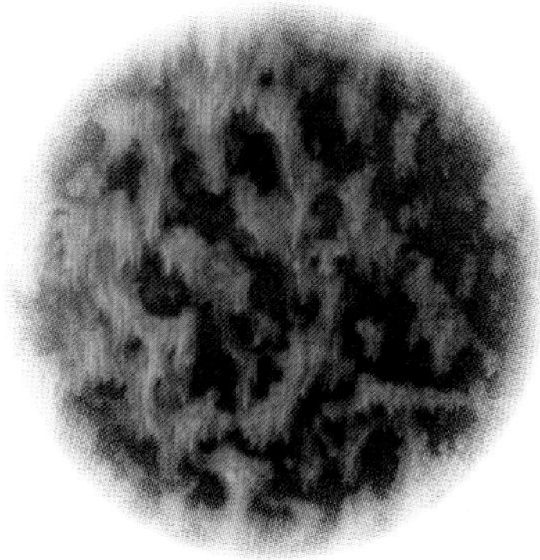

瓶直口，短頸，豐肩，碩腹，內凹足。瓶體綫條變化柔和平緩，造型穩重。自瓶口至底施褐、黃兩種色釉，其質感頗似瑪瑙，故名瑪瑙釉。此釉是利用含鐵量不同的兩種釉相間施在器物上，燒成過程中，兩種釉互為溶融，又可明顯地分出兩色，裝飾效果獨特。

217

## 吉州窰黑釉剔花梅瓶

宋

高19厘米　口徑5厘米　足徑6.8厘米

**Black glazed prunus vase with cut decoration, Jizhou ware**

Song Dynasty

Height: 19cm　Diameter of mouth: 5cm

Diameter of foot: 6.8cm

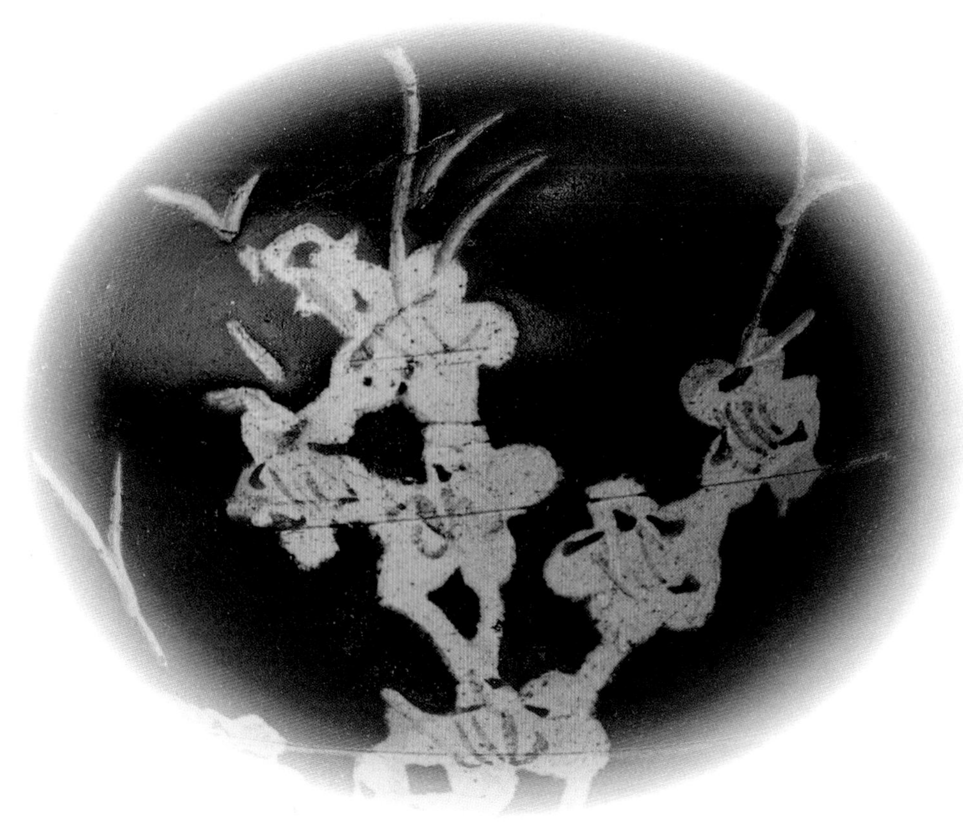

瓶小口，圓唇，短頸，豐肩。內凹圈足。通體施黑釉。器身剔折枝梅花一枝，花紋處露黃色胎。花蕊用褐彩勾畫，裝飾效果很強。

吉州窰是一個綜合性瓷窰，燒瓷品種豐富，其中黑釉最能代表吉州窰的裝飾特點。黑釉品種有黑釉剔花、剪紙貼花、木葉紋、玳瑁釉、窰變花釉、黑釉彩繪等。黑釉剔花是在黑釉上剔出花紋，花紋露胎。除梅瓶以外，有長頸瓶、罐、碗等，裝飾題材多為梅花。

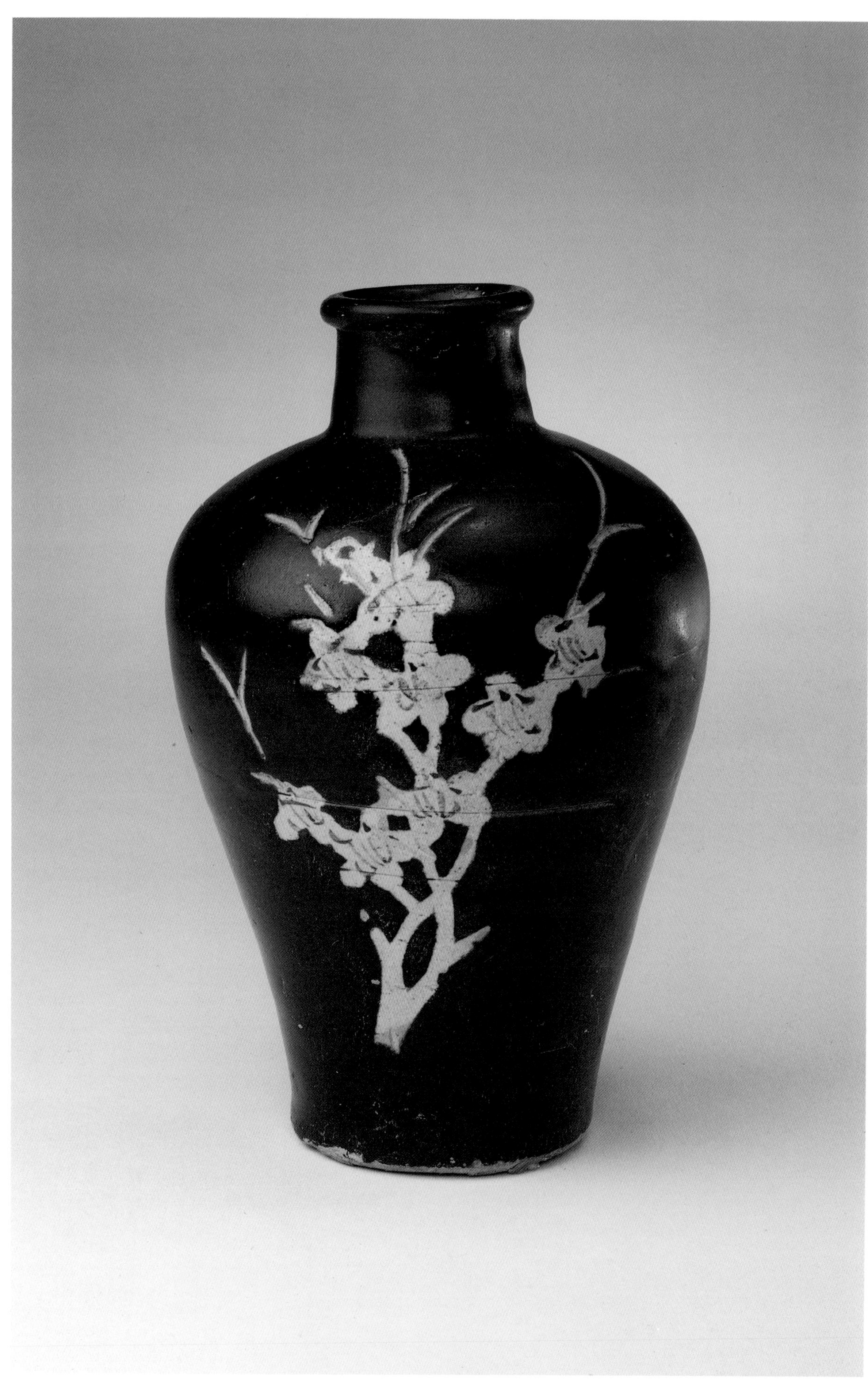

218

**吉州窰剪紙貼花小碗**

宋

高5.3厘米

口徑10.5厘米

足徑3.5厘米

**Small bowl with applied paper-cut design, Jizhou ware**

Song Dynasty

Height: 5.3cm

Diameter of mouth: 10.5cm

Diameter of foot: 3.5cm

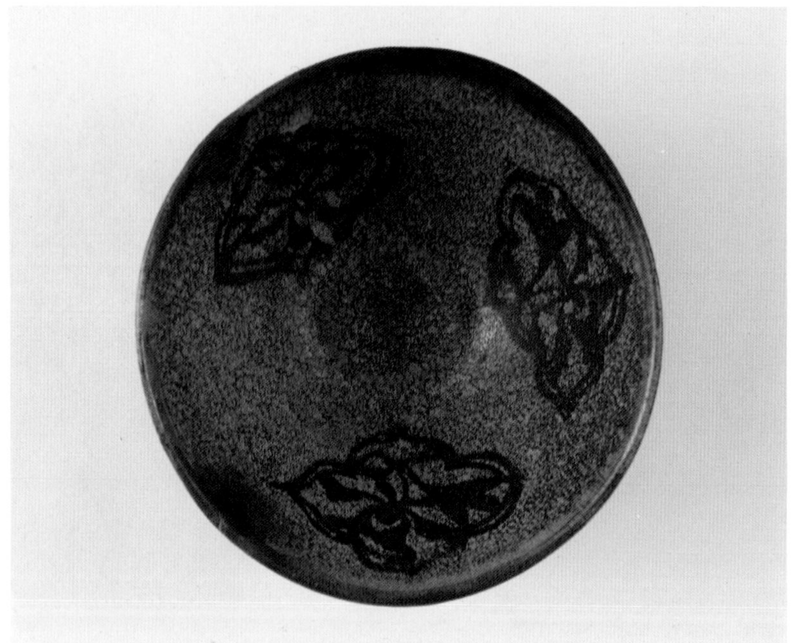

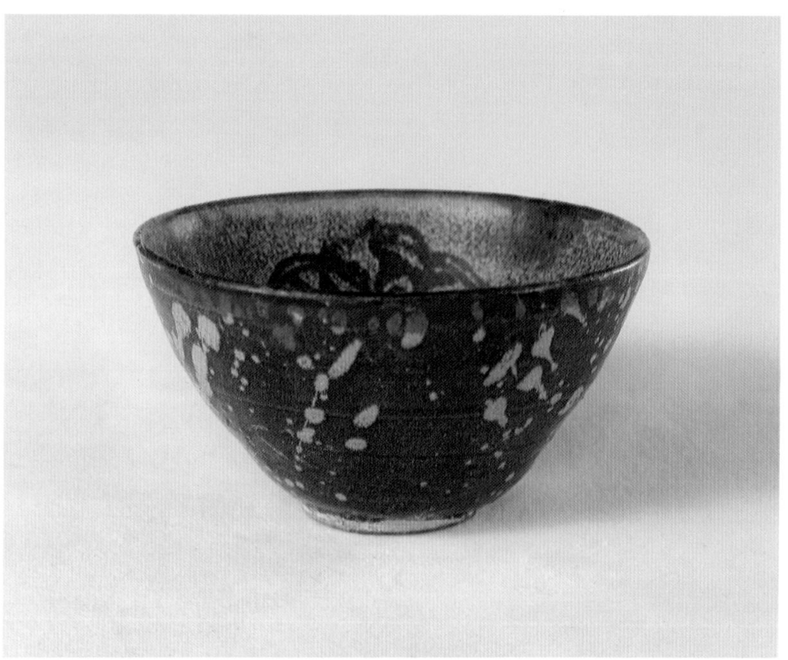

碗敞口，碗式較深，淺足露胎。裏外施兩種釉，外為醬、淺黃色花釉，裏為窰變花釉。碗內壁飾三組醬黑色四瓣菱形開光式剪紙紋樣。把民間剪紙藝術直接運用於瓷器的裝飾上，是吉州窰匠師的創舉。他們利用施兩種不同色釉的方法，先施底釉，再貼上剪紙紋樣，上第二次釉，燒成後即成淺地深色花紋。這種裝飾主要用於碗內、或三組、四組梅花形、或菱形，亦有小朵散點式梅花，或鳳梅、鳳蝶、折枝花、折枝梅、梅竹、梅竹鴛鴦、鹿樹紋等，還有以“金玉滿堂”、“長命富貴”等吉祥語為剪紙紋樣的。

219

## 吉州窰剪紙貼花碗

宋
高6厘米
口徑12.3厘米
足徑4厘米

**Bowl with applied paper-cut design, Jizhou ware**

Song Dynasty
Height: 6cm
Diameter of mouth: 12.3cm
Diameter of foot: 4cm

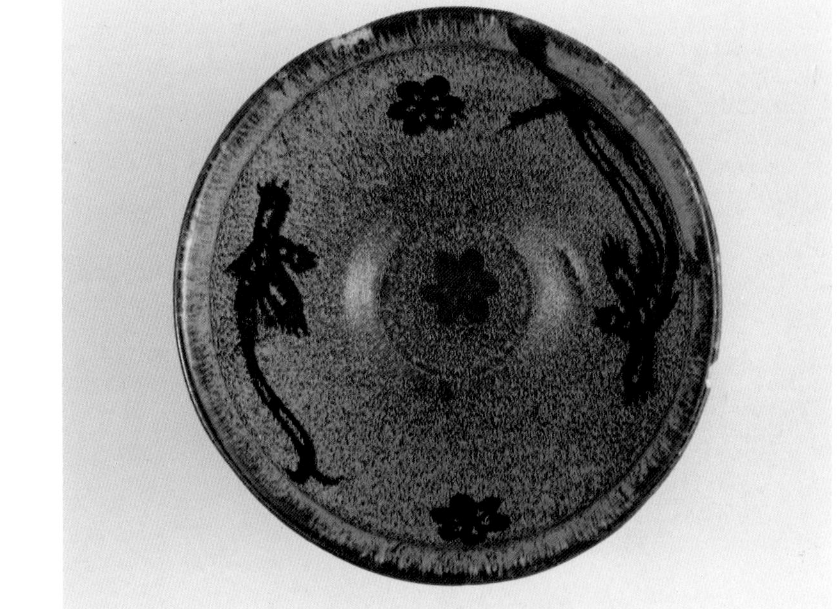

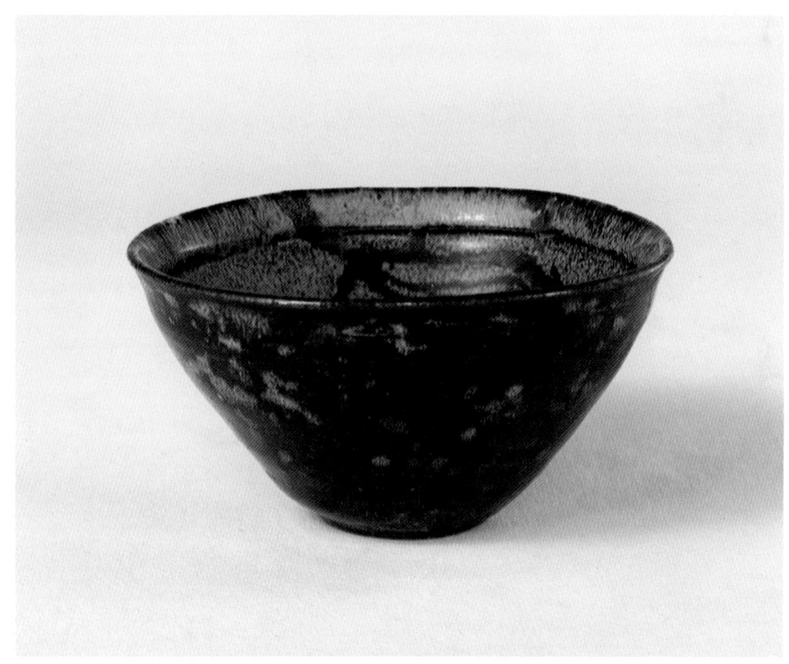

碗敞口，腹較深，淺足。裏口有一道凹旋紋。外施玳瑁釉至近足部，素底，裏為黃、褐相間的窰變釉。碗裏剪紙貼花雙鳳梅花，紋飾簡潔，圖案效果較強，是吉州窰最具特色的裝飾品種之一。

220

## 吉州窰剪紙貼花碗

宋

高5.9厘米　口徑11.4厘米　足徑4厘米

**Bowl with applied paper-cut design, Jizhou ware**

Song Dynasty

Height: 5.9cm　Diameter of mouth: 11.4cm

Diameter of foot: 4cm

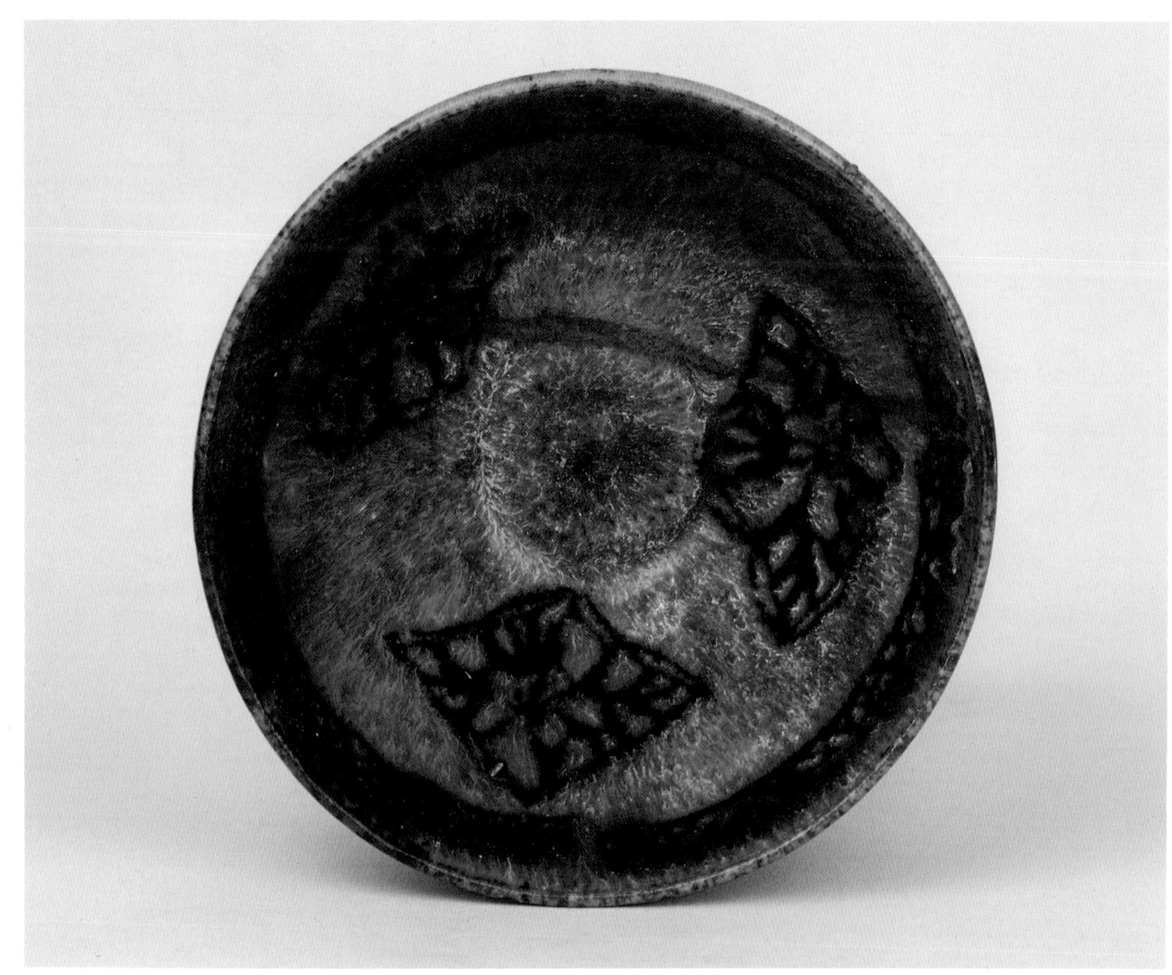

碗口微斂，碗式較深，淺圈足。碗內為窰變花釉，裏口貼一周花形邊飾，內壁三組菱形剪紙貼花，外施玳瑁釉，足素胎無釉。此碗除內壁飾三組剪花外，裏口亦飾剪紙貼花邊飾，這在吉州窰剪紙貼花碗中尚屬少見。

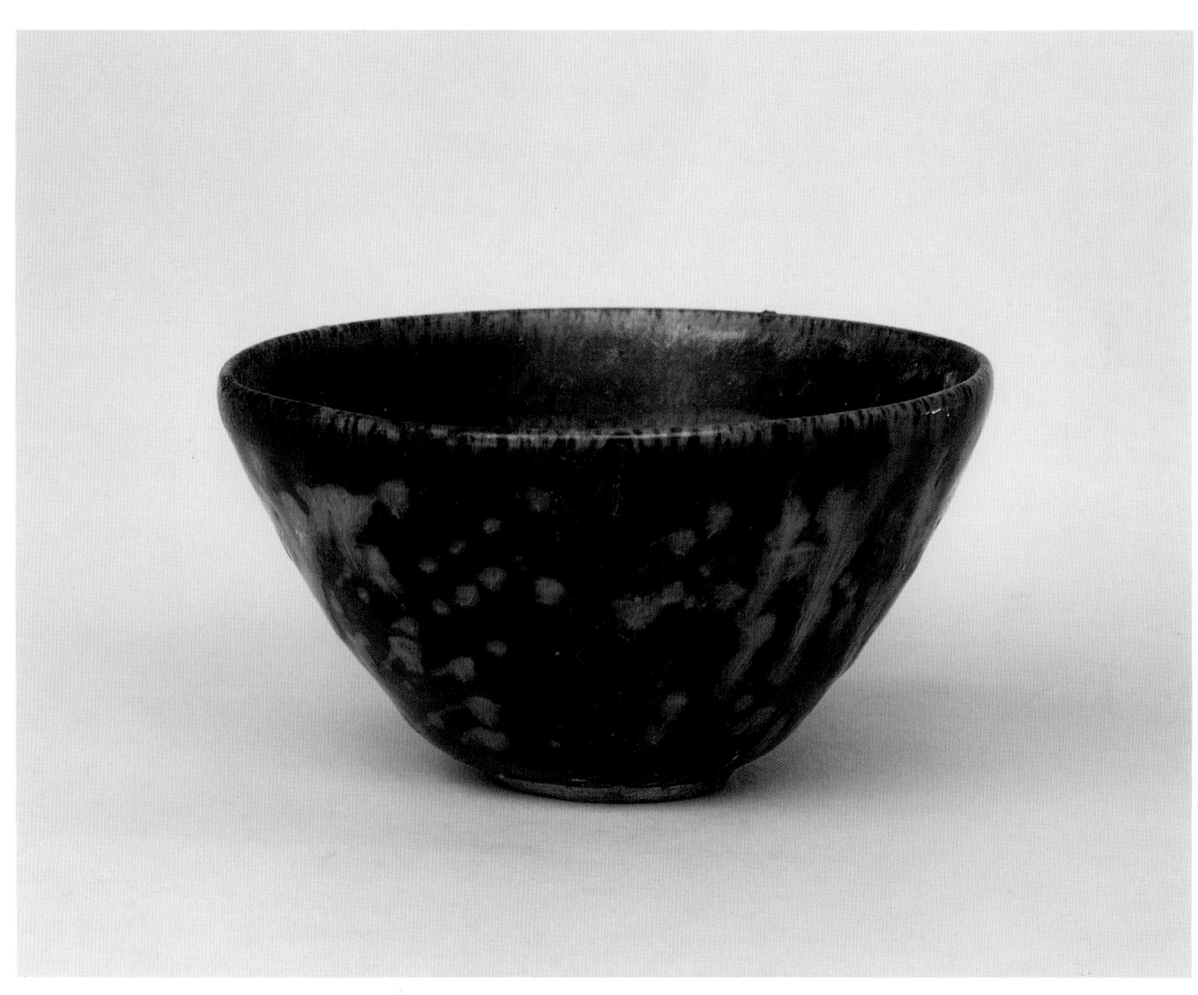

221

**吉州窰剪紙貼花碗**

宋

高4.5厘米

口徑1.5厘米

足徑4.3厘米

**Bowl with applied paper-cut design, Jizhou ware**

Song Dynasty

Height: 4.5cm

Diameter of mouth: 15cm

Diameter of foot: 4.3cm

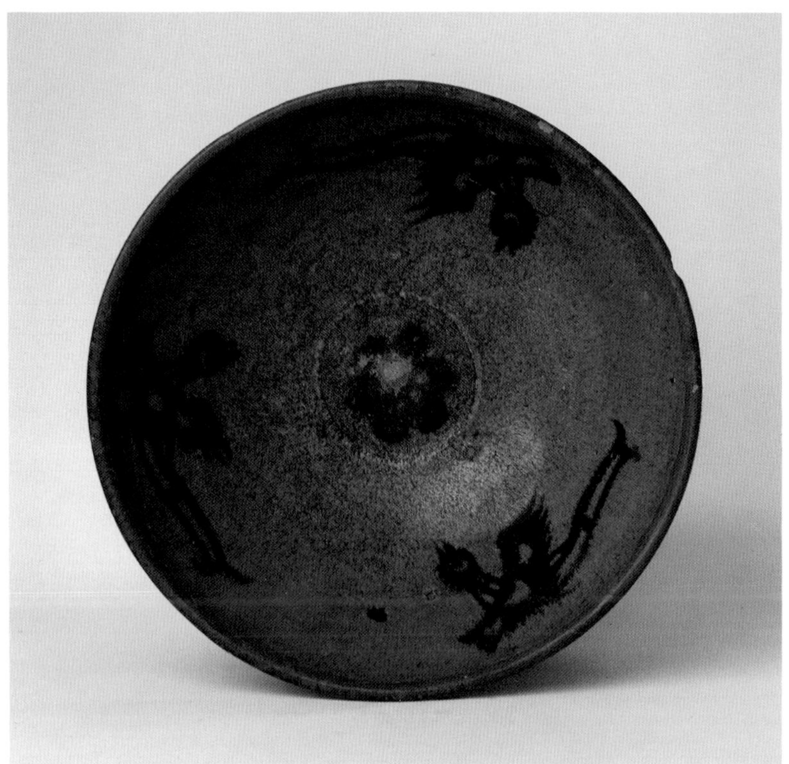

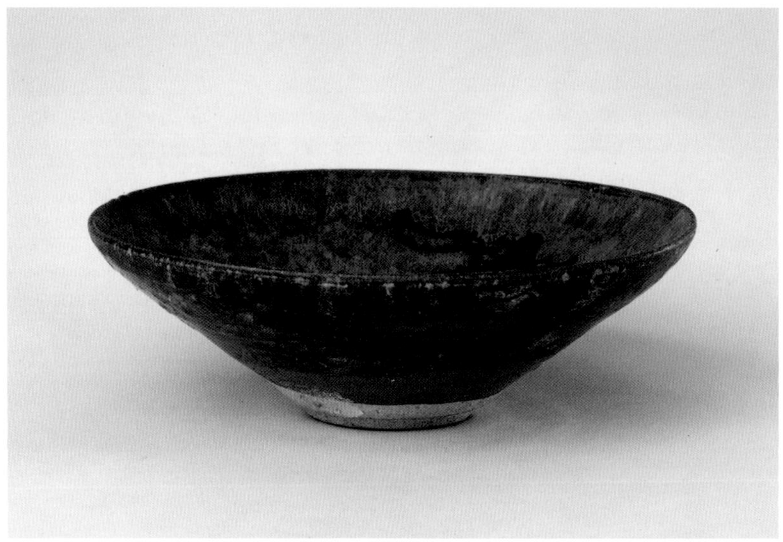

碗撇口，口以下漸內收，淺腹，圈足。內外施黃褐釉，外施釉不到底。碗裹飾雙鳳及梅花兩朵。碗心內凹，飾梅花一朵。碗外有黃褐斑點。白胎，胎質粗鬆，釉面不平。

222

## 吉州窰剪紙貼花碗

宋
高4.7厘米
口徑16厘米
足徑5厘米

**Bowl with applied paper-cup design, Jizhou ware**

Song Dynasty
Height: 4.7cm
Diameter of mouth: 16cm
Diameter of foot: 5cm

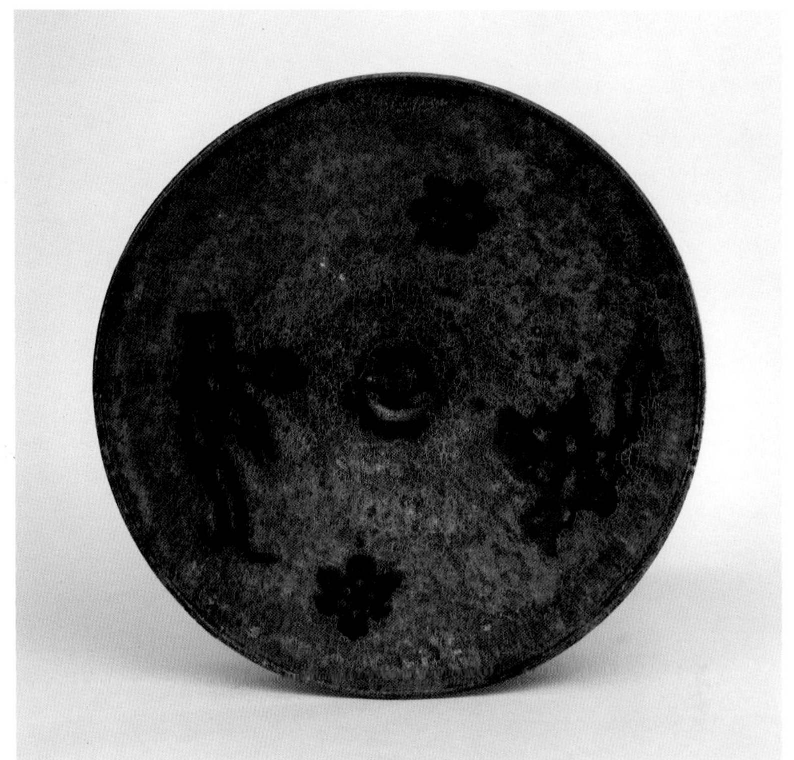

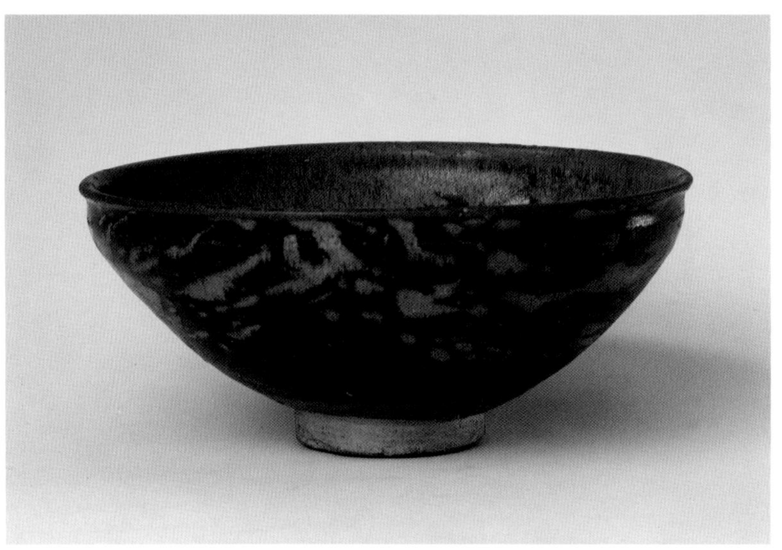

碗撇口，外口下一周凸棱，口以下漸收，圈足外高裏淺。碗內施窰變釉，內壁飾二隻飛鳳，碗心飾梅花一朵。碗外壁施黑釉不到底，用黃褐色釉隨意在黑釉上面點灑成大小不同的塊狀紋飾。

223

## 吉州窰剪紙貼花碗

宋

高4.5厘米　口徑10厘米　底徑3厘米

**Bowl with applied paper-cut design, Jizhou ware**

Song Dynasty

Height: 4.5cm　Diameter of mouth: 10cm

Diameter of bottom: 3cm

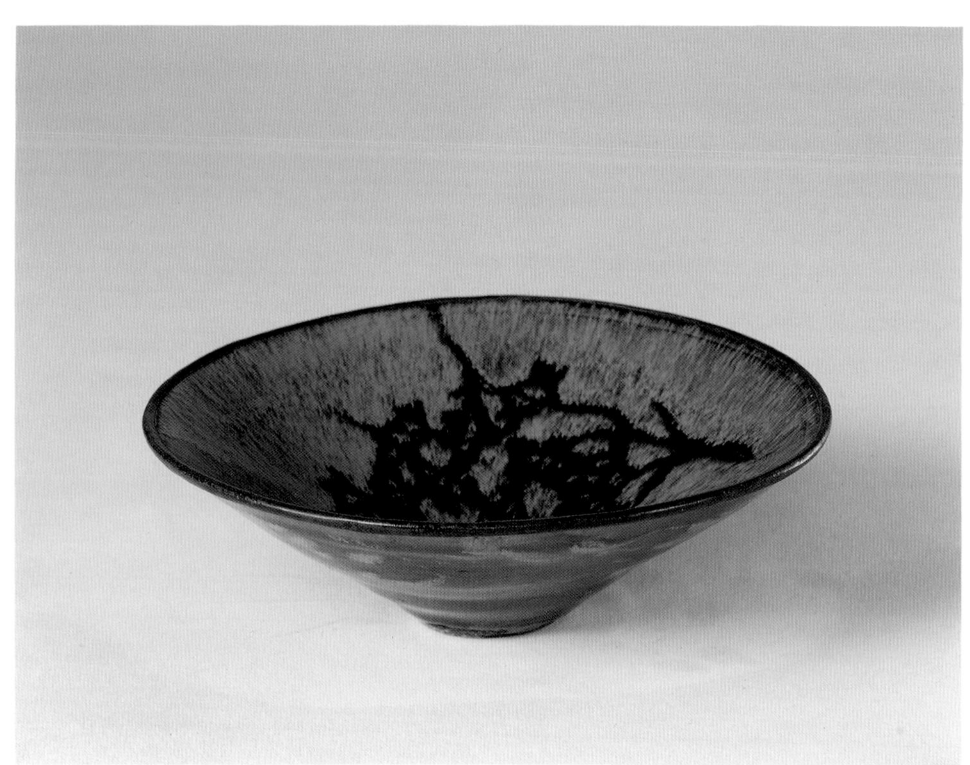

碗敞口，捲沿，淺身，腹壁斜收，平底。外施玳瑁釉，碗裏沿下飾闊條花邊一周，花邊下有剪紙紋樣"長命富貴"、"福如東海"兩組吉祥語。

224

## 吉州窰黑釉加彩碗

宋
高4.5厘米
口徑10厘米
足徑3厘米

**Black glazed bowl with added colour, Jizhou ware**

Song Dynasty
Height: 4.5cm
Diameter of mouth: 10cm
Diameter of foot: 3cm

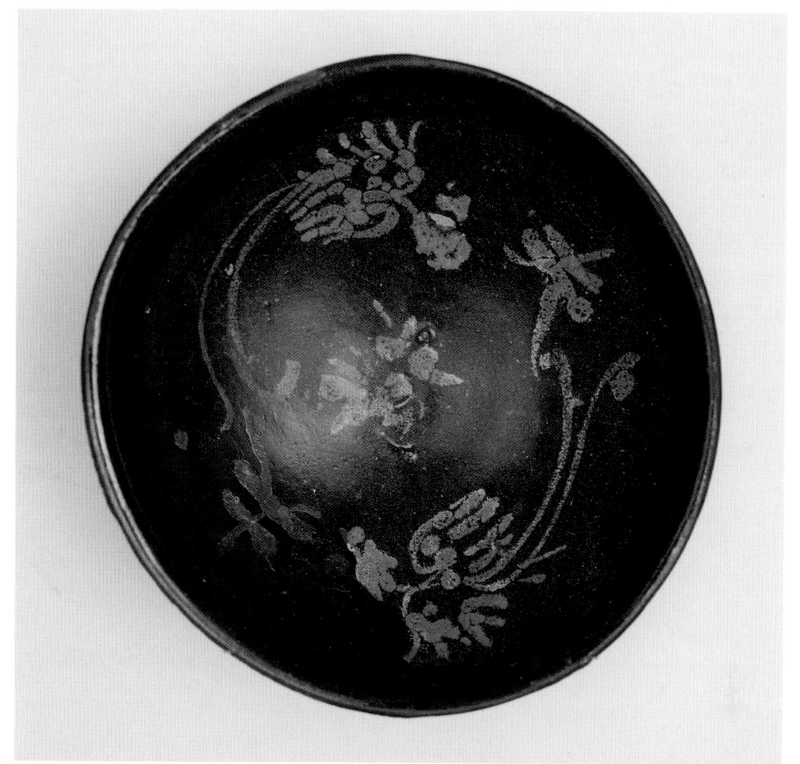

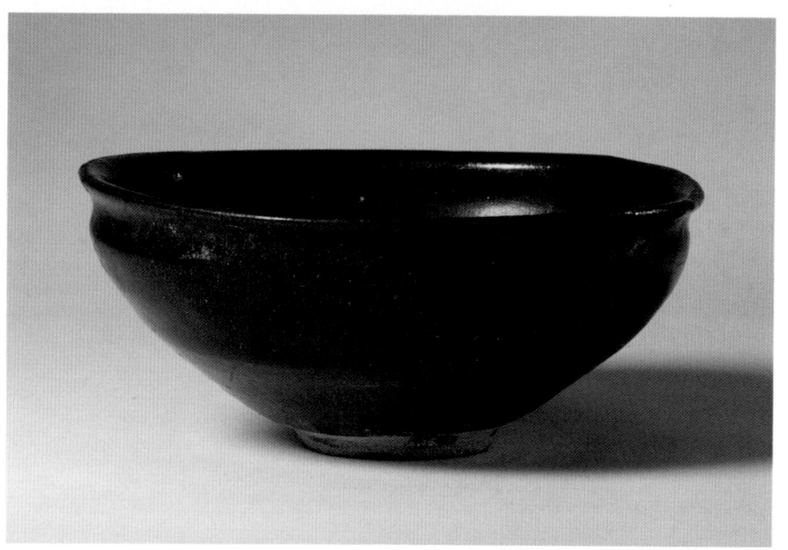

碗口沿外折，口下內束，圈足。碗內外施黑釉，外釉至近足部。碗內壁以黃彩繪雙鳳雙蝶，碗心繪朵花。此種裝飾方法為吉州窰所特有。鳳與梅花或與飛蝶搭配為吉州窰的常見題材，有一鳳一枝梅、雙鳳雙梅或雙蝶、三鳳三花等不同組合，裝飾效果很強。

225

## 吉州窰黑釉加彩碗

宋

高5.5厘米　口徑11.3厘米　足徑3.9厘米

**Black glazed bowl with added colour, Jizhou ware**

Song Dynasty

Height: 5.5cm　Diameter of mouth: 11.3cm

Diameter of foot: 3.9cm

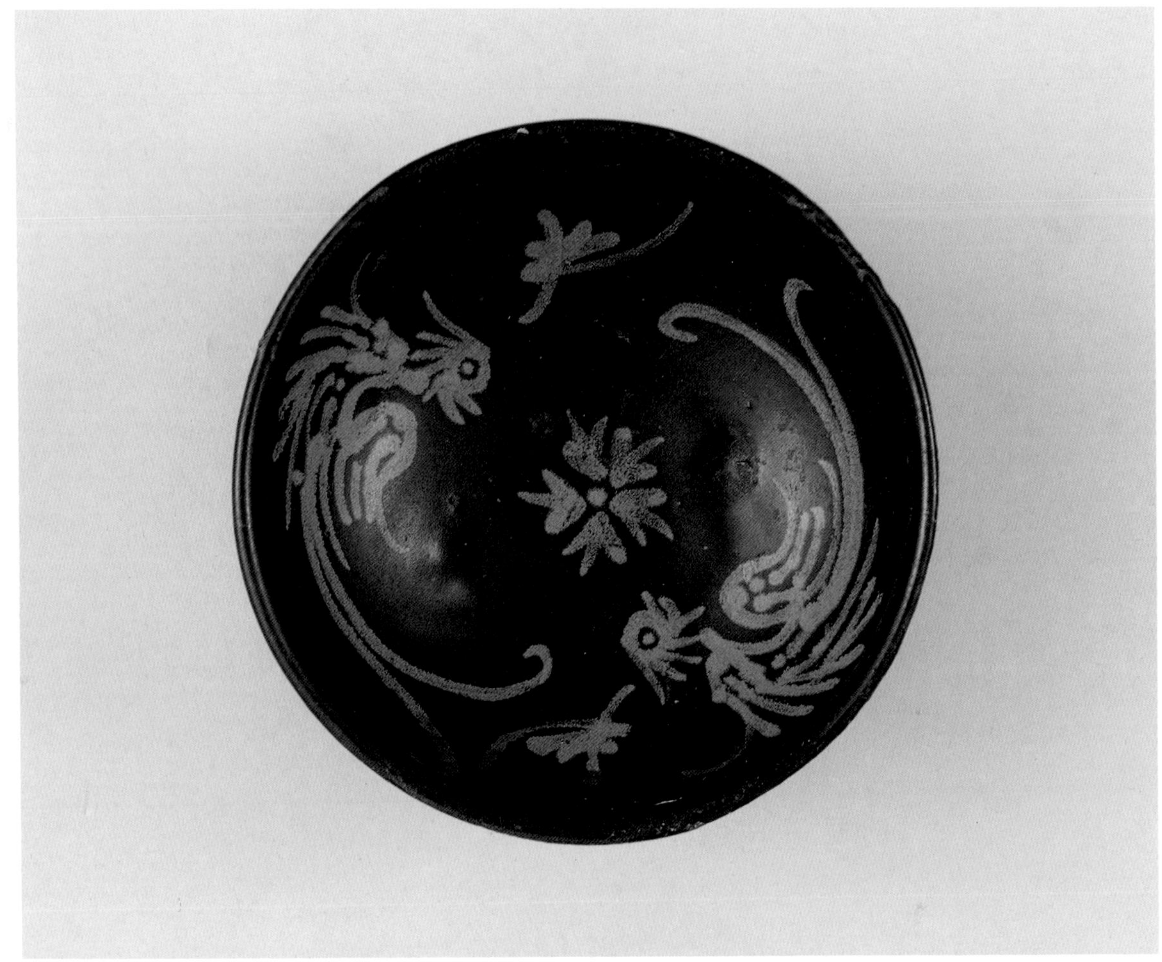

碗斂口，口下內凹一周棱，以下漸內收，圈足。碗內外施黑釉，碗外釉至近足部，足裏外露胎。吉州窰燒製的黑釉碗，碗足形式有以下幾種：圈足；小淺足，足外有明顯的旋削痕；外不見足，足底略凹，足邊有寬、窄兩種，修坯不甚規矩；外淺足，裏足牆斜削。此碗足部特徵屬第一種。碗裏以黃色彩釉繪雙鳳紋，僅寥寥數筆，即把雙鳳自然、飄逸的動感展現出來。雙鳳首尾相接，以朵花間隔開來，碗中心亦飾朵花，形象生動傳神又具圖案裝飾效果。

類似裝飾還有在黑、醬色釉上用淺黃或白彩繪畫月梅、雙鳳穿花等紋飾圖案或任意揮灑，形成吉州窰黑釉裝飾品種之一。從吉州窰傳世及出土器物來看，梅花題材為常見的紋飾之一。從佈局來看，有散點式，有折枝，有與其他紋飾搭配使用的，如月梅、鹿梅、鳳梅，裝飾於碗、瓶、缸等器物上。從裝飾方法來看，有剔花、剪紙貼花、彩繪等。同一種紋飾，採用不同的裝飾方法，呈現出不同的裝飾效果，令人賞心悦目，不能不為吉州窰匠師們的高超技藝讚歎不已。

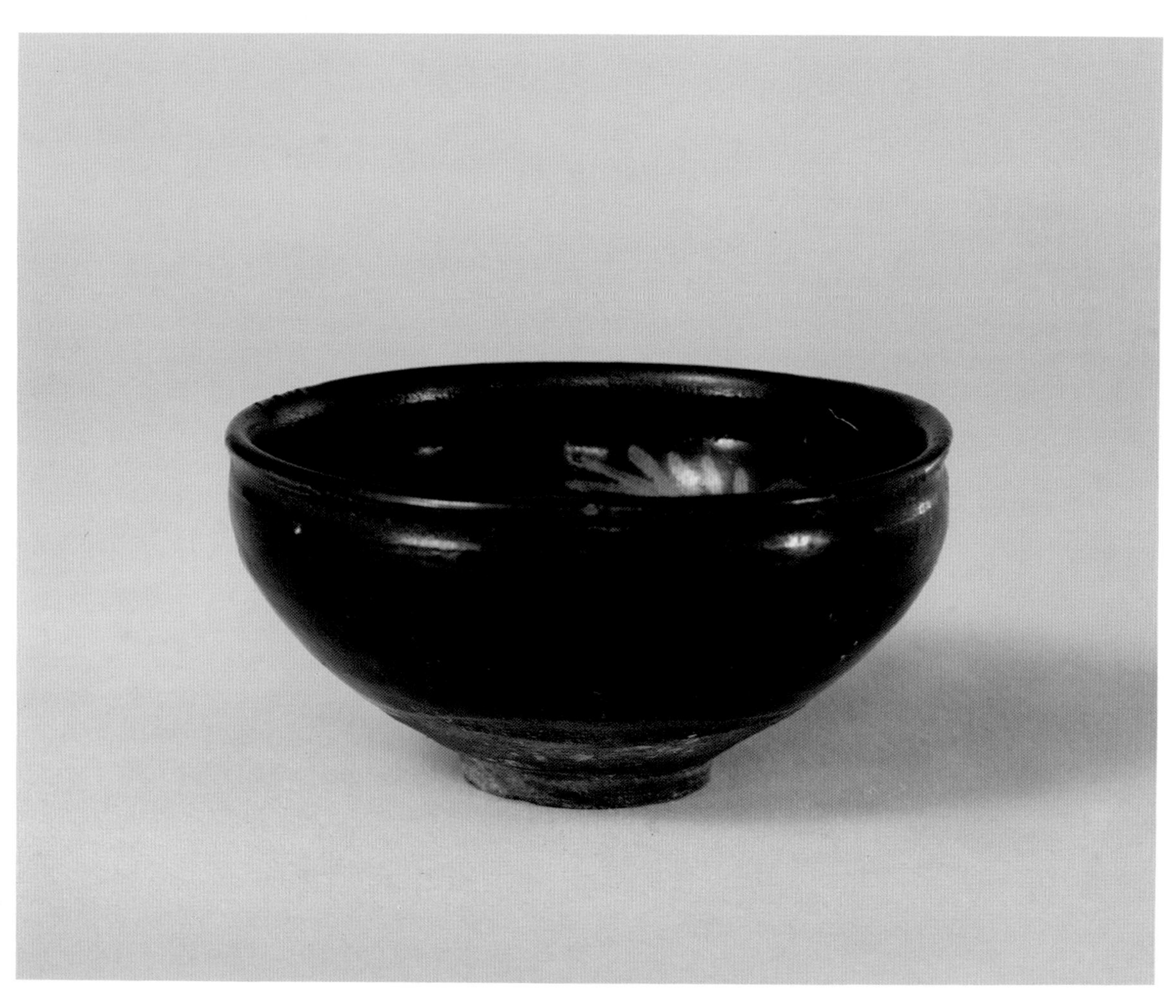

226

## 吉州窰黑釉彩繪碗

宋
高4厘米
口徑13.2厘米
足徑4厘米

**Black glazed bowl with painted design, Jizhou ware**
Song Dynasty
Height: 4cm
Diameter of mouth: 13.2cm
Diameter of foot: 4cm

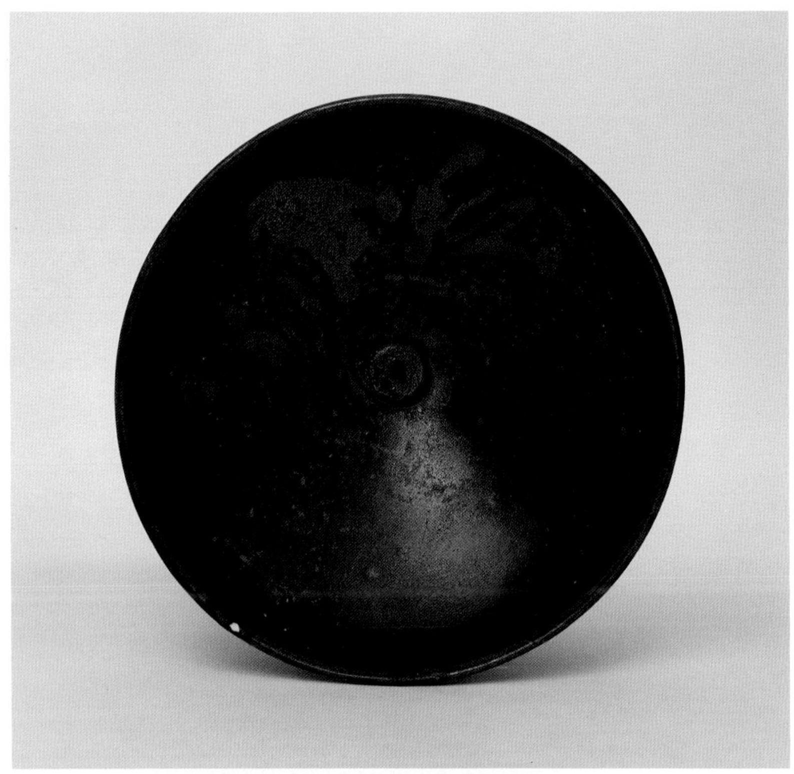

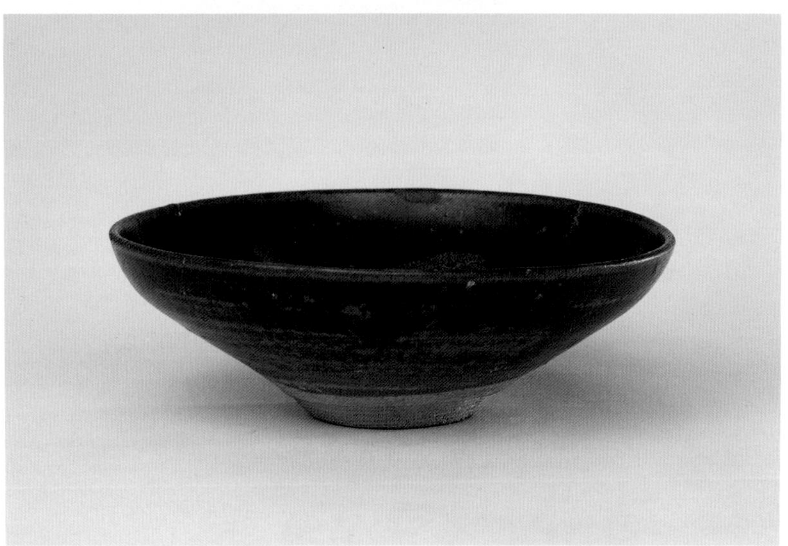

碗敞口，口下緩內收約1厘米，繼而陡收，內凹足。內外施黑釉，碗外釉至近足部。靠近底約0.6厘米處旋一棱。碗裏褐彩繪月影梅花。月梅紋為宋代吉州窰廣泛應用的裝飾題材，以碗上使用最多。有黑地白色月梅紋、黑地黃色月梅紋及黑地醬色月梅紋等。

227

## 吉州窰黑釉彩繪碗

宋
高4.8厘米
口徑11.5厘米
足徑4厘米

**Black glazed bowl with painted design, Jizhou ware**

Song Dynasty
Height: 4.8cm
Diameter of mouth: 11.5cm
Diameter of foot: 4cm

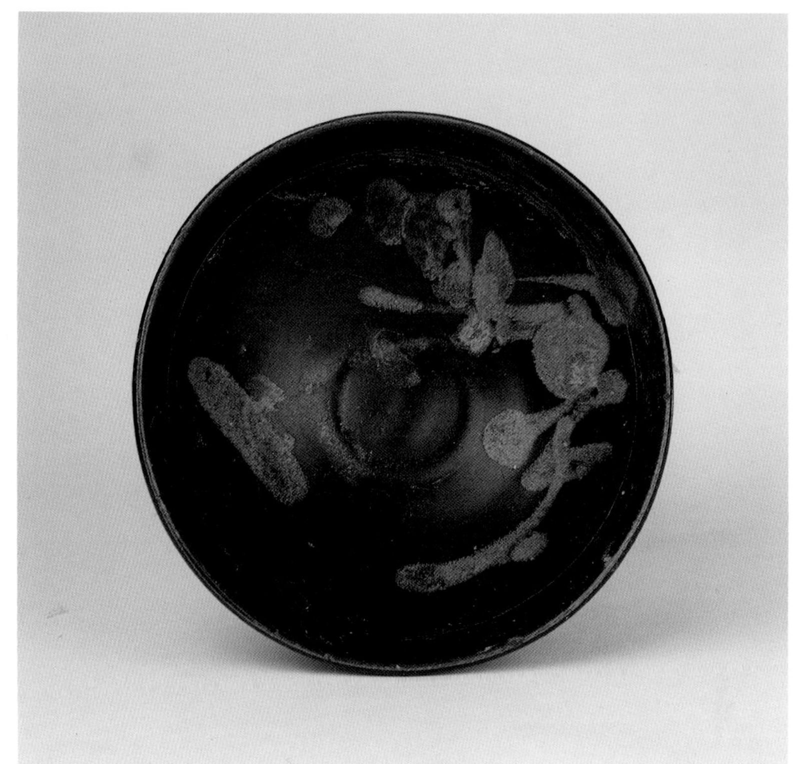

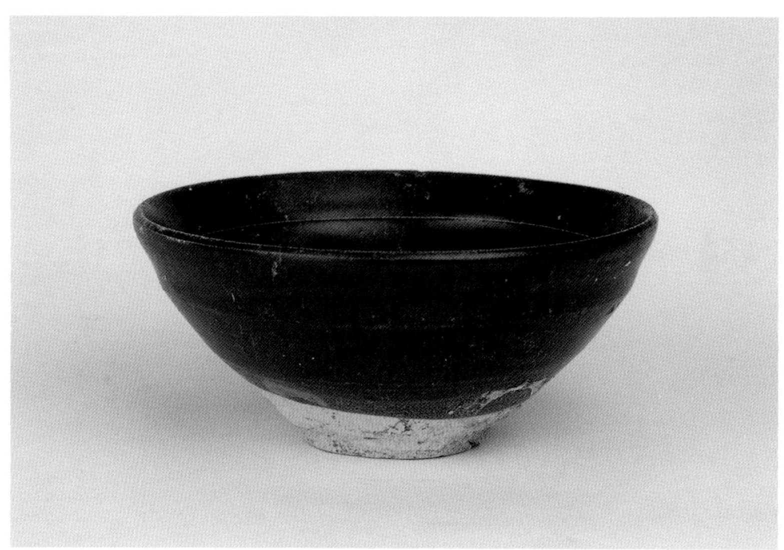

碗敞口，口下約1厘米處有凸棱，以下漸內收，淺圈足。內外施黑釉，釉色黑而光亮，碗外釉至近足部，以下露胎，胎呈白色，修坯不甚規矩，足部有明顯的旋削痕。碗裏飾白色月梅紋，白中有窰變乳濁狀。

228

## 吉州窰黑釉彩繪碗

宋
高4.5厘米
口徑13厘米
足徑3.5厘米

**Black glazed bowl with painted design, Jizhou ware**

Song Dynasty
Height: 4.5cm
Diameter of mouth: 13cm
Diameter of foot: 3.5cm

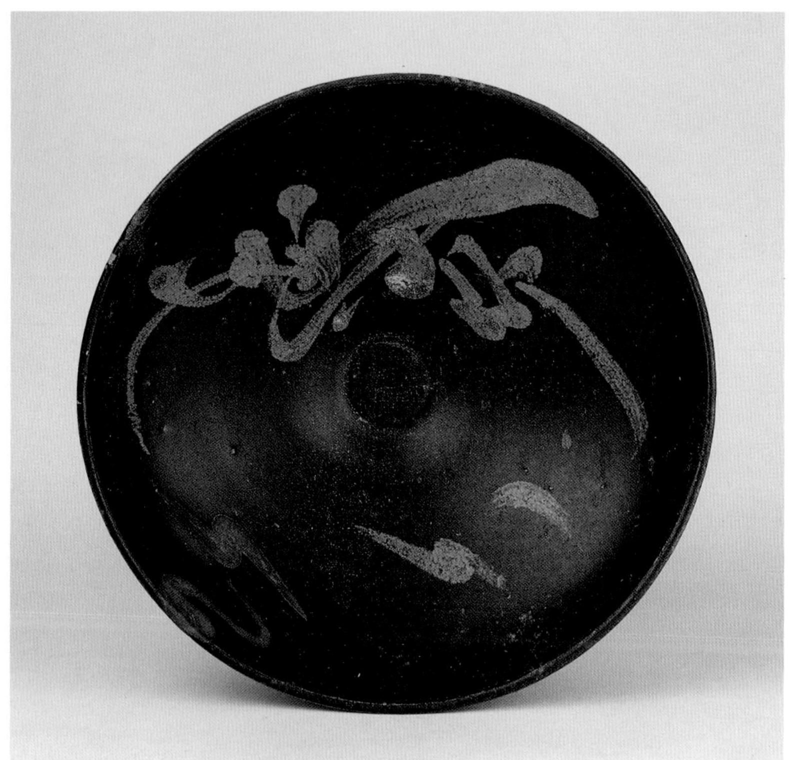

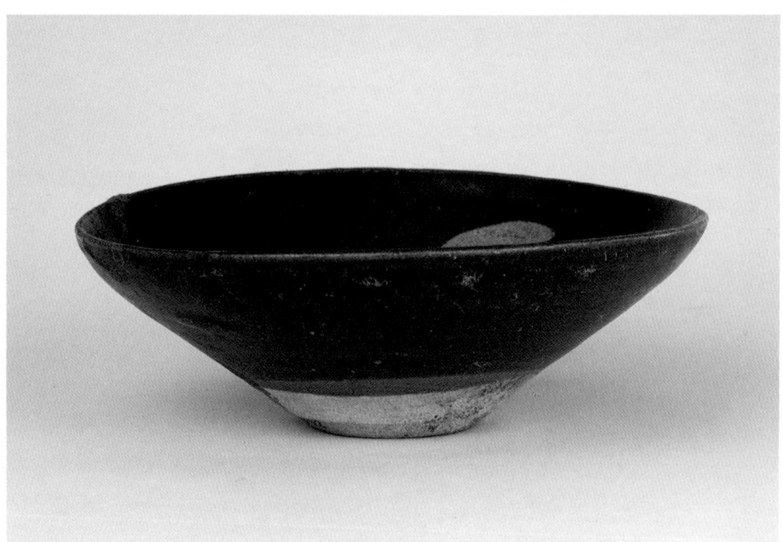

碗敞口，淺式，內凹足。內外施黑釉，近足處露土黃色胎，碗裏為淺黃色月梅紋。紋飾簡單草率，近於寫意。

229 **吉州窰黑釉彩繪碗**
宋
高4.5厘米
口徑10厘米
足徑4.5厘米

**Black glazed bowl with painted design, Jizhou ware**
Song Dynasty
Height: 4.5cm
Diameter of mouth: 10cm
Diameter of foot: 4.5cm

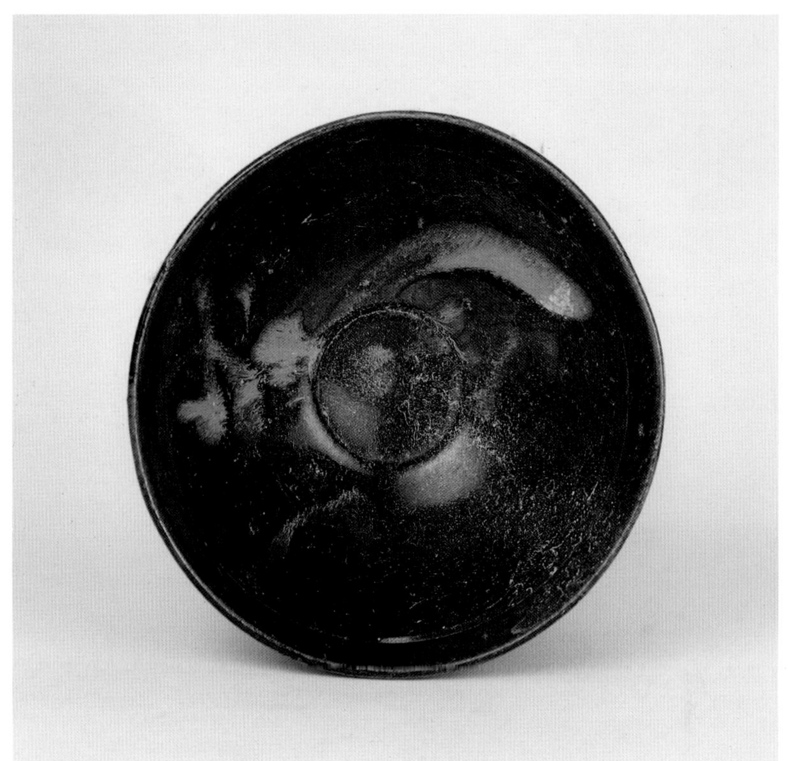

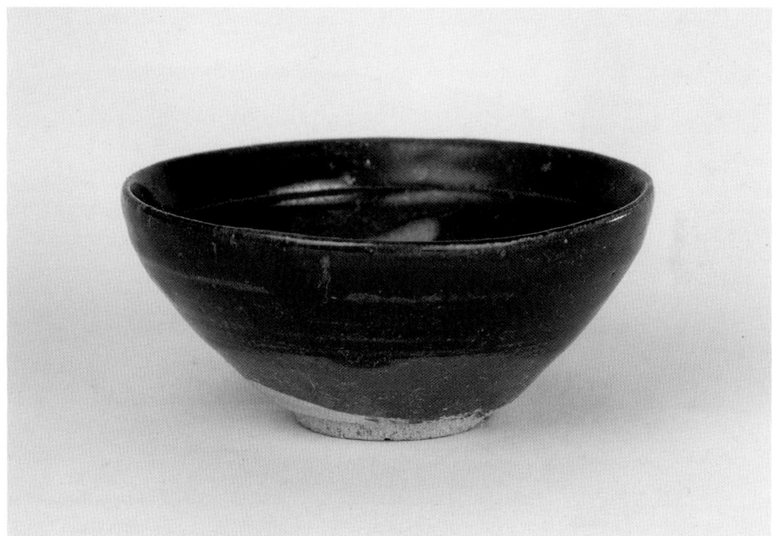

碗敞口，口裏約1厘米處有凸棱。內外施黑釉，外釉至近足部，圈足內外露胎，胎呈灰白色。從露胎處及釉色上看，係採用兩次施釉。碗裏以黃白色繪折枝梅花，花枝色彩有深淺變化。

230

**吉州窰黑釉彩繪碗**

宋
高6.5厘米
口徑17厘米
足徑4厘米

**Black glazed bowl with painted design, Jizhou ware**

Song Dynasty
Height: 6.5cm
Diameter of mouth: 17cm
Diameter of foot: 4cm

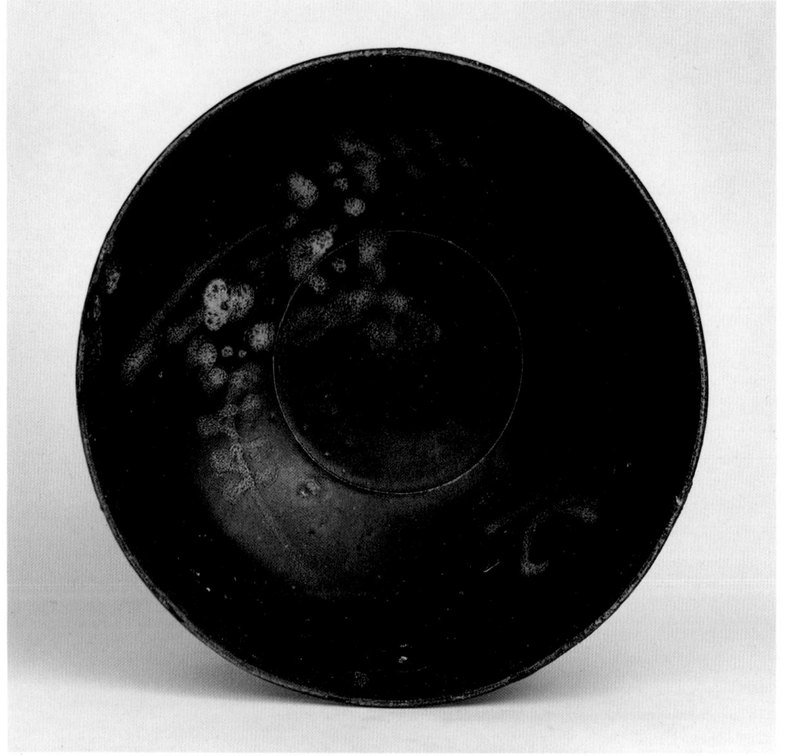

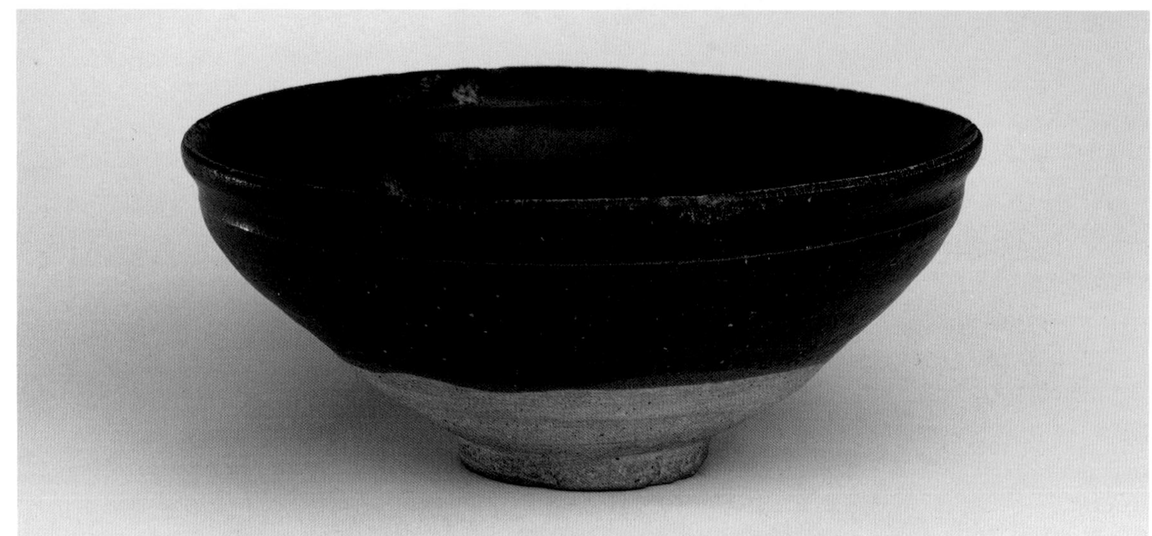

碗敞口，口下有凸棱，以下漸內收，圈足。碗裏滿釉，飾白色折枝梅花一枝，與梅花相對處飾一彎新月。碗外黑釉施至腹部，下腹部及足內外露黃色胎。胎質較粗，胎體厚重。此碗口徑較大，釉色漆黑，襯托出淺白色月梅紋，瀟灑明快，任意點畫幾筆，月影梅花這一主題鮮明地表現出來。

231

## 吉州窰描金碗

宋

高5.5厘米　口徑11厘米　足徑3.5厘米

**Bowl with gold trace, Jizhou ware**

Song Dynasty

Height: 5.5cm　Diameter of mouth: 11cm

Diameter of foot: 3.5cm

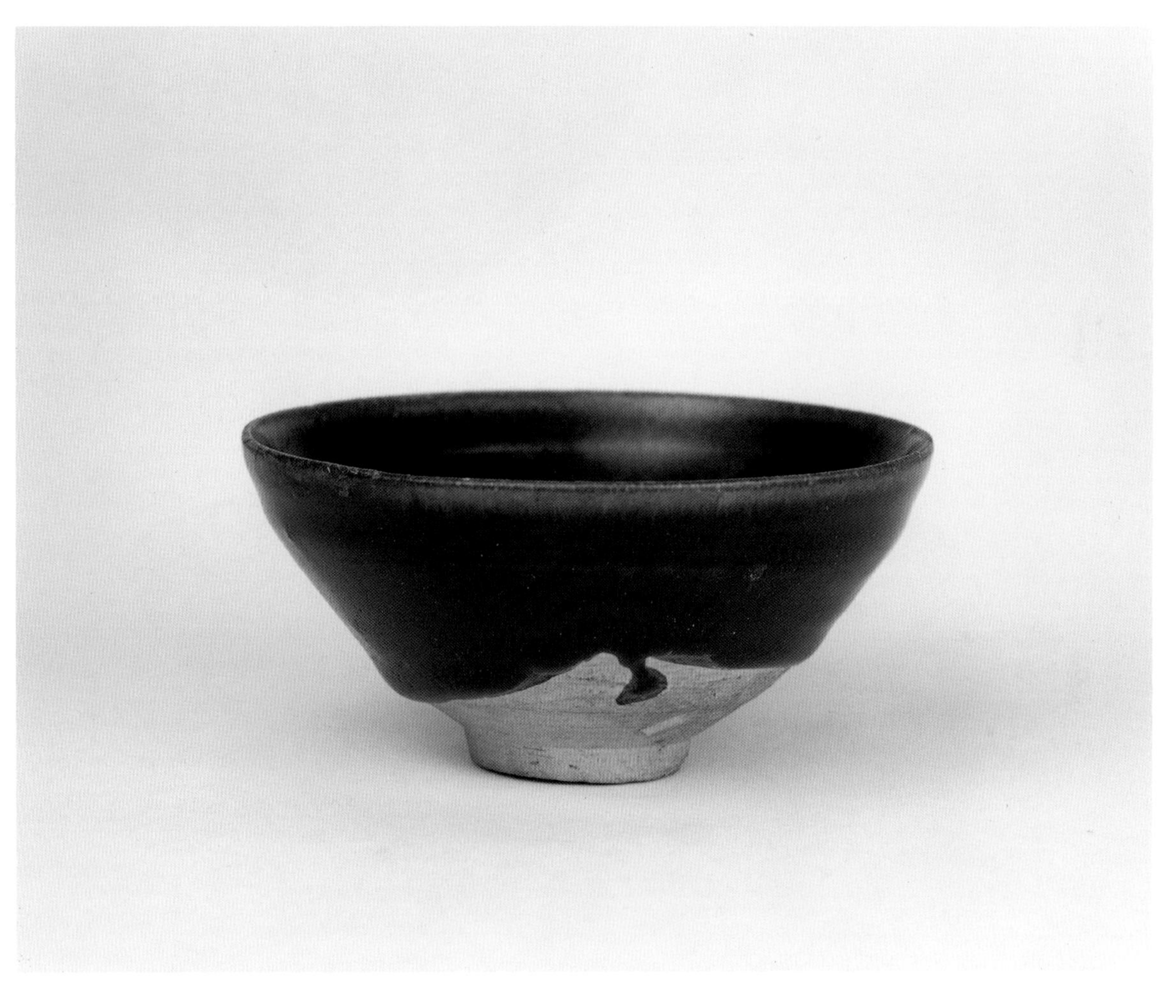

碗敞口，口下有凸棱，圈足。內外施黑釉，釉面有棕眼。碗外釉至近足部，以下露黃色胎，胎上有輪旋痕。圈足外深內淺。碗裏以金彩繪折枝花卉兩組，惜金彩年久已脱落，只留有金彩描繪的花紋輪廓。

232

**吉州窰玳瑁釉碗**
宋
高7.5厘米
口徑18厘米
足徑5厘米

**Tortoise-shell glazed bowl, Jizhou ware**
Song Dynasty
Height: 7.5cm
Diameter of mouth: 18cm
Diameter of foot: 5cm

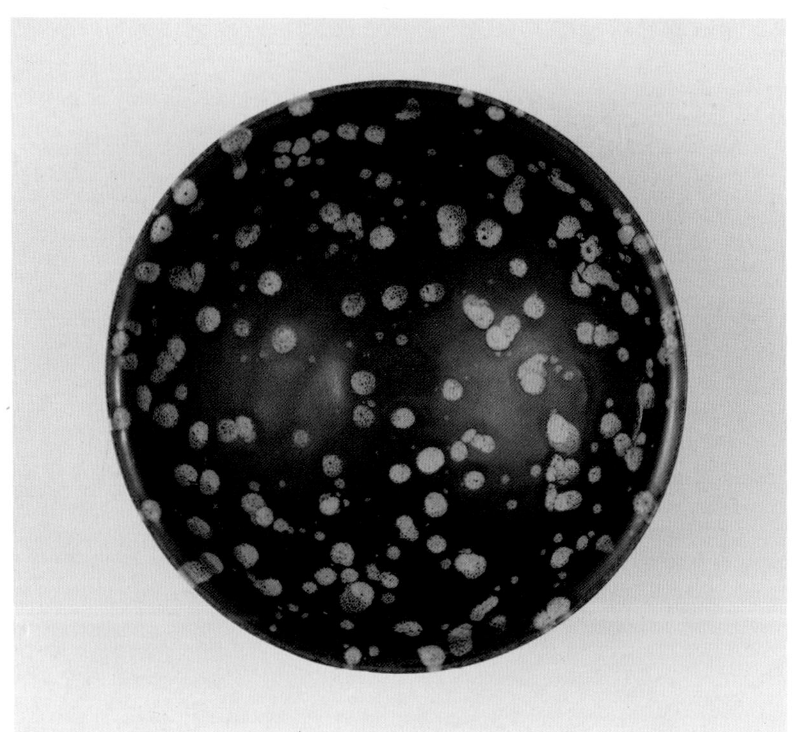

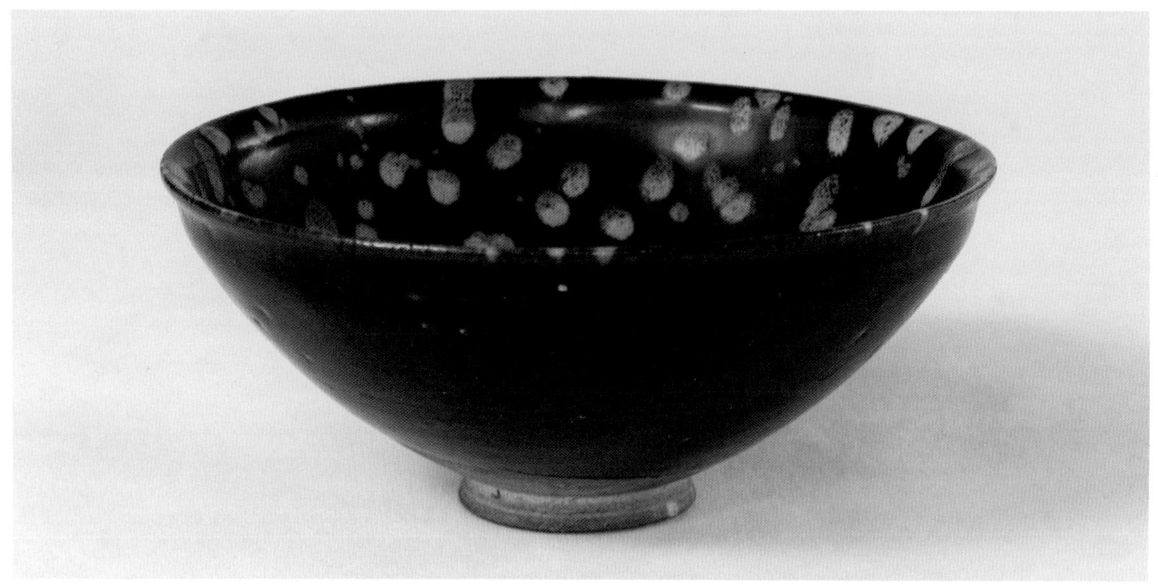

碗敞口，口以下漸內收，圈足。外施黑釉至近足部，足內外素胎，裏為黑釉淺黃色斑點形成的玳瑁釉。

玳瑁釉為江西吉州窰的代表品種之一，它是在黑色釉面上灑以不規則的黃褐色斑塊，在燒製過程中，由於釉層的龜裂、流動、填縫，便在黑色中形成玳瑁狀的斑紋，故稱玳瑁釉。其色彩瑰麗，色調潤澤。玳瑁釉器的坯體為含鐵量較少的瓷土製成，廣西地區有仿吉州窰玳瑁釉標本的發現。

吉州窰瓷器裝飾方法大致可以分為胎裝飾、釉裝飾與彩裝飾。此碗屬釉裝飾。這種裝飾是利用釉中所含不同的氧化金屬，在燒製過程中發生變化而呈現出不同的釉色。一般為深色地淺色釉斑點。斑點有黃、白色。亦有用淺色釉繪簡單紋飾的，如月梅紋等。

233

**吉州窰玳瑁釉碗**

宋

高4.6厘米　口徑14.8厘米　足徑3.6厘米

**Tortoise-shell glazed bowl, Jizhou ware**

Song Dynasty

Height: 4.6cm　Diameter of mouth: 14.8cm

Diameter of foot: 3.6cm

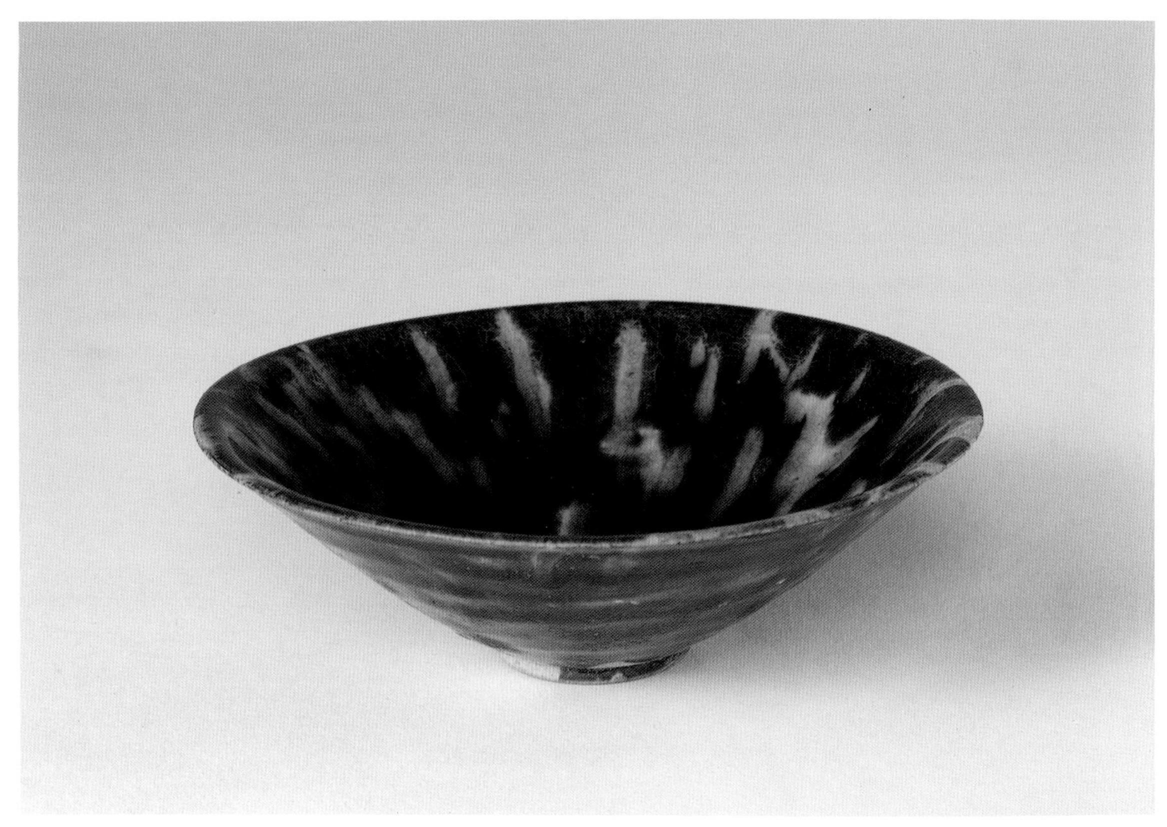

敞口，圈足，碗內釉面為醬、黃等色交織混合的玳瑁釉，外為醬色釉，碗外近底一圈及足無釉。

此碗無論從造型上或釉色上看，均可稱為吉州窰玳瑁釉的一件代表作品。

234

**吉州窰黑釉黃斑碗**

宋

高6.3厘米

口徑18厘米

足徑6厘米

**Black glazed bowl with yellow spots, Jizhou ware**

Song Dynasty

Height: 6.3cm

Diameter of mouth: 18cm

Diameter of foot: 6cm

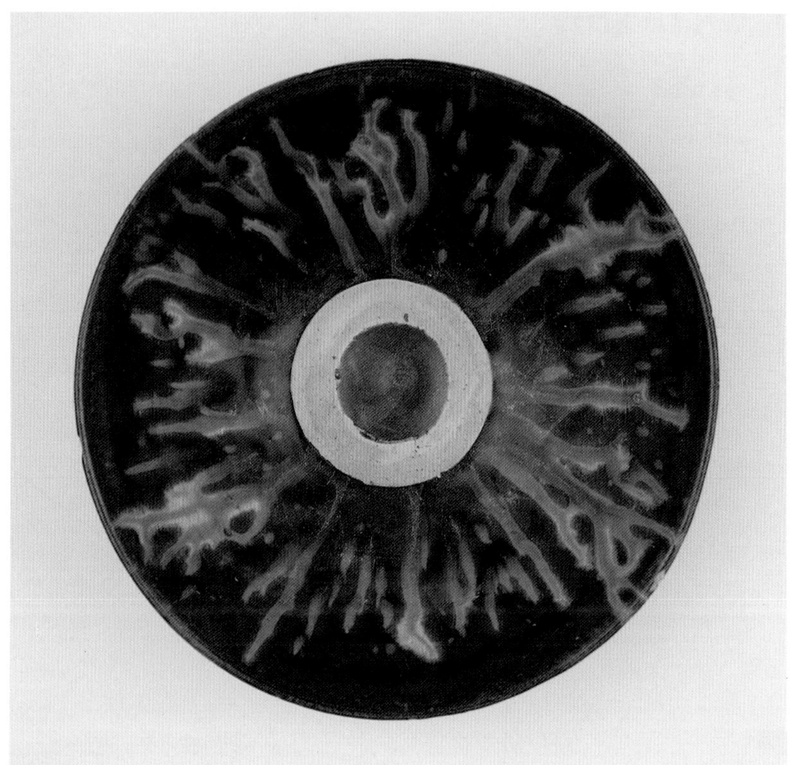

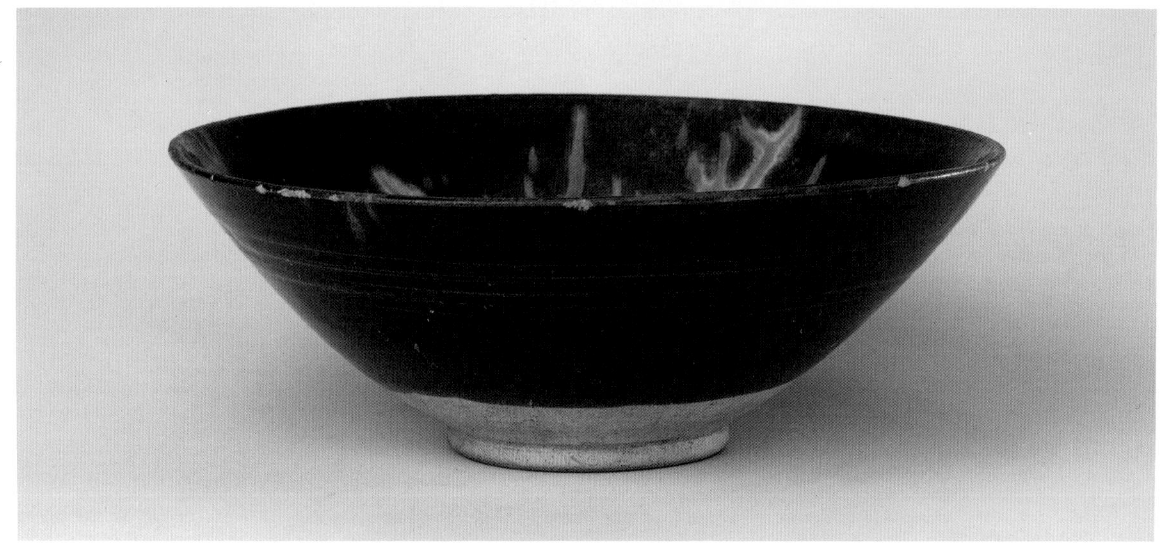

碗敞口，圈足，裏為黑、黃二色釉相交織，外施黑釉，近底一圈無釉，內底刮釉一圈，可知其裝燒方法為疊燒。

吉州窰產品以黑釉瓷器最負盛名。它利用天然黑色塗料，通過獨特的製作技巧，產生多變的紋樣與釉面，達到清新雅致的效果。宋代曾大量燒造黑釉瓷器，已發現的宋瓷窰址中，有三分之一以上都見到黑瓷，南北方均有。尤其是黑釉碗盞，產量尤大，這也是為了滿足當時鬥茶之風的需要。此碗內利用黑、黃二種色釉交織，黃釉呈放射狀綫條形，色調協調，變化豐富，為吉州窰的一件代表作品。

235 **吉州窰黑釉黃斑碗**
宋
高5.7厘米
口徑10.7厘米
足徑3.4厘米

**Black glazed bowl with yellow spots, Jizhou ware**
Song Dynasty
Height: 5.7cm
Diameter of mouth: 10.7cm
Diameter of foot: 3.4cm

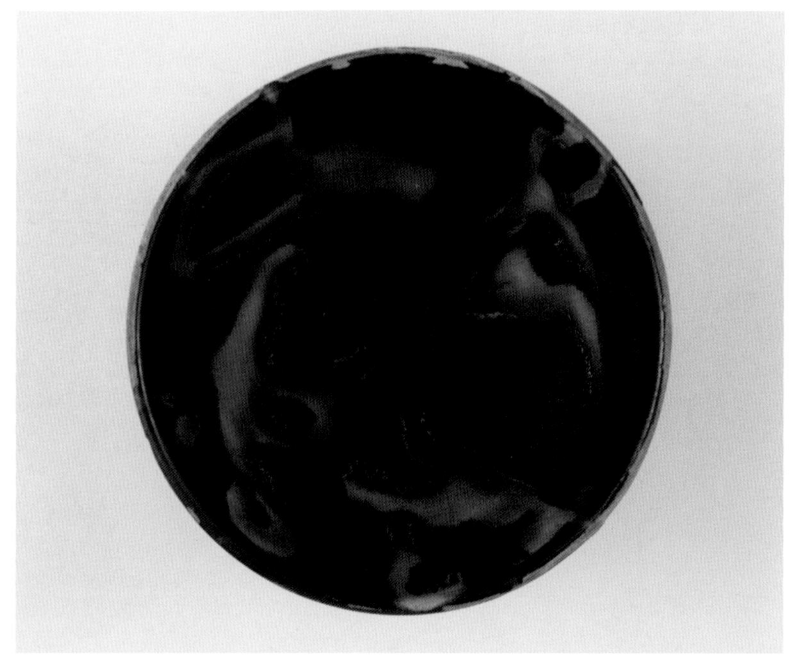

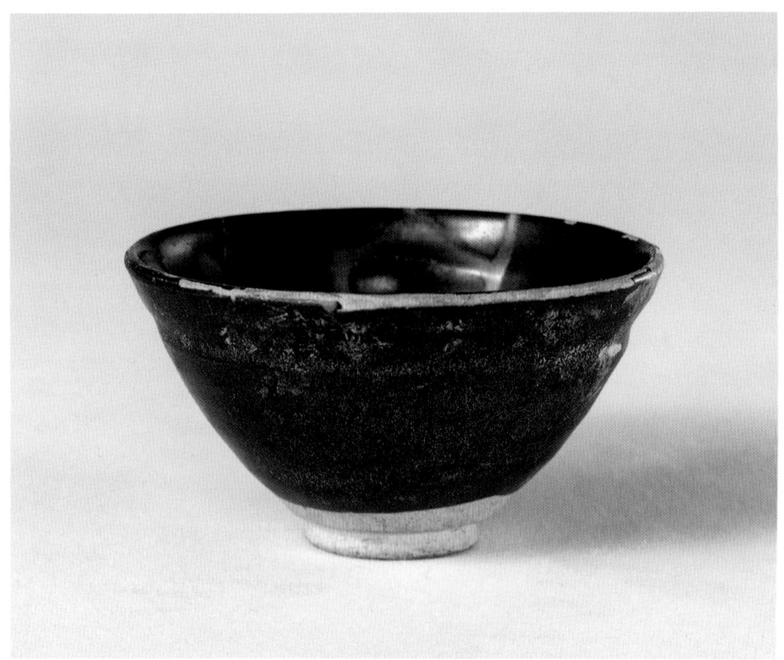

碗敞口，深腹，淺圈足。碗外施黑釉至近足部，露胎處呈黃白色胎。碗裏為黑、黃二色釉，以黑釉為主，間任意流淌的不規則的黃色斑塊四組。吉州窰黑釉器胎有深、淺兩大類，深色胎為醬紅、磚紅色，淺色胎為灰白、黃白色，此碗胎色較淺。

236 **吉州窰醬釉褐斑碗**

宋
高4.5厘米
口徑8.8厘米
足徑2.7厘米

**Dark reddish brown glazed bowl with brown spots, Jizhou ware**

Song Dynasty
Height: 4.5cm
Diameter of mouth: 8.8cm
Diameter of foot: 2.7cm

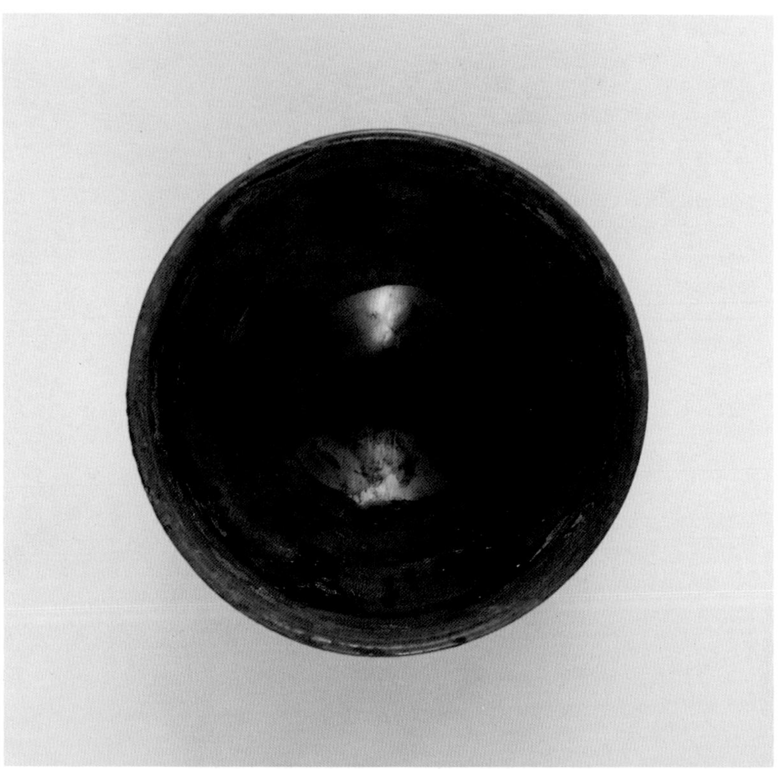

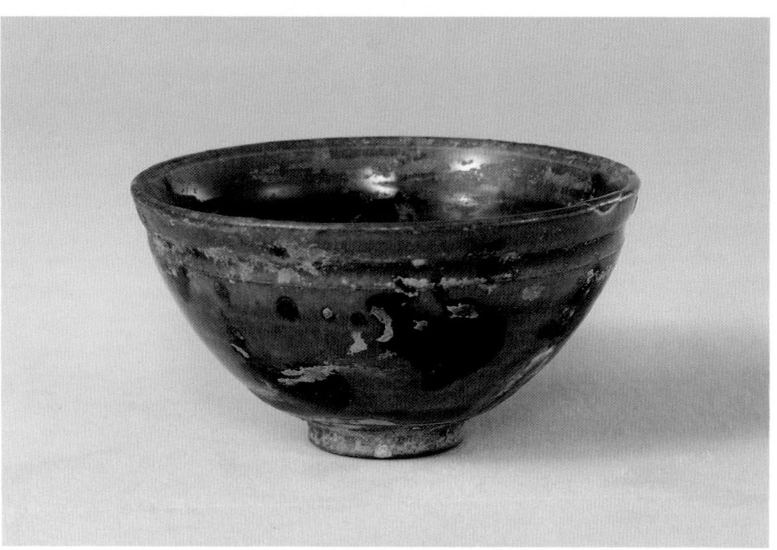

碗敞口，口以下有凹旋紋一道，弧腹，圈足。碗內外施黃釉，外釉至圈足處，圈足內外露紫黑色胎。在黃釉上任意施不規則的褐彩，形成淺黃地褐色花紋。

237

**吉州窰窰變釉碗**
宋
高3.2厘米
口徑10.3厘米
足徑3厘米

**Bowl in flambé glaze, Jizhou ware**
Song Dynasty
Height: 3.2cm
Diameter of mouth: 10.3cm
Diameter of foot: 3cm

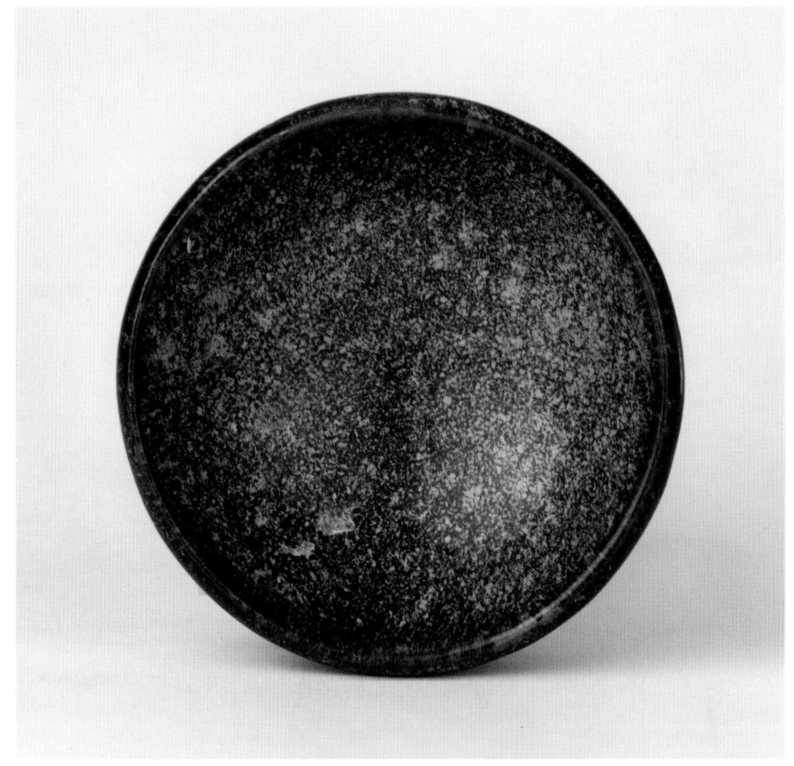

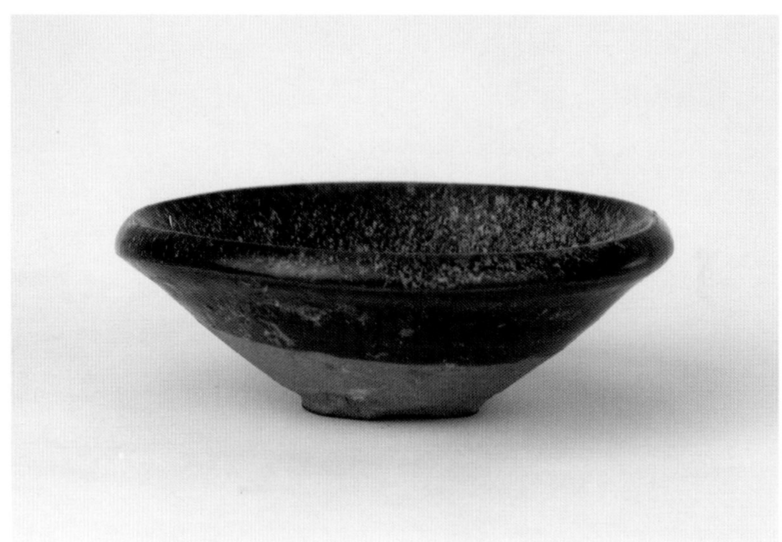

碗口較厚，下折，式較淺，內凹足。碗外施黑色半釉，下半部露磚紅色胎。碗裏為窰變花釉，在黑色地上密佈淺黃色花點，裝飾效果獨具一格。

238

**吉州窰窰變釉碗**
宋
高5.3厘米　口徑12厘米　足徑3.1厘米

**Bowl in flambé glaze, Jizhou ware**
Song Dynasty
Height: 5.3cm　Diameter of mouth: 12cm
Diameter of foot: 3.1cm

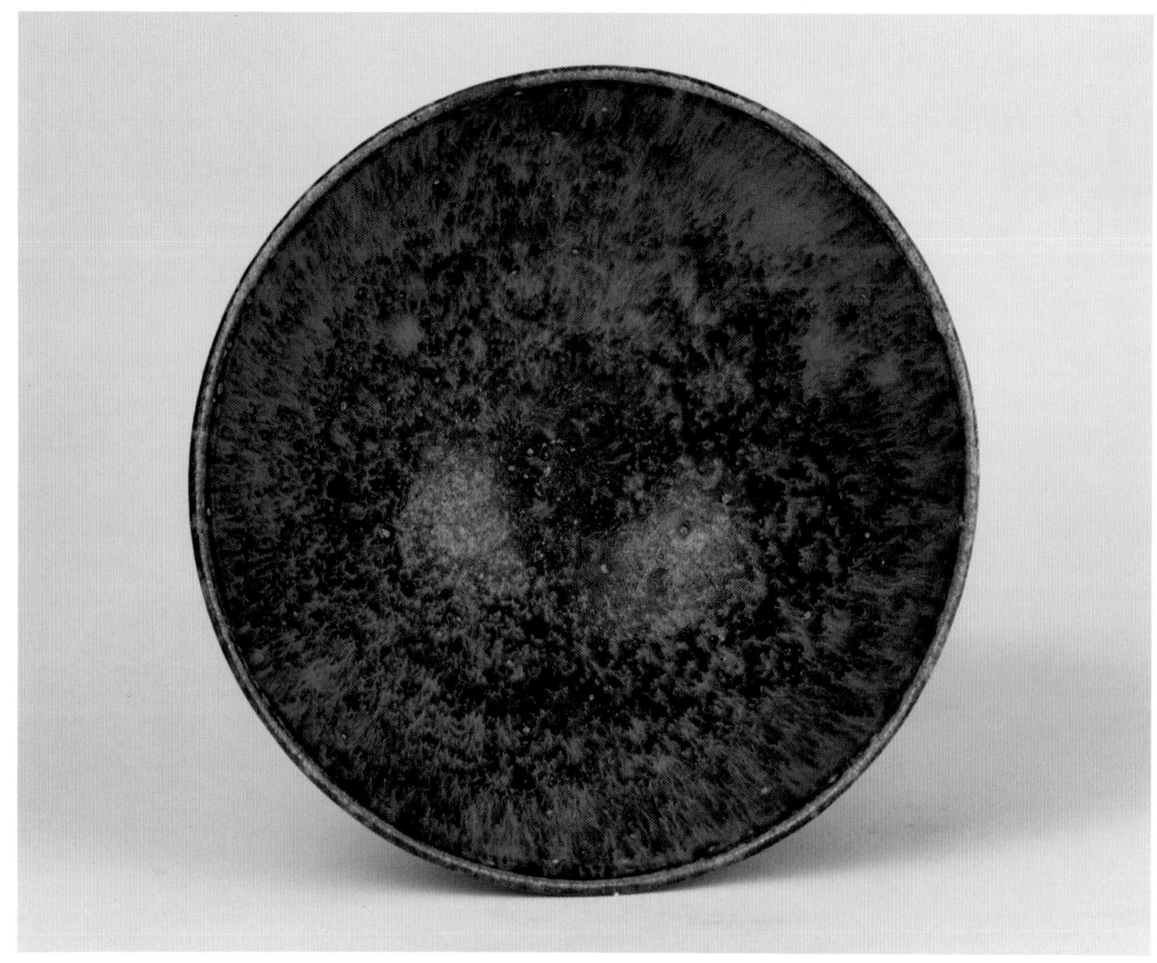

碗敞口，口以下內收，圈足。外施黑釉至近足部，足內外露胎。足上平切一刀，有明顯的一道棱，這是吉州窰碗上普通存在的特徵。碗裏為窰變花釉，上部以黃色乳濁釉為主，間褐色條紋；碗心以褐色為主，間黃色乳濁釉斑點，由此在色彩上形成黃與褐的變化，在形態上又有條與斑點之別，別具韻味。

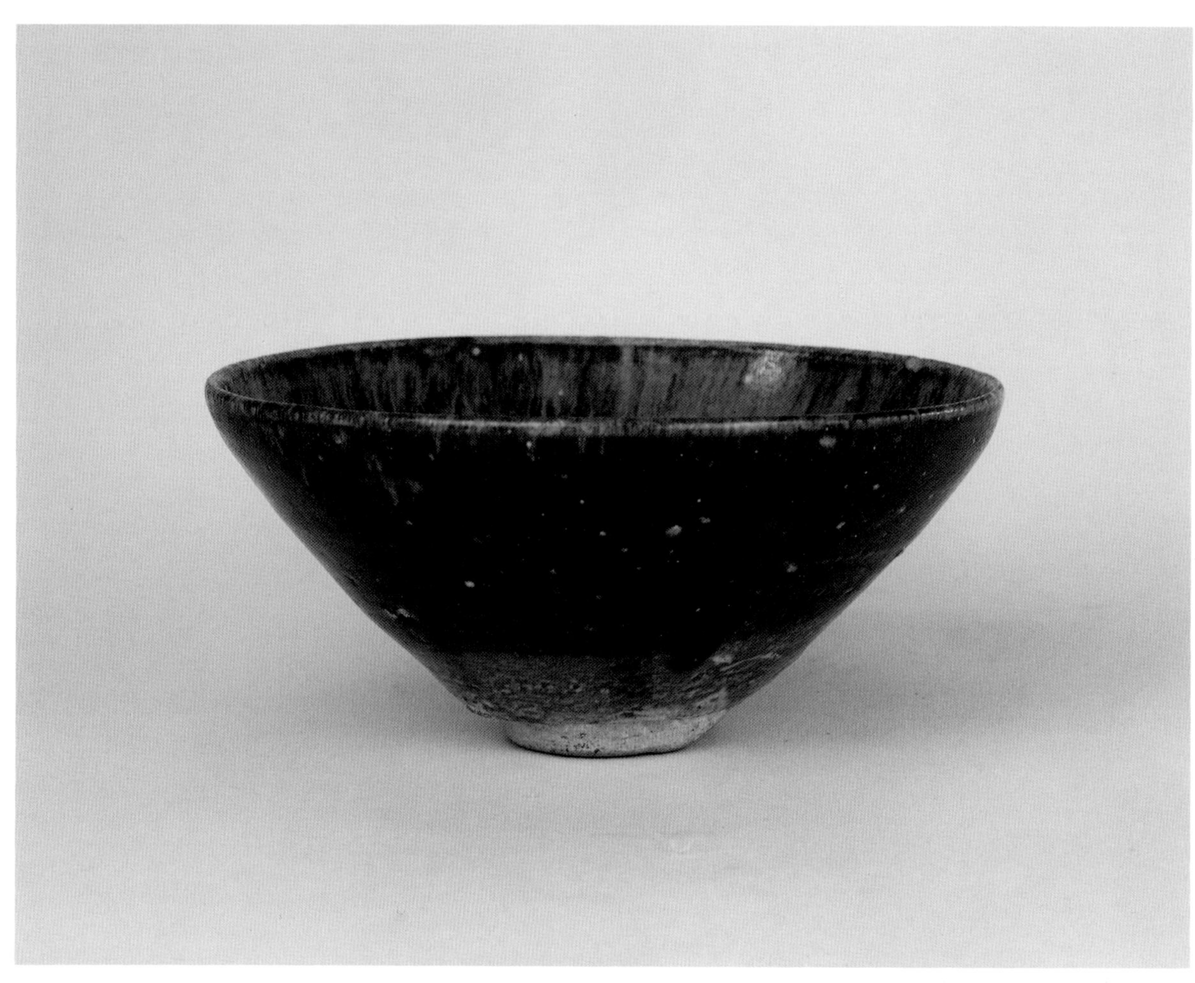

239

**吉州窰虎皮釉碗**
宋
高7.2厘米
口徑18厘米
足徑5.5厘米

**Tiger-skin glazed bowl, Jizhou ware**
Song Dynasty
Height: 7.2cm
Diameter of mouth: 18cm
Diameter of foot: 5.5cm

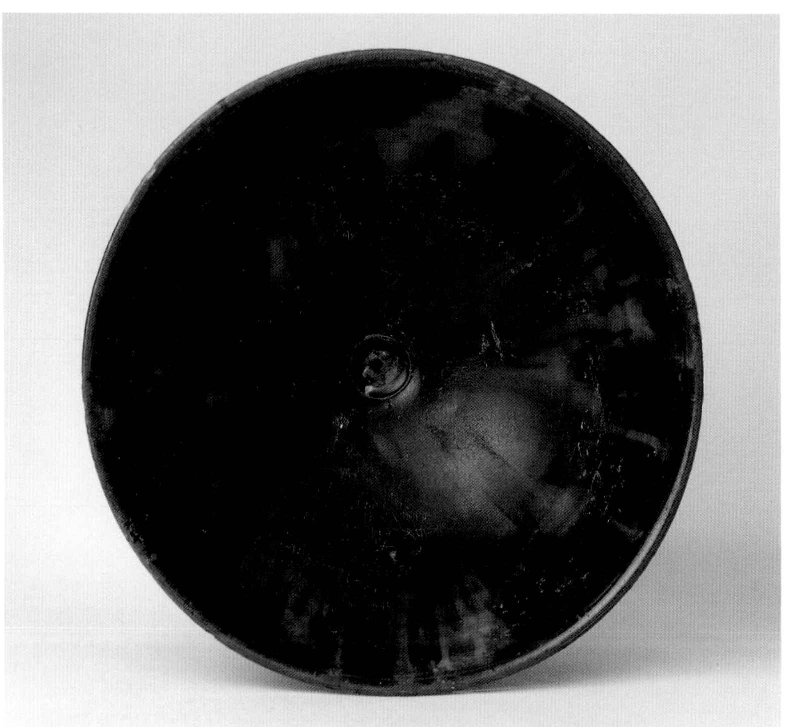

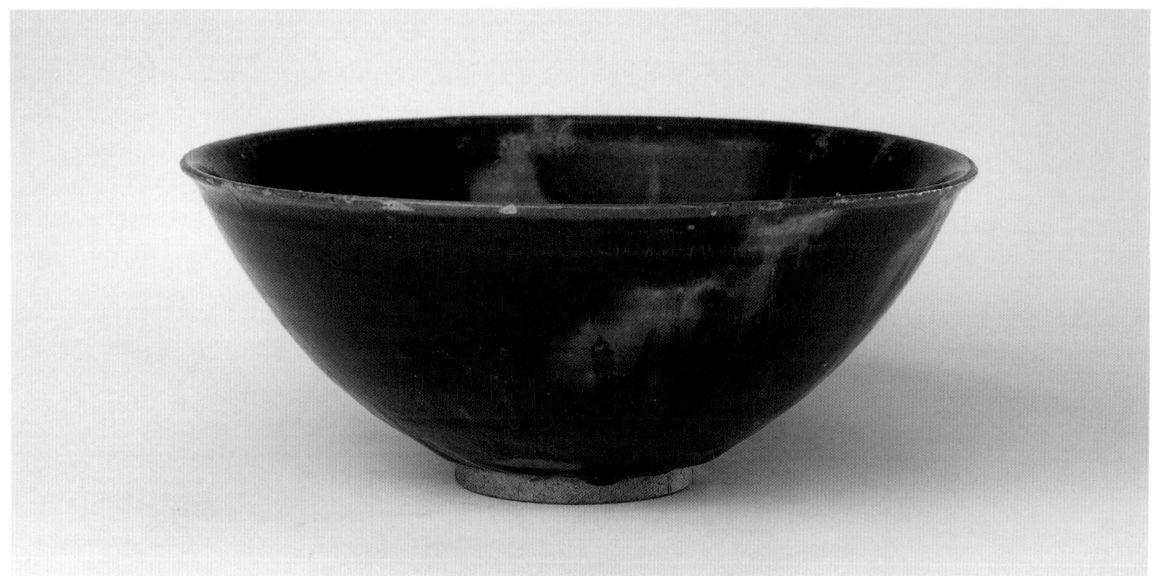

碗撇口，口以下漸內收，圈足。內外施釉，除足牆無釉外，足底滿釉。足部修坯極規矩，棱角清晰。碗裏利用含鐵量不同的黃、褐兩種釉，燒成後形成黃、褐相間的放射狀花紋，宛如一朵盛開的花。碗外以醬色釉為主，兼施淺黃釉。以其釉色類似虎皮、故名虎皮釉。

240

## 吉州窰木葉紋碗

宋
高5厘米
口徑15厘米
足徑4厘米

**Bowl decorated with a yellow leaf, Jizhou ware**

Song Dynasty
Height: 5cm
Diameter of mouth: 15cm
Diameter of foot: 4cm

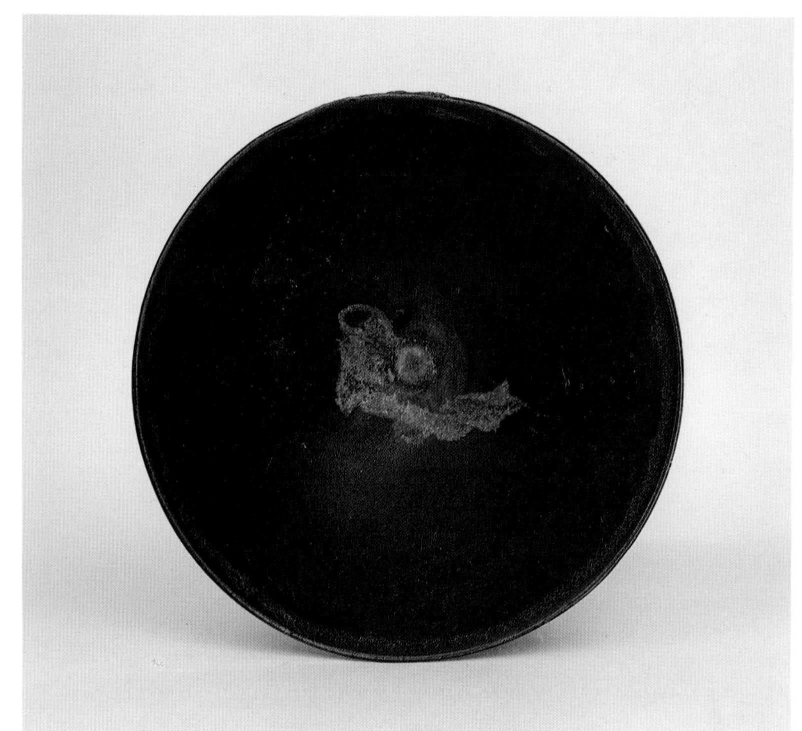

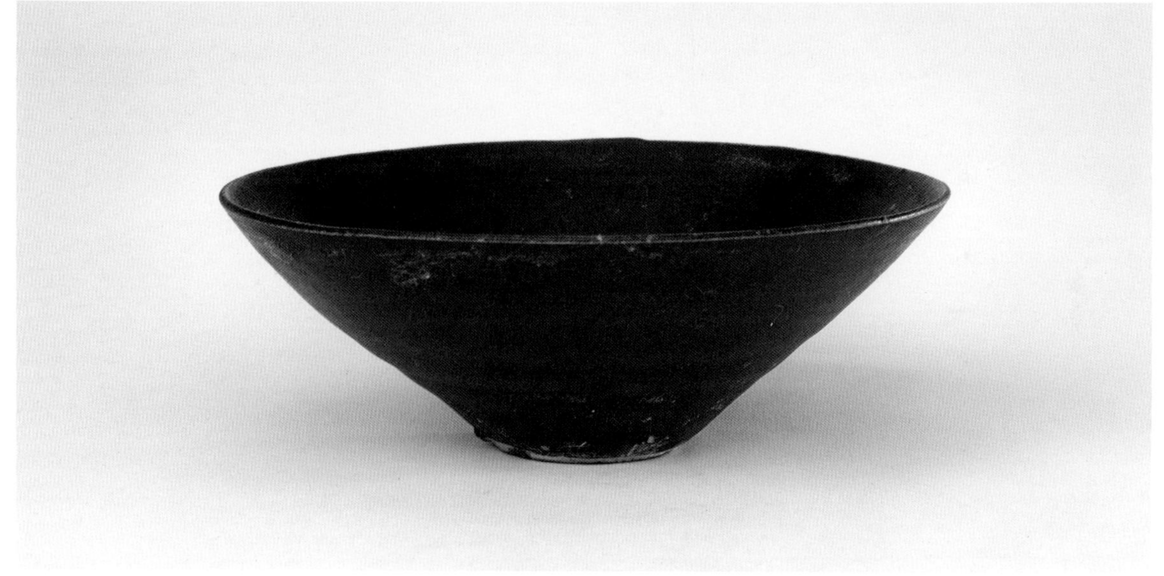

碗敞口，碗壁成45度斜出，淺圈足。內外施黑釉，足底露胎。碗裏心飾一片黃色葉子，俗稱木葉紋碗。木葉紋碗是吉州窰宋代黑釉品種之一。精品多流往國外，日本收藏的幾件木葉紋碗製作較精，定為國寶級文物。此碗胎較薄，造型規矩，唯葉紋不夠清晰，但仍不失為宋代吉州窰較好的作品之一。

241

**吉州窰綠釉印花碗**
宋
高4厘米
口徑10.3厘米
足徑3.7厘米

**Green glazed bowl with impressed design, Jizhou ware**
Song Dynasty
Height: 4cm
Diameter of mouth: 10.3cm
Diameter of foot: 3.7cm

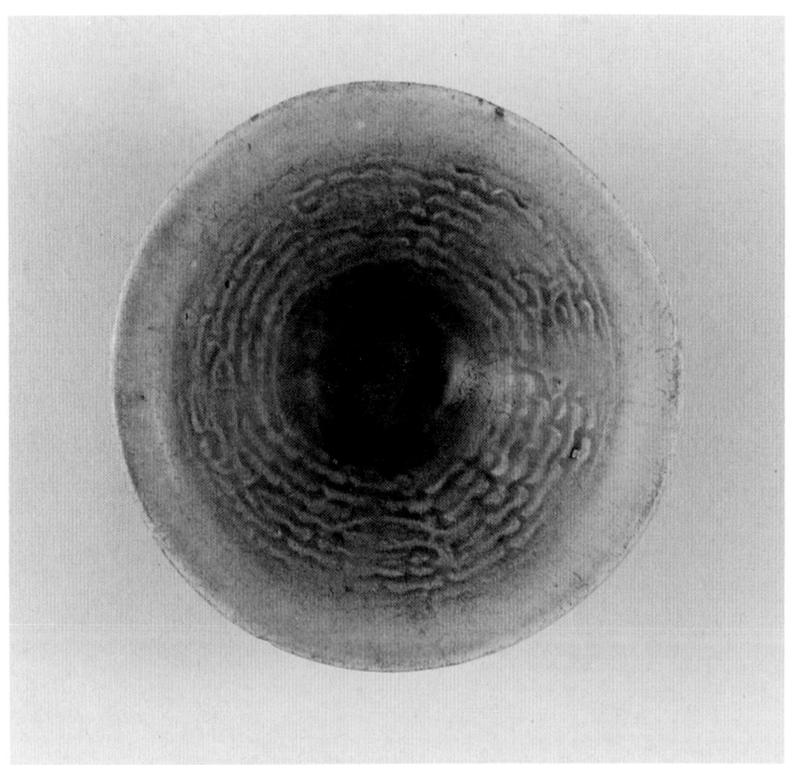

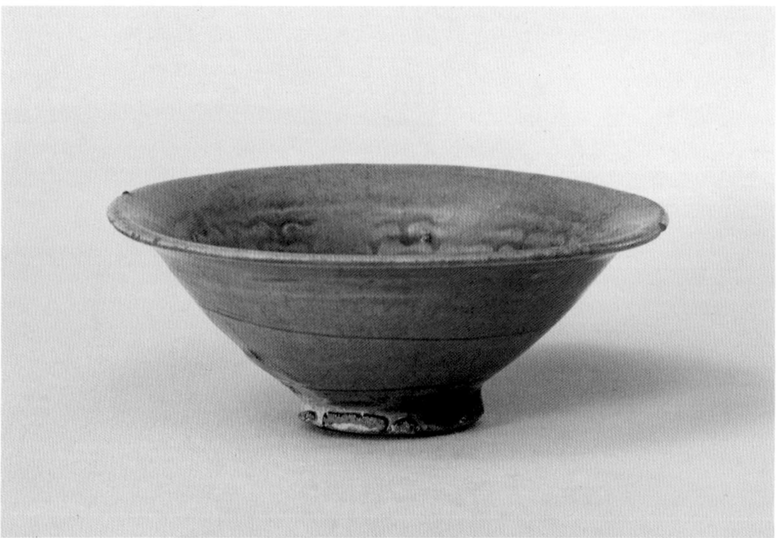

碗口外撇，斜壁，圈足微外撇。碗內壁模印水波紋，其間刻四尾游魚。通體施綠釉，釉面瑩潤光亮，開細小紋片。

水波游魚為宋代瓷器中常見的紋飾，耀州窰、臨汝窰、廣西容縣窰等都有燒製。

此碗器型小巧，紋飾精美，為吉州窰的典型作品。

242

## 吉州窰綠釉劃花枕

宋

高9厘米　面26.5×22厘米　底24×19厘米

**Green glazed pillow with carved floral design, Jizhou ware**

Song Dynasty

Height: 9cm　Top: 26.5×22cm　Bottom: 24×19cm

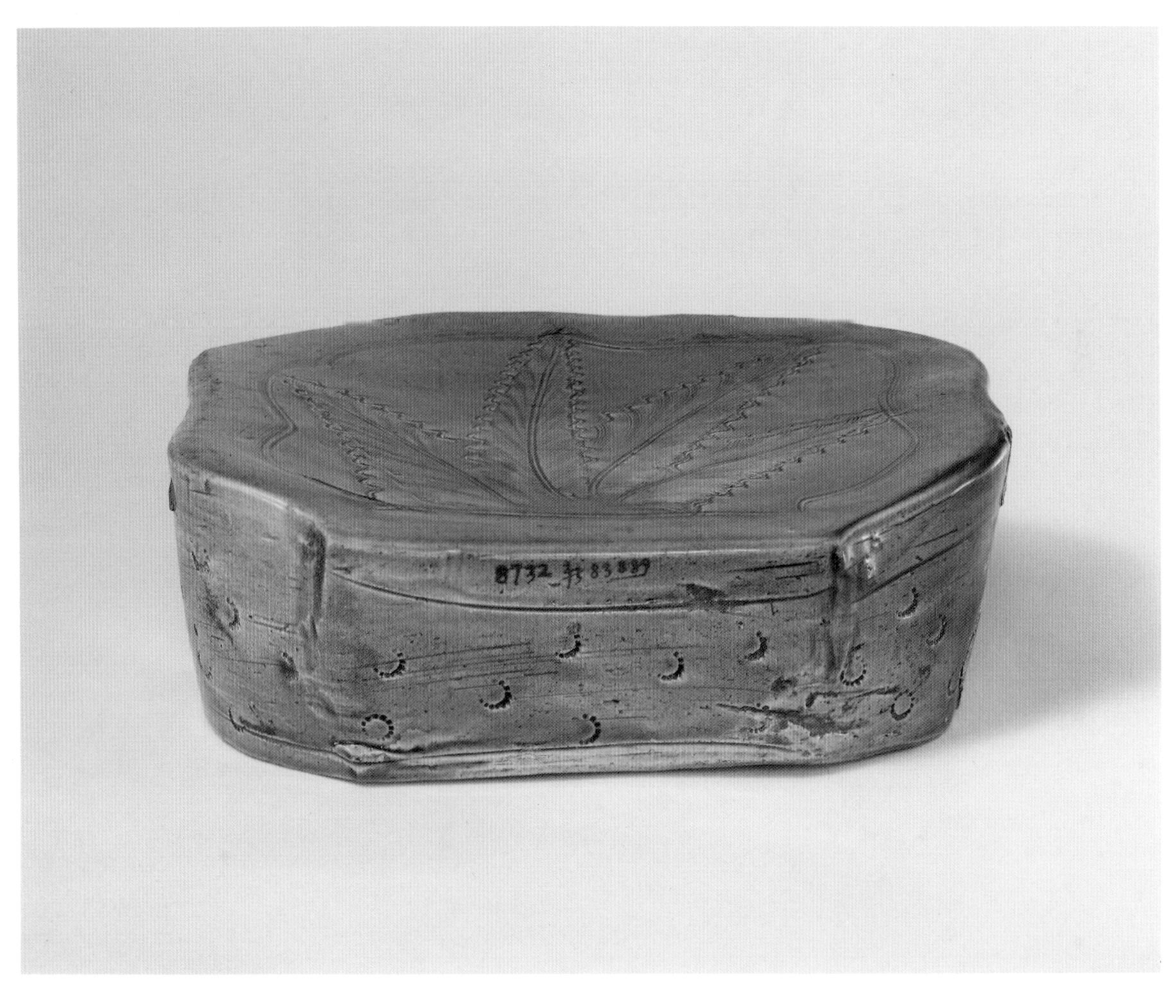

枕為如意形。通體施綠釉，底素胎無釉，底中心有長方形孔。枕面依枕形外周劃複綫開光，開光內刻劃葉紋四片，枕側戳印朵花，與在窰址中採集的標本相似。吉州窰枕一般為兩次燒成，先素燒坯，然後上釉二次燒成。燒成溫度略高，胎質堅硬，釉透明，玻璃質感較強，與北方窰系的綠釉枕不同。吉州窰傳世器物中還有綠釉長方枕，底有“嚴家記”款識者。吉州窰與北方磁州窰有一定關係，其燒瓷品種豐富，除燒製具有自身特點的黑釉器以外，亦燒製磁州窰系的黑釉剔花、白釉褐花、青釉、綠釉、醬釉、外黑裏白釉以及景德鎮窰系的青白釉等品種。

243

## 吉州窰黑釉醬斑小口瓶

宋

高16厘米　口徑4.5厘米　足徑6.5厘米

**Black glazed vase with a small mouth decorated with dark reddish brown spots, Jizhou ware**

Song Dynasty

Height: 16cm　Diameter of mouth: 4.5cm

Diameter of foot: 6.5cm

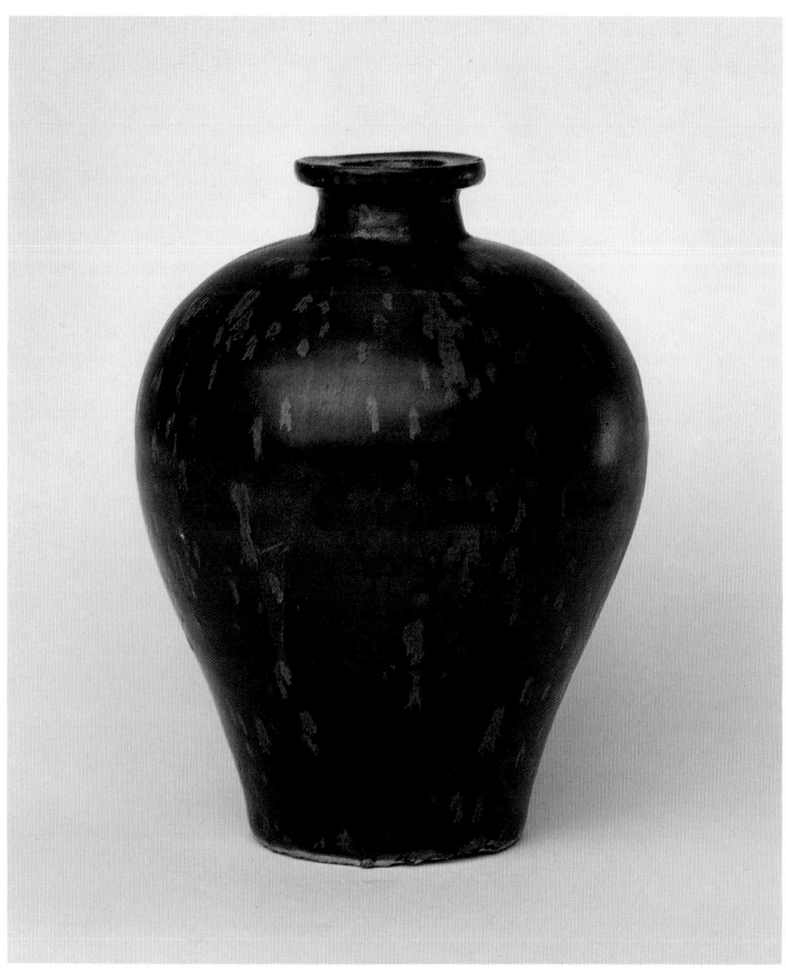

瓶小口出沿，短頸，豐肩，瘦底，淺足。通體施黑釉，黑釉上飾醬紅色小斑點。此瓶造型秀美，黑醬色調對比鮮明。

244

**西村窰刻花鳳頭壺**

宋

高16.8厘米　口徑4.2厘米　足徑8.3厘米

**Phoenix-head pot incised with floral design, Xicun ware**

Song Dynasty

Height: 16.8cm　Diameter of mouth: 4.2cm

Diameter of foot: 8.3cm

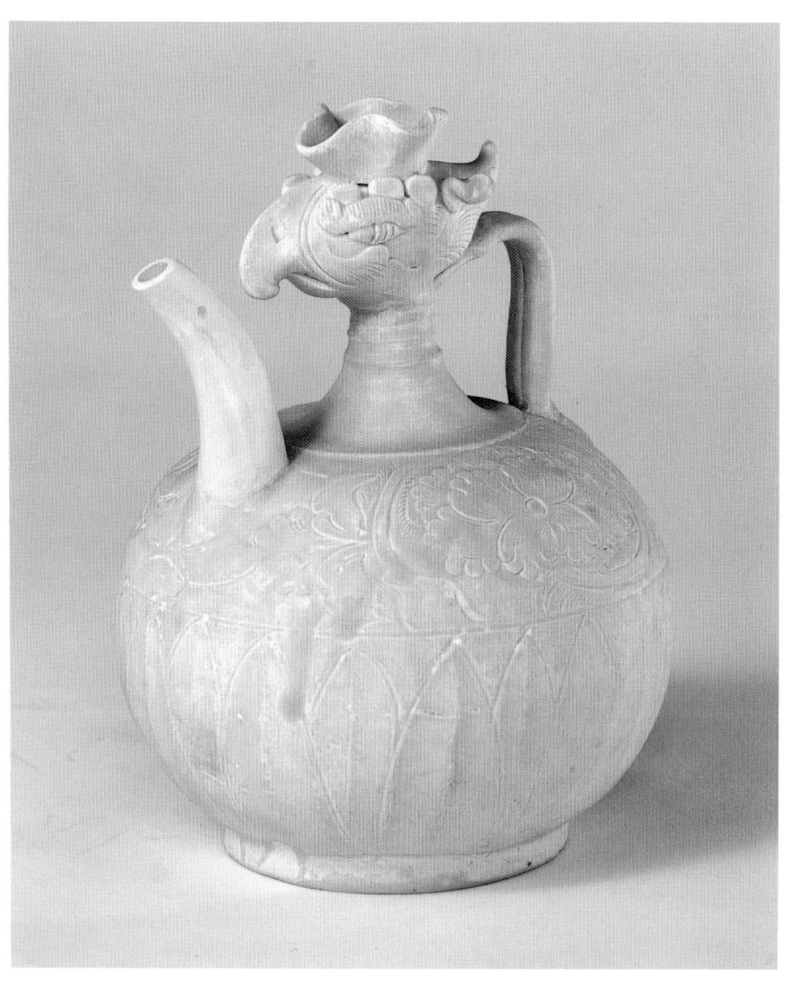

壺口為一高冠、大眼、曲喙的鳳頭，鳳頂花冠為注水口，細頸上凸起三道弦紋，圓腹，腹部的紋飾分二部分，上部刻花紋一周，下部刻上仰蓮瓣紋一周，寬圈足，施青白釉，壺流及執柄為後修補。

鳳首壺在隋及初唐已經流行，有青、白瓷及彩色釉陶製品。早期的鳳首壺壺蓋為鳳頭，與壺口相吻合，共同構成鳳首的造型。壺腹部多修長，並在上面堆貼紋飾，有的紋飾明顯受波斯文化的影響。盛唐以後，壺蓋消失，鳳首則與頸相連形成壺口。西村窰的鳳首壺又有自已獨特的風格，其腹部造型圓鼓，裝飾手法採用刻花，此件鳳首壺即為其代表作品。

西村窰瓷器在中國出土物極少，而在東南亞，特別是菲律賓卻有大量出土。

245

**西村窰刻花點彩盤**
宋
高10厘米
口徑33.5厘米
足徑10厘米

**Plate decorated with incised design and coloured splashes, Xicun ware**
Song Dynasty
Height: 10cm
Diameter of mouth: 33.5cm
Diameter of foot: 10cm

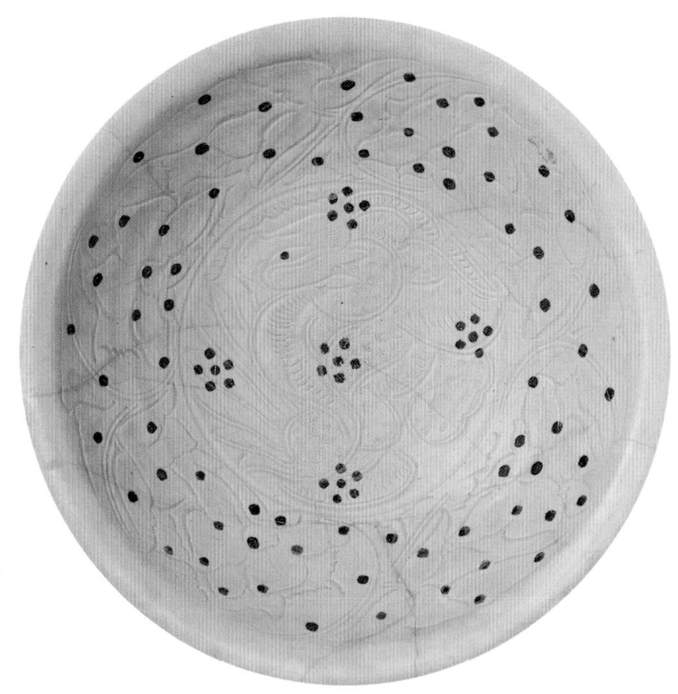

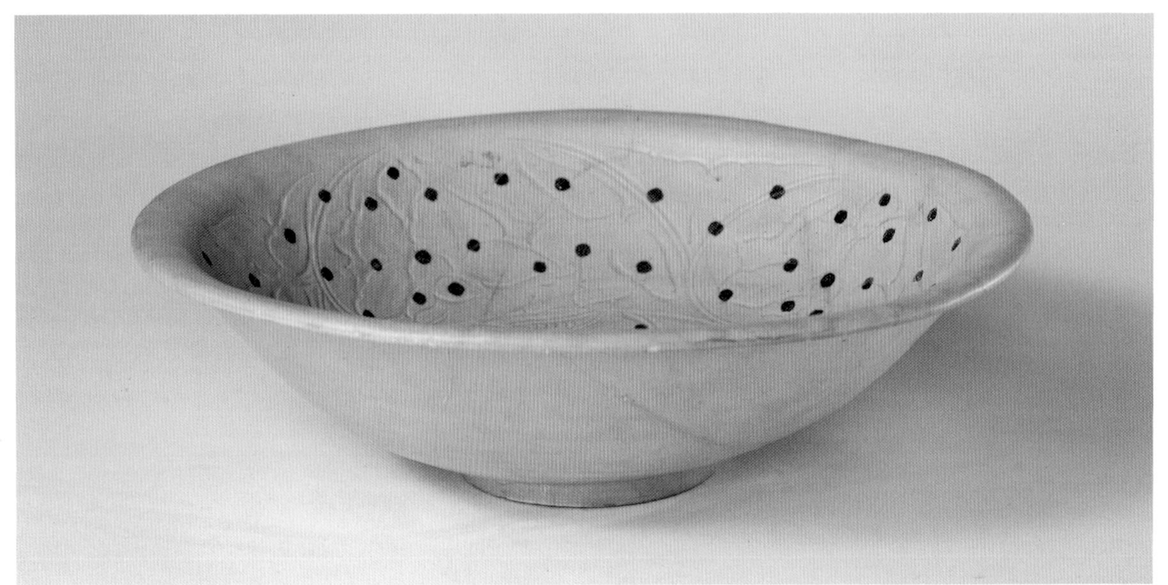

敞口，折沿，圈足。內底刻一鳳紋，內壁刻纏枝蓮紋，外素面無紋飾，器物內外施青白釉，內底有規則地排列五組褐色點彩紋飾，內壁則無規則地加以點彩紋裝飾。

西村窰位於廣州市的西北，以皇帝岡古窰址為中心，據考古發掘資料推斷，其最早創始於晚唐，盛於五代和北宋，衰敗於南宋。西村窰的產品有青白釉、青白釉彩繪、青釉及黑釉等。青白瓷刻花加褐色彩繪是西村窰的特有品種。點彩即用褐色或黑色的釉彩在器物表面點上斑點，一般罐或瓶類則在肩部對稱地點上斑點。這種點彩手法，在廣州晉墓出土的青釉器中已發現，可見它是由晉代流傳下來的。此件鳳紋點彩盤直徑較大，盤內的刻花紋飾與點彩紋相襯，繁而不亂，為西村窰的典型作品。

246

## 邛窰藍綠釉玉壺春瓶

宋
高17.8厘米
口徑5厘米
足徑5.1厘米

**Pear-shaped vase in blueish green glaze, Qiong ware**
Song Dynasty
Height: 17.8cm
Diameter of mouth: 5cm
Diameter of foot: 5.1cm

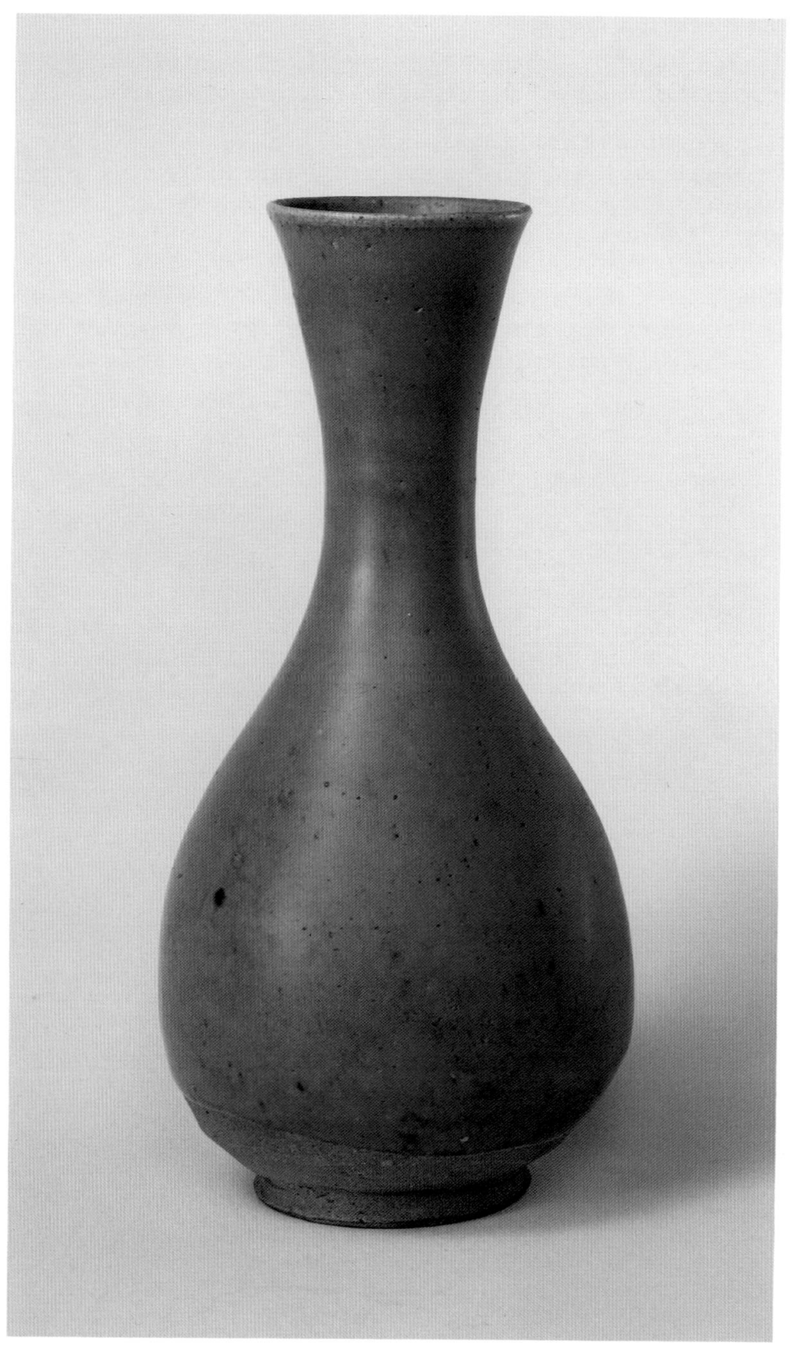

瓶撇口，細長頸，圓腹，圈足，通體施藍綠釉，近足處露黃褐色胎。以變化的弧綫構成柔和、勻稱的瓶體，通常把這類造型的瓶稱為玉壺春瓶，是由詩句“玉壺先春”而得名。這種瓶自宋代出現以來，歷燒不衰，唯宋代玉壺春瓶造型秀美修長，為宋代典型器形之一。

邛窰在燒瓷品種上，與湖南長沙窰比較接近，造型多種多樣，燒製大量日常生活使用的瓶、壺、罐、洗、盤、碗等。此瓶為該窰燒製的主要品種之一，釉色藍中閃綠，綠中泛藍，絢美雅麗。

247

**琉璃廠窰綠釉省油燈**
宋
高5.5厘米　口徑11厘米　足徑5厘米

**Green glazed oil lamp, Liulichang ware**
Song Dynasty
Height: 5.5cm　Diameter of mouth: 11cm
Diameter of foot: 5cm

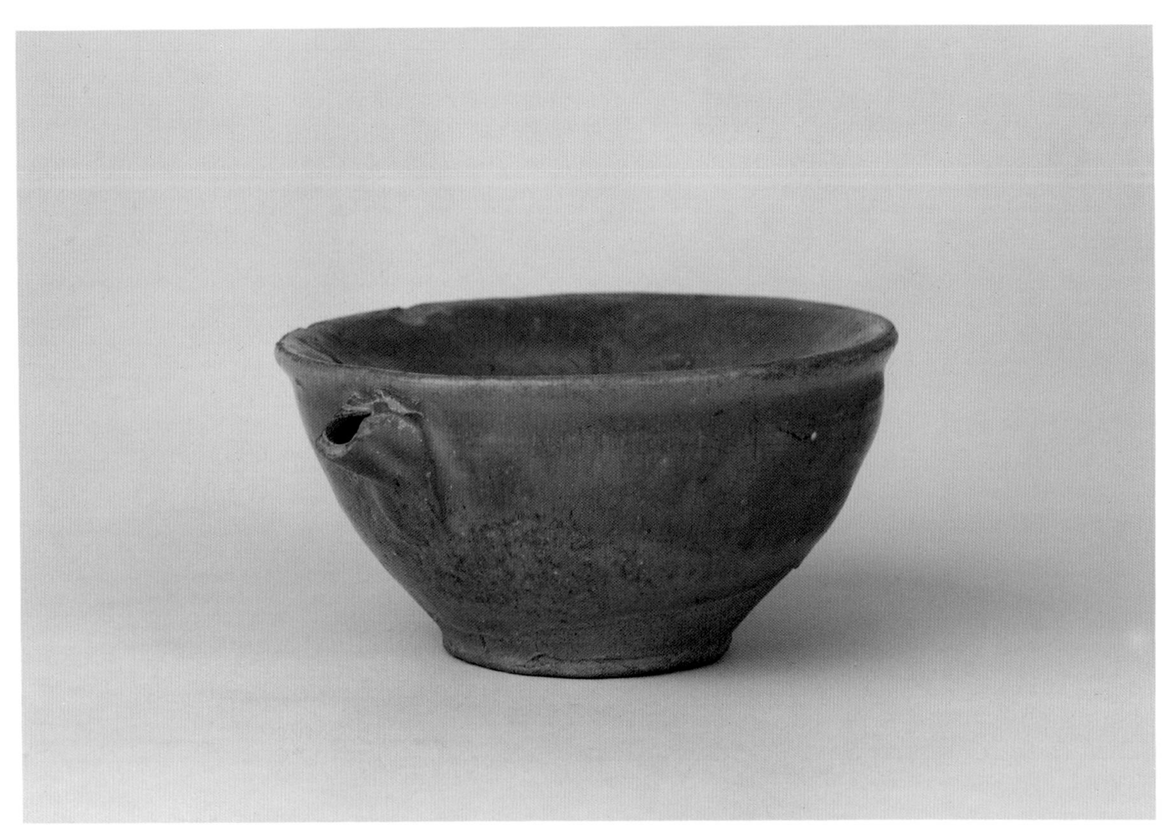

燈敞口，上呈碟式，口以下漸內收，圈足，平底。一側有短流。施綠釉至近足部，無釉處呈黃色胎。

248

**琉璃廠窰黃紫釉條紋壺**
宋
高17.1厘米
口徑6厘米
足徑7.1厘米

**Pot in yellow and purple glaze with stripe decoration, Liulichang ware**
Song Dynasty
Height: 17.1cm
Diameter of mouth: 6cm
Diameter of foot: 7.1cm

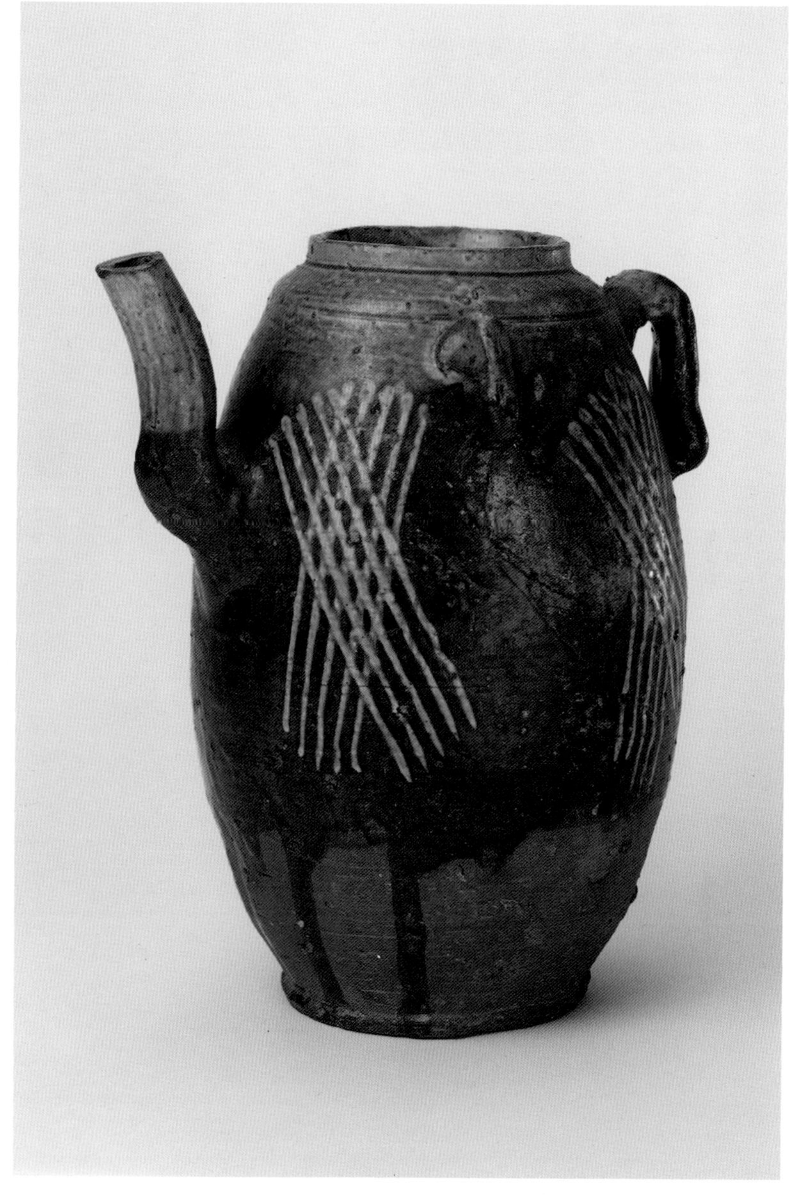

壺直口，無頸，長圓腹，淺圈足。一側有曲狀流，另一側為短柄，肩部有雙繫。口、肩、流、柄一半處施黃釉，以下施紫釉。在施紫釉處飾淺黃色交叉狀複綫紋，共四組。下腹部及足部露紫黑色胎。此壺造型、裝飾別致，具有地方特色。

## 249 琉璃廠窰四繫蓋罐

宋

通高10厘米　口徑5.3厘米　足徑4.7厘米

**Covered jar with four loops, Liulichang ware**

Song Dynasty

Overall height: 10cm　Diameter of mouth: 5.3cm

Diameter of foot: 4.7cm

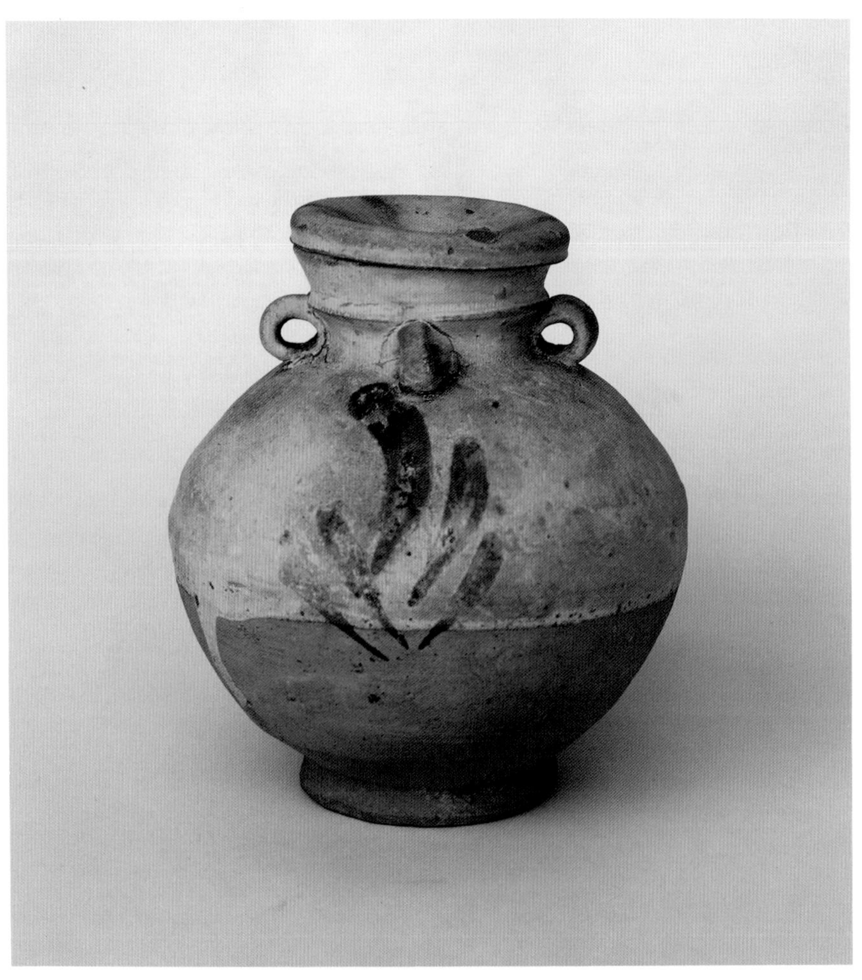

罐小口微撇，頸部飾有凸棱一道，肩有四個環形繫，溜肩，碩腹，瘦底，足為餅形實足，足邊斜削一刀，足底微內凹。施黃色釉至腹部，釉已失亮，以下露磚紅色胎。釉上以褐紅彩繪三組花草紋。蓋為雞心式，呈塞狀插入口中，蓋邊下捲，正好扣合於罐口。此罐造型小巧，具有四川地區特色。

250 **琉璃廠窰黃釉褐彩缸**

宋

高6.9厘米　口徑10.8厘米　底徑10.2厘米

**Yellow glazed urn with brown splashes, Liulichang ware**

Song Dynasty

Height: 6.9cm　Diameter of mouth: 10.8cm

Diameter of bottom: 10.2cm

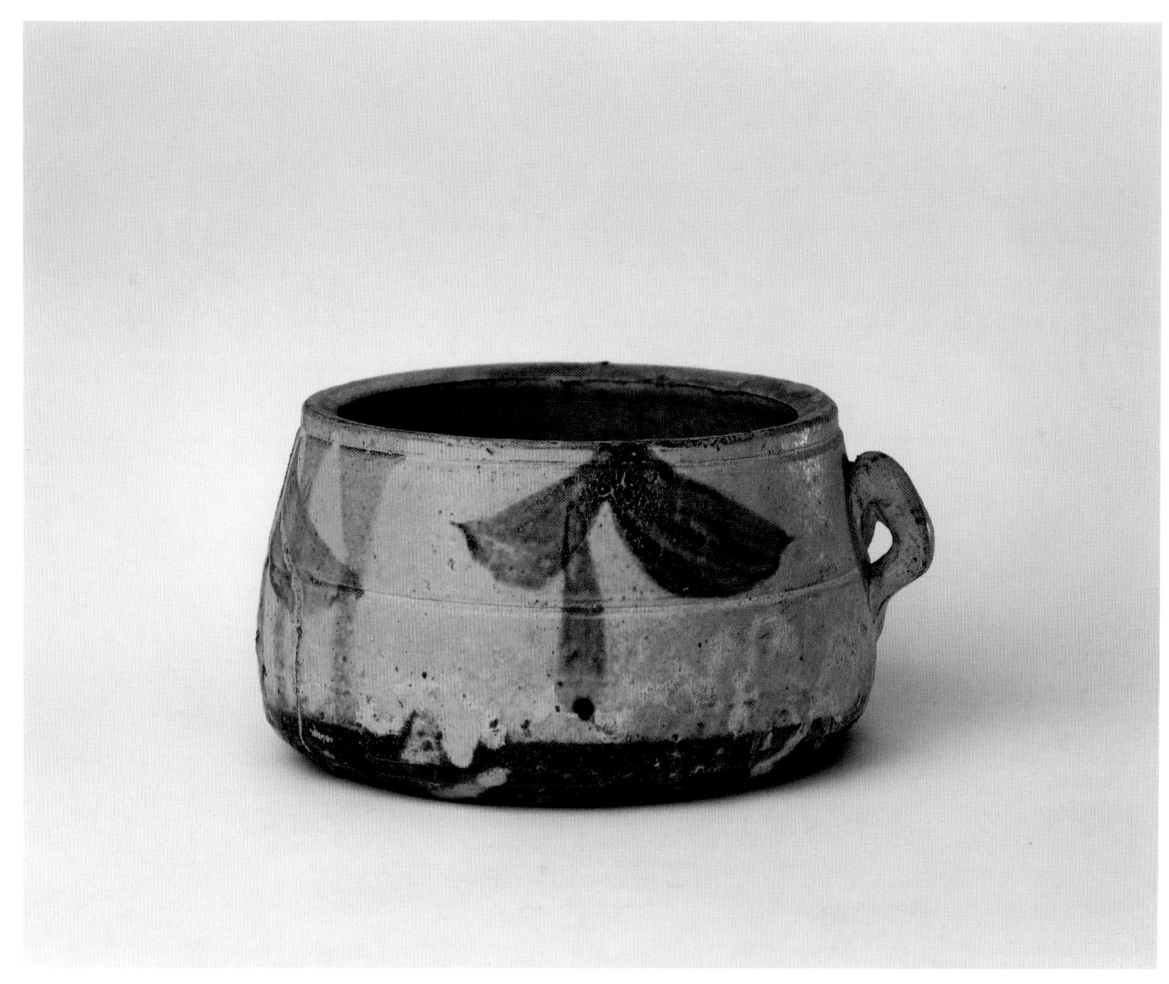

缸胎較厚，平口微內斜，口以下漸豐，最大徑在近底部，平底。一側有耳。施釉至近足部，底素胎無釉呈紫紅色。釉失亮，腹部飾褐色花草紋三組，並飾弦紋一道。

251

**烏金釉醬斑碗**
宋
高5.3厘米　口徑12厘米　足徑3.2厘米
清宮舊藏

**Black glazed bowl decorated with dark reddish brown spots**
Song Dynasty
Height: 5.3cm　Diameter of mouth: 12cm
Diameter of foot: 3.2cm
Qing Court collection

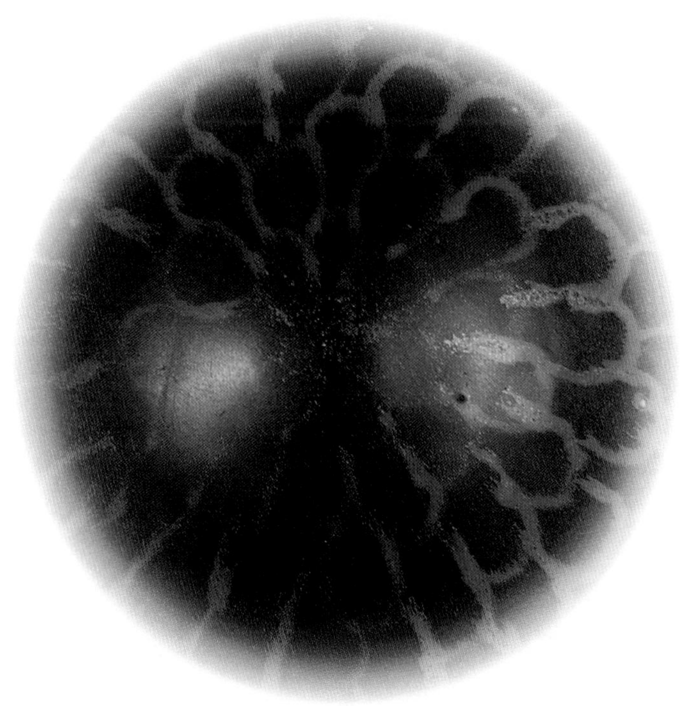

碗敞口，口以下漸內收，圈足。碗內外施黑釉，釉烏黑光亮，又稱烏金釉。近足部露胎，因胎中鐵含量較高，故呈紫黑色。在黑釉上自碗心向外共繪四層羽毛狀花紋。

這種在黑釉上繪醬色紋的俗稱鐵銹花，以其花紋顏色似鐵銹色而得名，它屬結晶釉之一種，其特點是在黑釉層裏呈現燦爛閃光的褐色花紋。這種裝飾以北方比較盛行，常見於瓶、罐、爐、枕、缸、盤、碗等器物上。花紋有折枝花草、葉紋、條紋、點紋或不規則花紋。目前發現宋代燒造鐵銹花的瓷窰有河北磁州窰、河南臨汝窰、魯山窰、山西懷仁窰、甘肅安口窰，以及四川重慶窰，其中以河北磁州窰，山西窰燒製的鐵銹花器物比較常見。清代雍正、乾隆時期亦仿燒鐵銹花，釉多呈赤褐色。現在景德鎮生產的鐵銹花，除了含有大量鐵份外，還加入適量的錳。

此件羽毛紋碗，從胎質來看，含鐵量較高，呈紫黑色，屬南方瓷窰產品。所繪花紋係模仿禽鳥羽毛，花紋規則，呈放射狀層層展開，這種精美的紋飾在傳世品中是極為少見的。

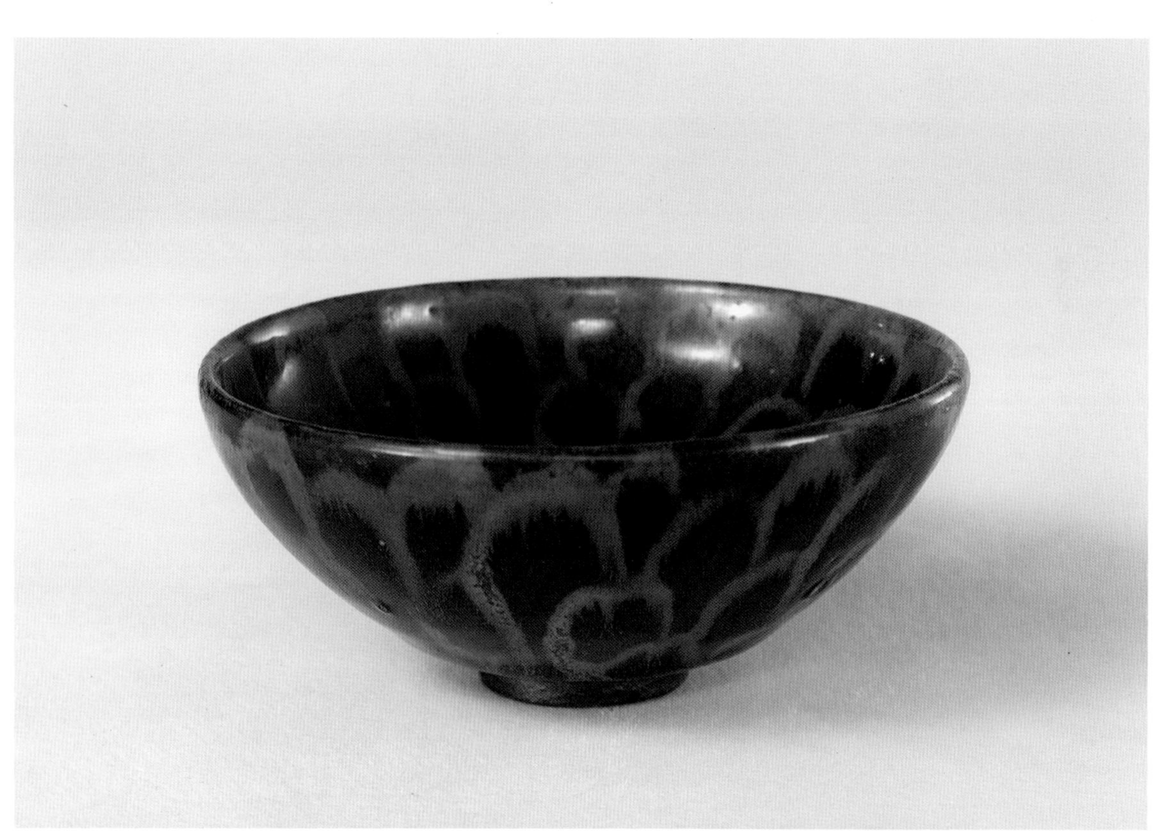

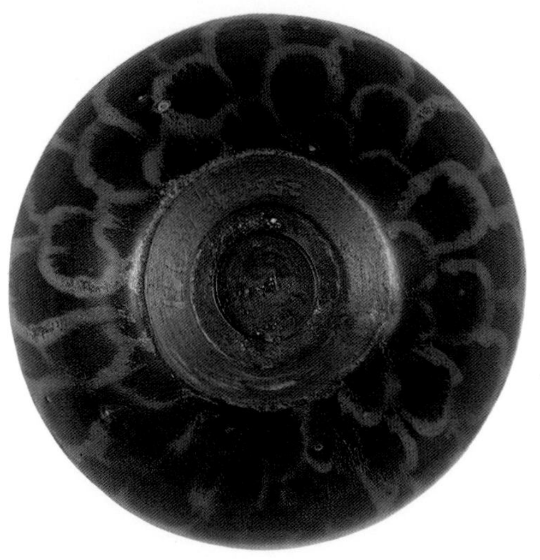

252

**黑釉兔毫紋碗**
宋
高9.6厘米
口徑16.2厘米
足徑4.9厘米

**Black glazed bowl with hare's hair streaks**
Song Dynasty
Height: 9.6cm
Diameter of mouth: 16.2cm
Diameter of foot: 4.9cm

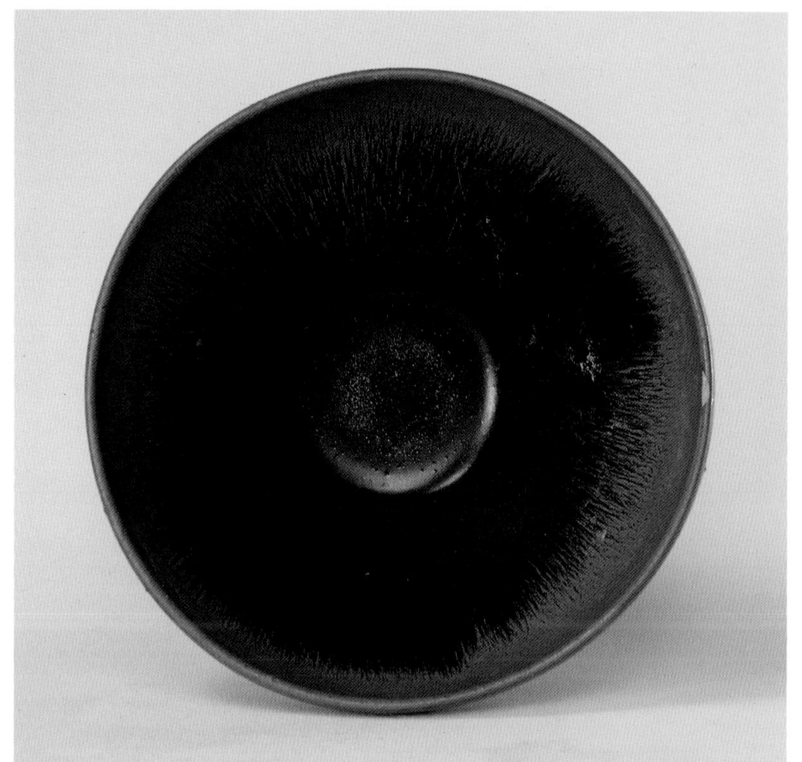

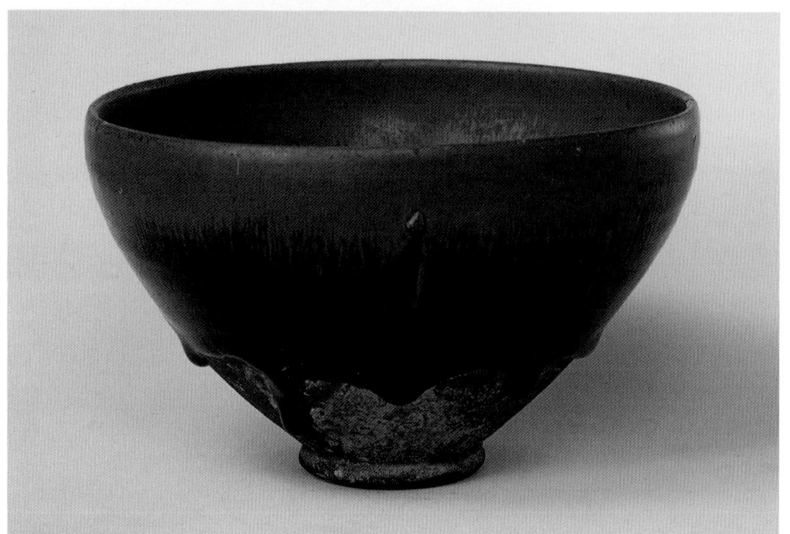

碗斂口，口下稍豐，以下內收，寬圈足。裏外口為醬色釉，口以下為黑釉，黑釉漆黑光亮，在與醬釉交接處，呈現醬色釉兔毫紋。碗外釉至下腹部，以下露黑色胎。兔毫盞為福建建陽水吉窰燒造的名貴品種。此碗形制較大，圈足較寬，不同於建陽產品，而與四川廣元窰的黑釉兔毫盞燒法相似。

253

**黑釉瓜式蓋罐**
宋
通高11.5厘米　口徑7厘米　足徑5厘米

**Black glazed covered jar in the shape of melon**
Song Dynasty
Overall height: 11.5cm　Diameter of mouth: 7cm
Diameter of foot: 5cm

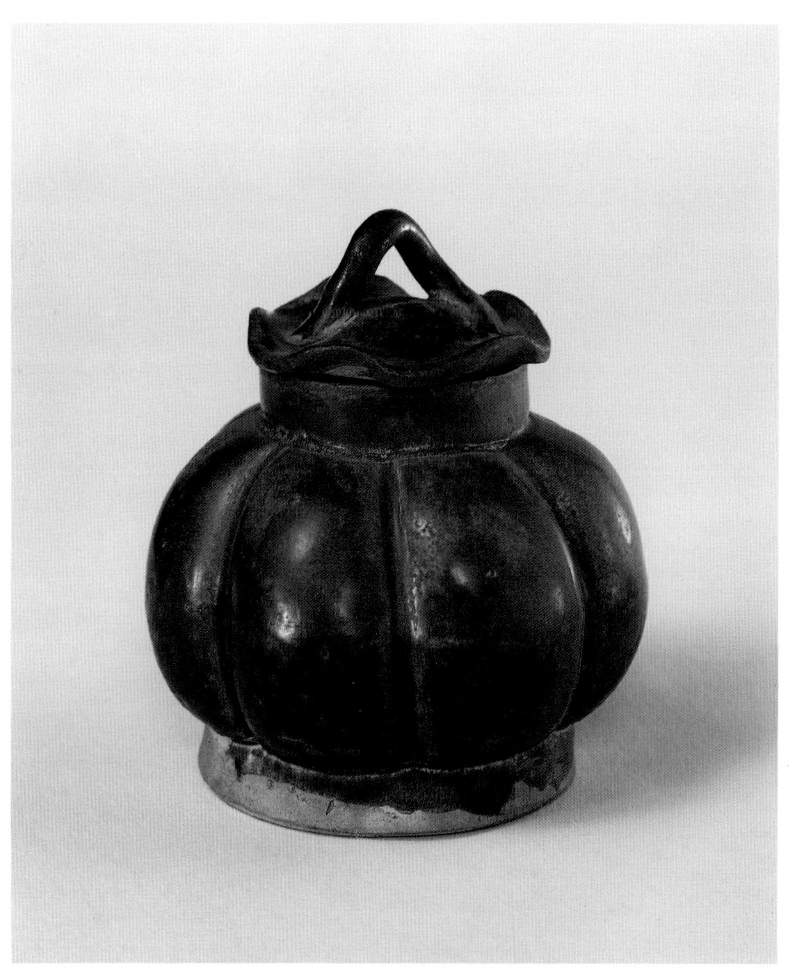

罐直口，腹部扁圓，呈瓜棱形，圈足較大。口部有荷葉式蓋，蓋頂有瓜蒂式提梁鈕。通體施醬黑色釉，圈足內、外露胎。此罐形制較為別致，罐身瓜棱內凹明顯，荷葉式蓋上有小提梁者十分少見，是南方瓷窰產品。

254

**綠釉條紋壺**
宋
高23厘米
口徑5厘米
足徑9.4厘米

**Green glazed pot with stripe decoration**
Song Dynasty
Height: 23cm
Diameter of mouth: 5cm
Diameter of foot: 9.4cm

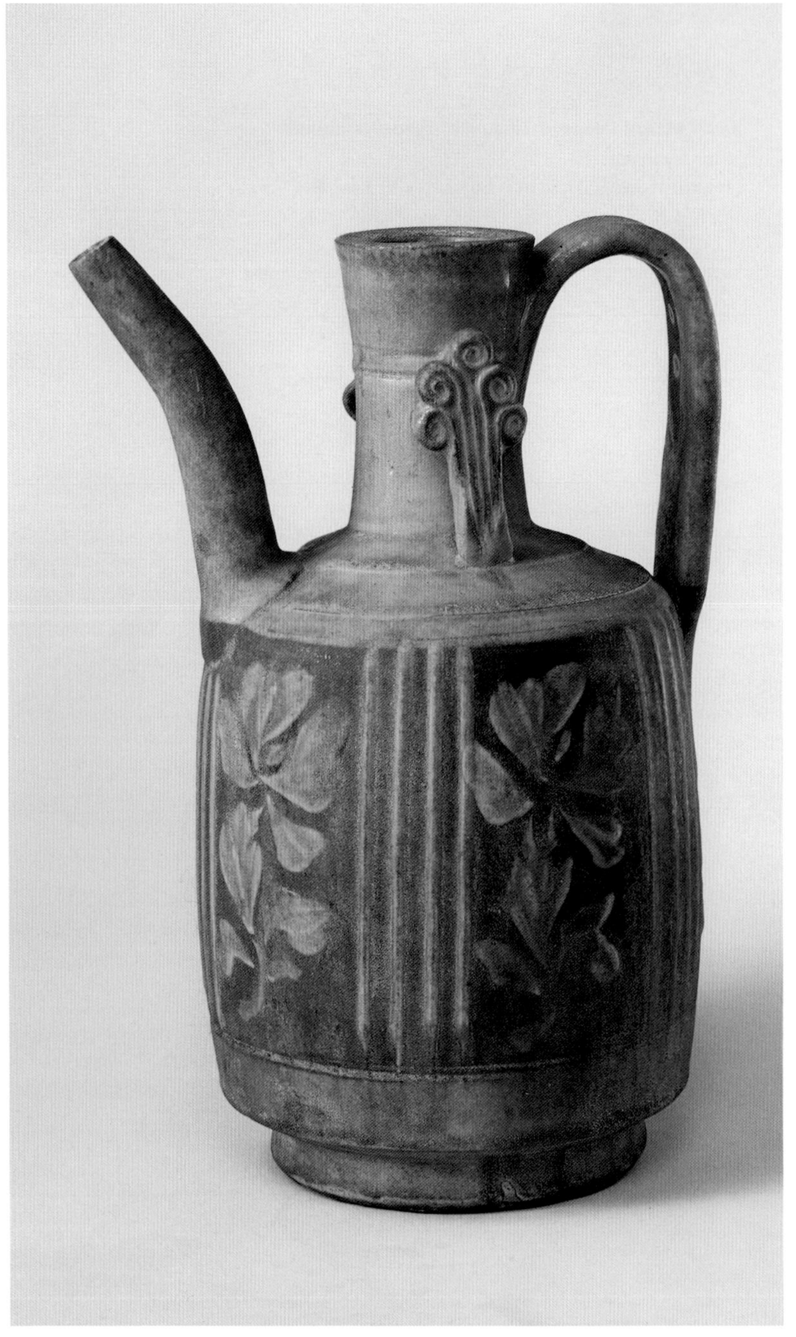

壺口微敞，長頸，斜肩，直腹，圈足。肩一側為管狀長流，一側為長柄，流與柄之間飾有如意狀雙繫。頸飾二道凹旋紋。肩為二層台式凸弦紋，肩以上及近足處施低溫綠釉，腹部花紋先在素胎上用白粉畫出四組豎綫紋及折枝花卉，再於綫紋、折枝花上施綠釉，紋樣凸起，使立體感很強。此壺造型獨特，裝飾新穎。八十年代在四川廣元瓷窰舖採集到與此壺相類似的標本，因此有較大可能為四川廣元窰的產品。

255

## 綠釉印花枕

宋

高9厘米　面24×11厘米　底18×9.5厘米

**Green glazed pillow with impressed floral design**

Song Dynasty

Height: 9cm　Top: 24×11cm　Bottom: 18×9.5cm

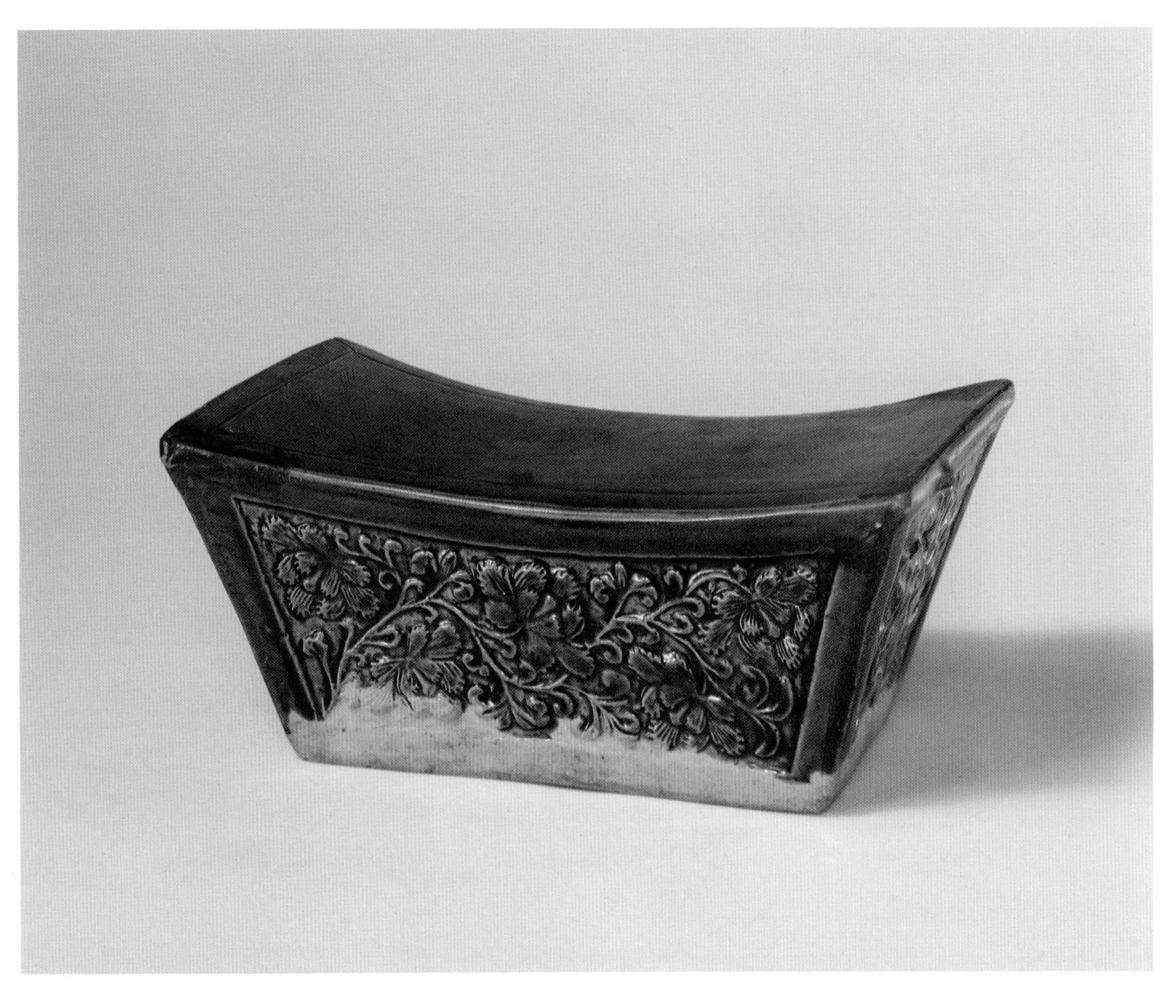

枕為銀錠式，枕面劃複綫水波紋，正、背兩面為陽紋印花纏枝牡丹，兩側為獸首，一側有通氣孔，一側有支燒痕。此枕胎質細膩，燒結程度較好，胎色較深，綠釉與北方常用的淺綠不同，為深綠色。從胎、釉及支燒方法來看，可能為南方瓷窰製品。

256

## 黃釉錦紋銀錠枕

宋

高8.5厘米　面26×22厘米　底24×18厘米

**Ingot-shaped pillow with brocade design in yellow glaze**

Song Dynasty

Height: 8.5cm　Top: 26×22cm　Bottom: 24×18cm

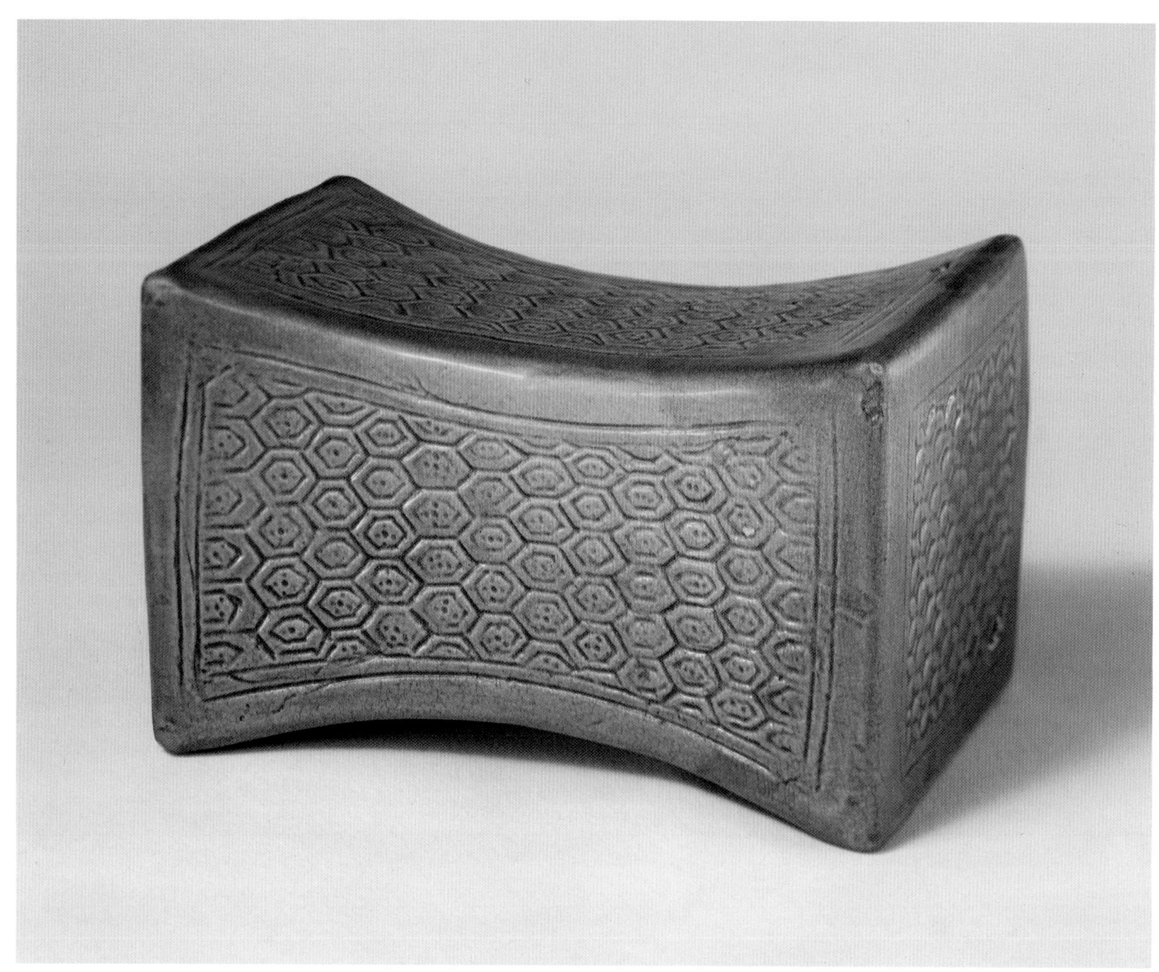

枕為銀錠形，通體施黃釉，以印花錦紋為裝飾，正面四周為龜背形錦紋，兩側為綫紋錦，於規矩之中求變化。一側有立燒支痕三個，從燒法上看應為南方瓷窰所燒。

257

**黃釉貼花缸**

宋

高9.5厘米　口徑11.5厘米　足徑9厘米

**Yellow glazed urn with applied design**

Song Dynasty

Height: 9.5cm　Diameter of mouth: 11.5cm

Diameter of foot: 9cm

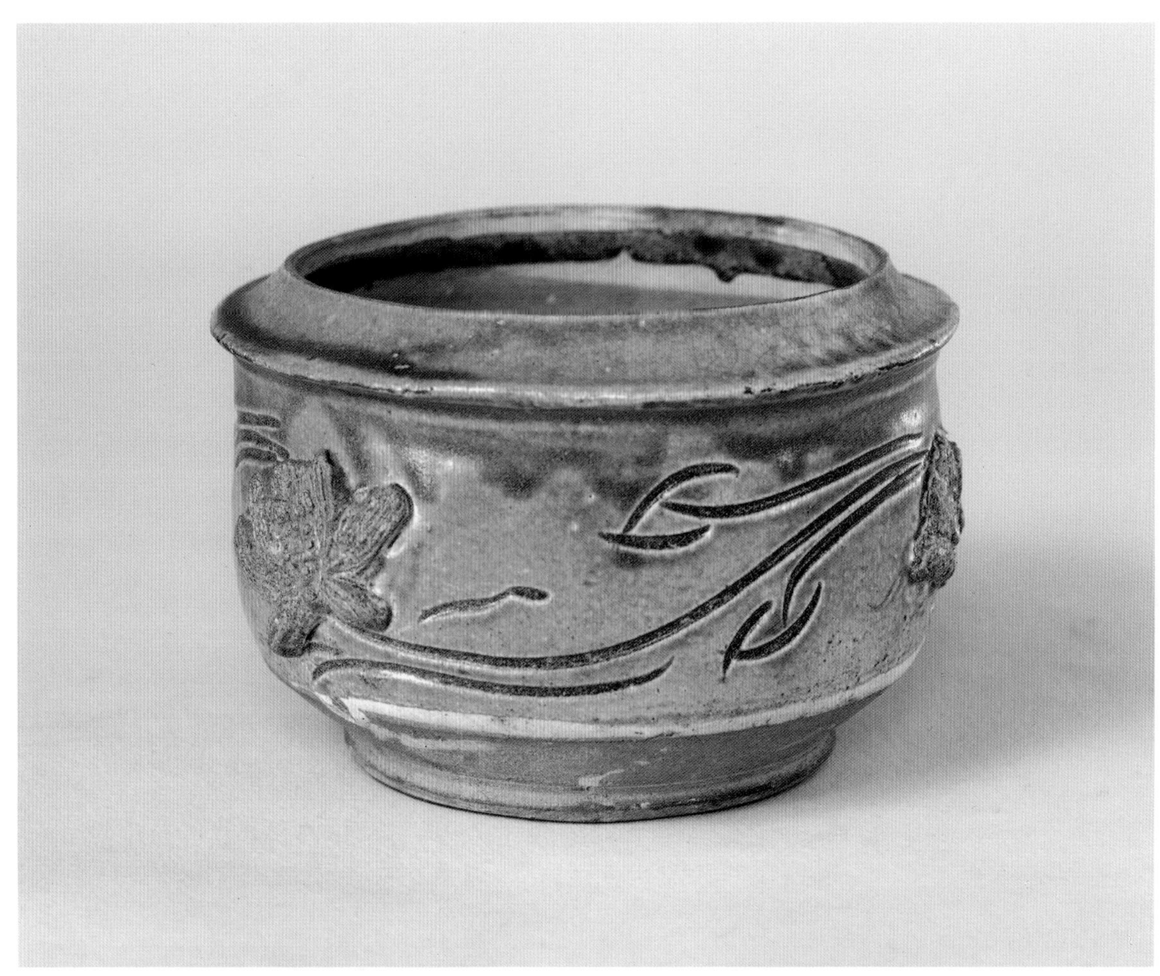

缸口外折出沿，直腹，圈足。釉下施白色化妝土，外施黃釉，近足處及裏口以下露胎。腹部集貼花、劃花於一體，腹部貼蓮花兩朵，莖、葉用劃花表現，裝飾風格獨特。

258

## 黃釉乳釘罐

宋

高8.5厘米　口徑9.8厘米　底徑3.5厘米

**Yellow glazed jar decorated with nipple pattern**

Song Dynasty

Height: 8.5cm　Diameter of mouth: 9.8cm

Diameter of bottom: 3.5cm

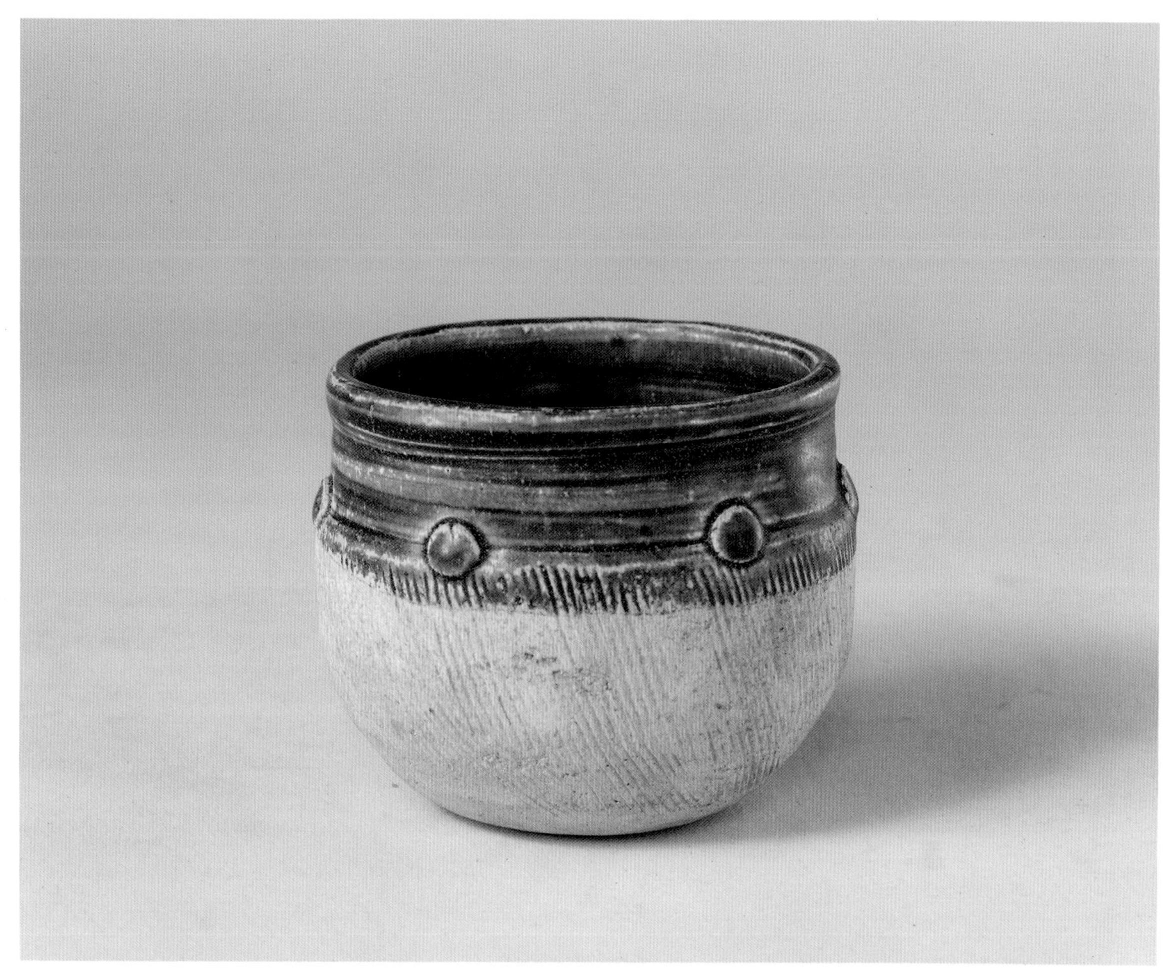

罐唇口，直頸，鼓腹，平底。頸部飾有七個乳釘，腹部刻劃斜綫紋飾，施黃褐色釉，裏施滿釉，外部施釉僅至頸部。

此罐與贛州窰山土的乳釘罐相同，應為贛州窰所產，窰址位於贛江東岸的七里鎮。

259

**黃釉柳斗罐**
宋
高6.5厘米　口徑6.2厘米

**Yellow glazed jar with impressed willow twig design**
Song Dynasty
Height: 6.5cm　Diameter of mouth: 6.2cm

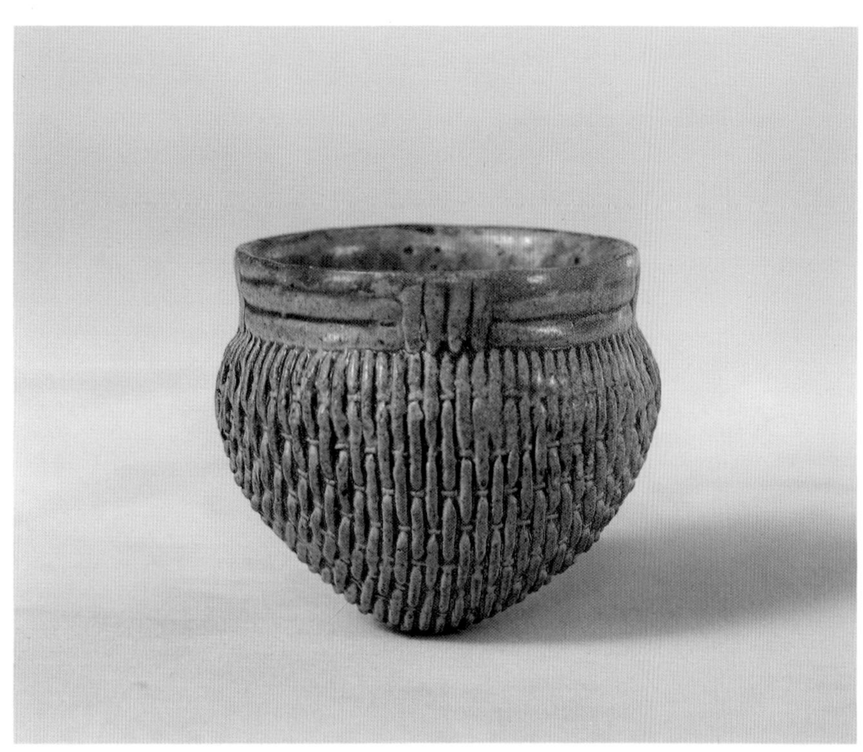

罐直口，豐肩，尖底，形製小巧。通體模印柳條紋，柳條層次分明，疊壓有序，清晰可辨。此罐造型小巧玲瓏，精細可愛。